Michail M. Bachtin
Die Ästhetik des Wortes

Herausgegeben und eingeleitet von Rainer Grübel

Aus dem Russischen übersetzt
von Rainer Grübel und Sabine Reese

Suhrkamp Verlag

edition suhrkamp 967
Erste Auflage 1979
 Deutsche Erstausgabe. Printed in Germany. Den genauen Quellennachweis enthält die *Editorische Notiz* am Schluß des Bandes. Satz, in Linotype Garamond, Druck und Bindung bei Wagner GmbH, Nördlingen. Gesamtausstattung Willy Fleckhaus.

5 6 7 8 9 10 – 02 01 00 99 98 97

Inhalt

Rainer Grübel
Michail M. Bachtin. Biographische Skizze 7

Zur Ästhetik des Wortes bei Michail M. Bachtin 21

Literaturverzeichnis 79

Notiz zur Übersetzung und zur Auswahl 89

Michail M. Bachtin
Die Ästhetik des Wortes 91

Kunst und Verantwortung 93

Das Problem von Inhalt, Material und Form im Wortkunstschaffen 95

I. Kunstwissenschaft und allgemeine Ästhetik 95
II. Das Problem des Inhalts 111
III. Das Problem des Materials 127
IV. Das Problem der Form 139

Das Wort im Roman 154

I. Die Stilistik der Gegenwart und der Roman 155
II. Das Wort in der Poesie und das Wort im Roman 168
III. Die Redevielfalt im Roman 192
IV. Der sprechende Mensch im Roman 219
V. Die beiden stilistischen Linien des europäischen Romans 251

Aus der Vorgeschichte des Romanwortes 301

Rabelais und Gogol'
Die Wortkunst und die Lachkultur des Volkes 338

Zur Methodologie der Literaturwissenschaft 349

Anmerkungen 358

Editorische Notiz 368

Rainer Grübel
Michail M. Bachtin. Biographische Skizze

Friedrich Schiller hat dem, der ein menschliches Leben als das eines lebendigen Menschen darzustellen versucht, einen beherzigenswerten Wink gegeben:

> »[. . .] ein Mensch, wiewohl er lebt und Gestalt hat, ist darum noch lange keine lebendige Gestalt. Dazu gehört, daß seine Gestalt Leben und sein Leben Gestalt sei. Solange wir über seine Gestalt bloß denken, ist sie leblos, bloße Abstraktion; solange wir sein Leben bloß fühlen, ist es gestaltlos, bloße Impression.« (*Über die ästhetische Erziehung*. 15. Brief)

Jede Darstellung menschlichen Lebens ist die konkretisierende Modellierung einer abstrakten Vorstellung vom Leben und die abstrahierende Modellierung einer konkreten Lebensgeschichte, die sich auf jeweils gattungsbestimmte und gattungsbestimmende Weise überlagern. Dies gilt für den Helden des trivialen Arztromans nicht weniger als für den der antiken Tragödie.

Die Biographie übersteigt die Komplexität dieser Verhältnisse noch, insofern das zum Gegenstand der Darstellung gewählte Leben selbst in Beziehung zu einem allgemeinen Lebensmodell (oder sogar mehreren solchen Modellen) steht und Ergebnis der Bemühung des Menschen ist, seinem Leben Gestalt zu verleihen; dies um so deutlicher, je mehr es gelingt, die Geschicke in die eigenen Hände zu nehmen. Den höchsten Grad der Komplexion erreicht freilich erst die Autobiographie, indem sie die Darstellung des Lebens zurückbeugt in das dargestellte Leben: die Konfessionen sind nicht nur gestaltende Darstellung, sondern auch darstellende Gestaltung eines Lebens.

Die wenigen erreichbaren Nachrichten über das Leben Bachtins lassen den Versuch, seine Gestalt zu entwerfen, als aussichtslos erscheinen. Suchen wir dennoch nach einem sinngebenden Modell abstrakten Charakters für dieses Leben, so kann uns diese Suche die beschränkte Gültigkeit des dabei Auffindbaren lehren. Aus seinen Veröffentlichungen, den Objektivationen jener Handlungen also, in denen er sich am eindringlichsten nach außen gekehrt hat, besonders aber aus seiner ersten und seiner letzten Publikation, spricht das Prinzip Verantwortung. In ihm stellt sich jener für Bachtin charakteristische Zusammenhang zwischen gnoseologischem, ästhetischem und ethischem Wert her, der seine Philosophie des Dialogs trägt. Die Frage freilich, wem diese Antwort gilt, stößt an die Grenze des anderen, des nicht abstrahierbaren Prinzips, des auf Deutung weisenden Modells, des vorgelebten Beispiels der Verantwortung. Mag es sich auch von der Maxime Pasternaks haben leiten lassen: »Man darf kein Gran seiner Person preisgeben, sondern muß lebendig sein, lebendig und nur lebendig bis zum Ende«, so verfällt es doch nicht dem rettungslosen Individualismus; kraft der Verantwortung bewahrt sich die Persönlichkeit im anderen, bewährt sie sich an der Öffentlichkeit: Lebensgeschichte wird zur Antwort auf politische Geschichte.

Michail M. Bachtin wurde am 17. November 1895 in Orël geboren, der an der Oka gelegenen Gouvernementshauptstadt und Geburtsstadt der Dichter I. S. Turgenev und L. N. Andreev sowie des Historikers T. N. Granovskij. Die Familiengeschichte der Bachtins[1] ist in mancherlei Hinsicht charakteristisch für den Niedergang des russischen Adels im 19. Jahrhundert. Einem alten, bis ins 14. Jahrhundert zurückverfolgbaren Adelsgeschlecht entstammend, dem so bedeutende Vertreter angehört hatten wie der Dichter I. I. Bachtin und der Literaturkritiker N. I. Bachtin[2], verfügte der Vater Michail M. Bachtins nicht mehr über die erforderlichen Ländereien und Mittel, um seine Familie standesgemäß unterhalten zu können und mußte eine Tätigkeit als Bankangestellter aufnehmen. Diese Tätigkeit des Vaters bringt es mit sich, daß die Familie erst nach Wilna (heute: Vil'njus), einer hauptsächlich von Litauern bewohnten Gouvernementshauptstadt übersiedelte und später nach Odessa, der zu dieser Zeit viertgrößten Stadt und wichtigsten Hafenstadt des russischen Reiches. Odessa zeichnete sich nicht nur durch einen schwunghaften Überseehandel und eine vielsprachige Bevölkerung aus – neben Ukrainern lebten hier vor allem Russen, Juden, Tataren, Armenier, Griechen, Deutsche, Engländer, Franzosen, Italiener, Bulgaren, Serben, Polen und Tschechen –, sondern auch durch Kulturstätten wie das Stadttheater, das Russische Theater, Oper und Operette sowie das Historische und das Altertums-Museum mit einer wertvollen Sammlung aus den hellenistischen, genuesisch-venezianischen und mongolisch-tatarischen Epochen der südrussischen Küste. Hier absolviert Bachtin im Jahr vor dem Ausbruch des Ersten Weltkriegs das Gymnasium und nimmt das Studium an der Historisch-Philologischen Fakultät der 1864 gegründeten Neurussischen Universität auf, folgt dann aber seinem Bruder Nikolaj M. Bachtin (1896-1950) an die Universität Petrograd. Die Historisch-Philologische Fakultät dieser Universität (zuvor: St. Petersburg, heute: Leningrad) war zu dieser Zeit eines der geistigen Zentren Europas. Hier wirkten die Schüler des Literaturwissenschaftlers A. N. Veselovskij, so der Romanist D. K. Petrov, Begründer der russischen Hispanologie und Erforscher des spanischen Renaissancedramas, hier lehrten der Sprachwissenschaftler Baudoin de Courtenay, der klassische Philologe T. Zieliński sowie der Logiker und Philosoph A. I. Vvedenskij.

Wie sein Bruder studierte Bachtin vor allem bei dem polnischen Altphilologen Tadeusz Zieliński, der durch seine Arbeiten über die Zeitstruktur des Epos, die oratorische Prosa Ciceros, das antike Theater und seine Reden über die Bedeutung der Antike für die Gegenwart hervorgetreten ist. Außerdem befaßt sich der Student Bachtin mit der Philosophie – vornehmlich der deutschen philosophischen Ästhetik des 19. Jahrhunderts –, mit Kulturgeschichte sowie allgemeiner Literatur- und Sprachwissenschaft. Als Ziel schwebt ihm »die organische Verschmelzung der Systematik, Objektivität und Konsequenz des deutschen philosophischen Denkens mit der universalen Breite und Tiefe des russischen Geistesschaffens vor.«[3]

Im Ersten Weltkrieg trennen sich die Wege der beiden zuvor durch vielfältige gemeinsame Interessen verbundenen Brüder; auch dies markiert den Schnitt, der im Gefolge der russischen Oktoberrevolution durch die europäische Kultur gelegt worden ist. Während Michail Michajlovič das Studium fortsetzt, meldet sich Nikolaj Michajlovič im dritten Kriegsjahr als Husar zum Militärdienst und kämpft bis zum Jahre 1923 auf der Seite weißgardistischer Armeen, danach als Fremdenlegionär in Nordafrika. Nach einer schweren Verwundung nimmt er in Paris Wohnsitz und arbeitet bei der Herausgabe der russischen Emigrantenzeitschrift *Zveno* (Kette) mit.[4] Hier veröffentlicht er neben Beiträgen über Autoren der zeitgenössischen französischen Literatur Artikel über Freud, Nietzsche, Dostoevskij und Spengler, Denker also, mit denen auch sein Bruder sich beschäftigt. Wie dieser setzt er sich mit Arbeiten aus dem weiteren Kreis von Vertretern der Formalen Schule auseinander (Rezensionen von Veröffentlichungen Tomaševskijs und Žirmunskijs), befaßt er sich mit den Problemen der Übersetzung von einer Sprache, von einer Kultur in die andere. Außerdem verfaßt er philosophische Dialoge, schreibt Gedichte und setzt das Studium der klassischen Philologie an der Sorbonne sowie der Ecole des Langues orientales fort. Nach England übergesiedelt, wird er im Jahre 1932 von der Universität Cambridge zum Doktor der Philosophie promoviert und nimmt 1938 die Lehre an der Universität Birmingham auf, wo er kurze Zeit die Zeitschrift *The Link* herausgibt. Mehr und mehr wendet er sich der allgemeinen Sprachwissenschaft zu und revidiert nach dem Zweiten Weltkrieg seine politische Einstellung gegenüber der UdSSR. Das wissenschaftliche Hauptwerk von Nikolaj M. Bachtin, eine in englischer Sprache abgefaßte Einführung in das Studium des modernen Griechisch[5], kehrt die geläufige, vor allem auch von Zieliński vertretene These von der Bedeutung der Kenntnis der Antike für das Verständnis der Moderne um; wolle man die griechische Antike verstehen, müsse man das moderne Griechisch kennen. Wie sein Bruder vertraut er der Botschaft des Lebendigen: Philologie soll sich nicht in Nekrologie erschöpfen.

Michail Michajlovič Bachtin schließt im Jahr der Oktoberrevolution sein Studium ab und nimmt für zwei Jahre in Nevel', einer Provinzstadt im Gouvernement Pskovsk, die Stelle eines Lehrers an der *Einheitlichen Arbeitsschule* (*Edinnaja trudovaja škola,* seit 1918 Bezeichnung der Höheren Schule, heute: *Srednjaja škola*) an. Hier veröffentlicht er seinen ersten Artikel unter dem Titel *Kunst und Verantwortung.* Dann übersiedelt er in die etwa 100 km weiter südlich gelegene Gouvernementshauptstadt Vitebsk.

Vitebsk ist zu dieser Zeit einer der Mittelpunkte russischer Kultur: Neben dem Konservatorium und der Kunstakademie war hier ein Hochschulinstitut für Volksbildung (Vysšij institut narodnogo obrazovanija) errichtet worden. Mark Šagal (Chagall) leitet die Akademie und beruft im Herbst 1919 Kazimir Malevič, den Begründer des Suprematismus, der – nicht ohne eigenes Zutun – bald an die Stelle Šagals rückt. Malevič arbeitet in dieser Zeit mit Ėl (Lazar) Lisickij, einem der Begründer des russischen Konstruktivismus, zusammen und bildet die Akademie um in ein *Institut für neue Kunst,* das dem zentralen *Institut für künstlerische Kultur* (INChUK) zugeordnet ist und in diesem Verbund zur Zusammenarbeit und Auseinandersetzung mit Tatlin in Petrograd und Kandinskij in Moskau motiviert. Bachtin, dem sich hier ein Panorama avantgardistischer Kunst bietet, leitet an den Vitebsker Lehranstalten Seminare über Ästhetik und allgemeine Literaturwissenschaft sowie Arbeitsgemeinschaften zur russischen Literatur.[6]

In Vitebsk schließt Bachtin die Ehe mit Elena Aleksandrovna Okolič (1891-1971) und bildet einen Freundes- und Arbeitskreis mit dem damaligen Rektor der Proletarischen Universität und Vorsitzenden des Vitebsker Gouvernementsverwaltungskomitees, dem Juristen Pavel N. Medev (1891-1938), sowie den Konservatoriumslehrern Valentin N. Vološinov und I. I. Sollertinskij. Eine zu früher Invalidität führende Erkrankung an chronischer Osteomylitis veranlaßt Bachtin 1924 zur Rückkehr nach Petrograd, wo Medvedev seit 1922 als Gymnasiallehrer, in der Erwachsenenbildung (Vneškol'skij muzej) und im Staatsverlag tätig ist. Vielleicht durch Vermittlung Medvedevs wird Bachtin freier Mitarbeiter am *Staatsverlag* (vgl. Bibliographie: 1929b, 1929c) und am *Staatlichen Institut für die Geschichte der Künste* (G.I.I.I.). Das im Jahre 1912 gegründete *Russische Institut für die Geschichte der Künste* hatte 1920 eine Fakultät (später: Abteilung) für verbale Künste eröffnet, an der so bedeutende Gelehrte wie V. N. Peretc und T. Zieliński, aber auch jüngere Wissenschaftler wie die Vertreter der *Formalen Schule* B. Ejchenbaum, B. V. Tomaševskij, V. B. Šklovskij und Ju. N. Tynjanov sowie ihr loser verbundene Literatur- und Sprachwissenschaftler wie V. M. Žirmunskij, S. I. Bernštejn, S. D. Baluchatyj und V. V. Vinogradov wirken.[7] Hier hält Medvedev einen Gastvortrag über den Hauptgegenstand seiner literaturwissenschaftlichen Tätigkeit dieser Zeit *Das literarische Erbe von A. Blok'*, und Vološinov veranstaltet zusammen mit G. A. Artobolevskij eine Demonstration musikalisch-deklamatorischer Arbeiten zu Vasilij Kamenskijs *Stenka Razin*.[8]

Zum Bachtin-Kreis stoßen im Laufe der 20er Jahre:

– der Dichter N. A. Kljuev (1887-1937), der altrussischer Kultur, russischer Bauernkultur sowie der Avantgarde zu einer eigenartigen Symbiose verhilft (etwa im *Lied des Sonnenträgers* [Pesn' Solncenosca] Berlin 1920) und Rußland als Mittler zwischen den Kulturen Asiens und Europas betrachtet. Mit Esenin befreundet, hat er nach dessen Freitod zusammen mit Medvedev ein Buch über Esenin veröffentlicht, das seinen *Klagegesang über Esenin* (Plač' o Esenine) und eine Abhandlung zu Esenins Werk von Medvedev enthält;

– der Dichter Boris M. Zubakin (1894–1937), der auch in der literarischen Gruppe *Literarischer Einzelgänger* (Literaturnyj osobnjak) mitarbeitete, durch seinen Gedichtband *Ein Bär auf dem Boulevard* (Medved' na bul'vare) und Übersetzungen von I. R. Kordes aus dem Deutschen bekannt geworden ist;

– der früh verstorbene Dichter Konstantin K. Vaginov (1900-1934), der mit seinem Gedichtband *Reise ins Chaos* (Putešestvie v chaos) (1921) sowie experimentellen Gedichten unter dem Titel *Versuche der Kombination von Wörtern mit Hilfe des Rhythmus* (1931) hervorgetreten ist. In seinen Romanen *Ziegenbock-Lied* (Kozlinnaja pesn') (1928) und *Mühen und Tage des Svistonov* (Trudy i dni Svistonova) (1929) treten die Personen *Teptelkin* und *Ku-ku* auf, Parodien auf den Gelehrten

– Lev V. Pumpjanskij (1894-1940), der wie Bachtin und Medvedev Absolvent der Petrograder Universität war. Nach dem Studium der Romanistik und Germanistik war er mit einer Arbeit hervorgetreten, in der die Wirkung der Antike auf Dostoevskij nachgezeichnet wird.[9] Seine weiteren Untersuchungen gelten Autoren des 18. und 19. Jahrhunderts (Kantemir, Trediakovskij, Puškin, Lermontov, Turgenev und Tjutčev), wobei gattungsgeschichtliche und rezeptionsgeschichtliche Fragen in den Vordergrund rücken und die russische Literatur in den europäischen Kulturkreis eingebettet wird. In seinen Einführungen zu fünf Bänden der Werkausgabe von Turgenev behandelt er die Gattungsgeschichte des russischen Romans und rekonstruiert einen besonderen Romantypus, dessen Prototyp Puškins *Evgenij Onegin* bildet.[10] Er analysiert die Wechselbeziehungen zwischen Turgenev und Flaubert, stellt die Rezeption der italienischen Kultur durch Kantemir, die Rezeption Malherbes durch Lomonosov sowie die Wirkung des deutschen Rationalismus auf Trediakovskij dar. Kultur konstituiert sich in dieser Sicht als Begegnung von Kulturen;

– Michail Izrailevič Tubjanskij (1893–1943), ein Indologe, der am Petrograder Institut für lebende östliche Sprachen lehrte und eine Ausgabe bengalischer literarischer Texte betreut sowie die russische Rezeption des Werks von Rabindranath Tagore stimuliert hat[11];

– I. I. Kanaev, ein Biologe, der sich vor allem mit der Zwillingsforschung beschäftigte. Unter dem Namen Kanaev hat Bachtin eine biologische Arbeit über den Vitalismus publiziert, die besonders unter dem Gesichtspunkt der darin erörterten methodologischen Probleme von Interesse ist (Kanaev 1926).

Von der Redaktion der Zeitschrift *Russkij sovremennik* (Russischer Zeitgenosse) eingeladen, verfaßt Bachtin in den Jahren 1923 bis 1924 die Abhandlung *Zu Fragen der Methodologie der Ästhetik und des Wortkunstschaffens*. Die erste Ausgabe dieser bedeutenden, unter der Mitwirkung von M. Gor'kij, E. Zamjatin, A. N. Tichonov und K. Čukovskij in Leningrad von dem Kunst- und Literaturkritiker Abram M. Efros (1889-1954) geleiteten Zeitschrift war im Mai 1924 erschienen. Von radikalen Verfechtern einer proletarischen Literatur wie L. G. Lelevič und G. E. Gorbačev[12], aber auch von N. Čužak und A. Ležnev als bürgerlich-reaktionär befehdet, war es der Zeitschrift in den vier Ausgaben ihres einzigen Jahrgangs gelungen, Dichtungen so bekannter Autoren wie Anna Achmatova, P. G. Antokol'skij, V. Chlebnikov, V. F. Chodasievič, Marina Cvetaeva, B. Pasternak, Vl. Pjast, N. S. Tichonov, Prosatexte von L. N. Andreev, K. Fedin, V. Kaverin, B. Pil'njak, A. N. Tolstoj sowie Kritiken und Artikel von B. Ėjchenbaum, P. Medvedev, V. Šklovskij, B. Tomaševskij, Ju. Tynjanov und G. Vinokur herauszubringen – sie war im Begriff, zur wichtigsten Literaturzeitschrift in der Mitte der 20er Jahre zu werden. Schon das vierte Heft erschien freilich mit beträchtlicher Verzögerung am 25. 12. 1924; das 5. Heft, für das neben Bachtins Arbeit auch der zweite Teil von Tynjanovs Aufsatz *Zwischenraum* (Promežutok) vorgesehen war, konnte nicht mehr erscheinen. Il'ja A. Gruzdev (1892-1960), Freund und Biograph Gor'kijs, schrieb darüber in einem Brief an Gor'kij[13]:

»[. . .] es war dies der einzige Ort, wo man all das über die Literatur hatte sagen können, was man für nötig hielt. Und deshalb tut es mir unendlich leid, daß es ihn [den *Russischen Zeitgenossen*, R. G.] nicht mehr gibt. Es ist widerlich zu sehen, wie die Kritiker-Fliegen die guten Schriftsteller bei der Arbeit stören. Das war immer so, doch nie hat es eine solche Situation gegeben, in der die Fliegen-Meinung die endgültige war.«

Einiges Nötige, was über die Literatur und die mit ihr befaßte Wissenschaft hätte gesagt werden sollen, blieb so ein halbes Jahrhundert ungesagt. Es ist nicht bekannt, was dazu geführt hat, daß bis zum Jahre 1929 keine einzige von Bachtins zahlreichen Arbeiten unter seinem Namen erscheint. Hat der gescheiterte Publikationsversuch, hat die Mitarbeit des Bruders an der Pariser Emigrantenzeitschrift oder noch ein anderer Umstand den Beweggrund dafür abgegeben, daß eine ganze Reihe der von Bachtin konzipierten Rezensionen, Artikel und Bücher von Medvedev und Vološinov redigiert und unter deren Namen veröffentlicht werden? Die politisch-ökonomischen Bedingungen, unter denen diese Arbeiten erscheinen, lassen daran zweifeln, ob dieser Tatbestand sich allein mit einer aus bohemienhafter Attitüde veranstalteten Maskerade erklären läßt. Wir wissen, daß Medvedev auch Boris Pasternak gegenüber als Verfasser des Buches *Die formale Methode in der Literaturwissenschaft* aufgetreten ist[14] und die Arbeit einer eingreifenden Überarbeitung für die zweite Auflage unter dem Titel *Der Formalismus und die Formalisten* unterzogen hat. Bestandteil der Maskerade ist auch die Entlarvung; sie ist erst vierzig Jahre später und nicht auf Betreiben Bachtins erfolgt: Bachtin hat sich in seinen Veröffentlichungen an keiner Stelle auf diese nicht unter seinem Namen erschienenen Arbeiten bezogen. An der zuerst von I. Černov (I. Tšernov 1970) veröffentlichten Mitteilung, das Buch über die formale Methode sowie die unter dem Namen Vološinov erschienenen Bände *Der Freudismus* (eine Auseinandersetzung mit der Psychoanalyse aus sprach- und zeichentheoretischer Sicht) und *Marxismus und Sprachphilosophie* seien von Bachtin entworfen worden, zu zweifeln, gibt es nach den Bestätigungen durch Lotman (1972, S. 109), Kožinov/Konkin (1973, S. 6), Ivanov (1973, S. 44, Anm. 101) sowie Bočarov (1977, S. 149) keinen Grund. Unterschiede in der Terminologie sind bei den im Zeitraum weniger Jahre entstandenen Büchern entweder auf den Objektbereich oder aber auf redaktionelle Eingriffe Medvedevs bzw. Vološinovs zurückzuführen. Die Kongruenz der Grundkonzeptionen steht außer Zweifel; augenfällig ist sie bei der unter dem Namen Vološinovs erschienenen Abhandlung *Das Wort in der Dichtung und das Wort im Leben* sowie den Bachtinschen Abhandlungen *Zu Fragen der Methodologie der Ästhetik und des Wortkunstschaffens* und *Das Problem des Autors.* Zum anderen ist der Bruch zwischen dem wissenschaftlichen Gehalt und Stil der Arbeiten Medvedevs über Aleksandr Blok auf der einen Seite und der metatheoretischen Arbeiten (etwa der Formalismuskritik) auf der anderen Seite auffällig. Mit Händen zu greifen ist er bei der Medvedevschen Überarbeitung des Formalismusbuches.

In der Zeit nach der Oktoberrevolution, die geprägt ist vom Zerbrechen einer überlebten sozialen Ordnung, die der verabsolutierten Bedeutung des einzelnen nun die absolute Bedeutung des Kollektivs entgegenstellt, die durch den kruden Antibiographismus der frühen Formalen Schule nicht weniger von der Mißachtung des einzelnen zeugt als durch den verbreiteten, religiöse Gemeinschaftskonzepte säkularisierenden Kollektivismus des Proletkul't, in einer Zeit, welche die Umkehrbarkeit von schrankenlosem Individualismus und unbedingtem Kollektivismus lehrt, denkt Bachtin nach über die Beziehung des einzelnen zum anderen, über das Verhältnis des Künstlers zu seinem Werk, über die Relation von Bewußtsein und

Zeichen. In der von den Gefahren und Nöten eines anhaltenden Bürgerkriegs, des jähen Wechsels zwischen Begeisterung und Enttäuschung einer sich im unmittelbaren Aufbruch zum Sozialismus wähnenden Gesellschaft (man denke an den Tod der Dichter Gumilev, Blok, Esenin und Majakovskij) arbeitet Bachtin anhand einer Kritik der Psychoanalyse Freuds über das Verhältnis von persönlichem und überpersönlichem Bewußtsein, über den Konflikt von Individual- und Gruppenbewußtsein. In einer Zeit schließlich, in der die Engelssche Naturdialektik in eine Handlungsstrategie übergeführt wird, in der man sich als legitimen Vollstrecker der abstrakten Entwicklungsgesetze einer vorgegebenen Geschichte sieht, in der also die Menschheitsgeschichte abgewertet wird zur Naturgeschichte, gründet Bachtin die Einheit von Bewußtsein und Tat, von Denken und Handeln, von Theorie und Praxis auf das Prinzip persönlicher Verantwortung. In einer Umgebung, die erfüllt ist vom Streit zwischen der musealen Bewahrung eines kanonisierten Erbes und der radikalen avantgardistischen Negation aller bestehenden Kunst, stellt Bachtin der von Lenin zum Vorbild erhobenen monologischen Prosa Tolstojs das Gespräch mit der dialogischen Kunst Dostoevskijs gegenüber.

Nichts wissen wir bisher über mögliche persönliche Verbindungen des Bachtinkreises zu den Leningrader Vertretern der Formalen Schule. Medvedev soll in der Allrussischen Assoziation proletarischer Schriftsteller (VAPP) mitgearbeitet haben. Ungeklärt ist einstweilen auch noch die Beziehung Bachtins zur Leningrader absurden literarischen Gruppe *Obèriu* (Gesellschaft für reale Kunst), der sich Mitte 1927 Vaginov anschließt.[15] *Obèriu* wurde u. a. von Malevič unterstützt, den Bachtin, Medvedev und Vološinov schon seit der Vitebsker Zeit kennen. Als mit den anderen literarischen Gruppen auch *Obèriu* durch die Angriffe der *Russischen Assoziation proletarischer Schriftsteller* zerschlagen zu werden droht, wendet sich Medvedev mit einem mutigen Artikel (in *Krasnaja gazeta*, 9. 1. 1930) an die Öffentlichkeit und setzt sich für die literarischen Gruppierungen und das Recht auf abweichende Meinung ein. Die Entflechtung des öffentlichen Lebens wird freilich unbeirrt fortgesetzt: im April gerät *Obèriu* so unter Druck, daß die Gruppe zerfällt. In dieser Phase scheint sich auch der Bachtinkreis aufzulösen.

Als im Jahre 1929 das Dostoevskij-Buch Bachtins erscheint, widmet Lunačarskij (1929) ihm eine eingehende und differenzierte, insgesamt positive Kritik. Doch auch diese Würdigung durch den im selben Jahr als Volkskommissar (Minister) für Volksbildung abgelösten Lunačarskij kann Bachtin nicht vor der Verhaftung (1929) bewahren.[16] Die darauf folgende Übersiedlung Bachtins nach Kustanaj, einer Stadt im Grenzbezirk von Kazachstan und Sibirien, ist sicherlich als Verbannung zu verstehen. Dort arbeitet Bachtin an verschiedenen Lehranstalten und verdient seinen Lebensunterhalt, indem er beispielsweise über den Weinbau schreibt. Doch auch hier setzt er seine literaturwissenschaftlichen Arbeiten fort und befaßt sich dabei vor allem mit Fragen der Romantheorie und der Geschichte der Gattung des Romans. Er schließt die Untersuchung *Das Wort im Roman* ab (sie kann erst 30 Jahre später erscheinen) und beginnt, über Rabelais zu arbeiten.

Im Herbst 1936 wird Bachtin an das Mordwinische Pädagogische Institut berufen und lehrt dort ein Jahr lang allgemeine Literaturgeschichte. Ein Jahr später siedelt er in die nördlich von Moskau gelegene Stadt Kimry über und schließt seine Untersuchung über den deutschen Erziehungsroman ab, den er als künstlerische Verkörperung der deutschen Philosophie und Ästhetik des 18. und beginnenden 19. Jahrhunderts begreift. Das Manuskript dieses bereits zum Druck angenommenen Buches geht in den Wirren des Zweiten Weltkrieges im Verlag *Sovetskij pisatel'* (Sowjetischer Schriftsteller) verloren: der Druck kommt nicht zustande.

Bachtin arbeitet nun an der Sektion für Literaturtheorie und Ästhetik des Akademie-Instituts für Weltliteratur und hält dort je einen Vortrag über *Das Wort im Roman* (Oktober 1940) und den *Roman als literarische Gattung* (März 1941). Für den 10. Band der von Lunačarskij begründeten Literaturenzyklopädie verfaßt er einen umfangreichen Artikel zum Stichwort *Satire,* doch der Band erscheint nicht – er hätte einen Beitrag zum Lemma *Stalin* enthalten müssen. Kann es einen sinnfälligeren Ausdruck für die Reichweite des »Personenkultes« geben? Der Umbruch dieses Bandes liegt heute im Staatlichen Literaturmuseum in Moskau.[17]

Die im Jahre 1940 abgeschlossene Arbeit über *François Rabelais in der Geschichte des Realismus* kann infolge der Kriegsereignisse nicht zum vorgesehenen Zeitpunkt als Dissertation verhandelt werden; die Promotion findet erst im Jahre 1946 statt. In den Kriegsjahren arbeitet Bachtin als Deutsch- und Russischlehrer in Kimry bei Moskau. Nach Kriegsende wird er auf den Lehrstuhl für allgemeine Literaturwissenschaft an das Pädagogische Institut in Saransk berufen. Die in Saransk überarbeitete Fassung seiner Abhandlung über Rabelais reicht er erneut beim Institut für Weltliteratur in Moskau als Kandidatendissertation ein. Als Opponenten treten der Philologe I. M. Nusimov, der Literaturwissenschaftler A. A. Smirnov, der Kunstwissenschaftler A. K. Dživelegov auf.[18] Sie nehmen die Arbeit an und schlagen vor, dem Kandidaten zugleich den Doktorgrad (entspricht etwa der deutschen Habilitation) zuzuerkennen. Der bedeutende Historiker und Spezialist für französische Geschichte, Akademiemitglied E. V. Tarle (1875-1955), der Leningrader Literaturprofessor M. P. Alekseev (geboren 1896, korrespondierendes Mitglied der Akademie der Wissenschaften) und B. V. Tomaševskij (1890-1957) sprechen sich für die Arbeit aus[19], von dem Literaturwissenschaftler N. K. Piksanov (korrespondierendes Akademiemitglied), von Professor N. L. Brodskij (1891-1951) sowie V. Ja. Kirpotin, (geboren 1898), der in den 30er Jahren den Sektor Literatur des Zentralkomitees der Partei leitete und zugleich Sekretär des Organisationskomitees des Schriftstellerverbandes war, werden Einwände erhoben. Die Diskussion dauert sieben Stunden; danach wird Bachtin einstimmig der Grad des Kandidaten der Philologie und mehrheitlich der des Dr. phil. verliehen. Die oberste Attestatskommission verweigert jedoch die Bestätigung der letztgenannten Entscheidung, die Folge:

»Unter den Bedingungen wie sie sich in der Zeit des Personenkultes herausgebildet hatten, konnte diese von tiefen und innovatorischen Ideen erfüllte Untersuchung nicht erscheinen.« (Vinogradov u. a., 1962).

Mit der Welle der Repression gegen die »Kosmopoliten« verschlechtert sich die Lage Bachtins Ende der vierziger Jahre wieder.

Nach der Erweiterung des Mordwinischen Pädagogischen Instituts zur Mordwinischen Staatsuniversität im Jahre 1957 hat Bachtin den dortigen Lehrstuhl für russische und ausländische Literatur inne. Nachdem V. Seduro mit seinem Forschungsbericht *Dostoyevski in Russian Literary Criticism, 1846-1956,* (New York 1957) erneut auf die Bedeutung von Bachtins Dostoevskij-Buch aufmerksam gemacht hat (noch immer ist dies seine einzige überregional bekannte Arbeit), und sowjetische Literaturwissenschaftler wie L. E. Pinskij (1961), der selbst eine Dissertation über *Rabelais und den Realismus der Renaissance* geschrieben hat, und V. Kožinov (1962a/b) auf das noch unpublizierte Rabelais-Buch hinweisen, der bekannte Philologe V. V. Vinogradov (Akademiemitglied), der Dichter Konstantin Fedin sowie der russische Übersetzer von Rabelais *Gargantua und Pantagruel*, N. Ljubimov, in einem offenen Brief an die *Literaturzeitung* zur Veröffentlichung des Bachtinschen Rabelais-Buches auffordern (Vinogradov u. a. 1962), können im Jahre 1963 eine zweite Ausgabe unter dem Titel *Probleme der Poetik Dostoevskijs* und 1965 das Buch *Das Werk von François Rabelais und die Volkskultur von Mittelalter und Renaissance* erscheinen. (Ein Teil der zusätzlichen Passagen des Dostoevskij-Buches, vor allem die Darstellung der Beziehung des Dostoevskijschen Werkes zur Tradition des Karneval sollen bereits Bestandteil der ursprünglichen Fassung gewesen sein.[20])

Die um Jahrzehnte verzögerte sowjetische Bachtin-Rezeption ist freilich kein unproblematischer Prozeß. So hat beispielsweise der Redakteur der *Literaturzeitung*, Aleksandr Dymšic (1964), hervorgetreten auch als Brecht- und Feuchtwanger-Übersetzer, die Bachtinsche Dichotomie von monologischem und dialogischem Roman als *metaphysische Gegenüberstellung* und die beiden Konzeptionen als *befremdende Mythen* kritisiert und auf der Zuordnung Dostoevskijs zum russischen Realismus beharrt. Bachtins Deutung wird, weil sie einen direkten Zusammenhang der Ideologie des Autors mit dem Werkinhalt ablehnt, auf Traditionen des Formalismus zurückgeführt. Aus der Position eines restaurativen sozialistischen Realismus wird die Präferenz Bachtins für den dialogischen Roman mit dem Ausspruch Engels', daß es keine Literatur ohne Tendenz gebe, kritisiert. Dymšic hat dabei freilich vergessen, daß derselbe Engels am Beispiel von Balzac die Differenz zwischen der Ideologie des Werks und der des Autors vorgeführt hat. Nachdem die Anwürfe von Dymšic bereits von I. Vasilevskaja (1964) und M. Mjasnikov zurückgewiesen worden sind, treten auch der Philosoph (und frühere Konstruktivist) V. Asmus (1964), der Literaturwissenschaftler V. Ermilov, der einstige Vertreter von *LEF*, V. Percov, sowie M. Chrapčenko und Viktor Šklovskij für Bachtins Arbeit ein.

Mitte der 60er Jahre wird Bachtin, nachdem er dem Drängen von Freunden und Schülern nachgegeben und einen entsprechenden Antrag unterzeichnet hat, in den Verband der sowjetischen Schriftsteller aufgenommen. Dadurch bietet sich ihm die Gelegenheit zu Sanatoriumsaufenthalten. Im Dezember 1970 findet anläßlich des 75. Geburtstages Bachtins an der Mordwinischen Staatsuniversität ein Festakt statt. Bachtins Schüler geben eine Festschrift heraus, an der so bekannte Wissenschaftler wie D. Lichačev, Ju. M. Lotman und V. V. Ivanov mitwirken.

Im Jahre 1971 verliert Bachtin seine Frau. Er wohnt nun in einem Altenwohnheim in der südlich von Moskau gelegenen Stadt Klimovsk. Er bekommt im Jahre 1972 die Möglichkeit zum Aufenthalt in der bekannten Künstler- und Schriftstellerkolonie Peredelkino. Später bezieht er eine Wohnung in einem der Moskauer Häuser des Schriftstellerverbandes. Soweit es sein Gesundheitszustand gestattet, kommt es hier zu Begegnungen mit russischen und ausländischen Gelehrten. Eine späte Freundschaft verbindet Bachtin mit dem Maler Jurij Seliverstov, der im Jahre 1973 ein Porträt Bachtins zeichnet.[22] Es zeigt ein faltenzerfurchtes Gesicht, dessen skeptischer Blick auf überraschende Weise zugleich optimistisch wirkt. Das Porträt gibt außer dem Kopf nur die durch das Weiß des Blattes von ihm getrennte schmalfingrige Hand wieder, als sollte es den Zusammenhang und gleichzeitig die Distanz von Kopf und Hand, von Denken und Schreiben versinnlichen. Seliverstovs Dostoevskij-Porträt zeigt gleichfalls nur Kopf und Hand des Künstlers; es ist in einen ovalen Rahmen gefaßt, wie sie bei Spiegeln gebräuchlich sind. Die eine Zigarette haltende Hand Bachtins erweckt den Eindruck, seitenverkehrt wiedergegeben zu sein, als blicke der Porträtierte in einen Spiegel. Es ist, als ziehe der Maler die Summe ihres Werks: Erkenne dich selbst.

Eine Würdigung der Arbeiten Bachtins im Publikationsorgan der Akademie der Wissenschaften durch den Dostoevskijkenner G. M. Fridlender (1971), den Leningrader Professor für russische Literatur M. Mejlach sowie Viktor Žirmunskij (alle sind Mitarbeiter des Leningrader *Instituts für russische Literatur »Puškinskij dom«*) bekräftigt auch äußerlich den Rang, der Bachtin nun in der sowjetischen Literaturwissenschaft zugemessen wird. In rascher Folge erscheinen seither viele seiner Arbeiten aus den 20er, 30er und 40er Jahren zum Problem von Autor und Held, zur Geschichte und Theorie des Romanwortes, zum Verhältnis von Raum und Zeit im Prosatext, zur Lachkultur und schließlich zur Literatur- und Texttheorie. Das Erscheinen des seit 1972 angekündigten ersten Bandes gesammelter Aufsätze, an dessen Vorbereitung Bachtin in den letzten Lebensjahren gearbeitet hat, verzögerte sich jedoch: er erscheint posthum. Am 8. März 1975 ist Bachtin gestorben.

Anmerkungen

1 Der Name *Bachtin* ist mit Hilfe des Possessivsuffixes – *in* aus *bachtá* (›Baumwollgewebe‹, ›Leinwand‹) gebildet, das sich seinerseits auf tschagataisch *baxta* (›Baumwolle‹) zurückführen läßt. Vgl. S. B. Veselovskij, *Onomastikon. Drevnerusskie imena, prosvišče i familii.* M. 1974, S. 29, der den Namen *Bachtiny* seit dem 16. Jh. im Gebiet von Tula nachweist.

2 I. I. Bachtin war einer der Begründer der frühesten sibirischen literarischen Zeitschrift *Irtyš, prevraščajuščijsja v Ippokrenu*, an der auch Sumarokov mitgewirkt hat. Einige seiner Gedichte sind in der Ausgabe *Poėtiy-satiriki konca XVIII – načala XIX veka*, L. 1959, zugänglich. N. I. Bachtin gehörte mit Griboedov, A. A. Žandr und D. P. Zykov zum Kreis um Katenin, der später den Dekabristen nahestand. Er hat die Werke Katenins ediert.

3 Kožinov/Konkin, 1973, S. 6; A. I. Vvedenskij (1856-1925), Professor an der Petersburger Universität seit 1888 und seit 1899 Präsident der Petersburger Philosophischen Gesellschaft, war Neokantianer. In seinem Hauptwerk, *Psychologie ohne jede Metaphysik* (1914), kritisiert er die empirisch-experimentelle Psychologie, die Logik betrachtet er als Bestandteil der Erkenntnistheorie. Ju. K. Oksman erinnert sich: »Die Vorlesungen und Bücher von Professor A. I. Vvedenskij propagierten den Neokantianismus, und daher waren fast alle Philologiestudenten heftige Gegner

des Vulgärmaterialismus [...]. Die Geschichte der neueren Philosophie kannten wir nach Windelband, und wir betrachteten diejenigen voller Mißtrauen, die Paulsen, Mach und Avenarius den Vorzug gaben. ›Die Geisteswissenschaften‹ [deutsch im Original] stellten wir im Gefolge W. Diltheys und Rickerts (beide kannten wir nur vom Hören-Sagen) den Naturwissenschaften gegenüber.« (Übersetzt aus: Ju. N. Tynjanov, *Poètika. Istorija literatury. Kino.* M. 1977, S. 455.)

4 Vgl. R. F. Christian, »Some Unpublished Poems of Nicholas Bachtin.« In: *Oxford Slavonic Papers,* 10, 1977, S. 107-119. Unter diesen Gedichten findet sich eines, das, an Michail Michajlovič gerichtet, das nunmehr schwierige Verhältnis zwischen den Brüdern belegt. Von den Publikationen Nikolaj Bachtins waren mir die folgenden zugänglich: N. Bachtin, »O razume.« In: *Zveno,* 1927, 4, S. 195-203; ders., »Dva oblika Valeri.« In: *Zveno,* 1927; ders., »Četyre fragmenta.« In: Zveno, 1928, 3, S. 133-138.

5 N. Bachtin, *Introduction to the Study of Modern Greek.* Ders., »Mayakovski«. In: *Oxford Slavonic Papers,* 2, 1951, S. 72-81. Ders., »Pushkin«. In: *Oxford Slavonic Papers,* 11, 1964, S. 38-45.

6 In den Heften 2-6 der im Jahre 1921 in Vitebsk erschienenen Zeitschrift *Iskusstvo (Kunst)* findet sich eine Reihe von Hinweisen auf Bachtin, Medvedev und Vološinov. Sie alle werden in einer Notiz in Heft 4-6, S. 48, unter der Überschrift *Literarisches Studio des Rates der Werktätigen der Kunst* unter der Rubrik »Professoren und Dozenten« aufgeführt. Als Gegenstände der Lehre werden genannt: »Ästhetik, Theorie des künstlerischen Schaffens, westliche und russische Literatur, Theorie und Geschichte der Künste und russische Journalistik.« Diese Hefte enthalten die folgenden Beiträge von Medvedev und Vološinov: P. Medvedev, »K postanovke ›Dantona‹ Romen Rolana.« In: *Iskusstvo,* 2-3, S. 25; ders., »Pokazatel'nyj soektakl‹ studii pri klube im. Lunačarskogo«, a.a.O., S. 26; ders., »Nekrolog auf A. Blok«, a.a.O., 4-6, S. 14-17; ders., »O literaturnom nasledstve Dostoevskogo«, a.a.O., S. 49. V. Vološinov, Rezension von: K. Ėjges, *Očerki po filosofii muzyki,* Bd. 1, ²Moskau 1918, in: *Iskusstvo,* 2-3, S. 29 f.; ders., »Problema tvorčestva Betchovena«, a.a.O., 4-6, S. 14-17.

7 A. P. Čudakov, »Rannie raboty V. V. Vinogradova po poètike russkoj literatury«. In: V. V. Vinogradov, *Izbrannye trudy. Poètika russkoj literatury.* M. 1979, S. 465-481, hier S. 465-469.

8 »Otčet o naučnoj dejatel'nosti Otdela Slovesnych Iskusstv G.I.I.I.« In: *Poètika,* Bd. 1, L. 1926, S. 155-162, hier S. 156. »Otčet o naučnoj dejatel'nosti Otdela Slovesnych Iskusstv G.I.I.I. s 1/I 1925 po 1/I 1928.« In: *Poètika,* Bd. 4, L. 1928, S. 149-155, hier S. 152. Medvedev ist im Jahre 1922 überdies Redakteur der Zeitschrift *Zapiski Peredvižnogo teatra P. P. Gajdeburova i N.F. Skarska.*

9 L. V. Pumpjanskij (1922, 1973).

10 I. S. Turgenev, *Sočinenija.* Pod red. K. Chalabaeva i B. Ėjchenbauma. 12 Bde. M.-L. 1929-1934, Einleitungen zu den Bänden 6-10 von Pumpjanskij.

11 M. I. Tubjanskij, *Obrascy Bengal'skoj literatury.* (Pg.) 1923. Einleitung zu: R. Tagor, *Sočinenija,* 7. Bde. Moskau 1923-1927.

12 A. Leznev, »Na pravom flange. (O žurnalach ›Rossija‹ i ›Russkij sovremennik‹).« In: *Pečat' i revoljucija,* 1924, 6, S. 123-130. G. Lelevič, »Nesovremennyj ›Sovremennik‹«. In: *Bol'ševik,* 1924, 5/6, S. 146-151. N. Cužak, Udivlajsja, no ne podražaj. ›Russkij sovremennik‹.« In: *Al'manach Proletkul'ta.* M. 1925, S. 170-174. Es verwundert, daß in der dt. Ausgabe von Medvedevs Buch *Die formale Methode in der Literaturwissenschaft* (Medvedev, 1976, S. 239) ausschließlich die radikale zeitgenössische Polemik der Verfechter einer proletarischen Literatur gegen den *Russkij sovremennik* herangezogen wird, während die sachliche Darstellung von M. Čudakova (»Novye avtografy Pasternaka«. In: *Zapiski Otdela rukopisej Gosudarstvennoj biblioteki SSSR imeni Lenina,* Bd. 32, M. 1971, S. 208-210) unberücksichtigt bleibt. Vgl. dazu neuerlich: Ju. N. Tynjanov, *Poètika. Istorija literatury. Kino.* M. 1977, S. 463 f., 471 f.

13 »Perepiska A. M. Gor'kogo s I. A. Gruzdevym.« In: *Archiv Gor'kogo,* Bd. 11, M. 1966, S. 29.

14 G. G. Superfin, »B. L. Pasternak – kritik formal'nogo metoda«. In: *Trudy po znakovym sistemam,* Bd. 5, Tartu 1971, S. 528-531.

15 W. Kasack, »Obėriu. Eine fast vergessene literarische Vereinigung.« In: *Forschung und Lehre.* Hamburg 1975, S. 292-298; dort weitere Literaturangaben.

16 A. Solženicyn, *Der Archipel Gulag.* Bern/München 1973, S. 60.

17 *Kratkaja literaturnaja ėnciklopedija.* Bd. 8, M. 1975, Sp. 905.

18 N. N., »Rable v istorii realizma.« In: *Vestik Akademii nauk SSSR,* 1947, 5, S. 123.

19 V. V. Vinogradov / N. Ljubimov / K. Fedin, »Kniga, nužna ljudjam.« In: *Literaturnaja gazeta*, Nr. 74, 23. 6. 1962.

20 Diese und eine Reihe weiterer Informationen verdanke ich einem Gespräch mit Vladimir N. Turbin (Moskau), das am 19. November 1977 in Zagreb stattfand.

21 Vgl. V. Seduro, »M. M. Bachtin.« Nekrolog. In: *Bulletin of the International Dostoevsky Society*, 6, S. 33 f.

22 Vgl. V. A., »Chudožnik Ju. Seliverstov. Opyt charakteristiki.« In: *Vestnik russkogo christianskogo dviženija*, 120, 1977, 1, S. 265-276, besonders S. 268-271.

Rainer Grübel
Zur Ästhetik des Wortes bei Michail M. Bachtin

Aufgabenstellung und Verfahren

Diese einleitenden Bemerkungen zur Bachtinschen Wortästhetik setzen sich weder das Ziel, die Gedanken Bachtins aus den 20er bis 70er Jahren, soweit sie uns in publizierter Form zugänglich geworden sind, zu einem (notwendig ahistorischen) Gesamtsystem zu schließen, noch ihren Entwicklungsgang rein historisierend nachzuzeichnen, noch will es uns lohnend erscheinen, die Aktualität dieses bewußt inaktuellen Denkens an ausgewählten Beispielen vor Augen zu führen. Statt dessen soll versucht werden, einige Voraussetzungen dieses Denkens, seine Einheit in der Struktur und Objektbestimmung sowie einige seiner Folgerungen anhand von Kernfragen zu bestimmen, auf die es sich konzentriert zu haben scheint. Dabei soll zugleich deutlich werden, wie das Bachtinsche Denken sich in der Auseinandersetzung mit herrschenden Meinungen herausgebildet, seinen dialogischen Charakter erlangt und eine spezifische Kontinuität gestiftet hat.

Als Bezugsmodell dient eine Semiotik, die den Bezeichnungsprozeß (Semiose) als Vermittlung zwischen Subjekt und Objekt oder zwischen Subjekt und Subjekt versteht und auf einer dreiwertigen Fundierung des Zeichens beharrt, wie sie von Peirce begründet worden ist: ein Zeichen (Z) bezeichnet ein Bezeichnungsobjekt (O) für einen Zeicheninterpreten (I), wobei ein Interpretant als eine durch Konsensus begründete Interpretationsregel eine adäquate Identifikation und Interpretation des Zeichens ermöglicht.

1. Einige Voraussetzungen der Wortästhetik Bachtins

Spätestens am Ende des vorigen Jahrhunderts ist die noch vergleichsweise junge Ästhetik bereits in ein äußerst kritisches Stadium ihrer Entwicklung eingetreten. Die zahlreichen um die Jahrhundertwende erschienenen Ästhetiken sind weniger geeignet, dieses Urteil – wie man vermuten könnte – zu widerlegen, als vielmehr es mit aller wünschenswerten Deutlichkeit zu belegen. Hatte die allgemeine Ästhetik nach der Formästhetik Kantscher Prägung in der Gehaltsästhetik des deutschen Idealismus (vor allem: Schelling und Hegel) noch einen systematischen Charakter angenommen, mit einer Grundlegung freilich, die bei Hegel etwa die Selbstaufhebung in reine Erkenntnis impliziert, so war der nächste große Entwurf im philosophischen Denken Nietzsches zur durchaus asystematischen, ja aphoristischen Projektierung einer Philosophie künftiger Kunst aus der Negation gegenwärtiger Kultur geraten. Ist die Ästhetik Hegels im Grunde theoretisch und retrospektiv, so wird die Nietzschesche Ästhetik durchaus prospektiv und praktisch. Am Jahrhundertende fand sich nun jene in ihrem geschichtsphilosophischen Kern von der Geschichte der Künste widerlegt (sie hatten wider Erwarten überdauert) und diese von der künstlerischen Evolution in ihrer avantgardistischen Substanz eingeholt und damit ihres prognostischen Wertes beraubt. Neue, die Erkenntnis befördernde ästhetische Modelle werden weniger von Philosophen als von Künstlern entworfen.

Die akademische Ästhetik hatte ihre einstige Einheit in mehrfacher Hinsicht eingebüßt; neben die fortwirkende Tradition der Gehaltsästhetik war in Gestalt des Neokantianismus (Herbart) der Rekurs auf die Formästhetik, war – gefordert und befördert von der beschleunigten Entwicklung der Technologien angewandter Künste – die von Semper begründete Ästhetik der Materialien, Techniken und Funktionen (»Gebrauchszweck«) getreten und zur Materialästhetik fortentwickelt worden. Auch im Hinblick auf die Einheit ihres Gegenstandes hatte die allgemeine Ästhetik ihre Selbstgewißheit verloren – nicht mehr von *der Kunst* sollte die Rede sein, sondern von *den Künsten.* Dem entsprach die zunehmend separate Entwicklung von Kunstwissenschaft, Musikwissenschaft und Literaturwissenschaft in der zweiten Hälfte des vorigen Jahrhunderts. Der Aufspaltung von Wissenschaft und Objekt entsprach die der Methode: Unvermittelt standen der auf Taine zurückgehende Soziologismus, der sich rasch ausbreitende Psychologismus (von dem die morphologische Methode ihren Ausgang nimmt) und der im Entstehen begriffene Phänomenologismus in der Kunstbetrachtung nebeneinander und sahen sich von der hermeneutischen Methode der Lebensphilosophie Diltheys in Frage gestellt.

In der russischen Ästhetik des 19. Jahrhunderts hatte sich in wechselseitiger Begünstigung mit der Entwicklung des russischen Realismus vor allem die Gehaltsästhetik Hegelscher Prägung durchsetzen und gegen alle Kritik behaupten können (Belinskij, Černyševskij, Dobroljubov, Pisarev) und schließlich eine materialistisch-monistische Gestalt angenommen (Plechanov, Bogdanov). Die Formästhetik fand in der Humboldt-Tradition in dem ukrainischen Sprachtheoretiker Potebnja ihren wohl wichtigsten Vertreter im ostslavischen Bereich. Diese Linie ist von dem russischen Husserlschüler Špet mit hermeneutischen und phänomenologischen Methoden verknüpft worden. Noch während des Ersten Weltkrieges kündigt sich im Rahmen der *Formalen Schule* in Rußland eine wirkungsvolle materialästhetische Konzeption an.

In dieser heterogenen Vielfalt der Kunsttheorie, ihrer Objekte und Methoden hat Bachtin Ansätze einer synthetisierenden Betrachtungsweise bei seinem Petersburger Hochschullehrer Tadeusz Zieliński finden können. Dieser aus Polen gebürtige klassische Philologe hat die Kenntnis des Wundtschen Psychologismus und damit die Auffassung von der Sprache als einem Prozeß aus Leipzig, wo er im Jahre 1880 sein Studium abgeschlossen hatte, nach Rußland vermittelt (Zielińskij, 1902), diese Vermittlung allerdings bereits mit der Kritik mangelnder Berücksichtigung des soziologischen Moments – *des Prinzips der soziologischen Selektion* (Zieliński 1923: 3) – verbunden. Daneben war er einer der kritischen Vermittler der Nietzscheschen Philosophie[1]; die Nietzschesche Gegenüberstellung von bewußtem und unbewußtem Ich (Nietzsche 1962, 3: 747) hat er zur Opposition von *kleinem Ich* und *großem Ich* (vermeintliche vs. wirkliche Triebkräfte des Daseins) umformuliert (Zieliński 1923: 3), die bei Bachtin ihren Niederschlag in der Dichotomie von *großer Zeit* und *kleiner Zeit* (s. u. S. 73) ihren Niederschlag gefunden hat. An Nietzsche kritisiert Zieliński (1923: 91) vor allem die Verabsolutierung des individualistischen Prinzips, der Idee der individuellen Freiheit, die er mit der Idee des Gemeinwesens, wie sie im sozialistischen Prinzip Lassalles formuliert sei, vermittelt sehen will. (Hier kann einer der Impulse für die soziale Fundierung der Semiotik im Bachtinkreis liegen.)

Zieliński (1923: 91) hat – vermutlich im Anschluß an Windelband – für die historischen Wissenschaften eine normative Denkweise mit Entschiedenheit abgelehnt; an die Stelle normierenden Zwanges solle als entscheidendes Kriterium die Überzeugungskraft treten. Die ihr angemessene Form des Diskurses ist der Dialog (Zieliński 1923: 80). Die historische Betrachtungsweise wird dabei auf eine hermeneutische Methodologie gegründet; in seinem Cicero-Buch hat Zieliński (1912: 299) seine eigene Methode bei der Erfassung der Cicero-Rezeption folgendermaßen charakterisiert:

»Nachdem ich jene Quellenuntersuchungen gelesen hatte, nahm ich einerseits die Schriften der Kirchenväter vor, andererseits die der später zu besprechenden Aufklärungsmänner und stellte sozusagen mein Urteil auf ihre Bedürfnisse ein. Dann kehrte ich zu C.[icero] zurück und las mit ihren Augen seinen ganzen politischen Nachlaß durch.«

Bei der Begründung seiner Theorie des Prosarhythmus hat Zielinsky (1904, 1913) statistische Methoden angewandt, bei der Analyse und Darstellung der Zeitrelationen in Homers Epen taxonomische Verfahren (Zieliński 1901) gebraucht. Diese Methodenvielfalt hat bei ihm das Stadium des Eklektizismus nie ganz überwinden können; seine Versuche, den Methoden ein gemeinsames Fundament zu geben, stehen in der Tradition einer psychologisierenden Kulturgeschichte, die des »Geistes der Völker« als eines Kollektivsubjekts habhaft zu werden trachtet. Diesem Versuch einer einheitlichen Fundierung der Literaturwissenschaft hat Bachtin nicht folgen können.

2. Allgemeines und Besonderes

2.1 Zur Bestimmung des Gegenstandes von allgemeiner und spezieller Ästhetik

Erklärtes Ziel der Vertreter der *Formalen Schule* in der russischen Literaturwissenschaft war es, die Spezifik des Gegenstandes literaturwissenschaftlicher Forschung zu bestimmen; sie nannten sich selbst daher auch *Spezifikateure* (Ejchenbaum 1925: 3). Die im *Moskauer linguistischen Zirkel* und in der Petrograder *Gesellschaft zur Erforschung der poetischen Sprache* (OPOJaZ) zusammengeschlossenen Sprach- und Literaturwissenschaftler waren sich einig in der Bemühung, die Besonderheit sprachlicher Kunstwerke aus der Qualität ihres Materials – der »poetischen Sprache« – herzuleiten und zu definieren. Ihre Aufmerksamkeit galt deshalb dem Verhältnis von künstlerischer und nichtkünstlerischer Sprache.

Gegen diese Begründung des Gegenstandes der Literaturwissenschaft wendet Bachtin (s. u. S. 96 f.) ein, hier werde der von vornherein zum Scheitern verurteilte Versuch unternommen, den Kunstcharakter sprachlicher Kunstwerke im Rahmen einer speziellen Ästhetik zu bestimmen. Gerade das Programm, die Besonderheit sprachlicher Kunst zu erkennen, mache es erforderlich, sie mit dem Allgemeinen jeglicher Kunst ins Verhältnis zu setzen. Diese dialektische Weise der Begriffsentfaltung ist für die Methode Bachtins charakteristisch; so wird das allgemeine Korrelat des Besonderen »Sprachkunst« – Kunst nämlich – seinerseits zum Besonderen des Allgemeinen »Kultur«. Der Natur gegenübergestellt, gewinnt Kultur ihre Einheit aus der Gesamtheit gnoseologischer, ethischer und ästhetischer Werte. Der Bezug auf diese axiologisch fundierte Einheit ist die Bedingung der Möglichkeit von Sinnstiftung durch Erkenntnis, ethische Handlung oder ästhetische Gestaltung.

Als Gesamtbereich ästhetischer Werte steht die Kunst in der Einheit der Kultur nur der Wirklichkeit von Erkenntnis (erkannter Wirklichkeit) und Handlung (ethisch bewerteter Wirklichkeit) gegenüber. Stimmt Bachtin hierin mit der Konzeption A. A. Smirnovs (1923) überein, so trennt ihn die Auffassung von der wissenschaftlichen Erfaßbarkeit künstlerischer Strukturen deutlich von Smirnovs ästhetischem Agnostizismus. Während nun aber die Erkenntnis von der axiologischen Realität ästhetischer Geformtheit und ethischer Handlung notwendig absieht und die ethische Handlung in ihrer axiologischen Dichotomie von Sein und Sollen gnoseologische wie auch ästhetisch geformte Wirklichkeit als ethisch nicht wertrelevant ausschließt, werden in der Kunst die komplementären Wirklichkeiten von Erkenntnis und Handlung nicht eliminiert, sondern konkretisiert, vereinigt und vollendet.

Notwendige Voraussetzungen dieser Einheit von individualisierter und isolierter Erkenntnis und Handlung im Ästhetischen ist das Prinzip der Isolation, wie es bereits in der lebensphilosophischen Ästhetik Rickerts (1920: 160) zum Ausgangspunkt der Bestimmung des ästhetischen Wertes erhoben oder in der psychologisierenden Einfühlungsästhetik Lipps (1920: 38) als *ästhetische Isoliertheit des ästhetischen Inhalts* oder als *Prinzip der ästhetischen Negation* auf das Inhaltsmoment beschränkt wird. Für Bachtin ist die isolierende Sonderung des Ästhetischen ein Konstituens der Dialektik von Einheit und Vielfalt; erst die individualisierende Vielfalt ist imstande, die Einheit von Erkenntnis und Handlung in der Fiktion als der Kehrseite der Isolation herzustellen. Die Isolation geht notwendig einher mit der Aufhebung einiger Restriktionen, die aus der Einheit des ethisch bewerteten Ereignisses entspringen, sie ist damit die Voraussetzung für eine Sonderung sui generis, die Individuation, die partielle Lösung aus der Einheit der Natur, aus der natürlichen Offenheit der Zeit nach der Zukunft hin als der Bedingung der Möglichkeit von Vollendung. Gegen den Psychologismus beharrt Bachtin darauf, daß künstlerische Produktion und Rezeption es nicht mit psychologischen Subjekten zu tun haben, sondern mit ethischer Wertung unterliegenden Handlungssubjekten und den sozialen Beziehungen zwischen ihnen.[2] Konstitutiv für die Kunst ist das erkennende Miterleben und Mitbewerten, kraft dessen Gehandeltes in Erkanntes übergeführt wird und Erkanntes in Gehandeltes. Dies unterscheidet die Ästhetik Bachtins fundamental von der Gehaltästhetik Hegelscher Provenienz.

Gegen die Materialästhetik des frühen Formalismus wendet Bachtin ein, gerade die Auflösung der Poetik in Linguistik bringe die Spezifik des Poetischen zum Verschwinden. In semiotischen Kategorien gedacht, bedeutet das: gerade die Reduktion der ästhetischen Semiose auf die Eigenschaften der Signifikanten verbirgt die Spezifik künstlerischer Zeichenverwendung. Nicht das ästhetisierte Wort (in der Sprache der Formalen Schule: *das Wort der poetischen Sprache*) ist Material der Dichtung, sondern das linguistische Wort. Mit anderen Worten: Sprachliche Kunstwerke arbeiten nicht mit ästhetischen Signifikanten, sondern mit sprachlichen Signifikanten. Schon im Jahre 1924 lehnt Bachtin aus grundsätzlichen Erwägungen zur Spezifik der Metasprache der Linguistik die Übertragung der linguistischen Kompositionslehre auf die poetische Kompositionslehre ab. Diese Ablehnung gründet sich auf die Unterscheidung zwischen linguistischem Satz und konkreter Äußerung:

»Die einzelne Äußerung ist immer in einem wertmäßig-sinnhaften Kontext gegeben [...] Die Linguistik sieht in ihr jedoch lediglich eine Erscheinung der Sprache, bezieht sie auf die Einheit der Sprache, keineswegs aber auf die Einheit des Begriffs, der Lebenspraxis, der Geschichte, des Charakters, einer Person u. dgl. m.«

Die Sprache im Sinne der (frühstrukturalistischen) Linguistik ist für die Dichtung nur ein technisches Moment; als solches wird sie von der Sprachkunst überwunden.[3]

Bachtin rekurriert hier offenbar auf die Differenzierung von äußerem Kunstwerk und ästhetischem Objekt in der früh ins Russische übersetzten *Philosophie der Kunst* von Broder Christiansen. Während in der Formalen Schule bei Šklovskij zuerst die rezeptionstheoretische Kategorie der *Differenzqualität* Christiansens auf die Kategorie der *Verfremdung* (eigentlich: des Seltsammachens) und später bei Ėjchenbaum (1922:9) der hierarchisierende Terminus der *Dominante* auf die Theorie der literarischen Struktur und bei Tynjanov (1969: 451) die Theorie der literarischen Evolution gewirkt haben, ist die Dichotomie von Kunstwerk und ästhetischem Objekt erst im Jahre 1927 von Sergej Bernštejn (1972: 342 f.) im Rahmen der Begründung einer Theorie der Deklamation aufgegriffen, zugleich aber explizit semiotisch formuliert worden:

»Wir betrachten das Kunstwerk als Ausdruckssystem sui generis – als äußeres Zeichen eines emotional-dynamischen Systems außersinnlicher Elemente, die auf ungegenständliche Emotionen zurückgehen. Ein bestimmter, in bezug auf die Sprache irrationaler Gehalt [...], der das ästhetische Objekt (das Objekt ästhetischer Wahrnehmung) ausmacht, ist mittels eines äußeren Zeichens – des Kunstwerks – gegeben und wird aufgrund dieses Zeichens bei der Wahrnehmung neu geschaffen.«

Bernštejn (1972: 348) unterscheidet die drei Faktoren *Material*, *Komposition* und *emotionale Färbung* und verharrt damit im Rahmen psychologisierender Ästhetik. Bachtin sprengt mit seinen drei Kategorien *Material*, *Form* und *Inhalt* diesen Rahmen (er verstößt auch konsequent gegen das von Christiansen formulierte Gebot, man solle nicht von der Technik der Kunstwerke handeln und keine Formanalyse versuchen).

Das frühe Bachtinsche Modell vom Kunstwerk ist auf folgende Weise im Schema darzustellen:

Bereich	sprachliches Material	äußeres Werk	ästhetisches Objekt
Wechselbeziehung	dient zum Aufbau von ⟶		intendiert teleologisch ⟶
Struktur	sprachl. Konstruktion	Komposition	Architektonik
Formstatus	sprachliche Form	kompositionelle Form	architektonische Form »Form des Sehens«
Formcharakteristik	abstrakt	funktional	vollendet

Die Unterscheidung von kompositioneller und architektonischer Einheit läßt sich auf die bei Kant (1787: 860-862) begründete Dichotomie von *Aggregat* und *Architektonik* bzw. *technischer Einheit* und *architektonischer Einheit* zurückführen, deren erste den empirisch generierten schematischen Zusammenhang partieller Absichten bildet, während die zweite sich von einem obersten inneren Zweck ableiten läßt und ein systematisches Ganzes ausbildet. Die Architektonik des ästhetischen Objektes ist für Bachtin zwar die Sinnstruktur des ästhetischen Inhalts, doch wird die Einheit des ästhetischen Objektes nicht von seiner Sinnstruktur konstituiert, sondern von der Einheit sinnstiftender Aktivität, in der sich der Mensch als (sprachlich) kreatives Wesen wahrnimmt.

In der Unterscheidung von Komposition und Architektur[4] stimmt Bachtin mit der Auffassung vom Kunstwerk überein, wie sie zur gleichen Zeit (1923/1924, vgl. K. Florenskij 1971: 503) von P. A. Florenskij in *Die Analyse der Räumlichkeit in Werken der bildenden Kunst* vorgetragen worden ist:

»Das Kunstwerk ist immer zwieschlächtig (dvojstvenno) und in dieser Zwieschlächtigkeit gründet die Notwendigkeit eines zweifachen Zugangs zum Werk und folglich auch eines doppelten Schemas des Werks [...] Das Kunstwerk ist etwas an sich als die organisierte Einheit seiner abbildenden Mittel; im Einzelnen ist es die organisierte Einheit von Farben, Linien und Punkten sowie geometrischen Figuren überhaupt. Diese Einheit hat auch ein Grundschema ihres Aufbaus; eben dieses nennt man dann Komposition. [...]

Aber außerdem hat das Werk auch noch einen Sinn (smysl), die organisierte Einheit aller Mittel dient dem Ausdruck dieses Sinns.« (Ivanov 1976: 156).

Auf die aus der Sicht des Bachtinkreises grundlegende Frage der allgemeinen Ästhetik, wie in der Einheit der künstlerischen Konstruktion die unmittelbare Realität des einzelnen Werks mit der unendlichen Sinndimension vermittelt werden kann (Medvedev 1976: 154), versucht Bachtin eine Antwort zu geben, indem er das Kunstwerk phänomenologisch als Ereignis faßt, dem sich die historische Bestimmtheit des hic et nunc einprägt, ohne daß sie – wie in der Diltheyschen Kategorie des *Erlebnisses* – in den psychischen Binnenraum des Individuums eingeschlossen werden müßte. Hierin zeigt sich einer der wesentlichen Unterschiede der Bachtinschen Ästhetik zur formalsoziologischen Konzeption von G. O. Vinokur, mit der sie nicht nur die Absicht einer semiotischen Fundierung der Kunst-, ja Bewußtseinstheorie, sondern auch das erneute Nachdenken über den von der Formalen Schule so heftig attackierten Bildbegriff teilt. Ausgehend von der Diltheyschen Begriffsreihe Ausdruck – Erleben – Verstehen, hat Vinokur Mitte der 20er Jahre Grundprinzipien historischer Wissenschaften am Beispiel einer Theorie der Biographie zu bestimmen gesucht. Noch ganz im Sinne der von der Produktionsästhetik Arvatovs (1972: 53) geforderten Einheit von Kunst und Leben bezeichnet Vinokur das Herstellen eines Lebenszusammenhanges als kreative Leistung, doch bindet er diese – im Gegensatz zu Arvatov – nicht ans Kollektiv. Nicht das historische Ereignis, sondern das Erlebnis ist ihm konstitutiv für das Verhältnis von Persönlichkeit und Geschichte: »Das Erlebnis ist die innere Form der biographischen Struktur und damit Träger der spezifischen biographischen Bedeutung« (Vinokur 1927: 37). Durch diese Umdeutung des Diltheyschen Ausdrucksbegriffs in einen semiotischen – sie ist inspiriert von der semiotischen Interpretation des in der Tradition Humboldts und Potebnjas stehenden Begriffs der *inneren Form* durch Gustav G. Špet (1927) – wird das historische Ereignis zur materiellen Basis, auf der das biographische Ereignis als Erlebnis fungiert. Auf diese Weise gelingt Vinokur – konsequenter als dem jungen Bachtin – die Lösung von dem biologistischen Begriff der Evolution, wie er auch in der Theorie der Literaturgeschichte bei Tynjanov begegnet.

Bachtin beharrt auf dem Ereignisbegriff, der freilich im Sinne der Kantkritik der Marburger Schule, vor allem H. Cohens, nicht ein der

Erfahrung bestimmt gegebenes, sondern bereits transformiertes Material meint. Konstitutiv für diese Transformation zum Ereignis ist die Wertzuweisung; in dem Ereignis Kunstwerk wird so ein ganz axiologisches System zum Schnitt gebracht:

»In das ästhetische Objekt gehen alle Werte der Welt ein, jedoch mit einem bestimmten ästhetischen Koeffizienten; die Position des Autors und seine künstlerische Aufgabe sind in der Welt, im Zusammenhang mit diesen Werten, zu verstehen.« (Bachtin 1977: 151).

Noch dann, wenn bei Vinokur in der Deutung der Biographie das Leben zum Text wird und der späte Bachtin (1976: 128) die Betrachtung des Lebens als Textbetrachtung modelliert, liegt darin ein Unterschied ums Ganze, der sich am Textbegriff herauskristallisiert. Wird bei Vinokur die Chronologie der Ereignisse in die Syntax des Erlebnisses transformiert, also in eine linguistische Kategorie, so hat bei Bachtin der Begriff des Textes selbst Ereignischarakter, ist also eine historische Kategorie.

Die Einheit der Form des ästhetischen Objektes kann demnach nicht die Einheit seiner materiellen Organisation sein, sondern nur die Einheit der aktiven axiologischen Position des kreativen Autors oder Rezipienten, einer Position, die sich, durch das Wort vermittelt, auf den Inhalt richtet. Das künstlerische Sehen und Vollenden wird bestimmend für die literarischen Verfahren: »die Architektonik der künstlerischen Welt bestimmt die Komposition des Werks [. . .]« (Bachtin 1977a: 155).

Die Ereignishaftigkeit des ästhetischen Objektes wird abgeleitet vom Ereignischarakter des schöpferischen Aktes der Produktion/Rezeption. Dabei ist für den Autor selbst eine Außenposition, *Außerhalbbefindlichkeit* (*vnenachodimost'*, Bachtin 1977a: 155) dem Ereignis gegenüber wesentlich, eine Position, die – als Entsprechung von Isolation, Fiktion und Individuation – das Ereignis zu reiner Phänomenalität erhebt. Hier, wie in der Intentionalität des im Schaffens- oder Rezeptionsakt auf den Gegenstand (Sinngehalt) gerichteten ästhetischen Bewußtseins, ist der Einfluß der Husserlschen Phänomenologie unübersehbar.

Wenn Bachtin jedoch am Beispiel des Rhythmus die Einheit der Wiederholung von Ähnlichem auf die Einheit der sich von neuem wahrnehmenden Tätigkeit, der Wiederkehr von körperlicher und seelischer Bewegung gründet, klingt im Beharren auf der Bedeutung des produzierenden und reproduzierenden Subjektes (also der semiotischen Instanz des Interpreten) hinter der Husserlschen reflexiven, im Rahmen des Erlebnisses selbst verharrenden Wahrnehmung von Erlebnissen die Hegelsche Subjekt-Objekt-Dialektik nach. Hegel (o. J.: 392) hat den Reim bestimmt als

»die bloße Erinnerung des Geistes und Ohrs an die Wiederkehr gleicher oder verwandter Laute und Bedeutungen, eine Wiederkehr, in welcher das Subjekt sich seiner selbst bewußt wird und sich darin als die setzende und vernehmende Tätigkeit erkennt und befriedigt«.

Im Unterschied zu Hegel, aber auch zum reflexionsphilosophischen Begriff des *Ausdrucksverstehens* bei Dilthey wird von Bachtin die semiotische Dimension des Interpreten nicht auf Kosten der übrigen Dimensionen, vor allem des Zeichenträgers (Z), gewährleistet. Findet sich bei ihm, wie auch in der Kunstpsychologie von Lev S. Vygotskij (wohl im gemeinsamen Anschluß an Bechterev, 1924), eine angemessenere Berücksichtigung der Körperlichkeit des Interpreten, die bereits auf das Körper-Geist-Modell in der Psychologie Bachtins und ihre Ausformung in der Theorie des Grotesken vorausweist, so trennt ihn von Vygotskij dessen Bogdanov verpflichtete Auffassung von Kunst als »gesellschaftlicher Technik des Gefühls« (Vygotskij 1968: 17), die in der *Biomechanik* Mejerchol'ds (1974: 72-76) ihre theatralische, in der *Montage der Attraktionen* Ėjzenšteins (1974: 217-220) ihre filmische und schließlich in der *Linguo-Technik* und *Sozio-Technik* Arvatovs (1923: 91; 1930: 54) ihre programmatische Entsprechung hat. Vygotskij bestimmt die Spezifik des Kunstwerks anhand seiner von der Konkretisation absehenden Werkstruktur:

»Das neue Faktum der Kunst ist das Verfahren des Aufbaus dieser [auch vor dem Kunstwerk und außerhalb von ihm vorhandenen, R. G.] Elemente. Folglich liegt gerade im Unterschied der Struktur der Elemente und ihrer außerästhetischen Vereinigung der Schlüssel zur Enträtselung der spezifischen Besonderheiten der Kunst.« (Vygotskij 1968: 506, Anm. 13).

Von der Form der Kunstwerke will er durch die ästhetische Analyse zur Rekonstruktion der ästhetischen Reaktion und zur Bestimmung ihrer allgemeinen Gesetze gelangen. Letzten Endes zielt die Kunstpsychologie Vygotskijs auf eine Theorie der künstlerischen Wirkung, die mit ihrem Blick auf die ethisch-affektive Funktion der Kunst an die Anschauungen Tolstojs anknüpft. Vygotskij sieht im Kunstwerk einen affektiven Gegensatz, der, in zwei einander entgegengesetzte Richtungen weisend, an seinem Endpunkt vernichtet wird; diese Aufhebung der Affekt-Opposition bezeichnet er (1968: 271) mit dem Aristotelischen Begriff der *Katharsis*. Dieser Katharsisbegriff ist mit großer Wahrscheinlichkeit durch Vjačeslav Ivanov (1923: 9, 12, 199) vermittelt, der Katharsis als »reinigende, befreiende, heilende Lösung orgiastischer Verfolgungen [presledovanija]« durch das Pathos definiert hat. Im Gegensatz zu dieser psychologischen Funktionsbestimmung der Kunst gelangt Bachtin zu einer bewußtseinstheoretischen Bestimmung: Im Akt der kraft sozialer Wertung vollzogenen Vermittlung der Allgemeinheit des Sinns mit der Besonderheit der konkreten Existenz des Werks wird das Subjekt sich seiner selbst als eines schaffenden bewußt.[5]

Damit verwirft Bachtin sowohl die materialästhetische Auffassung von Kunst im frühen als auch die funktionalästhetische Bestimmung im späten Formalismus, sowie die technologischen Funktionsbestimmungen der Kunst in den formalsoziologischen Konzepten (Grübel 1979). Bewahrt er sich damit vor einem semiotischen Reduktionismus zugunsten des Zeichens, so schützt ihn die Kritik am Vulgärsoziologismus vor der Vernachlässigung des Zeichens und des Zeicheninterpretanten; den Psychologismus lehnt er wegen der Reduktion der Semiose auf die Dimension des Zeicheninterpreten entschieden ab. Während nun freilich die Bachtinschen Arbeiten aus der ersten Hälfte der 20er Jahre insofern noch einen *präsemiotischen* Status haben, als sie ein semiotisches Modell zwar implizieren, aber nicht zum Begriffsrahmen entfalten[6], explizieren die ästhetischen, vor allem aber die sprachtheoretischen Untersuchungen Bachtins und des Bachtin-Kreises aus der zweiten Hälfte der 20er Jahre dieses semiotische Modell. Den Anstoß dazu hat die Kritik an der semiologischen Sprachtheorie Ferdinand de Saussures gegeben.

2.2 Zur Bestimmung des Wortes im Spannungsfeld der Allgemeinheit von Sprache und der Besonderheit der sprachlichen Äußerung

Die im Bachtin-Kreis entwickelte Philosophie des Wortes entspringt der Auseinandersetzung mit den beiden wichtigsten abendländischen Sprachkonzeptionen: der Vorstellung von Sprache als ἐνέργεια, als Aktivität, als Bewußtseinsprozeß, der in Redeakten Wirklichkeit gewinnt, auf der einen und der Anschauung, Sprache sei ἔργον, sei Produkt, hinter dem ein stabiles Sprachsystem steht, wie es in Grammatiken und Wörterbüchern seinen angemessenen Ausdruck finden kann, auf der anderen Seite (Vološinov 1930: 49; 1975: 99). Die erste Konzeption, die sich in der Traditionslinie von Hamann, Herder, W. von Humboldt, Potebnja bis in die psychologistische Sprachphilosophie hinein fortsetzt, habe die Redeakte nur als individuelle Leistungen der Redesubjekte verstanden und von der sozialen Dimension aller Kommunikation abgesehen; sie wird als *individualistischer Subjektivismus* verworfen. Die andere (in der Entwicklungsreihe von Leibnizens *grammatica universalis* bis zum Begriff *langue* in der Sprachtheorie der Genfer Schule) habe sowohl von der Konkretheit der Redesubjekte als auch derjenigen der Redeakte abstrahiert und wird daher als *abstrakter Objektivismus* kritisiert. Während F. de Saussure die Sprache (langue) als *soziales* und *konkretes* Phänomen auffaßt und sie als homogenes Zeichensystem der *individuellen* Rede (parole) gegenüberstellt, ja sie zum Gegenstand der Sprachwissenschaft schlechthin erhebt, wird in den Arbeiten des Bachtin-Kreises nicht die Abstraktion *Sprache*, sondern die konkrete soziale *Äußerung* als genuiner Gegenstand der Sprachwissenschaft gefaßt:

»Die wahre Realität der Sprache als Rede ist nicht das abstrakte System sprachlicher Formen, nicht die isolierte monologische Äußerung und nicht der psycho-physische Akt ihrer Verwirklichung, sondern das soziale Ereignis der sprachlichen Interaktion, welche durch Äußerung und Gegenäußerung realisiert wird.« (Vološinov 1930: 96 f.; 1975: 157).

Dreißig Jahre später hat Bachtin (1976: 129), hieran anknüpfend, in seinem Entwurf einer Theorie des Textes, von dem noch die heutige Texttheorie lernen kann, die Opposition von *Sprache* und *Rede* mit der von (linguistischem) *Satz* und (kommunikativer) *Äußerung* sowie *Redesubjekt* (»verallgemeinerte ›natürliche‹ Individualität«) und *Autor der Äußerung* ins Verhältnis gesetzt und festgestellt:

»Man kann Sprache und Rede miteinander gleichsetzen, insofern in der Rede die dialogischen Grenzen der Äußerung verwischt sind. Sprache und Rede-Verkehr (als dialogischer Austausch vermittels von Äußerungen) sind jedoch niemals miteinander gleichzusetzen.« (Bachtin 1976: 129).

Hier wird der Ereignischarakter der Äußerung durch den Verweis auf ihre Unwiederholbarkeit gegenüber der Wiederholbarkeit des linguistischen Satzes begründet.[7] Die Vermittlung zwischen der Allgemeinheit des Sprachsystems und der Besonderheit der Redewirklichkeit, zwischen dem Wort als Bestandteil des linguistischen Satzes, als Element des Wörterbuchs usw., und dem Wort als Mittel der Kommunikation und Mitteilung besorgt wiederum die *soziale Wertung* (Medvedev 1976: 164); sie ist zugleich das Bindeglied zwischen der Besonderheit der Äußerung und der Allgemeinheit ihres Sinns, nimmt also in der Terminologie des oben zitierten semiotischen Modells die Stelle des Zeicheninterpretanten ein.

Das von Bachtin und seinem Kreis vielfältig erörterte Problem der Relation von Bedeutung und Bewertung (vgl. Vološinov 1930: 105; 1975: 168) hat bis in die Gegenwart hinein keine befriedigende Lösung gefunden. So hat Charles Morris (1964; 1975: 221 f.) im Rahmen seiner behavioristischen Semiotik (in Anlehnung an Mead) Werte als »Eigenschaften von Objekten relativ zu Präferenzverhalten« gefaßt und damit der Gefahr einer Substantialisierung der Werte nicht ausreichend vorgebeugt; auch der Begriff der *Wertsituation* kann nur als Relativierung dieser Eigenschaften erkannt werden, ist doch ausdrücklich von *Objekt-Werten* die Rede. Im Gegensatz zu dieser objektiv-relativen Bestimmung des Wertes sind für Bachtin Werte vor allem Inhalt von Wertungs*akten:* Die intersubjektive Wertzuweisung ist Bedingung der Möglichkeit von Semiose.[8] Nur als linguistische Kategorie ist das Wort wertfrei, genauer: ist seine Wertposition unbesetzt. Auf der Stufe der Äußerung jedoch nimmt das Wort notwendig einen Wertakzent an, der vor allem in der situationsbezogenen Intonation hervortritt.

Läßt sich die konsequente Bindung von Sinn-Verstehen an Wert-Verstehen durchaus noch vom Neokantianismus Rickerts (1921: 142) herleiten, so greift die soziale Fundierung der Wertung weit über diesen hinaus. Das Wort der konkreten Äußerung »ist gleichsam ein Enthymem« (Vološinov 1926: 251). Mit dem Begriff *Enthymem* ist hier nicht das Hauptmittel der aristotelischen rhetorischen Argumentation gemeint, sondern der unvollständige Syllogismus (syllogismus imperfectus), der wie das Wort der Äußerung bestimmte Momente der konkreten historischen Situation impliziert. Diese Situation (in der Terminologie der Kommunikationstheorie: die Kommunikationssituation) wird nun freilich nicht – wie im Psychologismus – als individualpsychologischer, sondern als sozial-objektiver Akt bestimmt:

»Das, was ich weiß, sehe, will und liebe, kann nicht impliziert werden. Nur das, was wir Sprecher alle wissen, sehen, lieben und bekennen, worin *wir* alle einig sind, kann zum implizierten Bestandteil der Äußerung werden.« (Vološinov 1926: 251).

Diese durch Konsensus gestiftete Einheit – sie entspricht ihrem Status nach der Experimentiergemeinschaft der Gelehrten bei Peirce – wird zum einen auf die Einheit der natürlichen Welt (qua Gleichzeitigkeit und Gemeinsamkeit des Raumes), zum anderen auf die Einheit der realen Lebensbedingungen, aus der die *Wertungsgemeinsamkeit,* die gemeinsame Zugehörigkeit zu ein und derselben sozialen Gruppe, hervorgeht, gegründet. An dieser Stelle unterläuft freilich ein Zirkelschluß, denn die realen Lebensbedingungen sind durch den Konsensus mitbewirkt, die Einheit auch der natürlichen Welt erst von ihm sichergestellt; hier wäre ein dialektisches Verständnis des Verhältnisses von Bewußtseinswirklichkeit und Wirklichkeit als Bewußtseinsinhalt am Platze. Davon unbeschädigt bleibt die Erkenntnis, daß der gemeinsame Horizont (der ja auch Voraussetzung *und* Ergebnis von Äußerungsverstehen ist) sich raumzeitlich je nach sozialer Organisation auf eine Familie, einen Stamm, eine Klasse, eine Nation, eine Gruppe von Nationen erstreckt und für die Dauer eines Tages, eines Jahres bis hin zu einer Epoche wirksam sein kann.

Diese Momente der Semiotik des Bachtin-Kreises haben sich mit hoher Wahrscheinlichkeit in der Auseinandersetzung mit den zeichentheoretischen Anschauungen Nietzsches herausgebildet. Im Abschnitt *Vom ›Genius der Gattung‹* enthält *Die fröhliche Wissenschaft* einen Passus (Nietzsche 1962, 2: 221 f.), in dem die Reflexivität des menschlichen Bewußtseins aus dem Bedürfnis nach Kommunikation abgeleitet und als zu überwindendes Durchgangsstadium der Gattungsgeschichte der Menschheit gebrandmarkt wird:

»[...] das Bewußtwerden unserer Sinneseindrücke bei uns selbst, die Kraft, sie fixieren zu können und gleichsam außer uns zu stellen, hat in dem Maße zugenommen als die Nötigung wuchs, sie *andern* durch Zeichen zu übermitteln. Der Zeichen erfindende Mensch ist zugleich der immer schärfer seiner selbst bewußte Mensch; erst als sociales Tier lernte der Mensch seiner selbst bewußt werden – er tut es noch, er tut es immer mehr. – Mein Gedanke ist, wie man sieht: daß das Bewußtsein nicht eigentlich zur Individual-Existenz des Menschen gehört, vielmehr zu dem, was an ihm Gemeinschafts- und Herden-Natur ist; [...] die Natur des *tierischen Bewußtseins* bringt es mit sich, daß die Welt, deren wir bewußt werden können, nur eine Oberflächen- und Zeichenwelt ist, eine verallgemeinerte, vergemeinerte Welt. [...]«

Die Semiotik des Bachtin-Kreises stimmt mit diesem Entwurf grundsätzlich darin überein, daß Bewußtsein sich in fortschreitender Kommunikation entwickelt und darin sein die Einzelexistenz des Menschen überschreitendes Moment hat. Nicht ist sie hingegen der These gefolgt, das Bewußtsein (gemeint ist das *reflexive* Bewußtsein) sei letztlich eine *Krankheit;* bewahrt hat sie freilich die Skepsis gegenüber der *Generalisierung*, der bedingungslosen Subordination des Besonderen unter das Allgemeine, doch verwahrt sie sich gegen einen Nominalismus, der nur dem Einzelnen Realität zubilligt. Ganz offenkundig gegen Nietzsche gewandt (wenngleich sein Name ungenannt bleibt) heißt es:

»Außerhalb einer Objektivation, außerhalb der Inkarnation in einem bestimmten Material (im Material der Geste, des inneren Wortes, des Schreis) ist das Bewußtsein eine Fiktion [...]. Doch das Bewußtsein als organisierender materieller Ausdruck (im ideologischen Bereich des Wortes, des Zeichens, der Zeichnung, der Farben, des Tons in der Musik usw.) dieses Bewußtseins ist ein objektives Faktum und eine gewaltige soziale Kraft.« (Vološinov 1930: 91; 1975: 151).

Das Universalienproblem wird aufgehoben in eine Theorie der semiotischen Praxis. In dieser Semiotik wird das Wort zur zentralen Kategorie; es ist »das ideologische Phänomen par excellence« (Vološinov 1930: 18; 1975: 60), weil es das Modell des Seins, wie es sich im Bewußtsein bildet, abbildet. Als linguistische Kategorie ist das Wort lediglich ein technisches Instrument; erst bei Berücksichtigung des Wahrheitswertes, der sozial vermittelten Wertung, kann der unwiederholbare Sinn des Äußerungsganzen, des *Themas* (Medvedev 1976: 173; Vološinov 1930: 101; 1975: 163) verstanden werden. Diese Vermittlungsfunktion der sozialen Wertung (des Zeicheninterpretanten) läßt sich folgendermaßen darstellen:

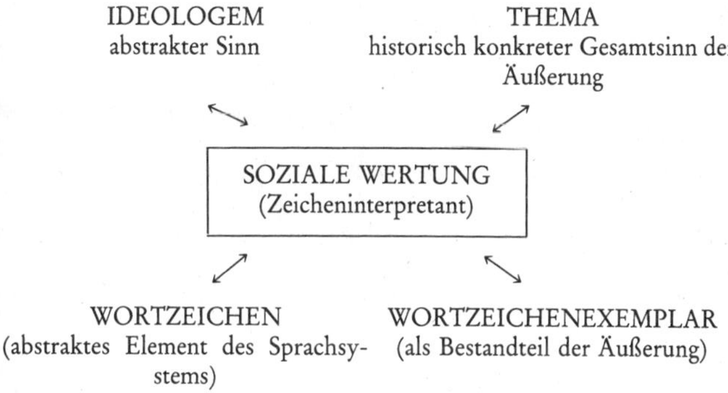

Schon der russische Hermeneutiker, Phänomenologe und Semiologe Gustav G. Špet (1923, 2: 8) hat das Wort in den Mittelpunkt seiner ästhetischen Betrachtungen gestellt und ihm einen spezifischen Zeichencharakter zuerkannt: »Das Wort ist ein Zeichen sui generis.« Wie später Bachtin, geht er dabei von der grundlegenden, der Gegenüberstellung von Natur und Kultur analogen Opposition von Ding (vešč') und Zeichen (znak) aus, hält aber im Gegensatz zu Bachtin die beliebige Transformation verbaler Zeichen in averbale und vice versa für möglich: »Das Wort kann die Funktion eines jeden anderen Zeichens wahrnehmen, und jedes beliebige Zeichen kann die Funktion des Wortes ausüben« (Špet 1923, 2: 11). Dem steht bereits Špets eigene Einsicht entgegen, daß die Wörter Verkörperungen von Vernunft sind und eine unauflösliche Einheit mit dem Denken bilden (Špet 1923, 2: 7, 33). Besonders deutlich hebt sich die Bachtinsche Semiotik von der Špets im Verständnis von *Sinn (smysl)* ab. Während Bachtin den Sinn, wie oben dargelegt, durch die soziale Wertung, also den Zeicheninterpretanten, vermittelt sieht, bestimmt Špet (1923, 2: 95) Sinn als »das Verhältnis von (genanntem) Ding und (gemeintem) Gegenstand«, das heißt als Relation von Denotat und Referent.

Ausgehend von einem Universalienrealismus, der die Idee als objektive, von nichtideeller Realität unabhängige Größe (universalia ante res) faßt, bildet Špet (1923, 3: 32-36) eine zweigliedrige Typologie des Wortes, die durchaus im Hegelschen Bezugsrahmen des Denkens in Bildern vs. Begriffen befangen bleibt. Im Anschluß an Potebnja (Differenzierung von *Symbol* und *Zeichen*[9]) unterscheidet Špet zwischen dem *Wort als Bild* (slovo-obraz) und dem *Wort als Terminus* (slovo-termin). Dieser Rekurs auf die von Šklovskij (1969: 1-13) radikal verworfene Kategorie des Bildes bestimmt die Trope im

Unterschied zu Potebnja jedoch nicht als *Vorstellung*, sondern als *verdinglichte Idee* bzw. *idealisiertes Ding*. Gegen diese enge zweigliedrige Typologie des Wortes, die schon der Theoretiker des russischen Konstruktivismus, K. Zelinskij (1929: 128 f.) durch die Auffassung des verbalen Bildes als einer Synthese von Begriff und Symbol zu überwinden trachtete, gegen eine Typologie, die Špet zur Ablehnung des Romans als ästhetischer Gattung geführt hat (Špet 1927), setzt Bachtin eine komplexe Typologie des ästhetischen Wortes.

2.3. Zur Typologie des ästhetischen Wortes auf der Ebene der konkreten Äußerung

Im Zentrum der Bachtinschen Metasemiotik – er selbst hat von einer *Metalinguistik* gesprochen (Bachtin 1972: 209 ff.) – steht die Typologie des ästhetischen Wortes. Sie ist von dem Moskauer Linguisten Vjačeslav Vs. Ivanov (1973: 18) als »eine Art periodisches System der Elemente zur Beschreibung von Prosa« charakterisiert worden. Will man dem Eindruck entgegenwirken, es handle sich bei Bachtin wie bei Mendeleev um die Konstruktion eines Systems anhand von empirisch überprüfbaren Kriterien, wo doch zur Unterscheidung der Bachtinschen Typen das Sinnkriterium unerläßlich ist, empfiehlt es sich, von einer *Typologie* zu sprechen. Der Bestimmung dieser Typen steht eine Schwierigkeit entgegen, die einerseits in dem geringen allgemeinen Entwicklungsstand der Metasemiotik ihre Ursache hat, sich andererseits aber einer Besonderheit der Bachtinschen Terminologie verdankt. Wolf Schmid (1974: 384) hat zu Recht von den »metaphorisch-metonymischen Benennungen des Autors [d. i. Bachtins, R.G.] und seinem ständigen Oszillieren zwischen eigentlichem und uneigentlichem Verwendungsbereich« bei Begriffswörtern gesprochen. Diese Beobachtung, die ihrerseits mit gewissen Momenten des Bachtinschen Wissenschaftsbegriffs zusammenhängt, soll dazu ermuntern, seine Begriffe – wo dies erforderlich und möglich ist – schärfer zu fassen.

In diesem Kontext ist vom Wort als vom *sprachlichen Zeichen in der Äußerung*, ja als vom Repräsentanten der Äußerung die Rede. Dieses äußerungsgebundene sprachliche Zeichen wird von Bachtin mittels einer Reihe von semiotischen Merkmalen bestimmt, die sich auf die jeweils vorwiegenden Kommunikationsfunktionen gründen (mein Begriff der Kommunikationsfunktion schließt mit dem Bühlerschen Begriff der Sprachfunktion an Husserls phänomenologische Ausdruckstheorie an):

1. direktes gegenstandsbezogenes Wort: in den Vordergrund tritt

die semantische Relation Z-O, während die pragmatische Relation Z-I ganz in den Hintergrund rückt. Dementsprechend herrscht die Mitteilungsfunktion vor;

2. dargestelltes, objekthaftes Wort: hier steht die pragmatische Relation Z-I im Vordergrund, das Wort dient zur Typisierung oder Charakterisierung des zeichenerzeugenden Interpreten. Kundgabe ist demgemäß die dominante Kommunikationsfunktion;

3. auf das fremde Wort eingestelltes Wort: bei diesem Wort erlangt die Relation des Zeichens zum Interpretanten besondere Bedeutung; das Zeichen dient zur Wiedergabe von Charakter oder Typus einer Person bzw. eines Stils durch die Äußerung, die mit dem darin zum Ausdruck kommenden Interpretanten nicht voll kongruiert. Vorherrschend ist die Interpretationsfunktion.

Die Komplexität dieser Typologie rührt daher, daß sie die Unterscheidungskriterien einerseits auf die phänomenologische Opposition von *gegenständlicher Beziehung* und *Bedeutung* (Husserl 1919, II, 1: 49), zum anderen aber auf eine Sprachstufenunterscheidung gründet, die der Trennung von *Objektsprache* und *Metasprache* bei Tarski (1935/1937) analog ist. Für das *direkte Wort* irrelevant (typologisch negativ relevant), ist die Sprachstufen-Unterscheidung für das *objekthafte Wort* Gegenstand der Betrachtung. Während aber jene als Gegenstand, von dem die Rede ist, eine angewandte Metasprache in explizierter Form voraussetzt, wird das objekthafte Wort zwar zum Gegenstand unserer Anschauung erhoben, doch so, daß es nicht in metasprachliche Rede eingebettet zu werden braucht. Noch gravierender ist der Unterschied der Bachtinschen Typologie des ästhetischen Wortes zu der Sprachstufen-Unterscheidung Tarskis für die Bestimmung des *auf ein fremdes Wort eingestellten Wortes.* Während Tarskis »semantische Ebenen« sich gerade dadurch auszeichnen, daß sie die eindeutige Unterscheidung von Metasprache als Sprache, in der von Sprache die Rede ist, und von Objektsprache als Sprache, über die in Metasprache verhandelt wird (die Unterscheidung von Sprache und Rede bleibt hier unberücksichtigt), jedes Wort einer beide Ebenen umfassenden Äußerung also unstrittig einer von ihnen zugeordnet werden kann, während sich also kraft der Sprachstufen-Unterscheidung semantische Antinomien wie *Ein Kreter sagt: »Alle Kreter lügen«* auflösen lassen, ist für den dritten Bachtinschen Typus gerade die Zwieschlächtigkeit auf *einer* Ebene konstitutiv:

»›Fremde Rede‹ ist Rede in der Rede, Aussage in der Aussage, aber gleichzeitig ist sie auch Rede über Rede, Aussage über Aussage.« (Vološinov 1930: 113).

Als Beispiel für die künstlerische Nutzung dieser Zwieschlächtigkeit des dritten Typus, der etwa zur Beschreibung der Einführung eines stilisierten Erzählers (skaz) herangezogen werden kann, soll hier die Leichenrede Antonius' auf Caesar in Shakespeares *Julius Caesar* dienen. Die Äußerung »For Brutus is an honourable man« wird darin einer wirkungsvollen Umdeutung unterzogen. Ein Wort wie *honourable*, das auf zwei oder mehr Sprecher mit je eigenem Interpretanten verweist, heißt bei Bachtin *mehrstimmiges* oder *dialogisches* Wort.

Für Bachtin hat die hier systematisch dargestellte Typologie des ästhetischen Wortes auch ihre historische Dimension. Sie hat ihren Ursprung in der Špetschen Kategorie der *Geschichte des ästhetischen Bewußtseins* (Špet 1923, 3: 41), entspringt ihr aber auch in dem Sinne, daß sie sich von ihr befreit. So lautet eine der Maximen des Bachtin-Kreises:

»Man kann das Werden des Wortes nicht erforschen, wenn man das Werden der Wahrheit und der künstlerischen Wahrheit im Wort und die menschliche Gesellschaft, für die diese Wahrheiten existieren, ignoriert.« (Vološinov 1930: 156; 1975: 235).

3. Einheit und Vielfalt

3.1. Zum Verhältnis von Wahrheit und Bewußtsein

»Dostojewskij hat keine Romane geschrieben, und die gestaltende Gesinnung, die in seinen Werken sichtbar wird, hat weder bejahend noch verneinend etwas mit der europäischen Romantik des 19. Jahrhunderts und mit den mannigfaltigen, ebenfalls romantischen Reaktionen gegen sie zu tun. Er gehört der neuen Welt an. Ob er bereits der Homer oder der Dante dieser Welt ist oder bloß die Gesänge liefert, die spätere Dichter, zusammen mit anderen Vorläufern, zur großen Einheit verflechten werden, ob er nur ein Anfang oder schon eine Erfüllung ist, das kann nur die Formanalyse seiner Werke zeigen. Und es kann erst dann Aufgabe einer geschichtsphilosophischen Zeichendeuterei sein, auszusprechen, ob wir wirklich im Begriffe sind, den Stand der vollendeten Sündhaftigkeit zu verlassen, oder ob erst bloße Hoffnungen die Ankunft des Neuen verkündigen: Anzeichen eines Kommenden, das noch so schwach ist, daß es von der unfruchtbaren Macht des bloß Seienden, wann immer, spielend erdrückt werden kann.«

Es mag überraschen, daß diese Endpassage von Lukács' großem, 1914 geschriebenen Essay mit nur geringfügigen Änderungen dem Dostoevskij-Buch Bachtins vorangestellt werden kann. Lukács stellt darin (1965: 158) Tolstoj als dem Vollender der vergangenen Romantik Dostoevskij als den Urheber einer neuen Entwicklungsphase der Literatur gegenüber. Während Bachtin sich nun jener Form- und Sprachanalyse widmet, die Lukács hier als Voraussetzung geschichtsphilosophischer Interpretation fordert, hat Lukács selbst sich mehr und mehr von ihr freigemacht und ist so später auf das neue Vorbild gekommen – auf Tolstoj. In seinem im russischen Exil geschriebenen Artikel *Der Roman als bürgerliche Epopöe* (Lukács 1935) hat er

Dostoevskij nicht einmal mehr der Erwähnung wert befunden.

Probleme des Schaffens bei Dostoevskij hat Bachtin sein Dostevskij-Buch in der Erstauflage von 1929 überschrieben und damit besser als mit dem den Neuausgaben und Übersetzungen vorangestellten Titel, *Probleme der Poetik Dostoevskijs*, zu erkennen gegeben, daß es sich hier zuallererst um einen Beitrag zur Produktionsästhetik oder, allgemeiner, zur *Objektivation des Geistes* (H. Hartmann 1962) handelt. Ausgangspunkt dieser Überlegungen zur Produktionsästhetik, die sich bereits in dem jüngst erschienenen Kapitel *Das Problem des Autors* (Bachtin 1977) aus einem noch unveröffentlichten Buch der 20er Jahre ankündigen, ist die Frage, auf welche Weise das Kunstwerk Bewußtsein (soznanie) zu repräsentieren vermag. Der von Cassirer (1954: 57) treffend als »der eigentliche Proteus der Philosophie« bezeichnete Bewußtseinsbegriff wird zur zentralen Kategorie der Philosophie des Wortes bei Bachtin. Im Gegensatz zu der seit Descartes und Leibniz vorherrschenden Konzeption von der Einheit des Bewußtseins, des Kantianischen »Bewußtseins überhaupt« – in deren Tradition der Bewußtseinsbegriff entweder substantiell oder funktional gefaßt wurde, eine wesentliche Individuation von Bewußtsein freilich undenkbar war (im Deutschen ist das Wort *Bewußtsein* bezeichnenderweise Singularetantum), ja als Erkenntnisobjekt der Psychologie oder gar Psychopathologie überlassen blieb[10] – ist bei Bachtin Bedingung der Möglichkeit einer Einheit von Wahrheit nicht, wie in der Kantnachfolge etwa noch bei Rickert (1921: 45) das singularisierte einheitliche Bewußtsein; Bewußtsein wird bei Bachtin (1929a: 78) vielmehr als »sozial und ereignishaft« verstanden, da sich Wahrheit im Schnittpunkt verschiedener Bewußtseine herausbildet. Der Ort aber, an dem sich diese Überschneidung bei den sozialen Subjekten ereignet, ist der Dialog.

Die von der Vorstellung eines Einheitsbewußtseins ausgehende, im Kontext der von R. Koselleck (1967: 205) auf ihren Begriff gebrachten *großen Zeit der Singularisierungen* stehende Konzeption kennt nur den rein pädagogischen Dialog, die Überführung von Unwissenheit in Bewußtsein oder ›falschen‹ Bewußtseins in ›richtiges‹ Bewußtsein: den Scheindialog. Dieser Pseudodialog ist lediglich ein linguistisch (und das heißt formal) dialogisierter Monolog, in dem *ein* Bewußtsein unangefochten vorherrscht. Der metalinguistische Begriff des Dialogs unterscheidet sich darin prinzipiell vom linguistischen, daß er dessen formales Kriterium der Beteiligung von mehr als einem Sprecher an der Rede durch das inhaltliche Kriterium der ideologischen Eigenständigkeit der Sprecher übersteigt.

Die Repräsentation von Bewußtsein in Kunstwerken bezeichnet

Bachtin als deren *Ideologie*. Sie setzt sich aus affirmierten und negierten Ideologemen zusammen. Die monologisches Bewußtsein repräsentierende Literatur der Neuzeit ordnet die affirmierten Ideologeme dem Bewußtsein des Autors zu, während die negierten Ideologeme untergeordneten Bewußtseinsinstanzen zugeschrieben werden. Besonders deutlich läßt sich das am Roman darstellen; die positiven Ideologeme verschmelzen hier zur Ideologie des Autors, während die negativen Ideologeme den Helden vorbehalten bleiben. Bringen die Helden affirmierte Ideologeme zum Ausdruck, so gehen sie in das Bewußtsein des impliziten Autors ein und gestatten keine bewußtseinsmäßige Differenzierung von Helden und implizitem Autor. Ideologizität kommt hier im Verband mit Subjektivität nur dem impliziten Autor zu – die Helden sind Objekte des Autorbewußtseins. In einer Literatur hingegen, die dialogisches Bewußtsein verkörpert, erlangen die Helden Subjektivität. Bedingung der Möglichkeit subjektfähiger Helden ist die Konstituierung von »fremdem Ich als Subjekt« (Bachtin 1929a: 14), das zum Träger einer eigenen Wahrheit wird.

Bachtin steht mit seiner Auffassung von den Werken Dostoevskijs zwei äußerlich gegensätzlichen und unter einem bestimmten Gesichtspunkt gleichwohl übereinstimmenden Dostoevskij-Interpretationen gegenüber. Der russische klassische Philologe und Dichter Vjačeslav Ivanov hat in symbolistischer Rezeption (darin war ihm bereits Merežkovskij vorausgegangen) die Romane Dostoevskijs als »Katastrophen-Romane«, als »Roman-Tragödien« (Ivanov 1916: 3, 21) bezeichnet, *Die Dämonen* geradezu »symbolische Tragödie«, »symbolischen Roman« genannt (Ivanov 1916: S. 61) und sie als Inkarnation von Mythen gedeutet. So faßt er z. B. die Idee von Schuld und Sühne als zentrale Idee der Dostoevskijschen Romane auf. Später hat er Dostoevskij in eine Reihe mit Nietzsche gestellt, wobei der Zusammenhang der Reihe durch den Mythos des Dionysos hergestellt wird:

»Haben nicht beide [Nietzsche und Dostoevskij, R.G.] an Dionys geglaubt, als an den ›Befreier‹ von den Fesseln der ›Individuation‹, der schopenhauerschen Ideologie und der Terminologie des einen gemäß – der ›Vereinzelung‹, und der ›Entzweiung‹ nach der Meinung des anderen?« (Ivanov, 1923, S. V).

Zwar knüpft Bachtin bei seiner Dostoevskij-Analyse an die von Ivanov vorgelegte Deutung an, vor allem an die Erkenntnis, daß dem fremden Ich in der Prosa eine eigene Wirklichkeit zukomme[11], aber er unterzieht die Ivanovsche Modellierung der künstlerischen Realisierung dieses Prinzips einer grundsätzlichen Kritik: indem Ivanov die

Romane Dostoevskijs als Tragödien beurteile, spreche er ihnen unter der Hand bewußtseinsmonologischen Charakter zu:

»Die Repliken des dramatischen Dialogs zerreißen die dargestellte Welt nicht, machen sie nicht vielschichtig; um wirklich dramatisch zu sein, bedürfen sie im Gegenteil der monolithischen Einheit dieser Welt. [...] Im Drama ist die Kombination geschlossener Horizonte zu einer Einheit, die oberhalb der Horizonte liegt, nicht möglich, denn der dramatische Aufbau bietet einer solchen Einheit keinen Halt.« (Bachtin 1929a: 25).

Mit dieser Kritik an der Ivanovschen Deutung der Romane Dostoevskijs wird zugleich das ihnen zugrunde liegende ästhetische Modell verworfen – freilich ohne daß es beim Namen genannt würde. Es ist dies die Modellierung der attischen Tragödie als Synthese von Apollinischem und Dionysischem in der Ästhetik Nietzsches. Dabei ist die Nähe der Opposition von monologischer und dialogischer Kunst bei Bachtin zur Dichotomie von apollinischer und dionysischer Kunst bei Nietzsche unverkennbar; der Maß- und Regelorientierung des Apollinischen entspricht die Gesetzestreue und Systemhaftigkeit des Monologischen, dem sich das Dialogische widersetzt wie das Dionysische dem Apollinischen als »dionysische Lösung von den Fesseln des Individuums« (Nietzsche 1962, 1: 114). Im Gegensatz zu Nietzsche, dessen Modell von der Drei-Schritt-Dialektik Hegels geprägt ist und die Versöhnung der antithetischen Glieder in der attischen Tragödie kennt, stehen sich im Bachtinschen Modell monologische und dialogische Kunst unversöhnlich gegenüber – weil das Dialogische selbst bereits ein Synthetisches ist, dem das Monologische innewohnt. Im Aufbau des Bachtinschen Modells nimmt daher der Dialog diejenige Stelle ein, die bei Nietzsche der attischen Tragödie zukommt. Daß Dialogisches und Dionysisches nicht zur Deckung zu bringen sind, erweist sich nicht zuletzt daran, daß der »dionysische Mensch« bei Nietzsche »das Sprechen verlernt« hat, während dialogische Kunst das Sprechen erst wirklich lernt. Wo beide den dramatischen Dialog dem appollinischen bzw. monologischen Prinzip zuordnen, kommt dagegen die homomorphe Position dieser Prinzipien in den beiden Modellen zum Vorschein.

Die euripideische Tragödie, von Nietzsche als künstlerische Umsetzung des sokratischen Rationalismus und als Zerstörung der Synthese von Apollinischem und Dionysischem heftig kritisiert, wird für Pumpjanskij, der Bachtin in der Kritik der Ivanovschen Dostoevskij-Interpretation vorausgegangen ist (Pumpjanskij 1922: S. 17), zum Analogon für die Zwieschlächtigkeit der Romane Dostoevskijs:

»Und diese Möglichkeit des zwiefachen – sowohl symbolischen als auch prophetischen – Kommentars erzeugt jene doppelsinnige, nur durch ihre Doppelsinnigkeit große Sphäre, deren nächstes Ebenbild man erst in der euripidäischen Alkestis finden kann, wo gleichfalls

›das Leben dem Tode benachbart ist‹. Die Interferenz zweier Sphären, das instabile ästhetische Territorium, das immer sowohl so gelesen werden kann, wie Dostoevskij es will, als auch so, wie Raskol'nikov es will, ist die Verwirklichung dessen en grand, was Euripides vorschwebte, als er das russische Thema vom Ende der tragischen Kultur in seinem Herzen fand.« (Pumpjanskij 1922: 25).

Pumpjanskij sieht in Dostoevskij vor allem den Vollender der Auflösung der europäischen Dichtung, einer Auflösung, die von Shakespeares *Hamlet* ihren Ausgang genommen habe. Diese Kraft zur Desorganisation überkommener literarischer Ordnung, die Gegenkraft zur attischen Tragödie also, erkennt Pumpjanskij im *Zweifel* als dem Bewußtseinskorrelat von Fiktion – Dichtung hatte sich von nun an zu legitimieren. Dostoevskij stehe, indem er die europäische Renaissance vollende, an der Schwelle einer neuen historischen Phase, einer grundlegenden *Reformation* (Pumpjanskij 1922: 11):

»In der Geschichte Hamlets hat Rußland das letzte Wort. Der Kampf des Dichters mit dem Helden findet in Rußland sein Ende: der Widerstand des Helden wird zum Hauptthema der russischen Literatur, und das bedeutet, daß die russische Literatur den Vorabend des literaturlosen Zustands Europas bildet.« (Pumpjanskij 1922: 17).

Die Autonomie des Helden führt zur »Dezentralisierung des gesamten psychologischen Lebens« (Pumpjanskij 1922: 30) und als deren Ausdruck zum Nebeneinander mehrerer Sprachen im Roman: »Es ist einfach so, daß der Hauptheld eine Sprache hat und seine gesamte Umgebung eine andere« (Pumpjanskij 1922: 28). Der Wettstreit um die auctoritas findet damit sein Ende, daß die Helden eigene auctoritas erlangen. Stimmt Bachtin mit Pumpjanskij noch darin überein, daß der Unterschied zwischen der attischen Tragödie und dem Roman Dostoevskijs ein sprachlicher ist, so erblickt er anders als Pumpjanksij diesen Unterschied nicht in der Dichotomie von erinnerndem und prophezeiendem Wort, sondern im Gegensatz von monologischem und dialogischem Wort. Dostoevskij steht für Bachtin nicht am Übergang vom ästhetischen zum ethischen Bewußtsein, sondern an der Schwelle der künstlerischen Vollendung des dialogischen Wahrheitsbegriffs.

3.2. Dialog versus Monolog

Die Dialogik Bachtins ist eine Theorie der sprachlichen Kommunikation in nuce; er (1976: 140) hat sie der Linguistik und ihrer Sprachtheorie ausdrücklich vorgeordnet. Allerdings hat schon der russische Sprachwissenschaftler Lev P. Jakubinskij, zu dieser Zeit ein Mitarbeiter im OPOJaZ, auf den die Vertreter der Formalen Schule sich vielfach berufen haben (Stempel 1972: XXII-XXX et passim) mit seinem Dialogbegriff diejenigen Grenzen überschritten, die Bachtin der Linguistik gezogen sieht. In seinem Aufsatz *Über die dialogische Rede* stellt Jakubinskij (1923) den Dialog in einen Zusammenhang mit der sozialen Interaktion. Diese sei ohne jenen undenkbar. Während Tarde (1922) den Monolog gerade wegen dessen Einseitigkeit gegenüber dem Dialog als ursprüngliche Äußerungsform versteht, geht Jakubinskij vom Primat des Dialogs aus. Er fußt hierbei auf den Dialektuntersuchungen Lev Ščerbas aus dem Jahre 1915 (Matejka 1973; 170 f.) und weist insbesondere auf die Bedeutung der Intonation für die dialogische Rede hin.

Obgleich Bachtin mit Jakubinskij den Dialog als die Ausgangsform der menschlichen Rede begreift, mag er dessen Klassifikation von Monolog und Dialog als Funktionssprachen nicht folgen. Wie Bachtin hat auch Mukařovský dem Begriff *Dialog* eine Bedeutung verliehen, der die funktionssprachliche Taxonomie sprengt; er bezeichnet sie (Mukařovský 1967) als »grundsätzliche elementare Haltungen«. Mukařovský unterscheidet sich seinerseits in seinem Dialogverständnis von Bachtin jedoch darin, daß er Dialog und Monolog in ihrer *dynamischen Polarität* als grundsätzlich gleichwertig auffaßt, während für Bachtin sich jeder Monolog in einen übergeordneten Dialog einbettet. Aus dieser Sicht lehnt Bachtin (1976: 139) auch den Versuch Vinogradovs (1930: 23-49) ab, Dialog und Monolog als Kompositionsformen der Rede zu verstehen. Immerhin hat Vinogradov den Monolog gegenüber dem Dialog negativ definiert als »Nicht-Dialog, nicht ›unterbrochene‹ Redeform« (Vinogradov 1927: 12; 1930: 33). Bleibt er damit im Rahmen einer engen linguistischen Begrifflichkeit, so hat er doch auch die – der linguistischen Bestimmung allerdings nachgeordnete – Bedeutung der Bewußtseinsformation für Monolog und Dialog wahrgenommen:

»Die Probleme der Erforschung der Monologtypen in der künstlerischen Prosa hängen eng mit den Fragen der Verfahren der Konstruktion des ›künstlerisch-sprachlichen Bewußtseins‹, des Bildes der sprechenden oder schreibenden Person im literarischen Schaffen zusammen.« (Vinogradov 1927: 17).

Die Priorität der linguistischen Merkmale vor den ideologischen hat zur Folge, daß Vinogradov die Darstellung heterogener Redeweisen durch den Erzählermonolog auf ein einziges Bewußtsein beziehen muß:

»Jedes Überschreiten der Normen der Hochsprache (literaturnyj jazyk), jede Orientierung auf dialektale Rede- oder Schreibweise stellt Autor und Leser vor die Aufgabe, die versammelten Redeformen in ein einziges ›künstlerisch-sprachliches Bewußtsein‹ einzuschließen.« (Vinogradov 1927: 18).

Zwar erkennt Vinogradov die *Sprachbewußtseine* (jazykovye soznanija, Vinogradov 1927: 18) als Substrate des Monologs, doch gliedert er ihre Problematik (und damit auch ihr Wechselverhältnis mit den Redeformen) als phänomenologisch oder soziologisch aus seinem Konzept aus. Anders als Bachtin vermutet er dort, wo der Dialog in den Erzähltext eindringt und sich auf ein Wechselspiel mit dem Erzählermonolog einläßt, die Tendenz zur *Monologisierung des Dialogs* (beim Dramenmonolog zur Dialogisierung).

Eingehender hat Vinogradov in dieser Zeit Dialogformen in lyrischen Texten untersucht: in den Gedichten von Anna Achmatova. Dabei weist er (1925; 1977: 451-459) zwar auf den Zusammenhang zwischen der Einführung novellistischer Verfahren und der stilistischen Vielfalt der Texte hin, deutet die Verwendung dialogischer Rede durch die Achmatova jedoch vor allem als Vermeidung von Eintönigkeit:

»[...] sie hat den Dialog als besondere Variante der Rede zu Hilfe genommen, einer Variante, deren Einführung in das ›Erzählen‹, in den ›Monolog‹ das emotionale Grundgerüst des Kunstwerkes bunt auszuschmücken erlaubte.« (S. 451).

Was Vinogradov hier darstellt, nennt er selbst dann auch »Grimassen des Dialogs«.

Bachtin erfaßt den Dialog als kommunikative Handlung, die sich auf der Grenze zweier Handlungskontexte (des Sprechers und des Angesprochenen) ereignet. Die dialogische Äußerung ist als ein solches Ereignis notwendig in die Dialogsituation eingebunden; von ihr losgelöst, verliert sie ihren Sinn. Sie ist einerseits auf die potentielle Antwort des Angesprochenen ausgerichtet, provoziert, stimuliert, erleichtert oder erschwert diese, nimmt sie teilweise oder auch ganz vorweg usw. Andererseits knüpft sie an zuvor gemachte Äußerungen an, bestätigt, bestreitet diese oder weicht ihnen aus. Jede Äußerung entsteht so im Zusammenhang des bereits Gesagten und im Hinblick auf Noch-zu-Sagendes als Mittelglied einer zeitlichen Triade:

GESAGTES Vergangenheit	⟵	SAGEN Gegenwart	⟶	ZU SAGENDES Zukunft

Diese Triade, die sich auf die Thema-Rhema-Gliederung von Satz und Text beziehen läßt, wie sie im čechischen Strukturalismus entworfen worden ist, hat der Vertreter der Leningrader Absurden (Obėriu), Daniil Charms, unter dem Titel *Verbindung* (Svjaz') auf einen künstlerischen Ausdruck gebracht:

»Der Philosoph

Ich schreibe Ihnen auf ihren Brief, den zu schreiben Sie sich anschicken als Antwort auf meinen Brief, den ich Ihnen geschrieben habe.«

Bachtin ist bei seinen Überlegungen zum Dialog von Leo Spitzers Untersuchungen *Italienische Umgangssprache* (Leipzig 1922) ausgegangen. Dies ist vor allem deshalb von Belang, weil in der umgangssprachlichen Kommunikation die Situationsgebundenheit der dialogischen Äußerung deutlicher erkennbar ist. Die später von Mukařovský angeführten Merkmale des Dialogs:

1. Alternation der Sprecher- bzw. Hörerposition,
2. Einbettung der Äußerung in die Kommunikationssituation,
3. semantische Akkumulation zweier sich wechselseitig durchdringender Kontexte,

sind bei Bachtin bereits vollständig entwickelt. Allerdings hat Bachtin seinen Dialogbegriff gerade im Hinblick auf die Semantik enger gefaßt als Mukařovský; die beiden semantischen Kontexte der Dialogpartner müssen (zumindest partiell) verschiedene Ideologien einschließen, andernfalls haben wir es mit einem ideologisch monologischen Dialog zu tun, d. h. mit der Auflösung eines ideologischen Monologs in einen formallinguistischen Dialog (mit Sprecherwechsel), wie er für den (schlechten) Unterricht charakteristisch ist.

Diese Korrektur an Mukařovský im Sinne des Bachtin-Kreises hat auch W. Schmid vorgenommen. Er geht von einer idealtypischen Bestimmung des Monologs als »Rede eines Sprechers, die nicht intendiert, eine sprachliche Replik eines realen seinsautonomen Partners auszulösen« (Schmid 1974: 388), aus, die also einerseits auf der Sprecherintention, andererseits auf der »Seinsautonomie« der Gesprächspartner beruht. Diese zunächst linguistische Definition wird in einem zweiten Schritt mit Hilfe des Kriteriums des *Bedeutungsaufbaus* der Rede differenziert zur (im Bachtinschen Sinne) nicht mehr linguistischen Bestimmung von reinem Monolog, dialogischem Monolog, monologischem Dialog und reinem Dialog. Allerdings will mir das dabei verwendete engere Kriterium der Bedeutungspositionen als auf Sinnbezüge präzisierbar erscheinen. Die Analyse der Dialoge in Čechovs Dramen deckt Dialogformen auf, die wir als *Pseudodialoge* (nicht als *monologische Dialoge* im Sinne Schmids) zu kennzeichnen hätten. Ein Sprecher intendiert eine Replik, erzielt aber keine (vgl. Lehrersituation), oder aber er intendiert eine Replik, erzielt jedoch eine solche, die auf die eigene Rede nicht bezogen ist (vgl. Interview).

Der Dialog wird von Bachtin als Begegnung von eigener und fremder Äußerung begriffen. Ziel dieser Begegnung ist das Verstehen, ihre Methode ist hermeneutisch. Das Verstehen führt das Zu-Verstehende an den gegenständlich-expressiven Kontext des Verstehenden heran, wobei das Antworten die Bedingung der Möglichkeit des Verstehens ist. Die Antwort steht ihrerseits in einem dialogischen

Verhältnis zum Verstehen. Die Dialogik Bachtins unterscheidet sich von der Dialektik Hegels vor allem darin, daß ihre Widersprüchlichkeit nicht Entfremdung eines Wesens bedeutet, das zuvor bei sich war. Während Hegel die Einheit sich systematisch wie historisch durch Entzweiung einer neuen, die Entzweiung aufhebenden Einheit zustreben läßt (letztlich in die Einheit des zu sich selbst kommenden Weltgeistes), ist die Dialogik Bachtins auf die offene Aufnahme des Fremden gegründet, in der das Ich erst zum Ich werden kann. Nicht in der Aufhebung des Widerspruchs, sondern im Verstehen der Gegenrede wurzelt der Wahrheitsbegriff der Bachtinschen Dialogik.[12] Sie steht damit der *Dialektik der Aussage* (Gadamer 1972: 506) näher als der monologischen Dialektik Hegels. Vollends weist die Dialogik die positivistische Konzeption der Neutralisierung von Gegensätzen zurück.

Da Bachtin die Relation des Zeichenträgers zum Sinn (im Unterschied zu derjenigen zum Objekt) als dialogisch bestimmt, kann man den Sinnverstehen ermöglichenden Konsensus der Interpretationsgemeinschaft als denjenigen Ort definieren, an dem sich der Typus der Äußerung klären läßt. Dem Dialog mit seinem offenen Einverständnis zwischen den Interpreten und dem Monolog mit seinem starren Einverständnis zwischen ihnen fügen wir aus sytematischen Erwägungen den einverständnisfreien Barbarismus als drittes Element hinzu:

Bereich / Übereinkunft	Äußerungstypus	Prinzip	System	Relation	Wissenschaft
consensus fixus	MONOLOG	GESETZ	STATIK	INTRASUBJEKTIV	LINGUISTIK
consensus apertus	DIALOG	LEBEN	DYNAMIK	INTERSUBJEKTIV	METALINGUISTIK
sine consensu	BARBARISMUS	ANARCHIE	CHAOS	Ø	Ø

Für Bachtin ist dieser Konsensus allerdings keineswegs beliebig (oder arbiträr im Sinne F. de Saussures); in ihm finden vielmehr die sozialen Verhältnisse ihren Ausdruck. Im Dialog tritt der soziale Charakter des Wortes nach vorn: das Dialogwort ist für Bachtin

(1976: 140) *interindividuell* (mežduindividual'no), insofern Sprecher, Angesprochener und Besprochener (der, von dem die Rede ist), an ihm teilhaben.[13] Auch den mit sinnhaltigen Äußerungen befaßten Wissenschaftler sieht Bachtin in einer dialogischen Auseinandersetzung mit dem Text begriffen. Auch für ihn gilt die Hermeneutik der Dialogik – Wissenschaft ist wie jedes Erzeugen sinnhaltiger Äußerungen Bestandteil eines Kultur generierenden Dialogs. Schleiermacher, auf den Bachtin wohl nur in der Vermittlung durch Dilthey zu beziehen ist, läßt den Dialog vom Streit hin zur Übereinkunft, zu einem Ende verlaufen, in dem sich die eschatologische Erwartung als Gewißheit erfüllt:

»Der Dialog ist eine Geschichte der sprechenden Subjekte, an dessen Anfang der Streit und an dessen Ende die Übereinkunft und zugleich das Wissen der im Gang der Geschichte verbundenen steht.« (Kaulbach 1968: 245)

Bei Schleiermacher mündet der Dialog also in den chorischen Monolog oder gar ins Schweigen des Einverständnisses. Für Bachtin indes hat der Dialog keinen Ausgang. Noch da, wo er im Zusammenhang der Dialogik Dostoevskijs dessen Rezeption der alttestamentarischen Dialoge Hiobs erörtert, wird die Verlaufsform des Dialogs als endlos gekennzeichnet:

»Der Dialog Hiobs ist seiner Struktur nach innerlich unendlich, denn die Gegenüberstellung von Seele und Gott – sei sie nun kämpferisch oder friedlich – wird als unaufhebbar und ewig gedacht.« (Bachtin 1929a: 240).

Nur unter der Voraussetzung, daß Bachtin von der eschatologischen Sinndimension dieser Texte absieht, kann er sie zu einem ausgangslosen Dialog fügen.[14] Die Weltgeschichte hat dann kein vorgegebenes Ziel, keinen exogenen bestimmten Ausgang. Darin unterscheidet sich das dialogische Modell Bachtins sowohl von der jüdischen und christlichen Eschatologie als auch vom historischen Materialismus: der Sinn des Dialogs stellt sich ein in der dialogischen Äußerung, der Sinn der Geschichte im geschichtlichen Handeln.

In seiner erst im letzten Lebensjahrzehnt formulierten *Theorie des Textes* hat Bachtin ein merkwürdig in die Zukunft greifendes, sich auf Hoffnung gründendes, utopisches Moment in die Dialogik aufgenommen. Er führt in ihre Systematik ein Institut ein, das den Ort wirklichen Verstehens, völliger Versöhnung zwischen Sprecher und Hörer/Leser nicht, wie Habermas (1971: 136-141), in der externen Kategorie der *idealen Sprechsituation*, sondern in der internen, personifizierenden Kategorie des Verstehenden faßt:

»Der Verstehende wird zwangsläufig zu einem ›Dritten‹ im Dialog [. . .], doch ist die Dialogposition dieses ›Dritten‹ eine ganz besondere Position. Eine jede Äußerung hat ja immer einen Adressaten, [. . .] dessen antwortendes Verständnis der Autor des Redegebildes sucht und vorwegnimmt. Dies ist der ›Zweite‹. [. . .] Aber außer diesem Adressaten (dem ›Zweiten‹) setzt der Autor der Äußerung mehr oder weniger bewußt einen höheren ›Überadressaten‹ den (›Dritten‹) voraus, dessen absolut richtiges Verständnis entweder in metaphysischer Ferne oder aber in ferner historischer Zeit angenommen wird (ein Schlupfloch-Adressat). In verschiedenen Epochen und bei verschiedenem Weltverständnis nehmen der Überadressat und sein antwortendes Verstehen einen unterschiedlichen konkreten ideologischen Ausdruck an (Gott, die absolute Wahrheit, das Urteil des unparteiischen menschlichen Gewissens, das Volk, das Urteil der Geschichte, die Wahrheit usw.).« (Bachtin 1976: 149).

Semiotisch ist das Institut des *Überadressaten* als Objektivation des Interpretanten aufzufassen. Die Modellierung dieses Instituts durch Bachtin wirft drei Probleme auf. Erstens ist ein dem Überadressaten entsprechendes Institut bislang einzig in der Theorie der künstlerischen Kommunikation, vor allem der Theorie der Prosa, entworfen worden. Es ist dies der *implizite* oder *abstrakte Leser.* Hier gälte es zu klären, ob dieses Institut bei der theoretischen Modellierung eines jeden sinnhaltigen Dialogs im Spiele ist. Zweitens hat Aleksandra Okopien-Sławińska die Hypothese formuliert, daß jedem Sender-Niveau im (literarischen Kommunikationsakt *in umgekehrter Symmetrie* (Okopien-Sławińska, 1971; 1975: 141) ein Empfänger-Niveau entspricht, eine These, die in ihrer Umkehrung und Verallgemeinerung auf jeglichen Text in den Bachtinschen Dialog das Institut des *Überautoren* verlangte. Bachtin hat den Kommunikationspartner des Überadressaten jedoch nicht unterschieden vom Kommunikationspartner des Adressaten. Drittens stößt der Versuch, den Bachtinschen Überadressaten mit einer der bei Okopien-Sławińska aufgeführten und von R. Fieguth (1975: 16) modifizierten Empfänger-Instanzen gleichzusetzen, auf unüberwindliche Schwierigkeiten, die in der unterschiedlichen Fundierung der Bachtinschen Institute gegenüber den Rezeptionsinstanzen ihren Grund haben dürften. Besteht bei Okopien-Sławińska (obgleich sie von Bachtin ausgeht) die Symmetrie zwischen dem Subjekt des Textes und dem Empfänger des Textes in der Chiffrierung bzw. Dechiffrierung des Textes mit Hilfe ein und desselben Codes, so befinden sich Autor und Überadressat bei Bachtin in einem dialogischen Verhältnis zueinander, einem Verhältnis, das die im offenen Konsensus sich realisierende Differenz der Dialogpartner voraussetzt.

Dialogische Beziehungen sind für Bachtin dadurch von logischen, linguistischen oder auch psychologischen Relationen unterschieden, daß sie Sinnbeziehungen zwischen (potentiell) ganzen Aussagen bilden, die pragmatisch auf konkrete Redesubjekte verweisen. Dialogische Beziehungen beschränken sich jedoch nicht auf das Verhältnis zwischen den konkreten Repliken eines realen Dialogs. Alle Aussagen können, insofern sie eine (punktuelle) Sinnkonvergenz (oder, so fügen wir hinzu: Sinndivergenz) aufweisen, in dialogische Beziehungen eintreten. So können alle fakultativ sinnkonvergenten bzw. sinndivergenten Texte in eine Dialogrelation gebracht werden, ja, erst im Dialog werden die Texte mit Sinn erfüllt.

Von verschiedenen Autoren ist auf die Nachbarschaft der Dialogkonzeption Bachtins und seines Kreises zur Sprechakttheorie von Austin und Searle aufmerksam gemacht worden. Bei genauerer Prüfung erweist sich freilich, daß die Affinität vor allem zur *ordinary-language-philosophy* als der einen Quelle der Sprechakttheorie besteht, während zu ihrer anderen Quelle, dem *behaviorism*, ein spürbarer Gegensatz erkennbar ist. Obschon die Bachtinsche Unterscheidung von linguistischem Satz und redemäßiger Äußerung, linguistischer Bedeutung und Äußerungssinn in einer Analogie zur Differenzierung von lokutivem und illokutivem Akt bei Austin gesehen werden kann, sind die Differenzen doch beträchtlich. Während bei Austin jeder illokutive Akt einen lokutiven Akt enthält, ja notwendig voraussetzt, hat für Bachtin nur die Äußerung Ereignischarakter. Der linguistische Satz ist nichts anderes als eine Abstraktion der Äußerung. Auch die prinzipielle Trennung von illokutivem und perlokutivem Akt, die ja auch in jüngeren Untersuchungen zur Sprechakttheorie durchaus unterschiedlich dargestellt wird, ist mit der Bachtinschen Dialogik nicht vereinbar. Austin bestimmt den perlokutiven Akt folgendermaßen:

»Saying something will often, or even normally, produce certain consequential effects upon the feelings, thoughts, or actions of the audience, or of the speaker, or of other persons: and it may be done with the design, intention, or purpose or producing them [...].« (Austin 1965: 101).

Austin stellt ausschließlich unter dem Handlungsaspekt des Sprechers dar, was in der Bachtinschen Dialogik in das kommunikative Wechselverhältnis gehört. Die tatsächliche Replik eines Angesprochenen im Dialog ist Austin zufolge ein perlokativer Akt des Sprechers. Bachtin bezieht in die Äußerung eines Sprechers die Antizipation der potentiellen, allenfalls wahrscheinlichen Replik des Angesprochenen ein – sie kann von der faktischen Replik, die einzig eine Handlung des Angesprochenen ist, erfüllt oder widerlegt werden. Bachtin hätte wohl auch dem Einwand J. Cohens (1970) gegen die Sprechakttheorie beigepflichtet, die *illocative force* speise sich aus dem einmaligen Kontext der Äußerung und nicht aus der Komposition des geäußerten Satzes.

Schließlich widerstreitet die Bachtinsche Dialogik der Subsumtion von dialogischen Äußerungen unter die Handlungstheorie – als Akte des Bewußtseins bilden sie vielmehr einen Teil einer komplexen Bewußtseinstheorie. Im Unterschied zu Wunderlich (1972: 22) setzt das Gelingen eines Dialoges bei Bachtin nicht das Akzeptieren des Äußerungsinhalts durch den Hörer voraus, sondern nur (partielles) Verstehen, aber auch (potentielles) verstehendes Antworten.

Die Gegenüberstellung von monologischer und nichtmonologischer Kunst nimmt ihren Ausgang von Nietzsche; in der *Fröhlichen Wissenschaft* wird (Nr. 367) unter dem Leitsatz *Was man zuerst bei Kunstwerken zu unterscheiden hat* gesagt:

»Alles, was gedacht, gedichtet, gemalt, komponiert, selbst gebaut und gebildet wird, gehört entweder zur monologischen Kunst oder zur Kunst vor Zeugen. [. . .] Ich kenne keinen tieferen Unterschied der gesamten Optik eines Künstlers als diesen: ob er vom Auge des Zeugen aus nach seinem werdenden Kunstwerke (nach ›sich‹ –) hinblickt oder aber ›die Welt vergessen hat‹: wie es das wesentliche jeder monologischen Kunst ist – sie ruht *auf dem Vergessen,* sie ist die Musik des Vergessens.«

Nietzsche redet der monologischen Kunst das Wort, freilich der monologischen Kunst des einsamen Künstlers, der von der Gesellschaft abgeschlossen ist. »Die Welt vergessen« heißt dann vor allem, das Wort des Anderen vergessen und das eigene Wort dem Vergessen überantworten. Vor dem Vergessen zu bewahren, ist die vornehmste Aufgabe des Dialogs. Im Dialog hält sich die Kultur lebendig, im Monolog macht sie sich zum Gesetz oder liefert sich dem Vergessen aus.

Stellt sich die Dialogik Bachtins philosophiegeschichtlich dem isolierten Monolog Nietzsches entgegen, so stemmt sie sich zeitgeschichtlich gegen den kollektiven Monolog, wie er für die Öffentlichkeit in der Sowjetunion der ausgehenden 20er und mehr noch der 30er Jahre charakteristisch ist. In der Literatur ist diese Entwicklung von dem Konstruktivisten Kornelij Zelinskij auf ihren Ausdruck gebracht worden: den (Telephon-)Monolog. In dem *BGD (BOD)* überschriebenen Text schlägt ein namentlich nicht genannter Anrufer vor, eine »Bank für gesellschaftliche Darlehen« (daher der Titel) zu gründen, bei der ein Kredit auf die verheißene Freiheit der Zukunft aufgenommen werden könne:

»[. . .] ich will kein Leben im Vorzimmer eines künftigen Palastes. Mein Leben vollzieht sich hier und heute. [. . .] kann man das Individuelle denn vernichten? Ihr wollt an die Stelle des einen Geschwürs ein anderes pflanzen – das Kollektiv. Als fanatische Anhänger der formalen Logik wollt ihr an die Stelle des einen das andere setzen, während das Leben doch ein ununterbrochener Widerspruch, die Bewegung von Gegensätzen ist.« (Zelinskij 1929: S. 186).

Die Unterbrechung der telephonischen Verbindung am Ende dieser monologischen Klage ist mehr als ein narratives Verfahren im Sinne quasidokumentarischer Literatur, mehr auch als ein Mittel, sich die schwierige und zu dieser Zeit bereits riskante Antwort auf solche Rede zu ersparen: sie versinnbildlicht vielmehr die Erschwerung öffentlicher dialogischer Rede in der zweiten Hälfte der 20er Jahre. Bleibt hier das Fehlen verstehenden Antwortens noch als Defekt spürbar, so wird im Gang der Entwicklung der Kunstdoktrin des Sozialistischen Realismus das monologische Prinzip kanonisiert. Wie die Geschichte von *Obėriu*, die Diskussion über Dos Passos und Joyce, die Publikationsgeschichte von Bulgakovs Roman *Der Meister und Margarita* lehren, verstummt die dialogische Literatur oder sie wird in die Subkultur abgedrängt. Bachtin setzt mit seiner Dialogik dem Sozialistischen Realismus ein im russischen Realismus angelegtes Moment entgegen, dem jener sich versagt hat.

3.3 Einheitssprache vs. Redevielfalt

Sowenig die Dialogik Bachtins sich in einem Leerraum ausgebildet hat, so wenig läßt sich das Denken Bachtins über den Charakter der Sprache in der Kunst losgelöst vom zeitgenössischen Denken verstehen. So muß etwa die Bachtinsche Auseinandersetzung mit dem Begriff der Spracheinheit im Zusammenhang der *Diskussion über die Sprache* gesehen werden, die im Jahr des ersten sowjetischen Schriftstellerkongresses (1934) eine neue Grundlage für das Verständnis der Sprache in der Doktrin des Sozialistischen Realismus schaffen sollte. Im Laufe dieser Diskussion, die von einer Kritik an Panferovs Roman *Bruski* ausging (Günther 1977), schält sich das sprachtheoretische Komplement zur normativen Ästhetik des Sozialistischen Realismus heraus. Das Einhalten der Normen der Hochsprache (literaturnyj jazyk) wird zum Kennzeichen für die Wahrung ideologischer Normen erhoben:

»Willkürlicher Wortgebrauch, das Ignorieren der Syntax u. ä. m. verdunkeln den Gedanken des Autors, begünstigen das Einschmuggeln von allem möglichen Unsinn und falschen, schädlichen Thesen, führen zur Zügellosigkeit des Denkens.« (*Literaturnaja gazeta*, 12. 2. 1934, S. 1: *O korjavoj mužič'ej sile*)

Besonderes Gewicht erlangt diese Sprachauffassung durch Gorkijs puristische Befürwortung des regelrechten Sprachgebrauchs und seine Gegenrede gegen die Verwendung ungestalter Wörter (urodlivye slovečki) und Provinzialismen (Gor'kij 27: 151-154). Trotz bedenkenswerter Einwände von Ol'ga Forš und Mariėtta Šaginjan wird Gor'kijs normative Position von der *Pravda* als »Lehrprogramm des Schriftstellers« verbindlich gemacht. Daraufhin stellt ein Redaktionsartikel der *Literaturzeitung* (20. 3. 1934) die Zielrichtung mit aller wünschenswerten Deutlichkeit bloß:

»Die Verunreinigung der Sprache durch Dialektismen, die jenseits der Grenzen eines bestimmten Bezirks oder Dorfs unverständlich sind, droht die Einheit der Sprache zu zerstören.«

Diese aus der Kanonisierung der Sprache einiger Werke russischer Dichter des 19. Jahrhunderts gewonnene Einheit der Sprache ist Ausdruck eines ideologischen Zentralismus, wie er im Wirken der Academie française sein Vorbild und im ökonomisch-politischen Zentralismus seine Entsprechung hat. Die Kritik am Sprachpurismus geht in der russischen Linguistik auf den polnischen Sprachwissenschaftler Baudouin de Courtenay zurück. In seiner Theorie der Sprachmischung weist er darauf hin, daß weder die Sprache eines Individuums noch die eines Stammes noch gar die einer Nation homogen sei (Kurtenė 1963: 362-373) – Sprachpurismus sieht ab von der Sprachwirklichkeit. Später hat Jakubinskij in dem Aufsatz *Novatoren und Puristen* auf sprachpuristische Vorbilder in der Orthodoxie des russischen Mittelalters aufmerksam gemacht (Günther 1977).

Zur selben Zeit verfaßt Bachtin seine Abhandlung über das Wort im Roman, in der die zeitgenössische Entwicklung am historischen Modell der Entwicklung der Romansprache rekonstruiert wird.[15] Mit Hilfe der Gegenüberstellung von Spracheinheit auf der einen und Sprachvielfalt, Redevielfalt sowie Stimmenvielfalt auf der anderen Seite gelingt ihm eine historisch-systematische Darstellung dieser Entwicklung. Anders als Cassirer, der die Gattungsgeschichte der Sprachentwicklung in vier Phasen (1. sinnlicher Ausdruck mit mimetisch-analogischer Spracheinheit, 2. anschaulicher Ausdruck mit symbolischer Spracheinheit, 3. begriffliches Denken und 4. logische Beziehungsformen) als zunehmende Abstraktionsleistung modelliert, unterscheidet Bachtin die beiden für ihn maßgebenden Epochen nach dem Reflexionsgrad des Sprachbewußtseins. In der früheren Epoche wird die Einheit der Sprache durch die als naturwüchsig verstandene Einheit von »signifiant« und »signifié« gestiftet; in der späteren Phase tritt die Sprache im Gefolge einer durch zunehmende soziale Differenzierung begünstigten Umwälzung als eine von möglichen in das Bewußtsein des Sprechers.

Stimmenvielfalt liegt dort vor, wo sich innerhalb einer Sprache bleibende Sprecher nach ihren Sinnintentionen unterscheiden lassen, *Redevielfalt* dort, wo sich (wiederum innerhalb einer Sprache) Ideolekte, Soziolekte oder Dialekte voneinander abheben, *Sprachvielfalt* aber dort, wo verschiedene (meist National-)Sprachen in einem Sprachraum nebeneinander vorkommen, wie etwa Volkssprache und Kultursprache im europäischen Mittelalter, Deutsch und Französisch an Fürstenhöfen des 17. und 18. Jahrhunderts und heute fast alle

Sprachen in den Verlautbarungen der Vereinten Nationen.

Bachtin sieht den Wandel des Sprachbewußtseins einhergehen mit einer allgemeinen Bewußtseinsumwälzung[16], wie sie etwa in der Revolution des Weltbildes vom geozentrischen zum heliozentrischen Weltmodell ihren Ausdruck findet: So wie die Menschheit sich nicht mehr im Mittelpunkt der Welt bzw. der Schöpfung befindlich wähnt, so hat eine Sprachgemeinschaft ihre Sprache nicht mehr als maßgeblich anzusehen. Voraussetzung der Übersetzung der Heiligen Schrift in die Volkssprachen ist die Herausbildung jenes Sprachbewußtseins, das Bachtin als das galileische bezeichnet. Prägt sich hierin das neue Bewußtsein von der synchronischen Relation innerhalb ein und derselben Sprache bzw. zwischen verschiedenen Sprachen aus, so wird diachronisch mit dem Generationswechsel die Sprachveränderung bewußt – Sprache ist nicht mehr gegeben, sondern Sprache *wird;* sie ist ein Prozeß.

Der Übergang vom vorreflexiven Sprachgebrauch zum bewußten hat auch eine pädagogische und soziologische Seite. Im Spracherwerb mit seinen beiden Polen der identischen Wiedergabe (Auswendiglernen bzw. Abschreiben) und der Wiedergabe mit eigenen Worten (die mit der Subjektivität auch die Voraussetzung für Kritik einräumt) sind sie didaktisch vertreten. Soziologisch wird die erste vom autoritären Wort, das keinen Zweifel an sich duldet, dem man sich anzupassen und das man sich anzueignen hat, vertreten, die zweite vom überzeugenden Wort, mit dem man sich argumentativ auseinandersetzen kann. Der Kampf zwischen der Einstellung auf das autoritäre Wort und derjenigen auf das überzeugende Wort kennzeichnet die Ontogenese und Phylogenese des Sprachbewußtseins.

Künstlerisch findet der Übergang vom vorreflexiven, mythologischen Sprachgebrauch zum reflexiven Gebrauch seinen Ausdruck im Schritt vom Epos zum Roman, der die Redeweise seiner Helden zum Gegenstand erhebt. Während, wie alle Poesie, auch die epische Dichtung Sprache noch als intentionales Ganzes und Geschlossenes voraussetzt, nutzt die Prosa mittels der Zweistimmigkeit von Erzähler- und Personenrede die von der Redewirklichkeit gebotene Redevielfalt. Der epische Held, dessen Handeln allgemeingültig ist, führt eine ideologisch nicht markierte Rede: das Epos beschränkt sich auf einen einzigen ideologischen Horizont, die Helden des Romans dagegen sind in ihrer Handlung durchaus zweifelhaft, sie führen eine ideologisch markierte Rede.

Während Bachtin Potebnja darin folgt, daß die mythische Denkweise zwar in der Poesie, nicht aber in der Prosa ihren künstlerischen Ausdruck finde (Potebnja 1976: 433), revidiert er dessen (noch von

Špet vertretene) Anschauung, prosaisch seien

»[...] das Wort, das unmittelbar, ohne Vorstellung (predstavlenie) bezeichnet, und die Rede, die im großen und ganzen keine Bilder bietet, wenn auch einzelne Wörter und Ausdrücke, die in sie Eingang finden, bildlich sind.« (Potebnja 1976: 368).

Bachtin setzt dagegen die These von der Bildlichkeit der künstlerischen Prosa, einer Bildlichkeit, die sich von derjenigen der Poesie freilich grundlegend unterscheidet. Arbeitet die Poesie mit Bildern *in* der Rede, sprachlichen Bildern, so arbeitet die Prosa mit Bildern *von* der Rede, Sprachbildern, in denen Rede oder Sprache zugleich als Mittel und Gegenstand der Darstellung auftreten.

Bachtin zieht zwischen dem poetischen Epos und dem Prosaroman eine gattungsgeschichtliche Grenze, wie sie sonst wohl nur von Benjamin zwischen antiker Tragödie und neuzeitlichem Trauerspiel gezogen worden ist. Auch Benjamin ist von der Kritik der Nietzscheschen Theorie des Tragischen ausgegangen, an der er vorab die Verformung philosophie- und religionsgeschichtlicher Fragen in ästhetische zurückweist. Benjamin faßt das Tragische als ethische Kategorie und sieht die Tragödie durch die Idee von Schuld und Sühne an den Mythos als das Sühneverfahren zwischen dem Helden und den Göttern gebunden.[17] Dieses Sühneverfahren, das die Götter, deren Rechte verletzt worden sind, zum Verzicht auf Rache bewegen solle, werde in der Tragödie dargestellt und zugleich revidiert, wobei die Zuschauer zum Richter berufen seien. Mit Zustimmung zitiert Benjamin (1974, I, 1: 295) die Feststellung Rosenzweigs (1921: 99), daß bei Sophokles und Euripides die Helden »nicht sprechen [...], bloß debattieren«. Im Tod des Sokrates sieht er die Überwindung der Grundlage der Tragödie kraft der rationalistischen Ersetzung des Opfertodes durch das pädagogische Beispiel. Diese Überwindung sei freilich von Platon in die Form des Dialogs aufgehoben worden:

»Im Dialog tritt die reine dramatische Sprache diesseits von Tragik und von Komik, ihrer Dialektik auf. Dies Reindramatische stellt das Mysterium, welches in den Formen des griechischen Dramas allmählich sich verweltlicht hatte, wieder her: seine Sprache ist als die des neuen Dramas zumal die des Trauerspiels.« (Benjamin 1974, I, 1: 297).

Benjamin hat hier seine in der frühen Studie *Die Bedeutung der Sprache in Trauerspiel und Tragödie* (Benjamin 1977, II. 1: 137-140) niedergelegte Auffassung, das Tragische gründe auf der Struktur gesprochener Rede, ja sei deren ursprüngliche Form, in einer Richtung revidiert, die eine größere Annäherung an die Konzeption Bachtins bedeutet, ist jedoch bei der sprachlichen Fundierung ihres Unterschieds stehengeblieben. Bei aller Differenz in der Dialogkonzeption lohnte die Orientierung an der Semiotik, wie sie in Benjamins Formulierung, »daß die Sprache der Kunst sich nur in tiefster Beziehung zur Lehre von den Zeichen verstehen läßt« (Benjamin 1977, II, 1: 156) begegnet, einen Vergleich der Ästhetik des jungen Benjamin mit der Bachtins.

4. Monovalenz und Ambivalenz

»Die griechische, die entscheidende Auseinandersetzung mit der dämonischen Weltordnung gibt auch der tragischen Dichtung ihre geschichtsphilosophische Signatur. Das Tragische verhält sich zum Dämonischen wie das Paradoxon zur Zweideutigkeit. In allen Paradoxien der Tragödie [. . .] ist die Zweideutigkeit, das Stigma des Dämonischen, im Absterben.«

Die Ambiguität, die Benjamin (1974, I, 1: 288) durch das Paradoxon überwunden sieht, hat die Tragödie freilich überlebt, und Bachtin hat den Ort benannt, an dem sie überdauert hat: den Karneval. Ihre Bezeichnung – *Ambivalenz* – bezeugt die axiologische Bestimmung der Zwieschlächtigkeit bei Bachtin. Anders als der synonym zum Term *Polysem* gebrauchte Begriff der *Ambiguität* steht das Wort *Ambivalenz* sicherlich nicht für eine Kategorie der linguistischen Semantik, sondern der semiotischen Interpretatorik.

Die mit Schelling einsetzende »Philosophie des Tragischen« (Szondi 1964) gipfelt in der Schopenhauerschen Selbstverneinung des Willens und findet sich bei Kierkegaard bereits aufgehoben. Das Tragische ist ihm nicht mehr paradoxe Wirklichkeit, sondern widersprüchliche »Auffassung«, ambivalenter Interpretant, der seine Ursache gemeinsam mit dem Komischen im *Mißverständnis* hat. Wie Kierkegaard (1909: 466) erkennt, hat die Möglichkeit des Mißverstehens zur Voraussetzung, daß Verstehen möglich sei, und vice versa. Ja, um Mißverstehen zu verstehen, sei Verständnis notwendig, doch bleibe diese Einsicht der Dichtung verschlossen:

»Auf diese Duplizität des Mißverständnisses kann sich jedoch die Poesie nicht einlassen, sie muß das Mißverständnis entweder tragisch oder komisch brauchen, und deshalb legt sie es so aus, daß der Grund des Mißverständnisses in etwas Äußerem liegt, durch dessen Entfernung das Einverständnis zustande kommt.«

Das der Unmittelbarkeit der Poesie unerreichbare Verstehen im Mißverstehen sucht Kierkegaard im Prinzip des Religiösen zu gewinnen. Doch gestaltet sich dieser Versuch selbst ästhetisch, als Dichtung nämlich mit einem Helden, der schon im ersten Satz als »dämonisch auf das Religiöse« charakterisiert wird und von dem der Erzähler bekennt, daß er ihn nicht überzeugen, »sondern in ihm und in vielem, was er sagt, auf etwas Wahres aufmerksam machen« (S. 451) wolle. Der Erzähler lenkt so die Aufmerksamkeit auf die Rede seines Helden und räsonniert über die Erzählung: »Die Kollision, daß ein

Mann Dichter wird durch ein Mädchen und deshalb nicht ihr Mann werden kann, liegt innerhalb des Ästhetischen« (S. 450). Die biographischen Bezüge dieses Helden sind deshalb von Interesse, weil sie belegen, daß die Ambivalenz des Dargestellten nur durch *fremde Rede* gewährleistet werden kann, eine Rede, deren Fremdheit ihrerseits durch das Verfasserpseudonym nicht weniger ambivalent wird als durch den Hinweis des Erzählers: »Die ganze Kollision ist so, als könnte sie eine Erfindung meines Helden sein [. . .]« (S. 451). Die an die Stelle tragischer Paradoxie getretene Ambivalenz ruht bei Kierkegaard auf der Zweischneidigkeit ästhetischer (Selbst-)Ironie.

Nietzsche hat die Paradoxie des Tragischen in die ästhetische Ambivalenz von Dionysischem und Apollinischem aufgelöst. Schreibt er gleichsam die Geschichte der Ästhetisierung des Tragischen in der Tragödie, so antwortet Bachtin mit der Geschichte der Literarisierung des Karnevals im Roman. Diese These gewinnt an Plausibilität, sobald man sich die Arbeiten von Bachtins Lehrer Zieliński über die attische Komödie vergegenwärtigt. In seiner frühen Untersuchung *Die Märchenkomödie in Athen* hat Zieliński (1885a) mit den Märchenmotiven ein narratives Moment dieser Komödie aufgedeckt, das im Nebeneinander von chorisch vorgetragener Dichterrede und der Personenrede der Parabase, die Zieliński (1885b) in seiner Studie über den Aufbau der altattischen Komödie untersucht hat, seine Entsprechung findet. Der Hinweis auf Maskierung und Hyperbolik mag genügen, um hier die gemeinsame kultische Quelle von Komödie und Karneval anzudeuten. Bachtin faßt die interpretatorische Ambivalenz freilich nicht mit der ästhetischen Kategorie des *Komischen*, sondern mit der Kategorie des *Grotesken*. Ja, wir haben Grund zu der Annahme, daß er die Komödie als Ausgangspunkt meidet, weil er den Gegensatz nicht in der Paradoxie des Tragischen sucht, sondern in der Monovalenz des Alltags.[18] Hier wirkt ganz offenkundig ein Moment lebensphilosophischer Tradition fort, das sich mit der Skepsis gegenüber dem nietzscheanischen Panästhetizismus verbindet.

Die Gegenüberstellung von Seriosität und Lachen kann sich auf Schopenhauer berufen. Er hat das Lachen als den Sieg der Aisthesis über die Gnosis, der Anschauung über das Denken bestimmt und an die Differenz von Gegenwart und Nicht-Gegenwart geknüpft. Hier deutet sich auch schon die Interpretation des Lachens als Gegenwehr des Leibes gegen den verselbständigten Geist an:

»Denn das Anschauen ist die ursprüngliche, von der tierischen Natur unzertrennliche Erkenntnisweise, in der sich alles, was dem Willen unmittelbar Genügen gibt, darstellt: es ist das Medium der Gegenwart, des Genusses und der Fröhlichkeit. Vom Denken gilt das

Gegenteil: es ist die zweite Potenz des Erkennens, deren Ausübung stets einige, oft bedeutende Anstrengung erfordert, und deren Begriffe es sind, welche sich so oft der Befriedigung unserer unmittelbaren Wünsche entgegenstellen, indem sie das Medium der Vergangenheit, der Zukunft und des Ernstes, das Medium unserer Reue und aller unserer Sorgen abgeben.« (Schopenhauer 1938, 3: 96)

Lachen und Seriosität bleiben hier freilich auf den Status individualpsychologischer Phänomene beschränkt. Durch die Umdeutung von Nietzsches Begriff des Dionysischen ist dem russischen Symbolisten Vjačeslav Ivanov im Rahmen seiner das Kollektiv- und Massentheater des Proletkult programmatisch vorwegnehmenden hellenisierenden chorischen Theaterkonzeption die soziale Dimension des Komischen in den Blick gerückt. In seinem Aufsatz *Die Norm des Theaters* finden wir bereits die Gegenüberstellung von Tragödie und Karneval (Ivanov 1916):

»In der antiken hohen Komödie, bei Aristophanes, wo die Ebenen des Heroismus und der Vielfalt auf derselben Höhe bleiben wie in der Tragödie, die Götter und Helden jedoch zum Zweck von Spaß und Unterhaltung zu einer eingespielten Truppe herabsinken, die von der freien Heiterkeit des dionysischen Karnevals zusammengehalten wird, erlangt der Mimetismus ein höheres Maß an Phantastik und die aus dem Zaum geratene Eingebung närrischer Mutwilligkeit läßt keine menschliche oder natürliche Form unangetastet, sondern verwandelt sie in undenkbare, mit nichts in der Welt homomorphe Gestalten.«

Die hier nur flüchtig angedeutete Gegenüberstellung von Tragödie und Karneval auf der einen Seite und dem Alltag auf der anderen Seite ist dann in der zweiten Hälfte der 20er Jahre in einem Essay mit dem Titel *Zur Psychologie des Karnevals* präzisiert worden, der in der von Martin Buber herausgegebenen Zeitschrift *Die Kreatur* erschienen ist. Dessen Verfasser, der auch als Benjamins Gewährsmann für die antike Tragödie hervorgetretene Christian F. Rang, unternimmt darin den Versuch, die Rolle des Karnevals anhand eines geistesgeschichtlichen Abrisses zu skizzieren. Obgleich nicht auszumachen ist, ob Bachtin diese Arbeit kannte, wollen wir vor ihrem Hintergrund die Bachtinsche Auffassung vom Karneval zu verdeutlichen suchen.

Im Rangschen Kriterium der Unterscheidung der Epoche des Karnevals gegenüber der Epoche der Tragödie liegen Nähe und Distanz zum Modell Bachtins beschlossen – es ist dies das Wort. Den Karneval sieht Rang geprägt vom »Hohnwort«, das, in eine Krise geraten, vom »Erlöserwort« der Tragödie gefolgt werde. Während nun das Rangsche Hohnwort einwertig ist, da es nur die Funktion hat, das Erhabene zu erniedrigen, fungiert das karnevalistische »Lachwort« Bachtins als zweiwertiger Interpretant: es erniedrigt und erhöht.[19] Wo Rang mittels der Rekonstruktion des Karnevals aus babylonischen Quellen die astrologische Funktion des *carrus navalis* (des anläßlich der Wiedereröffnung der Schiffahrt rituell umherfahrenden

Schiffswagens) als *objektive* Bedeutung zu bestimmen trachtet, verweist Bachtin auf die astrologische *interpretative* Bedeutung, auf den astrologischen *Sinn* des grotesken Körpers. Das karnevalistische Lachen im Verstande Bachtins ist ein Feiertagslachen, das geprägt ist von Intimität; doch ist dieser Feiertag – hierin der Rangschen Bestimmung des Karnevals als »Schaltzeit« verwandt – die Markierung einer Krise, von der die Wende im Umlauf der Gestirne zeichenhaft repräsentiert wird. In diesem und nur in diesem Sinne ist das karnevalistische Lachen kritisch und selbstkritisch zugleich.

Das Groteske wird als ambivalenter Interpretant (in der frühen Terminologie Bachtins hätten wir von einer architektonischen Kategorie zu sprechen) nicht etwa in abstrakten Eigenschaften von Dingen, sondern in konkreten pragmatischen Kontexten im Zusammenhang mit der Re-Aktion des Lachens, im außerordentlichen symbolischen Handlungsrahmen des Karnevals betrachtet. Viktor Šlovskijs (1970: 287) Einwand, der Bachtinsche Terminus »Lachen« lasse die Bestimmung der Geschichtlichkeit des Objektes vermissen, über das gelacht werde, verkennt zweierlei: einmal die Universalität, die Bachtin zur notwendigen Bedingung des karnevalistischen Lachens erhebt, zum anderen den Status des Lachens. Als pragmatische Größe hat das Lachen historischen Charakter zunächst am Lachenden selbst. Den historischen Wandel des Lachsubjekts hat Bachtin durchaus in seine Darstellung einbezogen. Am Material selbst bestimmt sich das Lachen historisch ja nur negativ: das jeweils Irrelevante wird übergangen.

Die Universalität des karnevalistischen Lachens – Bachtin hat dabei

> »das Lachen nicht als biologischen oder psychophysiologischen Akt im Auge, sondern als objektiviertes gesellschaftsgeschichtliches Sein, vor allem: im sprachlichen Ausdruck« (Bachtin 1975a: 385)

– meint auch semiotische Universalität. Sie ergreift keineswegs nur das Objekt, sondern auch Zeichen, Interpreten und Interpretanten. Gerade die Befreiung der Interpreten vom Zwangscharakter kanonisierter Zeichen und Interpretanten, vor allem solcher, die durch Sublimation zustande kommen, macht die kathartische Wirkung aus (Bachtin 1975a: 495), die vom Grotesken kraft des Lachens erzielt wird. Sie tritt der selbst auf Sublimation beruhenden, durch *phobos* (Schrecken) und *eleos* (Ergriffenheit) bewirkten Katharsis des Tragischen im aristotelischen Sinne alternativ gegenüber.

Wesentlich wird Geschichte vor allem bei der Bestimmung des Grotesken als ambivalenten Interpretanten. Die von Bachtin entworfene, von der Antike bis in unser Jahrhundert reichende Geschichte des Grotesken kann hier nur in einem konstitutiven Moment erörtert werden. Die historische Perspektive ermöglicht es Bachtin, die unzureichende, von Freud (1970: 210) vorgetragene Klassifikation der Erzeugungsmodi komischer Differenz

»[. . .] a) durch einen Vergleich zwischen dem anderen und dem Ich
oder b) durch einen Vergleich ganz innerhalb des anderen
oder c) durch einen Vergleich ganz innerhalb des Ich«

grundsätzlich zu erweitern. Bachtin macht deutlich, daß das Groteske des Mittelalters ein veräußerlichendes Groteskes ist: sein Paradigma ist das *groteske Bild des Leibes* (Bachtin 1965a: 341-369)[20], dessen literarischen Höhepunkt Bachtin im Œuvre Rabelais' wahrgenommen hat. Die Groteske in den Romanen Dostoevskijs dagegen hat das Bild des »grotesken Geistes« (Drozda 1977: 67) zum Paradigma. Die groteske Interpretation des Leibes, auf deren asiatische, vor allem indische Quellen Bachtin (1965a: 373-377) verweist, enthebt den Leib der Bedingungen der Kausalität kraft wechselseitiger Durchdringung von Zeit und Raum.[21] Im grotesken Bild erlangt der Leib daher weder Individualität noch Substantialität, sondern allein Funktionalität: er ist wesentlich »werdender Leib«. Er verschlingt die Welt und wird von ihr verschlungen, er entsteht im Vergehen und vergeht im Entstehen. Das für die Ästhetik des Grotesken im Bachtinschen Verstande unabdingbare *Moment der Wiedergeburt* (*vozroždajuščij moment*, Bachtin 1965a: 44 et passim) gemahnt an das Prinzip der »ewigen Wiederkehr« bei Nietzsche (1962, 3: 895: »*Daß alles wiederkehrt*, ist die extremste *Annäherung einer Welt des Werdens an die des Seins* [. . .]«). Während die ewige Wiederkehr bei Nietzsche jedoch eine ontologische Kategorie ist, ist die *Wiedergeburt* bei Bachtin die interpretatorische Eigenschaft einer ästhetischen Kategorie. Als ästhetische Kategorie ist das Groteske durchaus nicht der Widerpart des Schönen, sondern die Aufhebung der Antithetik von Schönem und Häßlichem ins ambivalente Häßlich-Schöne.

Für die Ästhetik des Wortes hat Bachtins Theorie des Grotesken deshalb Gewicht, weil es ihm zu zeigen gelingt, wie im grotesken Wort historische Momente der Kommunikationssituation (der verbalen symbolischen Handlungssituation) und historische Momente der Ideologie ihre Ausprägung erfahren. So wird das groteske Wort des Mittelalters als Wort des öffentlichen Raumes, des Platzes, der Straße verstanden, während das spätere groteske Wort als Wort des privaten Raumes, als Kammer-Wort begriffen wird. Bachtin zeigt auch, wie die Fundierung der Ambivalenz durch *Wiedergeburt* von der Fundierung der Ambivalenz durch *Entzweiung* des Ich abgelöst wird. So gewinnt auch das groteske Ich keine Identität:

»Der Mensch ist [bei Dostoevskij, R.G.] niemals kongruent mit sich selbst. Die Formel der Identität: *A ist A*, läßt sich auf ihn nicht anwenden. Das wahre Leben der Persönlichkeit vollzieht sich Dostoevskij zufolge gleichsam am Ort der Inkongruenz des Menschen mit sich selbst, dort, wo er die Grenzen all dessen hinter sich läßt, was er als dingliches Sein ist.« (Bachtin 1963: 259)

In der Entzweiung des Ich wirft das Tragische seinen Schatten über das Groteske, einen Schatten, der sich nicht nur in der tragischen Deutung des Wahnsinns in der Romantik, sondern auch in der Eigenart der Puppentragödie niederschlägt. Hier hat das Groteske der Marionette seinen Platz, auf das Bergson das Lachen gründet[22]:

»Les attitudes, gestes et mouvements du corps humain sont risibles dans l'exacte mesure où ce corps nous fait penser à une simple mécanique.« (Bergson 1918: 30)

Bergson erkennt zwar, daß neben Wiederholung und Inversion als syntagmatischen Verfahren die Interferenz von Ideologien in der Rede (Bergson 1918: 122: »l'interference de deux systèmes dans la même phrase«) ein wesentliches Mittel ist, um Lachen zu bewirken, er kann jedoch die ideologische Interferenz noch nicht semiologisch als Interpretanten erfassen. Während Bergson nur allgemein auf die soziale Natur des Lachens verweist (S. 8: »Le rire doit avoir une signification sociale«), hat Bachtin die historische Entwicklung des Lachsubjekts als Verengung des Interpreten vom Volk aufs Individuum, als *Individuation*, nachgezeichnet. Es ist hier nicht der Ort, den problematischen Volksbegriff Bachtins zu entfalten, doch läßt er sich sowohl aus der Tradition der russischen Sophiologie (s. unten) wie als Entlehnung von den russischen *narodniki* (Populisten) beschreiben. Im karnevalistischen Lachen stellt sich – das ist sein utopisches Moment[23] – jenseits aller sozialer Differenzierung menschliche Gemeinschaft ohne Zwang her, Gemeinschaft, die sich, Bachtin zufolge, nicht auf den genetisch-sozialrechtlichen Zusammenhang der Familie gründet, nach der strikten Sonderung von Privatheit und Öffentlichkeit in der Neuzeit erst wieder in dialogischer Kunst, vor allem in den Romanen Dostoevskijs, einstellt. Die Karnevalsgemeinschaft gründet auf *kultischer Brüderschaft* (*pobratimstvo*, Bachtin, 1965a: 21), die Dialoggemeinschaft dagegen auf kommunikativer *Brüderlichkeit* (Bachtin 1975a: 211), der Brüderlichkeit gemeinsamer Bemühung um Verständigung. In diese Entfaltung der semiotischen Dimension eines Ideals der Französischen Revolution geht die Wertigkeit des Gemeinschaftsbegriffs *(sobrannost')* der russisch-orthodoxen Tradition mit ein und stiftet ein Moment historischer Kontinuität in der Bestimmung von Karneval und Dialog, dem im Übergang vom Lachwort zum Dialogwort freilich ein funktionaler Unterschied gegenübertritt. Wie Bachtin (1975a: 466 f.) am Beispiel der Sokrates-

Dialoge Platons darlegt, dient das Dialogwort dem Bewahren, dem Gedächtnis, während das Lachwort dem *Vergessen* ausliefert.

Gedächtnis erzeugt freilich auch der durchgängig einwertige Monolog. Das monologische Gedächtnis fordert jedoch – wie wir uns an der höchsten monologischen Form, dem *Gesetz*, verdeutlichen können – die Unterwerfung der Gegenwart unter die Vergangenheit (vgl. die Vorhersagbarkeit in nomothetischen Aussagen). Das Gesetz bedarf zu seiner Wahrung des Zwanges (als inneres Gesetz: inneren Zwanges); der Monolog bewirkt erzwungenes Gedächtnis, totes Gedächtnis, dessen höchstes Ziel in der Identität von Erinnertem und Erinnerung liegt. Lebendiges Gedächtnis[24] kann sich dagegen nur im Dialog einstellen, der die gegensätzlichen Momente von Monolog und Karneval, die das Schema veranschaulicht, versöhnt:

MONOLOG	⟷	KARNEVAL
totes Gedächtnis		Vergessen
Statuarität ↘		↙ Spontaneität
	DIALOG lebendiges Gedächtnis Kontinuität	

Im Karneval ist das Zeichen als Vollzug (z. B. Umzug, grotesker Leib) ohne Dauer, im Monolog erstarrt es zur Permanenz des Dings. Erst im Dialog gewinnt das Zeichen kraft der Ambivalenz der Semiose lebendige Kontinuität: es ist veränderbar und doch unvergänglich. Der semiotische Status dieses Zeichens ist die Metamorphose.[25] Neben den auf semantischer Ambiguität beruhenden Tropen entwirft Bachtin einen weiteren, an semiotische Ambivalenz gebundenen Bereich uneigentlichen Redens, dem nicht nur das Groteske, sondern auch Komik, Ironie, Parodie, Witz usw. zugehören. Da nicht nur die Zeichenbedeutung der Modifikation unterliegt, sondern auch der Standpunkt des Interpreten, sein Verhältnis zum Objekt, zum Code und zur Mitteilung, wird der Binnenraum des Textes überschritten zum Wechselverhältnis von Texten, zur *Intertextualität* (vgl. die evidenten Beispiele: Parodie und Travestie). J. Kristeva (1967) geht mit ihrem Begriff der »intertextualité« von der Bachtinschen dialogischen Ästhetik aus, doch scheint sie zugleich hinter Bachtin zurückzugehen, wenn sie »intertextualité« auf eine mehrwertige Logik, die den Gegensatz von Affirmation und Negation aufhebt, gründet. Sie beschreibt damit den Status des romantischen Grotesken, den Dostoevskijs Romane laut Bachtin bereits hinter sich gelassen haben, indem sie den grotesken Interpretanten individualistischer Entzweiung kraft der Erzählstruktur aufgehoben haben. Die Ambivalenz der Dialogik, die auf Intersubjektivität angewiesen ist, läßt sich in keine objektivierte Logik auflösen, auch nicht in eine mehrwertige Logik. Wenn J. Kristeva den Zeichenbegriff in einen Mengenbegriff überführt, modelliert sie nicht semiotische Ambivalenz, sondern semantische Ambiguität: der Unterschied zwischen Bedeutung und Sinn geht erneut verloren.[26]

Die semiotische Ambivalenz des Wortes im Dialog ist keine linguistische Eigenschaft des verbalen Zeichens, sondern eine aktualisierbare Potenz der Semiose. Als solche verweist sie bei Bachtin auf die Intersubjektivität des Interpreten, eine Intersubjektivität, die der Dialektik von Innen und Außen entspringt.

5. Innen und Außen

Die Bachtinsche Dialektik von Innen und Außen entwickelt sich in der Auseinandersetzung mit dem Nietzscheschen Begriff der Individuation, dann aber auch mit dem Psychologismus des ausgehenden 19. Jahrhunderts und schließlich mit der Psychoanalyse Freuds. Sie ist der Versuch, die Dichotomie von isolierendem Individualismus und absolutierendem Kollektivismus durch den Begriff der »schöpferischen Persönlichkeit« zu überwinden.

In deutlicher Opposition zum verbreiteten Vulgärsozialismus seiner Zeit, der das Ich-Bewußtsein als unangemessenen, weil partialisierenden Spiegel der Realität verwarf und in grober Vereinfachung des Marxschen Begriffs »Klassenbewußtsein« unter dem Einfluß des Empiriokritizismus das Kollektiv als alleinigen angemessenen Träger von Bewußtsein anerkannte (vgl. Bogdanovs Zentralbegriff der »kollektiven Erfahrung«), im Gegensatz auch zum Psychologismus, dem sich die Realität nur durch die Seele des isolierten Individuums erschließen will, ist man im Bachtin-Kreis bemüht, die »Persönlichkeit« (ličnost') aus dem Wechselverhältnis von Einzelnem und Gesellschaft, von Ich und Welt zu erhellen.

Das Neue gegenüber den in ähnliche Richtungen weisenden Versuchen anderer (z. B. der Persönlichkeitstheorie bei M. Scheler) besteht darin, daß das Wechselverhältnis zwischen Subjekt und Gesellschaft dort, wo es sich nicht auf physiologische Beziehungen beschränkt, semiotisch bestimmt wird. Bachtin stimmt mit Cassirer durchaus überein, daß Sprache sich dort bildet, »wo [...] eine vorher nicht gegebene Synthese von ›Ich‹ und ›Welt‹ geschaffen wird« (Cassirer, 1923, 1: 26). Im Schnittpunkt von Organismus und Außenwelt, in der Psyche, ist der Ort des Zeichens. Die Psyche ist dieser Auffassung zufolge konstituiert durch Zeichen – außerhalb der Semiose habe sie keine Realität:

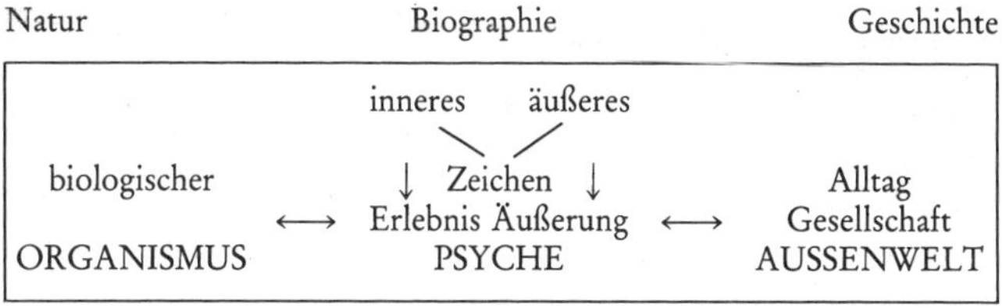

Darin unterscheidet sich dieses Modell grundlegend von der Vorstellung der Einheit aller Erfahrung in der unterschiedslosen Gegebenheit von Ich und Umwelt im Empiriomonismus Bogdanovs: Das Ich wird durch den Austausch von Organismus und Umwelt begriffen. Ist dieser Austausch bei den niederen Lebewesen auf das Physikalisch-Physiologische beschränkt (Kanaev 1926), so tritt dem beim Menschen das Semiotische gleichwertig an die Seite. In diesem Punkt steht dieses Modell dem Interaktionismus von J. M. Baldwin, C. H. Cooley, G. H. Mead und W. I. Thomas fern, mit dem es in mancher Hinsicht kongruiert. Die Grundlegung der psychischen Einheit als semiotischer Zusammenhang zwischen der Einheit des Organismus und der Einheit der Bedingungen der Außenwelt hat zur Folge, daß das Individuum als »zoon politicon« sozial und die soziale Ideologie individuell bestimmt werden. Im Gegensatz zur Abstraktion des »Klassenbewußtseins« hat die soziale Ideologie in der Auffassung des Bachtin-Kreises ihren je individuellen Urheber.

Innerhalb der Psyche wird unterschieden zwischen inneren und äußeren psychischen Zeichen, wobei als Zeichenmaterial der inneren Psyche das Wort der *inneren Rede* fungiert; es ist das Konstituens des Bewußtseins. Bachtins Gedanke, das innere Wort setze das äußere ebenso voraus wie der Monolog den Dialog, steht in Opposition zur traditionellen Auffassung vom inneren Wort. Schon Platon hat (*Theaitetos*, 189Eff.; *Soph.* 263Eff.) das innere Wort als Zwiesprache der Seele mit sich selbst dem äußeren Wort deutlich vorgeordnet, Augustinus hat diese platonische Hierarchie mit dem Logos-Begriff des Johannes-Evangeliums verknüpft und das äußere Wort *(verbum vocis)* dem inneren Wort *(verbum mentis)*, erst recht dem Wort des Herzens *(verbum cordis)*, nachgeordnet. Ihm dient die Dreigliedrigkeit des Wortes als Modell für die Trinität des christlichen Gottesbegriffs:

»Ita enim uerbum nostrum uox quodam modo corporis fit assumendo eam in qua manifestaretur sensibus hominum sicut *uerbum* dei caro factum est assumendo eam in qua et ipsum manifestaretur sensibus hominum. Et sicut uerbum nostrum fit uox nec mutatur in uocem, ita *uerbum* dei caro quidem factum est, sed absit ut mutaretur in carnem. (*De Trinitate,* XI; 11, 20)

[So nämlich wird unser Wort gewissermaßen zur Stimme des Körpers, indem es sie, in der es den Sinnen der Menschen offenbart wird, annimmt, wie das *Wort* Gottes Fleisch geworden ist, indem es dieses, in dem es sich den Sinnen der Menschen offenbart, angenommen hat. Und ebenso wie unser Wort Stimme wird ohne sich in Stimme zu verwandeln, ist das *Wort* Gottes nämlich Fleisch geworden, aber es nimmt Abstand davon, sich in Fleisch zu verwandeln.]

Erhalten hat sich bei Bachtin nicht nur die Augustinische Einsicht in die Problematik des inneren Wortes *(In verbo mentis aenigma)*, sondern auch die wohl auf Sokrates zurückgehende Vorstellung von der grundsätzlichen Unvollendbarkeit menschlichen Denkens, eine Unvollendbarkeit, die ihre notwendige Entsprechung in der Vielfalt menschlicher Worte findet. Doch obschon die Modellfunktion der Gliederung des Wortes gewahrt bleibt, modelliert der Dualismus des Wortes nun allein die menschliche Psyche.

Noch Thomas von Aquin hat in seinen *Qaestiones disputatae de veritate* das Wort in scholastischer Tradition analog zur Dreifaltigkeit in die drei Augustinischen Kategorien gegliedert. Wenngleich er das innere Wort als potentielle Äußerung auf das äußere Wort bezieht, ordnet er es als Gedankenform (forma excogitata) keiner bestimmten Sprache zu. Gadamer (1972: 399) hat die Thomasische Anschauung so zusammengefaßt: »Das innere Wort, indem es das Denken ausdrückt, bildet also gleichsam die Endlichkeit unseres diskursiven Verstandes ab.« Die von Thomas bereits erkannte doppelte Ausrichtung des inneren Wortes (vel ad se vel ad alterum) ist von Steinthal (1855; 1968: 315) als Mitteilungsfunktion nach außen bzw. als Selbstverständigungsfunktion nach innen auf Sprache überhaupt verallgemeinert worden. Husserl, der Ich und Du (qua alter ego) durch die Intersubjektivität der gemeinsamen Welt vermittelt sieht, schränkt die Selbstadressiertheit der inneren Rede noch auf die Möglichkeit ein:

In gewissem Sinne spricht man allerdings auch in der einsamen Rede, und sicherlich ist es dabei möglich, sich selbst als Sprechenden und eventuell als zu sich selbst Sprechenden aufzufassen. (Husserl 1913: 42)

Bei Bachtin wird die Selbstadressierung der inneren Rede zu ihrem Strukturmerkmal. Die nach dem Vorbild des adressierten Dialogs und im Gegensatz zum unadressierten Monolog geformte innere Rede sieht er nicht nach den Gesetzen grammatischer Beziehungen zwischen linguistischen Elementen gebildet, sondern nach der interpretatorischen Paradigmatik der Werte und nach der Syntagmatik dialogischer Reihung.

Besondere Prägnanz erlangt die Theorie der inneren Rede in der Kritik der Freudschen Psychoanalyse. Schon im Jahre 1925 wird in einer bissigen Polemik gegen die russische Ausgabe von Neufelds Dostoevskij-Analyse (Nejfel'd 1925) die Psychoanalyse als »außerordentlich interessante Hypothese« gewertet (Medvedev 1925a; 299). In dem 1927 unter dem Namen Vološinovs erschienenen, jedoch von Bachtin entworfenen Buch *Der Freudianismus* wird nicht nur die Verallgemeinerung einer psychiatrischen Methode zur Theorie der Psychologie kritisiert, sondern auch die These in Frage gestellt, Lebensinhalt und schöpferische Energie des Menschen seien vor allem vom Geschlechtstrieb bestimmt. Hierin sieht Bachtin die Überbewertung der biologischen Kategorien des Geschlechtes und des Alters gegenüber psychologischen und soziologischen Kategorien. Eine kritische Reform der Psychoanalyse könne jedoch aus dem Dilemma herausführen, in das die Psychologie durch den Dualismus von *subjektiver* und *objektiver Psychologie* geraten sei. Während die subjektive Psychologie (Wundt, James und in Rußland G. I. Čelpanov) auf dem innerpsychischen Zugang zu mentalen Vorgängen, vor allem auf der durch objektive Beobachtung kontrollierten Introspektion aufbaue, also vor allem auf das innere psychische Erlebnis bezogen sei und die objektive Psychologie (die Behavioristen Watson, Parmelee und Dewey und in Rußland Pavlov, Bechterev) von der Erfassung materieller Prozesse wie im Reiz-Reaktions-Schema ausgingen, habe Freud erstmals das Verhältnis von inneren und äußeren psychischen Prozessen in Form des Konfliktes zwischen dem inneren und dem äußeren Wort erkannt.

Die Kritik an Freud gilt vor allem dem topischen Begriff des Bewußtseins. Bei dem Versuch, durch die interpretative Analyse bewußter Formationen der Psyche zu unbewußten vorzustoßen, unterlaufe der Psychoanalyse eine Reihe methodischer Fehler. Zum einen werde das Unbewußte als Spiegelbild des Bewußten, nämlich aus den herkömmlichen Klassen psychischer Phänomene (Wille, Gefühl, Vorstellung) konstruiert, obgleich die Bewußtheit eines der unabdingbaren Merkmale dieser Erscheinungen sei. Zum anderen werde die Zensur als unbewußte Instanz bestimmt, obwohl sie mit Kriterien des Bewußtseins (logischen, ethischen, ästhetischen) arbeite. Die als Wünsche und Impulse abgebildeten Inhalte des Unbewußten, so wendet Bachtin ein, könnten erst dann zu Motiven des Bewußtseins werden, wenn sie Zeichengestalt angenommen haben. Bachtin bestätigt zwar die von Freud aus der Perspektive des Bewußtseins dargestellte Dynamik der Seele, schränkt jedoch das Unbewußte auf ein Motiv des Bewußtseins, auf ein Verfahren des Bewußtseins zur Interpretation von Verhalten ein. Das psychoanalytische Verfahren selbst wird zur Projektion des komplexen Wechselverhältnisses zwischen dem Analytiker und dem Patienten umgedeutet. Die Äußerungen des Patienten bilden dann das Szenarium der analytischen Sitzung.

Wenn dabei allerdings das Selbstbewußtsein auf den Status der Reflexion oder Spezifikation des Klassenbewußtseins reduziert wird, haben wir es mit einer – wohl kaum auf Bachtin selbst zurückgehenden – Vereinfachung der Beziehung von Individual- und Gruppenbewußtsein zu tun, die als Verhältnis von Individual- und Klassenbewußtsein in ihrer Bedeutung für die Kommunikationstheorie von Lucien Goldmann (1973: 7-18) eindringlich dargestellt worden ist. Von grundsätzlicher Bedeutung ist der Hinweis, daß offizielle Ideologie und individuelle Verhaltensideologie in einen Konflikt geraten können, der zur Ausbildung einer inoffiziellen Verhaltensideologie führt. Dieser Prozeß ist vor allem bei geschlossenen Ideologien zu erwarten, besonders in Krisensituationen. Wenn nun die Instanz des Unbewußten der Freudschen Psychoanalyse durch die inoffizielle Ideologie besetzt wird, findet sich zugleich die sozialpsychologische Grundlage für die Interpretation des Karnevals als einer inoffiziellen Kultur.

Eine glänzende Bestätigung der Bachtinschen These vom Primat der äußeren Rede gegenüber der inneren Rede hat Vygotskij (1964; 1969) mit seinen in *Denken und Sprache* zusammengefaßten Untersuchungen geliefert. In seiner Kritik an Piagets früher Auffassung von der kindlichen autistischen Entwicklungsphase als einer Einheit von Denken und Sprache weist Vygotskij aufgrund experimenteller Beobachtungen nach, daß die egozentrische kindliche Sprache den ontogenetischen Übergang von der äußeren zur inneren Rede bildet. Mit dieser Wende sieht Vygotskij die Ersetzung des Signals durch das Zeichen als semiotischem Material einhergehen (vgl. S. 34 f.). Vygotskij, der wie Bachtin vom historischen Primat des Dialogs ausgeht, bestimmt die innere Rede aufgrund zweier Merkmale, der personalen Identität von Sprecher und Adressaten, und der Bewegung, die von der Sprache auf den Gedanken hin verläuft. Diese Bewegung sieht er durch die Funktionseinbuße linguistischer Regeln gegenüber der Axiologie ausgedrückt. Vygotskijs Analyse der inneren Rede unterscheidet sich von der im Bachtin-Kreis vertretenen nun aber dadurch, daß sie die Syntagmatik der inneren Rede durch die Axiologie (Dominanz der Prädikation) bestimmt annimmt, während Bachtin die Axiologie als paradigmatische Ordnung faßt und die Syntagmatik nach dem Vorbild der Dialogik konstruiert.

Neben der prinzipiellen Gegenüberstellung von innerer und äußerer Rede, die ihre Bedeutung in der Funktionsbestimmung der in herkömmlicher Terminologie als *innerer Monolog* bezeichneten Form der Prosarede hat, entwirft Bachtin innerhalb der äußeren Rede die Opposition von *eigener* und *fremder Rede* (vgl. *fremdes Wort*). Psychologisch ist die Wiedergabe fremder Rede (als der Rede des Anderen) die Vermittlung zwischen der äußeren Rede des Ich und der Rede des Anderen:

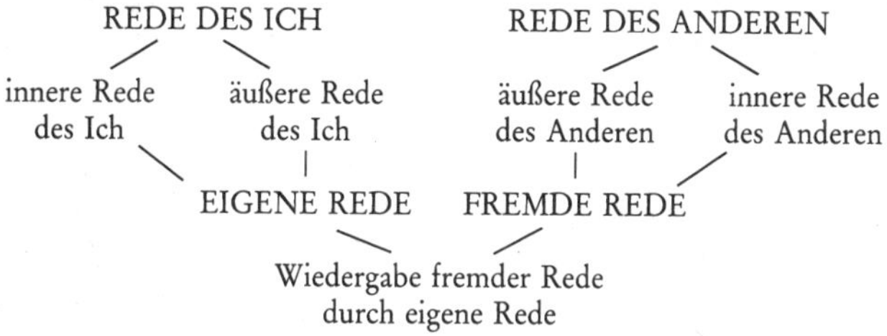

Die künstlerische Semiose zeichnet sich in dem Konzept Bachtins dadurch aus, daß sie die Intersubjektivität der künstlerischen Rede durch die besondere Position des Interpreten gegenüber der Welt des Textes bestimmt. Es ist dies die bereits angeführte »Außerhalb-Befindlichkeit« des Interpreten, die zwischen seiner Subjektivität und der Objektivität des von ihm Geschaffenen, zwischen dem Ich als reinem Subjekt und als reinem Objekt, vermittelt (Bachtin 1977b: 314):

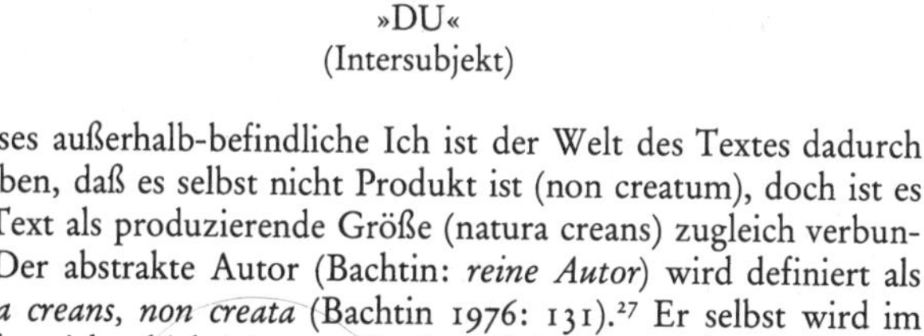

Dieses außerhalb-befindliche Ich ist der Welt des Textes dadurch enthoben, daß es selbst nicht Produkt ist (non creatum), doch ist es dem Text als produzierende Größe (natura creans) zugleich verbunden. Der abstrakte Autor (Bachtin: *reine Autor*) wird definiert als *natura creans, non creata* (Bachtin 1976: 131).[27] Er selbst wird im Schaffen nicht objektiviert und ist deshalb im Text weder objektivierbar noch als *Bild des Autors* (wie bei Vinogradov 1971: 181-202)

rekonstruierbar – er gibt sich zu erkennen nur durch das, was er geschaffen hat.

Die Bachtinsche Kategorie der »Außerhalb-Befindlichkeit« ist das Gegenstück zum Platonischen Begriff der Ekstase, des Aus-sich-Heraustretens der Seele in der »Ideenschau«. Dieses Außer-sich-Sein der Seele kraft der Lösung vom Körper prägt die christliche Tradition um zum ekstatischen Charakter der göttlichen Liebe – der Liebende ist nicht in sich. Das Aufgeben von Vernunft und Wille in der Darstellung der Ekstase durch Ignatius von Loyola *(Exercitia spiritualia)* ist von dem russischen Filmtheoretiker Sergej Ėjzenštejn (Eisenstein) unter dem Begriff der »rhythmischen Trommel« als Mittel regressiver Gestaltbildung in die Kunsttheorie eingeführt worden:

»[...] die Seele steigt auf zu Gott, d. h. sie ist kraft der Lösung von der Sphäre des logischen Denkens fähig, die Halluzinationen der übererregten, durch die ›Eingebung‹ von Bildern der erwarteten Vision beeinflußten Phantasie für Realität zu halten; das Gefühl für sich zu verlieren, ins Nichtsein zu versinken, d. h. völlig auf registrierbare Formen des Denkens usw. zu verzichten.« (Ivanov 1976: 134)

Ursprünglich Moment kultischer Kollektivität, hat sich die Ekstase als höchste Stufe der Negation der Leiblichkeit mehr und mehr zu einer extremen Form des *principium individuationis* entwickelt. Endgültig zum Erlebnis der Ichidentität wird die Ekstase in der Anthropologie Martin Bubers. In der Einheit dieses ekstatischen Ich ist Gemeinschaft nicht mehr möglich, da das Ich den Anderen mit der Welt in sich selbst hat:

»Seine [des ekstatischen Ich] Einheit ist nicht relativ, nicht vom Anderen begrenzt, sie ist grenzenlos, denn sie ist die Einheit von Ich und Welt. Seine Einheit ist die Einsamkeit, die absolute Einsamkeit: die Einsamkeit dessen, der ohne Grenzen ist. Er hat das Andere, die Anderen mit in sich, in seiner Einheit: als *Welt;* aber er hat außer sich keine Anderen mehr, er hat keine Gemeinschaft mehr mit ihnen, keine Gemeinsamkeit. Die Sprache aber ist die Funktion der Gemeinschaft, und sie kann nichts als Gemeinsamkeit sagen. (Buber 1908: 23)

In der gegenläufigen Bewegung zur Usurpation des Anderen und der Welt im Ich wird das Ich bei Bachtin in der »Außerhalb-Befindlichkeit« gerade durch den Bezug auf den Anderen seiner selbst bewußt. So bestimmt sich das Ich werthaft aus der Sicht des Anderen. Die »Außerhalb-Befindlichkeit« ist eine dialektische Kategorie, die zugleich für das Verhältnis des Ich zum Wertzentrum des Anderen gilt. Nichtvorfindlich in der Welt des Anderen zu sein, wird zur Voraussetzung kreativer Autorschaft und bestimmt das Verhältnis zwischen den Personen (und dem Ich-Erzähler) auf der einen und dem abstrakten Autor auf der anderen Seite. Gleichermaßen richtet sich die Interpersonalität der Ästhetik Bachtins gegen die Einfühlungsästhetik. Das Recht, sich außerhalb eines anderen möglichen Bewußtseins zu befinden, wird zur kulturstiftenden Kraft: »wir spüren unsere Möglichkeit, zu geben, zu lösen und zu vollenden, unsere realisierbare ästhetisch formale Kraft« (Bachtin 1977a: 157).

Anders als Freud gilt Bachtin nicht die vom Realitätsprinzip erzwungene Sublimierung als Voraussetzung kultureller Tätigkeit, vielmehr erfaßt er das Einwirken zwanghafter äußerer Kräfte als Bedrohung der Freiheit und Persönlichkeit des Bewußtseins: »Hierher, zu diesen persönlichkeitszerstörenden Kräften muß man auch das Unbewußte (›Es‹) rechnen« (Bachtin 1977c: 311). Anders aber auch als für Marcuse (1956), der in Umkehrung des Freudschen Modells das dem Realitätsprinzip entgegengesetzte Lustprinzip qua *Eros* zur kulturstiftenden Kraft erklärt, gründet Kultur für Bachtin auf der interpretativen Fähigkeit des Menschen, die im Künstler eine besondere Intensität gewinnt. Als historische Bewegung beschreibt er sie in der Verlagerung vom tragischen Interpretanten zum grotesken Interpretanten.

6. Zur Methodologie Bachtins. Form als Integral der Dichotomie von Kontinuität und Diskontinuität

Die Methode der Bachtinschen Ästhetik des Wortes hat ihre Grundlage nicht allein in einer dialogisch-aktualistischen Sprachtheorie und einer Kunsttheorie der Intersubjektivität, sondern auch in einer kaum faßbaren Erkenntnistheorie. Wer ein Kunstwerk verstehen will, muß das darin repräsentierte Bewußtsein als Subjekt wahrnehmen. Die Produktionsästhetik rekonstruiert demnach die Repräsentation von Bewußtsein im Werk, die Rezeptionsästhetik die Konfrontation von rezipierendem und rezipiertem Bewußtsein. Diese »Begegnung« faßt Bachtin mit einer hermeneutischen Kategorie, dem von Windelband, Rickert und Dilthey in der Ästhetik entwickelten und von Gadamer fortgeführten Begriff des *Verstehens.* Das Verstehen wiederum wird anhand der von Brentano eingeführten und von Husserl systematisch ausgearbeiteten Kategorie des *Aktes* dargestellt. Bachtins Gnoseologie hat phänomenologisch-hermeneutischen Charakter.

Zugleich beruht die Bachtinsche Erkenntnistheorie auf einer Semiologie. Das Verstehen hat es ja im Gegensatz zum Erklären immer mit Zeichen zu tun. Während das Verstehen das zu verstehende Zeichen in einem (diskursiven, sozialen, historischen usw.) *Kontext* interpretiert, identifiziert das Erklären den zu erklärenden Gegenstand im erklärenden *System* und abstrahiert notwendig von seinem raum-zeitlichen Zusammenhang. Hiermit ist jene Linie markiert, die Bachtins Wortästhetik bei aller Gemeinsamkeit mit Methoden der strukturalistischen Semiotik von positivistischen, vor allem mathematisch-linguistischen Verfahren (z. B. der generativen Poetik) trennt. Dort, wo diese das zeichenhafte Kunstwerk als Ganzes zu erfassen vorgeben, hypostasieren sie nämlich unausweichlich das im Kunstwerk repräsentierte Bewußtsein. Das Zeichen läßt dann nur noch die Identifizierung seiner formalisierbaren Bedeutung zu, nicht aber mehr die Interpretation eines verstehbaren Sinns – es ist nicht mehr vollgültiges Zeichen, sondern nur noch Identifikationssignal.

Die in ihrem Anspruch ausgreifendste Gnoseologie, gegen die sich Bachtins Erkenntnistheorie solchermaßen verwahrt, liegt in der russischen Geistesgeschichte in der Bogdanovschen *Tektologie* vor. Bogdanov (1929: 209) hat vor einem halben Jahrhundert eine *universale Organisationswissenschaft* formuliert, die in der Tradition von Empiriokritizismus und Taylorismus einen Vorläufer moderner Systemtheorien bildet:

»Der Ausgangspunkt [. . .] besteht darin, daß die Strukturbeziehungen in eben solchem Maße zur formalen Reinheit von Schemata verallgemeinert werden können wie die Beziehungen zwischen mathematischen Größen und daß auf dieser Grundlage Organisationsaufgaben mit Mitteln gelöst werden können, die den mathematischen analog sind.«

Der von Heckel zur Bezeichnung des Bauplans lebender Organismen eingeführte Begriff *Tektologie* erlangt hier den Rang einer Metawissenschaft, die an die Stelle der *Philosophie* treten soll. Bogdanov bricht damit jene Dichotomie auf, die für die Kunsttheorie dieses Jahrhunderts von zentraler Bedeutung ist: die Opposition von τέχνη (Technik) und σοφία (Weisheit). In unserem Zusammenhang ist diese Dichotomie in der Opposition zwischen dem frühformalistischen Zentralbegriff *Verfahren* (priem) und der Bachtinschen Kategorie des *Sinns* hervorgetreten. Da wir Bachtins Ästhetik als den Versuch auffassen, diese Dichotomie nicht – wie Bogdanov und auch die frühe Formale Schule – durch die Reduktion auf die Technik zu unterlaufen, sondern sie für das Verstehen der Kunst fruchtbar zu machen, erscheint ein Blick auf ihren Ursprung nützlich.

Ursprünglich weitgehend synonyme Bezeichnungen des Vernunftvermögens, das sich ungeteilt in der Sinnfülle und Wohlgeformtheit des Geschaffenen manifestiert, treten *techne* und *sophia* mit der Dissoziierung von Materie und Geist in der griechischen Philosophie auseinander zum materialbezogenen Begriff des Produktionswissens sowie zum geistbezogenen Begriff reiner und umfassender Erkenntnis. Im frühen jüdischen Denken begegnet noch das Beispiel der

Einheit von *tekton* (Baumeister) und *sophia*. In den Sprüchen Salomonis (8,22; 8,30 f.) sagt die Weisheit:

»Der Herr hat mich gehabt am Anfang seiner Wege; ehe er etwas schuf, war ich da. [...] da er den Grund zur Erde legte: da war ich der Werkmeister bei ihm und hatte meine Lust täglich und spielte vor ihm allezeit und spielte auf seinem Erdboden, und meine Lust ist bei den Menschenkindern.«

Dieses Bild der alttestamentarischen personifizierten Weisheit *(ḥkmh)*, der natura creans, non creata, die sich im Spiel Freude bereitet und sie den Menschen mitteilt, führt ein wesentliches Merkmal ein: *sophia* ist vor aller Zeit. Daß die Produktionsästhetik das Modell der biblischen Schöpfungsgeschichte säkularisiert, hat Bachtin (1977c: 298) für den Begriff des Schaffens bei Dostoevskij kenntlich gemacht:

»Es ist sozusagen die Aktivität jenes Gottes in bezug auf den Menschen, der es dem Menschen gestattet, sich (in immanenter Entwicklung) selbst zu verurteilen, sich selbst zu widerlegen.«

Während im Christentum katholischer und protestantischer Prägung *sophia* als theologische Kategorie der Kreativität von der institutionellen Kategorie der *ecclesia* sowie (in aristotelischer Tradition) vom Objektbegriff *logos* verdrängt wird, bleibt in der von der mittelalterlichen Scholastik kaum berührten russisch-orthodoxen Lehre ihr Wert ungeschmälert erhalten:

»Der spezifische Charakter der altrussischen geistigen Kultur, die ihren Hauptinhalt nicht im ›logos‹ abstrakter Spekulation, sondern in der lebensbauenden Ethik der ›Gemeinschaftlichkeit‹ [›sobornost‹] sowie in den gegenstandsgebundenen Formen des künstlerischen Schaffens hatte, verleiht dem Inhalt der s.[ophie] besonderes Gewicht.« (Averincev 1970a: S. 62)

In der zweiten Hälfte des 19. Jahrhunderts wird dann im Unterschied zum westlichen Neothomismus die Einheit von Glauben und Denken in Solov'evs eschatologischer Synkrise von christlichem Mystizismus, philosophischem Idealismus und naturwissenschaftlichem Empirismus nicht auf eine umfassende Logik, sondern auf die Sophiologie gegründet. Sophia, die göttliche Weisheit, zugleich der utopische ganze Mensch, ist die personalisierte »Alleinheit«, die in einem Spannungsverhältnis zur Weltseele, der materia prima, dem kosmogonischen Künstler steht, der seinerseits in einem ständigen Dialog mit Gott begriffen ist. Die sinnlich wahrnehmbare Verkörperung der *sophia* in Natur wie Geschichte ist die Schönheit, ihr Sinnbild das Ewig-Weibliche. Die in der Philosophie angelegte und von Solov'ev neubelebte Einheit von Eros und Sophia tritt bei Bachtin in der Bindung des Sinns an Liebe dort am deutlichsten hervor, wo er von der »Überzeugung durch Liebe« handelt und den

Hauptunterschied zwischen dem reinen Autor und den Personen im Roman von Dostoevskij auf das Surplus dieses Autors gegenüber den Personen zurückführt:

»Das wichtigste Moment dieses Überschusses ist die Liebe [...] dann die Anerkennung, das Verzeihen [...], schließlich das einfach aktive (nicht verdoppelnde) Verstehen, das Gehört-Werden.« (Bachtin 1977c: 315)

Wenn Bachtin die bereits angeführte Institution des »Dritten« als »letzte Dialoginstanz« apostrophiert, errichtet er eine Konfiguration, die sich am ehesten noch aus der Tradition der russischen Sophiologie begreifen läßt.

Eines der produktivsten Konzepte dieser Sophiologie hat zu Beginn dieses Jahrhunderts ihre Kontur aus der Rückbesinnung auf die antike griechische Philosophie gewonnen. Dieser russische Neoklassizismus, der vor allem im Symbolismus Vjačeslav Ivanovs, aber auch im Akmeismus seinen künstlerischen Ausdruck gefunden hat, ist freilich keineswegs homogen. So hat beispielsweise Florenskij, der Bachtin in der Ablehnung von Rationalismus, Determinismus und Mechanismus nahesteht, *sophia* zwar im Anschluß an Solov'ev und im Gegensatz zu Hegels abstraktem »Weltgeist« noch als jene ideale Weltperson entworfen, in der dem Menschen, dem reine Erkenntis verschlossen ist, aktuelle Unendlichkeit erkennbar wird, dann aber in seiner Kritik der Vorherrschaft des Kontinuitätsprinzips seit der Renaissance in überraschender Volte sich zurückbezogen auf die pythagoreische Vorstellung von der universellen Ausdruckskraft der Zahl. Die Form der Zahl soll durch ihre Diskontinuität (nicht die arithmetische Reihe definiere die Zahl, sondern umgekehrt die Zahl die Reihe) die im Evolutionismus hervortretende Kontinuität brechen. Die Sophia wandelt sich zur instrumentellen Vernunft, »die sich in der Technik verwirklicht, indem sie den Leib mittels der Projektion seiner Organe verlängert« (zitiert nach Ivanov 1976: 244). Während Florenskij hier der Bogdanovschen Technologie beträchtlich nahekommt, sucht Bachtin die Dichotomie von Kontinuität und Diskontinuität aufzuheben in die aktuelle Intersubjektivität des sinnerfüllten Zeichens, des personalen Bewußtseins. Dieses Zeichen steht am Schnittpunkt von cartesianischer *res extensa* und *res cogitans*, die es so miteinander vermittelt, daß es nicht so sehr eine räumliche als vielmehr eine raumzeitliche Ausdehnung annimmt, die im Zeichengeschehen Sinn verkörpert:

»Wie auch immer diese Sinne [Sinngebungen] beschaffen sein mögen, um in unsere Erfahrung (eine zudem soziale Erfahrung) Eingang zu finden, müssen sie einen raum-zeitlichen Ausdruck annehmen, d. h. eine Zeichenform annehmen, die wir hören und sehen können (die Hieroglyphe, die mathematische Formel, der verbale sprachliche Ausdruck, die Zeichnung u. a.). Ohne einen solchen raumzeitlichen Ausdruck ist auch das abstrakteste Denken unmöglich. Daher vollzieht sich jeder Eintritt in die Sphäre der Sinne [Sinngebungen] durch die Pforte der Chronotopoi.« (Bachtin 1975: 406)

Hat Florenskij den Streit um das Verhältnis von Teil und Ganzem zugunsten des Teils entschieden und die Form, auch und gerade die Wort-Form[28], als Sein bestimmt, so geht es Bachtin um die Spannung zwischen Teil und Ganzem, betrachtet er die Form als »Werden«. Freilich gelingt ihm das nur auf Kosten einer anderen Dichotomie, der aufklaffenden Schere zwischen *kleiner Zeit* und *großer Zeit*. Auch diese Scheidung läßt sich aus der russischen Sophiologie herleiten. Solov'ev hat in seinem Bemühen, christliche Eschatologie mit naturwissenschaftlichem Empirismus zu versöhnen, die Zugehörigkeit des Menschen zu zwei Welten postuliert. Die eine von ihnen wird im Anschluß an Augustinus als historische Zeit mit dem Sündenfall als Beginn und dem Jüngsten Gericht als Endpunkt bestimmt, während die andere die kosmische (unendliche) Seinsweise der Sophie ist. In säkularisierender Umdeutung wird bei Bachtin der Schritt aus der momentbezogenen kleinen Zeit in die übergreifende kulturelle (bei Solov'ev: kosmische) Einheit der großen Zeit, anders als bei Solov'ev, nicht kraft der kirchlichen Gemeinschaft vollzogen, sondern kraft der je gegenwärtigen interpretativen Leistung in der freien Solidargemeinschaft der Interpreten. Hier tritt das Dilemma des konsensualistischen Wahrheitsbegriffs hervor, wie es sich noch in Habermas' Vorgriff auf die »ideale Sprechersituation« (Habermas, 1971: 136 ff.) kundtut: Will er dem Vorwurf des schrankenlosen Relativismus begegnen, muß er einen allgemeinen Wahrheitshorizont bestimmen, an dem sich der Konsensus zu bewähren hat.

Im 20. Jahrhundert hat sich die Erkenntnistheorie als Sprachtheorie entfaltet. Ihre verschiedenen Richtungen haben den Begriff der Sprache partialisiert und infolgedessen auch reduziert. Konzentrieren sich die Befürworter des Sprachkonstruktivismus (Carnap, Russell, Tarski, der frühe Wittgenstein) auf die logische Form verbaler Ausdrücke in Wissenschaftssprachen, so vernachlässigen die Vertreter der strukturalistischen und systematischen Linguistik (Jakobson, Harris, Chomsky) den pragmatischen Aspekt. Die Erforscher der natürlichen Sprache (der späte Wittgenstein, Ryle, Austin, Searle) verlieren den systematischen Zusammenhang sprachlicher Erscheinungen aus dem Auge. Wie Yehoshua Bar-Hill versucht hat, den Gegensatz zwischen Sprachlogik, Sprachsystem und Sprachgebrauch zu eliminieren[29], indem er den Zusammenhängen zwischen Äußerung, Satz und Proposition nachgegangen ist, so hat Bachtin für die Semiotik, namentlich für die Semiotik der Kunst, das Verhältnis von Zeichenverwendung und

Zeichensystem zu bestimmen gesucht. Der grundlegende wissenschaftstheoretische Unterschied zwischen der linguistischen Semiotik Jakobsons und der ästhetischen Semiotik Bachtins besteht darin, daß Jakobson Linguistik und Literaturwissenschaft unterschiedslos (ja diese noch jener völlig untergeordnet) mittels der Bestimmung von Universalien und Varianten in nomothetische Wissenschaften überzuführen trachtet, die auf dem Identitätsprinzip beruhen, während sich für Bachtin in den semiotischen Wissenschaften infolge des Ereignischarakters der Zeichen nomothetische Erkenntnisse nur dort gewinnen lassen, wo das Sinnkriterium ausscheidet. Die Semiologie Bachtins bestimmt das Zeichen als jene integrale ideologische Form, in der sich die Synthese von Allgemeinem und Besonderem, von Einheit und Vielfalt, von Innen und Außen ereignet.

Vielleicht ist aber die Kluft, die sich zwischen der Systemtheorie Jakobsons und der Dialogphilosophie Bachtins auftut, überbrückbar, wenn wir einräumen, daß beide jeweils einen besonderen Aspekt der gleichen Sache ins Zentrum ihres Blickfeldes gerückt haben. Während Jakobsons ungeteilte Aufmerksamkeit dem System als der überindividuellen Form gilt, in die jeder Erkenntnisgegenstand sich einrücken läßt, hat Bachtin über die unwiederholbare, werdende Form nachgedacht, in der sich die schöpferische Tätigkeit der Persönlichkeit ausdrückt, eine Form, die im kulturellen Dialog der *großen Zeit* immer neu mit Sinn erfüllt wird und doch immer schon sinnerfüllt ist.

Anmerkungen

An dieser Stelle sei Herrn Prof. Dr. Karl Eimermacher, Frau Krisztina Mänicke-Gyöngyösi, Herrn Dr. Peter Scherber und Frau Annelie Warrlich dafür gedankt, daß sie dem Verfasser schwer erreichbare Texte zugänglich gemacht haben. Für eine anregende Diskussion dieser Einleitung danke ich Herrn Bonno Amsenga, Frau Dr. Jeanne van der Eng sowie Herrn Prof. Dr. Mr. Jan Meijer.

1 Vgl.: T. Zelinskij, »Nicše i antičnost'« [Nietzsche und die Antike], in: ders., 1905, 1: 296-303. Zieliński hat zusammen mit S. Frank und G. Račinskij die (nicht vollendete) russische *Vollständige Werkausgabe* (F. Nicše, *Polnoe sobranie sočinenij,* Bde. 1-3, 9, M. 1909-1912) betreut. Die Anathematisierung Nietzsches bei Bachtin muß im Zusammenhang der sowjetischen Nietzsche-Rezeption, die bald im Zeichen des Antifaschismus stand, gesehen werden. So ist Nietzsche im 8. Band der *Literaturenzyklopädie* (Literaturnaja *ènciklopedija,* Bd. 8, M. 1934, Sp. 91-105) als »erster großer Prophet der imperialistischen Ideologie« gebrandmarkt worden, von Georg Lukács.

2 Bachtin zieht gleichsam die Konsequenz aus Nietzsches Kritik, »daß Kant gleich allen Philosophen, statt von den Erfahrungen des Künstlers (des Schaffenden) aus das ästhetische Problem zu visieren, allein vom ›Zuschauer‹ aus über die Kunst und das Schöne nachdachte [. . .]« (Nietzsche 1962, 2: 845). Anders als Nietzsche betrachtet Bachtin jedoch auch die Rezeption als

kreativen Akt und blickt daher auf das Kunstwerk aus der Doppelperspektive von Künstler und Leser.

3 In der russischen Ästhetik hat Vladimir Solov'ev (»Krasota v prirode«, in: ders., *Sobranie sočinenij*, Bd. 6, SPb. 1901-1907, S. 30) das Ästhetische auf die »Transfiguration des Materials« kraft eines Prinzips zurückgeführt, das oberhalb des materiellen Prinzips steht. Sehr nahe kommt der Konzeption Bachtins der symbolistische Dichter und Kunsttheoretiker Andrej Belyj (»Principy formy v ėstetike«, in: ders., *Simvolizm*, M. 1910: 178). Er bestimmt die Kunst als »jene schöpferische Tätigkeit der Seele, die sich durch die Überwindung des Materials mit Hilfe bestimmter Arbeitsschritte realisiert«.

4 Der Begriff *Architektur* ist in den 20er Jahren auch von Vinogradov verwendet worden, jedoch in der Bedeutung von ›Konstruktion‹ (složenie, konstrukcija). So definiert Vinogradov (1977: 169) *Sujetarchitektonik* als »Verfahren der Verknüpfung zweier Sujet-Fäden«.

5 Vgl. hierzu die offenbar an Nietzsche anschließende Überlegung Ernst Blochs (1962: 283): »Sehr viel seltener ist der Fall, daß vom Künstler, von der *Produktion* her, Kunst gedacht wird. Dazu gehört eine in der Kunst selbst befindliche, den Künstlern brüderlich verbundene Weise; solche ist nur bei eigener Kreativität möglich.«

6 Entsprechendes stellt Włodzimir Bolecki (1977, S. 21) für das Rabelais-Buch Bachtins fest: »Bachtin opisuje bowiem pewien ›model świata‹ w sensie semiotycznym, choć nie używa terminologii semiotycznej.« (»Bachtin beschreibt nämlich ein ›Weltmodell‹ im semiotischen Sinn, wenngleich er sich dabei nicht der semiotischen Terminologie bedient.«)

7 Neuerlich kehrt die Auffassung von Rede als Ereignis bei Foucault (1974: 32) wieder; freilich scheint der Theoretiker des Diskurses sich einer semiotischen Bestimmung zu verschließen, wenn er »[. . .] die Philosophie des Ereignisses in der auf den ersten Blick paradoxen Richtung eines Materialismus des Unkörperlichen« sich entwickeln sieht. Auf andere Positionen Foucaults, die denen Bachtins nahekommen, macht J. Lehmann (1975: 357-359) aufmerksam.

8 Eine ausgeführte Werttheorie lassen die veröffentlichten Arbeiten Bachtins vermissen. Zwar kündigt das Freud-Buch (Vološinov 1927) in einer Fußnote eine Darstellung des westeuropäischen philosophischen Denkens dieser Zeit *(Filosofskij mysl' sovremennogo Zapada)* mit einem Scheler gewidmeten Kapitel an, von dem man sich eine Diskussion des Wertbegriffs hätte erhoffen können, doch ist dieses Buch nicht erschienen. So sind wir auf eine Rekonstruktion dieses Begriffs angewiesen, die sich vom gnoseologischen Begriff der *Wahrheit* und vom ästhetischen Begriff der *Groteske* leiten läßt. Demnach hätte Bachtin weder die auf phänomenologische Evidenz gegründete Wertlehre Brentanos noch die auf der Korrespondenz von Gütern *(Wertdingen)* und Werten *(Dingwerten)* beruhende Dichotomie von materialer und formaler Werteethik akzeptiert, wie sie von Scheler entworfen worden ist, sondern diese Dichotomie durch einen auf Konsenus beruhenden Wertbegriff zu überwinden getrachtet. Dieser Wertbegriff wäre dem Schelerschen zwar darin verwandt, daß der Wert nur im Wertungsakt Realität gewinnt, unterschiede sich von ihm jedoch grundsätzlich darin, daß er das Schelersche dualistische Wertungsschema *Gut – Böse* (Scheler, 1954, S. 102 f.) verwürfe, den Wertungsakt intersubjektiv auffaßte und damit die kategoriale Trennung von Individual- und Kollektivwerten (Scheler 1954, S. 122 f.) überwände. Die historische Fundierung der Werte wäre dann auf die »Heterogonie der Zwecke« bei Wundt (1903: 274 f.) zu beziehen. (Zur Morrisschen Werttheorie vgl. Eschbach 1975: 24-30.)

9 In ihrer Analyse des dualistischen Zeichenbegriffs bei Lotman hat R. Lachmann (1977: 27) auf die Analogie der Gegenüberstellung von *znak* vs. *simvol* (Zeichen vs. Symbol) bei Potebnja, signal *vs. znak* (Signal vs. Zeichen) bei Vološinov sowie *signe* und *symbole* bei Kristeva hingewiesen.

10 Vgl. die provozierende Darstellung der Geschichte abweichenden Bewußtseins bei M. Foucault (1973: 8), bei der auch die Begriffe *Dialog* und *Monolog* herangezogen werden: »Die Konstituierung des Wahnsinns als Geisteskrankheit am Ende des achtzehnten Jahrhunderts trifft die Feststellung eines abgebrochenen Dialogs, gibt die Trennung vernünftiger vs. wahnsinniger Mensch als bereits vollzogen aus und läßt all die unvollkommenen Worte ohne feste Syntax, die ein wenig an Gestammel erinnern und in denen sich der Austausch zwischen Wahnsinn und Vernunft vollzog, im Vergessen versinken. Die Sprache der Psychiatrie, die ein Monolog der Vernunft *über* den Wahnsinn ist, hat sich nur auf einem solchen Schweigen errichten können.«

11 So hat Ivanov die Entwicklung des Romans bereits im Gegensatz zur Entwicklung des Epos gesehen und den Roman als jene Gattung bestimmt, der die größtmögliche Affinität zur Kunst des ganzen Volkes innewohnt. Doch auch dort, wo Ivanov das Verhältnis von eigenem und fremdem

Ich im Roman entwirft, bleibt er, obgleich er die Einfühlungstheorie überwindet, im Rahmen einer psychologischen Korrelationstheorie (Ivanov 1916: 30): »Hier [bei Dostoevskij, R.G.] ruft die Energie der zentrifugalen Bewegungen des menschlichen *Ich*, die das dionysische Pathos des Charakters bilden, in der genialen Seele eine solche Erkenntnis ihrer selbst bis in die tiefste Tiefe [...] hervor, daß die Seele sich selbst als ungewöhnlich vielstimmig und geräumig erscheint; für alle Erlebnisse des fremden *Ich* findet sie, wie ihr scheint, eine entsprechende Analogie in sich und diesen Ebenbildern und Zügen verwandtschaftlicher Ähnlichkeit folgend, kann sie in sich jeden beliebigen Zustand der fremden Seele reproduzieren.«

12 Wir können im Sinne der analytischen Philosophie (Apel) drei Wahrheitsmodelle unterscheiden: 1. *ontologisches Korrespondenzmodell* (Dinge sind sekundäre Indices primärer Bedeutungen, Ideen, z. B. Platonismus), 2. *gnoseologisches Evidenzmodell* (an den Dingen werden die Bedeutungen ikonisch evident, z. B. Phänomenologie) 3. *semiologisches Konsensmodell* (durch Vereinbarung über den Interpretanten wird Einvernehmen über das Verständnis von Dingen erzielt, z. B. Pragmatismus). Bachtins Wahrheitsmodell bildet dann eine Modifikation des semiologischen Konsensmodells bei Peirce; es setzt sich vor allem durch die allein vom Interpretationsereignis eingeschränkte Offenheit des Interpretationsmodus gegen die Normativität des Peirceschen (am Beispiel des wissenschaftlichen Wahrheitsbegriffs entwickelten) Modells ab. Bachtin rekurriert gleichsam auf den vorsokratischen Wahrheitsbegriff des Protagoras, den er jedoch seines Relativismus (wahr ist, was der einzelne als wahr erkennt) beraubt, indem er ihn vom Individualismus in den Intersubjektivismus überführt (Wahrheit liegt dort vor, wo sich zwischen zwei Subjekten Verständnis einstellt).

13 Die Kennzeichnung des Monologs als *intrasubjektiv* und des Dialogs als *intersubjektiv* folgt Kainz (1941). Auch der kollektive Monolog ist als intrasubjektiv zu kennzeichnen, insofern von einem Kollektivsubjekt ausgegangen wird.

14 Es ist hier nicht der Ort, das Verhältnis der Dialogik Bachtins zur Bestimmung der Ich-Du-Relation in Cohens *Religion der Vernunft aus den Quellen des Judentums* (1919) zu bestimmen; doch sei, zumal der exemplarische Charakter der Hiob-Dialoge angeführt worden ist, auf die in den 20er Jahren im Anschluß an Cohen entwickelte Dialogik F. Ebners, F. Rosenzweigs und M. Bubers verwiesen. Bloch, der Hiob den »hebräischen Prometheus« genannt hat (Bloch 1968, 3: 1456) ist selbst von G. Raulet (1978) »der dritte Hiob« genannt worden.

15 Die Entstehung des griechischen Romans hat die Magisterarbeit von O. M. Frejdenberg zum Gegenstand (*Proischoždenie grečeskogo romana*, vgl. *Kratkaja literaturnaja ėnciklopedija*, Bd. 8, M. 1975, Sp. 141 f.) sowie der wohl in deutscher Sprache abgefaßte Abschnitt *Die Genesis des griechischen Romans* ihrer gleichfalls unpublizierten Monographie *Ėtjudy k »Dejanija Pavla i Fekly«* (vgl. *Trudy po znakovym sistemam*, Bd. 6, Tartu 1973, S. 489).

16 Während Kuhns (1973) Begriff der *wissenschaftlichen Revolution* mit dem Wechsel von Paradigmata als beispiellosen Leistungen, die zugleich ungeachtet des wissenschaftlichen Wettbewerbs Anhänger gewinnen und für neue Problemlösungen offen sind, letztlich auf die Veränderung des Modells bezogen bleibt (und in Kulturformen ohne Konkurrenzsituation ungültig ist) und durch das Modell auf das Erkenntnis*objekt* zielt, bezieht Bachtin den Umschwung im modellierenden Instrument (Sprache) in die Betrachtung ein und zielt auf Veränderungen des Bewußtseins, des Erkenntnis*subjektes.*

17 Vgl. die Bachtin bekannte Darstellung der griechischen Tragödie als Gerichtsprozeß bei Pumpjanskij (1922; 1973: 12): »Wo das Lösegeld mit Blut gezahlt wird, wo einer für den Untergang des Menschengeschlechts dahingeht, wo durch einen einzelnen ein Geschlecht errettet wird, dort gibt es beinahe schon das Erdichtete, und es ist nur ein Schritt bis zur Rettung eines Geschlechts durch das fiktive (künstlerische) menschliche Opfer. Die künstlerische Poesie ist das organisierte fiktive Darbringen eines Opfers.«

18 In der auch ins Deutsche übersetzten Monographie *Dostevskij und Nietzsche. Philosophie der Tragödie* hat L. Šestov (1903: 217) die komplementäre Opposition *Moral des Alltags* vs. *Moral der Tragödie* aufgestellt. Auch darin ist Bachtins Dostoevskij-Buch der Abhandlung Šestovs entgegengesetzt, daß dieser durch das Werk zum Unbewußten des Künstlers vordringen will, während Bachtin das im Kunstwerk repräsentierte Bewußtsein zu erfassen trachtet. In der radikalen Skepsis gegenüber dem Rationalismus und der Konzentration des Blickes auf die Subjektivität mit Šestov verbunden, teilt Bachtin weder dessen Nihilismus in der ersten Phase (bis 1911) noch dessen Existentialismus in der zweiten Phase (1912-1939). Wenn Bachtin auch der Gegenüberstellung von abstraktem Denken in der antiken griechischen Philosophie und persönli-

chem Denken in der hebräischen Religion bei Šestov (Chestov, 1938) nicht folgt, so trifft er sich doch in der Hochschätzung der Hiob-Dialoge (Schestow, 1929) mit ihm. Die Struktur der Prosa Šestovs hat Averincev (1970) mit den Bachtinschen Begriffen des *inneren Dialogs* und des auf das *fremde Wort* gerichteten Wortes gekennzeichnet.

19 Zur selben Zeit handelt O. M. Frejdenberg (1935: 2) von der Opposition, die zwischen *liturgischer Ritualität* und *Farce-Ritualität* besteht, betrachtet letztere allerdings, geleitet von der marristischen Stadialtheorie, als Stadium der ersteren, während Bachtin gerade das Nebeneinander von seriöser Kultur und Lach-Kultur aufdeckt. (Vgl.: Ju. M. Lotman, »O. M. Frejdenberg kak issledovatel' kul'tury.« In: *Trudy po znakovym sistemam*, Bd. 6, Tartu 1973, S. 485). Vgl. auch bei Pumpjanskij (1922; 1973: 14): »Alle nichtheroischen Elemente der klassischen Kultur nimmt die Komödie in sich auf, deren reines Lachen in der phallophorischen Prozession die ernsthafteste Garantie für die Möglichkeit einer symbolischen Kultur ist.«

20 In ähnliche Richtung geht das Kapitel *Interesse am Körper* in M. Horkheimer / Th. Adorno, *Dialektik der Aufklärung* (1944: 276-281, hier S. 276): »Unter der bekannten Geschichte Europas läuft eine unterirdische. Sie besteht im Schicksal der durch Zivilisation verdrängten und entstellten menschlichen Instinkte und Leidenschaften [. . .] Von der Verstümmelung betroffen ist vor allem das Verhältnis zum Körper.« Und (S. 277): »Die Befreiung des europäischen Individuums erfolgte im Zusammenhang einer allgemeinen kulturellen Umwandlung, die im Innern der Befreiten die Spaltung [in Körper und Seele, R.G.] desto tiefer eingrub, je mehr der physische Zwang nach außen nachließ.«

21 Hier ist anzumerken, daß die Bestimmung des Verhältnisses zwischen der Bachtinschen Dialogik und der buddhistischen Philosophie eine eigene Untersuchung lohnte. Neben der unterschiedlichen Bestimmung der Ichidentität und des Wahrheitsbegriffs sind einige Parallelen unverkennbar. So schließt die buddhistische Philosophie aus der Nichtbeobachtbarkeit des Wechsels psychischer Zustände auf die Nichtbegründbarkeit eines aktuellen Beginns des Bewußtseins (etwa bei der Geburt), und Bachtin schließt aus der Nichtbeobachtbarkeit des Bewußtseinsendes für das Bewußtsein auf die Nichtbegründbarkeit des psychischen Todes. Als Vermittler indischer Ideologie käme neben dem Indologen Tubjanskij, der selbst zum Bachtin-Kreis gehörte, vor allem das Werk von O. O. Rozenberg in Frage *(Vvedenie v izučenie buddizma (po japonskim i kitajskim istočnikam)*, Teil 2, *Problemy buddijskoj filosofii [Probleme der buddhistischen Philosophie]*, Petrograd 1918, sowie *O mirosozercanii sovremennogo buddizma na Dal'nem Vostoke*, Petersburg 1919, posthum auch in deutscher Übersetzung erschienen: O. Rosenberg, *Die Weltanschauung des Modernen Buddhismus im Fernen Osten*, Heidelberg 1924). Auf Rozenberg hat vor kurzem der sowjetische Semiotiker A. M. Pjatigorskij (»O. O. Rozenberg i problema jazyka opisanija buddologii«, in: *Trudy po znakovym sistemam*, 5, Tartu 1971, S. 423-436) wieder aufmerksam gemacht.

22 Das Verhältnis der Formalen Schule zu Bergson ist von J. M. Curtis (1976) dargestellt worden.

23 Zum utopischen Charakter des Lachens vgl. auch E. Bloch, 1962, Bd. 1, Kapitel 31.

24 Walter Benjamin (1977, II, 1: 239) hat die Dialektik von Gedächtnis und Vergessen an einem für Bachtin sehr wichtigen Werk entfaltet, an Dostoevskijs Roman *Der Idiot*. Er gelangt dabei zu einer Auffassung von der Unvergänglichkeit, die Bachtins Verständnis lebendigen Gedächtnisses sehr nahekommt, da sie sich eben nicht auf die Fixiertheit des Denkmals gründet: »Das unsterbliche Leben ist unvergeßlich, das ist das Zeichen, an dem wir es erkennen. Es kann nicht vergessen werden. Die Leben bleibt gleichsam ohne Gefäß und Form das unvergängliche.« Der Unterschied in den Auffassungen läßt sich auf die Wirkung der jüdischen Tradition des Bilderverbots bei Benjamin zurückführen, dem die Bachtinsche Skepsis gegenüber der Bilderstarre der Ikone in der orthodoxen Tradition gegenübertritt.

25 In der grotesken Literatur des 20. Jahrhunderts unterscheidet Bachtin zwei Linien. Die von der romantischen Groteske hergeleitete *modernistische Groteske* (Bachtin 1965: 53) sieht er auf die Dialyse des Ich gerichtet, während die von der Volkskultur befruchtete *realistische Groteske* das Ich als Interpreten mit ambivalenten Interpretanten entwirft, wie es im Werk Bertolt Brechts und Thomas Manns erscheint. Hier wäre es freilich wichtig, die Korrelation von verbaler und bildnerischer Groteske, wie sie sich in der Wirkung von Grandevilles *Un autre monde* auf Baudelaire niederschlägt, auf semiotischer Grundlage zu bestimmen. Mit der Welt des Lachens im russischen Mittelalter hat Bachtin sich nicht befaßt. Aus der Untersuchung von D. S. Lichačev und A. M. Pančenko (1976) wird deutlich, daß in der russischen Kultur dieser Zeit das Lachen als

Negation der kirchlichen Kultur im dualistischen Modell von der Weltordnung (heilig vs. satanisch) befangen bleibt. Das Karnevalslachen sprengt dagegen das dualistische Modell und befreit von den Schrecken der Welt. Daher haben Ju. M. Lotman und V. V. Ivanov in ihrer Rezension des Buches von Lichačev und Pančenko (in: *Voprosy literatury*, 1977, 3) vor einer Übertragung der Bachtinschen Begriffe auf die frühe russische Kultur ohne Rücksicht auf die Funktion des Lachens in der jeweiligen Kultur gewarnt.

26 In der Differenzierung von *Sinn* und *Bedeutung* steht vor allem Benveniste Bachtin nahe. A. J. Greimas dagegen [*Du Sens. Essais sémiotique*, Paris 1968] hat zwar gleichfalls seine Aufmerksamkeit weniger auf die Gesamtheit der Sprache als auf die Totalität der Manifestation von Sinn gerichtet, den Sinn dabei jedoch als eine vom Zeichensystem vorausgesetzte und ihm vorgeordnete anthropologische Kategorie gefaßt, deren Artikulation er dann systematisch zu erfassen trachtet: »Die vielfältigen Präsenzformen von Sinn und seine Existenzmodi zu bestimmen, sie als horizontale Instanzen und vertikale Niveaus zu interpretieren, die Durchgänge [parcours] von Transpositionen und Transformationen von Inhalten zu beschreiben, das sind gleichermaßen Versuche, die nicht mehr als utopisch erscheinen.« Greimas geht dabei von einem gnoseologischen Korrespondenzmodell aus, das er an einer Semiotik der menschlichen Praxis festzumachen sucht. Sinn wird dann freilich zu einer Kategorie nicht nur der außersprachlichen Praxis, sondern auch der Sprache.

Auch Luhmann bestimmt Sinn als vorsprachliche Kategorie: »Sinn ist die Ordnungsform menschlichen Erlebens, die Form der Prämissen für Informationsaufnahme und bewußte Erlebnisverarbeitung, und ermöglicht die bewußte Erfassung und Reduktion hoher Komplexität«. (N. Luhmann, »Sinn als Grundbegriff der Soziologie«. In: J. Habermas / N. Luhmann, 1971, S. 25-100). Habermas kritisiert die Luhmannsche Verwendung des Begriffs *Sinn* als sprachfundierender Größe; er will den Unterschied zwischen Sinn und Information auf sprachtheoretischer Ebene analysieren. Er folgt Luhmann allerdings in der Bestimmung von Sinn als dem »Identischbleiben von Bedeutungen in variablen Zusammenhängen der Kommunikation« (J. Habermas, »Theorie der Gesellschaft oder Sozialtechnologie.« Ebda., S. 142-290, hir S. 185). Habermas kommt nun aber dort der Position Bachtins nahe, wo er auf der Grundlage eines Konsensmodells den Sinn auf die Intersubjektivität der Kommunikation stützt.

27 Vgl. H. Turk 1977, S. 207: »Auf der Identität von Darstellung und Dargestelltem im Akt der Hervorbringung beruht die Analogie der Kunst zur creatio ex nihilo.«

28 Florenskij (1972) hat die Form des Wortes *Morphem* genannt und sogar mit dem eigens zu diesem Zweck gebildeten griechischen Neologismus φορμή bezeichnet. Das Morphem ist die Vermittlung zwischen Laut *(Phonem)* und Sinn *(Semem)*, zwischen der äußeren und der inneren Form des Wortes. Florenskij modifiziert das triadische Wortmodell Potebnjas; die *innere Form* ist nicht mehr die stabile ursprüngliche (etymologische) Bedeutung des Wortes, sondern sein je individueller Sinn. Das *Morphem* wird zu jener Invariante, in der alle verwendungsabhängigen inneren Formen, alle momentanen Sinngebungen sich als Varianten unterbringen lassen.

29 Vgl. den Nekrolog von H. Schnelle, »Yehoshua Bar-Hill (1915-1975)«. In: *Zeitschrift für allgemeine Wissenschaftstheorie*, IX, 1978, S. 1-12.

Literaturverzeichnis

Dieses Literaturverzeichnis kann zugleich als Materialsammlung für eine Bachtin-Bibliographie dienen. Es weist die in russischer Sprache erschienenen Arbeiten Bachtins (bis Ende 1977) sowie Publikationen seiner Mitarbeiter und Schüler Medvedev und Vološinov nach, wenn von der Mitwirkung Bachtins auszugehen ist. Außerdem werden Übersetzungen dieser Publikationen, Arbeiten über Bachtin und den Bachtin-Kreis sowie wichtige Publikationen, in denen die Konzeptionen Bachtins diskutiert und/oder fortgeführt werden, nachgewiesen. Alle diese Titel sind durch ein Sternchen (*) markiert. Benutzt werden konnten die bibliographischen Angaben in: Kožinov/Konkin, 1962, S. 16-19; K. Eimermacher, *Arbeiten sowjetischer Semiotiker der Moskauer und Tartuer Schule*, Kronberg 1974, S. 11-13; M. M. Bahtyin, Ü1976, S. 381-390. Für die Angabe einiger ergänzender Titel danke ich Herrn Professor Dr. Wolf Schmid.

*Anonymus, 1929: Rez. Bachtin, *1929*, in *Oktjabr'*, 11.
*Anonymus, 1947: »Rable i istorija realizma.« In: *Vestnik Akademii nauk SSSR*, 5.
*Anonymus, 1947: »Preodelet' otstavanie v razrabotke aktual'nych problem literaturovedenija.« In: *Kul'tura i žizn'*, 20. November.
*Anikst, A., 1967: »Smech – delo veseloe.« In: *Teatr*, 1.
Arvatov, B., 1923: »Rečetvorčestvo (po povodu zaumnoj poėzii).« In: *LEF*, 2, S. 79-81.
1930: »Bežim, bežim, bežim.« In: *Ob agit i pro iskusstve*. S. 52-55.
1972: »Kunst und Organisation der Umwelt.« In: Ders., *Kunst und Produktion*. hg. H. Günther / K. Hielscher, München, S. 52-64.
*Asmus, V. (u. a.), 1964: »V redakciju ›Literaturnoj gazety‹.« In: *Literaturnaja gazeta*, 13. August (Nr. 96).
Austin, J .L., 1965: *How to do Things with Words*. ⁵Oxford.
Averincev, S., 1970a: »Sofija.« In: *Filosofskaja ėnciklopedija*, Bd. 8, Moskau.
*1970b: »L. Šestov.« In: *Filosofskaja ėnciklopedija*. Bd. 8, Moskau.
*1976: »Ličnost' i talent učenogo.« In: *Literaturnoe obozrenie*, 10, S. 58-61.
*Bachtin, M., 1919: »Iskusstvo i otvetstvennost'.« In: *Den' iskusstva* (Izdatel'stvo Nevel'skogo sojuza rabotnikov iskusstva) 13. September.
*1929a: *Problemy tvorčestva Dostoevskogo*. Leningrad.
*1929b: »Predislovie.« In: L. N. Tolstoj, *Polnoe sobranie chudožestvennych proizvedenij*, Bd. XI, Moskau/Leningrad, S. III-X.
*1929c: »Predislovie.« In: L. N. Tolstoj (vgl. 1929b), Bd. XIII, S. III-XX.
*1963: *Problemy poėtiki Dostoevskogo*. Moskau (Überarbeitung von 1929a).
*1965a: *Tvorčestvo Fransua Rable i narodnaja kul'tura srednevekov'ja i Renesansa*, Moskau.
*1965b: »Slovo v romane.« In: *Voprosy literatury*, *8*, S. 84-90.
*1967: »Iz predystorii romannogo slova.« In: *Russkaja i zarubežnaja literatura* (Uč. zap. Mordovskogo gos. universiteta, 61) Saransk, S. 3-24.
*1970a: »Ėpos i roman.« In: *Voprosy literatury*, *1*, S. 96-122.
*1970b: »Smelee pol'zovat'sja vozmožnostjami.« In: *Novyj mir*, *11*, S. 237-240.
*1972a: »Slovo v poėzii i slovo v proze.« In: *Voprosy literatury*, 6, S. 54-86.
*1972b: *Problemy poėtiki Dostoevskogo*. Moskau (Neuauflage von: *1963*).
*1973: »Iskusstvo slova i narodnaja smechovaja kul'tura (Rable i Gogol').« In: *Kontekst 1972*, Moskau, S. 248-259.
*1974a: »K ėstetike slova.« In: *Kontekst 1973*, Moskau, S. 258-280.
*1974b: »Vremja i prostranstvo v romane.« In: *Voprosy literatury*, *3*, S. 133-179.
*1975a: *Voprosy literatury i ėstetiki*. Issledovanija raznych let. Moskau (enthält: 1965b, 1967, 1970a, 1973, 1974a, 1974b, teilweise vervollständigt).
*1975b: »K metodologii literaturovedenija.« In: *Kontekst 1974*, Moskau, S. 203-212.
*1976a: »Problema teksta. Opyt filosofskogo analiza.« In: *Voprosy literatury*, *10*, S. 122-151 (hrg. v. V. V. Kožinov).
*1976b: »O nekotorych osobennostjach stilistiki Rable.« In: *Iz istorii russkoj i zarubežnoj literatury*. Saransk, S. 3-19.
*1977a: »Problema avtora.« In: *Voprosy filosofii*, *7*, S. 148-160.

*1977b: »Iskusstvo i otvetstvennost'.« In: *Voprosy literatury*, 6, S. 308; (ND. von *1919*, besorgt von Ju. Gel'perin).
*1977c: »Plan dorabotki knigi Problemy poètiki Dostoevskogo« (Titel nicht von Bachtin), in: *Kontekst 1976*, Moskau, S. 296-316 (hrg. von V. V. Kožinov).
1978a: »Problema rečevych žanrov.« In: *Literaturnaja učeba, 1*, S. 200-219.
1978b: »Avtor i geroi v èstetičeskoj dejatel'nosti.« In: *Voprosy literatury, 12*, S. 270-310.
ÜBERSETZUNGEN (Namenangabe bei abweichender Transkription in Klammern)
*Ü1967: (Bahtin) *Problemi poetike Dostoevskog*. Belgrad (Übersetzung von: 1963).
*Ü1968a: »Epos a román. (O metodologii zkoumání románu).« In: *Česká literatura*, 4, S. 425-452 (Übersetzung von *1970a;* früher als die russische Publikation).
*Ü1968b: (Bakhtin) *Rabelais and His World*. Translated by H. Iswolsky. Cambridge/London (Übersetzung von: *1965a*).
*Ü1968c: (Bakhtine) »L'énoncé dans le roman.« In: *Languages*, 12, S. 126-132 (Übersetzung von: *1965[b]*).
*Ü1968d: *Dostoevskij. Poetica i stilistica*. Trad. G. Garratino. Turin (Übersetzung von: *1963*).
*Ü 1969a: *Literatur und Karneval. Zur Romantheorie und Lachkultur*. Übersetzt von A. Kaempfe, München (= Reihe Hanser, 31) (Auszüge aus: *1963*, *1965a*).
*Ü1969b: »Epos und Roman.« In: Konturen und Perspektiven. Berlin (Ost) (Übersetzung von: *1970a*).
*Ü1970a: »Epos a powieść. (O metodologii badania powieści)« In: *Pamiętnik Literacki, 3*, S. 203-230 (Übersetzung von: *1970a*).
*Ü1970b: »Epos und Roman.« In: *Sowjetwissenschaft. Kunst und Literatur, 9*, S. 918-942 (Übersetzung von: *1970a*).
*Ü1970c: *Problemy poetyki Dostojewskiego*. Przełożyła N. Modzelewska, Warschau (Übersetzung von: *1963*).
*Ü1970d: (Bahtin) *Probleme poetici Dostoievski*. In românește de S. Recevschi, Bukarest (Übersetzung von *1963*).
*Ü1970e: (Bakhtine) *La poétique de Dostoievski*. Trad. par I. Kolitcheff, Paris (Übersetzung von: *1963*).
*Ü1970f: (Bakhtine) *Problèmes de la poétique de Dostoievski*. Trad. par G. Verret, Lausanne (Übersetzung von: *1963*).
*Ü1970g: (Bakhtine) *L'œuvre de François Rabelais et la culture populaire au Moyen âge et sous la Renaissance*. Trad. par A. Robel, Paris (Übersetzung von: *1965a*).
*Ü1971a: »Discourse Typology in Prose.« In: *Readings in Russian Poetics*, Ann Arbor (Auszug aus *1929a*, S. 105-135).
*Ü1971b: *Dostoevskij umělec: K poetice prozy*. Prag (Übersetzung von: *1963*).
*Ü1971c: *Probleme der Poetik Dostoevskijs*. Aus dem Russischen von A. Schramm, München (Übersetzung von: *1963*).
*Ü1972: »Zur Ästhetik des Wortes.« In: R. Lenzer / P. Palijewski [Palievskij] (Hrg.) *Kontext. Sowjetische Beiträge zur Methodendiskussion in der Literaturwissenschaft*. Berlin (Ost) (Übersetzung von: *1974a*).
*Ü1973a: (Bakhtin) *Problems of Dostoevsky's Poetics*. Transl. by R. W. Rotsel, Ann Arbor (Übersetzung von: *1963*).
*Ü1973b: »Das Wort in der Poesie und in der Prosa.« In: *Sowjetwissenschaft*. Kunst und Literatur. *3*, S. 260-288.
Ü1973c: *Problémy poetiky románu*. Bratislava.
*Ü1974a: »Czas i przestrzeń w powieści.« In: *Pamiętnik Literacki*, 4, S. 273-313 (Übersetzung von *1974b*).
*Ü1974b: »Das Wort im Roman.« In: A. Flaker / V. Žmegač (Hrg.), *Formalismus, Strukturalismus und Geschichte*. Kronberg, S. 121-130 (Übersetzung von *1965b*).
*Ü1974c: »Die Kunst des Wortes und das Lachen des Volkes bei Gogol.« In: *Sowjetwissenschaft*. Kunst und Literatur, 3, S. 297-303. (Übersetzung von *1973*).
Ü1975: *François Rabelais a lidová kultura středověku a renesance*. Praha.
*1976a: (Bahtyin) *A szó esztétikája (Válogatott tanulmányok)*. (Ed. Könczöl, Cs., Budapest (Enthält Übersetzungen von: 1929a, 1929c, 1972a, 1967, 1974b, 1973, 1965a).
*Ü1976b: *Problemi del romanzo*. Metodologia e dialettica storica. Hrg. V. Strada, Torino.
*Ü1977: (Bakhtine)/(V. N. Vološinov) *Le marxisme et la philosophie du langage*, preface de R.

Jakobson, trad. M. Yaguello, Paris (Übersetzung von: *Vološinov, 1930*).
*Ü1978: »Das Problem des Autors.« In: *Kunst und Literatur. Sowjetwissenschaft*, XXXVI, *3*, S. 265-279 (Übersetzung von: *1977a*).
*Batkin, L. M., 1969: »Smech Panurga i filosofija kul'tury.« In: *Voprosy philosofii, 12*.
*Beaujour, E. K., 1969/1970: Rez.: Bachtin, *Ü1968b*, In: *French Review*, S. 190 f.
Bechterev, V. M., 1924: »Ličnost' chudožnika v refleksologičeskom izučenii.« In: *Arena*. Petrograd.
*Bellau, A., 1970: »Bachtin et la multiple.« In: *Etudes françaises*, 6, S. 480-487.
*Bem, A. L. 1930: Rez.: Bachtin, *1929a*. In: *Slavische Rundschau*, 1, S. 29-31.
Benjamin, W., 1974: *Gesammelte Schriften*. Bd. I, 1, Frankfurt.
1977: Gesammelte Schriften. Bd. II, 1, Frankfurt.
*Benot, Y., 1972: »Le ›Rabelais‹ de Bakhtine ou l'éloge du rire.« In: *Pensées, 162*, S. 113-125.
*Bereza, A., 1967: Rez.: Bachtin, *1965a*. In: *Pamiętnik Literacki*, LVIII, S. 202-212.
Bergson, H., 1918: *Le rire. Essai sur la signification du comique*. Paris.
*Berkovskij, N., 1929: Rez.: Bachtin, *1929a*. In: *Zvezda, 7*.
Bernštejn, S., 1969: »Ėstetičeskie predopsylki teorii deklamacii.« / »Ästhetische Voraussetzungen einer Theorie der Deklamation.« In: Stempel, *1969*, S. 338-385.
*Birus, H., Rez. Bachtin, *Ü1971b*, in: *Germanistik, 2*, S. 307.
Bloch, E., 1962: *Subjektiv – Objektiv*. Frankfurt.
1968: *Das Prinzip Hoffnung*. Bde. 1-3, Frankfurt.
*Bočarov, S. G., 1974: *Poėtika Puškina*. Moskau.
Boduėn de Kurtenė, I. A., 1963: »O smešannom charaktere jazykov« (1901). In: Ders., *Izbrannye trudy po obščesmu jazykoznaniju*. Bd. 1, Moskau.
Bogdanov, A. A., 1929: *Vseobščaja organizacionnaja nauka (tektologija)*. Bd. 3, Moskau. Deutsch: *Allgemeine Organisationslehre (Tektologie)*, Bd. 2, Berlin 1928.
*Bolecki, W., 1977: »Język. Polifonia. Karnawał.« In: *Teksty, 3*, S. 7-33.
*Brzoza, H., 1973: »Poetyka polifonii czy estetyka dysonansu?« In: *Studia Estetyczne*, S. 29-49.
Bühler, K., 1934: *Sprachtheorie*. Jena.
*Bursov, B., 1965a: »Dostoevskij i modernizm.« In: *Zvezda, 8*, S. 188 f.
1965b: »Vosvraščenie k polemike.« In: *Oktjabr', 2*.
*Cabànes, J.+J., 1974: »La poétique de Bakhtine.« In: Ders., *Critique littéraire et sciences humaines*. Toulouse, S. 143-147.
*Câlinescu, M., 1971: »Elogiul dialogului.« In: *România literarâ, 7*, S. 5.
Cassirer, E.: 1923: *Philosophie der symbolischen Formen*. Bd. 1, Berlin.
1954: *Philosophie der symbolischen Formen*. Bd. 3, Berlin.
Chestov, L. [Šestov] 1938: *Athènes et Jérusalem*. Paris.
*Christian, R. F.: »Some Unpublished Poems of Nicholas Bachtin.« In: *Oxford Slavonic Papers*, S. 107-119.
Christiansen, B., 1909: *Philosophie der Kunst*. Hanau. Russ.: *Filosofija iskusstva*. Perev. G. P. Fedotov, St. Petersburg 1911.
*Čičerin, A. V., 1977: Rez. Bachtin, *1975a*, in: *Voprosy russkoj literatury, 1*, S. 116-121.
Cohen, C., 1919: *Religion der Vernunft aus den Quellen des Judentums*.
*Clézio, J.-M. Le, 1971: »La révolution carnevalesque.« In: *La Quinzaine littéraire*, 111, S. 3-5.
Cohen, J. 1974: »Speech-Acts.« In: *Current Trends in Linguistics*. Bd. 12. The Hague / Paris, S. 173-208.
Curtis, J. M.: »Bergson and Russian Formalism.« In: *Comparative Literature*, XXVIII, S. 101-121.
*Dalmas, A., 1970: »Rabelais et la culture populaire selon le critique soviétique M. Bakhtine.« In: *Le Monde*, 27. November.
*Danek, D., 1965: Rez.: Bachtin, *1963*, in: *Pamiętnik Literacki*, 2, S. 632-652.
*1978: »Bachtin i Freud.« In: *Teksty*, 1, S. 153-170 (Erwiderung auf: *Żyłko, B., 1977*).
*Desanti, D., 1970: »Un discours poliphonique: In: *Le Monde*, 16. Mai.
*Dneprov, V.: »Ideologičeskoe i social'noe. In: *Voprosy literatury, 11*, S. 156-176.
*Dobossy, L., 1969: Rez.: Bachtin, *Ü1968b*, in: *Acta Litteraria*, 11, S. 119-201.
*Dolgopolova, Ž. / Ul'man, M. 1975: »Michail Michajlovič Bachtin.« In: *Melbourne Slavic Studies, 9-10*, S. 156-160.
*Dostál, V., 1965: »Nově o Dostjevském a ještě něco navíc.« In: *Estetika*, S. 352-354.

*Drozda, M., 1977: »Vklad M. M. Bachtina v teoriju romana.« In: *Umjetnost riječi, 1-3*, S. 63-69.
*Dymšic, A., 1964a: »Monologi i dialogi.« In: *Literaturnaja gazeta*, 11. Juli.
*1964b: »Voschvalenie ili kritika?« In: *Literaturnaja gazeta*, 13. August.
Ėjchenbaum, B., 1922: *Melodika russkogo liričeskogo sticha*. Petrograd. ND. In: Ders.: *O poėzii*. Leningrad 1969.
1924: »Vokrug voprosa o formalistach.« In: *Pečat' i revoljucija, 5*, S. 1-12.
Ėjzenštejn, S., 1974: »Montage der Attraktionen.« In: S. M. Eisenstein, *Schriften*, hrg. von H. Schlegel, Bd. 1, München S. 217-221.
*Ėl'sberg, Ja., 1975: »O sinteze tradicij v russkom realizme.« In: *Kontekst 1974*, Moskau, S. 187-202.
*Eremina, S., 1966: »I včera i segodnja.« In: *Moskovskij komsomolec*, 11. März.
Eschbach, A., 1975: »Morris' dreidimensionale Semiotik und Texttheorie.« In: *Morris 1975*, S. 7-68.
*Evnin, F. I., 1965: »O nekotorych voprosach stilja i poėtiki Dostoevskogo.« In: *Izvestija Akademii nauk SSSR*, serija literatury i jazyka, *1*.
*Fehér, F., 1972: *Az antinómiák költöje. Dosztojevzkij és az individuum válsága*. Budapest, S. 422-444.
Fiedler, K., 1896: *Schriften über Kunst*. Leipzig.
Fieguth, R., 1975: »Einleitung«. In: Ders. (Hrsg.), *Literarische Kommunikation*. Kronberg, S. 9-22.
*Finci, E., 1968: »Polifonijski roman Dostojevskog.« In: *Politica*, 22. September.
Florenskij, K. P., 1971: »O rabotach P. A. Florenskogo.« In: *Trudy po znakovym sistemam*, 5 S. 501-503.
Florenskij, P. A., 1971: »Pifagorovy čisla.« In: *Trudy po znakovym sistemam, 5*, S. 504-512.
1973: »Stroenie slova.« In: *Kontekst 1972*, Moskau 1973, S. 344-377.
Foucault, M., 1973a: *Die Ordnung der Dinge*. Frankfurt a. M.
1973b: *Wahnsinn und Gesellschaft*. Frankfurt a. M.
1974: *Die Ordnung des Diskurses*. München.
Frejdenberg, O. M., 1935: *Poėtika sjužeta i žanra. Period antičnoj literatury*. Leningrad.
Freud, S., 1970: »Der Witz und seine Beziehung zum Unbewußten.« In: Ders., *Studienausgabe*. Bd. IV, Frankfurt a. M.
*Fridlender, G. M. (u. a.) 1971: »Voprosy poėtiki i teorii romana v rabotach M. M. Bachtina.« In: *Izvestija Akademii nauk SSSR*, serija literatury i jazyka, *1* S. 53-61.
*1976: »Real'noe soderžanie poiska.« (Rez.: Bachtin, *1975a*) In: *Literaturnoe obozrenie*, 10, S. 61 f.
*Frioux, C., 1971: »Bakhtine devant ou derrière nous.« In: *Littérature*, 1, S. 108-115.
*Gabay, S., 1971: »Rabelais: des années 30 à 1970.« In: *Littérature*, 1, S. 116-119.
Gadamer, H. G., 1972: *Wahrheit und Methode*. Tübingen.
*Gel'perin, Ju., 1977: »Zabytaja stat'ja Bachtina.« In: *Voprosy literatury*, 6, S. 307 f.
*Glagolev, A., 1929: »Novaja kniga o Dostoevskom.« In: *Učitel'lskaja gazeta*, 8. August.
*Głowiński, M. 1974: »Der Dialog im Roman.« In: *Poetica*, 6, S. 1-16.
Goldmann, L., 1973: »Das zugerechnete Bewußtsein und seine Bedeutung für die Mediengesellschaft.« In: Ders., *Kultur in der Mediengesellschaft*. Frankfurt a. M., S. 7-18.
Gor'kij, M. 1953, *Sobranie sočinenij*. Bd. 27, Moskau.
*Grossmann-Roščin, I., 1929: »Dni našej žizni. O poznavaemosti chudožestva prošlogo. O ›sociologizme‹ M.N. [sic!] Bachtina, avtora ›Problemy tvorčestva Dostoevskogo‹.« In: *Na literaturnom postu*, 18, S. 5-10.
*Grübel, R., 1979: »Forsocy (Formalisten-Soziologen). Entwürfe einer formalsoziologischen Methode in der sowjetischen Literaturwissenschaft und Literaturkritik der 20er Jahre.« In: *Von der Revolution zum Schriftstellerkongreß*. (Im Druck).
Günther, H., (1977): Die ›Diskussion über die Sprache‹ des Jahres 1934. Ms.
*(1979): »Michail Bachtins Konzeption als Alternative zum Sozialistischen Realismus.« Demnächst in: P. V. Zima (Hrg.) *Semiotics and Dialectics*, Amsterdam.
*Gurevič, A., 1966: »Smech v narodnoj kul'ture srednevekov'ja.« In: *Voprosy literatury*, 6, S. 207-213.
*1975: »K istorii groteska. ›Verch‹ i ›niz‹ v srednevekovoj latinskoj literature.« In: *Izvestija Akademij nauk SSSR*, serija literatury i jazyka, 4.

*Hansen-Löve, A. A., 1972: »Karnevalisierung der Literatur. Zur Romantheorie Michail Bachtins.« In: *Wort und Wahrheit*, 6, S. 522-531.
Hartmann, N., 1962: *Das Problem des geistigen Seins.*
Hegel, G. W. F., o. J.: *Ästhetik.* Mit einer Einführung von G. Lukács. Frankfurt a. M.
Habermas, J., 1971: »Vorbereitende Bemerkungen zu einer Theorie der kommunikativen Kompetenz.« In: Habermas, J. / Luhmann, N., 1971, S. 101-141.
/Luhmann, N., 1971: *Theorie der Gesellschaft oder Sozialtechnologie*, Frankfurt.
*Hayman, D., 1973: »Au-delà de Bakhtine. Pour une mécanique des modes.« In: *Poétique*, 13, S. 76-94.
*Heinrich, A., 1971: »Probleme de poeticâ şi teorie a romanului.« In: *Orizont*, 5, S. 72 f.
*Honzík, J., 1965: ›Bachtinův klíč k Dostoevskému.« In: Světová literatura, 2, *S. 224-234.*
**Horálek, K., 1970: »Tři úvahy o struktuře epiky.« In: Slovo a slovesnost,* S. 125-145, besonders S. 133-138.
Horkheimer, M. / Th. W. Adorno, 1944: *Dialektik der Aufklärung.* Amsterdam.
Husserl, E., 1913: *Logische Untersuchungen.* Bd. II, 1, Halle.
Ivanov, V. V., 1916: *Borozdy i meži.* Moskau. ND.: Letchworth 1971.
1923: *Dionis i pradionijstvo.* Baku.
*Ivanov, V. V. »Iz zametok o stroenii i funkcijach karnaval'nogo obraza.« In: *Problema poètiki i istorii literatury*, Saransk S. 37-53.
1973a: »Značenie idej M. M. Bachtina o znake, vyskazyvanii i dialoge dlja sovremennoj semiotiki.« In: *Trudy po znakovym sistemam*, 6, S. 7-44.
*1973b: »Iz zametok o stroenii i funkcijach karnaval'nogo obraza.« In: *Problemy poètiki i istorii literatury.* Saransk, S. 37 ff.
*1975: »O Bachtine i semiotike.« In: *Rossija*, S. 284-297.
*1976: *Očerki po istorii semiotiki v SSSR.* Moskau.
Jakubinskij, L. D., 1923: »O dialogičeskoj reči.« In: *Russkaja reč'*, S. 96-194.
1934: »Novatory i puristy.« In: *Literaturnyj Leningrad*, 21.Marz 1934.
*Jannoud, C., 1970: »Par-delà le bien et le mal.« In: *Le Figaro littéraire*, 16. August, S. 22 f.
*Jeremic, L., 1968: »Bahtinov ›polifonski roman‹.« In: *Izraz, 1*, S. 25 f.
*Juin, H., 1971: »Le rire de Rabelais.« (Rez.: Bachtin, *Ü1970g*) in: *Les lettres françaises*, 20. Januar, S. 11.
*Jüttner, S., 1972: Rez.: Bachtin, *Ü1970g*, In: *Romanistisches Jahrbuch*, S. 243-249.
*Kaempfe, A., 1969: »Die Funktion der sowjetischen Literaturtheorie.« In: Bachtin, *Ü1969a*, S. 133-148.
Kainz, F., 1941: *Psychologie der Sprache.* Bd. 1, Stuttgart ([3]1967).
*Kanaev, N. I., 1926: »Sovremennyj vitalizm.« In: *Čelovek i priroda, 1/2.*
Kant, I., 1787: *Kritik der reinen Vernunft.* [2]Riga.
*Kapustin, M., »Problemy Dostoevskogo segodnja.« In: *Voprosy literatury*, *3*, S. 126-143.
Kaulbach, F., 1968: »Schleiermachers Idee der Dialektik.« In: *Neue Zeitschrift für systematische Theologie und Religionsphilosophie, 10*, S. 225-260.
*Kautman, F., 1964: ›Kudy vedě cesta.« (Rez.: Bachtin, 1963) in: *Česká literatura*, 3, S. 243-252.
*1966: »Michail Michajlovič Bachtin a jeho studie o F. Rabelaisovi.« In: *Plamen*, *5*, S. 100-102.
*Kazarkin, A. P., 1977: »K postanovke problemy ocenki.« In: *Problema metoda i žanra*, 5, S. 3-15.
*Keller, A. C., 1971: Rez.: Bachtin, *Ü1968b*, in: *The Romanic Review*, S. 41-44.
*Kibler, W. W., 1970: Rez.: Bachtin, *Ü1970g*, in: *Style*, S. 73-75.
Kierkegaard, S., »Von dem Unterschied des Ästhetischen und des Religiösen. Schreiben an den Leser von Frater Tacernitus.« In: Ders., *Stadien auf dem Lebenswege.* Dresden, S. 443-552.
**Kolár, J., 1967: »Lidová smíchová kultura v koncepci sovétského vědce.« In: Česká literatura, 5*, S. 434-443.
*Könczöl, C., 1974, *M. Bahtyin: A regénynyelv elötörténetéhez.* Bevezetés. *Valóság, 12*, S. 56 f.
*1975a: »Mihail Bahtyin Tolsztoj Feltámadásáról.« In: *Világosság*, 5, S. 265 f.
*1975b: »A nyelv eldologiasodása és az irodalom. Mihail Bahtyin irodalomelmélete.« In: *Valóság, 8*, S. 10-25.
*1976a: »A Janus-arcú esztétika.« In: *Nagyvilág, 6*, S. 944-946.
*1976b: (Hrg.) Bachtin (Bahtyin) *Ü1976a.*
Komarovič, V., 1934: »Neue Probleme der Dostoevskij-Forschung. 1925-1930.« Teil 2 in:

Zeitschrift für slavische Philologie, 11, S. 193-236.
*Komarovič, L. V., 1934: »Neue Probleme der Dostoevskij-Forschung 1925-1930.« 2. Tl. in: *Zeitschrift für slavische Philologie*, S. 193-236, hier S. 227-234.
Königsmark, V., 1978: »Klič nejen k Rabelaisovi.« In: *Československá russistika*, XXIII, 5, S. 224-226 (Rez. von Bachtin, *Ü1965*).
*Konkin, S., 1966: »Glubokoe i original'noe issledovanie.« In: *Sovetskaja Mordovija*, 12. April (Nr. 85).
*1970: »Žizni navstreču. K. 75-letiju so dnja roždenija M. M. Bachtina.« In: *Sovetskaja Mordovija*, 15. November.
Koselleck, R., 1967: »Historia Magistra Vitae.« In: *Natur und Geschichte*. Löwith-Festschrift.
*Kožinov, V., 1962: »Literatura i literaturovedenie.« In: *Literatura i žizn'*, 16. März.
*1962b: »Naučnost' – ėto svjaz' s žizn'ju.« In: *Voprosy literatury*, *3*, S. 83-95.
*1963: »Současný stav teorie imělecké řeči.« In: *Česká literatura*, 11, S. 261-280.
*1965: »Chudožestvennaja reč' kak forma iskusstva slova.« In: Teorija literatury, Bd. 3, Moskau.
*/S. Konkin, 1973: »M. M. Bachtin. Kratkij očerk žizni i dejatel'nosti.« In: *Problemy poėtiki i istorii literatury*. Saransk, S. 5-15.
*Kristeva, J., 1967, »Bakhtine, le mot, le dialogue et le roman.« In: *Critique*, April, Nr. 239, S. 438-465. Dt. in: J. Ihwe (Hrg.), *Literaturwissenschaft und Linguistik*, Bd. 3, Frankfurt 1972, S. 345-375.
*1970: »Une poétique ruinée.« In: Bachtin, *Ü1970e*, S. 5-21.
Kuhn, Th., 1973: *Die Struktur wissenschaftlicher Revolutionen*. Frankfurt a. M.
*Kukanov, A. / S. Konkin, 1964: »Problemy poėtiki Dostoevskogo.« In: *Sovetskaja Mordovija*, 2. Februar.
*Lachmann, R., 1974: »Das Problem der poetischen Sprache bei V. V. Vinogradov.« In: *Poetics*, S. 103-125.
*1977: »Zwei Konzepte der Textbedeutung bei Jurij Lotman.« In: *Russian Literature*, S. 1-36.
*Lehmann, J., 1977: »Ambivalenz und Dialogizität. Zur Dialogizität der Rede bei Michail Bachtin.« In: Kittler/Turk, *1977*, S. 355-380.
*Leontev, A. A., 1967: *Psicho-lingvistika*. Leningrad (S. 86-88).
*1969: *Jazyk, reč', rečevaja dejatel'nost'*. Moskau (S. 79).
*Lichačev, D., 1965: »Princip istorizma v izučenii soderžanija i formy literaturnogo proizvedenija.« In: *Russkaja literatura*, *1*, S. 31 f.
*1973: »Drevnerusskij smech.« In: *Problemy poėtiki i istorii literatury*, Saransk, S. 73-90.
*/A. M. Pančenko, 1976: *›Smechovoj mir‹ Drevnej Rusi*. Leningrad.
Lipps, Th., 1920: *Ästhetik. Psychologie des Schönen und der Kunst*. Bd. 2, Leipzig.
*Ljubinskij, A. D., 1976: »Michail Michajlovič Bachtin i medievistika.« In: *Srednie veka*, Bd. 40, S. 284-286.
*Losev, A., 1970: »Ėstetika.« In: *Filosofskaja ėnciklopedija*, Bd. 8, Moskau.
*Lunačarskij, A. V., 1929: »O ›mnogogolosnosti‹ Dostoevskogo.« (Rez.: Bachtin, *1929a*), in: *Novyj mir*, *10*, S. 195-209.
Lukács, G., 1935: »Roman kak buržuaznaja ėpopeja.« In: *Literaturnaja ėnciklopedija*, Bd. 8, Moskau, Sp. 795-823.
1965: *Die Theorie des Romans*, [3]Neuwied und Berlin.
*Manolescu, N., 1971: »Dostoievskij.« In: *Luceafârul*, Nr. 7, 13. Februar.
*Matejka, L., 1973: »On the First Russian Prolegomena to Semiotics.« In: Vološinov, *Ü1973*, S. 161-174.
*Medvedev, P. N., Bibliografija izbrannych trudov P. N. Medvedeva. In: Medvedev, 1971, S. 387-390.
*1921: »Umer A. A. Blok.« In: *Iskusstvo* (Vitebsk) 4/6, S. 2 f.
*1925a: ›Učenyj sal'erizm. O formal'nom (morfologičeskom) metode.« In: *Zvezda*, *3*, S. 264-276.
*1925b: Rez. Tomaševskij, *Teorija literatury*. In: *Zvezda*, *3* (9), S. 298 f.
*1925c: Rez.: Nejfel'd, *Dostoevskij. Psichoanalitičeskij očerk*. Pod red. Z. Frejda, in: *Zvezda*, *3*, S. 299-301.
*1925d: Rez.: Žirmunskij, *Vvedenie v metriku*. In: *Zvezda*, *4* (10), S. 301 f.
*1926a: »Psichologija chudožestvennogo tvorčestva za poslednie gody.« In: *Zvezda*, *2*, S. 263-266.
*1926b: »Sociologizm bez sociologii. (O metodologičeskich rabotach P. N. Sakulina).« In: *Zvezda*, *2*, S. 267-271.

*1926c: Rez.: Šklovskij, *O teorii prozy*, in: *Zvezda*, *1*, S. 265 f.
*1928a: »Formalizm i istorija literatury.« In: *Zvezda*, *9*, S. 114 ff.
*1928b: *Formal'nyj metod v literaturovedenii. Kritičeskoe vvedenie v sociologičeskuju poetiku*. Leningrad. ND. (hrg. von H. Günther) Hildesheim/New York 1974.
*1928c: »Očerednye zadači istoriko-literaturnoj nauki.« In: *Literatura i marksizm*, *3*, S. 65-87.
1934: *Formalizm i formalisty*. Moskau. ND.: Hildesheim/New York 1973.
1971: *V laboratorii pisatelja*. Leningrad.
*Ü1976: *Die formale Methode in der Literaturwissenschaft*. Hrg. von H. Glück, Vorwort von J. Striedter, Stuttgart (Übersetzung von Medvedev, *1928b* und Teil von Medvedev, *1934*).
Mejerchol'd, Vs., 1974: »Der Schauspieler der Zukunft und die Biomechanik.« In: Vs. Meyerhold, *Theaterarbeit 1917-1930*. Hrg. von R. Tietze, S. 72-76.
*Meletinskij, E. M., 1976: *Poėtika mifa*. Moskau, besonders S. 144-148.
*Meschonnic, H., 1973: »La poétique et l'histoire chez Bakhtine. In: Ders., *Pour la poétique*. Bd. 2: Epistémologie de l'écriture. Poétique de la traduction, Paris, S. 191-203.
*Messina, R., 1971a: Rez.: Bachtin, *Ü1970g*, in: *Rassegna sovietica*, Juli/September, S. 159-161.
*1971b: »Michail Bachtin e la parodia letteraria.« In: *Opera aperta*, Dezember 1971-März 1972, Nr. 19/20.
*Miller, S., 1969: Rez.: Bachtin, *Ü1968b*, in: *The New York Times Book Review*, 19. Januar, S. 36.
*Milošević, N., 1967: »Bahtinovo tumačenje Dostoevskog.« In: Bachtin *Ü1967*.
Morris, Ch., 1964: *Signification and Significance*. Cambridge, Mass. 1964, Dt.: 1975: »Bezeichnung und Bedeutung.« In: Ch. W. Morris, *Zeichen, Wert, Ästhetik*. Hrg. von A. Eschbach, Frankfurt, S. 193-319.
Mukařovský, J., 1939: *Estetická funkce, norma a hodnota jako sociální fakty*. Prag. Dt.: 1970: »Ästhetische Funktion, Norm und ästhetischer Wert als soziale Fakten.« In: Ders., *Kapitel aus der Ästhetik*. Frankfurt a. M.
1967: »Zwei Studien über den Dialog.« In: *Ders., Kapitel aus der Poetik*. Frankfurt a. M., S. 108-153.
*Nag, M., 1966: »En russisk forskerskjebne.« In: *Arbeiderbladet*, 22. Juli.
*Niecikowski, J., 1971: »Sztuka Dostojewskiego.« In: *Współczesność*, 26. Dezember.
Nietzsche, F., 1962: *Werke in drei Banden*. Hrg. von K. Schlechta, München.
*Novák, P., 1967: »Rabelais et la ›culture populaire carnavalesque‹.« In: *Sbornik praci filosofické fakulty brněské university*, 14, S. 155-158.
*Okali, D., 1970: »M. Bachtin o epose a románe.« In: *Slovenská literatura*, *6*.
*Okopień-Sławińska, A., 1971: »Reljacje osobowe w literackiej kommunikacji.« In: J. Sławiński (Hrg.), *Problemy socjologii literatury*. Wrocław, S. 109-126.
Dt.: »Die personalen Relationen in der literarischen Kommunikation.« In: R. Fieguth, *1975*, S. 127-147.
*Ortali, R., 1969: »Rabelais par un Soviétique.« In: *Quinzaine littéraire*, *69*, S. 13 f.
*Owczarek, B., 1971: »Powieść a teoria.« In: *Tygodnik kulturalny*, 36, S. 4.
*Pawlowski, J., 1972: »Filosofia i poetyka.« (Rez.: Bachtin, *Ü1970c*) in: *Teksty*, 1, S. 180-184.
*Perlina, A. / A. Forman, 1977: »Raboty M. M. Bachtina po voprosam poėtiki slova v povestvovatel'nych žanrach literatury.« In: *Russian Language Journal*, 110, S. 45-54.
*Perlini, T., 1969: Rez.: Bachtin, *Ü1968d*, in: *Nouva corrente*, Milano 1969, *49*, S. 216-219.
*Petković, V., 1969: Rez.: Bachtin, Ü1967, in: *Književnost*, *6*, S. 628-230.
Pinskij, L. E., 1961: *Relaizm ėpochi Vozroždenija*. Moskau.
*1966: »Rable v novom osveščenii.« In: *Voprosy literatury*, *6*, S. 200-206.
*Pletnev, R. V., 1931: Rez.: Bachtin, *1929a*, in: *Slavija*, *9*, S. 837-840.
*Pomorska, K., 1968: »Foreword.« In: *Bachtin, Ü1968b*, S. V-X.
*1978: »Mixail Baxtin and his Verbal Universe.« In: *PTL*, *2*, S. 379-386.
*Por, P., 1976: Rez.: *Bachtin, Ü1969a, Ü1972b*, in: *Literatur und Kritik*, Juli-August, S. 440-442.
*Pospelov, G., 1965: »Preuveličenie ot uvlečenija.« In: *Voprosy literatury*, *1*, S. 95-108.
Potebnja, A. A., 1976: »Iz zapisok po teorii slovesnosti.« (1905), zuletzt in: Ders., *Ėstetika i poėtika*. Moskau.
*Prišvin, M. M., 1959: Pis'mo P Medvedevu, 31. Avgust 1928. In: T. Chmel'nickaja, *Tvorčestvo M. Prišvina*. Leningrad, S. 199 f.
*Pumpjanskij, L. V., 1922: *Dostevskij i antičnost'*. Peterburg (sic!), ND: (= Studien und Texte, 1) Bremen 1973.

*1928: »Poėzija F. I. Tjutčeva.« In: *Uranija. Tjutčevskij al'manach.* Leningrad.
*1929a: »Romany Turgeneva i roman ›Nakanune‹.« In: I. S. Turgenev, *Sočinenija.* Pod red. K. Chalabaeva i B. Ejchenbauma, 12 Bde., Bd. 6, Moskau/Leningrad, S. 9-26.
*1929b: »Turgenev-novellist.« In: (vgl. *1929a*), Bd. 7, S. V-XXX.
*1930a: »›Dym.‹ Istoriko-literaturnyj očerk.« In: (vgl. 1929a) Bd. 9, S. V-XX.
*1930b: »Turgenev i Flobert.« In: (vgl. *1929a*), Bd. 10, S. V-IXX.
1941: »Stichovaja reč Lermontova.« In: *Literaturnoe nasledstvo,* 43/44, Moskau, S. 389-424.
Rang, F. C., 1927/1928: »Historische Psychologie des Karnevals.« In: *Die Kreatur,* S. 311-343.
Raulet, G., 1978: »Der dritte Hiob. Zu Ernst Blochs dialektisch-materialistischer Hermeneutik.« In: B. Schmidt (Hrg.), *Materialien zu Ernst Blochs ›Prinzip Hoffnung‹.* Frankfurt a. M., S. 104-111.
*Revel, J.-F., 1970: »La poliphonie de Dostoievski.« In: *L'Express,* 15.-21. Juni, S. 43.
Rickert, H., 1920: *Die Philosophie des Lebens.* Tübingen.
1921a: System der Philosophie, Bd. 1.
1921b: Der Gegenstand der Erkenntnis. Stuttgart.
Rosenzweig, F., 1921: *Der Stern der Erlösung.* Frankfurt a. M.
*Rossi, A., 1969: »La concezione ›dialogica‹ e ›carnevalesca‹ della letteratura in Bachtin.« In: *Paragone,* Nr. 46, Dezember, S. 136-140.
*Rutenberg, V. I., 1974: *Italija i Evropa nakanune novogo vremeni.* Leningrad.
*Saltini, V., 1969: »Dostoevski romanziere polifonica.« In: *Espresso,* 5. Januar.
Scheler, M., 1954: *Der Formalismus in der Ethik und die materiale Wertethik.* Bern.
Schestow, L., (Šestov), 1924: *Dostojewski und Nietzsche,* Köln.
1929: *Auf Hiobs Waage.* Berlin.
*Schmid, W., 1973: *Der Textaufbau in den Erzählungen Dostoevskijs.* München.
*1974: »Zur Semantik und Ästhetik des dialogischen Erzählmonologs bei Dostoevskij.« In: Canadian-American Slavic Studies, S. 381-397.
1977: *Der ästhetische Inhalt. Zur semantischen Funktion poetischer Verfahren.* (= Utrecht Slavic Studies in Literary Theory, 1), Lisse.
Schopenhauer, A., 1938: *Sämtliche Werke,* hrg. A. Hübscher, Bd. 3, Leipzig.
*Seduro, V. I. 1958: »Dostoevskij, kak sozdatel' polifoničeskogo romana. M. M. Bachtin o forme romana u Dostoevskogo.« In: *The New Review-Novyj Žurnal,* 52, S. 71-93.
*1975: *Dostoevski's Image in Russia Today.* Belmont (besonders S. 307-332).
*Segal, D., 1974: »Aspects of Structuralism in Soviet Philology.« In: *Papers on Poetics and Semiotics, 2,* Tel-Aviv.
Šestov, L., 1903: *Dostoevskij i Nitše. Filosofija tragedii.* St. Petersburg.
*Šibakov, N., 1977: »Dialog v nezaveršennom mire. M. M. Bachtin i S.D. Ėr'zja.« In: *Kraj mordovskij,* 1, S. 178-189.
*Simonsen, M., 1973: Rez.: Bachtin, *Ü1970g,* in: *Revue romane,* S. 415-420.
*Šlovskij, V., 1957: *Za i protiv. Zametki o Dostoevskom.* Moskau (bes. S. 222 f.).
1969a: »Iskusstvo kak priem.« Dt.: »Die Kunst als Verfahren.« In: Striedter, *1969,* S. 2-35.
1969b: »Svjaz' priemov sjužetosloženija s obščimi priemami stilja.« In: Striedter, *1969,* S. 36-121.
*1970: »Fransua Rable i kniga M. Bachtina.« In: Ders., *Tetiva. O neschodstve schodnogo.* Moskau, S. 257-296.
*Skorina, L., 1968: »Lica bez karneval'nych masok.« In: *Voprosy literatury, 6,* S. 25-42, S. 76-81.
Smirnov, A. A., 1923: »Glavnye zadači literaturovedenija.« In: *Literaturnyj mysl', 2,* S. 91-109.
*Sobolev, L. I., 1976: Rez.: Bachtin, *1975a,* in: *Obščestvennye nauki v SSSR.* Referatnyj žurnal, serija 7: literaturovedenie, Moskau, 2, S. 53-58.
Špet, G., 1923: *Ėstetičeskie fragmenty.* Bde. 2, 3, Petrograd.
1927: *Vnutrennjaja forma slova.* Moskau.
Spitzer, L., 1922: *Die italienische Umgangssprache.* Bonn.
*Starikov, M., 1930: »Mnogogolosnyj idealizm.« In: *Literatura i marksizm,* 3.
Steinthal, H., *Grammatik, Logik, Psychologie, ihre Prinzipien und ihre Verhältnisse untereinander.* Berlin. ND: Darmstadt 1968.
Stempel, W.-D., 1972a: »Zur formalistischen Theorie der poetischen Sprache.« In: Stempel, *1972b,* S. IX-LIII.
1972b: (Hrg.): *Texte der russischen Formalisten.* Bd. 2, München.
*Strada, V., 1969: »Stagione feconda.« In: *L'Unita,* 25. Januar.

Striedter, Ju., 1969: (Hrg.) *Texte der russischen Formalisten*. Bd. 1, München.
1976: »Vorwort.« In: *Medvedev, Ü1976*.
*Šubin, L., 1965: »Gumanizm Dostoevskogo i ›dostoevščina‹.« In: *Voprosy literatury, 1*, S. 78-95.
*Svatoň, Vl., 1978: »Dialogické slovo a teorie románu. O vnitřní souvíslostí teoretických praci M. M. Bachtina.« In: *Slavia*, XLVII, *3*, S. 298-307.
Szondi, P., 1964: *Versuch über das Tragische*. Frankfurt a. M.
Taranienko, Zb., 1973: »Filosofia karnawalu.« In: *Literatura na świecie*, 6 (26), S. 38-41.
Tarde, G., 1922: »L'opinion et la conversation.« In: Ders. *L'opinion et la foule*. Paris.
Tarski, A., 1935/1936: »Der Wahrheitsbegriff in den formalisierten Sprachen.« In: Stud. phil., 1, S. 261-405.
*Titunic, I. R., »The Formal Method and the Sociological Method (M. M. Baxtin, P. N. Medvedev, V. N. Vološinov) in Russian Theory and Study of Literature.« In: Vološinov, *Ü1973*, S. 175-200.
*1976: »M. M. Bactin (The Baxtin School) and Soviet Semiotics.« In: *Dispositio*, 3, S. 327-338.
Tjul'pinov, N., 1976: »Ėnergija mysli.« (Rez.: Bachtin, 1975a) in: *V mire knig, 10*, S. 69 f.
Tšernov, I. (Černov), 1970: »Bahtin ja tema romaaniuuringud.« In: *Looming, 12*, S. 1913 f.
*Tubjanskij, M. I., 1923: *Obrascy Bengal'skoj literatury*. (Petrograd).
Turk, H., 1977: »Goethes ›Wahlverwandtschaften‹: der doppelte Ehebruch durch Phantasie.« In: Kittler/Turk, *1977*, S. 202-222.
Tynjanov, Ju., 1969: »O literaturnoj ėvoljucii.« Dt.: »Über literarische Evolution.« In: Striedter, *1969*, S. 432-461.
*1977: *Poėtika. Istorija literatury. Kino*. Moskau.
Uspenskij, B. A., 1970: *Poėtika kompozicii. Struktura chudožestvennogo teksta i tipologija kompozicionnoj formy*. Moskau. Dt.: *Poetik der Komposition*. Hrg. von K. Eimermacher, Frankfurt a. M. 1976.
*Vasilevskaja, I. /Mjasnikov, A., 1964: »Razberemsja po suščestvu.« In: *Literaturnaja gazeta*, 6. August, Nr. 93.
Vinogradov, V. V., 1925: *O poėzii Anny Achmatovoj*. Leningrad. ND. in: Vinogradov, *1977*, S. 367-459.
1927: »O postroeniju teorii poėtičeskogo jazyka. In: *Poėtika*, Bd. 3, Leningrad, S. 5-24.
*1930: *O chudožestvennoj proze*. Moskau/Leningrad, besonders S. 23-33.
*/u. a.: 1962: »Kniga, nužna ljudjam.« In: *Literaturnaja gazeta*, 23. Juni.
*1971: *O teorii chudožestvennoj reči*. Moskau.
1977: *Izbrannye Trudy. Poėtika russkoj literatury*. Moskau.
Vinokur, G., 1925: *Kul'tura slova*. Moskau.
1927: *Biografija i kul'tura*. Moskau.
Vivier, R., 1971: Rez.: Bachtin, *Ü1970g*, in: *Bulletin de l'Association des Amis de Rabelais et de la Devinière*, S. 333-335.
*Vološinov, V. N., 1925: »Po tu storonu social'nogo.« In: *Zvezda, 5*, S. 186-214.
*1926: »Slovo v žizni i slovo v poėzii. K voprosam sociologičeskoj poėtiki.« In: *Zvezda, 6*, S. 244-267.
*1927: *Frejdizm. Kritičeskij očerk*. Leningrad.
*1928: »Novejšie tečenija lingvističeskoj mysli na zapade.« In: *Literatura i marksizm*, 5.
*1929a: *Marksizm i filosofija jazyka*. Leningrad.
*1929b: Stilistika chudožestvennoj reči.« In: *Literaturnaja učeba, 2, 3, 5*.
*1930a: »O granicach poėtiki i lingvistiki.« In: *V bor'be za marksizm v literaturnoj nauke*. Leningrad, S. 213-223.
*1930b: *Marksizm i filosofija jazyka*. Leningrad (Nachdruck von *1929a*).
*1930c: »Konstrukcija vyskazyvanija.« In: *Literaturnaja učeba*, 3.
*1930d: »Cto takoe jazyk?« In: *Literaturnaja učeba, 2*, S. 48-66.
*1930e: »Slovo i ego social'naja funkcija.« In: *Literaturnaja učeba, 5*, S. 43-59.
*1930f: »O granicach poėtiki i lingvistiki.« In: *V bor'be za marksizm v literaturnoj nauke*. Leningrad, S. 213-223.
*Ü1973: *Marxism and the Philosophy of Language*. New York/London. (zu: *1930*).
*Ü1975: *Marxismus und Sprachphilosophie. Grundlegende Probleme der soziologischen Methode in der Sprachwissenschaft*. Hrg. von S. Weber, Frankfurt a. M./Berlin/Wien. (Übersetzung von: *1930*).

*Ü1977: *Freudianism. A Marxist Critique.* NewYork/San Francisco/London (Übersetzung von: *1927*).
*Vuarnet, J. M., 1970: »Les surfaces du texte.« In: *Les Lettres françaises*, 7.-13. Oktober, Nr. 1354, S. 12f.
Vygotskij, L. S., 1959: *Myšlenie i reč.* Moskau. Dt.: L. S. Wygotski, *Denken und Sprache.* Berlin 1964, ²Stuttgart 1969.
1968: *Psichologija iskusstva.* Moskau.
*Weber, S. M., 1975: »Der Einschnitt. Zur Aktualität Vološinovs.« In: Vološinov, *Ü1975*, S. 9-45.
*Wegner, M., 1977: Rez.: Bachtin *1975a.* In: *Zeitschrift für Slawistik*, XXII, *3*, S. 410-412.
Winner, T.: »Jan Mukařovský: The Beginnings of Structural and Semiotic Aesthetics.« In: *Sound, Sign and Meaning.* Hrg. L. Matejka, Ann Arbor, S. 451 ff.
Wunderlich, D., 1972: »Zur Konventionalität von Sprechhandlungen.« In: Ders. (Hrg.), *Linguistische Paragmatik.* Frankfurt a. M., S. 11-58.
Wundt, W., 1903: *Ethik. Eine Untersuchung der Tatsachen und Gesetze des sittlichen Lebens.* Bd. 1, Stuttgart.
1907: *System der Philosophie.* Bd. 2, Leipzig.
1912: *Völkerpsychologie.* Bd. 2, Leipzig.
*Zadražil, L., 1972: »Sémanticko-stylistiský proud v sovětské literární vědě konce dvatdcátých let.« In: *Československá rusistika, 17*, S. 13-18.
*Zatonskij, D., 1977: »Ob ėstetike, poėtike, literature.« In: *Voprosy literatury*, 4, S. 254-264 (Rez.: Bachtin, *1975a*).
Zelinskij, K., 1929: »Bod.« In: *Okjabr', 6*, S. 182-188.
Zieliński, Th., 1885a: *Die Gliederung der altattischen Komödie.* Leipig.
1885b: *Die Märchenkomödie in Athen.* St. Peterburg.
1887: *Quaestiones comicae.* Petropolis (St. Peterburg).
1901: »Die Behandlung gleichzeitiger Ereignisse im antiken Epos.« In: *Philologus.* Suppl. Bd. VIII, Heft 3, S. 405-450.
1902: T. Zelinskij, »Vil'gel'm Vundt i psichologija jazyka.« In: *Voprosy filosofii i psichologii*, Moskau, *1/2*.
1904: *Das Clauselgesetz in Ciceros Reden.* (= Philologus, Suppl. Bd. 9) Leipzig.
1912: *Cicero im Wandel der Jahrhunderte.* Leipzig.
1913a: *Der construktive Rhythmus in Ciceros Reden.* (= Philologus, Suppl. Bd. 13) Leipzig.
1913b: *Die antike Welt und wir.* Leipzig.
Žirmunskij, V., 1972: »Zadači poėtiki.« Dt.: »Aufgaben der Poetik.« In: Stempel, 1972, S. 136-161.
*Zyko, B., 1976: »Bachtin jako krytyk Freuda (O semiotycznej reinterpretacji psichoanalizy).« In: *Teksty, 4/5*, S. 252-266.
*1978: »›Freud *a* Bachtin' czy ›Freud *i* Bachtin‹.« In: *Teksty, 1*, S. 170-175 (Antwort auf: *Danek, 1978*).

Notiz zur Übersetzung und zur Auswahl

Als Sprachphilosoph hat Bachtin nicht nur eine eigene Auffassung von der Sprache und vom Verhältnis der Sprachen zueinander, sondern er schreibt auch einen eigenwilligen Stil. Dieser prägt sich im rhythmisch akkumulativen Aufbau der Perioden nicht weniger deutlich aus als in einem eigenwilligen Gebrauch von Wörtern wie *innerlich [vnutrennij]* bzw. *äußerlich [vnešnij]* oder *Werden [stanovlenie]* (im Gegensatz zu: *Sein*) usw. Wo es ihm zweckmäßig erscheint, bildet er auch Neologismen, z. B. *Umakzentuierung [pereakcentirovka]*.

Bachtin nutzt das Nebeneinander der partiell synonymen Ausdrücke *protivorečie* und *raznorečie* sowie der von ihnen abgeleiteten Adjektive *protivorečivyj* bzw. *raznorečivyj* als Grundlage für eine Deutungsdifferenzierung. Während den Ausdrücken *protivorečie* und *-čivyj* die Bedeutung »Widerspruch« (bzw. »widersprüchlich«) vorbehalten bleibt, erhalten *raznorečie* und *-čivjy* analog zu *raznojazyčie* (»Mehrsprachigkeit«) eine Bedeutung, die den Pluralismus im Bereich der Sprechtätigkeit, des Redens, der *parole* bezeichnet. Um Wortungetüme wie *Verschiedenredigkeit* und *Mehrredigkeit* zu vermeiden, wurde *raznorečie* mit *Redevielfalt* und *raznorečivyj* mit *in der Rede differenziert* wiedergegeben.

Nicht immer läßt sich ein russischer Begriff durch einen und nur einen deutschen Terminus übersetzen. So war für das bedeutungsschwere russische Wort *obraz* je nach dem Kontext zwischen den deutschen Korrelaten *Bild* und *Gestalt* zu wählen; bisweilen mußten beide deutsche Ausdrücke gebraucht werden. Im Russischen wird der Terminus *literaturnyj jazyk* [wörtlich: *Literatursprache*], wie Bachtin selbst betont (vgl. S. 180 ff.), mit zwei Bedeutungen verwendet, einer linguistisch-stilistischen im Sinne von normierter *Hochsprache* und einer den Verwendungsbereich kennzeichnenden Bedeutung im Sinne von *Sprache der Literatur*. Bachtin gebraucht den Begriff meist metalinguistisch; er ist dann mit dem nicht völlig bedeutungsäquivalenten Ausdruck *Hochsprache* wiedergegeben.

Bei der Auswahl der Texte hat sich der Herausgeber einerseits vom Prinzip des thematischen Zusammenhangs der Arbeiten leiten lassen; sie befassen sich alle mit ästhetischen Aspekten des Wortes im Kunstwerk. Auf der anderen Seite wurde ein repräsentativer Querschnitt durch alle Perioden Bachtins angestrebt: dem historischen Prinzip folgt dann auch die Anordnung der Beiträge (1919 bis 1940/1974). So sehr es vom thematischen Kontext aus wünschenswert erschienen ist, auch die unter dem Namen von Vološinov (1926) publizierte Analyse *Das Wort im Leben und das Wort in der Dichtung* aufzunehmen, haben textkritische Erwägungen es angeraten erscheinen lassen, davon Abstand zu nehmen. Die Urheberschaft der einzelnen Passagen ist zu ungewiß, die Gefahr der Interferenz heterogener Standpunkte zu groß.

Im Text sowie in den Anmerkungen sind Hinzufügungen des Herausgebers in eckige Klammern gesetzt. Durch Sternchen* markierte Fußnoten stammen durchweg vom Herausgeber.

Die Texte wurden nach folgenden, hier dem Literaturverzeichnis entsprechend abgekürzt aufgeführten Vorlagen übersetzt:
Kunst und Verantwortung: Bachtin 1977b;
Das Problem von Inhalt, Material und Form im Wortkunstschaffen: Bachtin 1975a;
Das Wort im Roman: Bachtin 1975a;
Aus der Vorgeschichte des Romanwortes: Bachtin 1975a;
Rabelais und Gogol'. Die Wortkunst und die Lachkultur des Volkes: Bachtin 1975a;
Zur Methodologie der Literaturwissenschaft: Bachtin 1975b.

Michail M. Bachtin
Die Ästhetik des Wortes

Kunst und Verantwortung

Ein Ganzes wird dann mechanisch genannt, wenn seine einzelnen Elemente nur in Raum und Zeit durch äußere Verbindung vereinigt und nicht von der inneren Einheit des Sinns durchdrungen sind. Die Teile eines solchen Ganzen sind, wenngleich sie nebeneinander liegen und einander berühren, einander in sich selbst fremd.

Die drei Bereiche der menschlichen Kultur – Wissenschaft, Kunst und Leben – erlangen Einheit nur in der Persönlichkeit, die sie in ihre eigene Einheit integriert. Diese Verbindung kann jedoch mechanisch-äußerlich werden. In der Regel ist dies leider der Fall. Der Künstler und der Mensch bilden naiv, zumeist mechanisch, die Einheit einer Persönlichkeit. In der schöpferischen Tätigkeit tritt das Individuum zeitweilig aus der »Unrast des Lebens« gleichsam in die andere Welt »der Inspiration, der süßen Klänge und Gebete«.[1*] Was aber ist das Ergebnis? Die Kunst ist zu sehr von sich selbst eingenommen, zu pathetisch, sie ist ja in keiner Weise verantwortlich für das Leben, das an solche Kunst gewiß nicht heranreicht. »Ja, wo brauchen wir«, spricht das Leben, »sie denn, die Kunst, wir haben doch die Prosa des Lebens.«

Wenn der Mensch in der Kunst ist, so ist er nicht im Leben, und umgekehrt. Es gibt zwischen ihnen keine Einheit und keine wechselseitige Durchdringung des Innern in der Einheit der Persönlichkeit.

Was garantiert uns dann aber den inneren Zusammenhang der Elemente der Persönlichkeit? Allein die Einheit der Verantwortung. Für das, was ich erlebt und in der Kunst verstanden habe, muß ich mich mit meinem Leben verantworten, damit nicht alles Erlebte und Verstandene darin wirkungslos bleibe. Mit der Verantwortung geht jedoch Schuld einher. Nicht nur wechselseitige Verantwortung müssen Leben und Kunst füreinander tragen, sondern ein jedes auch des anderen Schuld. Der Dichter darf nicht vergessen, daß an der abgeschmacktesten Prosa des Lebens seine Dichtung schuld ist, und der Mensch muß wissen, daß an der Unfruchtbarkeit der Kunst seine eigene Anspruchslosigkeit sowie die mangelnde Ernsthaftigkeit seiner Lebensprobleme schuld sind. Die Persönlichkeit muß ganz und gar verantwortlich werden: ihre Momente dürfen sich nicht nur nebeneinander in der zeitlichen Reihe ihres Lebens anordnen, sondern sie müssen einander auch in der Einheit von Schuld und Verantwortung durchdringen.

Es nützt nichts, zur Rechtfertigung der Verantwortungslosigkeit auf die »Inspiration« zu verweisen. Inspiration, die das Leben ignoriert und selbst vom Leben ignoriert wird, ist keine Inspiration, sondern Besitznahme. Nicht der usurpatorische Sinn der alten Fragen nach dem Wechselverhältnis von Kunst und Leben, nach der reinen Kunst ist es, der stimmt – ihr wahres Pathos liegt nur darin, daß Leben und Kunst sich ihre Aufgabe wechselseitig erleichtern, sich ihre Verantwortung nehmen, denn es ist leichter, ohne Verantwortung für das Leben zu schaffen, und es ist leichter, ohne Rücksicht auf die Kunst zu leben.

Kunst und Leben sind nicht eins, aber sie müssen in mir einheitlich werden, in der Einheit meiner Verantwortung.

(1919)

Das Problem von Inhalt, Material und Form im Wortkunstschaffen

Die vorliegende Arbeit stellt den Versuch einer methodologischen Analyse von Grundbegriffen und Hauptproblemen der Poetik auf der Grundlage der allgemeinen systematischen Ästhetik dar.

Als Ausgangspunkt unserer Untersuchung haben einige russische Arbeiten zur Poetik gedient, deren Hauptthesen wir in den ersten Kapiteln einer kritischen Betrachtung unterziehen; jedoch gehen wir hierbei auf Richtungen und einzelne Arbeiten weder in ihrer Gesamtheit noch in ihrer historischen Bestimmtheit ein, und wir werden sie auch nicht bewerten; im Vordergrund steht für uns einzig der systematische Wert der Grundbegriffe und Hauptthesen. Es ist nicht unsere Aufgabe, irgendwelche historische oder informative Darstellungen von Arbeiten zur Poetik zu geben. Diese sind in Forschungen, die sich ein rein systematisches Ziel stecken, in denen als relevante Größen nur theoretische Thesen und Beweise auftreten können, nicht immer angebracht. Wir haben unsere Arbeit auch von überflüssigem Ballast an Zitaten und Nachweisen freigehalten, die in nichthistorischen Arbeiten systematischen Charakters völlig überflüssig sind: der kompetente Leser bedarf ihrer nicht, dem inkompetenten Leser sind sie nicht von Nutzen.

I. Kunstwissenschaft und allgemeine Ästhetik

Gegenwärtig wird in Rußland im Bereich der Kunstwissenschaft eine äußerst wichtige und fruchtbare Arbeit geleistet. Die russische wissenschaftliche Literatur ist in den letzten Jahren um wertvolle Arbeiten zur Theorie der Kunst, insbesondere im Feld der Poetik, bereichert worden. Man kann geradezu von einem gewissen Aufblühen der Kunstwissenschaft in Rußland sprechen, vor allem im Vergleich zur vorangegangenen Periode, in welcher der Bereich der Kunst den Hauptzufluchtort für wissenschaftlich verantwortungsloses, doch auf Tiefsinn gemünztes Geschwätz bildete: Alle jene Gedanken und Überlegungen, die sich als tief und fruchtbar gebärdeten, allerdings in keine der Wissenschaften einbezogen werden konnten, d. h. die keinen Platz in der objektiven Einheit der Erkenntnis für sich erringen konnten, diese sogenannten »umherwandernden Entdeckungen«

wurden gewöhnlich entweder in bezug auf Kunst im allgemeinen oder aber im Blick auf das eine oder andere Werk im besonderen formuliert und in eine äußerliche, zufällige Ordnung gebracht. Dieses ästhetisierte halbwissenschaftliche Denken, das sich aus einem Mißverständnis selbst bisweilen philosophisch nannte, fühlte sich immer zur Kunst hingezogen, wobei es eine, wenngleich nicht ganz legitime Blutsverwandtschaft mit ihr unterstellte.

Gegenwärtig ändert sich die Situation jedoch: inzwischen findet die Tatsache in breiten Kreisen Anerkennung, daß auch im Bereich der Kunstforschung ausschließlich wissenschaftliches Denken legitim ist; so kann man fast schon von einem anderen Extrem sprechen, nämlich von einer Mode der Wissenschaftlichkeit, einem oberflächlichen Wissenschaftsgebaren, von einem frühreifen und selbstbewußten Ton der Wissenschaftlichkeit dort, wo die Zeit wirklicher Wissenschaft noch nicht herangereift ist. Gerade das Bestreben, Wissenschaft möglichst schnell und um jeden Preis zu konstituieren, führt oftmals zum rapiden Verfall der Problemwahrnehmung, zur Verarmung des Forschungsgegenstandes oder gar zur Ersetzung dieses Gegenstandes – im vorliegenden Falle: des Kunstwerks – durch etwas völlig anderes. Wie wir sehen werden, ist es auch der jungen russischen Poetik nicht immer gelungen, dem vorzubeugen. Eine Wissenschaft von dem einen oder anderen Bereich *kultureller Tätigkeit* zu entwickeln und dabei die ganze *Komplexität, Fülle und Eigenart des Gegenstandes*[1] zu wahren, ist ein äußerst schwieriges Unterfangen.

Zwar stehen die Produktivität und die Bedeutung der in den letzten Jahren veröffentlichten russischen Arbeiten zur Poetik außer Zweifel, doch kann die von der Mehrzahl dieser Arbeiten vertretene allgemeine wissenschaftliche Position nicht als völlig richtig und zufriedenstellend bezeichnet werden. Dies trifft insbesondere auf Publikationen der Vertreter der sogenannten formalen oder morphologischen Schule zu, aber auch für einige Untersuchungen, die diese Methode nicht vollständig übernehmen, sondern nur einige ihrer allgemeinen Voraussetzungen teilen. Dies gilt etwa für die bemerkenswerten Arbeiten von Viktor M. Žirmunskij.[2]

Die Schwäche dieser wissenschaftlichen Positionen liegt letztlich in einer falschen, bestenfalls methodisch unbestimmten Beziehung der von ihnen begründeten Poetik zur allgemeinen systematisch-philosophischen Ästhetik. Es ist dies die allgemeine Sünde der Kunstwissenschaft in allen Bereichen, begangen schon an der Wiege dieser Wissenschaft – ihre negative Haltung gegenüber der Allgemeinen Ästhetik, ihre prinzipielle Absage an deren Führungsrolle. Die Wissenschaft von der Kunst wird oft genug auch in der Weise bestimmt, daß man sie der allgemeinen philosophischen Ästhetik bewußt nicht gegenüberstellt. Ein System wissenschaftlicher Urteile über eine einzelne Kunst, in diesem Falle die Wortkunst, *unabhängig von der Frage nach dem Wesen der Kunst überhaupt* zu entwickeln – diese Neigung bekunden auch die zeitgenössischen Arbeiten zur Poetik.

Versteht man unter der Frage nach dem Wesen der Kunst die Metaphysik der Kunst, so ist in der Tat der Auffassung beizupflichten, Wissenschaftlichkeit sei nur dort möglich, wo die Untersuchung abgelöst von solchen Fragen geführt werden kann. Allerdings ist es zum Glück gegenwärtig nicht mehr erforderlich, gegen die Metaphysik noch ernsthaft zu polemisieren, und die Unabhängigkeit, welche die Poetik für sich beansprucht, erhält einen völlig anderen, für sie eher betrüblichen Sinn, den man beschreiben kann als den Anspruch, *die Wissenschaft von einer einzelnen Kunst unabhängig von der Erkenntnis und systematischen Bestimmung der Eigenart des Ästhetischen in der Einheit der Kultur zu begründen.*

Ein solcher Anspruch ist seinem Wesen nach nicht einzulösen: Ohne systematischen Begriff vom Ästhetischen sowohl in seiner Abgrenzung vom Gnoseologischen und Ethischen wie in seinem Zusammenhang mit diesen in der Einheit der Kultur läßt sich nicht einmal der Gegenstand poetologischer Untersuchung – das Wort*kunst*werk – aus der Masse sprachlicher Werke anderer Art ausgrenzen; und dieser systematische Begriff wird vom Forscher natürlich jedesmal eingebracht, freilich ganz und gar *unkritisch*.

Dann wieder wird versichert, dieser Begriff könne unmittelbar im Forschungsgegenstand aufgefunden werden; wer Literaturtheorie betreibe, brauche sich wegen des Begriffs des Ästhetischen nicht an die systematische Philosophie zu wenden, er finde ihn in der Literatur selbst.

Tatsächlich ist das Ästhetische im Kunstwerk selbst gegeben, der Philosoph denkt es sich nicht aus. Seine Eigenart, sein Verhältnis zum Ethischen und Gnoseologischen, seinen Platz in der Gesamtheit der Kultur und schließlich die Grenzen seiner Anwendung zu verstehen, ist jedoch allein der systematischen Philosophie mit ihren Methoden möglich. Der Begriff des Ästhetischen ist nicht intuitiv oder empirisch aus dem Kunstwerk abzuleiten: er wäre sonst naiv, subjektiv und unbeständig; *zu seiner gesicherten und exakten Selbstbestimmung bedarf er der wechselseitigen Bestimmung im Kontext der Einheit der Kultur der Menschheit.*

Kein kultureller Wert, kein schöpferischer Standpunkt kann und darf auf der Stufe der bloßen Existenz, der nackten Faktizität psychologischer oder historischer Ordnung stehenbleiben; allein die systematische Bestimmung innerhalb der Sinneinheit der Kultur überwindet die Faktizität des kulturellen Wertes. Die Autonomie der Kunst wird begründet und garantiert durch ihre Zugehörigkeit zur Einheit der Kultur, dadurch, daß sie in ihr einen nicht nur spezifischen, sondern auch *notwendigen und unersetzbaren Platz* einnimmt; andernfalls wäre diese Autonomie willkürlich, darüber hinaus könnte man der Kunst beliebige Ziele und Bestimmungen vorschreiben, die ihrer rein faktischen Natur fremd wären. Dem wäre dann nichts entgegenzuhalten, denn die nackte Natur kann man nur exploitieren; das Faktum und die rein faktische Eigenart haben kein Stimmrecht; um dieses zu erlangen, müssen sie zu *Sinn* werden; sie können jedoch nicht zu Sinn werden, ohne an der Einheit partizipiert, ohne das Gesetz der Einheit akzeptiert zu haben: isolierter Sinn ist eine contradictio in adjecto. Die methodologische Uneinheitlichkeit im Bereich der Kunstforschung kann nicht dadurch überwunden werden, daß eine neue Methode gestiftet wird, eine weitere Methode, ein weiterer Teilnehmer am allgemeinen Kampf der Methoden, der nur auf seine Weise die Faktizität der Kunst exploitiert, sondern nur durch eine systematisch-philosophische Grundlegung des Faktums und der Eigenart der Kunst in der Einheit der Kultur.

Eine Poetik, die der Basis systematisch-philosophischer Ästhetik beraubt ist, wird in ihren innersten Grundlagen instabil und zufällig. *Eine systematisch bestimmte Poetik muß eine Ästhetik des Wortkunstschaffens sein.* Diese Bestimmung unterstreicht ihre Abhängigkeit von der allgemeinen Ästhetik.

Das Fehlen einer systematisch-philosophischen allgemeinästhetischen Orientierung, das Fehlen stetiger methodologisch durchdachter Betrachtungen anderer Künste *der Einheit der Kunst als eines Bereichs der einheitlichen Kultur der Menschheit* verführt die gegenwärtige russische Poetik[3*] zu einer außerordentlichen Vereinfachung der wissenschaftlichen Aufgabenstellung, zu Oberflächlichkeit und zu unvollständiger Erfassung des Forschungsgegenstandes: Die Forschung fühlt sich nur dort sicher, wo sie sich unmittelbar an der Peripherie der Wortkunst bewegt. Sie sagt sich los von allen Problemen, welche die Kunst auf den breiten Weg der einheitlichen Kultur der Menschheit führen und die ohne umfassende philosophische Orientierung nicht zu lösen sind; *die Poetik lehnt sich eng an die Linguistik an* und fürchtet sich davor, sich weiter als einen Schritt von ihr zu entfernen (so bei den meisten Formalisten und bei V. M. Žirmunskij) und verfolgt dabei geradezu das Ziel, nicht mehr als eine Unterabteilung der Linguistik zu sein (bei V. V. Vinogradov).[4*]

Für die Poetik wie auch für jede spezielle Ästhetik, in der neben allgemeinästhetischen Prinzipien auch die Natur des Materials, in diesem Falle des Wortmaterials, zu beachten ist, kann auf die Linguistik als Hilfsdisziplin natürlich keineswegs verzichtet werden. Hier aber beginnt sie, eine ihr durchaus nicht zukommende führende Rolle zu okkupieren, nämlich annähernd jene, die der allgemeinen Ästhetik zukäme.

Das hier angeführte Phänomen ist in höchstem Maße charakteristisch für eine Wissenschaft von den Künsten, die sich der Ästhetik gegenüberstellt: In den meisten Fällen bewertet sie die Bedeutung des Materials im Kunstwerk falsch, und diese Umwertung des Faktors des Materials ist ihrerseits von bestimmten prinzipiellen Überlegungen abhängig.

Seinerzeit wurde die klassische Losung verkündet: Es gibt nicht *die* Kunst, es gibt nur einzelne Künste. Diese These hat faktisch den *Primat des Materials* im künstlerischen Schaffen errichtet, denn das Material ist ja gerade dasjenige, was die Künste voneinander scheidet und – wenn es im Bewußtsein des Ästhetikers methodisch in den Vordergrund gerückt wird – die einzelnen Künste *isoliert.* Wodurch ist nun dieser Primat des Materials begründet, und ist er methodologisch gerechtfertigt?

In ihrem Bestreben, abgelöst von der allgemeinen philosophischen Ästhetik ein wissenschaftliches Urteil über die Kunst zu bilden, findet die Kunstwissenschaft als beständigste Basis das Material vor: die Orientierung auf das Material erzeugt nämlich die verführerische Nähe zur positiven empirischen Wissenschaft. In der Tat: Raum, Farbe, Masse, Laut – all dies wird dem Kunstwissenschaftler (wie auch dem Künstler) von den entsprechenden Zweigen der mathematischen Naturwissenschaft geliefert, das Wort liefert ihm die Linguistik. Und so bildet sich dann auf dem Boden der Kunstwissenschaft die Tendenz heraus, *die künstlerische Form als die Form des betreffenden Materials zu verstehen und als nichts anderes, als eine Kombination im Rahmen des Materials in seiner naturwissenschaftlichen und linguistischen Bestimmtheit und Gesetzmäßigkeit.* Dies bot der Kunstwissenschaft die Möglichkeit, ihre Urteile positiv wissenschaftlich, in manchen Fällen sogar mathematisch beweisen zu können.

Auf diesem Wege gelangt die Kunstwissenschaft zu einer *Voraussetzung allgemein ästhetischen Charakters,* die zwar psychologisch und historisch durchaus verständlich, aber kaum berechtigt und systematisch beweisbar ist, einer Voraussetzung, die wir folgendermaßen formulieren (wobei wir das oben Dargelegte ein wenig weiterentwickeln): *Die ästhetische Tätigkeit ist auf das Material gerichtet, sie formt nur es. Die ästhetisch bedeutsame Form ist die Form des naturwissenschaftlich oder linguistisch verstandenen Materials.Die Feststellungen von Künstlern, ihr Werk habe Wertcharakter, sei auf die Welt, auf die Wirklichkeit gerichtet, habe mit den Menschen zu tun, mit sozialen Beziehungen, mit ästhetischen, religiösen und anderen Werten, sind nichts anderes als Metaphern, denn in Wirklichkeit liegt dem Künstler nur das Material vor: mathematisch-phsyikalischer Raum, Masse, der Laut der Akustik, das Wort der Linguistik, und er kann eine künstlerische Position nur in bezug auf das betreffende bestimmte Material einnehmen.*

Diese Voraussetzung allgemein ästhetischen Charakters, die unausgesprochen oder ausdrücklich vielen Arbeiten und ganzen Richtungen in den jeweiligen Kunstwissenschaften zugrunde liegt, gibt uns das Recht, von einer besonderen allgemein-ästhetischen Position zu sprechen, die von jenen unkritisch vorausgesetzt wird; wir nennen sie *Material-Ästhetik. Die Material-Ästhetik ist gewissermaßen die Arbeitshypothese derjenigen Richtungen in der Kunstwissenschaft*, die den Anspruch erheben, von der allgemeinen Ästhetik unabhängig zu sein. Auf sie stützen sich sowohl die Formalisten als auch Žirmunskij: dies ist jedoch zugleich jene Voraussetzung, die sie eint.[5]

Es ist keineswegs überflüssig anzumerken, daß die sogenannte formale Methode mit der formalen Ästhetik (Kant, Herbart und anderer – im Gegensatz zur Inhalts-Ästhetik Schellings, Hegels und anderer) weder historisch noch systematisch in irgendeinem Zusammenhang steht, auch nicht auf ihrem Entwicklungsweg liegt; in der allgemein ästhetischen Schicht ist sie als eine der Spielarten – und es ist hinzuzufügen: als eine vereinfachte und primitive – der von uns angeführten Material-Ästhetik zu bestimmen, deren Geschichte die Geschichte der Kunstwissenschaften[6*] in ihrem Kampf um die Unabhängigkeit von der systematischen Philosophie ist.

Bei der Bewertung kunstwissenschaftlicher Arbeiten ist streng zu unterscheiden zwischen dieser allgemeinen Konzeption der Material-Ästhetik einerseits, die, wie wir im folgenden zeigen zu können hoffen, völlig inakzeptabel ist, und jenen besonderen rein konkreten Feststellungen andererseits, die ungeachtet der falschen allgemeinen Konzeption gleichwohl wissenschaftlich belangvoll sein können, freilich nur in demjenigen Bereich, in dem das Kunstwerk durch die Natur des jeweiligen Materials bedingt ist.[7]

Man kann sagen, daß die Material-Ästhetik als Arbeitshypothese keinen Schaden anrichtet, ja, daß sie bei methodisch strenger Beachtung der Grenzen ihrer Anwendung, wenn also ausschließlich die Technik des künstlerischen Schaffens untersucht wird, sogar fruchtbar ist; daß sie dort jedoch unbedingt Schaden anrichtet und unzulässig wird, wo auf ihrer Grundlage der Versuch gemacht wird, ein Kunstwerk in seiner Gesamtheit, in seiner ästhetischen Eigenart und Bedeutung zu verstehen und zu erforschen.

Die Material-Ästhetik führt, beschränkt sie sich in ihren Ansprüchen nicht ausschließlich auf die technische Seite des Kunstwerks, zu einer ganzen Reihe prinzipieller Fehler und von ihr nicht zu bewältigender Schwierigkeiten. Wir werden nur die wichtigsten herausgreifen; dabei werden wir im folgenden die Material-Ästhetik immer bereits unabhängig von den einzelnen Kunstwissenschaften betrachten, nämlich als eigenständige allgemein ästhetische Konzeption, was sie tatsächlich auch ist. Als solche ist sie auch der Beurteilung und Kritik zu unterziehen. Kann sie solchen Anforderungen genügen, die für jede allgemein ästhetische Theorie absolut unerläßlich sind?

1. Die Material-Ästhetik ist nicht imstande, die künstlerische Form zu begründen.

Die Grundthese der Material-Ästhetik zur Form weckt eine Reihe von Zweifeln und kann in aller Regel nicht überzeugen.

Die Form, verstanden als Form des Materials nur in seiner naturwissenschaftlichen – mathematischen oder linguistischen – Bestimmtheit, wird zu etwas rein Äußerlichem, das keinerlei Wertmoment hat, wird zur Anordnung dieses Materials. Völlig unverstanden bleibt die *emotional-volitionale Anspannung der Form*, der ihr eigene Charakter, Ausdruck einer Wertungs-Beziehung des Autors und des Rezipienten zu etwas außerhalb des Materials zu sein, denn diese durch die Form – durch Rhythmus, Harmonie, Symmetrie und andere formale Elemente – ausgedrückte emotional-volitionale Beziehung hat einen zu gespannten, zu *aktiven Charakter*, als daß sie als eine Beziehung zum Material gedeutet werden dürfte.

Jede Empfindung, die dessen beraubt ist, was ihrem Gegenstand Sinn verleiht, sinkt herab zum rein faktischen psychischen Zustand, einem isolierten und außerkulturellen Zustand; und deshalb wird die auf nichts bezogene Empfindung, die durch eine Form ausgedrückt ist, zu einem Zustand des psychophysischen Organismus, einem Zustand, der keiner Intention zugänglich ist, die den Zirkel der rein seelischen Existenz sprengen kann; sie wird schlicht zu einem Vergnügen, das letzten Endes nur hedonistisch zu erklären und mit Sinn zu erfüllen ist, z. B. auf folgende Weise: Das Material wird in der Kunst durch die Form so organisiert, daß es zum Erreger angenehmer Gefühle und Zustände des psychophysischen Organismus wird. Zu dieser Schlußfolgerung gelangt die Material-Ästhetik zwar keineswegs immer, zu ihr müßte sie jedoch gelangen, wenn sie konsequent verführe. Das Kunstwerk kann, wird es als organisiertes Material, als Ding verstanden, nur als physikalischer Erreger physiologischer und psychischer Zustände Bedeutung haben oder es muß irgendeine utilitäre, praktische Bestimmung erhalten.

Die russische formale Methode verwendet mit der jedem Primitivismus eigenen Folgerichtigkeit und einem gewissen Maß an Nihilismus die Termini: die Form »spüren«, das Kunstwerk »machen« u. a.

Wenn der Bildhauer am Marmor arbeitet, so bearbeitet er den Marmor zweifellos auch in seiner physikalischen Bestimmtheit, doch ist die künstlerische Aktivität wertmäßig nicht auf diesen eingestellt, und nicht auf ihn ist die vom Künstler verwirklichte Form bezogen, wenngleich die Verwirklichung keinen Moment ohne den Marmor auskommt. Sie kommt im übrigen ja auch nicht ohne den Meißel aus, der in das künstlerische Objekt als dessen Moment nicht im geringsten Eingang findet; die vom Bildhauer geschaffene Form ist die ästhetisch bedeutsame Form *des Menschen und seines Körpers*: Die Intentionen des Schaffens und der Wahrnehmung gehen in diese Richtung; das Verhältnis des Künstlers und des Rezipienten zum Marmor als einem bestimmten physikalischen Körper hat einen sekundären, abgeleiteten Charakter, der durch eine gewisse primäre Beziehung auf den gegenständlichen Wert, in diesem Fall: den Wert des menschlichen Körpers, gerichtet ist.

Freilich wird kaum jemand die Prinzipien der Material-Ästhetik ernsthaft so konsequent auf den Gebrauch von Marmor anwenden wie in unserem Beispiel (und tatsächlich hat der Marmor – als Material – eine spezifischere, engere Bedeutung, als sie dem Terminus »Material« in der Material-Ästhetik gewöhnlich verliehen wird). Im Prinzip handelt es sich jedoch um nichts anderes, wenn man anstelle des Marmors den akustischen Laut oder das linguistische Wort betrachtet. Der Sachverhalt wird lediglich ein wenig komplexer und nicht schon auf den ersten Blick so offenkundig sinnlos, besonders dann natürlich, wenn als Material das Wort auftritt, der Gegenstand einer geisteswissenschaftlichen Disziplin – der Linguistik.

Den gebräuchlichen metaphorischen Ausdrücken: die künstlerische Form besingt jemanden, schmückt, verwandelt, rechtfertigt, bestätigt etwas u. dgl. m. eignet gleichwohl ein gewisses Maß an wissenschaftlicher Wahrheit, und zwar gerade darin, daß die künstlerisch bedeutsame Form sich tatsächlich auf etwas bezieht, auf etwas *außerhalb des Materials*, an das sie dennoch unlösbar gebunden, wertmäßig gerichtet ist. Offenbar ist es notwendig, *das Moment des Inhalts zuzulassen, das es ermöglichte, der Form auf wesentlichere Weise als grob hedoni-*

stisch einen Sinn zu verleihen.

Aber es gibt sie doch, die freie, nicht gebundene Schönheit, es gibt die ungegenständliche Kunst, hinsichtlich deren die Material-Ästhetik offenbar völlig gerechtfertigt ist.

Ohne einstweilen detaillierter in die Erörterung dieser Frage einzutreten, wollen wir an dieser Stelle lediglich folgende Bemerkung machen: Die freien Künste sind frei lediglich von der gnoseologischen Bestimmtheit und gegenständlichen Differenziertheit ihres Inhalts – die Musik beispielsweise. Aber in ihnen ist die Form im gleichen Maße frei auch von der unmittelbaren primären Beziehung auf das Material – auf den Klang der Akustik.

Überhaupt ist der Inhalt – ein, wie wir sehen werden, notwendiges Moment des künstlerischen Objektes – streng zu unterscheiden von der gnoseologischen gegenständlichen Differenziertheit, einem darin keineswegs notwendigen Moment (diese Unterscheidung wird durchaus nicht immer gemacht); Freiheit von der Bestimmtheit des Begriffs kommt nicht dem Freisein von Inhalt gleich, Ungegenständlichkeit ist nicht Inhaltlosigkeit; auch in anderen Kulturbereichen gibt es Werte, die eine gegenständliche Differenzierung und Begrenzung durch einen bestimmten stabilen Begriff prinzipiell nicht zulassen: so verwirklicht die moralische Handlung auf ihrem höchsten Punkt einen Wert, den man nur erfüllen, nicht aber in einem angemessenen Begriff ausdrücken oder erkennen kann. Die Musik kennt weder gegenständliche Bestimmtheit noch gnoseologische Differenziertheit, aber sie ist tief inhaltlich: ihre Form führt uns hinaus über die Grenzen des Klangs und keineswegs hinein in Wert-Leere. Der Inhalt ist hier in seinem Grunde ethisch (man kann auch von einer freien, nicht vorbestimmten Gegenständlichkeit der ethischen Spannung, die von der musikalischen Form umfaßt wird, sprechen). Inhaltlose Musik wäre als organisiertes Material nichts anderes als ein physikalischer Erreger des psychischen Zustands des Vergnügens.

Auch in den ungegenständlichen Künsten kann die Form solchermaßen wohl kaum als Form des Materials begründet werden.

2. Die Material-Ästhetik kann den wesentlichen Unterschied zwischen ästhetischem Objekt und äußerem Wert, zwischen der Gliederung und den Zusammenhängen innerhalb dieses Objektes auf der einen und Material-Gliederungen und -Zusammenhängen innerhalb des Werks auf der anderen Seite nicht begründen und ruft die Neigung hervor, diese Momente zu vermischen.

Für die Ästhetik als Wissenschaft ist das Kunstwerk selbstverständlich ein Erkenntnisobjekt. Dieses gnoseologische Verhältnis zum Werk ist jedoch sekundär, das primäre Verhältnis muß nämlich das rein künstlerische sein. Unmittelbar muß die ästhetische Analyse nicht auf das Werk in seiner sinnlichen und nur durch Erkenntnis geordneten Gegebenheit gerichtet sein, sondern darauf, was das Kunstwerk für die auf es gerichtete ästhetische Tätigkeit des Künstlers und des Rezipienten ist.

Das Objekt der ästhetischen Analyse ist also *der Inhalt der auf das Werk gerichteten ästhetischen Tätigkeit (Rezeption).*

Diesen Inhalt werden wir künftig das *ästhetische Objekt* nennen, im Unterschied zum äußeren Werk selbst, das auch andere Zugänge erlaubt, vor allem den primär gnoseologischen, d. h. die sinnliche, durch den Begriff geordnete Rezeption.

Das ästhetische Objekt in seiner rein künstlerischen Eigenart und Struktur zu verstehen, die wir im weiteren die *Architektonik des ästhetischen Objektes* nennen werden, ist die erste Aufgabe der ästhetischen Analyse.

Ferner muß die ästhetische Analyse sich dem Kunstwerk in seiner primären, rein gnoseologischen Gegebenheit zuwenden und seinen Aufbau unabhängig vom ästhetischen Objekt verstehen: der Ästhetiker muß zum Geometriker, Physiker, Anatomen, Physiologen, Linguisten werden, wie dies in gewissem Grade auch der Künstler muß. So muß das Wortkunstwerk alles in allen seinen Momenten ganz und gar als Phänomen der Sprache, d. h. rein linguistisch verstehen, ohne jeden Blick auf das ästhetische Objekt, das durch es verwirklicht wird, allein in den Grenzen jener wissenschaftlichen Gesetzmäßigkeit, die das Material leitet.

Und schließlich besteht die dritte Aufgabe der ästhetischen Analyse darin, *das äußerliche materielle Kunstwerk als eines zu verstehen, das das ästhetische Objekt realisiert, als technischen Apparat der ästhetischen Verwirklichung.* Es ist klar, daß diese dritte Aufgabe sowohl das ästhetische Objekt in seiner Eigenart als auch das materielle Werk in seiner außerästhetischen Gegebenheit als bereits bekannt und erforscht voraussetzt.

Bei der Lösung dieser dritten Aufgabe ist mit einer *teleologischen Methode* zu arbeiten.

Die das ästhetische Objekt verwirklichende, teleologisch verstandene Struktur des Werks werden wir die *Komposition* des Werks nennen. Die zielgerichtete Komposition des materiellen Werks stimmt freilich keineswegs mit dem in sich ruhenden, sich selbst genügenden Sein des ästhetischen Objektes überein.

Die Komposition kann man auch als die Gesamtheit aller Faktoren des künstlerischen Eindrucks bestimmen.

Die Material-Ästhetik vergegenwärtigt sich ihren sekundären Charakter nicht mit hinreichender Klarheit und führt die vorangegangene Ästhetisierung ihres Objektes nicht zu Ende, deshalb hat sie es nie mit dem ästhetischen Objekt in seiner Reinheit zu tun und ist prinzipiell außerstande, seine Eigenart zu verstehen. Weiter als bis zum Werk als organisiertem Material kann sie – in Übereinstimmung mit ihrer Grundvoraussetzung – nicht gelangen.

Streng genommen ist der Material-Ästhetik nur die zweite von uns aufgewiesene Aufgabe der ästhetischen Analyse vollständig zugänglich, nämlich die noch nicht ästhetische Untersuchung der Natur des Kunstwerks als eines naturwissenschaftlichen oder linguistischen Objektes. Die Analyse des Werks als eines kompositionellen, zielgerichteten Ganzen kann von ihr wegen ihres mangelnden Verständnisses für die Eigenart des ästhetischen Objektes nicht befriedigend betrieben werden. Dieses Objekt wird selbstverständlich aus der lebendigen ästhetischen Wahrnehmung des Forschers ergänzend eingebracht, doch völlig unkritisch und methodisch unreflektiert.

Die fehlende Differenzierung zwischen den drei von uns aufgewiesenen Momenten:

a. dem ästhetischen Objekt,

b. der außerästhetischen materiellen Gegebenheit des Werks,

c. der teleologisch verstandenen kompositionellen Organisation des Materials

trägt der Arbeit der Material-Ästhetik – und dies betrifft nahezu die gesamte Kunstwissenschaft – viel Zweideutigkeit und Unklarheit ein, führt zum ständigen quaternio terminorum in den Schlußfolgerungen: bald haben sie das ästhetische Objekt im Auge, bald das äußere Werk, bald die Komposition. Die Forschung schwankt vornehmlich zwischen dem zweiten und dritten Moment und springt dabei ohne methodische Konsequenz vom einen zum anderen; das Schlimmste aber ist, daß die *nicht kritisch verstandene zielgerichtete Komposition des Werks unmittelbar zum künstlerischen Wert, zum ästhetischen Objekt selbst* erklärt wird. Die künstlerische Tätigkeit (und Wahrnehmung) wird dabei durch ein erkenntnismäßiges Urteil – und schlechter noch, da methodisch nicht reflektiert – durch eine technische Beurteilung ersetzt.

3. *In den Arbeiten der Material-Ästhetik findet eine für sie unvermeidliche ständige Verwechslung architektonischer und kompositioneller Formen statt, wobei die ersteren niemals prinzipielle Klarheit und Reinheit der Bestimmung erlangen und nicht hinreichend gewürdigt werden.*

Dieser Mangel der Material-Ästhetik liegt im Wesen dieser Konzeption selbst begründet und ist auf ihrem Boden nicht zu beheben. Natürlich hängt er eng zusammen mit den von uns in den Punkten eins und zwei aufgeführten Besonderheiten.

Hier einige Beispiele für die methodologische Abgrenzung architektonischer und kompositioneller Formen:

Die ästhetische Individualität ist die rein architektonische Form des ästhetischen Objekts: Ereignis, ästhetisch belebter Gegenstand u. a. werden individualisiert; einen besonderen Charakter hat die Individualität des Autors als eines Schöpfers [avtor-tvorec], die gleichfalls in das ästhetische Objekt Eingang findet; die Form der Individualität kann jedoch keineswegs in demselben, d. h. rein ästhetischen Sinn auch dem Werk als organisiertem Material zugeschrieben werden, dem Bild, dem Wortganzen u. a.; Individualität kann man ihnen nur metaphorisch zuschreiben, d. h. indem man sie zum Objekt eines neuen elementaren Wortkunstwerks macht, der Metapher, indem man sie poetisiert.

Die Form des Selbst-Genügens, die allem ästhetisch Vollendeten eignet, ist die rein architektonische Form, die am wenigsten auf das Werk als organisiertes Material übertragen werden kann; das Werk, welches ein kompositionelles, teleologisches Ganzes ist, in dem jedes Moment und das Ganze insgesamt zielgerichtet sind, etwas verwirklichen, einen Zweck haben. Man kann das Wortganze beispielsweise als sich selbst genügend nur bezeichnen, indem man eine in hohem Maße kühne, eine rein romantische Metapher verwendet.

Der *Roman* ist eine rein kompositionelle Form der Organisation von Wortmassen. Durch diese Form wird im ästhetischen Objekt die architektonische Form der künstlerischen Vollendung eines historischen oder sozialen Ereignisses verwirklicht, die eine Spielart der Form epischer Vollendung ist.

Das Drama ist eine kompositionelle Form (Dialog, Akteinteilung u. a.), das *Tragische* jedoch und das *Komische* sind architektonische Formen der Vollendung.

Man kann natürlich auch von den Kompositionsformen der Komödie und Tragödie als Spielarten der dramatischen sprechen, wenn man dabei die Verfahren der kompositionellen Anordnung des Wortmaterials und nicht der gnoseologisch-ethischen Werte im Auge hat: die Terminologie ist weder stabil noch umfassend. Es ist dabei zu berücksichtigen, daß jede architektonische Form durch bestimmte kompositionelle Verfahren verwirklicht wird, andererseits entsprechen den wichtigsten kompositionellen Formen – den generischen beispielsweise – im Objekt, das verwirklicht wird, wesentliche architektonische Formen.

Die Form des Lyrischen ist architektonisch, doch gibt es kompositionelle Formen lyrischer Gedichte.

Humor, Heroisierung, Typus, Charakter sind architektonische Formen, doch werden sie natürlich durch bestimmte kompositionelle Verfahren verwirklicht; *Poem, Kurzroman* [povest'], *Novelle* sind kompositionelle, generische Formen; Kapitel, Strophe, [Vers-]Zeile bilden kompositionelle Gliederungen (wenngleich sie auch rein linguistisch verstanden werden können, das heißt unabhängig von ihrem ästhetischen Telos).

Der *Rhythmus* kann sowohl in der einen als auch in der anderen Weise verstanden werden, d. h. sowohl als architektonische wie auch als kompositionelle Form: als Form der Anordnung des empirisch rezipierten Lautmaterials, das gehört und erkannt wird, ist der Rhythmus kompositionell; emotionell ausgerichtet, bezogen auf den Wert innerer Intention und innerer Anspannung, die er vollendet, ist der Rhythmus architektonisch.

Zwischen diesen von uns ohne jede systematische Ordnung aufgeführten architektonischen Formen gibt es selbstverständlich wesentliche Gradationen, deren Betrachtung wir uns an dieser Stelle jedoch nicht widmen können; uns ist hier nur wichtig, daß sie alle *im Gegensatz zu den kompositionellen Formen in das ästhetische Objekt Eingang finden.*

Architektonische Formen sind Formen des seelischen und körperlichen Wertes des Menschen in der Ästhetik, Formen der Natur wie seiner Umwelt, Formen des Ereignisses in seinem sozialen und historischen Aspekt und dem des persönlichen Lebens u. a. m.; sie alle sind Errungenschaften, Verwirklichungen, sie dienen keinem Zweck und genügen sich selbst: dies sind die Formen des ästhetischen Seins in seiner Eigenart.

Kompositionelle Formen, die das Material organisieren, haben einen teleologischen, dienenden, gewissermaßen ruhelosen Charakter und unterliegen einer ausschließlich technischen Bewertung: in welchem Maße sie die architektonische Aufgabe adäquat verwirklichen. Die architektonische Form bestimmt die Auswahl der kompositionellen: so wählt die Form der Tragödie (die Form des Ereignisses, teilweise der Person – der tragische Charakter) die adäquate kompositionelle Form, die dramatische. Hieraus folgt selbstverständlich nicht, daß die architektonische Form fertig vorhanden ist und außerhalb der kompositionellen verwirklicht werden kann.

Auf dem Boden der Material-Ästhetik ist ein strenger, prinzipieller Unterschied zwischen kompositionellen und architektonischen Formen nicht möglich, und oft entsteht die Neigung, architektonische Formen überhaupt in kompositionelle aufzulösen. Extremer Ausdruck dieser Neigung ist die russische formale Methode, in der kompositionelle und generische Formen das gesamte ästhetische Objekt zu vereinnahmen, es in sich aufzusaugen drohen, und der es überdies an einer strengen Unterscheidung zwischen linguistischen und kompositionellen Formen mangelt.

Der Sachverhalt ändert sich seinem Wesen nach nur wenig, wenn man architektonische Formen der Thematik und kompositionelle Formen der Stilistik, der Instrumentierung der Komposition in einem engeren Sinne zuordnet, als wir ihn diesem Terminus verleihen, wobei sie im Kunstwerk nebeneinander gestellt werden (der Unterschied von ästhetischem Objekt und äußerem Werk fehlt) und *nur als Formen der Anordnung verschiedener Seiten des Materials* unterschieden werden (so beispielsweise in den Arbeiten von V. M. Žirmunskij). Die prinzipielle methodische Unterscheidung zwischen kompositionellen und architektonischen Formen und das Verständnis dafür, daß sie völlig verschiedene Schichten darstellen, fehlten auch hier. Hinzu kommt noch, daß einige Künste das thematische Moment negieren (z. B. die Musik); damit tut sich ein Abgrund zwischen thematischen und nichtthematischen Künsten auf. Hier ist anzumerken, daß die Thematik im Sinne Žirmunskijs keineswegs mit der Architektonik des ästhetischen Objekts zusammenfällt: tatsächlich sind in sie die meisten architektonischen Formen eingegangen, jedoch nicht alle, und neben ihnen haben auch einige Eingang gefunden, die das ästhetische Objekt nicht kennt.

Die grundlegenden architektonischen Formen haben alle Künste und die Ästhetik als ganze gemeinsam; sie konstituieren die Einheit dieses Bereichs. Zwischen den kompositionellen Formen der verschiedenen Künste gibt es Analogien, die durch die Gemeinsamkeit der architektonischen Aufgaben bedingt sind, hier aber gewinnen die Besonderheiten der Materialien ihre Berechtigung.

Ohne strenge Unterscheidung zwischen architektonischen und kompositionellen Formen ist es nicht möglich, das Problem des Stils, eines der wichtigsten Probleme der Ästhetik, richtig zu fassen.

4. *Die Material-Ästhetik ist nicht imstande, ästhetisches Sehen außerhalb der Kunst zu erklären:*

Ästhetische Wahrnehmung von Natur, ästhetische Momente im Mythos, in der Weltanschauung und schließlich all das, was man Ästhetizismus nennt, nämlich die unzulässige Übertragung ästhetischer Formen auf die Bereiche der ethischen (zum persönlichen Leben gehörender, politischer und sozialer) Handlung und der Erkenntnis (das halbwissenschaftliche ästhetisierte Denken solcher Philosophen wie Nietzsche u. a.)

Eine charakteristische Besonderheit all dieser Sachverhalte ästhetischen Sehens außerhalb der Kunst liegt im Fehlen eines bestimmten, organisierten Materials und daher auch der Technik; die Form ist hier in den meisten Fällen nicht objektiviert und nicht fixiert. Gerade deshalb können diese Sachverhalte des ästhetischen Sehens außerhalb der Kunst keine methodologische Reinheit, vollständige Selbständigkeit und Eigenart erlangen: sie sind verworren, instabil, hybride. Vollständig verwirklicht sich das Ästhetische nur in der Kunst, deshalb ist die Ästhetik auf die Kunst hin zu orientieren; es wäre methodisch unsinnig, den Aufbau der Ästhetik mit der Ästhetik der Natur oder des Mythos zu beginnen; doch müssen diese hybriden und nicht reinen Formen des Ästhetischen gerade von der Ästhetik erklärt werden: diese Aufgabe ist philosophisch und lebenspraktisch außerordentlich wichtig. Sie kann als Prüfstein für die Produktivität aller ästhetischer Theorie dienen.

Die Material-Ästhetik hat mit ihrem Verständnis der Form nicht einmal einen Zugang zu solchen Erscheinungen.

5. Die Material-Ästhetik ist nicht imstande, die Geschichte der Kunst zu begründen

Daß die produktive Erarbeitung der Geschichte der einen oder anderen Kunst eine entfaltete Ästhetik der betreffenden Kunst voraussetzt, unterliegt keinem Zweifel, besonders hervorzuheben ist jedoch die grundlegende Bedeutung der allgemeinen systematischen Ästhetik – neben derjenigen Bedeutung, die ihr bereits beim Aufbau jeder speziellen Ästhetik zukommt –, denn nur sie sieht und begründet die Kunst in ihrer wesentlichen Wechselbestimmung und Wechselwirkung mit anderen Bereichen der kulturellen Tätigkeit in der Einheit der Kultur und in der Einheit des historischen Prozesses des Werdens von Kultur.

Die Geschichte kennt keine isolierte Reihen: eine isolierte Reihe ist als solche statisch, ein Wechsel von Momenten in einer solchen Reihe kann entweder nur aus einer systematischen Gliederung oder aus einer mechanischen Anordnung der Reihen bestehen, keineswegs aus einem historischen Prozeß; erst die Feststellung der Wechselwirkung und wechselseitigen Bedingtheit der jeweiligen Reihe mit den anderen eröffnet den historischen Zugang. Um in die Geschichte einzugehen, muß man aufhören, nur man selbst zu sein.

Die Material-Ästhetik isoliert nicht nur die Kunst innerhalb der Kultur als ganzer, sondern auch die einzelnen Künste untereinander; sie erfaßt das Werk nicht in seinem künstlerischen Leben, sondern als Ding, als organisiertes Material, und so ist sie bestenfalls imstande, eine chronologische Tabelle der Verfahrenswechsel in der Technik der betreffenden Kunst zu begründen, denn isolierte Technik kann keine Geschichte haben.

Solcherart sind die grundlegenden, für die formale Ästhetik unvermeidlichen Mängel und die von ihr nicht zu überwindenden Schwierigkeiten. Sie alle werden von der russischen formalen Methode aufgrund des ihrer allgemeinästhetischen Konzeption eigenen Primitivismus und einer gewissen sektiererischen Schroffheit deutlich illustriert.

Alle diese in den fünf Punkten aufgeführten Mängel gehen letztlich zurück auf die im Eingangskapitel diskutierte methodologisch falsche These, man könne und müsse die Wissenschaft von der Kunst unabhängig von der systematisch-philosophischen Ästhetik konstituieren. Die Folge davon ist, daß eine tragfähige Basis für die Wissenschaftlichkeit fehlt. Zur Rettung aus dem Meer des Subjektiven, in dem das wissenschaftlich unbegründete Urteil von der Ästhetik untergeht, sucht die Kunstwissenschaft Zuflucht bei jenen Disziplinen, die das Material der betreffenden Kunst verwalten, so wie sich früher – und sogar gelegentlich noch heute – die Kunstwissenschaft an die Psychologie und sogar die Physiologie anlehnte; diese Rettung ist jedoch fiktiv: ein Urteil ist nur dort wirklich wissenschaftlich, wo es die Grenzen der jeweiligen rettenden Disziplin nicht überschreitet; sobald es jedoch diese Grenzen überschreitet und im Grunde zu einem Urteil der Ästhetik wird, stellt sich heraus, daß es mit derselben Wucht wie zuvor von den Wellen des Subjektiven und Zufälligen, von denen es sich Rettung erhoffte, ergriffen worden ist; in dieser Lage befindet sich vor allem die grundlegende These der Kunstwissenschaft, die die Bedeutung des Materials im künstlerischen Schaffen bestimmt: dieses Urteil ist allgemeinästhetisch, und es muß sich, ob es will oder nicht, der Kritik der allgemeinen philosophischen Ästhetik stellen: nur sie kann ein solches Urteil begründen, sie kann es jedoch auch verwerfen.

Die hier versammelten Gesichtspunkte lassen die Voraussetzung der Material-Ästhetik als äußerst zweifelhaft erscheinen und skizzieren teilweise die Richtung eines angemesseneren Verständnisses vom Wesen des Ästhetischen und seiner Momente. Diese Richtung in der Perspektive der allgemeinen Ästhetik, vornehmlich jedoch angewandt auf das Wortkunstschaffen, zu entwickeln, ist die Aufgabe der nachfolgenden Kapitel.

Nachdem wir das Moment des Inhalts definiert und den Ort des Materials im künstlerischen Schaffen bestimmt haben, verfügen wir auch über einen adäquaten Zugang zur Form, sind wir imstande zu verstehen, *wie die Form einerseits wirklich materiell ist, ausschließlich im Material verwirklicht und an es gebunden, und uns andererseits wertmäßig über die Grenzen des Werks als organisiertes Material, als Ding, hinausführt;* dies wird all das erklären und bestätigen, was oben lediglich in Form von Thesen und Hinweisen dargelegt worden ist.

II. Das Problem des Inhalts

Das Problem eines Bereichs der Kultur kann in seiner von Erkenntnis, Sittlichkeit und Kunst gebildeten Gesamtheit nur als Problem der Grenzen dieses Bereichs verstanden werden.

Ein möglicher oder faktischer schöpferischer Standpunkt wird nur dann überzeugend notwendig und unabdingbar, wenn er mit anderen schöpferischen Standpunkten in ein Wechselverhältnis gesetzt wird: Nur dort, wo auf ihren Grenzen ein substantielles Bedürfnis nach ihm, nach seiner schöpferischen Eigenart entsteht, findet er eine beständige Begründung und Rechtfertigung aus seinem eigenen Innern; außerhalb seiner Zugehörigkeit zur Einheit der Kultur ist der Standpunkt nur ein Faktum, und seine Eigenart kann lediglich als Willkür und Caprice vorgestellt werden.

Man sollte sich den Kulturbereich nun freilich nicht als ein räumliches Ganzes vorstellen, das Grenzen hat, aber auch über ein eigenes Territorium verfügt. Im Bereich der Kultur gibt es kein inneres Territorium: er ist vollständig an Grenzen gelegen, überall, durch jedes seiner Momente verlaufen Grenzen; die systematische Einheit der Kultur zieht sich zurück in die Atome des kulturellen Lebens, wie die Sonne sich in jedem Wassertropfen spiegelt. Jeder kulturelle Akt lebt wesentlich an Grenzen: Darin bestehen seine Ernsthaftigkeit und seine Bedeutsamkeit; abgelöst von den Grenzen, verliert er den Grund, wird er leer, anmaßend, er degeneriert und stirbt.

In diesem Sinne können wir von der *konkreten Systematik* einer jeden kulturellen Erscheinung, jedes einzelnen kulturellen Aktes, von seiner *autonomen Teilhaftigkeit oder seiner teilhaftigen Autonomie* sprechen.

Nur in dieser seiner konkreten Systematik, das heißt in seiner unmittelbaren Bezogenheit und Orientiertheit auf die Einheit der

Kultur ist ein Phänomen nicht mehr ein bloßes Faktum, sondern erlangt es Bedeutung, Sinn, wird es gleichsam zu einer Monade, die in sich alles widerspiegelt und in allem widergespiegelt wird.

In der Tat, kein einziger kulturell schöpferischer Akt hat es mit einer der Wertung gegenüber völlig indifferenten, völlig zufälligen und ungeordneten Materie zu tun – Materie und Chaos sind überhaupt relative Begriffe –, sondern immer mit etwas bereits Bewertetem und Geordnetem, im Verhältnis zu dem es nun seine Wertposition verantwortlich einnehmen muß. So findet der Erkenntnisakt die Wirklichkeit bereits in den Begriffen des vorwissenschaftlichen Denkens bearbeitet, zudem – dies ist die Hauptsache – durch ethische – lebenspraktische, soziale, politische – Handlung bewertet und geordnet vor; er findet sie religiös affirmiert vor; und schließlich geht der Erkenntnisakt von einem ästhetisch geordneten Bild des Gegenstandes, vom Sehen des Gegenstandes aus.

Was von der Erkenntnis vorgefunden wird, ist also keine res nullius, sondern die Wirklichkeit ästhetischen Sehens. Und der Erkenntnisakt muß im Verhältnis zu dieser Wirklichkeit eine wesentliche Position einnehmen, eine Position, die keine zufällige Koinzidenz sein darf, sondern systematisch aus dem Wesen der Erkenntnis und der anderen Bereiche begründet werden kann und muß.

Dasselbe gilt vom künstlerischen Akt: auch er lebt und vollzieht sich nicht in einem leeren Raum, sondern in der angespannten werthaften Atmosphäre verantwortlicher Wechselbestimmung. Das Kunstwerk ist als Ding ruhig und stumpf, räumlich sowie zeitlich von allen übrigen Dingen abgegrenzt: eine Statue oder ein Gemälde verdrängt physikalisch alles andere aus dem durch sie eingenommenen Raum; die Lektüre eines Buches beginnt zu einer bestimmten Stunde, nimmt einige Stunden Zeit in Anspruch, die sie ausfüllt, und endet zu einer bestimmten Uhrzeit; auch ist das Buch selbst von allen Seiten dicht vom Einband umgeben; lebendig und künstlerisch bedeutsam ist das Werk jedoch in der intensiven und aktiven gegenseitigen Bestimmung mit der erkannten und durch Handlung bewerteten Wirklichkeit. Mit Leben und Bedeutung erfüllt ist das Werk natürlich als Kunstwerk, nicht etwa in unserer Seele; in dieser ist es ebenfalls nur empirisch vorhanden, als psychischer Prozeß, der zeitlich lokalisiert und psychologisch gesetzmäßig ist. Lebendig und bedeutungsvoll ist das Werk in der Welt, die gleichfalls lebendig und bedeutungsvoll ist – gnoseologisch, sozial, politisch, ökonomisch, religiös.

Die übliche Gegenüberstellung von Wirklichkeit und Kunst oder Leben und Kunst und das Streben, zwischen ihnen irgendeine wesentliche Verbindung zu stiften, sind berechtigt, doch bedürfen sie einer genaueren wissenschaftlichen Formulierung. Die der Kunst gegenübergestellte Wirklichkeit kann nur die Wirklichkeit der Erkenntnis und der ethischen Handlung in allen ihren Spielarten sein: die Wirklichkeit der Lebenspraxis, der ökonomischen, sozialen, politischen sowie der im engeren Sinne moralischen.

Es ist anzumerken, daß in der Schicht des gewöhnlichen Denkens die der Kunst gegenübergestellte Wirklichkeit – in diesen Fällen verwendet man gern das Wort »Leben« – bereits wesentlich ästhetisiert ist: es ist dies bereits ein künstlerisches Bild von der Wirklichkeit, allerdings ein hybrides und labiles. Wegen ihres Mißverhältnisses zur Wirklichkeit überhaupt abgelehnt, wird der neuen Kunst tatsächlich sehr oft die Wirklichkeit der alten Kunst, der »klassischen Kunst« gegenübergestellt, wobei man sich vorstellt, diese sei eine irgendwie neutrale Wirklichkeit. Dem Ästhetischen als solchem ist jedoch mit aller Strenge und Deutlichkeit die noch nicht ästhetisierte und daher nicht vereinigte Wirklichkeit von Erkenntnis und Handlung gegenüberzustellen; es ist nicht zu vergessen, daß sie zu konkret-einheitlichem Leben oder konkret-einheitlicher Wirklichkeit erst in der ästhetischen Intuition wird und zur systematischen Einheit als Aufgabe in der philosophischen Erkenntnis.

Ebenso ist jene illegitime, methodologisch ungerechtfertigte Abgrenzung zu vermeiden, die je nach Laune lediglich ein einziges Moment der außerästhetischen Welt herausstellt: so wird die Notwendigkeit der Natur der Naturwissenschaft der Freiheit und Phantasie des Künstlers gegenübergestellt, besonders häufig wird auch nur das soziale oder aktuell-politische Moment herausgehoben und bisweilen sogar die naive instabile Wirklichkeit der Lebenspraxis.

Es gilt ein für allemal sich dessen bewußt zu sein, *daß der Kunst keine Wirklichkeit in sich, keine neutrale Wirklichkeit gegenübergestellt werden kann: eben dadurch, daß wir über sie sprechen und sie mit etwas anderem konfrontieren, bestimmen und bewerten wir sie auf irgendeine Weise; man braucht nur Klarheit über sich selbst zu erlangen und die wirkliche Richtung der eigenen Wertung zu verstehen.* All dies läßt sich kurz wie folgt formulieren: *man kann die Wirklichkeit der Kunst nur gegenüberstellen wie etwas Gutes oder etwas Wahres der Schönheit.*

Eine jede Erscheinung der Kultur ist konkret-systematisch, das heißt, sie nimmt im Verhältnis zu der vorfindlichen Wirklichkeit anderer kultureller Einstellungen eine bedeutsame Position ein und schließt eben dadurch an die als Aufgabe gegebene kulturelle Einheit an. Erkenntnis, Handlung und künstlerisches Schaffen haben zur ihnen vorfindlichen Wirklichkeit jedoch ein je völlig anderes Verhältnis.

Die Erkenntnis akzeptiert weder ethische Werthaftigkeit noch ästhetische Geformtheit des Seins; sie stößt sich von ihnen ab; in diesem Sinne findet die Erkenntnis gleichsam nichts vor, sie beginnt von vorn oder – genauer – das Moment des Vorfindens von etwas außerhalb von Erkenntnis Bedeutsamem bleibt außer Betracht, geht über in den Bereich der historischen, psychologischen, lebensgeschichtlichen oder einer anderen, vom Standpunkt der Erkenntnis selbst her gesehen, zufälligen Faktizität.

In das Innere der Erkenntnis gehen vorfindliche Wertigkeit und ästhetische Geformtheit nicht ein. Wird Wirklichkeit zum Bestandteil von Wissenschaft, so streift sie alle Wertungen ab, um zur nackten und reinen Wirklichkeit der Erkenntnis zu werden, in der nur die Einheit der Wahrheit souverän ist. Die positive wechselseitige Bestimmung in der Einheit der Kultur findet in der systematischen Philosophie nur in bezug auf Erkenntnis insgesamt statt.

Es gibt nur eine einzige Welt der Wissenschaft, eine einzige Wirklichkeit der Erkenntnis, außerhalb derer nichts gnoseologisch bedeutsam werden kann; diese Wirklichkeit der Erkenntnis ist nicht vollendet und immer offen. Alles, was für die Erkenntnis vorhanden ist, ist von ihr selbst bestimmt und – in der Aufgabenstellung – in jeder Hinsicht bestimmt: alles, was standhält, sich der Erkenntnis im Gegenstand gleichsam entgegenstellt, in ihm noch nicht erkannt ist, widersteht der Erkenntnis einzig als rein gnoseologisches Problem, keineswegs aber als etwas nichterkenntnismäßig Werthaftes, etwas Gutes, Heiliges, Nützliches u. dgl. m.; eine solche wertmäßige Gegenüberstellung kennt die Erkenntnis nicht.

Selbstverständlich werden die Welt der ethischen Handlung und die Welt der Schönheit ihrerseits zum Gegenstand von Erkenntnis, doch bringen sie dabei keineswegs ihre Wertungen und ihre Eigengesetzlichkeit in die Erkenntnis ein; um gnoseologisch bedeutsam zu werden, müssen sie sich ganz und gar der Einheit und Gesetzmäßigkeit der Erkenntnis unterordnen.

So verhält sich der Erkenntnisakt rein negativ zur vorfindlichen Wirklichkeit der Handlung und des ästhetischen Sehens und verwirklicht dadurch die Reinheit seiner Eigenart.

Durch dieses grundlegende Charakteristikum der Erkenntnis sind ihre folgenden Besonderheiten bedingt: der Erkenntnisakt rechnet nur mit der von ihm vorgefundenen, ihm vorangegangenen Arbeit der Erkenntnis und nimmt keinerlei eigenständige Position zur Wirklichkeit der Handlung und des künstlerischen Schaffens in ihrer historischen Bestimmtheit ein. Mehr noch: die Isoliertheit, die Einzigartigkeit des Erkenntnisaktes und seines Ausdrucks im isolierten, individuellen wissenschaftlichen Werk sind vom Standpunkt der Erkenntnis selbst nicht bedeutsam: *in der Welt der Erkenntnis gibt es grundsätzlich keine isolierten Akte und isolierten Werke;* um einen Zugang zu finden und die historische Einmaligkeit des Erkenntnisaktes sowie die Besonderheit, Gesetzmäßigkeit und Individualität des wissenschaftlichen Werkes bedeutsam werden zu lassen, ist von anderen Gesichtspunkten auszugehen; die Welt der Kunst muß – wie wir später sehen werden – wesentlich in einzelne, sich selbst genügende, individuelle Gesamtkunstwerke zerfallen, deren jedes im Verhältnis zur Wirklichkeit von Erkenntnis und Handlung eine eigenständige Position einnimmt; hierdurch entsteht die immanente Historizität des Kunstwerks.

Anders verhält sich die ethische Handlung zur vorfindlichen Wirklichkeit von Erkenntnis und ästhetischem Sehen. Dieses Verhältnis drückt man gewöhnlich *als Verhältnis des Sollens zur Wirklichkeit* aus; wir haben nicht die Absicht, hier auf dieses Problem einzugehen und merken lediglich an, daß das Verhältnis auch hier negativ definiert ist, wenngleich in einer anderen Weise als im Bereich der Erkenntnis.[8]

Gehen wir über zum künstlerischen Schaffen.

Die grundlegende Besonderheit des Ästhetischen, die es deutlich von Erkenntnis und Handlung unterscheidet, ist sein rezeptiver, positiv-aufnehmender Charakter: die dem ästhetischen Akt vorfindliche, erkannte und durch Handlung bewertete Wirklichkeit findet Eingang in das Kunstwerk (genauer: in das ästhetische Objekt) und wird hier zu einem notwendigen konstitutiven Moment. In diesem Sinne können wir sagen: *Tatsächlich findet sich nicht nur außerhalb der Kunst Leben, sondern auch in ihr, innerhalb von ihr, und zwar in der ganzen Fülle seines wertmäßigen Gewichtes: des sozialen, politischen, gnoseologischen und anderen.* Die Kunst ist reich, sie ist weder trocken noch speziell; der Künstler ist Spezialist nur als Meister, d. h. im Verhältnis zum Material.

Natürlich führt die ästhetische Form diese erkannte und bewertete Wirklichkeit in eine andere Wertschicht über, ordnet sie sie einer neuen Einheit unter, ordnet sie sie auf neue Weise an: sie individualisiert, konkretisiert, isoliert und vollendet sie, *doch sie ändert nichts daran, daß sie erkannt und bewertet ist:* gerade auf dieses Erkanntsein und Bewertetsein zielt die vollendende ästhetische Form.

Die ästhetische Tätigkeit schafft keine völlig neue Wirklichkeit.[9] Im Unterschied zu Erkennen und Handeln, die Natur und menschliche Gesellschaft hervorbringen, besingt, schmückt und erinnert die Kunst diese vorfindliche Wirklichkeit von Erkennen und Handeln – die Natur und die menschliche Gesellschaft –, bereichert und vervollkommnet sie und *schafft vor allem die konkrete intuitive Einheit dieser beiden Welten: versetzt den Menschen in eine als ästhetische Umgebung aufgefaßte Natur, vermenschlicht die Natur und naturalisiert den Menschen.*

In diesem Aufnehmen von Ethischem und Gnoseologischem ins eigene Objekt liegt die eigenartige *Güte des Ästhetischen, seine Wohlgesonnenheit:* sie wählt gleichsam nichts aus, zerteilt nichts, verändert nicht, distanziert sich von nichts und abstrahiert nicht. Diese rein negativen Momente haben in der Kunst nur in bezug auf das Material ihren Platz; ihm gegenüber verhält sich der Künstler streng und unerbittlich. Unbarmherzig eliminiert der Dichter Wörter, Formen und Ausdrücke und wählt Weniges aus, Marmorsplitter fliegen unter dem Meißel des Steinmetz, doch werden durch diese Prozedur im einen Fall der geistige (innere) und im anderen der leibliche Mensch bereichert. Der Mensch der Ethik ist durch die positiv bekräftigte Natur bereichert und der Mensch der Natur durch den ethischen Sinn.

Nahezu alle (natürlich nicht die religiösen, sondern die weltlichen) empfänglichen und bereichernden, optimistischen Kategorien des menschlichen Denkens von der Welt und vom Menschen haben einen ästhetischen Charakter; ästhetisch ist auch die ewige Tendenz dieses Denkens, sich das Geforderte und Aufgegebene als bereits Gegebenes und irgendwo Vorhandenes vorzustellen, eine Tendenz, die ein mythologisches und in hohem Maße metaphysisches Denken zur Folge hat.

Die Kunst schafft die neue Form als neue Wertbeziehung zu dem, was für Erkennen und Handeln bereits Wirklichkeit geworden ist: in der Kunst erkennen wir alles wieder und erinnern wir alles (in der Erkenntnis erkennen wir nichts wieder und erinnern wir, entgegen der Formulierung Platons, nichts); aber gerade deshalb hat in der Kunst das Moment der Innovation, der Originalität, der Unerwartetheit, der Freiheit eine solche Bedeutung, denn gerade hierin liegt dasjenige, vor dessen Hintergrund Innovation, Originalität, Freiheit wahrgenommen werden können: die wiederzuerkennende und miterlebende Welt von Erkennen und Handeln, gerade sie sieht in der Kunst neu aus und klingt neu, im Verhältnis zu ihr wird nun auch die Tätigkeit des Künstlers als freie Tätigkeit wahrgenommen. Erkennen und Handeln sind primär, d. h. sie erschaffen ihren Gegenstand zum ersten Mal: das Erkannte wird nicht etwa in neuem Licht wiedererkannt und erinnert, sondern zum ersten Mal bestimmt; und die

Handlung lebt nur von dem, was noch nicht ist: hier ist alles von Anbeginn neu, und deshalb gibt es hier keine Innovation, alles ist ex origine, und es gibt deshalb keine Originalität.

Die solcherart definierte Besonderheit des Ästhetischen, die positive Aufnahme und konkrete Vereinigung von Natur und menschlicher Gesellschaft, erklärt auch die besondere Beziehung des Ästhetischen zur Philosophie. In der Geschichte der Philosophie beobachten wir die ständig wiederkehrende Tendenz, die systematisch zur Aufgabe gemachte Einheit von Erkennen und Handeln durch die konkrete intuitive und gleichsam bereits *gegebene, vorfindliche Einheit des ästhetischen Sehens zu ersetzen.*

Die Einheit von Erkennen und ethischem Handeln, von Sein und Sollen, die konkrete und lebendige Einheit ist uns doch in unserem unmittelbaren Sehen, in unserer Intuition gegeben: ist diese intuitive Einheit denn nicht die gesuchte Einheit der Philosophie? Darin steckt in der Tat eine große Versuchung für das Denken, eine Versuchung, die neben dem einheitlichen großen Weg der *Wissenschaft von der Philosophie* parallele, freilich nicht Wege, sondern Inseln individueller künstlerisch-philosophischer Intuitionen begründet hat (mögen sie bisweilen auf ihre Weise auch genial sein).[10] In diesem ästhetisierten, intuitiven Verstehen verhält sich die ihr vorfindliche quasi-philosophische Einheit zur Welt und zur Kultur, wie die Einheit der philosophischen Form sich zum Inhalt im Kunstwerk verhält.[11]

Eine der wichtigsten Aufgaben der Ästhetik besteht darin, einen Zugang zu ästhetischen Philosophemen zu schaffen, *eine Theorie der intuitiven Philosophie auf der Grundlage einer Theorie der Kunst* zu errichten. Zur Erfüllung einer solchen Aufgabe ist die Material-Ästhetik am wenigsten geeignet; da sie den Inhalt ignoriert, hat sie nicht einmal Zugang zur künstlerischen Intuition in der Philosophie.

Die Wirklichkeit von Erkennen und ethischem Handeln, die in ihrem Erkanntsein und Bewertetsein in das ästhetische Objekt Eingang finden und hier einer intuitiven Vereinigung, Individuation, Konkretisierung, Isolierung und Vollendung unterzogen werden, d. h. einer allseitigen künstlerischen Formung mit Hilfe eines bestimmten Materials, nennen wir in voller Übereinstimmung mit dem herkömmlichen Wortgebrauch den Inhalt des Kunstwerks (genauer, des ästhetischen Objekts).

Der Inhalt ist notwendiges konstitutives Moment des ästhetischen Objektes, mit ihm korreliert die künstlerische Form, die außerhalb dieser Korrelation keinerlei Sinn hat.

Außerhalb des Bezugs auf den Inhalt, d. h. auf die Welt, die Welt als Gegenstand von Erkennen und ethischem Handeln, kann die

Form keine ästhetische Bedeutung haben, kann sie ihre grundlegenden Funktionen nicht erfüllen.

Die Position des künstlerischen Autors und seine künstlerische Aufgabe können und müssen in der Welt in Verbindung mit den Werten des Erkennens und ethischen Handelns verstanden werden. Vereinigt, individualisiert, ergänzt, isoliert und vollendet wird nicht etwa das Material – es bedarf weder der Vereinigung, denn es ist bruchlos, noch der Vollendung, zu der es ein indifferentes Verhältnis hat, denn um ihrer zu bedürfen, muß es sich der Wert-Sinn-Bewegung des Handelns anpassen –, sondern der allseitig erlebte Wertbestand der Wirklichkeit, das *Ereignis der Wirklichkeit.*

Die ästhetisch bedeutsame Form ist Ausdruck einer wesentlichen Beziehung zur Welt des Erkennens und Handelns, diese Beziehung ist jedoch nicht gnoseologischer oder ethischer Art: der Künstler mischt sich nicht in das Ereignis als unmittelbar Beteiligter ein – er erwiese sich denn als Erkennender und ethisch Handelnder –, sondern er nimmt eine wesentliche Position außerhalb des Ereignisses ein, als Betrachter, dessen Interessenten nicht berührt werden, *der jedoch den wertmäßigen Sinn des Geschehenden versteht;* er erlebt es nicht, sondern er erlebt es mit: denn, ohne in bestimmtem Maße mitzubewerten, ist es unmöglich, ein Ereignis als Ereignis wahrzunehmen.

Diese Außerhalb-Befindlichkeit (nicht aber Indifferenz) gestattet es der künstlerischen Aktivität, das Ereignis *von außen* zu vereinigen, zu formen und zu vollenden. Solche Vereinigung und Vollendung ist vom Erkennen und Handeln her grundsätzlich nicht möglich: Weder kann sich die Wirklichkeit der Erkenntnis mit der Pflicht vereinigen und sich selbst dabei treu bleiben, noch kann sich die Pflicht unter Wahrung ihrer Eigenart mit der Wirklichkeit vereinigen. Es bedarf einer wesentlichen Wertposition außerhalb von erkennendem, sollendem und handelndem Bewußtsein, von der aus es möglich wäre, eine solche Vereinigung und Vollendung zustande zu bringen.

Die ästhetisch intuitiv-vereinigende und vollendende Form steigt von innen her zum Inhalt in seiner potentiellen Zerrissenheit, seinem Ungenügen gegenüber der Aufgabe herab (tatsächlich erscheinen dieser Riß und dieser Auftragscharakter außerhalb der Kunst, im ethisch erlebten Leben), indem sie ihn in die neue Wertschicht des suspendierten und vollendeten, des wertmäßig mit sich befriedeten Seins, in die Wertschicht der Schönheit überführt.

Die Form *veräußerlicht den Inhalt, das heißt sie verkörpert ihn,* indem sie ihn von außen umfaßt – die klassische traditionelle Terminologie bleibt also in ihrem Kern wahr.

In der Poetik der Gegenwart hat die Negation des Inhalts als eines konstitutiven Moments des ästhetischen Objektes zwei Richtungen eingeschlagen, die im übrigen nicht immer streng voneinander zu unterscheiden sind und keine eindeutige Formulierung gefunden haben:

1. der Inhalt ist lediglich ein Moment der Form, das heißt der gnoseologisch-ethische Wert hat im Kunstwerk eine rein formale Bedeutung;

2. der Inhalt ist lediglich ein Moment des Materials.

Auf die zweite Richtung werden wir im folgenden Kapitel, das dem Material gewidmet ist, kurz eingehen. Bleiben wir einstweilen beim erstgenannten Versuch.

Vor allem ist festzustellen, daß der Inhalt im künstlerischen Objekt stets geformt, stets in einer Verkörperung gegeben ist, andernfalls handelt es sich um einen schlechten Prosaismus, ein nicht in einem künstlerischen Ganzen aufgelöstes Moment. Es läßt sich kein einziges reales Moment des Kunstwerks isolieren, das reiner Inhalt wäre, wie es im übrigen realiter keine reine Form gibt: Inhalt und Form durchdringen einander wechselseitig, sie sind nicht voneinander zu trennen; für die ästhetische Analyse jedoch sind sie nicht miteinander verschmolzen, d. h. sie sind Bedeutungen verschiedener Ordnung: damit die Form eine rein ästhetische Bedeutung hat, muß der von ihr umfaßte Inhalt eine potentielle gnoseologische und ethische Bedeutung haben, die Form bedarf des außerästhetischen inhaltlichen Gewichts, ohne es kann sie sich selbst als Form nicht verwirklichen. Kann man nun aber, davon ausgehend, sagen, der Inhalt sei ein rein formales Moment?

Ganz zu schweigen von der äußerlich logisch-terminologischen Ungereimtheit, den Terminus »Form« bei völliger Negation des Inhalts beizubehalten – Form ist ja der korrelative Begriff zu Inhalt, der eben gerade nicht Form ist –, birgt eine solche Feststellung noch eine größere methodologische Gefahr in sich: der Inhalt wird in ihr als vom Standpunkt der Form ersetzbar verstanden – Form hat nichts zu tun mit der gnoseologisch-ethischen Bedeutung des Inhalts, diese Bedeutung ist im künstlerischen Objekt völlig zufällig; die Form relativiert den Inhalt vollständig – dies ist der Sinn der Feststellung, die den Inhalt zu einem Moment der Form macht.

In der Kunst ist eine solche Lage der Dinge tatsächlich möglich: die Form kann ihre primäre Beziehung zum Inhalt in seiner gnoseologisch-ethischen Bedeutung einbüßen, der Inhalt auf ein »rein formales Moment« reduziert werden; eine solche Schwächung des Inhalts verringert vor allem die künstlerische Bedeutung der Form: die Form wird einer ihrer wichtigsten Funktionen beraubt – der intuitiven Vereinigung von Gnoseologischem und Ethischem, einer Funktion, die besonders in der Wortkunst von zentraler Bedeutung ist; vermindert werden auch die Funktion der Isolierung sowie die Funktion der Vollendung. Auch in solchen Fällen haben wir es gleichfalls mit Inhalt als einem konstitutiven Moment des Kunstwerks zu tun (andernfalls läge überhaupt kein Kunstwerk vor), freilich mit einem Inhalt aus zweiter Hand, der erleichtert ist, und infolgedessen auch mit einer erleichterten Form: wir haben es mit der sogenannten »Literatur« zu tun. Auf diese Erscheinung ist noch näher einzugehen, denn einige Formalisten sind geneigt, die »Literatur« für die einzige Art künstlerischer Produktion überhaupt zu halten.

Es gibt Werke, die tatsächlich nicht mit der Welt zu tun haben, sondern nur mit dem Wort »Welt« im literarischen Kontext, Werke, die auf Zeitschriftenseiten entstehen, leben und sterben, ohne die Seiten der gegenwärtigen Periodika aufzuschließen und uns über deren Grenzen hinauszuführen. Das gnoseologisch-ethische Moment des Inhalts, dessen sie als eines konstitutiven Moments des Kunstwerks bedürfen, wird von ihnen nicht unmittelbar aus der Welt der Erkenntnis und der ethischen Wirklichkeit des Handelns bezogen, sondern aus anderen Kunstwerken oder analog zu ihnen errichtet. Es liegt dies nicht daran, daß es künstlerische Einflüsse und Traditionen gibt, die auch in der höchsten Kunst notwendig vorkommen, es liegt an der inneren Beziehung zum angeeigneten Inhalt: in jenen literarischen Werken, von denen hier die Rede ist, ist der Inhalt nicht miterkannt und miterlebt, sondern nach äußeren, rein »literarischen« Erwägungen angeeignet; die künstlerische Form stimmt nicht von Angesicht zu Angesicht überein mit dem Inhalt in seinem gnoseologisch-ethischen Gewicht, eher stimmt hier das eine literarische Werk mit einem anderen überein, das es nachahmt oder »verfremdet«, vor dessen Hintergrund es als neues »gespürt wird«. Hier wird die Form gleichgültig gegenüber dem Inhalt in seiner unmittelbaren außerästhetischen Bedeutung.

Außer der vom Wortkünstler vorgefundenen Wirklichkeit von Erkennen und Handeln wird von ihm auch die Literatur vorgefunden: es gilt, gegen oder für alte literarische Formen zu kämpfen, sie sind zu benutzen und zu kombinieren, ihr Widerstand ist zu überwinden oder in ihnen ist Unterstützung zu suchen. Doch all dieser Bewegung und diesem Kampf im Rahmen des rein literarischen Kontextes liegt der wesentlichere, bestimmende primäre Kampf mit der Wirklichkeit von Erkennen und Handeln zugrunde: *jeder Künstler ist in seinem Schaffen, wenn es Bedeutung hat und ernstzunehmen ist, gleichsam der erste Künstler, er muß eine ästhetische Position unmittelbar im Verhältnis zur außerästhetischen Wirklichkeit von Erkennen und Handeln einnehmen,* sei es auch in den Grenzen seiner individuellen ethisch-biographischen Erfahrung. Weder das Kunstwerk als Ganzes noch irgendeines seiner Momente können vom Standpunkt einer einzigen abstrakt-literarischen Gesetzmäßigkeit her verstanden werden, sondern es ist auch die Reihe des Sinns zu berücksichtigen, d. h. die potentielle Gesetzmäßigkeit von Erkennen und Handeln, denn die ästhetisch bedeutsame Form umfaßt keine leere, sondern die hartnäckig bestehende, eigengesetzliche, sinnhafte Intentionalität des Lebens. Im Kunstwerk treten gleichsam zwei Mächte und zwei von ihnen bestimmte Rechtsordnungen auf; jedes Moment kann in zwei Wertsystemen bestimmt werden: dem des Inhalts und dem der Form, denn in jedem bedeutsamen Moment befinden sich diese beiden Systeme in einer wesentlichen und wertmäßig intensiven Wechselwirkung. Die ästhetische Form umfaßt freilich die potentielle innere Gesetzmäßigkeit von Handeln und Erkennen und ordnet sie ihrer eigenen Einheit unter: nur unter dieser Bedingung können wir von einem Werk als einem Kunstwerk sprechen.

Wie verwirklicht sich nun der Inhalt im künstlerischen Schaffen und in der Wahrnehmung, und von welcher Art sind die Aufgaben und Methoden seiner ästhetischen Analyse? Hier ist in gebotener Kürze auf die Probleme der Ästhetik einzugehen. Die folgenden Bemerkungen erschöpfen diesen Gegenstand keineswegs, sondern deuten das Problem lediglich an; dabei werden wir auf die kompositionelle Verwirklichung des Inhalts mit Hilfe eines bestimmten Materials überhaupt nicht eingehen.

1. Es ist streng zu unterscheiden zwischen dem gnoseologisch-ethischen Moment, das tatsächlich Inhalt, d. h. ein konstitutives Moment des betreffenden ästhetischen Objektes ist, und jenen Urteilen und ethischen Wertungen, die man in bezug auf den Inhalt fällen und aussprechen kann, die aber in das ästhetische Objekt keinen Eingang finden.

2. Der Inhalt kann nicht rein gnoseologisch sein und des ethischen Momentes völlig entbehren; ja, man kann sagen, daß das Ethische im Inhalt eine wesentliche Vorrangstellung hat. Im Verhältnis zum reinen Begriff und zum reinen Urteil kann die künstlerische Form sich nicht selbst verwirklichen: das rein gnoseologische Moment bleibt im Kunstwerk notwendig als unaufgelöster Prosaismus isoliert. Alles Erkannte muß in eine Wechselbeziehung mit der Welt des menschli-

chen Handelns gebracht werden, muß wesentlich mit dem handelnden Bewußtsein zusammenhängen, und nur auf diese Weise kann es in das Kunstwerk Eingang finden. Es wäre völlig falsch, sich den Inhalt als ein gnoseologisches, theoretisches Ganzes, als einen Gedanken, als Idee vorzustellen.

3. Künstlerisches Schaffen und künstlerische Wahrnehmung verfügen unmittelbar über das ethische Moment des Inhalts *in der Weise des Miterlebens oder des Einfühlens und der Mitbewertung*, keinesfalls jedoch in der Weise theoretischen Verstehens und Interpretierens, die nur als Mittel zur Einfühlung dienen können. Unmittelbar ethisch ist nur das *Ereignis des Handelns* selbst (das einer Denk-Handlung, einer Sach-Handlung, einer Gefühls-Handlung, einer Wunsch-Handlung u. a.) *in seinem lebendigen Vollzug aus dem handelnden Bewußtsein heraus*; gerade dieses Ereignis wird nun zwar von einem Ort außerhalb der künstlerischen Form, nicht aber seiner theoretischen Transkription in der Art von Urteilen der Ethik, sittlichen Normen, Sentenzen, Werturteilen u. dgl. m. vollzogen.

Die theoretische Transkription, die Formel des ethischen Handelns sind bereits deren Übersetzung in die gnoseologische Schicht, d. h. ein sekundäres Moment. Während die künstlerische Form – beispielsweise die Form, die durch das Erzählen einer Tat realisiert wird, oder die Form ihrer Heroisierung im Epos oder die Form lyrischer Verkörperung u. dgl. m. – es mit der Tat selbst in ihrer primären ethischen Natur zu tun hat und sich diese auf dem Wege des Miterlebens mit dem wünschenden, fühlenden und handelnden Bewußtsein aneignet, kann das sekundäre gnoseologische Moment lediglich die Bedeutung eines Hilfsmittels haben.

Es ist hervorzuheben, daß der Künstler und der Wahrnehmende nicht etwa psychologisches Bewußtsein miterleben (im strengen Sinne kann es ja auch gar nicht miterlebt werden), sondern ethisch gerichtetes, handelndes Bewußtsein.[12]

Welcher Art sind nun die Aufgaben und Möglichkeiten der ästhetischen Analyse des Inhalts?

Die ästhetische Analyse muß vor allem den dem ästhetischen Objekt immanenten Bestand des Inhalts erschließen (ohne dabei irgendworin die Grenzen dieses Objekts zu überschreiten), so wie es durch die Schaffung und Wahrnehmung verwirklicht wird.

Wenden wir uns nun dem gnoseologischen Moment des Inhalts zu.

Das Moment des gnoseologischen *Erkennens* begleitet überall die Tätigkeit des künstlerischen Schaffens und Wahrnehmens, in der Mehrzahl der Fälle ist es jedoch mit dem ethischen Moment untrennbar verbunden und nicht durch ein angemessenes Urteil auszudrükken. Die mögliche Einheit und Notwendigkeit der Welt der Erkenntnis durchdringt gleichsam jedes Moment des ästhetischen Objektes und vereinigt sich, ohne die Fülle ihrer Aktualisierung im Werk selbst zu erreichen, mit der Welt des ethischen Wollens, wobei sie diejenige intuitiv gegebene eigenartige Einheit zweier Welten verwirklicht, die, wie wir gezeigt haben, wesentliches Moment des Ästhetischen ist.[13] So ist hinter jedem Wort, hinter jeder Phrase des poetischen Werks die potentielle Prosa-Bedeutung zu spüren, die Prosa-Neigung, d. h. der potentielle durchgängige Bezug auf die Einheit der Erkenntnis.

Das gnoseologische Moment beleuchtet gleichsam das ästhetische Objekt von innen, wie ein nüchterner Strom Wassers dem Wein ethischer Spannung und künstlerischer Vervollkommnung beigemengt wird, doch verdichtet es sich keineswegs immer bis zum Rang eines bestimmten Urteils; alles wird erkannt, doch bei weitem nicht alles wird im adäquaten Begriff identifiziert.

Gäbe es dieses *alles durchdringende Erkennen* nicht, fiele das ästhetische Objekt, d. h. das künstlerisch geschaffene und wahrgenommene Objekt, aus allen Zusammenhängen von – sowohl theoretischer als auch praktischer – Erfahrung ebenso heraus, wie der Inhalt des Zustandes der Narkose, an den man sich nicht erinnern, über den man nichts sagen und den man nicht bewerten kann (bewerten kann man den Zustand, nicht aber seinen Inhalt), wären auch künstlerisches Schaffen und künstlerische Wahrnehmung jeglicher Teilhabe an der potentiellen Einheit des Bewußtseins beraubt; nicht von ihm durchdrungen und nicht von innen heraus erkannt, würden sie zu einem isolierten Zustand der Gedächtnislosigkeit, von dem man nur post festum anhand der verstrichenen Zeit erfahren könnte, daß es ihn gegeben hat.

Diese innere Erhellung des ästhetischen Objektes kann sich im Bereich der Wortkunst von der Stufe des Kenntniserlangens bis zur Stufe bestimmter Erkenntnis und tiefen Verstehens erstrecken, die durch eine ästhetische Analyse herausgearbeitet werden können.

Hat man jedoch dieses oder jenes gnoseologische Verständnis aus dem Inhalt des ästhetischen Objektes herausgearbeitet – z. B. das rein philosophische Verständnis Ivan Karamazovs von der Bedeutung des Leidens der Kinder, vom Nicht-Annehmen der göttlichen Welt u. a. oder die geschichtsphilosophischen und soziologischen Urteile Andrej Bolkonskijs über den Krieg, über die Rolle der Persönlichkeit in der Geschichte u. a. –, darf der Forscher nicht vergessen, daß das all dies Verstehen, wie tief begründet es auch sein mag, im ästhetischen Objekt nicht in seiner gnoseologischen Isolation vorliegt und daß die künstlerische Form nicht unmittelbar darauf bezogen ist; daß nicht das Verstehen es ist, das die künstlerische Form unmittelbar vollendet. Diese Verstehensweisen hängen notwendig mit dem ästhetischen Inhalt zusammen, mit der Welt des Ereignisses. So haben die genannten Verstehensweisen Ivan Karamazovs eine rein charakterologische Funktion, sie bilden ein notwendiges Moment der sittlichen Lebenshaltung Ivans, haben auch einen Bezug auf die ethische und religiöse Position Alëšas und werden dadurch in das Ereignis miteinbezogen, auf welches die sich vollendende künstlerische Form des Romans gerichtet ist. So bringen auch die Urteile Andrej Bolkonskijs seine ethische Persönlichkeit und seine Lebenseinstellung zum Ausdruck, sind nicht nur in die abgebildeten Ereignisse seines persönlichen Lebens eingewoben, sondern auch in die des sozialen und historischen Lebens. Auf diese Weise wird das Gnoseologisch-Wahre zu einem Moment ethischen Vollzugs.

Hingen nicht alle diese Urteile auf die eine oder andere Weise notwendig mit der konkreten Welt menschlicher Handlung zusammen, so blieben sie isolierte Prosaismen, wie es zuweilen bei Dostoevskij und auch bei Tolstoj der Fall ist, so z. B. im Roman *Krieg und Frieden*, in dem gegen Ende die gnoseologischen, geschichtsphilosophischen Urteile völlig den Zusammenhang mit dem ethischen Ereignis verlieren und sich zu einem theoretischen Traktat organisieren.

Auf andere Weise verbindet sich mit dem ethischen Ereignis das gnoseologische Moment, das in Beschreibungen, in naturwissenschaftlichen oder psychologischen Erklärungen des Geschehens seinen Niederschlag findet. Es ist nicht unsere Aufgabe, alle möglichen Verfahren der Verbindung von Ethischem und Gnoseologischem in der Einheit des Inhalts des ästhetischen Objekts aufzuzeigen.

Betont man den Zusammenhang des gnoseologischen Momentes mit dem ethischen, so ist allerdings hinzuzufügen, daß das ethische Ereignis die an ihm beteiligten Urteile nicht relativiert und sich ihrer gnoseologischen Bedeutung, Breite und Wahrhaftigkeit gegenüber nicht indifferent verhält. Die von Dostoevskij künstlerisch geformten und vollendeten sittlichen Begebenheiten aus dem Leben des *Menschen aus dem Kellerloch [Zapiski iz podpol'ja]* sind an die gnoseologische Bedeutung und Konsequenz seiner Weltanschauung geknüpft, die ein wesentliches Moment seiner Lebenseinstellung bildet.

Hat die ästhetische Analyse im Rahmen des Möglichen und Notwendigen das theoretische Moment des Inhalts in seinem rein gnoseologischen Gewicht herausgegliedert, so hat sie dessen Zusammenhang mit dem ästhetischen Moment und seine Bedeutung in der Einheit des Inhalts zu erfassen; man kann dieses ausgegliederte gnoseologische Moment natürlich auch zum Gegenstand einer vom Kunstwerk unabhängigen theoretischen Betrachtung und Bewertung machen, indem man es nicht mehr auf die Einheit des Inhalts und des ganzen ästhetischen Objekts in seiner Gesamtheit bezieht, sondern auf die rein gnoseologische Einheit einer philosophischen Weltanschauung (gewöhnlich der des Autors). Solche Arbeiten sind von großer wissenschaftlich-philosophischer und kulturhistorischer Bedeutung; sie liegen allerdings bereits jenseits der eigentlich ästhetischen Analyse und sind streng von ihr zu unterscheiden; auf die spezifische Methodik solcher Arbeiten werden wir nicht eingehen.

Wenden wir uns nun den Aufgaben der Analyse des ethischen Inhaltsmomentes zu.

Ihre Methodik ist weit komplexer: die ästhetische Analyse muß als wissenschaftliche Analyse das ethische Moment, das sich die Wahrnehmung kraft des Miterlebens (des Einfühlens) und der Mitbewertung verfügbar macht, auf irgendeine Weise transkribieren; führt man diese Transkription durch, so ist von der künstlerischen Form, vor allem aber von der ästhetischen Individuation zu abstrahieren; die ethische Persönlichkeit ist notwendig von ihrer künstlerischen Verkörperung in der individuellen Seele sowie dem ästhetisch bedeutsamen Körper zu unterscheiden, es ist zu abstrahieren auch von allen Momenten der Vollendung; die Aufgabe einer solchen Transkription ist schwierig und in anders gelagerten Fällen, wie etwa in der Musik, völlig undurchführbar.

Man kann das ethische Moment des Inhalts eines Werkes mittels der Nacherzählung wiedergeben und teilweise transkribieren; man kann das Erlebnis, die Handlung und das Ereignis, die im Werk eine künstlerische Vollendung gefunden haben, mit anderen Worten erzählen. Eine solche Nacherzählung kann, ist die Aufgabe methodisch richtig erkannt, für die ästhetische Analyse eine große Bedeutung erlangen. In der Tat, wenngleich die Nacherzählung künstlerische Form behält – die Form der Erzählung –, so vereinfacht sie diese doch und reduziert sie auf ein einfaches Mittel der Einfühlung, wobei sie nach Möglichkeit von allen isolierenden, vollendenden und befriedenden Funktionen der Form absieht (völlig von ihnen absehen kann die Erzählung natürlich nicht): im Endergebnis tritt dafür aber, obschon die Einfühlung vermindert und verblaßt ist, deutlich der rein ethische, unvollendbare, an der Einheit des Lebensereignisses teilhabende, verantwortliche Charakter des Miterlebens hervor, treten diejenigen seiner Zusammenhänge mit der Einheit klarer hervor, von denen die Form sich losgesagt hat; dies kann nun wiederum dem ethischen Moment den Übergang in die gnoseologische Form von – im engeren Sinne ethischen, soziologischen u. a. – Urteilen erleichtern, d. h. seine rein theoretische Transkription im Rahmen des Möglichen.

Viele Literaturkritiker und Literaturhistoriker beherrschten die Aufdeckung des ethischen Momentes mit Hilfe durchdachter halbästhetischer Nacherzählung meisterlich.

Eine rein theoretische Transkription kann niemals über die ganze Fülle des ethischen Moments des Inhalts verfügen, über die nur die Einfühlung gebietet, doch kann und soll sie es als ihren niemals erreichbaren Grenzwert anstreben. Das Moment des ethischen Vollzugs wird entweder vollzogen oder künstlerisch wahrgenommen, es kann jedoch niemals adäquat theoretisch formuliert werden.

Hat sie das ethische Moment des Inhalts, das durch die Form vollendet wird, im Rahmen des Möglichen transkribiert, muß die im engeren Sinn ästhetische Analyse die Bedeutung des gesamten Inhalts des ästhetischen Objekts erfassen, d. h. als Inhalt der jeweiligen künstlerischen Form, und die Form als Form des jeweiligen Inhalts, ohne dabei die Grenzen des Werks zu überschreiten. Das ethische Moment läßt sich jedoch wie das gnoseologische isolieren und zum Gegenstand einer eigenständigen, ethisch-philosophischen oder soziologischen Untersuchung machen; ebenso läßt es sich aber auch zum Gegenstand aktueller, moralischer oder politischer Bewertungen machen (sekundärer, nicht jedoch primärer Mitbewertungen, die auch für die ästhetische Wahrnehmung notwendig sind); so transkribiert das soziologische Moment nicht nur das ethische Ereignis in seinem sozialen Aspekt, das in der ästhetischen Wahrnehmung Miterlebte und Mitbewertete, sondern übersteigt auch die Grenzen des Objekts und stellt das Ereignis in einen breiteren sozialen und historischen Bezugsrahmen. Solche Arbeiten können von hohem wissenschaftlichen Rang sein, für den Literaturhistoriker sind sie sogar unentbehrlich, allerdings übersteigen sie die Grenzen der eigentlichen ästhetischen Analyse.

Auch die psychologische Transkription des ethischen Moments hat keinerlei direkte Beziehung zur ästhetischen Analyse. Künstlerisches Schaffen und künstlerische Wahrnehmung haben mit ethischen Subjekten zu tun, mit Subjekten des Handelns und mit den ethisch-sozialen Beziehungen zwischen diesen; auf sie ist die sie vollendende künstlerische Form wertmäßig gerichtet, nicht zu tun hat sie es dagegen mit den psychologischen Subjekten, ebensowenig mit den psychologischen Beziehungen zwischen ihnen.

Ohne diese These vorerst weiter verfolgen zu wollen, sei darauf verwiesen, daß in einigen Fällen – z. B. bei der Rezeption eines Musikstücks – eine intensive Vertiefung des ethischen Moments methodisch durchaus zu erreichen ist, während seine extensive Ausbreitung die betreffende künstlerische Form zerstören würde; das ethische Moment hat zur Tiefe hin keine Grenzen, die unrechtmäßig verletzt werden könnten: das Werk bestimmt den Grad der Tiefe des ethischen Momentes nicht im vorhinein und kann diesen auch nicht vorherbestimmen.

Inwieweit kann nun die Inhaltsanalyse einen streng wissenschaftlichen Charakter von allgemeiner Geltung erlangen?

Grundsätzlich kann dabei ein hoher Grad an Wissenschaftlichkeit erzielt werden, besonders dann, wenn die entsprechenden Disziplinen – philosophische Ethik und Sozialwissenschaften – selbst einen hohen Grad an Wissenschaftlichkeit aufweisen, doch faktisch ist die Inhaltsanalyse außerordentlich schwierig, und ein bestimmtes Maß an Subjektivität ist dabei unvermeidlich – es ist vom Wesen des ästhetischen Objektes selbst bedingt; doch wird der wissenschaftliche Takt den Forscher immer zur Zurückhaltung mahnen und ihn dazu veranlassen, die subjektiven Anteile seiner Analyse durch eine einschränkende Bemerkung zu erläutern. Soviel zur Methodik der ästhetischen Inhaltsanalyse in ihren Grundzügen.

III. Das Problem des Materials

Will man die Frage nach der Bedeutung des Materials für das ästhetische Objekt beantworten, so muß man das Material in seiner exakten wissenschaftlichen Bestimmung fassen, ohne es mit Momenten anzureichern, die dieser Bestimmung zuwiderlaufen. Eine Zweideutigkeit hinsichtlich des Materials tritt besonders häufig in der Ästhetik des Wortes auf: unter »Wort« versteht ein jeder, was er will – bis hin zum »Wort, das im Anfang war«. Vor allem in Untersuchungen zur Poetik, die von Dichtern stammen (bei uns: V. Ivanov, A. Belyj und K. Bal'mont) begegnet man der Metaphysik des Wortes (präziser: in ihren feinsinnigen Formen): der Dichter ergreift das Wort als bereits ästhetisiertes, versteht dabei jedoch das ästhetische Moment als zum Wesen des Wortes selbst gehörig und verwandelt es dadurch in eine mythische oder metaphysische Größe.

Da er das Wort mit allem ausstattet, was zur Kultur gehört, d. h. mit allen kulturellen Bedeutungen – gnoseologischen, ethischen und ästhetischen –, gelangt er leicht zu dem Schluß, in der Kultur gäbe es nichts außer dem Wort; die ganze Kultur sei nichts anderes als eine Erscheinung der Sprache, Gelehrter und Dichter hätten es gleichermaßen einzig mit dem Wort zu tun. Lösen wir aber Logik und

Ästhetik oder auch nur die Poetik in die Linguistik auf, so zerstören wir die Eigenart sowohl des Logischen und Ästhetischen als auch des Linguistischen.

Die Bedeutung des Wortes für die Erkenntnis, für das künstlerische Schaffen und insbesondere für die Poesie, die uns hier vor allem interessiert, kann man nur verstehen, wenn man seine rein verbale linguistische Natur unabhängig von der Aufgabe begreift, das künstlerische Schaffen, den religiösen Kultus u. a., in deren Dienst sich das Wort befindet, zu erkennen. Der Linguistik sind die Besonderheiten der wissenschaftlichen, künstlerischen und kultischen Sprachen natürlich nicht gleichgültig, doch sind dies für sie rein linguistische Besonderheiten der Sprache selbst; will sie deren Bedeutung für Kunst, Wissenschaft und Religion verstehen, kann sie nicht ohne leitende Hinweise von Ästhetik, Erkenntnistheorie und anderen philosophischen Disziplinen auskommen, ebenso wie sich die Psychologie der Erkenntnis auf Logik und Gnoseologie und die Psychologie des künstlerischen Schaffens auf die Ästhetik stützen müssen.

Die Linguistik ist nur in dem Maße Wissenschaft, wie sie sich ihren Gegenstand – die Sprache – verfügbar macht. Sprache als Gegenstand der Linguistik ist allein durch linguistisches Denken bestimmt. Die einzelne konkrete Äußerung steht immer in einem wertmäßig-sinnhaften kulturellen Kontext – einem wissenschaftlichen, einem künstlerischen, einem politischen oder einem anderen Kontext – oder im Kontext einer einmaligen Situation des individuellen Lebens; nur in diesen Kontexten hat die einzelne Äußerung Leben und Sinn: sie ist wahr oder falsch, schön oder häßlich, aufrichtig oder unaufrichtig, offen, zynisch, autoritär u. a. – neutrale Äußerungen gibt es nicht und kann es nicht geben; die Linguistik sieht in ihnen jedoch lediglich *eine Erscheinung der Sprache, bezieht sie auf die Einheit der Sprache*, keineswegs auf die Einheit des Begriffs, der Lebenspraxis, der Geschichte, des Charakters einer Person u. dgl. m.

Welcher Art eine historische Äußerung ihrer Bedeutung für Wissenschaft oder Politik oder in der Sphäre des Lebens irgendeines Individuums nach auch immer sein mag, für die Linguistik ist dies keine Verschiebung im Sinnbereich, kein neuer Standpunkt gegenüber der Welt, *keine neue künstlerische Form*, kein Vergehen und kein Sieg der Moral, für sie handelt es sich lediglich um eine Erscheinung der Sprache, vielleicht eine neue sprachliche Konstruktion. *Auch der Sinn des Wortes, seine dingliche Bedeutung, ist für sie nur ein Moment des linguistisch bestimmten Wortes*, das gesetzmäßig aus dem kulturellen Sinn- und Wertkontext, in dem das Wort in der Wirklichkeit gesprochen worden ist, herausgenommen wurde.

Nur so, durch Isolation und Befreiung des *rein sprachlichen Moments* des Wortes, und nur durch die *Schaffung einer neuen sprachlichen Einheit* und seiner konkreten Unterteilungen verfügt die Linguistik methodisch über ihren Gegenstand – eine gegenüber außerlinguistischen Werten indifferente Sprache (oder sie schafft, wenn man so will, einen neuen, rein linguistischen Wert, auf den sie jede Äußerung bezieht).

Nur durch die konsequente Befreiung von metaphysischen Neigungen (Substantialisierung und reale Vergegenständlichung des Wortes), von Logismus, von Psychologismus, von Ästhetismus arbeitet sich die Linguistik zu ihrem Gegenstand vor, legt sie ihn methodologisch fest und wird dadurch erstmals zur Wissenschaft.

Nicht in allen ihren Abteilungen hat es die Linguistik verstanden, sich ihren Gegenstand methodisch verfügbar zu machen: ganz allmählich beginnt sie, dies im Bereich der Syntax zu leisten; sehr wenig ist einstweilen im Bereich der Semasiologie getan, völlig unausgearbeitet ist noch immer eine Disziplin, die von den großen sprachlichen Einheiten wissen soll: von den ausgedehnten Äußerungen, wie sie im Leben anzutreffen sind, von Dialog, Rede, Traktat, Roman u. dgl. m. – denn auch diese Äußerungsarten können und müssen rein linguistisch, als sprachliche Erscheinungen bestimmt und untersucht werden. Die Betrachtung dieser Erscheinungen in den alten Poetiken und Rhetoriken, aber auch in ihrer gegenwärtigen Variante, der Poetik, kann infolge der aufgewiesenen Vermengung des linguistischen Standpunktes mit ihm völlig fremden – logischen, psychologischen und ästhetischen – Standpunkten nicht als wissenschaftlich anerkannt werden. Die Syntax großer Worteinheiten (oder die Komposition als Abteilung der Linguistik, die sich unterscheidet von der Komposition, die eine künstlerische oder wissenschaftliche Aufgabenstellung erfaßt) harrt noch ihrer Begründung: Bislang ist die Linguistik wissenschaftlich noch nicht weiter vorgedrungen als bis zum zusammengesetzten Satz; dies ist die größte in der Linguistik wissenschaftlich untersuchte sprachliche Einheit. Man gewinnt den Eindruck, die exakt linguistische, methodologisch reine Sprache ende hier plötzlich, und es begännen mit einem Mal Wissenschaft, Dichtung u. a., dabei läßt sich die rein linguistische Analyse durchaus weitertreiben, wie beschwerlich dies auch sein und wie verlockend es auch erscheinen mag, hier nicht-linguistische Standpunkte zu beziehen.

Nur wenn die Linguistik sich ihren Gegenstand voll und ganz und in aller methodologischer Reinheit verfügbar macht, wird sie auch für die Ästhetik des Wortschaffens produktiv sein und ihrerseits ohne Bedenken deren Dienste nutzen; bis zu diesem Zeitpunkt aber stellen

»poetische Sprache«, »Bild«, »Begriff«, »Urteil« und weitere Termini dieser Art eine Versuchung, eine große Gefahr für sie dar; und nicht ohne Grund hat sie diese zu fürchten: zu lange haben sie die methodologische Reinheit dieser Wissenschaft getrübt, und sie trüben sie weiterhin.

Welche Bedeutung hat nun aber die Sprache im streng linguistischen Sinne für das ästhetische Objekt der Dichtung? Es handelt sich dabei keineswegs um die Frage, welcher Art die linguistischen Besonderheiten der poetischen Sprache sind – wie man dieses Problem zuweilen umzudeuten geneigt ist –, sondern um die Bedeutung der Sprache im linguistischen Sinne insgesamt als Material für die Dichtung, und dieses Problem ist rein ästhetischer Natur.

Die Sprache ist für die Dichtung, ebenso wie für die Erkenntnis, für das ethische Handeln sowie dessen Objektivation in Recht, Staat u. a. m. lediglich ein technisches Moment; in diesem Punkt ist die Bedeutung der Sprache für die Dichtung völlig analog zur Bedeutung der Natur im Sinne der Naturwissenschaft als Material (und nicht als Inhalt) für die bildenden Künste: mathematisch-physikalischer Raum, Masse, akustischer Klang u. a. m.

Die linguistische Sprache wird von der Dichtung allerdings auf eine ganz besondere Weise technisch genutzt: die Dichtung bedarf dieser Sprache ganz, allseitig und in allen ihren Momenten, keine Nuance des linguistischen Wortes ist für sie belanglos.

Kein Bereich der Kultur außer der Dichtung bedarf der Sprache in ihrer Gesamtheit: die Erkenntnis bedarf der komplexen Eigenart der Lautseite des Wortes in ihrem qualitativen und quantitativen Aspekt nicht, sie bedarf auch nicht der Vielfalt möglicher Intentionen, des Gespürs für die Bewegung der Artikulationsorgane u. a. m. Dasselbe gilt von den anderen Bereichen der kulturellen Tätigkeit: Sie alle kommen zwar nicht ohne die Sprache aus, doch wählen sie jeweils nur Weniges von ihr aus.

Allein in der Dichtung offenbart die Sprache alle ihre Möglichkeiten, denn die an sie gestellten Anforderungen sind maximal: Alle ihre Momente sind extrem angespannt, dringen bis an die äußersten Grenzen vor; die Poesie preßt gleichsam alle Säfte aus der Sprache heraus; und die Sprache übertrifft sich hier selbst.

Obgleich die Poesie der Sprache gegenüber überaus anspruchsvoll ist, überwindet sie sie gleichwohl als Sprache, als linguistische Bestimmung. Die Poesie bildet keine Ausnahme von der für alle Künste gemeinsam geltenden Regel: das künstlerische Schaffen, das bestimmt wird durch sein Verhältnis zum Material, ist dessen Überwindung.

In ihrer linguistischen Bestimmung findet die Sprache keinen Eingang in das ästhetische Objekt der Wortkunst.

Dies gilt für alle Künste: die außerästhetische Natur des Materials findet – im Gegensatz zum Inhalt – keinen Eingang in das ästhetische Objekt, so etwa mathematisch-physikalischer Raum, Linien und Figuren der Geometrie, Bewegung der Dynamik, Laut der Akustik u. a.; mit ihnen hat der Künstler als Meister und die Wissenschaft des Ästhetikers zu tun, nicht aber die primäre ästhetische Wahrnehmung. Diese beiden Momente sind streng voneinander zu unterscheiden: der Künstler hat es im Arbeitsprozeß sowohl mit physikalischen als auch mit mathematischen und linguistischen Momenten zu tun, der Ästhetiker muß sich sowohl mit Physik als auch mit Mathematik als auch mit Linguistik befassen. Aber all diese gewaltige technische Arbeit, die vom Künstler erbracht und vom Ästhetiker erforscht wird, ohne die es keine Kunstwerke gäbe, findet in das kraft künstlerischer Wahrnehmung geschaffene ästhetische Objekt, d. h. das ästhetische Sein als solches, in den letzten Zweck des Schaffens keinen Eingang: All dies wird im Moment der künstlerischen Wahrnehmung beseitigt, wie Holzgerüste abgeräumt werden, wenn das Gebäude fertiggestellt ist.[14]

Um Mißverständnissen vorzubeugen, wird an dieser Stelle ganz genau bestimmt, was unter »Technik« zu verstehen ist: *als technisches Moment bezeichnen wir in der Kunst all das, was zur Schaffung des Kunstwerks in seiner naturwissenschaftlichen oder linguistischen Bestimmung völlig unentbehrlich ist – hierher gehört auch der gesamte Bestand des fertigen Kunstwerks als eines Dings, das freilich in das ästhetische Objekt keinen direkten Eingang findet, das keine Komponente des künstlerischen Ganzen ist. Das technische Moment sind die Faktoren des künstlerischen Eindrucks, nicht aber die ästhetisch bedeutsamen Summanden des Inhalts dieses Eindrucks, das heißt des ästhetischen Objektes.*

Sollen wir nun das Wort im künstlerischen Objekt gerade als das Wort in seiner linguistischen Bestimmung spüren, sollen wir die morphologische Form des Wortes gerade als eine morphologische, die syntaktische als syntaktische und die semantische Reihe als semantische erfahren? Sollen wir das poetische Ganze in der künstlerischen Wahrnehmung als verbales Ganzes aufnehmen und nicht als das abgeschlossene Ganze eines Ereignisses, einer Bestrebung, einer inneren Anspannung u. a.?

Die linguistische Analyse wird auf Wörter, Sätze usw. stoßen, die physikalische Analyse träfe Papier, Druckerschwärze von bestimmter chemischer Zusammensetzung an oder sie träfe auf Schallwellen in ihrer physikalischen Bestimmtheit; der Physiologe fände die entsprechenden Prozesse in den Sinnesorganen und Nervenzentren vor, der Psychologe die entsprechenden Emotionen, akustische Eindrücke, optische Vorstellungen u. a. All dieser wissenschaftlichen Urteile der Spezialisten, insbesondere der Urteile des Linguisten (in weit geringerem Maße der Urteile des Psychologen) bedarf der Ästhetiker, wenn er die Werkstruktur in ihrer außerästhetischen Bestimmtheit erforscht. Doch auch dem Ästhetiker ist, wie jedem anderen, der künstlerisch wahrnimmt, deutlich, daß all diese Momente in das ästhetische Objekt keinen Eingang finden, in eben das Objekt, auf das sich unsere unmittelbare ästhetische Bewertung bezieht (schön, tief, u. a.). All diese Momente werden nur durch das sekundäre erklärende wissenschaftliche Urteil des Ästhetikers festgestellt und bestimmt.

Unternähmen wir etwa den Versuch, die Zusammensetzung des ästhetischen Objektes von Puškins Werk *Erinnerung* zu bestimmen:

Kogda dlja smertnogo umolknet šumnyj den'
I na nemye stogny grada
Poluprozračnaja naljažet noči ten' ... –

[Wenn für den Sterblichen verstummt der laute Tag
Und auf die stummen Gassen der Stadt
sich legt der Nacht halbdurchsichtiger Schleier ... –]

– so bestimmten wir als dessen Bestand sowohl die Stadt als auch die Nacht, als auch die Erinnerungen, als auch die Dämmerung usw. Mit diesen Werten hat es unsere künstlerische Aktivität unmittelbar zu tun, auf sie ist die ästhetische Intention unseres Geistes gerichtet. In diesem Werk hat das ethische Ereignis von Erinnerung und Reue künstlerische Formung und Vollendung gefunden (zur künstlerischen Formung zählt auch das Moment der Isolierung und des Erdichtens, d. h. der unvollständigen Wirklichkeit), nicht aber Wörter oder Phoneme oder Morpheme oder Sätze oder semantische Reihen. Diese liegen außerhalb des Inhalts der ästhetischen Wahrnehmung, d. h. außerhalb des künstlerischen Objektes, und können lediglich für das sekundäre wissenschaftliche Urteil des Ästhetikers von Bedeutung sein, sofern sich die Frage erhebt, wie und durch welche Momente der außerästhetischen Struktur des äußeren Werks der betreffende Inhalt der künstlerischen Rezeption bedingt ist.

Die Ästhetik muß den immanenten Bestand des Inhalts der künstlerischen Wahrnehmung in seiner ästhetischen Reinheit bestimmen, d. h. das ästhetische Objekt, um die Frage zu entscheiden, welche Bedeutung das Material und dessen Organisation im äußeren Werk für diesen haben; geht sie auf diese Weise vor, so wird sie im Hinblick auf die Dichtung notwendig feststellen, daß die Sprache in ihrer linguistischen Bestimmung in das Innere des ästhetischen Objektes keinen Eingang findet, draußen bleibt. Das ästhetische Objekt selbst aber besteht aus dem künstlerisch geformten Inhalt (oder der inhaltlichen künstlerischen Form).

Die gewaltige Arbeit des Künstlers am Wort hat letztlich die Überwindung des Wortes zum Ziel, denn das ästhetische Objekt wächst an den Grenzen der Wörter, der Sprache als solcher. Diese Überwindung des Materials ist jedoch rein immanent; der Künstler befreit sich von der Sprache in ihrer linguistischen Bestimmung nicht durch Negation, sondern kraft ihrer immanenten Vervollkommung: der Künstler besiegt die Sprache gleichsam mit ihrer eigenen sprachlichen Waffe, zwingt die Sprache, indem er sie linguistisch vervollkommnet, dazu, über sich selbst hinauszuwachsen.

Diese immanente Überwindung der Sprache in der Dichtung unterscheidet sich deutlich von ihrer negativen Überwindung im Erkenntnisbereich: von der Algebraisierung, dem Gebrauch vereinbarter Zeichen anstelle von Wörtern, von Abkürzungen u. dgl. m.

Diese immanente Überwindung bildet nicht nur in der Dichtung die formale Bestimmung der Beziehung zum Material, sondern auch in allen anderen Künsten.

Auch die Ästhetik des Wortkunstschaffens darf die linguistische Sprache nicht überspringen, sondern muß die gesamte Arbeit der Linguistik nutzen, will sie die Technik des dichterischen Hervorbringens auf der Grundlage des Verständnisses der Stellung des Materials im künstlerischen Schaffen einerseits und der Eigenart des ästhetischen Objektes andererseits erfassen. Das ästhetische Objekt ist als der Inhalt des künstlerischen Sehens und seiner Architektonik, wie oben bereits gezeigt wurde, eine neue Seinsbildung weder naturwissenschaftlicher – natürlich auch nicht psychologischer – noch linguistischer Ordnung: es ist ein ästhetisches Sein eigener Art, das durch Überwindung seiner materiell-dinglichen, außerästhetischen Bestimmtheit an den Grenzen des Werks entsteht.

Im dichterischen Werk fügen sich die Worte einerseits zum Ganzen des Satzes, der Periode, des Kapitels, des Aktes u. a. zusammen, andererseits erzeugen sie die Gesamtheit der äußeren Erscheinung des Helden, seines Charakters, der Situation, der Umstände, der Handlung usw. und schließlich die Gesamtheit des ästhetisch geformten und vollendeten Ereignisses des Lebens, wobei sie nicht mehr Wörter, Sätze, (Vers-)Zeilen, Kapitel sind. Der Prozeß der Verwirklichung des ästhetischen Objektes, d. h. der Verwirklichung der künstlerischen Aufgabe in ihrem Wesen ist der Prozeß der konsequenten

Verwandlung des linguistisch und kompositionell verstandenen verbalen Ganzen in das architektonische Ganze des ästhetisch vollendeten Ereignisses, wobei natürlich alle verbalen Zusammenhänge und Wechselbeziehungen linguistischer und kompositioneller Ordnung in nichtverbale architektonische Ereignis-Zusammenhänge verwandelt werden.

Es ist nicht die Aufgabe dieser Studie, das ästhetische Objekt und seine Architektonik einer detaillierten Untersuchung zu unterziehen, wir gehen hier nur in aller Kürze auf jene Mißverständnisse ein, die auf dem Boden der gegenwärtigen russischen Poetik im Zusammenhang mit der Theorie des Bildes entstanden sind und die eine wesentliche Beziehung zur Theorie des ästhetischen Objektes haben.

Das »Bild« der Ästhetik Potebnjas[15*] erscheint uns deshalb so wenig akzeptabel, weil mit ihm soviel Überflüssiges und Unzutreffendes assoziiert worden ist, und weil es uns trotz der achtenswerten alten Tradition des Bildes für die Poetik nicht überflüssig erscheint, sich damit auseinanderzusetzen. Freilich scheint uns die Kritik des Bildes als eines grundlegenden Momentes des dichterischen Schaffens, wie sie von einigen Formalisten und besonders prägnant von V. M. Žirmunskij vorgetragen worden ist[16*], zwar als methodisch falsch, für die moderne russische Poetik allerdings durchaus charakteristisch zu sein.

Die Bedeutung des Bildes wird hier mit der Begründung bestritten, daß bei der künstlerischen Rezeption in uns keine deutlichen *visuellen Vorstellungen* von den Gegenständen entstehen, von denen im Werk die Rede ist, sondern lediglich zufällige veränderliche und subjektive Bruchstücke visueller Vorstellungen, aus denen das ästhetische Objekt natürlich nicht konstruiert werden kann. Deutliche visuelle Vorstellungen entstehen demnach nicht, und sie können ja auch prinzipiell nicht entstehen. Wie sollten wir uns beispielsweise die »Stadt« in Puškins oben zitiertem Gedicht vorstellen – als ausländische oder russische, als große oder kleine Stadt, als Moskau oder Petersburg? Dies bleibt der subjektiven Willkür eines jeden überlassen; das Werk selbst gibt uns keinerlei Hinweise, wie sie für den Aufbau einer einheitlichen konkreten visuellen Vorstellung von der Stadt erforderlich wären. Wenn das zutrifft, dann hat es der Künstler demnach gar nicht mit dem Gegenstand selbst zu tun, sondern lediglich mit einem Wort, im vorliegenden Falle mit dem Wort »Stadt«, und mit nichts anderem.

Der Künstler hat es nur mit Wörtern zu tun, denn nur die Wörter sind etwas Bestimmtes und im Werk zweifelsfrei Vorhandenes.

Ein solches Urteil ist für die Material-Ästhetik, die von der Neigung zur Psychologie noch nicht völlig frei ist, außerordentlich charakteristisch. Vor allem ist festzustellen, daß sich eine entsprechende Beobachtung auch im Bereich der Erkenntnistheorie machen ließe (was übrigens mehr als einmal geschehen ist): auch der Gelehrte hat es nur mit dem Wort zu tun und nicht mit dem Gegenstand und auch nicht mit dem Begriff, denn ohne weiteres ließe sich mit Hilfe analoger Verfahren zeigen, daß es in der Psyche des Gelehrten keinerlei Begriffe gibt, sondern einzig instabile subjektiv-zufällige Gebilde und Bruchstücke von Vorstellungen. Hier ersteht nichts anderes wieder als der alte psychologische Nominalismus, freilich angewandt auf das künstlerische Schaffen.

Man kann nun aber nicht weniger überzeugend nachweisen, daß es in der Psyche des Künstlers und des Gelehrten auch die Wörter in ihrer linguistischen Bestimmung nicht gibt, ja mehr noch, daß es in der Psyche nichts gibt als psychische Gebilde, die als solche subjektiv und vom Standpunkt eines jeden beliebigen Sinnbereichs aus gesehen – des gnoseologischen, ethischen oder ästhetischen – gleichermaßen zufällig und inadäquat sind. Unter Psyche darf man nur die Psyche verstehen – den Gegenstand der empirischen Wissenschaft Psychologie, der von ihr methodisch rein festgelegt wird und über seine eigenen Gesetzmäßigkeiten verfügt.

Doch ungeachtet dessen, daß in der Psyche alles psychologischen Charakter hat und es völlig unmöglich ist, die Natur, ein chemisches Element, ein Dreieck etc. angemessen psychologisch zu erleben, gibt es objektive Wissenschaften, in denen wir es sowohl mit der Natur als auch mit dem Element als auch mit dem Dreieck zu tun haben, wobei sich das wissenschaftliche Denken *mit eben diesen Gegenständen* befaßt, auf sie gerichtet ist und zwischen ihnen Beziehungen herstellt. Und in unserem Beispiel befaßt sich der Dichter mit der Stadt, mit Erinnerung, Reue, Vergangenheit und Zukunft als *ethisch-ästhetischen Werten*, und er tut dies darüber hinaus in ästhetisch verantwortlicher Weise, wenngleich es in seiner Seele keinerlei Werte gibt, sondern nur psychische Erlebnisse. Komponenten des ästhetischen Objektes sind im vorliegenden Kunstwerk also: »Gassen der Stadt«, »der Nacht Schatten«, »Bündel von Erinnerungen« usw., jedoch keine visuellen Vorstellungen, keine psychischen Erlebnisse und keine Wörter. Dabei ist der Gegenstand des Künstlers (und des Rezipienten) das Wort »grad« (»Stadt«): die durch die kirchenslavische Form des Wortes[17*] zum Ausdruck kommende Nuance wird, bezogen auf die ethisch-ästhetische Wertigkeit der Stadt, indem sie ihr große Bedeutung verleiht, zum Charakteristikum des konkreten Wertes und findet als solche Eingang in das ästhetische Objekt, d. h.

es findet nicht die linguistische Form Eingang, sondern ihre wertmäßige Bedeutung (die psychologische Ästhetik würde sagen: das dieser Form entsprechende emotional-volitionale Moment).

Diese Komponenten fügen sich zur Einheit des wertmäßig-bedeutsamen Lebensereignisses zusammen, das ästhetisch geformt und vollendet worden ist (außerhalb der ästhetischen Form wäre es ein ethisches Ereignis, das aus sich selbst prinzipiell unvollendbar wäre). Dieses ethisch-ästhetische Ereignis ist ganz und gar bestimmt und künstlerisch eindeutig; seine Komponenten können wir auch Bilder nennen, wenn wir darunter nicht visuelle Vorstellungen, sondern geformte Inhaltsmomente verstehen.

Es ist hier anzumerken, daß man auch in den bildenden Künsten ein Bild nicht sehen (uvidet') kann. Nur mit den Augen einen abgebildeten Menschen als Menschen zu sehen, als ethisch-ästhetischen Wert, als Bild, seinen Körper als Wert, als Ausdruck der äußeren Erscheinung etc., ist unmöglich; um etwas zu sehen, etwas zu hören, d. h. etwas gegenständlich Bestimmtes oder nur Wertmäßig-Bedeutsames, Gewichtiges, sind äußere Wahrnehmungen allein nicht ausreichend, sind – mit Parmenides gesprochen – »das unaufmerksame Auge und das rauschende Gehör« allein zu wenig.

Die ästhetische Komponente – nennen wir sie einstweilen »Bild« – ist also weder ein Begriff noch ein Wort, noch eine visuelle Vorstellung, sondern ein spezifisches ästhetisches Gebilde, das in der Dichtung mit Hilfe des Wortes verwirklicht wird und in den bildenden Künsten mit Hilfe visuell wahrnehmbaren Materials, nirgendwo jedoch mit dem Material oder irgendeiner Materialkombination identisch ist.

Alle Mißverständnisse der oben dargestellten Art, die um ein nichtverbales, ja nichtmaterielles ästhetisches Objekt entstehen, lassen sich letzten Endes durch die gänzlich ungerechtfertigte Bemühung erklären, ein rein empirisches, ja ein dingliches, räumlich und zeitlich lokalisiertes Äquivalent des ästhetischen Objektes zu finden, oder gar durch das Bestreben, das ästhetische Objekt durchweg gnoseologisch zu empirisieren. Im künstlerischen Schaffen gibt es zwei empirisch vorhandene Momente: das äußere materielle Werk und den psychischen Prozeß des Schaffens und Rezipierens, der Wahrnehmung, der Vorstellung, der Emotion u. a. Im ersten Fall handelt es sich um eine naturwissenschaftliche, mathematische oder linguistische Gesetzmäßigkeit, im zweiten um eine psychologische (assoziative Beziehung u. a.). Ihrethalben legt sich der Forscher, in der Furcht, ihre Grenzen zu überschreiten, Fesseln an und ist dabei gewöhnlich der Ansicht, dahinter lägen nur noch metaphysische und mystische Wesenheiten. Diese Versuche, das ästhetische Objekt gänzlich zu empirisieren, erweisen sich stets als vergeblich und sind, wie wir gezeigt haben, methodisch durchaus unzulässig: es ist wichtig, gerade die Eigenart des ästhetischen Objektes als eines solchen zu verstehen und die Eigenart des rein ästhetischen Zusammenhangs seiner Momente, d. h. ihre Architektonik. Diese Aufgabe kann weder die psychologistische noch die Material-Ästhetik erfüllen.

Die Tatsache, daß das ästhetische Objekt weder in der Psyche noch im materiellen Werk zu finden ist, liefert uns keinen Anlaß zu Befürchtungen; es wird dadurch weder zu einer mystischen noch zu einer metaphysischen Wesenheit; in keiner anderen Lage befindet sich die vielgestaltige Welt des Handelns, des Ethischen. Wo befindet sich der Staat? In der Psyche, im mathematisch-physikalischen Raum, auf dem Papier konstitutioneller Akten? Wo befindet sich das Recht? Und nichtsdestoweniger haben wir sowohl mit dem Staat als auch mit dem Recht verantwortlich zu tun, ja diese Werte verleihen nicht nur dem empirischen Material Sinn und Ordnung, sondern auch unserer Psyche, wodurch es uns möglich wird, die bloße psychische Subjektivität zu überwinden.

Durch diese Tendenz zur außerästhetischen Empirisierung und Psychologisierung des künstlerischen Objektes findet auch der oben erwähnte Versuch seine Erklärung, den Inhalt als ein Moment des Materials – des Wortes – zu verstehen. Dem Wort als eines seiner Momente neben Phonem, Morphem und anderen angeheftet, stellt sich der Inhalt als wissenschaftlich erfaßbar, dinglich dar.

Auf dies Problem des Inhalts als eines notwendigen konstitutiven Momentes werden wir nicht noch einmal zurückkommen, hier sei nur soviel gesagt, daß man gewöhnlich geneigt ist, unter dem thematischen Moment, das einigen Künsten fehlt und bei anderen vorhanden ist, einzig das Moment der gegenständlichen Differenzierung und gnoseologischen Bestimmung zu verstehen, ein Moment, das in der Tat nicht alle Künste aufweisen, doch ist es keineswegs nur auf den Inhalt beschränkt. In anderen Fällen jedoch (etwa bei V. M. Žirmunskij, wenngleich ihm die erstgenannte, engere Bedeutung nicht fremd ist) führt die Poetik der Gegenwart unter der Thematik nahezu das ganze ästhetische Objekt in seiner nichtmateriellen Eigenart und mit seiner ereignishaft-architektonischen Struktur auf. Gleichzeitig jedoch wird dieses unkritisch eingeführte Objekt in das linguistisch bestimmte Wort hineingepreßt und in ihm neben Phonem, Morphem und anderen Momenten angeordnet; dadurch wird seine Reinheit zwangsläufig von Grund auf entstellt. Wie aber die thematische ereignishafte Welt (der geformte Inhalt) im einheitlichen Ganzen mit dem linguistischen Wort in Übereinstimmung zu bringen ist, auf diese Frage gibt die Poetik keine Antwort, und sie stellt sie auch nicht in grundsätzlicher Weise. Dabei liegen thematische Welt im weiten Sinne und linguistisches Wort in gänzlich unterschiedlichen Schichten und Dimensionen. Dem ist hinzuzufügen, daß die Thematik das ästhetische Objekt und den Inhalt sehr stark theoretisiert: Das ethische Moment und die ihm entsprechende Wahrnehmung werden unterbewertet, das rein ethische Moment wird nicht von seiner gnoseologischen Transkription unterschieden.

Die Bedeutung des Materials im künstlerischen Schaffen läßt sich folgendermaßen bestimmen: Ohne in das ästhetische Objekt selbst Eingang zu finden, ist das Material als ästhetisch bedeutsame Komponente bei der Hervorbringung des ästhetischen Objektes unentbehrlich.

Hieraus folgt nun keineswegs, daß die Erforschung der materiellen Struktur des Kunstwerks als einer rein technischen Struktur in der Ästhetik einen bescheidenen Platz habe. Die Bedeutung der Materialuntersuchungen ist in der speziellen Ästhetik außerordentlich groß, nicht minder groß als die Bedeutung des materiellen Werks und seiner Erschaffung für den Künstler und die ästhetische Wahrnehmung. Wir können uns der Feststellung: »In der Kunst ist die Technik alles« durchaus anschließen, wenn wir sie in dem Sinne verstehen, daß das ästhetische Objekt nur durch die Hervorbringung des materiellen Werks verwirklicht wird (aus eben diesem Grunde ist die ästhetische Betrachtung außerhalb der Kunst hybrid, weil hierbei – z. B. bei der Apperzeption der Natur – eine in wie geringem Maße auch immer vollkommene Organisation des Materials nicht zu erreichen ist); das ästhetische Objekt ist vor der Schaffung seines Materials nicht wirklich, es wird zusammen mit dem Werk verwirklicht.

Wendet man das Wort »Technik« auf das künstlerische Schaffen an, so braucht man ihm durchaus keine odiose Bedeutung zu verleihen: Weder kann noch soll die Technik hier vom ästhetischen Objekt abgelöst werden; durch das ästhetische Objekt ist sie mit Leben erfüllt und in allen ihren Momenten beweglich. Aus diesem Grund ist die Technik in Kunstwerken keineswegs mechanistisch; als mechanisch kann sie sich nur in einer schlechten ästhetischen Forschung darstellen, der das ästhetische Objekt verlorengeht, die die Technik sich selbst genügen läßt und sie von ihrem Zweck und Sinn ablöst. Als Gegengewicht gegen eine solche Untersuchung ist die dienende Rolle der materiellen Organisation des Werks, ihr rein technischer Charakter, hervorzuheben – doch nicht um sie abzuwerten, sondern um sie mit Sinn und Leben zu füllen.

Beantwortet man die Frage nach der Bedeutung des Materials richtig, so wird also die Arbeit der Material-Ästhetik keineswegs überflüssig, sondern es werden ihr Prinzipien und die zutreffende methodische Richtung eingeschrieben, allerdings müssen diese Arbeiten auf ihren Anspruch, das künstlerische Schaffen erschöpfend zu erfassen, verzichten.

Hier ist anzumerken, daß die ästhetische Analyse sich in bezug auf einige Künste nahezu ausschließlich auf die Untersuchung der Technik, freilich einer solchen, die methodisch nur als Technik verstanden wird, beschränken muß: in dieser Lage befindet sich die Musik-Ästhetik. Über das ästhetische Objekt der Musik, das an den Grenzen des akustischen Klangs entsteht, hat die ästhetische Analyse der einzelnen Werke außer den allgemeinsten Bestimmungen seiner Eigenart fast nichts zu sagen. Urteile, die den Rahmen einer Analyse der Materialkomponente der Komposition überschreiten, geraten in den meisten Fällen subjektiv: entweder handelt es sich um eine freie Poetisierung des Werks oder um eine willkürliche metaphysische Konstruktion, oder aber um ein rein psychologisches Urteil.

Es ist nun eine besondere Art methodisch reflektierter subjektiv-philosophischer Deutung des Musikstücks möglich, die eine außerordentliche kulturelle, allerdings jedoch keine wissenschaftliche Bedeutung im strengen Sinne des Wortes haben kann.

Die Methodik der materiellen Kompositionsanalyse auch nur in solch allgemeinen Zügen zu entwerfen, wie wir es für die Methodik der Inhaltsanalyse getan haben, ist uns hier absolut unmöglich. Dies wäre nur dann möglich, wenn man sich zuvor detaillierter mit dem ästhetischen Objekt und seiner Architektonik, von denen die Komposition bestimmt wird, vertraut gemacht hätte. Hier müssen wir es mit dem Gesagten bewenden lassen.

IV. Das Problem der Form

Künstlerische Form ist die Form eines Inhalts, doch eine solche, die durchgehend im Material realisiert, ihm gleichsam verhaftet ist. Deshalb ist die Form auch in zwei Richtungen zu untersuchen:
1. vom reinen ästhetischen Objekt her als architektonische Form, die wertmäßig auf den Inhalt (das mögliche Ereignis) eingestellt und auf ihn bezogen ist und
2. vom kompositionellen materiellen Ganzen des Werks her: dies ist die Untersuchung der Technik der Form.

Bei der zweiten Untersuchung darf die Form keinesfalls als Form von Material interpretiert werden – dies verstellt den Zugang grundlegend –, sondern lediglich als eine Form, die im Material und mit seiner Hilfe verwirklicht worden und in dieser Beziehung ungeachtet ihres ästhetischen Zweckes auch durch die Natur des betreffenden Materials bedingt ist.

Dieses Kapitel ist eine kurze Einführung in die Methodik der *ästhetischen* Analyse der Form als einer *architektonischen* Form. Die Form wird allzu oft lediglich als »Technik« verstanden; dies ist sowohl für den Formalismus als auch für den Psychologismus in der Kunstwissenschaft charakteristisch. Wir hingegen betrachten die Form in der im engeren Sinne ästhetischen Schicht, als künstlerisch bedeutsame Form. Die Kardinalfrage dieses Kapitels lautet: Wie wird die Form, die durchgängig im Material realisiert ist, nichtsdestoweniger zur Form eines Inhalts, wie bezieht sie sich werthaft auf ihn? Oder mit anderen Worten: Wie realisiert die kompositionelle Form – die Organisation des Materials – die architektonische Form, die Vereinigung und Organisation der gnoseologischen und ethischen Werte?

Die Form wird entdinglicht und übersteigt den Rahmen des Werks als organisiertes Material, sobald sie zum Ausdruck der wertbestimmten schöpferischen Aktivität des ästhetisch tätigen Subjektes wird. Dieses Moment der Formaktivität, das oben (im ersten Kapitel) bereits erwähnt worden ist, wird hier einer genaueren Betrachtung unterzogen.[18]

In der Form *finde ich mich selbst*, meine eigene produktive wertgeformte Aktivität, *ich fühle lebendig meine den Gegenstand erschaffende* Bewegung, überdies nicht nur im ursprünglichen Schaffen selbst, nicht nur bei der Ausführung, sondern auch bei der Wahrnehmung des Kunstwerks: *ich muß mich in bestimmtem Maße als Schöpfer von Form erleben, um die künstlerisch bedeutsame Form als solche überhaupt wahrzunehmen.*

Darin liegt der wesentliche Unterschied der künstlerischen Form gegenüber der gnoseologischen. Die letztere hat keinen Schöpfer-Autor: die gnoseologische Form finde ich im Gegenstand, ich spüre in ihr weder mich selbst noch meine erschaffende Aktivität. Dadurch ist die eigenartige, zwingende Notwendigkeit des gnoseologischen Denkens bedingt; es ist aktiv, aber es nimmt seine eigene Aktivität nicht wahr, denn die Empfindung kann nur individuell sein, bezogen auf die Persönlichkeit, genauer, die Empfindung meiner Aktivität findet keinen Eingang in den gegenständlichen Inhalt des Denkens selbst, es bleibt als subjektiv-psychologische Zutat draußen: die Wissenschaft hat als objektive gegenständliche Einheit keinen Schöpfer-Autor.[19]

Der Schöpfer-Autor ist ein konstitutives Moment der künstlerischen Form.

Um Form ästhetisch zu erleben, muß ich meine aktive Wertbeziehung zum Inhalt erleben: In der Form und durch die Form singe ich, erzähle ich, bilde ich ab; durch die Form verleihe ich meiner Liebe, meiner Zustimmung, meinem Akzeptieren Ausdruck.

Der Inhalt steht der Form als etwas Passives gegenüber, das ihrer bedarf, als etwas Rezeptives, etwas, das umfaßt, gefestigt, geliebt wird usw.; sobald ich aufhöre, in der Form aktiv zu sein, rebelliert der durch die Form zur Ruhe gebrachte und vollendete Inhalt und steht auf in seiner rein gnoseologisch-ethischen Bedeutung, d. h. die künstlerische Wahrnehmung endet und wird durch ethisches Miterleben oder gnoseologisches Nachdenken, theoretische Übereinstimmung oder Nichtübereinstimmung, praktische Billigung oder Mißbilligung u. a. ersetzt. So kann man bei der nicht-künstlerischen Rezeption eines Romans die Form taub machen und den Inhalt in seinen gnoseologisch-problemhaften oder ethisch-praktischen Impulsen aktivieren: man kann beispielsweise die Helden in ihren Abenteuern, ihren Erfolgen und Mißerfolgen im Leben miterleben; man kann auch die Musik zu einem reinen Accompagnement der eigenen Träume, der freien elementar-ethischen Anspannung reduzieren, indem man eben darauf den Schwerpunkt setzt.

Insofern wir irgend etwas sehen oder hören, rezipieren wir noch nicht eine künstlerische Form; man muß das, was man sieht, hört, was ausgesprochen wird, zum Ausdruck der eigenen aktiven Wertbeziehung machen. Man muß als Schöpfer in das, was gesehen, gehört und ausgesprochen wird, Eingang finden und eben dadurch den materiellen, nicht schöpferisch bestimmten Charakter der Form, ihren Dingcharakter, überwinden. Die Form besteht dann nicht länger als rezipiertes und gnoseologisch geordnetes Material außerhalb unserer selbst, sie wird zum Ausdruck der Wert-Aktivität, die in den Inhalt eindringt und ihn verwandelt. So lasse ich bei der Lektüre oder beim Hören eines dichterischen Werks dieses Werk nicht als Aussage eines anderen, die man einfach anhören und deren praktische oder gnoseologische Bedeutung man nur zu verstehen braucht, außerhalb meiner selbst, sondern ich mache sie in bestimmtem Maße zu meiner eigenen Aussage über etwas anderes, eigne mir Rhythmus, Intonation, artikulatorische Anspannung, innere (Bewegung erzeugende) Gestikulation der Erzählung, die abbildende Aktivität der Metapher u. a. m. als adäquaten Ausdruck meiner eigenen Wertbeziehung zum Inhalt an, das heißt, ich bin bei der Rezeption nicht auf Wörter, auf Phoneme oder auf den Rhythmus gerichtet, sondern mit den Wörtern, mit dem Phonem, mit dem Rhythmus bin ich aktiv dem Inhalt zugewandt, ich umfasse, forme und vollende ihn (die Form genügt sich, abstrakt genommen, nicht selbst, sondern läßt den geformten Inhalt sich selbst genügen). In der Form werde ich aktiv und *durch die Form nehme ich einen wertenden Standpunkt außerhalb des Inhalts ein – wie die gnoseologisch-ethische Intention* –, und dies macht es erstmals möglich, alle ästhetischen Funktionen der Form in bezug auf den Inhalt zu vollenden und überhaupt zu verwirklichen.

Die Form ist also Ausdruck einer aktiven Wertbeziehung des Schöpfer-Autors und des (die Form mit-schaffenden) Rezipienten zum Inhalt; alle Momente des Werks, in denen wir uns selbst, unsere sich wertmäßig auf den Inhalt beziehende Aktivität wahrnehmen können und die in ihrer Materialität durch diese Aktivität überwunden werden, sind auf die Form zu beziehen.

Auf welche Weise kann nun aber die Form als verbaler Ausdruck der subjektiven aktiven Beziehung zum Inhalt zu einer *schaffenden, den Inhalt vollendenden* Form werden? Was macht die verbale Aktivität, macht Aktivität überhaupt – *die in Wirklichkeit die Grenzen des materiellen Werks nicht übersteigt*, es nur generiert und organisiert – zur Aktivität der Formung des gnoseologisch-ethischen Inhalts, zudem eines Inhalts, der die Formung ganz und gar vollendet?

Hier sind wir genötigt, kurz auf die primäre Funktion der Form in bezug auf den Inhalt einzugehen – Isolation oder Suspension.

Isolation oder Suspension sind nicht auf das Material bezogen, nicht auf das Werk als Ding, sondern auf seine Bedeutung, auf den Inhalt, der von einigen notwendigen Zusammenhängen mit der Natur und mit der Einheit des ethischen Ereignisses freigestellt wird. Diese Suspension vom Kontext macht den Erkenntnischarakter und den ethischen Wertcharakter des isolierten Inhalts keineswegs zunichte: die Suspension wird durch das Erinnerungsvermögen sowohl des Verstandes als auch des Willens erkannt. Jedoch kann sie individualisiert sein und wird prinzipiell vollendbar, denn die Individuation ist bei strenger Bezogenheit auf und Einbettung in die Einheit der Natur nicht möglich, und die Vollendung ist im einheitlichen, sich unumkehrbar vollziehenden Ereignis nicht möglich: Der Inhalt muß sich vom zukünftigen Ereignis suspendieren, damit Vollendung (sich selbst genügendes Vorhandensein, eigenwertige Gegenwart) möglich wird.

Der Werkinhalt ist gleichsam ein Ausschnitt aus dem einheitlichen offenen Ereignis des Seins, ein Ausschnitt, der durch die Form isoliert und von der Verantwortlichkeit gegenüber dem zukünftigen Ereignis freigestellt und deshalb in seinem Ganzen eigenwertig in sich ruhend, vollendet ist und in seine Ruhe und seine Selbstgenügsamkeit auch die isolierte Natur aufgenommen hat.

Die Isolation von der Einheit der Natur vernichtet alle dinglichen Inhaltsmomente. Die Form des Dingcharakters wird überhaupt erst auf der Grundlage der Konzeption der einheitlichen Natur der Naturwissenschaft möglich: außerhalb von ihr kann man den Gegenstand lediglich animistisch und mythologisch rezipieren – als Kraft und Teilhaber am Lebensereignis. Die Isolation entdinglicht von neuem: das isolierte Ding ist eine contradictio in adjecto.

Die sogenannte Erdichtung ist in der Kunst lediglich ein positiver Ausdruck der Isolation: der isolierte Gegenstand ist eben dadurch auch erdichtet, und das bedeutet, daß er sich nicht wirklich in der Einheit der Natur und nicht im Ereignis des Seins befindet. Im negativen Moment stimmen Erdichtung und Isolation überein; im positiven Moment des Erdichtens wird die der Form eigene Aktivität, die Autorschaft hervorgehoben: im Erdichten nehme ich mich als ein den Gegenstand Erdichtender intensiver wahr, ich spüre meine durch die Außerhalb-Befindlichkeit bedingte Freiheit, das Ereignis ungehindert zu formen und zu vollenden.

Erdichten kann man nur etwas subjektiv Wertvolles und im Ereignis Bedeutsames, etwas menschlich Bedeutungsvolles, nicht ein Ding; ein erdichtetes Ding ist eine contradictio in adjecto. In der Musik können Isolation und Erdichten nicht werthaft auf das Material bezogen sein: weder wird der akustische Laut isoliert noch die mathematische Zahl der kompositorischen Ordnung erdichtet. Losgelöst und in seiner Erdichtetheit unumkehrbar ist das Ereignis der Anstrengung, die Anstrengung des Werts, die sich dank dessen ungehindert auslebt und zu einer ruhend-vollendeten wird.

Die sogenannte »Verfremdung« der Formalisten ist im Grunde nichts anders als die methodisch nicht ganz klar ausgedrückte Funktion der Isolation, die in den meisten Fällen unzutreffend auf das Material bezogen wird: verfremdet wird das Wort durch die Zerstörung seiner gewohnten semantischen Reihe; bisweilen wird die Verfremdung auch auf den Gegenstand bezogen, freilich wird sie dann in grober Weise psychologisch verstanden: als das Herausheben eines Gegenstandes aus seiner gewohnten Rezeption (die gewohnte Rezeption ist natürlich genauso zufällig und subjektiv wie die ungewohnte). In Wirklichkeit ist die Isolation jedoch das Herausheben des Gegenstandes, des Wertes und des Ereignisses aus der notwendigen gnoseologischen und ethischen Reihe.

Die Isolation macht es erst möglich, die künstlerische Form positiv zu verwirklichen, denn weder die gnoseologische noch die ethische Beziehung zum Ereignis wird durch sie möglich. Möglich wird die freie Formung des Gegenstandes, freigesetzt werden die Aktivität unserer Wahrnehmung des Gegenstandes, unserer Wahrnehmung des Inhalts und die schöpferischen Energien dieser Wahrnehmung. Die Isolation ist, so gesehen, die negative Bedingung des persönlichen subjektiven (nicht psychologisch-subjektiven) Charakters der Form, sie gestattet es dem Schöpfer-Autor, zum konstitutiven Moment der Form zu werden.[20]

Andererseits aber pointiert und bestimmt die Isolation die Bedeutung des Materials und seiner kompositionellen Organisation. Das Material wird zu bedingtem Material: Bei der Materialbearbeitung bearbeitet der Künstler Werte einer isolierten Wirklichkeit und überwindet so das Material immanent, ohne seine Grenzen zu überschreiten. Das Wort, die Äußerung erwarten und ersehnen nicht länger irgend etwas Wirkliches jenseits der eigenen Grenzen, eine Handlung oder ein Korrelat der Wirklichkeit, d. h. eine reale Verwirklichung oder eine Bestätigung durch Prüfung (Überwindung der Subjektivität); das Wort transformiert die vollendende Form mit seinen Kräften in Inhalt: So wird es möglich, daß sich die Bitte in der Lyrik – ist sie ästhetisch organisiert – nunmehr selbst genügt, keiner Legitimation bedarf (sie ist gleichsam bereits durch die Form ihres Ausdrucks legitimiert); daß das Gebet nicht mehr eines Gottes bedarf, der es erhören könnte, die Klage nicht mehr der Abhilfe, die Reue nicht mehr der Vergebung bedürfen. Die Form verwendet ausschließlich Material, füllt jedes Ereignis und jede ethische Anstrengung bis zur Fülle der Vollendung auf. Kraft des Materials allein nimmt der Autor eine schöpferische, produktive Position zum Inhalt ein, d. h. zu gnoseologischen und ethischen Wertigkeiten; der Autor findet gleichsam in das isolierte Ereignis Eingang und wird darin zum Schöpfer, ohne zum Beteiligten zu werden. Die Isolation läßt das Wort, die Äußerung, das Material überhaupt (den akustischen Laut u. a.) formal schöpferisch werden.

Wie findet nun die schöpferische Persönlichkeit des Künstlers und des Rezipienten in das Wortmaterial Eingang und über welche Elemente dieses Materials verfügt sie vor allem?

Im Wort als Material unterscheiden wir folgende Momente[21]:

1. das lautliche Moment des Wortes, sein eigentlich musikalisches Element;

2. die gegenständliche Bedeutung des Wortes (mit allen ihren Nuancen und Spielarten);

3. das Moment der Wortkombination (alle rein verbalen Beziehungen

und Wechselbeziehungen);
4. das intonative (in der psychologischen Schicht emotional-volitionale) Moment des Wortes, die Wertorientierung des Wortes, die einer Vielfalt von Wertbeziehungen des Sprechers Ausdruck verleiht;
5. die Empfindung der verbalen Aktivität, die Empfindung der aktiven Erzeugung des bedeutungsrelevanten Lautes (hier sind einbeschlossen: alle motorischen Momente – Artikulation, Geste, Mimik der Person usw., sowie die gesamte innere Intention meiner aktiv mit dem Wort, mit dem Aussprechen einer Wert- und Sinnposition befaßten Persönlichkeit). Wir unterstreichen, es handelt sich um die Empfindung des Entstehens des bedeutungsrelevanten Wortes: es ist dies nicht die Empfindung bloßer, das Wort als physikalisches Faktum erzeugender Organbewegung, sondern die Empfindung von Bewegung, Sinn und Wert, d. h. die Empfindung der Bewegung und der Eroberung eines Standpunkts durch den ganzen Menschen, eine Empfindung, in die sowohl der Organismus als auch die sinnerzeugende Aktivität einbeschlossen sind, denn es werden sowohl das Fleisch als auch der Geist des Wortes in ihrer konkreten Einheit geboren.

In diesem fünften und letzten Moment finden sich die vier vorangegangenen sämtlich widergespiegelt; es ist jene ihrer Seiten, die der Persönlichkeit des Sprechers zugewandt ist (die Empfindung der Lauterzeugung, der Sinnerzeugung, der Erzeugung von Verbindung und die Erzeugung von Wertung).

Die formende Aktivität des Schöpfer-Autors und des Rezipienten verfügt über alle Aspekte des Wortes: mit ihrer Hilfe kann er die vollendende, auf den Inhalt gerichtete Form verwirklichen; andererseits dienen sie auch dazu, den Inhalt auszudrücken; in jedem Moment spüren Schöpfer und Rezipient ihre – auswählende, erschaffende, bestimmende und vollendende – Aktivität und zugleich etwas, worauf diese Aktivität gerichtet ist, was ihr vorliegt. *Tonangebendes Moment*, Fokus der formenden Energien ist freilich das fünfte Moment, danach folgen mit abnehmendem Gewicht das vierte Moment, d. h. die Wertung, das dritte, die Verbindung, das zweite, die Bedeutung, und schließlich das erste, der Laut, der gleichsam alle übrigen Momente in sich aufnimmt und zum *Träger der Einheit des Wortes in der Dichtung wird.*

Für die gnoseologische Ausage ist die dingliche, gegenständliche Bedeutung des Wortes, die danach strebt, den notwendigen Ort in der gegenständlichen objektiven Einheit der Erkenntnis zu finden, das dominierende Moment. Diese gegenständliche Einheit lenkt und bestimmt alles und alle Momente in der gnoseologischen Aussage, indem sie all das unbarmherzig ausgrenzt, was keinen Bezug auf sie hat. Vor allem bleibt die Empfindung ausgeschlossen, durch das Gesagte eine aktive Position einzunehmen: sie ist nicht auf die gegenständliche Einheit bezogen und dringt nicht in sie ein – wie schöpferischer subjektiver Wille und Gefühl –, und sie ist am wenigsten imstande, die Einheit der gnoseologischen Aussage herzustellen.

Die Empfindung der verbalen Aktivität in der Wort-Handlung (Urteil, Zustimmung, Vergebung, Bitte) ist keineswegs das ausschlaggebende Moment, die Wort-Handlung ist auf die Einheit des ethischen Ereignisses bezogen und wird in ihr als notwendig und verpflichtend bestimmt.

Nur in der Dichtung wird die Empfindung der Aktivität der Erzeugung einer bedeutungsvollen Aussage zum formenden Zentrum, zum Träger der Einheit der Form.

Aus diesem Fokus sinnlich wahrnehmbarer Aktivität der Erzeugung tritt vor allem der Rhythmus (im weitesten Sinne des Wortes – sowohl der Vers- als auch der Prosarhythmus) hervor und überhaupt jede *Aussageordnung von ungegenständlichem Charakter, jede Ordnung, die den Sprechenden zu sich selbst, zu seiner tätigen, erzeugenden Einheit zurückwendet.*

Die Einheit der auf die Wiederkehr des Ähnlichen gegründeten Ordnung ist, wenngleich ähnliche Sinn-Momente wiederkehren mögen, die Einheit der zu sich selbst zurückkehrenden, sich von neuem ertastenden Aktivität; der Schwerpunkt liegt nicht auf dem wiederkehrenden Sinn, sondern auf der Rückkehr der Tätigkeit dieser Bewegung – äußerer und innerer Bewegung, der der Seele und der des Körpers –, die diesen Sinn erzeugt.

Die Einheit aller die Form verwirklichenden kompositionellen Momente und insbesondere die Einheit des verbalen Gesamtkunstwerks werden – als formale Einheit – nicht in dem gesehen, was oder worüber gesprochen wird, sondern darin, wie gesprochen wird, in der Empfindung der *Tätigkeit* sinnhaften Redens, die sich selbst stets als *einheitliche Tätigkeit* empfinden muß, unabhängig von der gegenständlichen und sinnbezogenen Einheit ihres Inhalts; nicht die Sinnmomente unmittelbar – in ihrer Objektivität, d. h. ihrer vollkommenen Abgelöstheit vom sprechenden Subjekt – wiederholen sich, kehren wieder und gehen Verbindungen ein, sondern Momente der Beziehungen stiftenden Aktivität, des lebendigen Sich-Selbst-Empfindens der Tätigkeit; die Tätigkeit verliert sich nicht im Gegenstand, immer wieder nimmt sie die eigene subjektive Einheit in sich selbst, in der Anspannung ihrer körperlichen und seelischen Position wahr: *weder die Einheit eines Gegenstandes noch eines Ereignisses, sondern die Einheit des Ergreifens von Gegenstand und Ereignis.* So sind Anfang und Ende des Werks vom Standpunkt der Einheit der Form aus betrachtet Anfang und Ende einer Tätigkeit; ich beginne und ich beende.

Die objektive Einheit der Erkenntnis kennt kein Ende, ebensowenig wie die positiv bedeutungshaltige: es beginnt und es beendet ein Gelehrter, nicht aber die Wissenschaft; das Ende, der Anfang und eine beträchtliche Anzahl kompositioneller Momente des gelehrten Traktates spiegeln die Tätigkeit seines Autor-Subjektes wider, d. h. sie sind ästhetische Momente, die nicht ins Innere der offenen, unendlichen und anfangslosen Welt der Erkenntnis eindringen.

Alle kompositionellen Gliederungen des verbalen Ganzen – Kapitel, Absätze, Strophen, (Vers-)Zeilen, Wörter – bringen Form lediglich als Gliederung zum Ausdruck; die *Etappen* der verbalen erzeugenden Tätigkeit sind Perioden einer einheitlichen Anstrengung, sind Momente, die einen gewissen Vollendungsgrad nicht des Inhalts selbst erreichen, *aus ihm heraus bestimmt sind*, sondern sind Momente der Aktivität des *Von-Außen-Ergreifens* eines Inhalts, Momente, die von der auf den Inhalt gerichteten Tätigkeit des Autors bestimmt sind, wenngleich sie natürlich in den Inhalt eindringen, ihn angemessen ästhetisch formen und nicht vergewaltigen.

Die Einheit der ästhetischen Form ist also die Einheit der Position von tätiger Seele und tätigem Körper, des tätigen ganzen Menschen, der sich auf sich selbst stützt; sobald die Einheit auf den Inhalt der Tätigkeit übertragen wird – auf die gegenständliche Einheit der Erkenntnis und die Sinneinheit des Ereignisses, wird die Form als ästhetische Form vernichtet; so verlieren Rhythmus, vollendende Intonation und andere formale Elemente ihre formende Kraft.

Diese sich selbst empfindende und in der Empfindung über ihre Einheit gebietende Tätigkeit der Erzeugung des Wort-Lauts genügt sich selbst jedoch nicht, bestätigt sich nicht nur selbst, sondern wird über den Rahmen von tätigem Organismus und tätiger Psyche hinausgeführt, kehrt sich nach außen, denn diese Tätigkeit ist eine liebende Tätigkeit, eine erhöhende, erniedrigende, preisende, beweinende u. a., d. h. sie ist eine vom Wert bestimmte Beziehung (in der psychologischen Schicht: sie hat eine bestimmte emotional-volitionale Tonalität). Es wird allerdings nicht einfach ein Laut erzeugt, sondern ein bedeutungshaltiger Laut; die Tätigkeit der Worterzeugung durchdringt und erkennt sich wertmäßig im Intonationsmoment des Wortes, sie verfügt über eine Wertung im Gefühl für die aktive Intonation.[22] Unter dem Moment der Intonation des Wortes verstehen wir seine Fähigkeit, die ganze Vielfalt von Wertbeziehungen der sprechenden Person zum Inhalt auszudrücken (in psychologischer Schicht: die Vielfalt an emotional-volitionalen Reaktionen des Sprechers), wobei dieses Moment des Wortes, ob es nun in der wirklichen Intonation beim Vortrag zum Ausdruck kommt oder nur als Möglichkeit erlebt wird, gleichwohl ästhetisch von Belang ist. Die Aktivität des Autors wird zur Aktivität der *zum Ausdruck gebrachten Wertung*, die alle Möglichkeiten des Wortes färbt: das Wort schilt, liebkost, ist gleichgültig, erniedrigt, schmückt usw.[23]

Darüber hinaus gebietet die generierende Aktivität über verbale Bedeutungszusammenhänge (Vergleich, Metapher; kompositionelle Nutzung syntaktischer Zusammenhänge, Wiederholungen, Parallelismen, der Frage-Form; kompositionelle Nutzung hypotaktischer und parataktischer Zusammenhänge u. a.): *Die Empfindung, aktiv Zusammenhänge zu stiften, ist auch in ihnen eine organisierende Empfindung*, doch eine solche, die sich wertmäßig bereits bestimmt hat. So stützen sich Vergleich und Metapher auf die Einheit der Wertungsaktivität, d. h. der Zusammenhang umschließt die intonatorischen Momente der Wörter, die der gegenständlichen Bedeutung gegenüber natürlich nicht gleichgültig sind (in der psychologischen Schicht sind Metapher, Vergleich und andere poetisierte Wortverbindungen auf die emotional-volitionale Wechselbeziehung und Verwandtschaft der Wörter gegründet). Die Einheit wird nicht durch den logischen Gedanken gebildet, sondern durch die Wahrnehmung der wertenden Aktivität; es sind dies nicht gegenständliche notwendige Verbindungen, die das empfindende und wollende Subjekt außerhalb seiner selbst lassen, die seiner nicht bedürfen, sondern rein subjektive, die der subjektiven Einheit des empfindenden und wollenden Menschen bedürfen. Metapher und Vergleich setzen jedoch sowohl die gegenständliche Einheit und Verbindung als auch die Einheit des ethischen Ereignisses voraus, vor deren Hintergrund ihre schöpferische Aktivität empfunden wird: Metapher und Vergleich umfassen eine beharrliche gnoseologische Intentionalität, die in ihnen zum Ausdruck kommende Wertung wird tatsächlich zu einer den Gegenstand formenden und entdinglichenden Wertung. Von der Empfindung der verbindenden und formenden Aktivität des Autors losgelöst, stirbt die Metapher, d. h. sie ist nicht länger poetische Metapher oder wird zum Mythos (als einfach sprachliche Metapher kann sie sehr gut auch für Zwecke der gnoseologischen Aussage dienen).

Alle syntaktischen Wortverbindungen müssen, um zu kompositionellen Verbindungen zu werden und die Form im künstlerischen Objekt zu verwirklichen, durchdrungen sein von der Einheit der Empfindung verbindender Aktivität – einer Aktivität, die auf die durch diese Verbindungen zu realisierende Einheit gegenständlicher und sinnhafter Beziehungen gnoseologischen oder ethischen Charakters gerichtet ist, durchdrungen von der Einheit der Empfindung von Spannung, des formenden Ergreifens, des Von-Außen-Erfassens des gnoseologisch-ethischen Inhalts.

Auch die gegenständliche, dingliche Wortbedeutung wird umhüllt vom Empfinden der Aktivität der Bedeutungswahl, von einer spezifischen Empfindung sinnhafter Initiative des Schöpfer-Subjektes (in der Erkenntnis, in der es nicht möglich ist, derjenige zu sein, der am Beginn steht, in der die Empfindung der Aktivität der Auswahl aus dem Rahmen der Welt des Erkannten ausgeschlossen ist, gibt es diese Aktivität nicht). Aber dieses Empfinden der Auswahl ist auf das, was ausgewählt wird, bezogen, umgreift dessen gnoseologische und ethische Eigengesetzlichkeit.

Schließlich ergreift die Empfindung der Aktivität auch Besitz vom lautlichen Moment des Wortes. Die bloße Akustik des Wortes ist in der Dichtung von relativ geringer Bedeutung. Die den akustischen Laut erzeugende Bewegung – sie ist in den Artikulationsorganen am aktivsten, erstreckt sich jedoch auf den gesamten Organismus – wird bei der Lektüre entweder wirklich realisiert, beim Hören miterlebt oder aber nur als möglich erfahren. Sie ist unvergleichlich viel wichtiger als das, was gehört wird, da das Gehörte nahezu auf die Hilfsfunktion, die entsprechenden erzeugenden Bewegungen hervorzurufen, oder darauf reduziert wird, Zeichen des Sinns, der Bedeutung zu sein, oder sie dient als Basis für die Intonation, die der lautlichen Dimension des Wortes bedarf, sich seinem qualitativen Lautbestand gegenüber jedoch gleichgültig verhält, sowie für den Rhythmus, der einen motorischen Charakter hat. Im Roman, ja in allen großen Prosawerken, die ein verbales Ganzes bilden, tritt das Phonem seine Hilfsfunktion – Bedeutung zu bezeichnen, Bewegung hervorzurufen, Basis für die Intonation zu sein – fast völlig ab an das Graphem. Hierin besteht ein wesentlicher Unterschied zwischen der Dichtung und der Musik. In der Musik hat die den Klang[24*] erzeugende Bewegung eine im Vergleich zum akustischen Moment des Klingens zweitrangige Bedeutung – abgesehen von der Vokalmusik, die in diesem Punkt der Dichtung näher steht, wenngleich auch hier das akustische Moment unvergleichlich viel wichtiger ist als in der Dichtung. Hier ist die erzeugende Bewegung jedoch noch organisch, und wir können sagen, daß der aktiv schaffende innere Körper des Schöpfers/Interpreten/Rezipienten als ein Moment in die künstlerische Form einbezogen wird.

In der Instrumentalmusik hat die den Klang erzeugende Bewegung ihren organischen Charakter fast völlig eingebüßt: die Bewegung des Bogens, der Schlag der Hand auf die Tastatur, die für die Blasinstrumente erforderliche Anspannung usw. bleiben weitgehend von der Form ausgeschlossen; nur eine dieser Bewegung entsprechende Anstrengung, gleichsam die Stärke der aufgewandten Energie, wird, völlig losgelöst von der inneren organischen Empfindung der schlagenden oder sich bewegenden Hand, in den Klang selbst aufgenommen und in ihm, gereinigt, vom verständigen Gehör vernommen. Sie wird zum Ausdruck der Aktivität und Anstrengung des »inneren Menschen«, der gleichsam unabhängig vom Organismus und vom Ding »Instrument« einen wert- und bedeutungshaltigen Klang erzeugt. In der Musik werden alle für die Komposition bedeutsamen Momente vom akustischen Moment des Klangs absorbiert und aufgenommen. Während in der Dichtung der die Form verwirklichende Autor der sprechende Mensch ist, ist er in der Musik einer, der klingt, keineswegs einer, der auf dem Klavier, der Geige u. a. spielt und dabei durch die Bewegung mittels des Instruments den Klang hervorbringt; die erschaffende Aktivität der musikalischen Form ist die Aktivität des selbst bedeutenden Klingens, der eigenwertigen Bewegung des Klanges.

Der Terminus »Instrumentierung« muß zur Bezeichnung der Ordnung des qualitativen Moments des Lautmaterials in der Dichtung als außerordentlich ungeeignet eingeschätzt werden. Im Grunde wird nicht das akustische Moment der Wörter in eine Ordnung gebracht, sondern das artikulatorische, motorische; ja, diese artikulatorische Ordnung findet ihre Widerspiegelung im Lautbestand ebenso wie in der Graphik. Die Bedeutung des erzeugenden inneren Organismus ist nicht in allen Dichtungsgattungen gleich: maximal ist sie in der Lyrik, wo der den Laut von innen heraus erzeugende und die Einheit seiner produktiven Anstrengung empfindende Körper in die Form einbezogen ist; im Roman ist die Teilhabe des inneren Organismus an der Form minimal.

Natürlich bleibt auch im Roman die das Wort erzeugende Aktivität das formbeherrschende Prinzip (wenn es sich um einen wirklich künstlerischen Roman handelt), doch ist diese Aktivität organischer, körperlicher Momente fast gänzlich beraubt: es ist dies die Aktivität einer rein geistigen Erzeugung und Auswahl von Bedeutungen, Zusammenhängen und Wertbeziehungen; es ist dies die innere Anstrengung der vollendenden geistigen und Erfassung großer verbaler Komplexe, von Kapiteln, Teilen und, schließlich, eines ganzen Romans. Besondere Bedeutung kommt dem Gefühl der Anstrengung der wertend erinnernden Aktivität, dem emotionalen Gedächtnis zu.

Hier geht in die Form ihr konstitutives Moment als Bestandteil ein, der innerlich aktive Schöpfer-Mensch: der sehende, hörende, wertende, verbindende, auswählende – wenngleich keine wirkliche physiologische Anstrengung der äußeren Sinne und Organe des Körpers stattfindet –, der in seiner Empfindung der Aktivität in der Gesamtheit des Romans einheitliche, diesen als ein Ganzes von produktiver und sinnhafter innerer Anstrengung beginnende und beendende.[25]

Die Einheit der Form ist die Einheit des aktiv wertenden Standpunkts des Schöpfer-Autors, der durch Vermittlung des Wortes (Besetzung des Standpunkts durch das Wort) realisiert wird, sich jedoch auf den Inhalt bezieht. Dieser vom Wort und nur vom Wort markierte Standpunkt wird produktiv und vollendet den Inhalt dank seiner Isolierung – seiner Nicht-Wirklichkeit (genauer und philosophisch streng gesagt: einer Wirklichkeit besonderer, rein ästhetischer Ordnung) durchweg schöpferisch. Die Isolierung ist der erste Schritt zur Formung des Bewußtseins, das erste Geschenk der Form an den Inhalt, das alle nachfolgenden bereits positiven, bereichernden Gaben der Form erst ermöglicht.

Alle Momente des Wortes, die die Form kompositionell verwirklichen, werden zum Ausdruck der schöpferischen Einstellung des Autors zum Inhalt: der dem Material eingeschriebene Rhythmus wird über seine Grenzen hinausgetragen und beginnt, von sich aus den Inhalt als eine schöpferische Beziehung zu ihm zu durchdringen, überführt ihn in eine neue Wertschicht – die des ästhetischen Seins. Die das Wortmaterial ordnende Form des Romans erschafft, zum Ausdruck der Haltung des Autors geworden, die architektonische Form, die das Ereignis unabhängig vom einheitlichen, stets offenen Ereignis des Seins ordnet und vollendet.

Darin besteht die Eigenart der ästhetischen Form: sie ist meine organisch-motorische, Wert und Sinn zuweisende Aktivität; und zugleich ist sie die Form des mir gegenüberstehenden Inhalts und seines Teilhabers (der Person, der Form ihres Körpers und ihrer Seele).

Als Schöpfer erlebt sich das einzigartige Subjekt Mensch nur in der Kunst. Die positiv-subjektive schöpferische Persönlichkeit ist konstitutives Moment der künstlerischen Form, hier findet ihre Subjektivität die spezifische Objektivation, hier wird sie zur kulturell bedeutsamen schöpferischen Subjektivität. Hier wird die eigentümliche Einheit des organischen – körperlichen und innerlichen, seelischen und geistigen – Menschen verwirklicht, eine freilich von innen erlebte Einheit. Der Autor ist als konstitutives Moment der Form die organisierte, von innen ausgehende Aktivität des ganzen Menschen, der seine Aufgabe voll erfüllt und für die Vollendung nichts außerhalb seiner selbst voraussetzt, überdies des ganzen Menschen, von Kopf bis Fuß: Er wird als ganzer Mensch gebraucht, der atmet (Rhythmus), sich bewegt, sieht, hört, sich erinnert, liebt und versteht.[26]

Diese von innen her organisierte Aktivität der Schöpferpersönlichkeit unterscheidet sich wesentlich von der von außen her organisierten passiven Persönlichkeit des Helden, des Menschen als eines Gegenstandes künstlerischen Sehens, eines körperlich und seelisch bestimmten Menschen: Seine Bestimmtheit ist sichtbar und hörbar, die geformte Bestimmtheit ist ein Bild [obraz] des Menschen, seine veräußerlichte und verkörperte Persönlichkeit. Die Persönlichkeit des Schöpfers indessen ist sowohl unsichtbar als auch unhörbar, sie wird von innen heraus erlebt und organisiert als sehende, hörende, sich bewegende, sich erinnernde, als nicht verkörperte, sondern verkörpernde Aktivität und erst danach im geformten Gegenstand widergespiegelt.

Das ästhetische Objekt ist eine Schöpfung, die in sich einen Schöpfer enthält: In ihr findet der Schöpfer sich selbst und nimmt seine schöpferische Tätigkeit intensiv wahr; mit anderen Worten: es ist dies eine Schöpfung, wie sie in den Augen des Schöpfers selbst aussieht, der sie frei und liebevoll geschaffen hat (allerdings ist es keine Schöpfung aus dem Nichts, sie setzt die Wirklichkeit von Erkennen und Handeln voraus und verwandelt und formt sie lediglich).

Die Ästhetik hat vor allem die Aufgabe, das ästhetische Objekt in seiner Eigenart zu erforschen. Sie darf diese Forschung nicht durch eine Zwischenetappe des Weges ersetzen, der zur Verwirklichung dieser Aufgabe führt. Vor allem aber muß sie das ästhetische Objekt synthetisch, in seinem Ganzen verstehen, muß sie Form und Inhalt in ihrer wesentlichen und notwendigen Wechselbeziehung begreifen: die Form als Form des Inhalts und den Inhalt als Inhalt der Form sowie die Eigenart und das Gesetz ihrer Wechselbeziehung. Nur auf der Grundlage dieses Verständnisses läßt sich die Richtung für die konkrete ästhetische Analyse einzelner Werke zutreffend skizzieren.

Aus dem, was wir gesagt haben, wird deutlich, daß das ästhetische Objekt kein Ding ist, denn seine Form (genauer: die Form des Inhalts, denn das ästhetische Objekt ist geformter Inhalt), in der ich mich selbst als aktives Subjekt wahrnehme, in die ich als ihr notwendiges konstitutives Moment eingehe, kann natürlich nicht die Form eines Dings, eines Gegenstandes sein.

Die künstlerisch-schöpferische Form formt den ganzen Menschen und die Welt nur als Welt des Menschen oder aber indem sie sie unmittelbar anthropomorphisiert, mit Leben versieht oder sie in einen so unmittelbaren Wertzusammenhang mit dem Menschen bringt, daß sie neben ihm die Selbständigkeit ihres Werts einbüßt, zu einem Moment des Wertes des menschlichen Lebens herabsinkt. In der Einheit des ästhetischen Objektes hat die Beziehung der Form zum Inhalt daher einen spezifischen *personalen* Charakter, und das ästhetische Objekt ist ein spezifisches, verwirklichtes Ereignis der Aktion und Interaktion von Schöpfer und Werk.

Im Wortkunstschaffen erlangt der Ereignischarakter des ästhetischen Objektes besondere Klarheit – die Wechselwirkung zwischen Form und Inhalt ist hier eine beinahe dramatische. Das Eintreten des Autors als eines körperlichen, seelischen und geistigen Menschen in das Objekt ist hier besonders deutlich; deutlich ist nicht nur die Unteilbarkeit, sondern auch die Unverschmelzbarkeit von Form und Inhalt, während in anderen Künsten die Form stärker in den Inhalt eindringt, in ihm gleichsam verdinglicht wird und von ihm schwerer zu trennen und in ihrer abstrakten Besonderheit auszudrücken ist.

Dies findet seine Erklärung im Charakter des Materials der Dichtung – dem Wort, mit dessen Hilfe der Autor, der sprechende Mensch, eine schöpferische Position unmittelbar einnehmen kann, während in anderen Künsten heterogene Körper – als technische Vermittler – in den Schattensprozeß Eingang finden: Musikinstrumente, der Meißel u. a.; das Material ergreift dort nicht so allseitig Besitz vom ganzen tätigen Menschen. Beim Durchgang durch all diese fremdartigen Vermittlungs-Körper spezialisiert sich die Aktivität des Schöpfer-Autors, wird sie einseitig und läßt sich deshalb weniger vom durch sie geformten Inhalt trennen.

Das Wort im Roman

Es ist der Leitgedanke der vorliegenden Arbeit, den Bruch zwischen dem abstrakten »Formalismus« und dem ebenso abstrakten »Ideologismus« bei der Untersuchung des künstlerischen Wortes zu überwinden. Form und Inhalt sind im Wort vereint, das als soziale Erscheinung, eine in allen Sphären seines Lebens und in allen seinen Momenten soziale Erscheinung verstanden wird – von der lautlichen Gestalt bis hin zu den abstraktesten Schichten seiner Bedeutung.

Dieser Gedanke war bestimmend für die Wahl unseres Themas, die »Gattungsstilistik«. Die Isolierung des Stils und der Sprache von der Gattung hat dazu geführt, daß vorwiegend individuelle und tendenziöse Obertöne des Stils untersucht wurden, sein entscheidender sozialer Ton hingegen unbeachtet blieb. Die großen, historischen Geschicke des künstlerischen Wortes, die mit dem Schicksal der Gattungen zusammenhängen, werden von jenen weniger umfassenden Geschicken der stilistischen Modifikationen verdeckt, die an einzelne Künstler und Kunstrichtungen gebunden sind. Aus diesem Grunde hat die Stilistik keinen wirklichen Zugang zu ihren Problemen gefunden und geht unter in stilistischen Details; sie ist nicht imstande, hinter den individuellen und tendenziösen Verschiebungen die großen, nicht an einzelne Namen gebundenen Geschicke des künstlerischen Wortes wahrzunehmen. In den meisten Fällen tritt die Stilistik als Stilistik der im Kabinett bewiesenen Meisterschaft hervor und übersieht das gesellschaftliche Leben des Wortes außerhalb der Künstlerwerkstatt, auf den Plätzen und Straßen, in Städten und Dörfern, in den Gruppen, Generationen und Epochen. Die Stilistik hat es dann nicht mit dem lebendigen Wort zu tun, sondern mit seinem histologischen Präparat, mit dem abstrakten, linguistischen Wort im Dienste der individuellen Meisterschaft des Künstlers. Doch auch diese individuellen und tendenziösen Obertöne des Stils, die von den grundlegenden sozialen Bahnen des Wortes abgetrennt sind, werden in einer verflachenden und abstrahierenden Weise statt in ihrer organischen Einheit mit den Bedeutungssphären des Wortes untersucht.

Kapitel I. Die Stilistik der Gegenwart und der Roman

Bis zum 20. Jahrhundert hat es keine klare Formulierung des Problems der Stilistik des Romans gegeben, eine Formulierung, die von der Anerkennung der stilistischen Besonderheit des (künstlerisch-prosaischen) Romanwortes hätte ausgehen müssen. Der Roman war lange Zeit Gegenstand einer bloß abstrakt-ideologischen Beobachtung und publizistischen Bewertung. Konkrete Fragen der Stilistik wurden entweder umgangen oder nur beiläufig und nicht grundsätzlich erörtert: das Wort der künstlerischen Prosa wurde als im engen Sinne poetisches Wort verstanden, man wandte die Kategorien der traditionellen Stilistik (die ihrem Ursprung nach die Lehre von den Tropen war) unkritisch auf das Prosawort an; oder beschränkte sich auf leere, bewertende Charakterisierungen der Sprache – »Ausdrucksstärke«, »Bildlichkeit«, »Kraft«, »Klarheit« u. a. –, ohne diesen Begriffen einen annähernd bestimmten und durchdachten stilistischen Sinn zu verleihen.

Gegen Ende des letzten Jahrhunderts setzte als Gegenbewegung zur abstrakt-ideologischen Betrachtung das wachsende Interesse für konkrete Fragen der künstlerischen Meisterschaft in der Prosa, für technologische Probleme des Romans und der Novelle ein. Allerdings hat sich die Situation hinsichtlich der Fragen der Stilistik nicht geändert: die Aufmerksamkeit konzentriert sich fast ausschließlich auf die Probleme der Komposition (im weiten Sinne). Nach wie vor mangelt es an einem grundsätzlichen und gleichzeitig konkreten Blick (eins ist ohne das andere nicht möglich) für die Besonderheiten des stilistischen Lebens des Wortes im Roman (wie auch in der Novelle); die zufälligen, bewertenden Beobachtungen der Sprache, die für die traditionelle Stilistik kennzeichnend sind, gelten nach wie vor; das Wesen der künstlerischen Prosa wird so nicht erkannt.

Weit verbreitet und charakteristisch ist die Auffassung, das Romanwort sei ein außerkünstlerisches, es sei nicht in spezifischer Weise bearbeitet. Weil im Romanwort nicht die erwartete (im engeren Sinne) poetische Formgebung zu finden ist, wird ihm jede künstlerische Bedeutung abgesprochen; es handele sich bei ihm genauso wie in der lebenspraktischen oder wissenschaftlichen Rede lediglich um ein künstlerisch neutrales Kommunikationsmittel.[1]

Eine solche Auffassung entbindet von der Notwendigkeit, sich mit stilistischen Analysen des Romans zu beschäftigen; sie hebt das Problem der Stilistik des Romans auf, indem sie sich ausschließlich auf dessen thematische Analyse beschränkt.

Übrigens verändert sich die Situation gerade in den 20er Jahren dieses Jahrhunderts: das Prosawort des Romans beginnt, sich einen Platz in der Stilistik zu erobern. Es erscheint eine Reihe konkreter Analysen der Romanprosa; zugleich werden grundsätzliche Versuche unternommen, die stilistische Eigenart der künstlerischen Prosa in ihrem Unterschied zur Dichtung zu erkennen und zu bestimmen.

Aber gerade diese konkreten Analysen und grundsätzlichen methodischen Bemühungen haben ganz deutlich gezeigt, daß alle Kategorien der traditionellen Stilistik und besonders die dem poetischen, künstlerischen Wort zugrunde liegende Konzeption auf das Romanwort nicht anwendbar sind. Das Romanwort hat sich als Prüfstein für die gesamte Stiltheorie erwiesen, es hat die Beschränktheit dieser Theorie und ihre Untauglichkeit, die Sphären des künstlerischen Wortes zu erschließen, aufgedeckt.

Alle Versuche, die Romanprosa konkret stilistisch zu analysieren, erschöpften sich entweder in einer linguistischen Beschreibung der Sprache des Romanciers oder beschränkten sich auf die Hervorhebung einzelner Stilelemente des Romans, die in den traditionellen Kategorien der Stilistik unterzubringen (oder scheinbar unterzubringen) waren. In dem einen wie in dem anderen Fall entzieht sich dem Gelehrten das stilistische Ganze des Romans und des Romanwortes.

Der Roman als Ganzes umschließt viele Stile, verschiedenartige Reden und verschiedene Stimmen. Der Gelehrte trifft hier auf heterogene stilistische Einheiten, die zuweilen auf unterschiedlichen sprachlichen Ebenen liegen und unterschiedlichen stilistischen Gesetzmäßigkeiten folgen.

Im folgenden seien die Grundtypen kompositorisch-stilistischer Einheiten, in die gewöhnlich das Romanganze gegliedert ist, genannt:

1. das direkte literarisch-künstlerische Erzählen des Autors (in allen seinen vielfältigen Varianten);
2. die Stilisierung verschiedener Formen des mündlichen, alltäglichen Erzählens (skaz);
3. die Stilisierung verschiedener Formen des halbliterarischen, (schriftlichen) alltäglichen Erzählens (Briefe, Tagebücher etc.);
4. verschiedene Formen der literarischen, nicht-künstlerischen Autorrede (moralische, philosophische, wissenschaftliche Erörterungen, rhetorische Deklamationen, ethnographische Beschreibungen, protokollarische Informationen etc.);
5. stilistisch individualisierte Reden der Helden.

Diese heterogenen stilistischen Einheiten verbinden sich, wenn sie in den Roman Eingang finden, zu einem künstlerischen System und ordnen sich der höheren stilistischen Einheit des Ganzen unter, das man nicht mit einer einzelnen dieser untergeordneten Einheiten gleichsetzen darf.

Die stilistische Besonderheit der Gattung des Romans beruht gerade auf der Kombination dieser untergeordneten, aber relativ eigenständigen (manchmal sogar verschiedensprachigen) Einheiten innerhalb der höheren Einheit des Ganzen: der Stil des Romans besteht in der Kombination von Stilen; die Sprache des Romans ist ein System von »Sprachen«. Jedes markierte Element der Romansprache ist unmittelbar durch jene untergeordnete stilistische Einheit bestimmt, in die es eingeht: durch die stilistisch individualisierte Rede des Helden, durch den Alltags-skaz des Erzählers, durch den Brief u. a. Durch diese ihm nächste Einheit wird die sprachliche und stilistische (lexikalische, semantische und syntaktische) Gestalt des jeweiligen Elements bestimmt. Gleichzeitig hat dieses Element gemeinsam mit seiner nächstliegenden stilistischen Einheit teil am Stil des Ganzen, es trägt den Akzent des Ganzen, nimmt teil am Aufbau und an der Aufdeckung des einheitlichen Sinns des Ganzen.

Der Roman ist künstlerisch organisierte Redevielfalt, zuweilen Sprachvielfalt und individuelle Stimmenvielfalt. Die innere Aufspaltung der einheitlichen Nationalsprache in soziale Dialekte, Redeweisen von Gruppen, Berufsjargon, Gattungssprachen, Sprachen von Generationen und Altersstufen, Sprachen von Interessengruppen, Sprachen von Autoritäten, Sprachen von Zirkeln und von Moden, bis hin zu den Sprachen sozial-politischer Aktualität (jeder Tag hat seine eigene Losung, sein Wörterbuch, seine Akzente) – diese innere Aufspaltung jeder Sprache im je einzelnen Moment ihres geschichtlichen Daseins ist die notwendige Voraussetzung für die Romangattung: der Roman orchestriert seine Themen, seine gesamte abzubildende und auszudrückende Welt der Gegenstände und Bedeutungen mit der sozialen Redevielfalt und der auf ihrem Boden entstehenden individuellen Stimmenvielfalt. Die Rede des Autors und die Rede des Erzählers, die eingebetteten Gattungen, die Rede der Helden sind nur jene grundlegenden kompositorischen Einheiten, mit deren Hilfe die Redevielfalt in den Roman eingeführt wird. Jede von ihnen begründet eine Vielzahl von sozialen Stimmen und eine Vielfalt von (immer mehr oder weniger dialogisierten) Verbindungen und Korrelationen zwischen den Aussagen und den Sprachen. Diese Bewegung des Themas durch Sprachen und Reden, deren Aufspaltung in Elemente der sozialen Redevielfalt, ihre Dialogisierung: dies macht die grundsätzliche Besonderheit der Stilistik des Romans aus.

Diese Art der Kombination von Sprachen und Stilen zu einer höheren Einheit kennt die traditionelle Stilistik nicht, sie hat keinen Zugang zum besonderen sozialen Dialog der Sprachen im Roman.

Darum ist die stilistische Analyse eben nicht aufs Ganze des Romans, sondern nur auf diese oder jene seiner untergeordneten stilistischen Einheiten gerichtet. Der Gelehrte, der so verfährt, verfehlt die grundlegende Besonderheit der Romangattung, vertauscht sein Forschungsobjekt und analysiert statt des Romanstils etwas ganz anderes. Er transponiert das symphonische (orchestrierte) Thema in einen Klavierauszug.

Es lassen sich zwei Typen dieser Vertauschung beobachten: im einen Fall wird statt der Analyse des Romanstils eine Beschreibung der Sprache des Romanschriftstellers (oder bestenfalls der »Sprachen« des Romans) geboten; im anderen Fall wird einer der untergeordneten Stile herausgehoben und als Stil des Ganzen analysiert.

Im ersten Fall wird der Stil von der Gattung und vom Werk losgelöst und als eine Erscheinung der Sprache selbst betrachtet; die Einheit des Stils des jeweiligen Werkes verwandelt sich entweder in die Einheit einer individuellen Sprache (»individueller Dialekt«) oder in die Einheit einer individuellen Rede (parole). Gerade die Individualität des Sprechenden wird als jener stilbildende Faktor verstanden, der die sprachliche, linguistische Erscheinung in eine stilistische Einheit verwandelt.

Für uns ist es in diesem Fall nicht wesentlich, welche Richtung eine Analyse des Romanstils dieser Art nimmt: ob sie zur Enthüllung eines individuellen Dialekts des Romanciers (das heißt: seines Wörterbuchs, seiner Syntax) oder zur Enthüllung der Besonderheiten des Werkes als eines Rede-Ganzen, als einer »Äußerung«, führt. In beiden Fällen wird der Stil gleichermaßen im Geiste de Saussures verstanden: als Individualisierung der allgemeinen Sprache (im Sinne des Systems der allgemeinen sprachlichen Normen). So verwandelt sich die Stilistik entweder in eine besondere Linguistik individueller Sprachen oder in eine Linguistik der Äußerung.

Die Einheit des Stils setzt im Rahmen der oben erörterten Auffassung einerseits die Einheit der Sprache im Sinne eines Systems allgemeiner normativer Formen und andererseits die Einheit der Individualität, die sich in dieser Sprache realisiert, voraus.

Auch die genaueste und vollständigste Beschreibung der individuellen Sprache und Rede des Dichters ist noch keine stilistische Analyse des Werkes, wenn sie auch die Einstellung auf den Darstellungscharakter der Sprach- und Redeelemente hätte, da sich diese Elemente auf das System der Sprache oder auf das System der Rede beziehen, d. h. auf gewisse linguistische Einheiten, nicht aber auf das System des künstlerischen Werkes, das durch ganz andere Gesetzmäßigkeiten geregelt wird als die linguistischen Systeme der Sprache und der Rede.

Aber, ich wiederhole es, in den meisten poetischen Gattungen sind die Einheit des Sprachsystems und die Einheit (und Einzigartigkeit) der sich unmittelbar darin selbst realisierenden, auf die Sprache und die Rede bezogenen Individualität des Dichters die notwendigen Voraussetzungen für den poetischen Stil. Der Roman jedoch fordert diese Bedingungen nicht nur; die innere Aufspaltung der Sprache, die soziale Vielfalt der Rede und die individuelle Stimmenvielfalt in ihr sind vielmehr, wie gesagt, die Voraussetzung der authentischen Romanprosa.

Deshalb ist die Verwechslung des Romanstils mit der individualisierten Sprache des Romanschriftstellers (insofern man ihn im System der »Sprachen« und »Reden« im Roman ausmachen kann) doppelt unbestimmt: sie verfälscht die Eigenart der Stilistik des Romans. Eine solche Verwechslung hat unweigerlich zur Folge, daß aus dem Roman nur diejenigen Elemente herausgehoben werden, die in den Rahmen des einheitlichen Sprachsystems passen und die Individualität des Autors in der Sprache direkt und unmittelbar zum Ausdruck bringen. Das Ganze des Romans und die spezifischen Funktionen des Aufbaus dieses Ganzen, das aus unterschiedlichen Stimmen, aus unterschiedlichen Reden und Stilen und oftmals verschiedensprachigen Elementen besteht, bleiben außerhalb der Reichweite einer solchen Untersuchung.

Dies ist der erste Typus der Verwechslung des Objektes der stilistischen Romananalyse. Wir werden uns nicht in die verschiedenen Varianten dieses Typus vertiefen, die durch das unterschiedliche Verständnis solcher Begriffe wie »Rede-Ganzes«, »Sprachsystem«, »Individualität des Autors in Sprache und Rede« und vom Unterschied im Verständnis der Wechselbeziehung von Stil und Sprache (wie auch von Stilistik und Linguistik) bestimmt werden. Bei allen möglichen Varianten dieses Typus der Analyse, die nur die eine und einzige, sich unmittelbar in ihr ausdrückende Individualität des Autors kennt, verfehlt der Gelehrte das stilistische Wesen des Romans.

Der zweite Typus der Verwechslung ist durch die Einstellung auf den Stil des Romans und nicht auf die Sprache des Autors charakterisiert; allerdings wird dieser Stil zum Stil irgendeiner der untergeordneten (relativ selbständigen) Einheiten des Romans verengt.

In den meisten Fällen wird der Romanstil dem Begriff des »epischen Stils« untergeordnet, und dann werden auf ihn die entsprechenden Kategorien der traditionellen Stilistik angewendet. Dabei werden in dem Roman nur die Elemente der epischen Darstellung (vorwiegend in der direkten Rede des Autors) beachtet. Der Unterschied zwischen dem rein epischen Darstellungscharakter und dem des

Romans wird ignoriert. Die Unterschiede zwischen Roman und Epos werden gewöhnlich allein in der kompositorischen und thematischen Schicht wahrgenommen.

In anderen Fällen werden andere Elemente des Romanstils als für ein konkretes Werk charakteristisch herausgestellt. So kann man das Element des Erzählens nicht lediglich unter dem Aspekt seines objektiven Darstellungscharakters, sondern auch unter dem Aspekt seines subjektiven Ausdruckscharakters (Expressivität) betrachten. Es lassen sich Elemente des alltäglichen, außerliterarischen Erzählens (skaz) oder sujethaft-informatorische Momente (zum Beispiel bei der Analyse eines Abenteuerromans)[2] ausmachen. Es lassen sich schließlich rein dramatische Elemente des Romans hervorheben, wobei man das erzählerische Moment auf eine Randbemerkung zu den Dialogen der Romanpersonen reduziert. Das System der Sprachen im Drama ist indessen grundsätzlich anders organisiert, weswegen diese Sprachen völlig anders klingen als im Roman. Es gibt keine umfassende Sprache, die dialogisch den einzelnen Sprachen zugeordnet wäre, es gibt keinen sekundären, umfassenden, nicht-sujethaften (nicht dramatischen) Dialog.

Alle diese Typen der Analyse sind weder dem Stil des Romanganzen noch dem Stil jenes Elements, das sie als grundlegend für den Roman herausstellen, adäquat; denn dieses Element verändert, wenn es aus der Wechselbeziehung mit anderen herausgelöst wird, seinen stilistischen Sinn und ist nicht mehr das, was es tatsächlich im Roman war.

Der gegenwärtige Stand der Probleme der Romanstilistik belegt ganz offensichtlich, daß alle Kategorien und Methoden der traditionellen Stilistik außerstande sind, die künstlerische Besonderheit des Wortes im Roman, sein spezifisches Leben darin zu erfassen. »Poetische Sprache«, »sprachliche Individualität«, »Bild«, »Symbol«, »epischer Stil« und andere allgemeine Kategorien, die von der Stilistik entwickelt und angewendet worden sind, aber auch die Gesamtheit der diesen Kategorien untergeordneten, konkreten stilistischen Verfahren sind bei aller Verschiedenheit im Verständnis der einzelnen Forscher gleichermaßen auf Gattungen mit einer Sprache und einem Stil, auf poetische Gattungen im engeren Sinne, eingestellt. Mit dieser außergewöhnlichen Orientierung hängt eine Reihe von Besonderheiten und Beschränkungen der traditionellen stilistischen Kategorien zusammen. Alle diese Kategorien und die ihnen zugrunde liegende philosophische Konzeption des poetischen Wortes sind eng, schmal und lassen keinen Raum für das Romanwort der künstlerischen Prosa.

Die Stilistik und die Philosophie des Wortes stehen im Grunde vor dem Dilemma, entweder den Roman (und folglich die gesamte zu ihm tendierende künstlerische Prosa) als nicht-künstlerische oder quasi – künstlerische Gattung einzuordnen oder jene Konzeption des poetischen Wortes radikal zu überprüfen, die der traditionellen Stilistik zugrunde liegt und ihre Kategorien bestimmt.

Allerdings wird dieses Dilemma nicht von allen erkannt. Die Mehrheit ist nicht geneigt, die oben beschriebene philosophische Konzeption des poetischen Wortes einer radikalen Überprüfung zu unterziehen. Viele erkennen die philosophischen Wurzeln jener Stilistik (und jener Linguistik), mit der sie arbeiten, überhaupt nicht an und weichen der philosophischen Erörterung aus. Sie nehmen das grundsätzliche Problem des Romanwortes hinter den einzelnen und vereinzelten stilistischen Beobachtungen und linguistischen Beschreibungen nicht wahr. Andere wiederum, die grundsätzlicher vorgehen, stehen im Verständnis von Sprache und Stil auf dem Boden eines konsequenten Individualismus. Sie suchen in dem stilistischen Phänomen vor allem den direkten und unmittelbaren Ausdruck der Individualität des Autors; ein solches Verständnis begünstigt freilich nicht die Überprüfung der zentralen stilistischen Kategorien in der notwendigen Weise. Möglich ist allerdings auch folgende grundsätzliche Lösung unseres Dilemmas: man kann sich der vergessenen Rhetorik erinnern, von der sich die gesamte künstlerische Prosa jahrhundertelang hat leiten lassen. Denn wenn man die Rhetorik in ihre alten Rechte wiedereingesetzt hat, kann man bei der alten Konzeption des poetischen Wortes bleiben, indem man bei der Romanprosa all das den »rhetorischen Formen« zurechnet, was sich nicht auf das Pokrustesbett der traditionellen stilistischen Kategorien spannen läßt.[3]

Diese Lösung wurde bei uns seinerzeit mit aller Grundsätzlichkeit und Konsequenz von G. G. Špet vorgeschlagen. Er klammert die künstlerische Prosa und ihre äußerste Verwirklichung – den Roman – aus dem Bereich der Dichtung aus und rechnet sie zu den rein rhetorischen Formen.[4] G. G. Špet sagt über den Roman:

> »Das Bewußtsein und Verständnis dessen, daß die gegenwärtigen Formen der moralischen Propaganda – *der Roman* – keine Formen des *poetischen* Schaffens sind, sondern rein rhetorische Kompositionen, hat sich anscheinend kaum gebildet, und schon stößt es auf ein schwer überwindbares Hindernis – allgemein anzuerkennen, daß hinter dem Roman dennoch eine gewisse ästhetische Bedeutsamkeit stehe.«[5]

Špet spricht dem Roman jede ästhetische Bedeutung ab. Der Roman ist eine außerkünstlerische, rhetorische Gattung, »die gegenwärtige Form der moralischen Propaganda«; nur das poetische Wort ist (im Sinne des oben Gesagten) ein künstlerisches Wort.

Einen ähnlichen Standpunkt nimmt V. V. Vinogradov in seinem Buch *Über die künstlerische Prosa* [»O chudožestvennoj proze«] ein, indem er das Problem der künstlerischen Prosa auf die Rhetorik bezieht. Obwohl er in den wesentlichen philosophischen Definitionen des »Poetischen« und des »Rhetorischen« an Špet anknüpft, ist Vinogradov nicht so paradox konsequent: er hält den Roman für eine synkretistische, gemischte Form (ein »hybrides Gebilde«) und läßt in ihm neben rhetorischen Elementen auch rein poetische Elemente zu.[6]

Dieser Standpunkt, der die Romanprosa als rein rhetorisches Gebilde aus der Dichtung ausschließt, dieser im Grunde falsche Standpunkt, hat dennoch einen gewissen Wert. Er bezeugt die prinzipielle und fundierte Anerkennung der Unangemessenheit der gesamten heutigen Stilistik mit ihrer philosophisch-linguistischen Grundlage angesichts der spezifischen Besonderheiten der Romanprosa. Im übrigen ist die Hinwendung zu den rhetorischen Formen von großer heuristischer Bedeutung. Das rhetorische Wort, sofern es in seiner lebendigen Vielfalt erfaßt wird, muß einen tief revolutionierenden Einfluß auf Linguistik und Sprachphilosophie ausüben. In den rhetorischen Formen eröffnen sich – bei richtiger und unvoreingenommener Analyse – in aller Anschaulichkeit diejenigen Aspekte jedes Wortes (die innere Dialogizität des Wortes und die sie begleitenden Erscheinungen), welche zuvor weder genügend gewürdigt noch in ihrem ungeheuren spezifischen Gewicht im Leben der Sprache verstanden wurden. Darin liegt die allgemeine methodologische und heuristische Bedeutung der rhetorischen Formen für Linguistik und Sprachphilosophie.

Ebensogroß ist die spezielle Bedeutung der rhetorischen Formen für das Verständnis des Romans. Die gesamte künstlerische Prosa und der Roman sind mit den rhetorischen Formen genetisch eng verwandt. Und während der gesamten weiteren Entwicklung des Romans ließ seine Wechselwirkung (wie die friedliche Wechselwirkung, so auch der Kampf) mit den lebendigen rhetorischen (publizistischen, moralischen, philosophischen u. a.) Gattungen nicht nach und war vielleicht nicht geringer als die Wechselbeziehung des Romans mit den künstlerischen (epischen, dramatischen und lyrischen) Gattungen. Doch in dieser ununterbrochenen Wechselbeziehung bewahrt das Romanwort seine qualitative Eigenart, es läßt sich nicht auf das rhetorische Wort reduzieren.

Der Roman ist eine künstlerische Gattung. Das Romanwort ist ein poetisches Wort, es läßt sich aber tatsächlich nicht im Rahmen der gängigen Konzeption des poetischen Wortes fassen. Dieser Konzeption liegen einige einschränkende Voraussetzungen zugrunde. Die Konzeption selbst orientiert sich im Prozeß ihrer historischen Entwicklung – von Aristoteles bis in unsere Tage – an bestimmten »offiziellen« Gattungen und hängt mit bestimmten historischen Tendenzen des ideologischen Lebens des Wortes zusammen. Aus diesem Grund ist eine ganze Reihe von Erscheinungen von ihr nicht wahrgenommen worden.

Sprachphilosophie, Linguistik und Stilistik postulieren eine einfache und unmittelbare Beziehung des Sprechers zu »seiner eigenen« einheitlichen und einzigen Sprache und eine einfache Realisierung dieser Sprache in der monologischen Äußerung des Individuums. Sie kennen im wesentlichen nur zwei Pole des sprachlichen Lebens, zwischen denen alle ihnen zugänglichen sprachlichen und stilistischen Erscheinungen angeordnet werden – das *System der einheitlichen Sprache* und das *Individuum*, das diese Sprache spricht.

Von unterschiedlichen Ausprägungen der Sprachphilosophie, Linguistik und Stilistik sind in den verschiedenen Epochen (und in enger Verbindung mit konkreten poetischen und ideologischen Stilen dieser Epochen) den Begriffen »Sprachsystem«, »monologische Äußerung« und »sprechendes Individuum« unterschiedliche Konotationen verliehen worden, ihr entscheidender Inhalt bleibt jedoch konstant. Dieser Inhalt ist durch bestimmte sozialgeschichtliche Entwicklungen der europäischen Sprachen, durch das Schicksal des ideologischen Wortes wie auch durch jene besonderen historischen Aufgaben bestimmt, die das ideologische Wort in einzelnen sozialen Bereichen und auf bestimmten Stufen seiner historischen Entwicklung erfüllt hat. Diese Entwicklungen und Aufgaben haben sowohl gattungsspezifische Varianten des ideologischen Wortes hervorgebracht als auch ideologische Tendenzen des Wortes und schließlich eine bestimmte philosophische Konzeption des Wortes begründet, insbesondere jene Konzeption des poetischen Wortes, die allen stilistischen Analysen zugrunde lag.

In dieser Bedingtheit der grundlegenden stilistischen Kategorien durch bestimmte historische Prozesse und die Aufgaben des ideologischen Wortes wurzelt die Kraft dieser Kategorien, gleichzeitig aber ihre Beschränktheit. Sie wurden von den historisch-aktuellen Kräften der verbal-ideologischen Tätigkeit bestimmter sozialer Gruppen hervorgebracht und geformt, sie waren der theoretische Ausdruck dieser wirksamen, das sprachliche Leben prägenden Kräfte. Diese Kräfte sind die *Kräfte der Vereinheitlichung und Zentralisierung der verbal-ideologischen Welt.*

Die Kategorie einer einheitlichen Sprache ist der theoretische Ausdruck der historischen Prozesse sprachlicher Vereinheitlichung und Zentralisierung, ein Ausdruck der zentripetalen Kräfte der Sprache. Die einheitliche Sprache ist nicht gegeben, sondern immer ein Projekt und steht in jedem Augenblick des sprachlichen Lebens der tatsächlichen Redevielfalt gegenüber. Gleichzeitig ist sie als Kraft real vorhanden, die diese Vielfalt überwindet, die ihr bestimmte Grenzen zieht, die ein Höchstmaß an gegenseitigem Verständnisses sichert und sich in der realen, wenn auch relativen Einheit der herrschenden Umgangssprache (des Alltags) und der Hochsprache, der »regelrechten« Sprache, herauskristallisiert.

Die allgemeine einheitliche Sprache ist ein System sprachlicher Normen. Doch diese Normen sind keine abstrakten Verpflichtungen, sondern schöpferische Kräfte des sprachlichen Lebens. Sie überwinden die Vielfalt der Rede in der Sprache, vereinheitlichen und zentralisieren das verbal-ideologische Denken, schaffen innerhalb der verschiedenartigen Reden einer Nationalsprache den festen und beständigen Kern der offiziell anerkannten Hochsprache und schützen diese bereits geformte Sprache vor dem Druck der zunehmenden Redevielfalt.

Wir haben nicht das abstrakte, linguistische Minimum einer allgemeinen Sprache im Sinne eines Systems elementarer Formen (linguistischer Symbole) im Blick, das in der praktischen Kommunikation ein *Minimum* an Verständnis sichert. Wir erfassen die Sprache nicht als ein System abstrakter grammatischer Kategorien, sondern als *ideologisch gefüllte* Sprache, Sprache als Weltanschauung und sogar als konkrete Meinung; Sprache, die in allen Sphären des ideologischen Lebens ein *Maximum* an wechselseitigem Verständnis gewährleistet. Deswegen bringt die Einheitssprache die Kräfte einer konkreten Vereinheitlichung und Zentralisierung des ideologischen Wortes zum Ausdruck, die in einem untrennbaren Zusammenhang mit den Prozessen der sozialpolitischen und kulturellen Zentralisation stehen.

Die Aristotelische Poetik, die Poetik des Augustinus, die mittelalterliche kirchliche Poetik der „einheitlichen Sprache des Rechts«, die cartesianische Poetik des Neoklassizismus, der abstrakte grammatische Universalismus von Leibniz (die Idee der »universellen Grammatik«), der konkrete Ideologismus Humboldts drücken – bei allen Unterschieden in den Einzelheiten – die gleichen zentripetalen Kräfte des sozial-sprachlichen und ideologischen Lebens aus, dienen ein und derselben Aufgabe der Zentralisation und Vereinheitlichung der europäischen Sprachen. Der Sieg einer einzigen herrschenden Sprache (eines Dialektes) über andere, die Verdrängung von Sprachen, ihre

Unterdrückung, die Aufklärung durch das wahrhafte Wort, das allmähliche Vertrautmachen der Barbaren und der Unterschichten mit der einheitlichen Sprache von Kultur und Recht, die Kanonisierung von ideologischen Systemen, die Philologie mit ihren Methoden der Erforschung und der Lehre einer toten und deswegen, wie alles Tote, faktisch einheitlichen Sprache, die indo-europäische Sprachwissenschaft mit ihrer Orientierung weg von einer Mehrzahl von Sprachen hin zu einer einheitlichen Ursprache: das alles hat Inhalt und Kraft der Kategorie der Einheitssprache im linguistischen und stilistischen Denken und ihre schöpferische, stilbildende Rolle in den meisten poetischen Gattungen, die sich auf der Bahn dieser zentripetalen Kräfte des ideologischen Lebens des Wortes herausbildeten, bestimmt.

Aber die zentripetalen Kräfte des sprachlichen Lebens, die in der »Einheitssprache« verkörpert sind, wirken im Milieu der faktischen Rede*vielfalt*. Die Sprache ist in jedem gegebenen Moment ihrer Genese nicht nur im genauen Sinne des Wortes (nach formal linguistischen Merkmalen, in der Hauptsache nach phonetischen) in linguistische Dialekte gespalten, sondern, was für uns hier wesentlich ist, in sozioideologische Sprachen: Sprachen von sozialen Gruppen, »Berufssprachen«, »Gattungssprachen«, Sprachen der Generationen usw. Die Hochsprache selbst erscheint unter diesem Aspekt nur als eine der Sprachen der Redevielfalt und sie ist ihrerseits wiederum in Sprachen (von Gattungen, Richtungen u. a.) aufgesplittert. Und diese faktische Aufspaltung und Vielfalt der Rede ist nicht nur die Statik, sondern auch die Dynamik des sprachlichen Lebens: die Aufspaltung und die Redevielfalt verbreitern und vertiefen sich, solange die Sprache lebendig ist und sich entfaltet; neben den zentripetalen Kräften verläuft die ununterbrochene Arbeit der zentrifugalen Kräfte der Sprache, neben der verbal-ideologischen Zentralisierung und Vereinheitlichung finden ununterbrochen Prozesse der Dezentralisierung und Differenzierung statt.

Jede konkrete Aussage des redenden Subjekts ist ein Angriffspunkt sowohl für die zentripetalen, als auch für die zentrifugalen Kräfte. Die Prozesse von Zentralisation und Dezentralisation, von Vereinheitlichung und Differenzierung überschneiden sich in ihr; sie genügt nicht nur ihrer Sprache als ihrer individualisierten Verkörperung in der Rede, sie genügt auch der Redevielfalt, ist aktiv an ihr beteiligt. Und diese aktive Teilnahme jeder Äußerung an der lebendigen Redevielfalt bestimmt das sprachliche Erscheinungsbild und den Stil der Äußerung nicht weniger als ihre Zugehörigkeit zum normativ-zentralisierten System der Einheitssprache.

Jede Äußerung ist an der »Einheitssprache« (den zentripetalen Kräften und Tendenzen) und gleichzeitig an der sozialen und historischen Redevielfalt (den zentrifugalen, differenzierenden Kräften) beteiligt.

Da ist die Sprache eines Tages, einer Epoche, einer sozialen Gruppe, einer Gattung, einer Richtung usw. Und man kann eine konkrete und entwickelte Analyse jeder beliebigen Aussage geben, wenn man sie als widersprüchliche, gespannte Einheit der beiden entgegengesetzten Tendenzen des sprachlichen Lebens erkannt hat.

Das wirkliche Milieu der Aussage, in dem sie lebt und Form annimmt, ist die dialogisierte Redevielfalt, die als Sprache namenlos und sozial, als individuelle Aussage jedoch konkret, inhaltlich gefüllt und akzentuiert ist.

Während sich die Hauptvarianten der poetischen Gattungen in der Bahn der vereinheitlichenden und zentralisierenden Kräfte des verbal-ideologischen Lebens herausbildeten, entstanden der Roman und die ihm verwandten Gattungen der künstlerischen Prosa historisch im Rahmen der dezentralisierenden, zentrifugalen Kräfte. Während die Dichtung auf der Höhe des offiziellen sozioideologischen Kontextes die kulturelle, nationale und politische Zentralisation der verbal-ideologischen Welt bewerkstelligte, erklang in den Niederungen, in Schaubuden und auf Jahrmarktsbühnen die Redevielfalt der Narren, ein Nachäffen aller »Sprachen« und Dialekte, entwickelte sich die Literatur der Fabliaux und Schwänke, der Straßenlieder, Sprichwörter und Anekdoten, in der es keinerlei sprachliches Zentrum gab, in der das lebendige Spiel »mit den Sprachen« von Dichtern, Gelehrten, Mönchen, Rittern u. a. üblich war, in der alle »Sprachen« Masken waren und es kein unumstrittenes sprachliches Gesicht gab.

Die Vielfalt der Rede, die sich in diesen niederen Gattungen organisierte, war nicht einfach eine Vielfalt in bezug auf die anerkannte Hochsprache (in allen ihren gattungsspezifischen Varianten), d. h. in bezug auf das sprachliche Zentrum des verbal-ideologischen Lebens der Nation und der Epoche, sondern sie war dieser bewußt entgegengestellt. Sie war parodistisch und polemisch gegen die offiziellen Sprachen der Gegenwart zugespitzt. Sie war eine dialogisierte Redevielfalt.

Sprachphilosophie, Linguistik und Stilistik, die im Zuge der zentralisierenden Tendenzen des sprachlichen Lebens entstanden sind und Form gewonnen haben, haben diese dialogisierte Redevielfalt, die die zentrifugalen Kräfte des sprachlichen Lebens verkörperte, übersehen. Aus diesem Grund blieb ihnen das dialogische Prinzip der Sprache, das vom Kampf der sozial-sprachlichen Standpunkte und nicht vom innersprachlichen Kampf der individuellen Willensäußerungen oder von logischen Widersprüchen bedingt war, verschlossen. Im übrigen ist auch der innersprachliche (dramatische, rhetorische, gnoseologische, alltägliche) Dialog linguistisch und stilistisch noch keineswegs erforscht. Man kann sogar sagen, daß das dialogische Moment des Wortes und alle mit ihm verbundenen Phänomene bis zum gegenwärtigen Augenblick von den Linguisten ignoriert worden sind.

Die Stilistik jedoch war völlig sprachlos gegenüber dem Dialog. Sie stellte sich das literarische Werk als abgeschlossenes und sich selbst genügendes Ganzes vor, dessen Elemente ein geschlossenes System bilden, das außerhalb seiner selbst nichts, keine anderen Aussagen voraussetzt. Das System des Werkes wurde in Analogie zum System der Sprache gedacht, die nicht in einer dialogischen Wechselwirkung mit anderen Sprachen stehen kann. Das Werk im ganzen, welcher Art es auch sei, ist, vom Standpunkt der Stilistik aus betrachtet, der sich selbst genügende und in sich geschlossene Monolog des Autors, der außerhalb seiner Grenzen lediglich einen passiven Hörer voraussetzt. Wenn wir uns ein Werk als die Replik in einem Dialog vorstellen, deren Stil von ihrer Wechselbeziehung mit anderen Repliken in diesem Dialog (im Ganzen des Gesprächs) bestimmt würde, so wäre das von der traditionellen Stilistik aus gesehen kein adäquater Zugang zu diesem dialogisierten Stil. Die am schärfsten ausgeprägten Stile dieser Kategorie – der polemische, der parodistische und der ironische Stil – werden gewöhnlich als rhetorische und nicht als poetische Erscheinungen gewertet. Die Stilistik schließt jedes stilistische Phänomen in den monologischen Kontext der jeweiligen sich selbst genügenden und abgeschlossenen Äußerung ein, sie sperrt sie gleichsam in das Verlies eines einzigen Kontextes; sie kann nicht deren Widerhall in anderen Aussagen wahrnehmen, kann deren stilistischen Sinn nicht in der Wechselseitigkeit erkennen, muß sich also in ihrem einzigen, geschlossenen Kontext erschöpfen.

Im Dienste der großen zentralisierenden Tendenzen des europäischen verbal-ideologischen Lebens suchten Sprachphilosophie, Linguistik und Stilistik vor allem die *Einheit* in der Vielfalt. Diese ausschließliche »Einstellung auf die Einheit« konzentrierte im gegenwärtigen und vergangenen Leben der Sprachen die Aufmerksamkeit des philosophisch-linguistischen Denkens auf die beständigsten, festesten, am wenigsten veränderlichen und eindeutigsten Momente des Wortes – vor allem auf die *phonetischen* Momente –, die am weitesten von den veränderlichen sozialen Sphären der Wortbedeutung entfernt sind. Das reale, ideologisch gefüllte »sprachliche Bewußtsein«, das an der tatsächlichen Rede- und Sprachvielfalt beteiligt ist, blieb außerhalb des Blickfeldes. Diese Orientierung auf die Einheit zwang dazu, alle (alltäglichen, rhetorischen, künstlerisch-prosaischen Wort-Gattungen zu ignorieren, die Träger der dezentralisierenden Tendenzen des sprachlichen Lebens oder jedenfalls grundsätzlich an der Redevielfalt beteiligt waren. Der Ausdruck dieses in der Rede differenzierten und mehrsprachigen Bewußtseins in den spezifischen Formen und Erscheinungen des verbalen Lebens blieb ohne bestimmenden Einfluß auf das linguistische und stilistische Denken.

Aus diesem Grunde konnte die spezifische Wahrnehmung der Sprache und des Wortes, welche in allen charakteristischen, authentischen Werken der Romanprosa – in den Romanen von Grimmelshausen, Cervantes, Rabelais, Fielding, Smolett, Sterne u. a. – ihren Ausdruck in den Stilisierungen, im ›skaz‹, in den Parodien, in den vielfältigen Formen der verbalen Maskierung, des »nicht direkten Sprechens« und in den komplexeren künstlerischen Formen der Organisation der Redevielfalt, der Orchestrierung ihrer Themen mit Sprachen gefunden hat, nicht auf angemessene Weise theoretisch erfaßt und erhellt werden.

Die Auseinandersetzung mit den Problemen der Stilistik des Romans hatte zwangsläufig zur Folge, daß man auf eine Reihe grundsätzlicher Fragen der Philosophie des Wortes eingehen mußte, die mit jenen von der Linguistik und der Stilistik kaum erhellten Aspekten im Leben des Wortes zusammenhängen und mit dem Leben und dem Verhalten des Wortes innerhalb einer von der Vielfalt der Rede und der Sprache gekennzeichneten Welt verknüpft sind.

Kapitel II.
Das Wort in der Poesie und das Wort im Roman

Sprachphilosophie, Linguistik und die auf ihnen beruhende Stilistik lassen jene spezifischen Erscheinungen im Wort fast völlig außer acht, die durch seine dialogische Orientierung inmitten fremder Aussagen innerhalb derselben Sprache bestimmt werden (der ursprünglichen Dialogizität des Wortes), durch die Orientierung unter anderen »sozialen Sprachen« im Rahmen derselben Nationalsprache und schließlich unter anderen Nationalsprachen im Rahmen derselben Kultur, desselben sozioideologischen Horizontes.[7]

Zwar haben diese Erscheinungen in den letzten Jahrzehnten die

Aufmerksamkeit der Sprachwissenschaft und der Stilistik auf sich gezogen, aber ihre grundsätzliche und weitreichende Bedeutung in allen Sphären des Wortes ist noch lange nicht erkannt.

Die dialogische Orientierung des Wortes inmitten fremder Wörter (aller Grade und Arten der Fremdheit) bringt neue und wesentliche künstlerische Möglichkeiten im Wort, bringt seinen *besonderen künstlerischen Prosa-Charakter*, der seinen vollkommenen Ausdruck im Roman gefunden hat, hervor.

Wir wollen unsere Aufmerksamkeit nun auf die unterschiedlichen Formen und Grade der dialogischen Orientierung des Wortes und auf die mit ihnen einhergehenden besonderen Möglichkeiten der künstlerischen Prosa richten.

Das Wort des traditionellen stilistischen Denkens kennt nur sich selbst (d. h. seinen Kontext), seinen Gegenstand, seine direkte Expression und seine einheitliche und einzige Sprache. Ein anderes Wort, das außerhalb dieses Kontextes steht, wird als nur neutrales Wort der Sprache, als niemandes Wort, als bloße Möglichkeit der Rede betrachtet. Das direkte Wort, wie es die traditionelle Stilistik versteht, trifft, weil einzig auf den Gegenstand gerichtet, allein auf den Widerstand des Gegenstandes selbst (seine von einem Wort nicht zu ergründende Unerschöpflichkeit, seine Unsagbarkeit), es stößt auf seinem Weg zum Gegenstand nicht auf die wesentliche und vielfältige Gegenwirkung eines fremden Wortes. Es wird von niemandem gestört, niemand zweifelt es an.

Doch das lebendige Wort steht seinem Gegenstand keineswegs identisch gegenüber: zwischen Wort und Gegenstand, zwischen Wort und sprechender Person liegt die elastische und meist schwer zu durchdringende Sphäre der anderen, fremden Wörter zu demselben Gegenstand, zum gleichen Thema. Und gerade im Prozeß der lebendigen Wechselwirkung mit dieser spezifischen Sphäre kann sich das Wort stilistisch individualisieren und Form annehmen.

So findet jedes konkrete Wort (die Äußerung) jenen Gegenstand, auf den es gerichtet ist, immer schon sozusagen besprochen, umstritten, bewertet vor und von einem ihn verschleiernden Dunst umgeben oder umgekehrt vom Licht über ihn bereits gesagter, fremder Wörter erhellt. Der Gegenstand ist umgeben und durchdrungen von allgemeinen Gedanken, Standpunkten, fremden Wertungen und Akzenten. Das auf seinen Gegenstand gerichtete Wort geht in diese dialogisch erregte und gespannte Sphäre der fremden Wörter, Wertungen und Akzente ein, verflicht sich in ihre komplexen Wechselbeziehungen, verschmilzt mit den einen, stößt sich von den anderen ab, überschneidet sich mit dritten; und all das kann das Wort wesentlich formen, sich in allen seinen Bedeutungsschichten ablagern, seine Expression komplizieren, auf das gesamte stilistische Erscheinungsbild einwirken.

Eine lebendige Äußerung, die sinnvoll aus einem bestimmten historischen Augenblick, aus einer sozial festgelegten Sphäre hervorgeht, muß notwendig Tausende lebendiger Dialogstränge berühren, die vom sozioideologischen Bewußtsein um den Gegenstand der Äußerung geflochten sind, muß notwendig zum aktiven Teilnehmer am sozialen Dialog werden. Sie entsteht ja aus ihm, aus diesem Dialog, als seine Fortsetzung, als eine Replik und nähert sich dem Gegenstand nicht von irgendeiner beliebigen Seite.

Seinen Gegenstand entwirft das Wort in einem komplexen Akt: jeder »besprochene« und »bestrittene« Gegenstand wird von der in der Rede differenzierten sozialen Meinung, vom fremden Wort über ihn einerseits erhellt, andererseits verdunkelt[8]; und in dieses komplexe Spiel des Helldunkel tritt das Wort ein, sättigt sich an ihm, wobei es in ihm seine eigenen semantischen und stilistischen Konturen facettiert. Das Entwerfen des Gegenstandes durch das Wort wird durch die dialogische Wechselwirkung mit verschiedenen Momenten seines sozial-verbalen Erkennens und Beredens im Gegenstand noch komplexer. Auch die künstlerische Abbildung, das »Bild« des Gegenstandes, ist von diesem dialogischen Spiel verbaler Intentionen, die sich in ihm treffen und verflechten, durchdrungen, kann sie nicht übertönen, sondern muß sie im Gegenteil aktivieren und organisieren. Wenn wir uns die *Intention*, d. h. die *Ausrichtung auf den Gegenstand* eines solchen Wortes in der Art eines Strahls vorstellen, dann wird das lebendige und unwiederholbare Spiel der Farben und des Lichts in den Facetten des von ihm erbauten Bildes nicht durch die Brechung des Wort-Strahls im Gegenstand selbst (als Spiel der bildlichen Trope der poetischen Rede im engeren Sinne, im »Wort, das sich losgesagt hat«) erklärt, sondern als seine Brechung in jener Sphäre fremder Wörter, Wertungen und Akzente, durch die der Strahl fällt, da er sich auf den Gegenstand richtet: die den Gegenstand umgebende soziale Atmosphäre läßt die Facetten seines Bildes spielen.

Das Wort, das durch eine Sphäre fremder Wörter und unterschiedlicher Akzente zu seinem Sinn und seiner Expression hindurch dringt, indem es mit deren verschiedenen Momenten harmoniert und dissoniert, kann in diesem dialogisierten Prozeß sein stilistisches Erscheinungsbild und seinen Ton ausformen.

Solcherart ist *das Bild der künstlerischen Prosa* und insbesondere das der *Romanprosa*. Die direkte und unmittelbare Intention des

Wortes ist in der Atmosphäre des Romans unzulässig naiv und eigentlich nicht möglich, denn gerade die Naivität hat unter den Bedingungen des Romans unweigerlich einen in sich polemischen Charakter und ist infolgedessen dialogisiert (z. B. bei den Sentimentalisten, bei Chateaubriand, bei Tolstoj). Ein solches dialogisiertes Bild kann in allen poetischen Gattungen, ja sogar in der Lyrik vorkommen (natürlich ohne dabei tonangebend zu sein).[9] Entfaltung, Komplexität, Tiefendimension und zugleich künstlerische Vollkommenheit kann ein solches Bild jedoch nur unter den Bedingungen der Gattung des Romans erlangen.

Im poetischen Bild im engeren Sinne (in der bildlichen Trope) spielt sich die gesamte Handlung – die Dynamik des Wort-Bildes – zwischen dem Wort (mit allen seinen Momenten) und dem Gegenstand (in allen seinen Momenten) ab. Das Wort taucht ein in den unerschöpflichen Reichtum und in die widersprüchliche Vielfalt des Gegenstandes selbst, in seine »jungfräuliche«, noch »ungesagte« Natur. Aus diesem Grunde setzt es außerhalb der Grenzen seines Kontextes nichts voraus (außer natürlich die Schatzkammer der Sprache selbst). Das Wort vergißt die Geschichte des widersprüchlichen verbalen Verstehens seines Gegenstandes und die im gleichen Maße rededifferenzierte Gegenwart dieses Verstehens.

Im Gegensatz dazu enthüllt der Gegenstand dem Prosaschriftsteller vor allem gerade diese soziale, in der Rede differenzierte Vielfalt seiner Namen, Definitionen und Wertungen. Anstelle der jungfräulichen Fülle und Unerschöpflichkeit des Gegenstandes selbst eröffnet sich dem Prosaschriftsteller die Vielfalt der Wege, Bahnen und Tropen, die das soziale Bewußtsein in ihm angelegt hat. Zusammen mit den inneren Widersprüchen im Gegenstand selbst enthüllt sich dem Prosaschriftsteller die soziale Redevielfalt ringsum, jenes babylonische Sprachengewirr, das jeden Gegenstand umgibt; die Dialektik des Gegenstandes verflicht sich mit dem ihm umgebenden sozialen Dialog. Für den Prosaschriftsteller ist der Gegenstand eine Konzentration von in der Rede differenzierten Stimmen, unter denen auch seine Stimme erklingen muß; diese Stimmen bilden den notwendigen Hintergrund für seine Stimme, einen Hintergrund, ohne den die Nuancen seiner künstlerischen Prosa nicht wahrnehmbar sind, »nicht klingen«.

Der Prosaschriftsteller erhebt diese den Gegenstand umgebende soziale Vielfalt der Rede zu einem vollendeten Bild, das von einer Fülle dialogischer Widerklänge, künstlerisch intendierter Resonanzen auf alle wesentlichen Stimmen und Töne dieser sozialen Vielfalt der Rede durchdrungen ist. Aber jedes außerkünstlerische – alltägliche, rhetorische, wissenschaftliche – Prosawort muß sich, wie gesagt, unbedingt auch am »bereits Gesagten«, »Bekannten«, an der »allgemeinen Meinung« orientieren. Die dialogische Orientierung ist jedem Wort eigentümlich. Sie ist die natürliche Einstellung jedes lebendigen Wortes. Auf allen seinen Wegen zum Gegenstand, in allen Richtungen trifft das Wort auf ein fremdes Wort und muß unweigerlich mit ihm in eine lebendige, intensive Wechselbeziehung eintreten. Nur der mythische Adam, der mit dem ersten Wort an eine noch nicht besprochene, jungfräuliche Welt herantrat, der einsame Adam hatte es nicht mit dieser dialogischen, wechselseitigen Orientierung an dem fremden Wort im Gegenstand zu tun. Ganz anders verhält es sich bei dem konkreten, historischen menschlichen Wort; es kann sich dieser Orientierung nur bedingt und nur bis zu einem gewissen Grad entziehen.

Um so verwunderlicher ist es, daß die Philosophie des Wortes und die Linguistik vorzüglich just diesen künstlichen, bedingten Zustand des aus dem Dialog herausgelösten Wortes ins Auge gefaßt und ihn für den Normalzustand gehalten haben (obwohl der Primat des Dialogs über den Monolog oft genug deklariert wird). Der Dialog wurde lediglich als kompositionelle Form des Redeaufbaus untersucht, die immanente Dialogizität des Wortes (in Replik wie in monologischer Äußerung) aber, die seine gesamte Struktur, seine semantischen und expressiven Schichten durchdringt, blieb nahezu unbeachtet. Gerade diese immanente Dialogizität des Wortes, die keine außerkompositionellen dialogischen Formen zuläßt, die sich nicht in einem selbständigen Akt vom Entwerfen des Gegenstandes durch das Wort distanziert, verfügt jedoch über eine eminente stilbildende Kraft. Die innere Dialogizität findet ihren Ausdruck in einer Reihe von Besonderheiten der Semantik, der Syntax und der Komposition, die von der Linguistik und der Stilistik (ebenso wie die Besonderheiten der Semantik im gewöhnlichen Dialog) bislang nicht erforscht worden sind.

Das Wort wird im Dialog als seine lebendige Replik geboren, es erlangt seine Form in der dialogischen Wechselwirkung mit dem fremden Wort im Gegenstand. Der Entwurf des Gegenstandes durch das Wort ist dialogisch. Aber darin erschöpft sich die innere Dialogizität des Wortes keineswegs. Nicht nur im Gegenstand trifft das Wort auf ein anderes fremdes. Jedes Wort ist auf eine Antwort gerichtet und keines kann dem tiefgreifenden Einfluß des vorweggenommenen Wortes der Replik entgehen. Das lebendige, umgangssprachliche Wort ist unmittelbar auf das Wort der folgenden Replik eingestellt: es provoziert die Antwort, nimmt sie vorweg und formt sich auf sie hin. Obwohl das Wort im Umfeld von schon Gesagtem Gestalt annimmt, ist es gleichzeitig vom noch ungesagten, aber notwendigen und vorweggenommenen Wort der Replik bestimmt. So vollzieht sich jeder lebendige Dialog.

Alle monologisch aufgebauten rhetorischen Formen sind auf den Hörer und seine Antwort eingestellt. Gewöhnlich gilt diese Einstellung sogar als die grundlegende konstitutive Besonderheit des rhetorischen Wortes.[10] Für die Rhetorik ist in der Tat charakteristisch, daß das Verhältnis zum konkreten Hörer, das Einbeziehen dieses Hörers eingeht in den Bau des rhetorischen Wortes. Hier ist die Einstellung auf die Antwort offen bloßgelegt und konkret.

Diese offene Einstellung auf den Hörer und auf die Antwort im alltäglichen Dialog und in den rhetorischen Formen hat die Aufmerksamkeit der Linguisten auf sich gezogen. Aber auch hier befaßten sie sich vor allem mit den kompositorischen Formen der Einbeziehung des Hörers, statt mit dessen Einflüssen auf die Tiefenschichten von Sinn und Stil. Sie untersuchten nur diejenigen Aspekte des Stils, welche der Forderung nach Verständlichkeit und Klarheit genügen, das heißt gerade jene Elemente, denen es an innerer Dialogizität mangelt, die den Hörer nur als passiv Verstehenden und nicht als aktiv Antwortenden und Erwidernden hervortreten lassen.

Den alltäglichen Dialog und die Rhetorik charakterisiert die offene, sich in der Komposition ausdrückende Relation zum Hörer und seiner Antwort; doch auch jedes andere Wort ist auf antwortendes Verstehen eingestellt, nur wird diese Einstellung nicht zum selbständigen Akt isoliert und macht sich kompositorisch nicht bemerkbar. Das antwortende Verstehen ist ein wesentlicher Faktor, der an der Formung des Wortes beteiligt ist, zugleich ist es ein *aktives* Verstehen, das als bereichernder Widerstand oder als bereichernde Unterstützung am Wort erfahren wird.

Die Philosophie des Wortes und die Linguistik kennen lediglich das passive Verstehen des Wortes, vornehmlich in der Schicht der allgemeinen Sprache, d. h. das Verstehen der *neutralen Bedeutung* der Äußerung und nicht ihres *aktuellen Sinns.*

Die sprachliche Bedeutung der jeweiligen Äußerung wird vor dem Hintergrund der Sprache verstanden, ihr aktueller Sinn hingegen vor dem Hintergrund anderer konkreter Äußerungen über dasselbe Thema, im Zusammenhang der in der Rede differenzierten Meinungen, Standpunkte und Wertungen, und d. h. gerade vor dem Hintergrund dessen, was, wie wir sehen, den Weg jedes Wortes zu seinem Gegenstand komplexer macht. Nun ist aber diese in der Rede differenzierte Sphäre der fremden Wörter dem Sprecher nicht im Gegenstand gegeben, sondern in der Seele des Hörers, als dessen von

Antworten und Erwiderungen erfüllter *apperzeptiver* Rahmen. Und auf diesen – nicht sprachlichen, sondern gegenständlich-expressiven – apperzeptiven Rahmen des Verstehens ist jede Aussage gerichtet. *Es kommt zu einer neuen Begegnung von Äußerung und fremdem Wort*, das einen neuen, spezifischen Einfluß auf den Stil ausübt.

Das passive Verstehen sprachlicher Bedeutung ist gar kein Verstehen, es ist lediglich sein abstraktes Moment; aber auch ein konkretes *passives* Verstehen des Sinns der Äußerung, der Absicht des Sprechers, bringt, wenn es rein passiv, rein rezeptiv bleibt, nichts Neues in das zu verstehende Wort, es doubliert es nur, wobei es als höchstes Ziel die vollkommene Nachbildung dessen erstrebt, was bereits im zu verstehenden Wort gegeben ist; es übersteigt nicht die Grenzen seines Kontextes, bereichert den zu verstehenden Kontext in keiner Weise. Eben deshalb kann die Berücksichtigung dieses passiven Verstehens durch den Sprecher nichts Neues, keine neuen gegenständlichen und expressiven Momente in sein Wort einbringen. Rein negative Forderungen, die doch nur vom passiven Verstehen ausgehen könnten, wie die nach größerer Klarheit, Überzeugungskraft, Anschaulichkeit usw. belassen den Sprecher in seinem eigenen Kontext und im eigenen Horizont und führen ihn nicht über seine Grenzen hinaus; sie sind seinem Wort immanent und erschüttern seine semantische und expressive Selbstgenügsamkeit nicht.

Im wirklichen Leben der Rede ist jedes konkrete Verstehen aktiv: es führt das zu Verstehende an den *eigenen* gegenständlich-expressiven Horizont heran und ist unlösbar mit der Antwort, mit der motivierten Erwiderung verschmolzen. In gewissem Sinne gehört der Primat gerade der Antwort als dem aktiven Prinzip: sie bereitet dem Verstehen den Boden, ist seine tätige und interessierte Vorbereitung. Erst in der Antwort reift das Verstehen heran. Verstehen und Antwort sind dialektisch miteinander verwoben und bedingen sich gegenseitig, das eine ist ohne das andere nicht möglich.

Das aktive Verstehen stellt also, indem es das zu Verstehende an den neuen Horizont des Verstehenden heranführt, eine Reihe komplexer Wechselbeziehungen, Konsonanzen und Dissonanzen mit dem zu Verstehenden her und sättigt es mit neuen Momenten. Gerade ein solches Verstehen wird vom Sprecher vorausgesetzt. Deshalb ist seine Einstellung auf den Hörer eine Einstellung auf dessen besonderen Horizont, dessen besondere Welt, sie reichert sein Wort mit neuen Momenten an – es vollzieht sich dabei ja eine Wechselwirkung zwischen verschiedenen Kontexten, verschiedenen Standpunkten, verschiedenen Horizonten, verschiedenen expressiven Akzentsystemen, verschiedenen sozialen »Sprachen«. Der Sprecher ist bestrebt, sein Wort mit seinem spezifischen Horizont am fremden Horizont des Verstehenden zu orientieren und tritt in ein dialogisches Verhältnis zu den Momenten dieses Horizonts. Der Sprecher dringt in den fremden Horizont des Hörers ein, errichtet seine Äußerung auf fremdem Grund und Boden, vor dem Apperzeptionshintergrund des Hörers.

Dieser neue Aspekt der inneren Dialogizität des Wortes unterscheidet sich durchaus von jenem, der durch die Begegnung mit dem fremden Wort im Gegenstand selbst bestimmt wird; nicht der Gegenstand dient hier als Arena für die Begegnung, sondern der subjektive Horizont des Hörers. Aus diesem Grund hat diese Dialogizität einen mehr subjektiv-psychologischen und – oft – zufälligen Charakter, paßt sie sich bisweilen ohne alle Prinzipien an und wirkt sie herausfordernd polemisch. Vor allem in den rhetorischen Formen verdekken diese Einstellung auf den Hörer und die mit ihr einhergehenden innere Dialogizität des Wortes häufig den Gegenstand; den konkreten Hörer zu überzeugen wird zum Selbstzweck und reißt das Wort aus der schöpferischen Arbeit am Gegenstand selbst heraus.

Die Dialogbeziehung zum fremden Wort im Gegenstand und zum fremden Wort in der vorweggenommenen Antwort des Hörers, die sich ihrem Wesen nach unterscheiden und im Wort verschiedene Wirkungen hervorrufen, können sich gleichwohl eng miteinander verflechten und dadurch für die stilistische Analyse fast ununterscheidbar werden.

So zeichnet sich das Wort bei Tolstoj durch prägnante innere Dialogizität aus, wobei es sowohl im Gegenstand als auch im Horizont des Lesers, dessen semantische und expressive Besonderheiten Tolstoj deutlich wahrnimmt, dialogisiert ist. Diese beiden Linien der Dialogisierung (die in den meisten Fällen polemisch gefärbt ist) sind in seinem Stil miteinander verbunden: bei Tolstoj konsoniert und (öfter noch) dissoniert das Wort sogar in ausgesprochen »lyrischen« Ausdrücken und »epischen« Beschreibungen mit verschiedenen Momenten des in der Rede differenzierten sozial-verbalen Bewußtseins, das den Gegenstand umhüllt, gleichzeitig bricht es polemisch in den Horizont der Gegenstände und Wertungen des Lesers ein, wobei es den apperzeptiven Hintergrund seines aktiven Verstehens zu zerstören neigt. In dieser Hinsicht steht Tolstoj in der Nachfolge des 18. Jahrhunderts, insbesondere in der Rousseaus. Daraus folgt, daß das rededifferenzierte Bewußtsein, mit dem Tolstoj polemisiert, mitunter auf das Bewußtsein des nächstbesten Zeitgenossen eingeengt wird, und zwar des Zeitgenossen des Tages, nicht der Epoche: daß auch die Dialogizität (fast immer Polemik) extrem konkretisiert wird. Deswegen bedarf die Dialogizität, die wir in der expressiven Gestalt seines Stils so deutlich wahrnehmen können, manchmal eines eigenen literaturgeschichtlichen Kommentars: wir wissen nicht, womit der Ton jeweils dissoniert oder harmoniert, indessen ist diese Dissonierung und Konsonierung eine Aufgabe des Stils.[11] Freilich ist diese extreme (bisweilen nahezu feuilletonistische) Konkretheit charakteristisch nur für die zweitrangigen Momente, die Obertöne der inneren Dialogizität des Tolstojschen Wortes.

In den von uns untersuchten Erscheinungen der inneren Dialogizität des Wortes (der inneren im Unterschied zum äußerlich-kompositorischen Dialog) geht die Beziehung zum fremden Wort, zur fremden Äußerung, ein in die Funktion des Stils. Der Stil integriert die Hinweise von außen, die wechselseitige Bezogenheit seiner Elemente mit Elementen des fremden Kontextes organisch. Die ›Innenpolitik‹ des Stils (die Kombination der Elemente) ist von seiner ›Außenpolitik‹ (dem Verhältnis zum fremden Wort) bestimmt. Das Wort lebt gleichsam auf der Grenze zwischen seinem eigenen und dem fremden Kontext.

Ein solches zwiespältiges Leben ist kennzeichnend auch für die Replik in jedem realen Dialog: sie wird im Kontext des gesamten Dialogs, der aus den (vom Standpunkt des Sprechers) eigenen und aus den fremden Äußerungen (denen des Partners) besteht, gebildet und mit Sinn versehen. Man kann die Replik aus diesem gemischten Kontext eigener und fremder Wörter nicht herauslösen, ohne daß sie ihren Sinn und ihren Ton verliert. Sie ist organischer Bestandteil eines rededifferenzierten Ganzen.

Die innere Dialogizität ist, wie gesagt, in höherem oder geringerem Maße in allen Lebensbereichen des Wortes präsent. Während die Dialogizität in der nicht-künstlerischen Prosa (Alltagsprosa, rhetorische und wissenschaftliche Prosa) jedoch gewöhnlich zu einem besonderen, selbständigen Akt isoliert wird und sich zum direkten Dialog oder zu anderen, kompositorisch gebrauchten Formen der Abgrenzung und der Polemik gegen das fremde Wort entwickelt, durchdringt sie in der künstlerischen Prosa, insbesondere im Roman, das Entwerfen des Gegenstandes durch das Wort und seine Expression von innen heraus, indem sie die Semantik und die syntaktische Struktur des Wortes umformt. Die dialogische, wechselseitige Orientierung wird hier gleichsam zu einem Ereignis des Wortes selbst, das von innen das Wort in allen seinen Momenten belebt und dramatisiert.

In den meisten (im engeren Sinne des Wortes) poetischen Gattungen wird die innere Dialogizität des Wortes nicht künstlerisch genutzt, sie findet in das »ästhetische Objekt« des Werkes keinen Eingang, wird im poetischen Wort unter gewissen Bedingungen gelöscht. Im Roman dagegen ist die innere Dialogizität ein wesentliches Moment des Prosastils und wird hier einer künstlerischen Bearbeitung unterworfen.

Die innere Dialogizität kann nun aber nur dort zu einer solchen wesentlichen, formbildenden Kraft werden, wo die individuellen Dissonanzen und Widersprüche durch die soziale Redevielfalt befruchtet werden, wo die dialogischen Widerklänge nicht auf den Bedeutungsgipfeln des Wortes erklingen (wie in rhetorischen Gattungen), sondern vielmehr in die Tiefenschichten des Wortes einziehen und die Sprache selbst, die sprachliche Weltanschauung (die innere Form des Wortes) dialogisieren, wo der Dialog der Stimmen unmittelbar aus dem sozialen Dialog der »Sprachen« entsteht, wo eine fremde Äußerung wie eine sozial fremde Sprache zu klingen beginnt, wo die Orientierung des Wortes unter fremden Aussagen übergeht in seine Orientierung unter sozial fremden Sprachen im Rahmen einer einzigen Nationalsprache.

In den im engeren Sinne poetischen Gattungen wird die natürliche Dialogizität des Wortes künstlerisch nicht genutzt, das Wort genügt sich selbst und setzt außerhalb von sich keine fremden Äußerungen voraus. Der poetische Stil hat bedingt jedweder Wechselbeziehung mit einem fremden Wort, jeder Anspielung auf ein fremdes Wort entsagt.

Ebenso fremd wäre dem poetischen Stil der Rekurs auf fremde Sprachen, ein anderes Lexikon, eine andere Semantik, andere syntaktische Formen usw., auf mögliche andere sprachliche Standpunkte. Der poetische Stil ist ohne Gespür für die Beschränktheit, Geschichtlichkeit der sozialen Bestimmtheit und Spezifik seiner Sprache, er kennt daher auch nicht das kritische, Vorbehalte machende Verhältnis zu seiner eigenen Sprache als zu einer unter vielen Sprachen der Redevielfalt und die damit einhergehende unvollständige Auslieferung seiner selbst, seines Gesamtsinns an die Sprache.

Natürlich braucht jeder Dichter als ein Mensch, der von lebendiger Redevielfalt und von Sprachvielfalt umgeben ist, Wahrnehmungsfähigkeit für die eigene Sprache und das besondere Verhältnis zu ihr (in größerem oder geringerem Maße); aber sie darf in den *poetischen Stil* seines Werks keinen Eingang finden, will er diesen Stil nicht zerstören, ihn in Prosaqualität überführen und sich selbst in einen Prosaschriftsteller verwandeln.

In den poetischen Gattungen verwirklicht sich das künstlerische

Bewußtsein – im Sinne der Einheit aller semantischen und expressiven Intentionen des Autors – vollständig in seiner Sprache, es ist ihr immanent, drückt sich unmittelbar, ohne Vorbehalte und ohne Distanzierung in ihr aus. Die Sprache des Dichters ist seine eigene Sprache, er geht ganz und ungeteilt in ihr auf, verwendet jede Form, jedes Wort, jeden Ausdruck ihrer direkten Bestimmung gemäß (gleichsam »ohne Anführungszeichen«), d. h. als reinen und unvermittelten Ausdruck seines Vorhabens. Welche »Qualen des Wortes« der Dichter im Schaffensprozeß auch durchlitten haben mag, im vollendeten Werk ist die Sprache ein gehorsames Organ, das voll und ganz dem Vorhaben des Autors entspricht.

Die Sprache verwirklicht sich im poetischen Werk als unumstritten, unanfechtbar und umfassend. Alles, was der Dichter sieht, versteht und denkt, sieht, versteht und denkt er aus der Sicht der jeweiligen Sprache, in ihren inneren Formen, und es gibt nichts, das, um Ausdruck zu finden, den Wunsch nach einer anderen, fremden Sprache weckte. Die Sprache der poetischen Gattung ist die einheitliche und einzige ptolemäische Welt, außerhalb derer es nichts gibt und nichts zu geben braucht. Die Idee der Pluralität sprachlicher Welten, die gleichermaßen ausdrucksvoll und mit Sinn versehen sind, ist dem poetischen Stil verschlossen.

Die Welt der Poesie erstrahlt, wie viele Widersprüche und ausweglose Konflikte vom Dichter in ihr auch immer entdeckt werden mögen, in einem einheitlichen und unumstrittenen Wort. Widersprüche, Konflikte und Zweifel bleiben im Gegenstand, in den Gedanken, in den Erlebnissen, mit einem Wort: im Material, sie gehen jedoch nicht in Sprache über. In der Poesie muß das Wort über den Zweifel als Wort zweifelsfrei sein.

Die beständige und direkte Verantwortlichkeit gegenüber der Sprache des ganzen Werks als der *eigenen Sprache*, die unbeschränkte Solidarität mit jedem ihrer Momente, Töne und Nuancen ist eine zentrale Forderung des poetischen Stils: er genügt einer einzigen Sprache und einem einzigen Sprachbewußtsein. Der Dichter kann sein poetisches Bewußtsein, seine Grundgedanken nicht der Sprache gegenüberstellen, die er selbst verwendet, denn er ist ganz und gar in ihr und kann sie daher im Rahmen seines Stils nicht zum Objekt von Erkenntnis, Reflexion und Relation erheben. Die Sprache ist ihm nur *von innen her,* in ihrer intentionalen Arbeit gegeben, niemals von außen, in ihrer objektiven Spezifik und Beschränktheit. Die direkte, vorbehaltlose Intentionalität und Gültigkeit der Sprache ist innerhalb der Grenzen des poetischen Stils mit dem objektiven Vorzeigen dieser Sprache (als sozial und historisch begrenzter sprachlicher Realität) nicht zu vereinbaren. Die Einheit und die Einzigartigkeit der Sprache sind notwendige Bedingungen für die Verwirklichung der direkten intentionalen (nicht aber objektiv-charakterisierten) Individualität des poetischen Stils und seiner monologischen Beharrlichkeit.

Dies bedeutet nicht, daß Redevielfalt oder gar Anderssprachigkeit nicht in das poetische Werk eingehen kann. Freilich ist dies nur beschränkt möglich:

Einzig in den »niederen« poetischen – satirischen, komödienhaften u. a. – Gattungen hat Redevielfalt einen gewissen Platz. Gleichwohl kann die Redevielfalt (können andere sozioideologische Sprachen) auch in die rein poetischen Gattungen eingeführt werden, vornehmlich in die Personenrede. Hier jedoch ist sie objekthaft. Hier wird sie als ein *Ding* gezeigt, sie bewegt sich nicht auf *ein und derselben* Ebene mit der wirklichen Sprache des Werks: sie ist die abgebildete Geste einer Person und nicht abbildendes Wort. Die Elemente der Redevielfalt haben hier nicht die Rechte einer anderen Sprache, die ihre besonderen Standpunkte einbringt, in der man etwas sagen kann, was man in seiner eigenen Sprache nicht sagt, sondern ausschließlich die Rechte des abgebildeten Dings. Auch über das Fremde spricht der Dichter in seiner eigenen Sprache. Zur Erhellung der fremden Welt wendet er sich niemals an eine fremde Sprache, die dieser Welt adäquater ist. Der Prosaschriftsteller hingegen versucht, wie wir sehen werden, auch von seiner eigenen Sprache in einer fremden Sprache zu sprechen (z. B. in der unliterarischen Sprache des Erzählers, des Repräsentanten einer bestimmten sozioideologischen Gruppe); oftmals mißt er die eigene Welt mit fremden sprachlichen Maßstäben.

Infolge der oben skizzierten Erfordernisse wird die Sprache poetischer Gattungen, wo sie sich ihrem stilistischen Extrem nähern[12], häufig autoritär, dogmatisch und konservativ; sie verschließt sich dem Einfluß außerliterarischer Dialekte. Eben deshalb hat in der Dichtung die Idee der besonderen »poetischen Sprache«, der »Sprache der Götter«, der »priesterlichen Sprache der Poesie« u. a. entstehen können. Es ist bezeichnend, daß der Dichter, wenn er die gegebene Hochsprache nicht akzeptiert, eher von der künstlichen Herstellung einer neuen, spezifisch poetischen Sprache träumt als von der Verwendung realer, vorhandener sozialer Dialekte.[13] Sozial bestimmte Sprachen sind objekthaft, charakteristisch, sozial lokalisiert und begrenzt; eine künstlich geschaffene poetische Sprache dagegen ist in aller Regel eine unmittelbar intentionale, unanfechtbare, einheitliche und einzige Sprache. So träumten zu Anfang des 20. Jahrhunderts, als sich bei den russischen Prosaschriftstellern ein ausschließliches Interesse an den Dialekten und am skaz bekundete, die Symbolisten (Bal'mont, V. Ivanov) und später die Futuristen davon, eine besondere »Sprache der Poesie« zu schaffen, und suchten diesen Traum auch zu verwirklichen (vgl. die Versuche von V. Chlebnikov). Die Idee der besonderen, einheitlichen und einzigen Sprache der Poesie ist ein charakteristisches, utopisches Philosophem des poetischen Wortes: es gründet sich auf die realen Bedingungen und Forderungen des poetischen Stils, der allein dem Postulat einer unmittelbar intentionalen Sprache genügt, von der aus die anderen Sprachen (Umgangssprache, Geschäftssprache, Sprache der Prosa) als objekthafte und ihr keineswegs ebenbürtige Sprachen erscheinen.[13] Die Idee der besonderen »poetischen Sprache« ist ihrerseits Ausdruck der ptolemäischen Konzeption der sprachlichen (stilistischen) Welt.

Die Sprache als diejenige lebendige, konkrete Sphäre, in der das Bewußtsein des Wortkünstlers lebt, ist niemals einheitlich. Einheitlich ist sie nur als ein abstraktes grammatisches System normativer Formen, abgelöst von den es erfüllenden konkreten ideologischen Sinnzuweisungen und vom ununterbrochenen historischen Werden der lebendigen Sprache. Das soziale Leben und der geschichtliche Prozeß erzeugen im Rahmen der abstrakt einheitlichen Nationalsprache eine Vielzahl konkreter Welten, in sich geschlossener verbal-ideologischer und sozialer Horizonte; identische abstrakte Sprachelemente füllen sich innerhalb dieser verschiedenen Horizonte mit unterschiedlichen Sinn- und Wertungsinhalten und unterscheiden sich in ihrem Klang.

Die eigentliche – mündliche und schriftliche – Hochsprache, die nicht lediglich in ihren allgemeinen abstrakt-sprachlichen Merkmalen, sondern auch in den Formen der Sinnzuweisung dieser abstrakten Momente einheitlich ist, ist in Schichten aufgespalten und in ihrem konkreten gegenständlich-semantischen und expressiven Aspekt in der Rede differenziert.

Diese Aufspaltung ist vor allem durch die spezifischen Organismen der *Gattungen* bestimmt. Die einen oder anderen (lexikologischen, semantischen, syntaktischen u. a.) Momente der Sprache verwachsen mit der intentionalen Zielstrebigkeit und dem allgemeinen Akzentsystem dieser oder jener Gattungen: den oratorischen und publizistischen Gattungen, den Zeitungs- und Zeitschriftengattungen, den Gattungen der Trivialliteratur (zum Beispiel des Boulevard-Romans) und schließlich den verschiedenen Gattungen der hohen Literatur. Mit den einzelnen Momenten der Sprache verbindet sich das spezifische Aroma der jeweiligen Gattungen: sie verwachsen mit den spezifischen Standpunkten, Vorgehensweisen, Denkformen, mit den Nuancen und Akzenten der jeweiligen Gattungen.

Mit dieser Gliederung der Sprache in Gattungen geht eine (im weiteren Sinne) *berufsspezifische* Spaltung der Sprache einher: die Sprache des Advokaten, des Arztes, des Großkaufmanns, des Politikers, des Volksschullehrers usw. Diese Sprachen unterscheiden sich natürlich nicht nur in ihrem Lexikon; sie enthalten bestimmte Formen der Intentionalität, Formen der konkreten Sinnzuweisung und Wertung. Auch die Sprache des Schriftstellers (des Dichters bzw. Romanschriftstellers) kann als Berufssprache aufgefaßt werden.

Für uns ist hier der intentionale, d. h. gegenständlich-semantische und expressive Aspekt der Aufteilung der »allgemeinen Sprache« von Belang. Denn es wird der neutral-linguistische Bestand der Sprache nicht in Schichten geteilt und differenziert, er geht vielmehr seiner intentionalen Möglichkeiten verlustig: sie werden in bestimmte Richtungen gelenkt, werden mit bestimmten Inhalten gefüllt, werden konkretisiert und spezifiziert, werden mit konkreten Wertungen angereichert, sie verwachsen mit bestimmten Gegenständen und expressiven gattungs- und berufsspezifischen Horizonten. Aus diesen Horizonten heraus, d. h. für die Sprecher selbst, sind diese Gattungssprachen und Berufsjargons unmittelbar intentional – mit Sinn ausgestattet und unmittelbar ausdrucksvoll –, von außen her aber, d. h. für die, die an dem besonderen intentionalen Kontext nicht teilhaben, können sie objekthaft, charakteristisch, kolorithaft usw. sein. Die diese Sprachen durchdringenden Intentionen verdichten sich für die Unbeteiligten, sie werden zu semantischen und expressiven Schranken, belasten und entfremden das Wort, erschweren seinen unmittelbar intentionalen, vorbehaltlosen Gebrauch.

Mit der gattungs- und berufsspezifischen Aufspaltung der Hochsprache hat es jedoch noch keineswegs sein Bewenden. Obwohl die Hochsprache in ihrem Kern als Umgangs- und Schriftsprache der herrschenden gesellschaftlichen Gruppe meist sozial homogen ist, weist sie stets eine gewisse soziale Differenzierung, soziale Schichtung auf, die in anderen Epochen überaus prägnant werden kann. Die soziale Spaltung kann hier wie dort mit der Spaltung nach Gattungen und Berufen kongruieren, genau genommen ist sie jedoch völlig eigenständig und hat einen eigenen Charakter.

Die soziale Gliederung ist gleichfalls vornehmlich durch die Verschiedenheit der gegenständlich-semantischen und expressiven Horizonte bestimmt, das heißt, sie findet in den typischen Unterschieden der Sinnzuweisung und Akzentuierung der Sprachelemente ihren Ausdruck und zerstört die abstrakt-sprachliche, dialektologische Einheit der allgemeinen Hochsprache nicht unbedingt.

Außerdem verfügen alle sozial bedeutsamen Weltanschauungen über die Fähigkeit, kraft ihrer spezifischen konkreten Verwirklichung die Sprache zu beeinflussen, ihre intentionalen Möglichkeiten an sich zu reißen. (Künstlerische und andere) Richtungen, Zirkel, Journale, bestimmte Zeitungen, sogar bestimmte bedeutungsvolle Werke und Personen – sie alle sind ihrer sozialen Bedeutung gemäß imstande, die Sprache in Schichten zu spalten, indem sie ihre Wörter und Formen mit ihren typischen Intentionen und Akzenten belegen und sie so in gewissem Grad anderen Richtungen, Parteien, Werken und Personen entfremden.

Jedes sozial relevante verbale Handeln ist imstande, die in seine semantische und expressive Zielsetzung eingebundenen Momente der Sprache auf lange Zeit und für einen breiten Kreis mit seinen Intentionen zu infizieren, indem es ihnen bestimmte Bedeutungs- und bestimmte Wertungsnuancen einschreibt (Beispiele: das Losungswort, das Schimpfwort, das Lobwort usw.).

In jedem Augenblick der Geschichte des verbal-ideologischen Lebens hat jede Generation in jeder sozialen Schicht ihre eigene Sprache, ja es verfügt im Grunde jede Altersstufe über ihre eigene Sprache, ihr Lexikon, ein eigentümliches Akzentsystem, die ihrerseits in Abhängigkeit von der sozialen Schicht, der Lehranstalt (die Sprache des Kadetten, des Gymnasiasten und des Realschülers sind verschiedene Sprachen) und anderen trennenden Faktoren variieren. Das alles sind sozial-typische Sprachen, wie eng ihr sozialer Kreis auch sein mang. Ein Extremfall einer solchen Sprache ist der Familien-Jargon, zum Beispiel der Jargon der Familie Irten'ev, der bei Tolstoj mit seinem besonderen Lexikon und einem spezifischen Akzentsystem dargestellt ist.[13a*]

Schließlich koexistieren in jedem Augenblick Sprachen verschiedener Epochen und Perioden des sozioideologischen Lebens. Es gibt sogar Sprachen einzelner Tage: der heutige und der gestrige sozioideologische und politische Tag haben, so gesehen, keine gemeinsame Sprache; jeder Tag hat seine eigene sozioideologische, semantische Konjunktur, sein Lexikon, sein Akzentsystem, seine Losung, seine Schimpfwörter und sein Lob. Die Dichtung löscht die Besonderheit der Tage in der Sprache aus, die Prosa hingegen trennt sie, wie wir sehen werden, oft absichtlich voneinander, verleiht ihnen personifizierte Repräsentanzen und stellt sie einander in endlosen Romandialogen gegenüber.

Die Sprache ist also in jedem Augenblick ihrer historischen Existenz durchgängig in der Rede differenziert. Es ist dies die personifizierte Koexistenz sozioideologischer Widersprüche zwischen der Gegenwart und der Vergangenheit, zwischen verschiedenen Epochen der Vergangenheit, zwischen verschiedenen sozioideologischen Gruppen der Gegenwart, zwischen Richtungen, Schulen, Zirkeln usw. Diese »Sprachen« der Redevielfalt kreuzen sich auf vielfältige Weise miteinander und bilden dadurch neue sozialtypische »Sprachen«.

Zwischen diesen »Sprachen« der Redevielfalt bestehen tiefe methodologische Unterschiede: ihnen liegen völlig verschiedene Abgrenzungs- und Bildungsprinzipien zugrunde (in manchen Fällen ein funktionales, in anderen ein inhaltlich-thematisches, in wieder anderen das eigentlich sozial-dialektologische Prinzip). Aus diesem Grunde schließen die Sprachen einander nicht aus und überschneiden sich vielfältig (die ukrainische Sprache, die Sprache des Epos, die Sprache des frühen Symbolismus, die Sprache des Studenten, die Sprache der Kindergeneration, die Sprache der kleinbürgerlichen Intelligenz, die Sprache des Nietzsche-Anhängers usw.). Es kann der Eindruck entstehen, daß das Wort »Sprache« dabei selbst jeden Sinn verliert, da es doch offensichtlich keine einheitliche Ebene für die vergleichende Gegenüberstellung all dieser »Sprachen« gibt.

In Wirklichkeit gibt es diese allgemeine Ebene, die unsere vergleichende Gegenüberstellung methodologisch rechtfertigt, durchaus: alle Sprachen der Redevielfalt stehen, welches Prinzip ihrer Abgrenzung auch zugrunde liegen mag, für spezifische Sichten der Welt, für eigentümliche Formen der verbalen Sinngebung, besondere Horizonte der Sachbedeutung und Wertung. Als solche können sie sehr wohl einander gegenübergestellt werden, können sie sich wechselseitig ergänzen, können sie einander widersprechen, können sie dialogisch aufeinander bezogen sein. Als solche treffen sie aufeinander und koexistieren im Bewußtsein der Menschen, vor allem im schöpferischen Bewußtsein des Romanschriftstellers. Als solche leben sie real, kämpfen und entstehen sie in der gesellschaftlichen Redevielfalt. Deshalb können sie alle in den einheitlichen Rahmen des Romans Einlaß finden, der in sich parodistische Stilisierungen von Gattungssprachen, verschiedenen Arten der Stilisierung und des Vorführens von Berufssprachen, Sprachen von Richtungen, Generationen, sozialer Dialekte u. a. (zum Beispiel im englischen humoristischen Roman) vereinigen kann. Sie alle können vom Romanschriftsteller zur Orchestrierung seiner Themen und zum gebrochenen (indirekten) Ausdruck seiner Intentionen und Wertungen benutzt werden.

Eben deshalb stellen wir das Moment der Sachbedeutung und Expression, das heißt der Intention als die allgemeine Hochsprache spaltende und differenzierende Kraft in den Vordergrund unserer Betrachtung und nicht die linguistischen Merkmale (lexikalische Färbungen, semantische Obertöne u. dgl. m.) der Gattungssprachen, Berufsjargons u. a., die gleichsam sklerotische Ablagerungen des intentionalen Prozesses, Zeichen sind, die auf dem Weg der lebendigen Arbeit der Intention, der Sinnzuweisung der allgemeinen sprachlichen Formen zurückgelassen worden sind. Diese äußeren Merkmale, die sich linguistisch beobachten und fixieren lassen, können ihrerseits ohne Verständnis ihrer intentionalen Sinngebung weder erkannt noch untersucht werden.

Das Wort lebt außerhalb von sich selbst, in seiner lebendigen Intention auf den Gegenstand; wenn wir von dieser Intention absehen, bleibt lediglich der entblößte Leichnam des Wortes zurück, der uns weder etwas über die soziale Lage noch vom Lebensschicksal des jeweiligen Wortes verrät. *Ein Wort in sich selbst zu untersuchen, ohne seine Orientierung nach außen zu beachten, ist ebenso sinnlos, wie ein psychisches Erlebnis außerhalb derjenigen Realität zu untersuchen, auf die es gerichtet ist und durch die es bestimmt wird.*

Rücken wir den intentionalen Aspekt der Spaltung der Hochsprache in den Mittelpunkt der Analyse, dann können wir, wie gesagt, solche methodologisch heterogenen Erscheinungen wie berufsspezifische und soziale Dialekte, Weltanschauungen und individuelle Werke in einer Reihe sehen, denn in ihrem intentionalen Moment steckt jener Allgemeinheitsgrad, der es erlaubt, sie alle nebeneinander, und zwar dialogisch nebeneinander zu stellen. Es handelt sich schlicht darum, daß zwischen den »Sprachen«, von welcher Art sie auch sein mögen, dialogische (spezifische) Beziehungen möglich sind, d. h. sie lassen sich als Sichtweisen der Welt auffassen. Wie unterschiedlich die sozialen Kräfte, die diese Spaltungsarbeit verrichten, auch sein mögen – Beruf, Gattung, Richtung, individuelle Persönlichkeit –, die Arbeit selbst beschränkt sich in jedem Falle auf eine (relativ) langdauernde und sozial bedeutsame (kollektive) Sättigung der Sprache mit bestimmten (und demnach begrenzten) Intentionen und Akzenten.

Je länger diese spaltende Sättigung anhält, je breiter der von ihr erfaßte gesellschaftliche Umkreis ist, je gewichtiger folglich die gesellschaftliche Kraft ist, die die Spaltung der Sprache vollzieht, desto prägnanter und beständiger sind die Spuren, die linguistischen Veränderungen der Sprachmerkmale (der linguistischen Symbole), die infolge des Wirkens dieser Kraft in ihr zurückbleiben – von stabilen (und demnach sozialen) Bedeutungsnuancen bis zu echten (phonetischen, morphologischen u. a.) Dialektmerkmalen, die es bereits erlauben, von einem eigentümlichen sozialen Dialekt zu sprechen.

Die Arbeit all dieser spaltenden Kräfte in der Sprache hat nicht neutrale, »niemandes« Wörter und Formen zum Ergebnis: die Sprache erweist sich als ausgeplündert, von Intentionen durchdrungen, durch und durch akzentuiert. Die Sprache ist für das in ihr lebende Bewußtsein nicht etwa ein abstraktes System normativer Formen, sondern eine konkrete in der Rede differenzierte Ansicht von der Welt. Allen Wörtern sind der Beruf, die Gattung, die Richtung, die Partei, das bestimmte Werk, die bestimmten Menschen, die Generationen, Altersstufen, Tag und Stunde anzumerken. Jedem Wort sind der Kontext und die Kontexte abzulesen, in denen es sein sozial gespanntes Leben geführt hat; alle Wörter und Formen sind mit Intentionen besetzt. Im Wort sind die kontextuellen (gattungsspezifischen, tendenziösen, individuellen) Obertöne unvermeidlich.

Im Grunde bewegt sich die Sprache als lebendige sozioideologische Konkretheit, als in der Rede differenzierte Meinung für das individuelle Bewußtsein auf der Grenze zwischen dem Eigenen und dem Fremden. Das Wort der Sprache ist ein halbfremdes Wort. Es wird zum »eigenen«, wenn der Sprecher es mit seiner Intention, mit seinem Akzent besetzt, wenn er sich das Wort aneignet, es mit seiner semantischen und expressiven Zielsetzung vermittelt. Bis zu diesem Moment der Aneignung befindet sich das Wort nicht etwa in einer neutralen und unpersönlichen Sprache (der Sprecher entnimmt das Wort ja nicht dem Lexikon), sondern in einem fremden Mund, in fremden Kontexten, im Dienst fremder Intentionen: von dort muß man es nehmen und zum eigenen machen. Und nicht alle Wörter lassen sich von einem jeden gleich leicht aneignen und in Besitz nehmen: viele leisten hartnäckig Widerstand, andere bleiben auch dann noch fremd, klingen im Mund des Sprechers, der sie sich angeeignet hat, fremd, können seinem Kontext nicht assimiliert werden und fallen aus ihm heraus; sie setzen sich gleichsam vor sich aus, ohne Rücksicht auf den Willen des Sprechers in Anführungszeichen. Die Sprache ist kein Neutrum, das rasch und ungehindert in das intentionale Eigentum des Sprechers übergeht; sie ist mit fremden Intentionen besetzt, ja überbesetzt. Ihre Beherrschung, ihre Unterordnung unter die eigenen Intentionen und Akzente ist ein mühevoller und komplexer Prozeß.

Wir sind von der Annahme einer abstrakt linguistischen (dialektologischen) Einheit der Hochsprache ausgegangen. Doch gerade die Hochsprache ist keineswegs ein geschlossener Dialekt. So kann bereits innerhalb der Hochsprache eine mehr oder weniger scharfe Grenze zwischen der Umgangssprache des Alltags und der Schriftsprache verlaufen. Die Unterschiede zwischen den Gattungen fallen oft mit Dialektunterschieden zusammen (z. B. die hohen – kirchenslavischen – und die niederen – umgangssprachlichen – Gattungen des 18. Jahrhunderts); schließlich können einige Dialekte in der Literatur legitimiert und dadurch in gewissem Grade in die Hochsprache eingegliedert sein.

Indem die Dialekte Bestandteile der Literatur werden und sich in die Hochsprache eingliedern, verlieren sie auf deren Terrain ihre Eigenschaft, abgeschlossene sozial-sprachliche Systeme zu sein; sie werden deformiert und sind nicht mehr das, was sie als Dialekte waren. Andererseits deformieren diese Dialekte ihrerseits die Hochsprache, und zwar dadurch, daß sie in sie eingehen und in ihr ihre sprachliche, dialektologische Elastizität und ihre Anderssprachlichkeit bewahren; die Hochsprache ist gleichfalls nicht mehr das, was sie einmal war: ein abgeschlossenes sozial-sprachliches System. Die Hochsprache ist eine ebenso spezifische Erscheinung wie das mit ihr korrelierende Sprachbewußtsein des literarisch Gebildeten; in ihr geht die intentionale Redevielfalt (die auch in jedem lebendigen geschlossenen Dialekt besteht) in Sprachvielfalt über; es ist dies keine Sprache, es ist dies ein Dialog von Sprachen.

Die nationale Hochsprache eines Volkes mit einer entwickelten künstlerischen Prosakultur, insbesondere einer Romankultur, mit einer reichhaltigen und spannungsreichen verbal-ideologischen Geschichte ist im Grunde ein organisierter Mikrokosmos, der den Makrokosmos nicht nur der nationalen, sondern auch der europäischen Redevielfalt widerspiegelt. Die Einheit der Hochsprache ist nicht die Einheit eines einzigen, abgeschlossenen Sprachsystems, sondern die durchaus spezifische Einheit von »Sprachen«, die zueinander Kontakt aufgenommen und einander erkannt haben (eine dieser Sprachen ist die im engeren Sinne poetische Sprache). Darin liegt die Spezifik des methodologischen Problems der Hochsprache.

Das konkrete sozioideologische Sprachbewußtsein trifft, wird es schöpferisch, d. h. literarisch aktiv, nicht etwa auf eine einzige, unumstrittene und unanfechtbare Einheitssprache, sondern auf Redevielfalt. Das literarisch aktive Sprachbewußtsein findet immer und überall (in allen uns historisch zugänglichen literarischen Epochen) »Sprachen« und nicht *die* Sprache vor. Es steht vor der Notwendigkeit, *eine Sprache zu wählen*. Mit jeder literarisch-verbalen Hervorbringung orientiert es sich aktiv an der Redevielfalt, nimmt es in ihr eine Position ein, wählt es eine »Sprache«. Nur wenn der Mensch im geschlossenen, schriftlosen und sinnlosen Alltag verharrt, abseits von allen Wegen des sozioideologischen Prozesses, kann es geschehen, daß er diese sprachliche Tätigkeit des Wählens nicht wahrnimmt und in der Unstrittigkeit und Vorbestimmtheit seiner Sprache ruht.

Im Grunde genommen ist es ja so, daß ein solcher Mensch es nicht mit einer Sprache, sondern mit Sprachen zu tun hat, doch ist der Platz jeder dieser Sprachen festgelegt und unstrittig, das Übergehen von der einen in die andere ist vorherbestimmt und geschieht unbewußt, wie der Gang von einem Zimmer ins andere. Diese Sprachen treffen in seinem Bewußtsein nicht aufeinander; er versucht nicht, sie aufeinander zu beziehen, versucht nicht, eine seiner Sprachen mit den Augen einer anderen zu betrachten.

So hat der analphabetische Bauer, weitab von jedem Zentrum, naiv versunken in einer für ihn unerschütterlichen, bewegungslosen Lebensweise, in einer Reihe von Sprachsystemen gelebt: in der einen Sprache (der kirchenslavischen) betete er zu Gott, in einer anderen sang er Lieder, die dritte gebrauchte er in der Familie, und wenn er sich daranmachte, einem des Schreibens Kundigen ein Gesuch an den Amtsbezirk zu diktieren, versuchte er, eine vierte Sprache (die Amtssprache, eine »papierne« Sprache) zu sprechen. All dies sind schon unter dem Gesichtspunkt der abstrakten sozial-dialektologischen Merkmale *verschiedene Sprachen.* Aber diese Sprachen waren im Sprachbewußtsein des Bauern nicht *dialogisch aufeinander bezogen*; er ging unbewußt, automatisch aus der einen in die andere: jede war auf ihrem Platz unumstritten, und es war der Platz einer jeden unumstritten. Er verstand es noch nicht, die eine Sprache (und die ihr entsprechende verbale Welt) mit den Augen einer anderen sehen (die Sprache des Alltags und der Alltagswelt mit der Sprache des Gebets oder des Lieds und umgekehrt).[14] Kaum hatte im Bewußtsein unseres Bauern eine kritische wechselseitige Erhellung der Sprachen eingesetzt, kaum hatte es sich gezeigt, daß es sich nicht nur um verschiedene, sondern auch in der Rede differenzierte Sprachen handelt, daß die mit diesen Sprachen untrennbar zusammenhängenden ideologischen Systeme und Weltanschauungen einander widersprechen und daß sie keineswegs friedlich nebeneinander bestehen, waren Unstrittigkeit und Vorbestimmtheit dieser Sprachen vergangen und es setzte die aktive auswählende Orientierung unter ihnen ein.

Sprache und Welt des Gebets, Sprache und Welt des Lieds, Sprache und Welt von Arbeit und Alltag, die spezifische Sprache und Welt der Amtsverwaltung, die neue Sprache und Welt des zu Besuch gekommenen Arbeiters aus der Stadt – alle diese Sprachen und Welten traten früher oder später aus dem Zustand des ruhigen und toten Gleichgewichts heraus und enthüllten ihre Redevielfalt.

Das literarisch aktive Sprachbewußtsein findet sowohl in der

Hochsprache selbst als auch außerhalb von ihr eine noch vielfältigere und weitergehende Redevielfalt vor. Von dieser grundlegenden Tatsache muß jede wirkliche Erforschung des stilistischen Lebens des Wortes ausgehen. Der Charakter der vorgefundenen Redevielfalt und die Verfahren der Orientierung in ihr bestimmen das konkrete stilistische Leben des Wortes.

Der Dichter ist von der Idee einer einheitlichen und einzigen Sprache und einer einheitlichen, monologischen Äußerung geleitet. Diese Ideen sind denjenigen poetischen Gattungen immanent, mit denen er arbeitet. Dadurch sind die Verfahren der Orientierung des Dichters in der wirklichen Redevielfalt bestimmt. Der Dichter muß seine Sprache gänzlich in seinen alleinigen Besitz nehmen, eine gleichmäßige Verantwortung für alle ihre Momente übernehmen, sie alle seinen eigenen und nur seinen eigenen Intentionen unterordnen. Jedes Wort muß den Grundgedanken des Dichters unmittelbar und direkt zum Ausdruck bringen; es darf keine Distanz zwischen dem Dichter und seinem Wort geben. Er muß von der Sprache als einheitlichem intentionalen Ganzen ausgehen: keinerlei Spaltung der Sprache, keinerlei Redevielfalt und erst recht keine Sprachvielfalt dürfen im poetischen Werk eine irgendwie substantielle Widerspiegelung erfahren.

Zu diesem Zweck entkleidet der Dichter das Wort von allen fremden Intentionen, verwendet er einzig solche Wörter und Formen, und verwendet sie nur so, daß sie ihren Zusammenhang mit bestimmten intentionalen Schichten der Sprache und mit bestimmten Kontexten preisgeben. Hinter den Wörtern des poetischen Werks dürfen keine typischen und objekthaften Bilder von Gattungen (außer der betreffenden poetischen Gattung selbst), von Berufen, Richtungen (außer der des Dichters selbst), von Weltanschauungen (außer der einheitlichen Weltanschauung des Dichters selbst), keine typischen oder individuellen Bilder der sprechenden Personen, ihrer Redeweisen und charakteristischen Intonationen sichtbar sein.

Alles, was in das Werk Eingang findet, muß in die Lethe versinken, sein vorheriges Leben in fremden Kontexten vergessen: nur ihres Lebens in poetischen Kontexten kann sich die Sprache erinnern (hier kann es auch konkrete Reminiszenzen geben).

Natürlich gibt es immer eine beschränkte Anzahl mehr oder weniger konkreter Kontexte; der Zusammenhang mit ihnen muß im poetischen Werk intensiv zu spüren sein. Aber diese Kontexte sind ausschließlich auf den Sinn bezogen und sozusagen Kontexte mit abstrakten Akzenten; sprachlich jedoch sind sie unpersönlich, jedenfalls darf hinter ihnen keine allzu konkrete sprachliche Spezifik, keine bestimmte Redeweise u. a. m. zu spüren sein; hinter ihnen darf keine sozial-typische sprachliche Person (ein potentieller, als Person greifbarer Erzähler) erkennbar werden. Überall gibt es nur eine Person – die sprachliche Person des Autors, der für jedes Wort wie für sein eigenes verantwortlich ist. Wie viele und wie vielfältige Stränge von Sinn und Akzent, Assonanzen, Hinweisen, Anspielungen, Übereinstimmungen auch aus jedem poetischen Wort hervorgehen mögen, sie alle genügen *einer* Sprache, *einem* Horizont und nicht in der Rede differenzierten sozialen Kontexten. Im übrigen setzt die Bewegung des poetischen Symbols (die Entfaltung einer Metapher beispielsweise) die Einheit der Sprache geradezu voraus, die unmittelbar mit ihrem Gegenstand in Wechselbeziehung steht. Die soziale Redevielfalt, die in das Werk eindringt und seine Sprache in Schichten zerlegt, würde sowohl eine normale Entwicklung als auch die Bewegung des Symbols in ihr unterbinden.

Der Rhythmus der poetischen Gattungen begünstigt die substantielle Spaltung der Sprache keineswegs. *Indem der Rhythmus jedes Moment am Akzentsystem des Ganzen unmittelbar teilhaben läßt* (durch die nächstliegende rhythmische Einheit), löscht er die potentiell im Wort angelegten Welten und Personen bereits im Keim aus: der Rhythmus zeigt ihnen jedenfalls Grenzen, erlaubt ihnen keine Entfaltung und Materialisierung. Der Rhythmus verstärkt und verdichtet die Einheit und Abgeschlossenheit des poetischen Stils und der von diesem Stil postulierten Einheitssprache erst recht.

Infolge dieser Arbeit entsteht, durch den Verzicht aller Momente der Sprache auf fremde Intentionen und Akzente, durch die Vernichtung aller Spuren von sozialer Redevielfalt und Sprachvielfalt, im poetischen Werk eine gespannte Einheit der Sprache. Diese Einheit mag naiv sein und nur in sehr wenigen Epochen der Poesie, in denen sie den Rahmen eines naiv in sich geschlossenen, einheitlichen, noch nicht differenzierten sozialen Kreises nicht verläßt, dessen Ideologie und Sprache sich tatsächlich noch nicht gespalten haben, bestehen. Doch gewöhnlich spüren wir jene intensive und bewußte Spannung, mit der die einheitliche poetische Sprache eines Werks aus dem in der Rede differenzierten und verschiedensprachigen Chaos der lebendigen Hochsprache ihrer Zeit hervortritt.

So geht der Dichter vor. Der Romancier (und beinahe jeder Prosaschriftsteller) beschreitet einen völlig anderen Weg. Er nimmt die Redevielfalt und die Sprachvielfalt von literarischer und außerliterarischer Sprache in sein Werk auf, ohne sie abzuschwächen, ja, er betreibt sogar ihre Vertiefung (denn er fördert ihr sich isolierendes Selbstbewußtsein). Und er baut seinen Stil auf dieser Spaltung der

Sprache, auf ihrer Redevielfalt und Sprachvielfalt auf, wobei er die Einheit der schöpferischen Persönlichkeit und die Einheit (allerdings einer anderen Ordnung) seines Stils wahrt.

Der Prosaschriftsteller reinigt die Wörter nicht von den ihm fremden Intentionen und Tönen, löscht die in ihnen angelegten Keime der sozialen Redevielfalt nicht aus, verfremdet die sprachlichen Gesichter und Redeweisen (die potentiellen Erzählergestalten) nicht, die hinter den Wörtern und Formen der Sprache aufscheinen, sondern ordnet alle diese Wörter und Formen in verschiedenen Distanzen vom letzten Sinnzentrum seines Werks, von seinem eigenen intentionalen Zentrum an.

Die Sprache des Prosaschriftstellers ist nach dem Grad größerer oder geringerer Nähe zum Autor und seiner letzten Bedeutungsinstanz organisiert; die einen Sprachmomente bringen (wie in der Dichtung) die semantischen und expressiven Intentionen des Autors direkt und unmittelbar zum Ausdruck, die anderen brechen diese Intentionen; der Autor solidarisiert sich nicht voll und ganz mit diesen Wörtern und akzentuiert sie auf besondere Weise – humoristisch, ironisch, parodistisch u. dgl. m.[15] Wieder andere sind noch weiter von seiner letzten Bedeutungsinstanz entfernt und brechen seine Intentionen noch deutlicher; schließlich gibt es solche, die von den Intentionen des Autors überhaupt frei sind: der Autor kommt (als Autor des Wortes) in ihnen nicht zum Ausdruck, er *zeigt* sie als ein Rededing eigener Art, sie sind für ihn völlig objekthaft. Daher ordnet sich die gattungsspezifische, berufsspezifische, im engeren Sinne soziale, weltanschauliche, tendenziöse, individuelle Gespaltenheit der Sprache, ihre soziale Rede- und Sprachvielfalt (Dialekte), wenn sie Bestandteil des Romans wird, darin auf eine besondere Weise und wird zu einem spezifischen künstlerischen, das intentionale Thema des Autors orchestrierenden System.

Der Prosaschriftsteller kann sich solchermaßen von der Sprache seines Werkes lösen, und zwar von ihren verschiedenen Schichten und Momenten in je unterschiedlichem Maße. Er kann die Sprache gebrauchen, ohne sich ihr ganz hinzugeben, er läßt sie halbfremd oder vollständig fremd bleiben, gleichzeitig aber zwingt er sie dazu, letzten Endes seinen Intentionen zu dienen. Der Autor spricht nicht diejenige Sprache, von der er sich in diesem oder jenem Maße loslöst, sondern er spricht gleichsam durch eine verdichtete, objektivierte, von seinem Munde ein Stück entfernte Sprache.

Der Prosaschriftsteller vertreibt als Romancier die fremden Intentionen nicht aus der rededifferenzierten Sprache seiner Werke, er zerstört diejenigen sozioideologischen Horizonte (die großen und kleinen Welten) nicht, die sich hinter den Sprachen der Redevielfalt auftun, er integriert sie in sein Werk. Der Prosaschriftsteller verwendet Wörter, die bereits mit fremden sozialen Intentionen besetzt sind, und zwingt sie, seinen eigenen, neuen Intentionen, einem zweiten Herrn, zu dienen. Deshalb werden die Intentionen des Prosaschriftstellers *gebrochen*, und zwar *unter verschiedenen Winkeln*, je nachdem, wie stark die sozioideologische Fremdheit, Intensität und Objekthaftigkeit der brechenden Sprache der Redevielfalt ist.

Die Orientierung des Wortes unter den fremden Äußerungen und fremden Sprachen sowie alle mit dieser Orientierung zusammenhängenden spezifischen Erscheinungen und Möglichkeiten erlangen im Romanstil eine künstlerische Bedeutung. Stimmen- und Redevielfalt finden Eingang in den Roman und organisieren sich darin zu einem wohlgestalteten künstlerischen System. Darauf beruht die Besonderheit der Gattung des Romans.

Eine Stilistik, die dieser Besonderheit der Romangattung adäquat ist, kann nur eine *soziologische Stilistik* sein. Die innere soziale Dialogizität des Romanwortes macht es erforderlich, den konkreten sozialen Kontext des Wortes aufzuschließen, der seine gesamte stilistische Struktur, seine »Form« und seinen »Inhalt« nicht etwa äußerlich, sondern von innen her bestimmt; dieser soziale Dialog erklingt ja im Wort selbst, in allen seinen Momenten, in den »inhaltlichen« ebenso wie in den »formalen«.

Die Entwicklung des Romans liegt in der Vertiefung der Dialogizität, in ihrer Erweiterung und Verfeinerung beschlossen. Immer weniger neutrale, feste (»eherne Wahrheit«), nicht in den Dialog eingewobene Elemente bleiben übrig. Der Dialog führt in molekulare und schließlich inneratomare Tiefen.

Natürlich ist auch das poetische Wort sozial, aber die poetischen Formen spiegeln langwierige gesellschaftliche Prozesse wider, sozusagen die »ein Zeitalter anhaltenden« Tendenzen des gesellschaftlichen Lebens. Das Romanwort hingegen reagiert sehr feinfühlig auf die geringsten Wandlungen und Schwankungen der sozialen Atmosphäre, und es reagiert zudem, wie gesagt, als Ganzes, in allen seinen Momenten.

Die Redevielfalt wird, wenn sie in den Roman eingeht, darin künstlerisch bearbeitet. Die sich in der Sprache – in allen ihren Wörtern und Formen – ansiedelnden sozialen und historischen Stimmen, die der Sprache einen bestimmten Sinn verleihen, organisieren sich im Roman zu einem wohlgestalteten stilistischen System, das die *differenzierte* sozioideologische Position des Autors in der Redevielfalt der Epoche zum Ausdruck bringt.

Die kompositorischen Formen der Einführung und Organisation der Redevielfalt im Roman, die sich im Laufe der historischen Entwicklung in den zahlreichen Spielarten dieser Gattung herausgebildet haben, sind überaus verschiedenartig. Eine jede derartige Kompositionsform hängt mit bestimmten stilistischen Möglichkeiten zusammen, erfordert bestimmte Formen der künstlerischen Bearbeitung der einzuführenden »Sprachen« der Redevielfalt. Wir gehen hier lediglich auf die für die meisten Varianten des Romans grundlegenden und typischen Formen ein.

Die äußerlich klar sichtbare und gleichzeitig historisch sehr wichtige Form der Einführung und Organisation der Redevielfalt liegt im sogenannten humoristischen Roman, dessen klassische Vertreter in England Fielding, Smollett, Sterne, Dickens, Thackeray u. a., in Deutschland Hippel und Jean Paul waren, vor.

Im englischen humoristischen Roman finden wir die humoristisch-parodistische Nachbildung fast aller Schichten der damaligen mündlich-schriftlichen Hochsprache. Fast jeder Roman der genannten klassischen Vertreter dieser Gattungsvariante ist eine Enzyklopädie der Schichten und Formen der Hochsprache: die Erzählung bildet je nach dem Gegenstand der Abbildung bald die Formen parlamentarischer Redekunst nach, bald die der forensischen Redekunst, bald die Formen des Parlamentsprotokolls, bald die des Gerichtsprotokolls, bald die Formen der journalistischen, reportagehaften Information, bald die trockene Geschäftssprache der City, bald den Klatsch, bald die pedantische gelehrte Rede, bald den hohen epischen oder den biblischen Stil, bald den Stil der scheinheiligen Moralpredigt, schließlich die Redeweisen der einen oder anderen konkreten und sozial lokalisierten Figur, von der die Erzählung handelt.

Diese gewöhnlich parodistische Stilisierung der gattungsspezifischen, berufsspezifischen und anderen Sprachschichten wird manchmal von einem direkten (in der Regel pathetischen oder sentimental-idyllischen) Autorwort unterbrochen, das die Bedeutungs- und Wertungsintentionen des Autors unmittelbar (ohne Brechung) verkörpert. Doch als Grundlage der Sprache dient im humoristischen Roman der spezifische Modus des Gebrauchs der »allgemeinen Sprache«. Diese »allgemeine Sprache« – gewöhnlich die mittlere mündlich-schriftliche Sprache des jeweiligen Kreises – wird vom Autor nämlich als *allgemeine Meinung*, als der für den jeweiligen Kreis der Gesellschaft normale verbale Zugang zu Menschen und Dingen, als der *gängige Wertungs- und Blickpunkt* genommen. Der Autor löst sich mehr oder weniger von dieser allgemeinen Sprache, tritt beiseite und objektiviert diese Sprache, indem er seine Intentionen sich durch jene Sphäre der allgemeinen (immer oberflächlichen und oft heuchlerischen) Meinung brechen läßt, die von der Sprache verkörpert wird.

Dieses Verhältnis des Autors zur Sprache als der allgemeinen Meinung ist nicht starr, es befindet sich fortwährend in einer gewissen lebhaften Bewegung und Schwankung, die mitunter rhythmisch ist: der Autor übertreibt die einen oder anderen Momente der »allgemeinen Sprache« auf bald mehr, bald weniger parodistische Weise; manchmal enthüllt er ihre Unangemessenheit gegenüber dem Gegenstand schlagartig, manchmal jedoch solidarisiert er sich beinahe mit ihr, wobei er nur eine geringfügige Distanz wahrt, manchmal aber läßt er geradezu seine »Wahrheit« in ihr erklingen, das heißt er verschmilzt seine Stimme mit der Sprache. Dabei verändern sich auch diejenigen Momente der allgemeinen Sprache, die im betreffenden Fall parodistisch übertrieben werden oder auf die ein objekthafter Schatten fällt. Der humoristische Stil gebietet eine solche lebhafte Bewegung des Autors zur Sprache hin und von ihr weg, eine solche unaufhörliche Veränderung des Abstandes zwischen ihnen und einen konsequenten Übergang bald der einen, bald der anderen Momente der Sprache vom Licht in den Schatten. Andernfalls wäre dieser Stil einförmig oder machte die Individualisierung des Erzählers, das heißt: eine andere Form der Einführung und Organisation der Redevielfalt, erforderlich.

Vor diesem Hintergrund der »allgemeinen Sprache«, der anonymen, gängigen Meinung heben sich dann im humoristischen Roman diejenigen parodistischen Stilisierungen der Gattungs-, Berufs- und weiteren Sprachen, von denen die Rede war, sowie die kompakten Massen des direkten – pathetischen, moralisch-didaktischen, sentimentalistisch-elegischen oder idyllischen Wortes des Autors ab. Das direkte Autorwort wird im humoristischen Roman also in den direkten, vorbehaltlosen Stilisierungen der poetischen (idyllischen, elegischen usw.) oder rhetorischen (Pathetik, Moraldidaktik) Gattungen realisiert. Die Übergänge von der allgemeinen Sprache zur Parodie der Gattungssprachen und anderer Sprachen und zum direkten Autorwort können mehr oder weniger stufenweise oder auch unvermittelt, jäh erfolgen. So ist das System der Sprache im humoristischen Roman beschaffen.

Gehen wir nun auf die Analyse einiger Beispiele von Dickens, aus seinem Roman *Little Dorrit* ein. Wir verwenden dabei die Übersetzung von Moritz Busch. Die uns hier beschäftigenden Hauptzüge des

Stils dieses humoristischen Romans bleiben in der Übersetzung hinreichend gewahrt.

1. »Die Konferenz wurde gegen vier oder fünf Uhr nachmittags gehalten, als die ganze Gegend von Harley Street, Cavendish Square, von Wagengerassel und Klopfen an Haustüren widerhallte. Sie hatte diesen Punkt erreicht, als Mr. Merdle von seiner *täglichen Beschäftigung* heimkehrte, *die dahin zielte, daß der britische Name in allen Teilen der zivilisierten Welt, die weltweiten kaufmännischen Unternehmungsgeist und gigantische Verbindungen von Geschick und Kapital zu würdigen versteht, täglich mehr und mehr geachtet werde.* Denn obschon niemand genau wußte, worin Mr. Merdles Geschäft bestand, außer daß es auf Geldverdienen hinauslief, so waren doch dies die Ausdrücke, in denen es jedermann bei allen zeremoniellen Gelegenheiten umschrieb; sie unbedenklich hinzunehmen war die neueste höfliche Lesart der Parabel vom Kamel und dem Nadelöhr.« (Buch I, Kap. 33)

Durch Kursivsatz ist die parodistische Stilisierung der Sprache feierlicher Reden (im Parlament, auf Banketten) hervorgehoben. Der Übergang zu diesem Stil ist durch die Konstruktion der Phrase vorbereitet, die von Anfang an in eher feierlichen, epischen Tönen gehalten ist. Darauf folgt – schon in der Autorsprache gehalten (daher in einem anderen Stil) – die Aufdeckung der parodistischen Bedeutung der feierlichen Charakteristik der Arbeiten von Merdle: diese Charakteristik erweist sich als »fremde Rede«, die in Anführungszeichen gesetzt werden könnte (»so waren doch dies die Ausdrücke, in denen es jedermann bei allen zeremoniellen Gelegenheiten umschrieb ...«).

Auf diese Weise wird hier in das Autorwort (die Erzählung) die fremde *Rede in versteckter Form* eingeführt, das heißt ohne irgendwelche formalen Merkmale der fremden – direkten oder indirekten – Rede. Aber es ist dies nicht nur fremde Rede in derselben »Sprache«, es ist eine fremde Äußerung in einer dem Autor fremden »Sprache« – in der archaisierten Sprache der heuchlerischen, offiziell feierlichen, oratorischen Gattungen.

2. »Nach ein oder zwei Tagen erfuhr die ganze Stadt, daß Edmund Sparkler, *Esquire*, Stiefsohn des ausgezeichneten Mr. Merdle von weltbekanntem Ruf, einer der Lords des Umschreibungsamtes geworden sei; und allen wahrhaft Gläubigen wurde bei Trompetenschall verkündet, daß diese bewundernswerte *Anstellung als eine anmutige und gnädige Huldigung zu betrachten sei, die der anmutige und gnädige Decimus jenem Handelsstand darbringe, der in einem großen Handelsstaat – und so weiter mit Pauken und Trompeten.* So durch diese Huldigung der Regierung in den Augen des Publikums gehoben, stiegen die wunderbare Bank und all die anderen wunderbaren Unternehmungen immer höher und höher, und Neugierige kamen nach Harley Street, Cavendish Square, nur um sich das Haus zu besehen, wo das goldene Wunder wohnte.« (Buch II, Kap. 12).

Hier ist die durch Kursivsatz hervorgehobene fremde Rede in einer fremden (offiziell feierlichen) Sprache in offener Form (indirekte Rede) eingeführt. Sie ist jedoch von der versteckten Form der *verstreuten fremden Rede* (in derselben offiziell feierlichen Sprache) umgeben, welche die Einführung der offenen Form vorbereitet und sie ausklingen läßt. Sie bereitet die für die offizielle Sprache charakteristische Beifügung von »Esquire« zum Namen von Sparkler vor, Epitheta schließen es ab: »wunderbar«. Dieses Epitheton gehört natürlich nicht zum Autor, sondern zur »allgemeinen Meinung«, die die Börsenspekulation um die aufgeblasenen Unternehmungen Merdles geschaffen hat.

3. »Es war ein Diner, das den Appetit hätte reizen müssen, selbst wenn er keinen gehabt hätte. Die seltensten Gerichte, aufs kostbarste zubereitet und aufgetragen; die erlesensten Früchte; die gewähltesten Weine; Wunder von Kunstgewerbe in Gold und Silber, Porzellan und Glas – unzählige Dinge, die dem Geschmacks-, Geruchs- und Gesichtssinn köstlich waren, hatten dazu beigesteuert. *Oh, was für ein wundervoller Mann dieser Merdle ist, was für ein großer, meisterhafter, herrlich und beneidenswert begabter – mit einem Wort, was für ein reicher Mann!*« (Buch II, Kap. 12)

Der Anfang besteht aus einer parodistischen Stilisierung des hohen epischen Stils. Darauf folgt eine begeisterte Lobpreisung Merdles, die versteckte fremde Rede des Chors seiner Verehrer (durch Kursivsatz hervorgehoben). Als Pointe dient die die Heuchelei dieses Chors entlarvende Eröffnung der tatsächlichen Beweggründe der Lobpreisung: »wundervoll«, »groß«, »meisterhaft«, »begabt« können durch ein einziges Wort ersetzt werden – »reich«. Diese vom Autor unmittelbar innerhalb desselben einfachen Satzes vollzogene Entlarvung verschmilzt mit der entlarvenden fremden Rede. Die begeisterte Akzentuierung der Lobpreisung wird durch eine weitere empört-ironische Akzentuierung, die in den letzten entlarvenden Wörtern des Satzes vorherrscht, noch komplexer.

Hier liegt der typische Fall einer hybriden Konstruktion mit zwei Akzenten und zwei Stilen vor.

Wir nennen diejenige Äußerung eine hybride Konstruktion, die ihren grammatischen (syntaktischen) und kompositorischen Merkmalen nach zu einem einzigen Sprecher gehört, in der sich in Wirklichkeit aber zwei Äußerungen, zwei Redeweisen, zwei Stile, zwei »Sprachen«, zwei Horizonte von Sinn und Wertung vermischen. Zwischen diesen Äußerungen, Stilen, Sprachen und Horizonten gibt es, wie wir wiederholen, keine formale – kompositorische und syntaktische – Grenze; die Unterteilung der Stimmen und Sprachen verläuft innerhalb eines syntaktischen Ganzen, oft innerhalb eines einfachen Satzes, oft gehört sogar ein und dasselbe Wort gleichzeitig zwei Sprachen und zwei Horizonten an, die sich in einer hybriden Konstruktion kreuzen, und sie hat folglich einen doppelten in der Rede differenzierten Sinn[15a*] und zwei Akzente (Beispiele weiter unten). Die hybriden Konstruktionen sind beim Romanstil von eminenter Bedeutung.[16]

4. »Aber Mr. Tite Barnacle war ein zugeknöpfter Mann und folglich ein Mann von Gewicht.« (Buch II, Kap. 12)

Dies ist ein Beispiel für die *pseudoobjektive Motivierung*, die eine der Arten versteckter fremder Rede ist, im vorliegenden Fall der gängigen Meinung. Allen formalen Merkmalen nach ist die Motivierung dem Autor zuzuordnen; der Autor solidarisiert sich formal mit ihr, aber genau genommen liegt die Motivierung im subjektiven Horizont einer Person oder der allgemeinen Meinung.

Die pseudoobjektive Motivation ist überhaupt charakteristisch für den Romanstil[17], da sie eine der Varianten der hybriden Konstruktion in Form versteckter fremder Rede ist. Die unterordnenden Konjunktionen und Bindewörter (da, weil, infolge, abgesehen von weiteren) und alle logischen parenthetischen Wörter (also, folglich usw.) büßen die direkte Autorintention ein, hallen wider von fremder Sprache, werden gebrochen oder gar völlig objekthaft.

Besonders bezeichnend ist diese Motivierung für den humoristischen Stil, in dem die Form der fremden Rede (konkreter Personen oder, noch öfter, die Form der kollektiven Rede)[18] vorherrscht.

5. »Wie ein gewaltiges Feuer noch in weiter Ferne die Luft mit seinem Brausen erfüllt, so ließ die heilige Flamme, die die mächtigen Barnacles neu entfacht hatten, die Luft immer mehr vom Namen Merdle widerhallen. Er lag auf jeder Lippe und klang in jedes Ohr. Einen Mann wie Mr. Merdle gab es nicht, hatte es nie gegeben, würde es nie wieder geben. Niemand, wie gesagt, wußte, was er getan hatte, aber *jedermann kannte ihn als den größten Mann, den die Welt je gesehen hat.*« (Buch II, Kap. 13)

Hier liegt eine epische, »homerische« (natürlich parodistische) Einleitung vor, in deren Rahmen die Lobpreisung Merdles durch die Menge gestellt ist (versteckte fremde Rede in fremder Sprache). Darauf folgen Autorwörter, allerdings wird der Kehrseite dessen, was jeder wußte (durch Kursivsatz hervorgehoben), ein objekthafter Charakter verliehen. Der Autor zweifelt gleichsam selbst nicht daran.

6. »Der berühmte Mann, die große Zierde der Nation, Mr. Merdle, setzte seine glänzende Laufbahn fort. In weiten Kreisen war man sich einig, daß ein Mann, der der Gesellschaft den bewundernswerten Dienst geleistet hatte, *soviel Geld an ihr zu verdienen*, kein Bürgerlicher bleiben dürfe. Mit Zuversicht sprach man von einer Baronetswürde, häufig von einer Pairie.« (Buch II, Kap. 24)

Die gleiche fiktive Solidarisierung mit der allgemeinen heuchlerisch begeisterten Meinung über Merdle. Alle im ersten Satz enthaltenen Epitheta zu Merdle sind Epitheta aus der allgemeinen Meinung, das heißt versteckte fremde Rede. Der zweite Satz – »in weiten Kreisen war man sich einig« u.s.w. – ist in einem betont objektiven Stil gehalten, nicht als subjektive Meinung, sondern als Anerkennung einer objektiven und unstrittigen Tatsache wiedergegeben. Das Epitheton »der der Gesellschaft den bewundernswerten Dienst geleistet hatte« liegt voll und ganz in der Schicht der die offiziellen Lobpreisungen wiederholenden allgemeinen Meinung, doch der Nebensatz zu dieser Lobpreisung: »so viel Geld an ihr [der Gesellschaft – M. B.] zu verdienen« besteht aus Wörtern des Autors selbst (wie das im Zitat eingeklammerte Wort). Die Fortsetzung des Hauptsatzes bewegt sich wiederum auf der Ebene der allgemeinen Meinung. Auf diese Weise dringen hier die entlarvenden Autorwörter keilförmig aus der »allgemeinen Meinung« in das Zitat ein. Hierbei handelt es sich um eine typische hybride Konstruktion, in der der Nebensatz die direkte Autorrede und der Hauptsatz die fremde Rede bilden. Haupt- und Nebensatz stehen in verschiedenen Sinn- und Wertungshorizonten.

Der gesamte Teil der Romanhandlung, der sich um Merdle und die mit ihm verbundenen Personen abspielt, wird durch die Sprache (genauer gesagt: durch die Sprachen) der allgemeinen heuchlerisch begeisterten Meinung über ihn abgebildet, wobei bald die Alltagssprache des schmeichlerischen, mondänen Geschwätzes, bald die feierliche Sprache offizieller Verlautbarungen und Bankettreden, bald der hohe epische Stil und bald der biblische Stil parodistisch stilisiert werden. Diese Merdle umgebende Atmosphäre, diese allgemeine Meinung über ihn und seine Unternehmungen stecken auch die positiven Helden des Romans, insbesondere den vernünftigen Panks an und veranlassen ihn, sein gesamtes Vermögen – das eigene und das von Klein Dorrit – in den aufgeblasenen Unternehmungen Merdles anzulegen.

7. »Der Arzt hatte es übernommen, die Nachricht nach Harley Street zu bringen. Der Advokat fühlte sich außerstande, sogleich zu seinen Verlockungen *der aufgeklärtesten und beachtlichsten Jury* zurückzukehren, *die er je auf dieser Bank gesehen habe, die sich, wie er seinem gelehrten Freund sagen müsse, von keiner seichten Sophisterei täuschen, von keiner verderblich mißbrauchten advokatischen Geschicklichkeit hintergehen lasse* (so gedachte er in der Sitzung anzufangen); deshalb sagte er, er wolle mitkommen und in der Nähe des Hauses auf und ab gehen, während der Arzt drinnen sei.« (Buch II, Kap. 25)

Eine prägnant ausgedrückte hybride Konstruktion, bei der in den Rahmen der (informativen) Autorrede – »der Advokat fühlte sich außerstande, sogleich zu seinen Verlockungen der [. . .] Jury zurückzukehren [. . .]; deshalb sagte er, er wolle mitkommen« usw. – der Beginn der vom Advokaten vorbereiteten Rede gestellt ist, wobei diese Rede als ein entfaltetes Epitheton zur direkten Ergänzung der autorhaften Rede der »Jury« gestaltet ist. Das Wort »Jury« geht (als notwendige Ergänzung zum Wort »Verlockungen«) ebenso in den Kontext der informativen Autorrede wie in den Kontext der parodistisch-stilisierten Rede des Advokaten ein. Die Wörter des Autors selbst aber – »Verlockungen« – unterstreichen den parodistischen Charakter der Nachbildung der Rede des Advokaten, deren heuchlerischer Sinn gerade darauf zurückzuführen ist, daß man eine solche bemerkenswerte Jury nicht verlocken darf.

8. »Die Folge war, daß Mrs. Merdle als Dame von Welt und feinem Ton, die der *Hinterlist eines gemeinen Barbaren* (denn daß Mr. Merdle das vom Scheitel bis zur Zehe gewesen sei, ward in dem Augenblick allgemein anerkannt, da man seine leeren Taschen entdeckte) *zum Opfer gefallen war*, um ihrer Klasse willen von ihrer Klasse verteidigt werden mußte.« (Buch II, Kap. 33)

Dies ist eine analoge hybride Konstruktion, in der die Bestimmung der allgemeinen Meinung des mondänen Kreises – »die der Hinterlist eines gemeinen Barbaren zum Opfer gefallen war« – mit der die Heuchelei und den materiellen Vorteil dieser allgemeinen Meinung entlarvenden Autorrede verschmolzen ist.

So ist der ganze Roman von Dickens beschaffen. Sein gesamter Text könnte im Grunde mit Anführungszeichen übersät sein, wodurch die kleinen Inseln der verstreuten direkten und reinen Autorrede hervorgehoben würden, die von allen Seiten von den Wellen der Redevielfalt umspült werden. Aber dies zu tun wäre unmöglich, weil ein und dasselbe Wort, wie wir gesehen haben, oft gleichzeitig in die fremden Reden und in die Autorrede eingeht.

Die fremde Rede, die erzählte, nachgeäffte, in einem bestimmten Licht vorgeführte, bald in kompakten Massen angeordnete, bald sporadisch verstreute, meist unpersönliche (die »allgemeine Meinung«, berufs- und gattungsspezifische Sprachen) Rede ist nirgendwo deutlich von der Autorrede abgegrenzt: die Grenzen sind absichtlich fließend und zweideutig gehalten, oft verlaufen sie durch ein syntaktisches Ganzes, oft durch einen Satz, manchmal jedoch zertrennen sie die Hauptglieder des Satzes. Dieses vielfältige *Spiel mit den Grenzen von Reden*, Sprachen und Horizonten ist eines der Hauptelemente des humoristischen Stils.

Der humoristische Stil (des englischen Typs) beruht also auf der Spaltung der allgemeinen Sprache und auf der Möglichkeit, die eigenen Intentionen mehr oder weniger von ihren Schichten zu lösen und sich nicht ganz mit ihnen zu solidarisieren. *Gerade die Vielfältigkeit der Rede und nicht die Einheit einer normativen allgemeinen Sprache ist die Basis des Stils.* Allerdings übersteigt diese Vielfältigkeit hier nicht die Grenzen der linguistisch (den abstrakten sprachlichen Merkmalen nach) einheitlichen Hochsprache, geht sie hier nicht in die wirkliche Sprachvielfalt über und ist sie auf das abstrakt-sprachliche Verständnis in der Schicht der Einheitssprache eingestellt (das heißt, sie erfordert nicht die Kenntnis verschiedener Dialekte oder Sprachen). Das sprachliche Verständnis ist aber das abstrakte Moment des konkreten und aktiven (dialogisch beteiligten) Verstehens der lebendigen Redevielfalt, die in den Roman eingeführt und in ihm künstlerisch organisiert ist.

Bei den Vorgängern von Dickens, den Begründern des englischen humoristischen Romans – bei Fielding, Smollett und Sterne – finden wir dieselbe parodistische Stilisierung verschiedener Schichten und Gattungen der Hochsprache, doch sind die Distanzen bei ihnen deutlicher als bei Dickens, die Übertreibung ist stärker. Die parodistisch-objekthafte Wahrnehmung der verschiedenen Varianten der Hochsprache dringt bei ihnen (besonders bei Sterne) in sehr tiefe Schichten des literarisch-ideologischen Denkens selbst ein und verwandelt sich in eine Parodie auf die logische und expressive Struktur eines jeden ideologischen (wissenschaftlichen, moralisch-rhetorischen, poetischen) Wortes als eines solchen (mit nahezu der gleichen Radikalität wie bei Rabelais).

Eine durchaus wichtige Rolle im Bau der Sprache bei Fielding, Smollett und Sterne spielt die literarische Parodie im engeren Sinne (bei den beiden erstgenannten die Parodie auf den Richardsonschen Roman, bei Sterne die auf beinahe alle zeitgenössischen Varianten des Romans). Die literarische Parodie rückt den Autor noch weiter von der Sprache weg, macht seine Beziehung zu den Sprachen der Literatur seiner Zeit, zudem auf dem ureigenen Territorium des Romans, noch komplexer. Das in der Epoche herrschende Romanwort wird selbst objekthaft und zum Medium der Brechung für die neuen Autorintentionen.

In der Geschichte des europäischen Romans hat die literarische Parodie auf die herrschende Variante des Romans eine erhebliche Rolle gespielt. Man kann sagen, daß die wichtigsten Romantypen und -varianten im Prozeß der parodistischen Zerstörung bestehender Romanwelten geschaffen worden sind. So verfuhren Cervantes, Mendoza, Grimmelshausen, Rabelais, Lesage und andere.

Bei Rabelais, dessen Einfluß auf die gesamte Romanprosa und insbesondere auf den humoristischen Roman beträchtlich war, ist das parodistische Verhältnis zu fast allen Formen des ideologischen – philosophischen, moralischen, wissenschaftlichen, rhetorischen, poetischen – Wortes, insbesondere zu den pathetischen Formen dieses Wortes (zwischen Pathetik und Lüge steht bei Rabelais fast immer ein Gleichheitszeichen), zur Parodie auf sprachliches Denken überhaupt vertieft. Dieser Hohn Rabelais' auf das verlogene menschliche Wort drückt sich unter anderem in der parodistischen Zerstörung der syntaktischen Konstruktionen aus, die dadurch erzielt wird, daß einige ihrer logischen Elemente und expressiven Akzentmomente (z. B. Prädikation, Erläuterungen usw.) ins Absurde getrieben werden. Die Distanzierung von der Sprache (freilich, wie sich versteht, mit ihren eigenen Mitteln), die Diskreditierung jeder direkten und unmittelbaren Intentionalität und Expressivität (der »wichtigen« Ernsthaftigkeit) des ideologischen Wortes als bedingt und verlogen, als der Wirklichkeit böswillig unangemessen, erreichen bei Rabelais eine fast exzeptionelle Reinheit der Prosa. Doch die Wahrheit, die der Lüge gegenübersteht, findet hier kaum einen direkten intentional-verbalen Ausdruck, kein *eigenes* Wort – sie erscheint lediglich in der parodistisch entlarvenden Akzentuierung der Lüge. Die Wahrheit wird wiederhergestellt, indem die Lüge ins Absurde gesteigert wird, aber sie selbst sucht keine Worte, sie fürchtet, sich im Wort zu verstricken, in der verbalen Pathetik des Wortes zu versinken.

Als Hinweis auf den enormen Einfluß von Rabelais' »Philosophie des Wortes« – einer Philosophie des Wortes, die nicht so sehr in direkten Aussagen als vielmehr in der Praxis seines verbalen Stils ausgedrückt wird – sowie auf die gesamte spätere Prosa des Romans und insbesondere auf die großen Vorbilder des humoristischen Romans zitieren wir die in der Manier von Rabelais dargestellte Anerkennung des Sterneschen Yorick, eine Anerkennung, die als Epigraph für die Geschichte der wichtigsten Stilzüge des europäischen Romans dienen kann.

»Ich denke sogar, lag nicht teilweise seine unglückliche Neigung zum Scharfsinn jenem fracas[19] zugrunde – denn, um die Wahrheit zu sagen, Yorick nährte eine unüberwindliche natürliche Abneigung gegen die Ernsthaftigkeit – nicht gegen echte, selbstwertige Ernsthaftigkeit: wo eine solche nötig war, da wurde er tage- und sogar wochenlang der ernsthafteste Mensch der Welt, sondern gegen gekünstelte Ernsthaftigkeit, die der Verdeckung von Unwissenheit und Dummheit diente; mit ihr befand er sich immer in einem offenen Krieg, und er erwies ihr keine Gnade, so gut sie auch gedeckt und geschützt sein mochte.

Manchmal, wenn er sich im Gespräch fortreißen ließ, beteuerte er, die Ernsthaftigkeit sei ein wahrhafter Müßiggänger und noch dazu einer von allergefährlichster Art, listig, und er sei tief davon überzeugt, daß sie in einem Jahr eine bei weitem größere Zahl von ehrbaren und wohldenkenden Menschen zugrunde richten und an den Bettelstab bringen könne als alle Taschen- und Ladendiebe in sieben Jahren. Die offene Gutmütigkeit eines fröhlichen Herzens, pflegte er zu sagen, ist niemandem gefährlich und kann überhaupt nur sich selbst schaden. Das eigentliche Wesen der Ernsthaftigkeit dagegen besteht demnach in gewisser Absicht auch im Betrug – das ist ein erlerntes Verfahren, auf der Welt als klüger und erfahrener zu gelten, wenn man es gerade nicht ist; und deshalb hat sie sich, ungeachtet aller ihrer Ansprüche, niemals als besser erwiesen und nicht selten sogar als schlechter, als sie in der alten Zeit ein scharfsinniger französischer Mensch definierte, der gesagt hat: die Ernsthaftigkeit ist jenes heimliche Verhalten des Körpers, das die Unzulänglichkeiten der Seele verdecken muß. Über diese Definition äußerte sich Yorick unüberlegt und kühn in dem Sinne, daß er sie würdig befand, in goldenen Lettern geschrieben zu werden.«

Neben Rabelais steht Cervantes, der ihn in gewisser Hinsicht durch seinen bestimmenden Einfluß auf die gesamte Romanprosa sogar übertrifft. Der englische humoristische Roman ist durchdrungen von

Cervantes' Geist. Nicht ohne Grund zitiert derselbe Yorick auf dem Sterbebett Worte von Sancho Pansa.

Bei den deutschen Humoristen, bei Hippel und besonders bei Jean Paul, vertieft sich die Beziehung zur Sprache und ihrer gattungsspezifischen, berufsspezifischen u. a. Aufspaltung, die im Grunde auf Sterne zurückgeht, wie bei ihm zu der rein philosophischen Problematik der literarischen und ideologischen Rede als solcher. Der philosophisch-psychologische Aspekt des Verhältnisses des Autors zu seinem eigenen Wort drängt das Spiel der Intentionen mit konkreten, vorwiegend gattungsspezifisch-ideologischen, Schichten der Hochsprache häufig in den Hintergrund (siehe die Widerspiegelung dieses Vorgangs in den ästhetischen Theorien von Jean Paul).[20]

Die Spaltung der Hochsprache, ihre Redevielfalt, ist also die notwendige Voraussetzung des humoristischen Stils, dessen Elemente auf verschiedene Sprachebenen projiziert werden müssen, wobei die Autorintentionen, die sich durch alle diese Ebenen brechen, in keiner von ihnen ganz aufgehen können. Der Autor hat gleichsam keine eigene Sprache, doch er hat einen eigenen Stil, sein organisches, einheitliches Gesetz des Spiels mit Sprachen und der Brechung seiner ursprünglichen semantischen und expressiven Intentionen in diesen Sprachen. Dieses Spiel mit Sprachen und der Umstand, daß oft das direkte *eigene* Wort fehlt, mindern die allgemeine Intentionalität, das heißt die ideologische Sinnhaftigkeit des ganzen Werkes, natürlich keineswegs.

Im humoristischen Roman sind für die Einführung der Redevielfalt und ihre stilistische Verwendung zwei Besonderheiten charakteristisch:

1. Es wird eine Vielfalt von »Sprachen« und verbal-ideologischen Horizonten – gattungs- und berufsspezifische, ständisch-gruppenspezifische (Sprache des Adligen, des Pächters, des Kaufmanns, des Bauern), Sprachen von Richtungen, Alltagssprachen (Sprachen des Klatschsüchtigen, der vornehmen Konversation, die Sprache der Lakaien) usw. – eingeführt, allerdings vorwiegend im Rahmen der schriftlichen und mündlichen Hochsprache; dabei werden diese Sprachen meist nicht an bestimmte Personen (Helden, Erzähler) geknüpft, sondern anonym »vom Autor« eingeführt, wobei sie (ungeachtet der deutlichen formalen Grenzen) mit dem direkten Autorwort abwechseln.

2. Die eingeführten Sprachen und sozioideologischen Horizonte werden, obwohl sie auch zur gebrochenen Verwirklichung der Autorintentionen verwendet werden, als verlogen, heuchlerisch, ei-

gennützig, beschränkt, eng verstandesmäßig, der Wirklichkeit unangemessen, entlarvt und zerstört. In den meisten Fällen liegen diese Sprachen bereits voll ausgebildet vor, sind sie offiziell anerkannt, haben sie die Herrschaft angetreten und sind autoritär, reaktionär, sind sie zu Tod und Ablösung verurteilt. Deshalb gibt es verschiedene Formen und Grade der *parodistischen Stilisierung* der eingeführten Sprachen, die bei den allerradikalsten, rabelaisschen[21] Vertretern dieser Variante des Romans (bei Sterne und Jean Paul) sich einer Absage an jede direkte und unvermittelte Ernsthaftigkeit (die wahre Ernsthaftigkeit liegt in der Zerstörung aller verlogenen, nicht nur der pathetischen, sondern auch der sentimentalen Ernsthaftigkeit)[22], an die prinzipielle Kritik des Wortes selber nähert.

Aus dieser humoristischen Form der Einführung und Organisation der Redevielfalt im Roman ragt die Gruppe derjenigen Formen heraus, die durch die Einführung eines personifizierten und konkreten fiktiven Autors (schriftliche Rede) oder Erzählers (mündliche Rede) gekennzeichnet ist.

Das Spiel mit einem fiktiven Autor ist auch für den humoristischen Roman charakteristisch (Sterne, Hippel, Jean Paul) und ein Erbe, das bis auf den *Don Quijote* zurückgeht. Hier aber ist dieses Spiel ein kompositionelles Verfahren, das die allgemeine Relativierung, Objektivierung und Parodierung der literarischen Formen und Gattungen verstärkt.

Eine ganz andere Bedeutung erlangen fiktiver Autor und Erzähler dort, wo sie Repräsentanten eines besonderen verbal-ideologischen, sprachlichen Kontexts, eines besonderen Standpunktes gegenüber der Welt und den Ereignissen, besonderer Wertungen und Intonationen sowohl in bezug auf den Autor, sein tatsächliches direktes Wort, als auch auf das »normale« literarische Erzählen und auf die Sprache sind.

Diese Besonderheit, diese Distanzierung des fiktiven Autors oder Erzählers vom tatsächlichen Autor und vom »normalen« literarischen Horizont kann unterschiedlich deutlich und strukturell verschieden ausfallen. In jedem Fall werden dieser besondere fremde Horizont, dieser besondere fremde Standpunkt zur Welt vom Autor wegen ihrer Produktivität bevorzugt, weil sie einerseits den Gegenstand der Abbildung in ein neues Licht stellen (in ihm neue Aspekte und Momente entdecken), andererseits den »normalen« literarischen Horizont, vor dem die Besonderheiten der Erzählweise des Erzählers rezipiert werden, in neuer Weise ausleuchten.

So hat zum Beispiel Puškin den Erzähler Belkin als den Repräsentanten eines besonderen, »nicht-poetischen« Standpunkts gegenüber den traditionell-poetischen Gegenständen und Sujets gewählt (genauer gesagt: geschaffen) (besonders charakteristisch und absichtsvoll sind das Sujet »Romeo und Julia« in *Das Edelfräulein als Bäuerin* [»Baryšnja-krest'janka«] und die romantischen »Totentänze« im *Sargmacher* [»Grobovščik«]). Belkin ist, ebenso wie die Erzähler der dritten Schicht, aus deren Mund er seine Erzählung vernommen hat, ein »prosaischer« Mensch, frei von poetischer Pathetik. Die geglückte »prosaische« Lösung der Sujets und die eigentliche Ausführung der Erzählung zerstören die Erwartung traditioneller poetischer Effekte. In diesem fehlenden Verständnis für poetische Pathetik liegt die prosaische Produktivität von Belkins Standpunkt.

Maksim Maksimyč im *Helden unserer Zeit* [»Geroj našego vremeni»], Rudyj Pan'ko, die Erzähler von *Die Nase* [»Nos«] und *Der Mantel* [»Šinel'«], die Chronisten Dostoevskijs, die folkloristischen Erzähler und die personifizierten Erzähler bei Mel'nikov-Pečerskij, bei Mamin-Sibirjak, die folkloristischen Erzähler und die Alltagserzähler bei Leskov, die personifizierten Erzähler der Literatur der Populisten [narodniki], schließlich die Erzähler der symbolistischen und postsymbolistischen Prosa – bei Remizov, Zamjatin u. a. – werden bei allen Unterschieden in den Formen des (mündlichen und schriftlichen) Erzählens, bei allen Unterschieden der Sprachen des Erzählens (literarische, berufsspezifische Sprachen, Sprachen sozialer Gruppen, Alltagssprachen, Mundarten, Dialekte usw.) herangezogen als Repräsentanten spezifischer und begrenzter, aber in eben dieser Begrenztheit und Spezifik produktiver verbal-ideologischer Standpunkte und besonderer Horizonte, die jenen konfrontiert werden, vor deren Hintergrund sie rezipiert werden.

Die Rede solcher Erzähler ist (im Verhältnis zum wirklichen oder möglichen direkten Autorwort) immer *fremde Rede* in einer (im Verhältnis zu der Variante der Hochsprache, der die Sprache des Erzählers gegenübergestellt wird) *fremden Sprache.*

Und in diesem Fall liegt ein »nicht-direktes Sprechen«, ein Sprechen nicht *in* einer Sprache, sondern *durch* eine Sprache, ein fremdes sprachliches Medium vor, und daher auch eine Brechung der Intentionen des Autors.

Der Autor verwirklicht sich und seinen Standpunkt nicht nur im Erzähler, in dessen Rede und dessen Sprache (die mehr oder weniger objekthaft, als Gegenstand vorgeführt sind), sondern auch im Gegenstand der Erzählung, einem Standpunkt, der vom Standpunkt des Erzählers verschieden ist. Hinter der Erzählung des Erzählers lesen wir eine zweite Erzählung – die Erzählung des Autors über dasselbe, wovon der Erzähler erzählt, und außerdem über den Erzähler selbst.

Jedes Moment der Erzählung nehmen wir deutlich in zwei Schichten wahr: in der Schicht des Erzählers, in seinem gegenständlich-semantischen und expressiven Horizont, und in der Schicht des Autors, der mit dieser Erzählung und durch diese Erzählung gebrochen spricht. In diesen Horizont des Autors geht mit allem, was erzählt wird, auch der Erzähler selbst mit seinem eigenen Wort mit ein. Wir erraten die Akzente des Autors, die sowohl auf dem Gegenstand der Erzählung als auch auf der Erzählung selbst und dem sich in ihrem Verlauf erschließenden Bild des Erzählers liegen. Diese zweite Schicht der Intentionen und Akzente des Autors nicht wahrnehmen heißt, das Werk nicht verstehen.

Wie wir schon sagten, bildet sich die Erzählung des Erzählers oder des fiktiven Autors vor dem Hintergrund der normalen Hochsprache, des gewöhnlichen literarischen Horizontes heraus. Jedes Moment der Erzählung steht mit dieser normalen Sprache und dem normalen Horizont in einem Wechselverhältnis, ist ihnen gegenübergestellt, und zwar *dialogisch* gegenübergestellt: als ein Standpunkt einem Standpunkt, als Wertung einer Wertung, als Akzent einem Akzent (und nicht als zwei abstrakt-linguistische Phänomene). Eben diese Korreliertheit, diese dialogische Verknüpfung zweier Sprachen und zweier Horizonte ermöglichen es der Autorintention, sich so zu realisieren, daß wir sie in jedem Moment des Werkes deutlich spüren. Der Autor ist nicht in der Sprache des Erzählers und nicht in der normalen Hochsprache, mit der die Erzählung korreliert ist, zu finden (obwohl er der einen oder anderen Sprache näher stehen kann), sondern er gebraucht die eine oder andere Sprache, um seine Intentionen keiner von ihnen gänzlich auszuliefern; er benutzt diesen Wechselruf, diesen Dialog der Sprachen in jedem Moment seines Werkes, um selbst sprachlich gleichsam neutral, Dritter im Zwiestreit zu bleiben (wenngleich vielleicht ein parteiischer Dritter).

Alle Formen, die einen Erzähler oder fiktiven Autor in eine Erzählung einführen, bezeichnen in gewissem Maße die Freiheit des Autors gegenüber der einheitlichen und einzigen Sprache, die mit der Relativierung literarisch-sprachlicher Systeme zusammenhängt, bezeichnen die Möglichkeit, sich sprachlich nicht selbst zu bestimmen, seine Intentionen aus dem einen Sprachsystem in das andere zu übertragen, die »Sprache der Wahrheit« zu verschmelzen mit der »Sprache des Alltags«, *Eigenes* in der fremden Sprache und *Fremdes* in der eigenen zu sagen.

Weil in all diesen Formen (Erzählung eines Erzählers, eines fiktiven Autors oder einer der Personen) die Autorintentionen gebrochen werden, sind also auch innerhalb von ihnen, wie im humoristischen

Roman, verschiedene Distanzen zwischen den einzelnen Momenten der Sprache des Erzählers und dem Autor möglich; die Brechung kann bald größer, bald kleiner sein, in manchen Momenten ist auch eine nahezu vollkommene Verschmelzung der Stimmen möglich.

Die nächste Form der Einführung und Organisation der Redevielfalt im Roman, eine Form, die jeder Roman nutzt, bilden die Reden der Helden.

Die Reden der Helden, die im Roman über eine mehr oder weniger große verbal-semantische Selbständigkeit verfügen, einen eigenen Horizont haben, können gleichfalls, da sie fremde Rede in einer fremden Sprache sind, die Autorintentionen brechen und daher in gewissem Grade die zweite Sprache des Autors sein. Die Rede der Helden nimmt außerdem fast immer einen (manchmal mächtigen) Einfluß auf die Autorrede, indem sie fremde Wörter (die versteckte fremde Rede des Helden) über sie verstreut und damit Spaltung, Vielfältigkeit der Rede in sie hineinträgt.

Deshalb ist auch dort, wo es keinen Humor, keine Parodie, Ironie usw. und wo es keinen Erzähler, keinen fiktiven Autor oder erzählenden Helden gibt, die Vielfältigkeit der Rede, die Gespaltenheit der Sprache, die Grundlage des Romanstils. Auch dort, wo die Sprache des Autors auf den ersten Blick als einheitlich und konsequent, direkt und unmittelbar intentional erscheint, entdecken wir hinter der glatten einsprachigen Fläche die Dreidimensionalität der Prosa, die tiefgreifende Vielfalt der Rede, die in die Funktion des Stils einfließt und sie bestimmt.

So erscheinen Sprache und Stil Turgenevs in seinen Romanen als einsprachig und rein. Allerdings ist auch bei ihm diese einheitliche Sprache sehr weit entfernt von poetischem Absolutismus. In ihrer Hauptmasse ist diese Sprache in den Kampf der Standpunkte, Wertungen und Akzente, die von den Helden repräsentiert werden, verwickelt und eingebunden, sie ist von ihren sich widersetzenden Intentionen und Spaltungen angesteckt – von fremden Intentionen angesteckte Wörter, Ausdrücke, Bestimmungen und Epitheta, mit denen der Autor sich nicht ganz solidarisiert und durch die er seine eigenen Intentionen bricht, sind über sie verstreut. Wir spüren deutlich die verschiedenen Distanzen zwischen dem Autor und verschiedenen Momenten seiner Sprache, die nach fremden sozialen Welten und fremden Horizonten klingen. Wir spüren deutlich den unterschiedlichen Grad der Präsenz des Autors und seiner *letzten Sinninstanz* in den verschiedenen Momenten seiner Sprache. Bei Turgenev ist die Vielfältigkeit der Rede, die Gespaltenheit der Sprache, ein eminent wichtiger stilistischer Faktor, er orchestriert seine Autorwahrheit, und sein Sprachbewußtsein, das Bewußtsein des Prosaschriftstellers, wird relativiert.

Bei Turgenev wird die soziale Redevielfalt vorwiegend in den direkten Reden der Helden, in den Dialogen eingeführt. Aber sie ist, wie gesagt, auch in der Autorrede um die Helden herum verstreut und schafft besondere *Zonen der Helden*. Diese Zonen werden aus der nur partiell wiedergegebenen Rede der Helden, aus verschiedenen Formen der versteckten Wiedergabe des fremden Wortes, aus verstreuten Worten und Wörtern in fremder Rede, aus dem Einbruch fremder expressiver Momente (Auslassungspunkte, Fragen, Ausrufe) in die Autorrede gebildet. Diese Zone ist der Wirkungsbereich der Stimme des Helden, die sich der Autorstimme beimischt.

Allerdings, wir wiederholen es, ist die Orchestrierung der Themen im Turgenevschen Roman in den direkten Dialogen konzentriert, die Helden schaffen keine weitreichenden und angereicherten Zonen um sich herum, entwickelte und komplexe stilistische Hybriden sind bei Turgenev ziemlich selten.

Geben wir einige Beispiele der verstreuten Redevielfalt bei Turgenev.

1. »Er heißt Nikolaj Petrovič Kirsanov. Er besitzt fünfzehn Werst vom Gasthof entfernt ein schönes Gut mit zweihundert Seelen, oder wie er sich ausdrückt, seitdem er mit den Bauern die Grenzen des Besitzes festgelegt und eine *Farm* errichtet hat, – *mit zweitausend Desjatinen Land.*« (*Väter und Söhne* [»Otcy i deti«], Kap. I).

Die für diese Epoche charakteristischen Ausdrücke im liberalen Stil sind hier in Anführungszeichen gesetzt oder mit einem Vorbehalt versehen.

2. »Er begann eine geheimnisvolle Erregung zu fühlen. Die völlige Ungeniertheit Bazarovs versetzte seine aristokratische Natur in Zorn. *Dieser Arztsohn zeigte nicht nur keine Spur von Verlegenheit, sondern antwortete sogar schroff und unwillig, und im Klang seiner Stimme war etwas Grobes, fast Unverschämtes!*« (*Väter und Söhne*, Kap. VI).

Der dritte Satz dieses Absatzes, der seinen formalen syntaktischen Merkmalen nach Teil der Autorrede ist, erweist sich gleichzeitig in der Auswahl der Ausdrücke (»dieser Arztsohn«) und seiner expressiven Struktur als versteckte fremde Rede (von Pavel Petrovič).

3. »Pavel Petrovič setzte sich an den Tisch. Er trug ein elegantes Morgenkostüm nach englischem Geschmack; ein kleiner Fes zierte seinen Kopf. Dieser kleine Fes und eine nachlässig gebundene Krawatte deuteten die Freiheit des ländlichen Lebens an; aber der gestärkte Hemdkragen, zwar nicht weiß, sondern farbig, *wie es für die Morgentoilette schicklich ist*, umschloß mit der gewöhnlichen Unbiegsamkeit sein wohlrasiertes Kinn.« (*Väter und Söhne*, Kap. V).

Diese ironische Charakteristik der Morgentoilette von Pavel Petrovič ist im Ton eines ebensolchen Gentleman im Stil von Pavel

Petrovič gehalten. Die Feststellung »wie es für die Morgentoilette schicklich ist« ist natürlich nicht eine Feststellung des Autors, sondern eine ironisch wiedergegebene Norm der Gentlemen aus Pavel Petrovičs Kreisen. Mit einigem Recht könnte man sie in Anführungszeichen setzen. Es ist dies eine pseudoobjektive Begründung.

4. »*Matvej Il'ičs Leutseligkeit war nur mit seiner Erhabenheit vergleichbar.* Er schmeichelte allen, den einen mit einem Anflug von Geringschätzung, anderen mit einem Anflug von Achtung; er überhäufte die Damen mit Artigkeiten ›en vrai chevalier français‹[23] und lachte unaufhörlich mit jenem lauten und einsamen Gelächter, wie es sich für einen Würdenträger schickt.« (*Väter und Söhne*, Kap. XIV).

Eine analoge ironische Charakteristik vom Standpunkt des Würdenträgers selbst. Dieselbe pseudoobjektive Begründung: »wie es sich für einen Würdenträger schickt«.

5. »Am Morgen des nächsten Tages machte sich Neždanov auf den Weg zur Stadtwohnung Sipjagins, und dort, im prächtigen Arbeitszimmer, das mit Möbeln in einem strengen Stil angefüllt war, *die in völliger Übereinstimmung mit der Würde des liberalen herrschaftlichen Mannes und Gentleman standen* ...« (*Neuland*, [»Nov'«], Kap. IV).

Eine analoge pseudoobjektive Konstruktion.

6. »Semen Petrovič diente im Ministerium des Hofes, er hatte den Titel eines Kammerjunkers; der Patriotismus hielt ihn davon ab, in das diplomatische Ressort zu gehen, wohin ihn anscheinend alles rief: sowohl die Erziehung, als auch die Gewöhnung an die Welt, die Erfolge bei den Frauen und selbst die äußere Erscheinung ...« (*Neuland*, Kap. V).

Die Motivierung der Absage an die diplomatische Karriere ist pseudoobjektiv. Die ganze Charakteristik ist im Ton von Kallomejcev selbst gehalten und von seinem Standpunkt aus gesehen, sie wird von seiner direkten Rede abgeschlossen, die ihren syntaktischen Merkmalen nach ein Nebensatz zur Autorrede ist (»alles rief [...], mais quitter la Russie? –« usw.).

7. »Kallomejcev kam auf einen zweimonatigen Urlaub in das Gouvernement S ..., um die Wirtschaft kennenzulernen, das heißt den einen einzuschüchtern, den anderen in die Enge zu treiben. *Denn ohne dies ging es doch nicht!*« (*Neuland*, Kap. V).

Der Schluß dieses Absatzes ist ein charakteristisches Beispiel für die pseudoobjektive Begründung. Gerade weil ihr der Anschein eines objektiven Urteils des Autors gegeben werden soll, ist sie nicht in Anführungszeichen gesetzt wie die vorangehenden, in die Autorrede eingeschlossenen Wörter von Kallomejcev selbst und ist sie absichtlich unmittelbar hinter diese Wörter gestellt.

8. »Daraufhin steckte Kallomejcev ohne Eile sein rundes Gläschen zwischen Braue und Nase und starrte auf das Studentlein, *das sich erdreistete*, seine »Befürchtungen« *nicht zu teilen.*« (*Neuland*, Kap. VII).

Eine typische hybride Konstruktion. Nicht nur der Nebensatz, sondern auch das Akkusativobjekt des Hauptsatzes des Autors (»das

Studentlein«) sind im Tonfall Kallomejcevs gehalten. Die Auswahl der Wörter (»Studentlein«, »sich erdreisten, ... nicht zu teilen«) ist von der Entrüstung Kallomejcevs bestimmt, und zugleich sind diese Wörter im Kontext der Autorrede von den ironischen Akzenten des Autors durchdrungen; deswegen hat die Konstruktion zwei Akzente (ironische Wiedergabe – Nachäffen der Entrüstung des Helden).

Zum Schluß zitieren wir Beispiele für das Einbrechen expressiver Momente der fremden Rede (Auslassungspunkte, Fragen, Ausrufe) in das syntaktische System der Autorrede.

9. »Sonderbar war der Zustand seiner Seele. Wieviele neue Empfindungen, neue Gesichter in den letzten zwei Tagen ... Er war zum ersten Mal mit einem Mädchen zusammengewesen, das er – aller Wahrscheinlichkeit nach – liebgewonnen hatte; er war bei den Anfängen der Sache dabeigewesen, der er – aller Wahrscheinlichkeit nach – alle Kräfte widmete ... Und was soll's? Freute er sich? Nein. Schwankte er? War er feige? War er verlegen? Oh, natürlich nicht. Also fühlte er wohl wenigstens diese Anspannung des ganzen Wesens, dieses Vorwärtsstreben in die ersten Reihen der Kämpfer, das die Nähe des Kampfes hervorruft? Auch nicht. So glaubt er denn schließlich an die Sache? Glaubt er denn an seine Liebe? – Oh, verfluchter Ästhet! Skeptiker! – flüsterten seine Lippen tonlos. – Woher kommt diese Müdigkeit, dieser Unwillen sogar zu sprechen, sobald er nicht schreit und tobt? Welche innere Stimme will er in sich mit diesem Schrei ersticken?« (*Neuland*, Kap. XVIII).

Hier liegt im Grunde eine Form der erlebten Rede des Helden vor. Ihren syntaktischen Merkmalen zufolge ist es Autorrede, aber ihre ganze expressive Struktur ist nach Art Neždanovs gebildet. Dies ist seine innere Rede, doch in der geordneten Wiedergabe durch den Autor, *mit provozierenden Fragen vom Autor und mit ironisch-entlarvenden Vorbehalten* (»aller Wahrscheinlichkeit nach«), allerdings unter Wahrung der expressiven Färbung Neždanvos.

So ist in aller Regel die Form der Wiedergabe innerer Rede bei Turgenev (und überhaupt eine der weitestverbreiteten Formen der Wiedergabe innerer Reden im Roman) beschaffen. Sie bringt in den ungeordneten und stockenden Fluß der inneren Rede des Helden (diese Ungeordnetheit und dieses Stocken hätten ja bei der Verwendung der Form der direkten Rede nachgebildet werden müssen) Ordnung und stilistische Harmonie, und außerdem erlaubt diese Form aufgrund ihrer syntaktischen (dritte Person) und grundlegenden stilistischen (lexikologischen und anderen) Merkmale, die fremde innere Rede organisch und harmonisch mit dem Kontext des Autors zu verbinden. Gleichzeitig ermöglicht es gerade diese Form, die expressive Struktur der inneren Rede der Helden und eine der inneren Rede eigentümlichen Unausgesprochenheit und Vagheit zu wahren, die in der trockenen und logischen indirekten Rede keinen Platz haben. Eben diese Besonderheiten lassen diese Form für die Wiedergabe innerer Reden der Helden tauglich erscheinen. Sie ist zweifelsfrei hybrid, wobei die Autorstimme mehr oder weniger aktiv sein und in die wiederzugebende Rede ihren eigenen zweiten (ironischen, erzürnten u. a.) Akzent einbringen kann.

Solche Hybridisierung, Vermischung der Akzente, Verwischung der Grenzen zwischen Autorrede und fremder Rede wird auch durch andere Formen der Wiedergabe der Rede der Helden erreicht. Obgleich es hier nur drei syntaktische Schablonen (direkte Rede, indirekte Rede, erlebte Rede) gibt, läßt sich mittels verschiedener Kombinationen dieser Schablonen und – vor allem – mittels verschiedener Verfahren ihrer erwidernden Einrahmung und Umschichtung durch den Autorkontext ein vielfältiges Spiel von Reden, ihrer wechselseitige Verflechtung und Ansteckung, anzetteln.

Die von uns zitierten Beispiele aus Turgenevs Werken charakterisieren die Rolle des Helden als eines Faktors, der die Sprache des Romans spaltet, indem er Redevielfalt in sie einführt, hinreichend. Der Held des Romans besitzt, wie gesagt, stets eine eigene Zone der Einflußnahme auf den umgebenden Autorkontext, die über die Grenzen des vom Helden abgewiesenen direkten Wortes hinausgeht – ja, oft sehr weit darüber hinausgeht. Der Wirkungsbereich der Stimme eines wichtigen Helden muß jedenfalls breiter als seine unmittelbare, authentische Rede sein. Diese um die wichtigen Helden des Romans gelegene Zone ist stilistisch durchaus spezifisch: in ihr herrschen die verschiedenartigsten Formen hybrider Konstruktionen vor, und sie ist immer mehr oder weniger dialogisiert; in ihr spielt sich der Dialog zwischen dem Autor und seinen Helden ab, kein dramatischer, in Repliken gegliederter Dialog, sondern der eigentümliche Romandialog, der sich im Rahmen äußerlich monologischer Konstruktionen verwirklicht. Daß ein solcher Dialog möglich ist, bildet eines der hervorragenden Privilegien der Romanprosa, ein Privileg, das sowohl den dramatischen als auch den streng poetischen Gattungen versagt ist.

Die Zonen der Helden sind ein höchst aufschlußreiches Objekt für stilistische und linguistische Analysen: man stößt in ihnen auf Konstruktionen, die auf die Probleme von Syntax und Stilistik ein völlig neues Licht werfen.

Betrachten wir zum Schluß noch eine der grundlegenden und wesentlichen Formen der Einführung und Organisation von Redevielfalt im Roman – die eingebetteten Gattungen.

Der Roman ist für verschiedene Gattungen, sowohl künstlerische (eingebettete Novellen, lyrische Stücke, Poeme, kleine dramatische

Szenen usw.) als auch außerkünstlerische (alltägliche, rhetorische, wissenschaftliche, religiöse u. a.) Gattungen offen. Grundsätzlich kann jede beliebige Gattung in die Konstruktion des Romans eingefügt werden, und in der Tat ist es sehr schwer, eine Gattung ausfindig zu machen, die nicht irgendwann einmal in einen Roman eingebaut worden ist. Die eingebetteten Gattungen bewahren im Roman gewöhnlich ihre konstruktive Elastizität und Selbständigkeit sowie ihre sprachliche und stilistische Eigenart.

Daneben gibt es eine Gruppe von Gattungen, die in Romanen eine wesentliche, konstruktive Aufgabe wahrnehmen, manchmal bestimmen sie geradezu die Konstruktion des Romanganzen, indem sie zum Fundament besonderer Varianten der Gattung Roman werden. Es handelt sich um Beichte, Tagebuch, Reisebeschreibung, Biographie, Brief und einige andere mehr. Alle diese Gattungen können nicht nur als ein konstruktiver Teil in den Roman eingehen, sondern auch die Formen des Romans als eines Ganzen (der Roman als Beichte, der Roman als Tagebuch, der Briefroman usw.) bestimmen. Jede dieser Gattungen steht für unverwechselbare verbal-semantische Weisen der Aneignung der verschiedenen Aspekte der Wirklichkeit. Der Roman nutzt diese Gattungen gerade als solche ausgearbeiteten Formen der verbalen Aneignung von Wirklichkeit.

Die in den Roman eingehenden Gattungen spielen eine erhebliche Rolle. Bisweilen sieht es so aus, als sei der ursprüngliche verbale Zugriff des Romans auf die Wirklichkeit suspendiert, als sei er abhängig von der primären Bearbeitung der Wirklichkeit durch andere Gattungen, als sei er selbst nur eine sekundäre, synkretistische Vereinigung solcher ursprünglicher Wortgattungen.

Alle diese Gattungen bringen ihre Sprachen in ihn ein, spalten daher die sprachliche Einheit des Romans und vertiefen seine Redevielfalt auf neue Weise. Ja, die Sprachen außerkünstlerischer, in den Roman eingebetteter Gattungen erlangen oftmals eine solche Bedeutung, daß sie (z. B. die Briefgattung) nicht lediglich in der Geschichte des Romans, sondern auch in der Geschichte der Hochsprache Epoche machen.

Die in den Roman eingebetteten Gattungen können sowohl direkt intentional als auch gänzlich objekthaft, das heißt von Autorintentionen überhaupt frei, d. h. kein gesagtes, sondern nur ein wie ein Ding vorgezeigtes Wort sein, meist freilich brechen sie die Autorintentionen mehr oder weniger scharf, wobei ihre einzelnen Momente mit der letzten Sinninstanz des Werks unterschiedlich, eng oder weit, vermittelt sein können.

Die in den Roman eingebetteten poetischen (z. B. lyrischen) Versgattungen können also poetisch direkt intentional, sinnerfüllt sein. Dies gilt zum Beispiel von den Gedichten, die Goethe in den *Wilhelm Meister* eingebettet hat. Ähnlich haben die Romantiker, die bekanntlich Verse (als direkt intentionale Äußerungen des Autors) im Roman für ein konstitutives Merkmal dieser Gattung hielten, ihre Verse in Prosa eingebettet. In anderen Fällen brechen die eingebetteten Gedichte die Autorintentionen, so z. B. das Gedicht *Wohin, wohin seid ihr entschwunden* von Lenskij im *Evgenij Onegin*. Doch während die Gedichte im *Wilhelm Meister* direkt zur Lyrik Goethes gerechnet werden können (was auch geschieht), darf man *Wohin, wohin seid ihr entschwunden* keineswegs zur Lyrik Puškins zählen, es sei denn zu einer besondern Abteilung von »parodistischen Stilisierungen« (zu denen auch die Gedichte Grinevs aus der *Hauptmannstochter* [»Kapitanska dočka«] gehören). Schließlich können die in den Roman eingebetteten Verse fast ganz objekthaft sein, so z. B. die Gedichte des Hauptmanns Lebjadkin in den *Dämonen* [»Besy«] von Dostoevskij.

Analog verhält es sich mit der Einbettung von Sentenzen und Aphorismen in den Roman: sie können gleichfalls zwischen rein objekthaften Formen (»gezeigtes Wort«) und unmittelbar intentionalen schwanken, die sich als sinnvolle philosophische Denksprüche des Autors selbst erweisen (gesagtes, nichtfiktionales Wort ohne Vorbehalte und Distanzierungen). So finden wir etwa in den Romanen Jean Pauls, die überaus reich an Aphorismen sind, eine Vielfalt von Abstufungen unter diesen Aphorismen: von rein objekthaften bis hin zu direkt intentionalen mit erheblich verschiedenen Graden der Brechung der Autorintentionen.

Im *Evgenij Onegin* erscheinen Aphorismen und Sentenzen entweder in der parodistischen oder in der ironischen Schicht, das heißt die Autorintentionen werden in diesen Denksprüchen mehr oder weniger stark gebrochen. Zum Beispiel bewegt sich die folgende Sentenz:

»Kto žil i myslil, tot ne možet
V duše ne prezirat' ljudej;
Kto čuvstvoval, togo trevožit
Prizrak nevozvratimych dnej:
Tomu už net očarovanij,
Togo zmija vospominanij,
Togo raskajan'e gryzet.«

[»Wer gelebt und gedacht hat, kann nicht umhin,
In seinem Herzen die Menschen zu verachten;
Wer gefühlt hat, den quält
Das Trugbild unwiederbringlicher Tage,
Für den gibt es keine Verzauberung mehr
An dem (nagt) die Natter der Erinnerungen,
An dem nagt Reue.«]

in einer parodistischen Schicht, obwohl man ständig die Gegenwart der Autorintentionen spürt. Doch schon die folgenden Zeilen:

»Vse ėto často pridaet
Bol'šuju prelest' razgovoru.«

[»All dies verleiht oft
Einen besonderen Zauber dem Gespräch.«]

(ein Gespräch des fiktiven Autors mit Onegin) verstärken die parodistisch-ironischen Akzente, werfen einen objekthaften Schatten auf die Sentenz. Wir sehen, daß sie im Wirkungsbereich der Stimme Onegins erscheint, in seinem – Onegins – Horizont, mit seinen – Onegins – Akzenten. Aber die Brechung der Autorintentionen ist hier – im Bereich der Nachklänge von Onegins Stimme, in der Zone Onegins – eine andere als zum Beispiel in der Zone von Lenskij (vgl. die fast objekthafte Parodie auf seine Verse).

Dieses Beispiel mag auch zur Illustration des oben analysierten Einflusses der Reden der Helden auf die Autorrede dienen: der zitierte Aphorismus ist von den (modisch-byronistischen) Intentionen Onegins geleitet, weswegen sich der Autor nicht ganz mit ihm solidarisiert und eine gewisse Distanz zu ihm wahrt.

Weit komplizierter verhält es sich mit der Einbettung von Gattungen, die für den Roman von größerem Belang sind (Beichte, Tagebuch u. a.). Auch sie bringen ihre Sprachen in den Roman ein, aber diese Sprachen sind vor allem als gegenständlich-produktive Standpunkte von Bedeutung, die, nicht literarischen Ursprungs, den hochsprachlichen Horizont erweitern, der Literatur neue Felder des verbalen Verstehens erschließen helfen und schon in anderen – außerliterarischen – Bereichen des sprachlichen Lebens erprobt und erkämpft worden sind.

Das humoristische Spiel mit Sprachen, die Erzählung, die »nicht vom Autor« stammt (sondern vom Erzähler, vom fiktiven Autor, von einer Person), die Reden und Zonen der Helden und, schließlich, die eingebetteten oder umrahmenden Gattungen sind grundlegende Formen der Einführung und Organisation der Redevielfalt im Roman. Alle diese Formen zählen zum Modus der nicht direkten, vorbehaltlichen, distanzierten Verwendung von Sprachen. Sie bezeichnen die Relativierung des sprachlichen Bewußtseins, verleihen dem diesem Bewußtsein eigentümlichen Sinn für die Objekthaftigkeit der Sprache, für die Grenzen der Sprache – für historische, soziale und sogar grundsätzliche Grenzen (das heißt, für Grenzen der Sprache als solcher) – Ausdruck. Diese Relativierung des Sprachbewußtseins erfordert nun aber keineswegs die Relativierung der Sinnintentionen:

diese nämlich können auch im Sprachbewußtsein der Prosa nichtfiktional sein. Aber gerade weil der Romanprosa die Idee der Einheitssprache (als unanfechtbarer und vorbehaltloser Sprache) fremd ist, muß das Prosabewußtsein seine eigenen, wenn auch nichtfiktionalen, Sinnintentionen orchestrieren. In lediglich *einer* von vielen Sprachen der Redevielfalt wird es diesem Bewußtsein zu eng, ein einziges sprachliches Timbre reicht ihm nicht aus.

Wir haben die Grundformen angezeigt, die für die wichtigsten Varianten des europäischen Romans charakteristisch sind; mit ihnen sind jedoch, wie sich versteht, nicht alle möglichen Verfahren der Einführung und Organisation der Redevielfalt im Roman erschöpft. Es ist durchaus die Kombination aller dieser Formen in einzelnen Romanen und daher auch in den von diesen Romanen geschaffenen Varianten der Gattung möglich. Ein solches klassisches und sehr reines Beispiel der Romangattung ist der *Don Quijote* von Cervantes; in ihm sind die künstlerischen Möglichkeiten des in der Rede differenzierten und im Innern dialogisierten Romanwortes außergewöhnlich gründlich und ausgreifend verwirklicht.

Die Redevielfalt, die in den Roman eingeführt wird (welcher Art die Formen ihrer Einführung auch sein mögen) ist *fremde Rede in fremder Sprache*, die dem gebrochenen Ausdruck der Autorintentionen dient. Das Wort einer solchen Rede ist ein *zweistimmiges* Wort. Es dient gleichzeitig zwei Sprechern und drückt gleichzeitig zwei verschiedene Intentionen aus: die direkte Intention der sprechenden Person und die gebrochene des Autors. In einem solchen Wort sind zwei Stimmen, zwei Sinngebungen [dva smysla] und zwei Expressionen enthalten. Zudem sind diese beiden Stimmen dialogisch aufeinander bezogen, sie wissen gleichsam voneinander (wie zwei Repliken eines Dialogs voneinander wissen und sich in diesem gegenseitigen Wissen entfalten), sie führen gleichsam ein Gespräch miteinander. Das zweistimmige Wort ist stets im Innern dialogisiert. So ist das humoristische, ironische, parodistische Wort, so ist das brechende Wort des Erzählers, das brechende Wort in den Reden des Helden und so ist schließlich das Wort der eingebetteten Gattung beschaffen: sie alle sind zweistimmige, innerlich dialogisierte Wörter. In ihnen ist ein potentieller, unentwickelter und konzentrierter Dialog zweier Stimmen, zweier Weltanschauungen, zweier Sprachen angelegt.

Das zweistimmige, innerlich dialogisierte Wort kommt selbstverständlich auch in einem geschlossenen, reinen und einheitlichen Sprachsystem, das dem sprachlichen Relativismus des Prosabewußtseins fremd ist, vor und folglich auch in rein poetischen Gattungen. Aber hier gibt es kein Terrain, auf dem es sich bedeutsam und substantiell entwickeln könnte. Weit verbreitet ist das zweistimmige Wort in den rhetorischen Gattungen, doch auch hier speist es sich nicht vom Zusammenhang mit den die Sprache spaltenden Kräften des historischen Werdens, da es im Rahmen eines Sprachsystems verharrt, und es ist hier bestenfalls ein ferner und zur individuellen Polemik verengter Widerhall dieses Werdens.

Die poetische und rhetorische Zweistimmigkeit, die vom Prozeß der sprachlichen Spaltung ausgenommen ist, kann dem individuellen Dialog, dem individuellen Streit und Gespräch zweier Personen ähnlich entfaltet werden, wobei davon auszugehen ist, daß die Repliken dieses Dialogs einer einzigen und einheitlichen Sprache immanent sind: sie können zwar inkongruent sein, einander widersprechen, doch können sie weder in der Rede differenziert noch verschiedensprachig sein. Eine solche Zweistimmigkeit, die innerhalb eines geschlossenen und einheitlichen Sprachsystems und ohne authentische sozial-sprachliche Orchestrierung bleibt, kann nur als stilistisch zweitrangige Begleiterscheinung des Dialogs und der polemischen Formen bestehen.[24] Die Zweistimmigkeit, die innere Entzweiung des Wortes, das einer einzigen und einheitlichen Sprache und einem monologisch strukturierten Stil genügt, kann niemals substantiell sein: es ist ein Spiel, ein Sturm im Wasserglas.

Die Zweistimmigkeit der Prosa ist von anderer Art. Hier, auf dem Boden der Romanprosa, schöpft die Zweistimmigkeit ihre Energie, ihre dialogisierte Zweideutigkeit nicht aus individuellen (obschon tragischen und in den individuellen Geschicken begründeten) Stimmenverschiedenheiten, Mißverständnissen und Widersprüchen[25] – im Roman reichen die Wurzeln der Zweistimmigkeit tief in die sozialsprachliche Rede- und Sprachvielfalt hinab. Zwar ist auch im Roman die Redevielfalt in ihren Hauptzügen stets personifiziert, in Personen mit individualisierten Stimmen und Widersprüchen verkörpert. Hier aber sind die Redevielfalten individueller Willen und des Verstandes[25a*] in die gesellschaftliche Redevielfalt eingelassen und von ihr mit einem besonderen Sinn versehen. Die Widersprüche von Individuen sind hier lediglich die herausragenden Spitzen der gesellschaftlichen Redevielfalt, eines Elements, das sie spielt und unter seiner Gewalt widersprüchlich macht, ihr Bewußtsein und ihre Wörter mit seiner substantiellen Redevielfalt sättigt.

Daher kann sich die innere Dialogizität des zweistimmigen Wortes in der künstlerischen Prosa niemals thematisch erschöpfen (wie auch die metaphorische Energie der Sprache sich niemals thematisch erschöpfen kann), kann sie niemals voll und ganz in einem direkten Sujet- oder Problemdialog aufgehen, der die in der sprachlichen

Redevielfalt angelegte innerlich-dialogische Potenz restlos aktualisieren würde. Die organisch aus der gespaltenen und in der Rede differenzierten Sprache hervorgehende innere Dialogizität des authentischen Prosawortes kann nicht substantiell dramatisiert und dramatisch vollendet (wirklich beendet) werden, sie geht im Rahmen des direkten Dialogs, im Rahmen eines Gesprächs von Personen nicht restlos auf, ist nicht in deutlich abgegrenzte Repliken zu scheiden.[26] Diese Zweistimmigkeit der Prosa ist in der Sprache selbst vorgebildet (genauso wie die Metapher, wie der Mythos), in der Sprache als einem sozialen Phänomen, das historisch entsteht und in diesem Prozeß sozial gespalten und zerrissen wird.

Die Relativierung des sprachlichen Bewußtseins, seine substantielle Zugehörigkeit zur sozialen Viel- und Verschiedensprachigkeit der entstehenden Sprachen, die Wanderschaft der Sinn- und Ausdrucksintentionen, der Hauptgedanken dieses Bewußtseins durch die Sprachen (die gleichermaßen mit Sinn versehen und gleicherweise objektiv sind), die für dieses Bewußtsein unaufhebbare Notwendigkeit des indirekten, vorbehaltlichen, gebrochenen Sprechens – all das sind Voraussetzungen der authentischen Zweistimmigkeit des Wortes in der künstlerischen Prosa. Diese Zweistimmigkeit findet der Romanschriftsteller in der sein Bewußtsein umschließenden und prägenden lebendigen sprachlichen Redevielfalt und in der Sprachvielfalt vor, kurz, sie verdankt sich nicht einer oberflächlichen, individuellen rhetorischen Polemik mit Personen.

Wenn der Romanautor den Sprachboden des Prosastils verliert, wenn er nicht auf der Höhe des relativierten, galileischen Sprachbewußtseins zu operieren vermag, wenn er der organischen Zweistimmigkeit und der inneren Dialogizität des lebendigen, werdenden Wortes gegenüber taub ist, dann wird er niemals die tatsächlichen Möglichkeiten und Aufgaben der Romangattung erfassen und erfüllen. Er kann natürlich ein Werk schreiben, das dem Roman in Komposition und Thematik sehr ähnlich ist, das genauso »gemacht« ist wie ein Roman, aber er wird keinen Roman schaffen. Der Stil wird ihn verraten. Wir werden die naiv-selbstsichere oder stumpfsinnig-selbstsichere Einheit einer glatten und reinen einstimmigen Sprache (oder einer Sprache mit elementar-künstlicher, ausgedachter Zweistimmigkeit) beobachten. Wir werden feststellen, daß die Austreibung der Vielfältigkeit der Rede einem solchen Autor leichtgefallen ist: er vernimmt die substantielle Redevielfalt der realen Sprache nicht; die sozialen Obertöne, die das Timbre der Wörter begründen, faßt er als störende Geräusche auf, die auszuschalten sind. Löst der Roman sich von der wirklichen sprachlichen Vielfalt der Rede los, so verkommt er leicht zum Lesedrama (zu einem natürlich schlechten Drama) mit ausführlich entfalteten und »künstlerisch bearbeiteten« Bühnenanweisungen. Die Autorsprache verfällt in einem solchen von der Redevielfalt abgetrennten Roman unweigerlich in den peinlichen und unsinnigen Sprachgestus der Bühnenanweisung im Drama.[27]

Das zweistimmige Prosawort ist zweideutig. Doch auch das im engeren Sinne poetische Wort ist zweideutig und vieldeutig. Darin besteht sein Hauptunterschied zum Wort als Begriff, zum Wort als Terminus. Das poetische Wort ist eine Trope, die verlangt, daß die beiden in ihr vorhandenen Bedeutungen deutlich wahrgenommen werden.

Wie auch immer man die Wechselbeziehungen zwischen den Bedeutungen im poetischen Symbol (der Trope) verstehen will, sie ist auf keinen Fall eine dialogische, und niemals und unter keinen Umständen darf man sich die Trope (z. B. die Metapher) als in zwei Repliken eines Dialogs entfaltet, das heißt beide Bedeutungen als auf zwei verschiedene Stimmen verteilt vorstellen. Eben deshalb wird die Zweideutigkeit (oder Vieldeutigkeit) des Symbols niemals zwei Akzente haben. Im Gegenteil, die poetische Zweideutigkeit gehorcht einer einzigen Stimme und einem einzigen Akzentsystem. Man kann die Wechselbeziehung zwischen den Bedeutungen im Symbol logisch interpretieren (als das Verhältnis des Einmaligen oder Individuellen zum Allgemeinen, z. B. als zum Symbol gewordener Eigenname; als das Verhältnis des Konkreten zum Abstrakten usw.); man kann sie philosophisch-ontologisch verstehen, als besonderes Verhältnis der Repräsentation oder als das Verhältnis von Erscheinung und Wesen usw., man kann den emotional-werthaften Aspekt dieser Wechselbeziehung in den Vordergrund stellen – alle diese Typen der Wechselbeziehung zwischen Bedeutungen übertreten die Grenzen des Verhältnisses des Wortes zu seinem Gegenstand und zu verschiedenen Momenten dieses Gegenstands nicht und können sie nicht übertreten. Das gesamte Geschehen spielt sich zwischen dem Wort und dem Gegenstand ab, hier findet das Spiel des poetischen Symbols statt. Das Symbol kann kein substantielles Verhältnis zum fremden Wort, zur fremden Stimme zu seiner Voraussetzung machen. Die Vieldeutigkeit des poetischen Symbols setzt vielmehr voraus, daß die Stimme einheitlich und mit sich identisch ist, daß es in ihrem Wort nur sie allein gibt. Sobald eine fremde Stimme, ein fremder Akzent, ein anderer möglicher Standpunkt in dieses Spiel des Symbols einbricht, ist die poetische Schicht zerstört und das Symbol in die Prosaschicht versetzt.

Um den Unterschied zwischen der Zweideutigkeit der Poesie und der Zweistimmigkeit der Prosa zu verstehen, braucht man nur irgendein Symbol (in einem entsprechenden substantiellen Kontext, wie sich versteht) ironisch zu fassen und zu akzentuieren, das heißt, die eigene Stimme in das Symbol einzuflechten, die eigene, neue Intention in ihm zu brechen.[28] Damit wird das poetische Symbol, obgleich es Symbol bleibt, in die Prosaschicht versetzt, und es wird zum zweistimmigen Wort: zwischen Wort und Gegenstand dringt ein fremdes Wort, ein fremder Akzent, und auf das Symbol fällt ein objekthafter Schatten (die hierbei entstehende zweistimmige Struktur ist freilich primitiv und einfach).

Ein Beispiel für eine solche allereinfachste Übertragung eines poetischen Symbols in die Prosa ist die Strophe über Lenskij im *Evgenij Onegin*:

> »On pel ljubov', ljubvi polsušnyj
> I pesn' ego byla jasna,
> Kak mysli devy prostodušnoj,
> Kak son mladenca, kak luna ...«
>
> [»Er besang die Liebe, der Liebe ergeben,
> Und sein Lied war rein
> Wie die Gedanken einer treuherzigen Jungfrau,
> Wie der Traum eines Kindes, wie der Mond ...«][29]

Die poetischen Symbole dieser Strophe sind von Anbeginn an zwei Schichten orientiert: an der Schicht des Lieds von Lenskij selbst – im Sinn- und Ausdruckshorizont der »Göttinger Seele« – und an der Schicht der Rede Puškins, für den die »Göttinger Seele« mit ihrer Sprache und ihrer Poetik ein neues, doch allmählich charakteristisch werdendes Phänomen der literarischen Redevielfalt dieser Epoche ist: ein neuer Ton, eine neue Stimme in der Stimmenvielfalt der Hochsprache, der literarischen Weltanschauungen und des von diesen Weltanschauungen geleiteten Lebens. Andere Stimmen dieser literarisch aktuellen Redevielfalt sind: die im Stil von Byron und Chateaubriand gehaltene Sprache Onegins, die Richardsonsche Sprache und Welt der vom Land stammenden Tat'jana, die Sprache des Kreisalltags am Hof der Larins, die Sprache und Welt der Petersburger Tat'jana und andere Sprachen, darunter auch verschiedene indirekte Sprachen des Autors, die sich im Laufe des Werkes verändern. Diese gesamte Redevielfalt (*Evgenij Onegin* ist eine Enzyklopädie der Stile und Sprachen dieser Epoche) orchestriert die Intentionen des Autors und konstituiert den wirklich romanhaften Stil dieses Werkes.

Somit werden die Bilder der von uns zitierten Strophe, die sich im intentionalen Horizont Lenskijs als zweideutige (metaphorische) poetische Symbole erweisen, im System der Rede Puškins zu zweistimmigen Prosasymbolen. Natürlich handelt es sich um wirkliche künstlerische Prosasymbole, die aus der Redevielfalt der werdenden Hochsprache dieser Epoche hervorgehen, und nicht um oberflächliche, rhetorische Parodie oder Ironie.

So sieht der Unterschied zwischen der künstlerisch-praktischen Zweistimmigkeit und der einstimmigen Zwei- oder Mehrdeutigkeit des rein poetischen Symbols aus. Die Zweideutigkeit des zweistimmigen Wortes ist in sich dialogisiert, vom Dialog erfüllt und kann tatsächlich Dialoge von real getrennten Stimmen aus sich erzeugen (nicht aber etwa dramatische Dialoge, sondern die ausgangslosen Dialoge der Prosa). Allerdings wird sich die poetische Zweistimmigkeit niemals in diesen Dialogen erschöpfen, sie ist weder durch rational-logische Zergliederung und Verteilung auf die Glieder einer monologisch einheitlichen Periode (wie in der Rhetorik) noch durch den dramatischen Bruch zwischen den Repliken eines vollendbaren Dialogs völlig aus dem Wort zu vertreiben. Obschon die authentische Zweistimmigkeit aus sich heraus Romandialoge in Prosa erzeugt, erschöpft sie sich nicht in ihnen und bleibt als unversiegliche Quelle der Dialogizität im Wort, in der Sprache, denn die innere Dialogizität der Sprache ist eine notwendige Begleiterscheinung der Spaltung der Sprache, eine Folge ihrer Überbesetzung mit in der Rede differenzierten Intentionen. Diese Aufspaltung und die mit ihr zusammenhängende Überbesetzung und Überlastung der Wörter und Formen mit Intentionen sind die unvermeidbaren Begleiterscheinungen des sozial widersprüchlichen historischen Werdens der Sprache.

Während das Kardinalproblem der Dichtungstheorie im Problem des poetischen Symbols liegt, ist das Problem des zweistimmigen, innerlich dialogisierten Wortes in allen seinen vielfältigen Typen und Varianten das zentrale Problem der Theorie der künstlerischen Prosa.

Für den Autor des Prosaromans ist der Gegenstand vom fremden Wort umhüllt, er ist vorbehaltlich, strittig, unterschiedlich mit Sinn versehen und bewertet, er ist nicht zu trennen von seiner in der Rede differenzierten sozialen Erkenntnis. Von dieser »vereinbarten Welt« spricht der Romanschriftsteller in einer rededifferenzierten, in sich dialogisierten Sprache. Sowohl die Sprache als auch der Gegenstand enthüllen sich dem Romanschriftsteller so in ihrer Geschichtlichkeit, in ihrem sozialen, in der Rede differenzierten Werden. Es gibt für ihn keine Welt außerhalb seines sozial in der Rede differenzierten Erkennens, und es gibt keine Sprache außerhalb der die Welt aufspaltenden, in der Rede differenzierten Intentionen. Deshalb ist, nicht anders als in der Dichtung, auch im Roman eine tiefe, wiewohl spezifische Einheit der Sprache (genauer gesagt: der Sprachen) mit ihrem Gegenstand, mit ihrer Welt möglich. Wie das poetische Bild aus der Sprache selbst hervorgegangen und organisch gewachsen, in ihr vorgebildet zu sein scheint, so scheinen die Bilder im Roman organisch mit ihrer verschiedenstimmigen Sprache verwachsen und gleichsam in ihr, im Innern ihrer eigenen organischen Vielfältigkeit der Rede vorgebildet zu sein. Die »Vorbehaltlichkeit« der Welt und der »Gesprächscharakter« der Sprache verflechten sich im Roman zum einheitlichen Ereignis des in der Rede differenzierten Werdens der Welt in der gesellschaftlichen Erkenntnis und im Wort.

Auch das im engeren Sinne poetische Wort muß zu seinem Gegenstand durch das ihn umhüllende fremde Wort vorstoßen, auch es findet eine in der Rede differenzierte Sprache vor und muß sich zu seiner zu schaffenden (nicht etwa fertig gegebenen) Einheit sowie zu seiner reinen Intentionalität hindurchkämpfen. Aber diese Bewegung des poetischen Wortes hin zu seinem Gegenstand und zur Einheit der Sprache, ein Weg, auf dem es fortwährend auf das fremde Wort trifft und beide sich wechselseitig aneinander orientieren, bleibt als Schlacke des schöpferischen Prozesses zurück, wird weggeräumt, wie Holzgerüste abgeräumt werden, wenn der Bau beendet ist. Das fertige Werk erhebt sich als einheitliche und auf den Gegenstand konzentrierte Rede über eine »jungfräuliche« Welt. Der Preis für diese einstimmige Reinheit und intentionale, vorbehaltlose Direktheit des fertigen poetischen Wortes ist eine gewisse Bedingtheit der poetischen Sprache.

Während auf dem Boden der Dichtung als utopische Philosophie ihrer Gattungen sich die Idee einer rein poetischen, aus dem aktuellen Alltag herausgelösten, ahistorischen Sprache, einer Sprache der Götter bildet, steht der künstlerischen Prosa die Idee eines lebendigen und historischen Wesens der Sprachen nahe. Die künstlerische Prosa setzt die absichtliche Wahrnehmung der geschichtlichen und gesellschaftlichen Konkretheit und Relativität des lebendigen Wortes, seine Beteiligung am historischen Prozeß und am sozialen Kampf voraus; und sie nimmt das Wort als ein Wort, in dem dieser Kampf und die Feindschaft noch nicht erkaltet sind, ein Wort, das noch unentschieden und von einander feindlichen Intonationen und Akzenten zerrissen ist und ordnet es als solches der dynamischen Einheit ihres Stils unter.

Kapitel IV. Der sprechende Mensch im Roman

Wir haben gesehen, daß die soziale Redevielfalt, das in der Rede differenzierte Erkennen von Welt und Gesellschaft, die das Thema des Romans orchestrieren, in den Roman entweder als unpersönliche, doch an Bildern von Sprechenden reiche Stilisierung von gattungs- und berufsspezifischen sowie anderen sozialen Sprachen oder aber als verkörperte Bilder des fiktiven Autors, der Erzähler und schließlich der Helden Eingang finden.

Der Romancier kennt keine einheitliche, alleinige, naiv (oder bedingt) unstrittige und unanfechtbare Sprache. Dem Romanautor ist sie als aufgespaltene und in der Rede differenzierte Sprache gegeben. Er weiß, daß die Sprache, selbst dort, wo die Redevielfalt außerhalb des Romans bleibt, wo der Autor mit seiner eigenen einheitlichen und völlig affirmierten Sprache (ohne Distanzen, ohne Brechung, ohne Vorbehalt) hervortritt, nicht allgemeingültig und unstrittig ist, daß sie inmitten einer Redevielfalt erklingt, daß sie sich entfernen und läutern, sich verteidigen und motivieren muß. Eben deshalb ist eine solche einheitliche und direkte Sprache im Roman polemisch und apologetisch, das heißt, sie steht mit der Redevielfalt in einer dialogischen Wechselbeziehung, ein Sachverhalt, der die ganz besondere – bestreitbare, strittige und streitende – Einstellung des Wortes im Roman bestimmt; dieses Wort kann die es umgebende Redevielfalt weder naiv noch bedingt vergessen oder ignorieren.

Die Redevielfalt geht also entweder sozusagen in eigener Gestalt in den Roman ein und materialisiert sich darin in Bildern von den sprechenden Menschen oder aber sie bestimmt als dialogisierender Kontext den besonderen Klang des direkten Romanwortes.

Hieraus folgt eine außerordentlich wichtige Eigenart der Romangattung: der Mensch im Roman ist wesentlich ein sprechender Mensch; der Roman bedarf sprechender Menschen, die sein ideologisches, spezifisches Wort, seine Sprache transportieren.

Der grundlegende, »spezifizierende« Gegenstand der Romangattung, der die stilistische Besonderheit des Romans begründet, ist der *sprechende Mensch und sein Wort.*

Um diese These verständlich zu machen, sind drei Momente hervorzuheben:

1. Der sprechende Mensch und sein Wort sind im Roman Gegenstand verbaler und künstlerischer Abbildung. Das Wort des sprechenden Menschen wird im Roman nicht schlicht wiedergegeben und nachgebildet, sondern *künstlerisch abgebildet*, und dies – im Unterschied zum Drama – *durch das Wort* (des Autors). Der sprechende Mensch und sein Wort bilden als Gegenstand des Wortes jedoch einen spezifischen Gegenstand: über das Wort kann man nicht auf dieselbe Weise sprechen wie über die anderen Gegenstände der Rede – über stumme Dinge, Erscheinungen, Ereignisse usf.; es verlangt

besondere formale Verfahren der Rede und der verbalen Abbildung.

2. Der sprechende Mensch des Romans ist wesentlich ein *gesellschaftlicher Mensch*, ein historisch konkreter und bestimmter Mensch, und sein Wort ist eine soziale Sprache (wenn auch nur im Keim), kein »individueller Dialekt«. Ein individueller Charakter und individuelle Geschicke sowie das von ihnen bestimmte individuelle Wort an und für sich sind dem Roman gleichgültig. Die Spezifika des Wortes eines Romanhelden erheben Anspruch auf soziale Bedeutsamkeit und soziale Verbreitung – es sind dies potentielle Sprachen. Daher kann auch das Wort des Helden die Sprache spalten und sie mit Redevielfalt überziehen.

3. Der sprechende Mensch des Romans ist in diesem oder jenem Grade stets ein *Ideologe*, seine Wörter sind immer ein *Ideologem*. Eine besondere Sprache steht im Roman allemal für einen besonderen Standpunkt gegenüber der Welt, einen Standpunkt, der auf soziale Bedeutsamkeit pocht. Gerade als Ideologem wird das Wort zum Gegenstand der Abbildung im Roman, eben deswegen ist der Roman niemals gegenstandsloses Wortspiel. Der Roman begünstigt zudem dank der dialogisierten Abbildung des ideologisch vollwertigen (meist aktuellen und wirksamen) Wortes weniger als alle anderen Wortgattungen den Ästhetizismus und das rein formalistische Spiel mit Wörtern. Ästhetizismus kommt im Roman niemals im formalen Aufbau zum Vorschein, sondern allenfalls darin, daß ein sprechender Mensch als Ideologe des Ästhetizismus abgebildet wird, der sein Glaubensbekenntnis vorträgt, das dann im Roman einer Prüfung unterzogen wird. So ist das *Bildnis des Dorian Gray* von Wilde beschaffen; so sind der frühe Thomas Mann, Henri de René, der frühe Huysmans, der frühe Barrès, der frühe André Gide vorgegangen. Der Ästhet, der an einem Roman arbeitet, wird in dieser Gattung selbst zu einem Ideologen, der seine ideologischen Positionen verteidigt und erprobt, wird zu einem Apologeten und Polemiker.

Der sprechende Mensch und sein Wort sind, wie gesagt, der spezifizierende, die Eigenart dieser Gattung konstituierende Gegenstand des Romans. Im Roman werden jedoch, wie sich versteht, nicht nur der sprechende Mensch und der Mensch selbst nicht nur als sprechender Mensch abgebildet. Der Mensch kann im Roman ebensoviel handeln wie im Drama oder im Epos – aber sein Handeln ist stets ideologisch gefärbt, immer mit dem Wort (wenn auch nur mit dem potentiellen Wort), mit einem ideologischen Motiv verknüpft, er verwirklicht eine bestimmte ideologische Position. Die Handlung, die Tat des Helden im Roman sind sowohl für die Aufdeckung als auch für die Erprobung seiner ideologischen Position, seines Wortes vonnöten. Zwar hat der Roman des 19. Jahrhunderts eine wichtige Variante hervorgebracht, in der der Held einzig ein sprechender Mensch ist, handlungsunfähig, zum bloßen Wort verdammt: zum Traum, zur Prediger- und Lehrertätigkeit, zur fruchtlosen Reflexion. So verhält es sich beispielsweise beim russischen Roman, in dem der Intelligenzler als ein Ideologe auf die Probe gestellt wird (das einfachste Beispiel ist der »Rudin«). Ein solcher untätiger Held ist freilich nur eine der thematischen Versionen des Romanhelden. Gewöhnlich handelt der Held im Roman nicht weniger als im Epos. Der wesentliche Unterschied gegenüber dem epischen Helden besteht darin, daß er nicht nur handelt, sondern auch spricht und daß sein Handeln nicht allgemeingültig und unumstritten ist und sich auch nicht in der allgemeingültigen und unstrittigen epischen Welt vollzieht. Deshalb bedarf ein solches Handeln immer des ideologischen Vorbehalts, hinter ihm steht eine bestimmte ideologische Position, die nicht als einzig mögliche gilt und deshalb bestreitbar ist. Die ideologische Position des epischen Helden ist für die ganze epische Welt allgemeingültig, er hat keine *besondere* Ideologie, neben der andere möglich und existent sind. Der epische Held kann ausgedehnte Reden halten (und der Romanheld kann schweigen), aber sein Wort ist niemals ideologisch hervorgehoben (hervorgehoben ist es bloß formal – durch Komposition und Sujet); es verschmilzt mit der Autorstimme. Aber auch der Autor stellt seine Ideologie nicht in den Vordergrund, sie verschmilzt mit der allgemeinen – einzig möglichen. Im Epos gibt es einen einzigen und einheitlichen Horizont, im Roman gibt es deren mehrere, und der Held handelt gewöhnlich in seinem eigenen, besonderen Horizont. Deshalb gibt es im Epos keine sprechenden Menschen als Vertreter verschiedener Sprachen – der Sprechende ist hier im Grunde allein der Autor, und das Wort ist hier einzig das einheitliche Autorwort.

Im Roman kann durchaus ein Held vorgeführt werden, der dem Plan des Autors gemäß makellos denkt und handelt (und spricht), so, wie jeder handeln soll – aber diese romanhafte Makellosigkeit hat nichts mit der naiven epischen Unstrittigkeit gemein. Und obschon die ideologische Position eines solchen Helden nicht im Verhältnis zur Ideologie des Autors herausgehoben wird (ja mit ihr verschmilzt), so ist sie jedenfalls im Verhältnis zur umgebenden Redevielfalt herausgehoben: die Makellosigkeit des Helden ist der Redevielfalt apologetisch und polemisch entgegengesetzt. So sind die makellosen Helden des Barockromans und die Helden des Sentimentalismus, wie beispielsweise Grandison, beschaffen. Die Taten dieser Helden sind ideologisch gefärbt und vom apologetischen und polemischen Wort bedingt.

Die Handlung des Romanhelden ist stets ideologisch hervorgehoben: er lebt und handelt in seiner ideologischen Welt (und nicht in der einheitlichen epischen Welt), er hat seine eigene Welterkenntnis, die in Handlung und Wort verkörpert ist.

Warum ist es nun aber nicht möglich, die ideologische Position des Helden und die ihr zugrunde liegende ideologische Welt einzig und gerade in den Handlungen des Helden aufzudecken, ohne sein Wort überhaupt abzubilden?

Eine fremde ideologische Welt kann man nicht adäquat abbilden, ohne sie selbst zum Vorschein zu bringen, ohne ihr eigenes Wort zu erschließen. Denn das für die Abbildung einer spezifischen ideologischen Welt tatsächlich adäquate Wort kann nur ihr eigenes Wort sein, wenn auch nicht allein, sondern in Verbindung mit dem Autorwort. Der Romancier kann seinem Helden das direkte Wort sehr wohl verweigern, er kann sich darauf beschränken, lediglich Handlungen abzubilden, doch erklingt in dieser Abbildung durch den Autor, wenn sie das Wesen erfaßt und adäquat ist, unweigerlich zusammen mit der Autorrede auch das fremde Wort, das Wort des Helden selbst (siehe die hybriden Konstruktionen, die wir im vorangegangenen Kapitel analysiert haben).

Der sprechende Mensch des Romans muß, wie man aus dem letzten Kapitel ersehen kann, nicht unbedingt im Helden verkörpert sein. Der Held ist nur eine der möglichen Figurationen des sprechenden Menschen (allerdings die wichtigste). Die Sprachen der Redevielfalt finden als unpersönliche parodistische Stilisierungen (wie bei den englischen und deutschen Humoristen) und nicht-parodistische Stilisierungen in der Art der eingebetteten Gattungen, als fiktive Autoren sowie in der Form des skaz in den Roman Eingang. Schließlich ist selbst die nicht fiktive Autorrede, so polemisch und apologetisch sie auch sein mag, das heißt sich als besondere Sprache den anderen Sprachen der Redevielfalt gegenüberstellt, in gewissem Grad auf sich selbst konzentriert, das heißt, sie bildet nicht nur ab, sondern wird auch abgebildet.

Alle diese Sprachen sind – auch dort, wo sie nicht im Helden verkörpert sind – sozial und historisch konkretisiert sowie mehr oder weniger objekthaft (nicht-objekthaft kann nur eine Sprache sein, die außer sich keine anderen Sprachen kennt), und deswegen scheinen hinter ihnen allen die Bilder von sprechenden Menschen in konkreter sozialer und historischer Einkleidung durch. Für die Gattung des Romans ist nicht das Bild des Helden an und für sich charakteristisch, sondern vielmehr *das Bild einer Sprache*. Um aber zum künstlerischen Bild zu werden, muß die Sprache zur Rede im sprechenden Mund werden, wobei sie sich mit dem Bild des sprechenden Menschen verbindet.

Wenn der spezifische Gegenstand der Romangattung der sprechende Mensch und sein als besondere Sprache der Redevielfalt auf soziale Bedeutsamkeit und weite Verbreitung Anspruch erhebendes Wort sind, dann können wir das zentrale Problem der Stilistik des Romans formulieren als das *Problem der künstlerischen Abbildung der Sprache, das Problem des Bildes von der Sprache.*

Hier ist allerdings hinzuzufügen, daß dieses Problem bislang noch nicht in seinem ganzen Umfang und seiner Grundsätzlichkeit gestellt worden ist. Deswegen ist den Forschern auch die Spezifik der Stilistik des Romans entgangen. Doch man ist diesem Problem auf die Spur gekommen: im Zusammenhang mit der Untersuchung der künstlerischen Prosa hat sich die Aufmerksamkeit der Forscher zunehmend auf Phänomene wie die Stilisierung von Sprachen, die Parodie auf Sprachen, den skaz konzentriert. Für alle diese Phänomene ist charakteristisch, daß das Wort in ihnen nicht nur abbildet, sondern auch selbst abgebildet wird, daß die soziale Sprache in ihnen – die Sprachen der Gattungen, Berufe, literarischen Richtungen – zum Gegenstand einer freien und künstlerischen Nachbildung, Umformung und Umgestaltung wird: es werden typische Momente der Sprache ausgewählt, die charakteristisch oder symbolisch substantiell sind. Die Abkehr von der empirischen Wirklichkeit der abzubildenden Sprache kann dabei nicht nur im Sinne parteilicher Auswahl und Übertreibung der in dieser Sprache enthaltenen Momente, sondern auch im Sinne einer freien Schöpfung solcher Momente im Geist dieser Sprache, die der Empirie dieser Sprache durchaus fremd sind, sehr wichtig sein. Eine solche Potenzierung von sprachlichen Momenten zu Symbolen der Sprache ist beispielsweise für den skaz besonders charakteristisch (Leskov und insbesondere Remizov). Alle diese Erscheinungen (Stilisierung, Parodie, skaz) sind außerdem, wie oben gezeigt wurde, zweistimmig und zweisprachig.

Gleichzeitig und parallel zu diesem Interesse an den Erscheinungen der Stilisierung, der Parodie und des skaz hat sich ein verstärktes Interesse für das Problem der Wiedergabe der fremden Rede, für das Problem der syntaktischen und stilistischen Formen dieser Wiedergabe herausgebildet. Es entfaltete sich vornehmlich in der deutschen romanistisch-germanistischen Philologie. Obwohl sich ihre Vertreter in der Hauptsache auf den linguistisch-stilistischen (oder sogar eng grammatischen) Aspekt konzentrierten, haben sie – allen voran Leo Spitzer – das Problem der künstlerischen Abbildung der fremden

Rede, dieses zentrale Problem der Romanprosa, weitgehend erfaßt. Dennoch wurde das Problem des *Bildes der Sprache* nicht klar gestellt, ja selbst die eigentliche Fragestellung der Wiedergabe fremder Rede wurde nicht hinreichend bedacht.

Die Wiedergabe und Erörterung fremder Reden, des fremden Wortes, ist eines der am weitesten verbreiteten und wesentlichsten Themen menschlicher Rede. Unsere Rede ist in allen Bereichen des Lebens und der ideologischen Arbeit mit fremden Wörtern überhäuft, die unterschiedlich genau und unvoreingenommen wiedergegeben werden. Je intensiver, differenzierter und höher das soziale Leben eines sprechenden Kollektivs ist, ein um so höheres spezifisches Gewicht unter den Gegenständen der Rede erlangen das fremde Wort, die fremde Aussage als Gegenstand einer interessierten Wiedergabe, Auslegung, Erörterung, Bewertung, Widerlegung, Unterstützung, Weiterentwicklung usf.

Deswegen ist auf die Bedeutung des Themas – der sprechende Menschen und sein Wort – in den außerkünstlerischen Bereichen des Lebens und der Ideologie einzugehen, ehe man sich den Fragen der künstlerischen Abbildung der fremden Rede mit der Einstellung auf das Bild der Sprache zuwenden kann. Während sich in keiner Form der Wiedergabe fremder Rede außerhalb des Romans eine bestimmende Einstellung auf das Bild der Sprache findet, werden diese Formen allesamt im Roman benutzt, und sie befruchten ihn, indem sie sich umbilden und sich in ihm seiner neuen zielgerichteten Einheit unterordnen (und umgekehrt übt der Roman einen mächtigen Einfluß auf die außerkünstlerische Rezeption und Wiedergabe des fremden Wortes aus).

Das Thema vom sprechenden Menschen ist im Alltag von großem Gewicht. Auf Schritt und Tritt ist im Alltag von jemandem, der spricht und seinem Wort die Rede. Man kann geradezu sagen: im Alltag wird am meisten über das gesprochen, was andere sagen, – man übermittelt, erinnert, erwägt, erörtert fremde Wörter, Meinungen, Behauptungen, Informationen, entrüstet sich über sie, erklärt sich mit ihnen einverstanden, bestreitet sie, beruft sich auf sie usw. Wenn man den Bruchstücken eines rohen Dialogs auf der Straße, in einer Menge, beim Anstehen, im Foyer usf. genau zuhört, dann hört man, wie oft die Wörter »sagt er«, »sagt man«, »sagte er« sich wiederholen; und bei einem raschen Gespräch der Menschen in einer Menge verschmilzt oft alles zu einem einzigen »er sagt . . ., du sagst . . ., ich sage . . .«. Überaus hoch ist das spezifische Gewicht von »alle sagen« und »sagte er« in der öffentlichen Meinung, im öffentlichen Klatsch, im

Geschwätz, wenn jemand durchgehechelt wird. Im übrigen ist die alltägliche psychologische Gewichtigkeit dessen, was andere über uns sagen, und die Wichtigkeit dessen, wie diese Wörter der anderen zu verstehen und zu interpretieren sind (»Hermeneutik des Alltags«), zu beachten.

In den höheren und stärker organisierten Sphären der alltäglichen Kommunikation nimmt die Bedeutung unseres Themas keineswegs ab. Jedes Gespräch ist angefüllt mit der Wiedergabe und Interpretation fremder Wörter. Auf Schritt und Tritt findet sich darin ein »Zitat« oder ein »Hinweis« auf das, was eine bestimmte Person gesagt hat, auf »man sagt« oder auf »alle sagen«, auf die Wörter des Gesprächspartners, auf eigene früher gesagte Wörter, auf eine Zeitung, auf einen Beschluß, auf ein Dokument, auf ein Buch usw. Die meisten Informationen und Meinungen werden in der Regel nicht in der direkten Form, als eigene, übermittelt, sondern mit dem Hinweis auf ihre unbestimmte allgemeine Quelle: »ich habe gehört«, »man nimmt an«, »man denkt« usw. Greifen wir zu einem in unserem Alltag nicht minder verbreiteten Fall: die Gespräche über irgendeine Sitzung; sie basieren auf der Wiedergabe, Deutung und Bewertung verschiedener Wortbeiträge, Resolutionen, vorgeschlagener, abgelehnter und angenommener Ergänzungen dazu usw. Überall ist also die Rede von sprechenden Menschen und ihren Wörtern; dieses Thema kehrt immer wieder; entweder lenkt es die Rede als Leitthema direkt oder es begleitet die Entwicklung anderer Alltagsthemen.

Weitere Beispiele für die Bedeutung des Themas vom sprechenden Menschen im Alltag können wir uns sparen. Es genügt, sich in die allenthalben ertönende Rede einzuhören und hineinzudenken, um zu folgender Feststellung zu gelangen: in der Alltagsrede eines jeden in der Gesellschaft lebenden Menschen sind im Durchschnitt nicht weniger als die Hälfte aller von ihm ausgesprochenen Wörter fremde Wörter (bewußt fremde), die unterschiedlich genau und unvoreingenommen (genauer: voreingenommen) wiedergegeben werden.

Natürlich könnten – würden sie schriftlich fixiert – bei weitem nicht alle wiederzugebenden fremden Wörter in Anführungszeichen gesetzt werden. Der Grad der Isolierung und Reinheit des fremden Wortes, der – in der schriftlichen Rede – Anführungszeichen gebietet (der Absicht des Sprechers folgend, da er selbst diesen Grad bestimmt), ist in der Alltagsrede längst nicht so hoch.

Auch erschöpft sich die syntaktische Formung der wiederzugebenden fremden Rede durchaus nicht in den grammatischen Schablonen der direkten und indirekten Rede: die Verfahren ihrer Einbettung, Formung und Nuancierung sind überaus vielfältig. Will man unsere

Behauptung richtig bewerten, so ist zu berücksichtigen, daß von allen im Alltag geäußerten Wörtern nicht weniger als die Hälfte fremde Wörter sind.

Der sprechende Mensch und sein Wort sind für die Alltagsrede nicht Gegenstand der künstlerischen Abbildung, sondern Gegenstand einer praktisch interessierten Wiedergabe. Deshalb handelt es sich hier nicht um Formen der Abbildung, sondern lediglich um Verfahren der Wiedergabe. Diese Verfahren sind sowohl in der verbal-stilistischen Formung der fremden Rede als auch in den Verfahren der interpretierenden Einrahmung, der Umdeutung und Umakzentuierung überaus verschieden – von der direkten wortgetreuen Wiedergabe reicht die Skala bis zur böswilligen und absichtlichen parodistischen Verfälschung und Verleumdung des fremden Wortes.

Man darf hier folgendes nicht unerwähnt lassen: die in einen Kontext eingeschlossene fremde Rede wird, wie genau sie auch wiedergegeben sein mag, stets in gewisser Weise in ihrem Sinn verändert. Der das fremde Wort einfassende Kontext schafft einen dialogisierenden Hintergrund, dessen Einfluß sehr groß sein kann. Mit Hilfe der Verfahren der Einrahmung kann man eine genau wiedergegebene fremde Äußerung wesentlich verändern. Der gewissenlose und geschickte Polemiker weiß genau, welchen dialogisierenden Hintergrund er den exakt zitierten Wörtern seines Gegners geben muß, um ihren Sinn zu entstellen. Besonders leicht ist es, den Grad der Objekthaftigkeit des fremden Wortes durch kontextuelle Einwirkung zu steigern und mit der Objektqualität zusammenhängende dialogische Reaktionen hervorzurufen. So kann man etwa eine ernstgemeinte Äußerung leicht in eine komische wenden. Das in den Kontext der Rede eingebettete fremde Wort tritt mit der es einrahmenden Rede nicht in einen mechanischen Kontakt, sondern geht mit ihr eine chemische Verbindung (in der Schicht von Sinn und Expression) ein; der Grad der wechselseitigen dialogisierenden Einwirkung ist mitunter enorm. Deswegen darf man bei der Untersuchung der Formen der Wiedergabe fremder Rede nicht die Verfahren der Formgebung der fremden Rede selbst von den Verfahren ihrer kontextuellen (dialogisierenden) Einrahmung trennen – das eine ist untrennbar mit dem anderen verknüpft. Sowohl die Formgebung als auch die Einrahmung der fremden Rede (der Kontext kann die Vorbereitung zur Einbettung der fremden Rede aus sehr weiter Ferne beginnen) bringen den einmaligen Akt jener dialogischen Beziehung zu ihr zum Ausdruck, die den Gesamtcharakter ihrer Wiedergabe und sämtliche bei der Wiedergabe sich in ihr vollziehenden Veränderungen des Sinns und des Akzents bestimmt.

Der sprechende Mensch und sein Wort sind in der Alltagsrede, wie gesagt, Gegenstand der praktisch interessierten Wiedergabe, keineswegs aber Gegenstand der Abbildung. Vom praktischen Interesse werden auch alle Alltagsformen der Wiedergabe des fremden Wortes und seine mit diesen Formen zusammenhängende Veränderung bestimmt – von feinen Nuancen des Sinns und des Akzents bis hin zu äußerlichen und groben Verzerrungen des Wortbestands. Aber die Einstellung auf eine interessierte Wiedergabe schließt die Momente der Abbildung nicht aus. Denn für die vom Alltag bestimmte Bewertung der fremden Wörter und für die Entschlüsselung ihres tatsächlichen Sinns kann es von entscheidender Bedeutung sein, wer gerade spricht und unter welchen konkreten Umständen. Das Alltagsverständnis und die Alltagsbewertung trennen die Wörter, und zwar in ihrer vollen Konkretheit, nicht von der Persönlichkeit des Sprechers (wie es in der ideologischen Sphäre möglich ist). Ferner ist die gesamte Sprechsituation wichtig: wer war dabei anwesend, mit welchem Ausdruck, mit welcher Mimik wurde gesprochen, mit welchen Nuancen der Intonation. Bei der Wiedergabe des fremden Wortes im Alltag können die gesamte Umgebung des Wortes und die Persönlichkeit des Sprechers abgebildet und sogar »durchgespielt« werden (von der exakten Reproduktion bis hin zum parodistischen Nachäffen und zur Übertreibung von Gesten und Intonation). Diese Abbildung ist dennoch den Aufgaben der praktisch interessierten Wiedergabe untergeordnet und wird von diesen Aufgaben bestimmt. Hier vom künstlerischen Bild des Menschen und vom künstlerischen Bild seines Wortes, geschweige denn vom Bild der Sprache zu sprechen, ist unangemessen. Allerdings können sich in zusammenhängenden Alltagserzählungen vom sprechenden Menschen bereits die künstlerischen Prosaverfahren der zweistimmigen und sogar zweisprachigen Abbildung des fremden Wortes abzeichnen.

Die Gespräche über den sprechenden Menschen und das fremde Wort gehen im Alltag nicht über den Rahmen der an der Oberfläche befindlichen Momente des Wortes, seiner sozusagen situationsabhängigen Gewichtigkeit, hinaus; tiefere Sinn- und Ausdrucksschichten des Wortes kommen nicht ins Spiel. Eine andere Bedeutung erlangt die Thematisierung des Sprechers im ideologischen Alltagsleben unseres Bewußtseins, im Verlauf seiner Integration in die ideologische Welt. Das ideologische Werden des Menschen ist – unter diesem Gesichtspunkt – der Prozeß der auswählenden Aneignung fremder Wörter.

Der Unterricht in den sprachlichen Fächern kennt zwei grundlegende schulische Modi der aneignenden Wiedergabe fremder Rede (des Texts, der Regel, des Beispiels): »auswendig« oder »mit eigenen Worten«. Der letztgenannte Modus stellt im kleinen Maßstab eine rein künstlerisch-erzählerische Aufgabe: das Erzählen eines Textes mit eigenen Worten ist in gewissem Grade ein zweistimmiges Erzählen vom fremden Wort, doch dürfen die »eigenen Worte« die Eigenart der fremden nicht restlos auflösen, das Erzählen mit eigenen Worten muß gemischt bleiben und an den erforderlichen Stellen den Stil und die Ausdrücke des wiederzugebenden Textes nachbilden. Gerade dieser zweite Modus der schulischen Wiedergabe des fremden Wortes »mit eigenen Worten« schließt eine ganze Reihe von Varianten der aneignenden Wiedergabe des fremden Wortes ein, die vom Charakter des anzueignenden Textes und der pädagogischen Einstellung zu seinem Verständnis und seiner Bewertung abhängig sind.

Eine noch tiefere und wichtigere Bedeutung erhält die Einstellung auf die Aneignung des fremden Wortes im eigentlichen ideologischen Prozeß der Entstehung des Menschen. Das fremde Wort fungiert hier nicht mehr als Information, Anweisung, Regel, Beispiel usw., es ist vielmehr bestrebt, die Grundlagen unserer ideologischen Beziehung zur Welt und unseres Verhaltens zu bestimmen, es tritt hier als *autoritäres Wort* und als *innerlich überzeugendes Wort* auf.

Sowohl die Autorität des Wortes als auch seine innere Überzeugungskraft können sich, ungeachtet der großen Unterschiede zwischen diesen beiden Kategorien des fremden Wortes, in einem Wort vereinigen – in einem zugleich sowohl autoritären als auch innerlich überzeugenden Wort. Doch eine solche Vereinigung ist selten, gewöhnlich wird der ideologische Entstehungsprozeß nämlich von einer scharfen Divergenz dieser Kategorien charakterisiert: das autoritäre Wort (das religiöse, politische, moralische Wort, das Wort des Vaters, der Erwachsenen, der Lehrer usw.) hat für das Bewußtsein keine innere Überzeugungskraft; das innerlich überzeugende Wort dagegen ist nicht-autoritär, wird von keinerlei Autorität gestützt, ist oft ohne jede soziale Anerkennung (durch die Meinung der Allgemeinheit, die offizielle Wissenschaft, die Kritik), ja, bisweilen sogar illegal. Der Kampf und die dialogische Wechselbeziehung zwischen diesen Kategorien des ideologischen Wortes bestimmen in aller Regel die Geschichte des individuellen ideologischen Bewußtseins.

Das autoritäre Wort verlangt von uns Anerkennung und Aneignung, es drängt sich uns, unabhängig vom Grad seiner inneren Überzeugungskraft, auf; wenn wir es vorfinden, ist es bereits mit der maßgeblichen Autorität vereinigt. Das autoritäre Wort ist ausgezeichnet durch beträchtliche Distanz und an die Hierarchien der Vergangenheit gebunden. Es ist sozusagen das Wort der Väter. Es ist in der

Epos

Vergangenheit bereits *anerkannt*. Es ist ein *vorfindliches* Wort. Man hat es nicht unter seinesgleichen auszuwählen. Es bewegt sich (klingt) in einer hohen Sphäre, nicht in der des vertrauten Kontaktes. Seine Sprache ist eine besondere (sozusagen hieratische) Sprache. Es kann zum Objekt der Profanation werden. Es ist dem Tabu verwandt, dem Namen, den man am falschen Ort nicht aussprechen darf.

Wir können hier nicht in eine Untersuchung der vielfältigen Varianten des autoritären Wortes (z. B. der maßgeblichen Autorität des religiösen Dogmas, der anerkannten wissenschaftlichen Autorität, der Autorität eines Modebuchs) und ebensowenig der Grade seiner Autorität eintreten. Für unsere Zwecke sind nur die formalen Besonderheiten der Wiedergabe und Abbildung des autoritären Wortes von Belang, die allen seinen Varianten und Graden gemeinsam sind.

Die Bindung des Wortes an die Autorität – ob sie nun von uns anerkannt wird oder nicht – bewirkt, daß das Wort auf besondere Weise hervorgehoben und isoliert wird; es erfordert *Distanz* im Verhältnis zu sich selbst (diese Distanz kann sowohl positiv als auch negativ gefärbt sein, unser Verhältnis zu ihm kann sowohl pietätvoll als auch feindlich sein). Das autoritäre Wort kann um sich herum Massen anderer Wörter organisieren (die es interpretieren, lobpreisen, es auf diese oder jene Weise einsetzen usw.), aber es verschmilzt nicht mit ihnen (zum Beispiel durch allmähliche Übergänge) und bleibt deutlich abgehoben, kompakt und träge: es verlangt sozusagen nicht nur nach Anführungszeichen, sondern nach einer monumentalen Hervorhebung, beispielsweise einer besonderen Schrift.[32] An ihm Veränderungen des Sinns mit Hilfe des einrahmenden Kontextes vorzunehmen ist weit schwieriger, seine Sinnstruktur ist unbeweglich und tot, weil vollendet und eindeutig [odnoznačno], sein Sinn genügt dem Buchstaben und erstarrt.

Das autoritäre Wort verlangt von uns bedingungslose Anerkennung und keineswegs freie Aneignung und Assimilation an unser eigenes Wort. Deshalb läßt es keinerlei Spiel mit dem einrahmenden Kontext, mit seinen Grenzen zu, keine allmählichen und fließenden Übergänge, keine freien schöpferischen stilisierenden Variationen. Es geht als kompakte und unteilbare Masse in unser Wortbewußtsein ein, man muß es entweder in toto bestätigen oder in toto ablehnen. Es ist untrennbar mit der Autorität verwachsen – mit einer politischen Macht, Institution, Person –, ja, steht und fällt mit ihr. Man kann es nicht teilen: man kann nicht mit dem einen übereinstimmen, ein anderes nicht restlos akzeptieren, ein drittes ganz und gar verwerfen. Deshalb bleibt auch die Distanz gegenüber dem autoritären Wort insgesamt unverändert. Ein Spiel der Distanzen – des Verschmelzens und Divergierens, der Annäherung und Entfernung – ist hier unmöglich.

Durch all dies wird die Eigenart sowohl der konkreten Verfahren der Formung des autoritären Wortes selbst bei seiner Wiedergabe als auch die Eigenart der Verfahren seiner Einrahmung durch den Kontext bestimmt. Die Zone des Kontextes muß gleichfalls einigermaßen distanziert sein, – der vertraut familiäre Kontakt ist ausgeschlossen. Der Aufnehmende und Verstehende ist ein entfernter Nachfahre; ein Streit ist unmöglich.

Das bestimmt auch die mögliche Rolle des autoritären Wortes im künstlerischen Prosaschaffen. Das autoritäre Wort wird nicht abgebildet, es wird wiedergegeben. Seine Trägheit, die Vollendetheit und Erstarrtheit des Sinns, seine äußere, affektierte Isoliertheit, seine Unzugänglichkeit für eine freie stilisierende Entwicklung – all dies schließt die künstlerische Abbildung des autoritären Wortes aus. Seine Rolle im Roman ist unbedeutend. Es kann nicht wesentlich zweistimmig sein und nicht zum Bestandteil hybrider Konstruktionen werden. Wenn es seine Autorität restlos einbüßt, wird es zum Objekt, zur *Reliquie*, zum *Ding*. Es geht dann als Fremdkörper in den künstlerischen Kontext ein, um es herum gibt es kein Spiel, keine widersprüchlichen Emotionen, es ist nicht umgeben von erregtem und verschieden klingendem dialogischen Leben, der Kontext stirbt ab, die Wörter trocknen aus. Deswegen ist niemals ein Bild von offiziell-autoritärer (monarchischer, geistlicher, beamtischer, moralischer usw.) Wahrheit und Tugend im Roman gelungen. Es genügt, sich der aussichtslosen Versuche von Gogol' und Dostoevskij zu erinnern. Es bleibt also der autoritäre Text im Roman immer ein totes Zitat, das aus dem künstlerischen Kontext herausfällt (z. B. die Evangelientexte bei Tolstoj am Ende von *Auferstehung* [»Voskresenie«]).[33]

Autoritäre Worte können unterschiedliche Inhalte verkörpern: autoritäre Qualität als solche, Autorität, Traditionalität, allgemeine Anerkanntheit, das Offizielle u. a. Sie können verschiedene Zonen markieren (Grad der Entfernung von der Kontaktzone) und unterschiedliche Beziehungen zum implizierten verstehenden Hörer (der vom Wort implizierte apperzeptive Hintergrund, der Grad der Antwortlichkeit usw.).

In der Geschichte der Hochsprache findet ein Kampf mit dem offiziellen Charakter – Entfernung von der Kontaktzone – statt, ein Kampf mit verschiedenen Kategorien und Graden des autoritären Charakters. Auf diese Weise wird das Wort in die Kontaktzone einbezogen, werden die damit zusammenhängenden semantischen und expressiven (intonatorischen) Veränderungen verwirklicht: Schwächung und Verringerung des Metaphorischen, Verdinglichung, Konkretisierung, zunehmende Alltäglichkeit usw. Dies alles ist auf der Ebene der Psychologie erforscht worden, nicht aber unter dem Gesichtspunkt der sprachlichen Ausformung dieses im potentiellen inneren Monolog, dem Monolog des gesamten Lebens werdenden Menschen. Vor uns erhebt sich das komplexe Problem der Formen dieses (dialogisierten) Monologs.

Völlig andere Möglichkeiten eröffnet das für uns innerlich überzeugende und von uns anerkannte fremde ideologische Wort. Ihm kommt im ideologischen Entstehungsprozeß des individuellen Bewußtseins eine bestimmende Bedeutung zu: das Bewußtsein erwacht zu selbständigem ideologischen Leben in der es umgebenden Welt fremder Wörter, von denen es sich zunächst nicht löst; das Unterscheiden von eigenem und fremdem Wort, von eigenem und fremdem Gedanken setzt ziemlich spät ein. Wenn die Arbeit des selbständigen, prüfenden und auswählenden Gedankens beginnt, dann geschieht vor allem eine Trennung des innerlich überzeugenden Wortes vom autoritären und aufgezwungenen Wort und von der Masse der gleichgültigen, uns nicht berührenden Wörter.

Im Unterschied zum äußerlich autoritären Wort verknüpft sich das innerlich überzeugende Wort im Prozeß seiner bestätigenden Aneignung eng mit dem »eigenen Wort«.[34] Im Alltag unseres Bewußtseins ist das innerlich überzeugende Wort ein halb eigenes und halb fremdes Wort. Seine schöpferische Produktivität besteht gerade darin, daß es einen selbständigen Gedanken und ein selbständiges neues Wort erweckt, daß es die Massen unserer Wörter von innen her organisiert und nicht in einem isolierten und unbeweglichen Zustand verharrt. Es wird nicht so sehr von uns interpretiert, es entwickelt sich vielmehr frei weiter, paßt sich an neues Material, an neue Umstände an, erhellt sich wechselseitig mit neuen Kontexten. Darüber hinaus nimmt es eine intensive Wechselwirkung und den Kampf mit anderen innerlich überzeugenden Wörtern auf. Der ideologische Prozeß ist ebenfalls ein solcher intensiver Kampf, der in uns um die Herrschaft verschiedener verbal-ideologischer Standpunkte, Zugänge, Richtungen und Bewertungen tobt. Die Sinnstruktur des innerlich überzeugenden Wortes ist *nicht vollendet*, ist *offen*, in jedem neuen, es dialogisierenden Kontext kann es ganz neue *Sinnmöglichkeiten* erschließen.

Das innerlich überzeugende Wort ist ein gegenwärtiges Wort, ein Wort, das in der Kontaktzone mit der unvollendeten Gegenwart entsteht, oder es ist ein vergegenwärtigtes Wort; es wendet sich an den Zeitgenossen und an den Nachfahren als einen Zeitgenossen. Für das innerlich überzeugende Wort ist eine spezifische Konzeption vom verstehenden Hörer/Leser konstitutiv. Jedes Wort involviert eine bestimmte Konzeption vom Hörer, von seinem apperzeptiven Hintergrund, vom Grad seiner Antwortlichkeit, eine bestimmte Distanz. Dies alles ist für das Verständnis des historischen Lebens des Wortes von hohem Belang. Dies ignorieren heißt, das Wort verdinglichen (seine natürliche Dialogizität tilgen).

Alle diese Faktoren sind bestimmend für die Verfahren der Formung des innerlich überzeugenden Wortes im Prozeß seiner Wiedergabe sowie für die Verfahren seiner Einrahmung durch den Kontext. Sie geben der maximalen Wechselwirkung des fremden Wortes mit dem Kontext sowie ihrem dialogisierenden wechselseitigen Einfluß, der frei schöpferischen Entwicklung des fremden Wortes, der Allmählichkeit der Übergänge, dem Spiel der Grenzen, der Vorbereitung auf die Einführung des fremden Wortes durch den Kontext aus der Entfernung (sein »Thema« kann im Kontext lange vor dem Erscheinen des Wortes selbst anklingen) und anderen Besonderheiten, die dasselbe Wesen des innerlich überzeugenden Wortes ausdrücken, Raum: der Unvollendetheit seines Sinns für uns, seiner Fähigkeit, im Kontext unseres ideologischen Bewußtseins weiter schöpferisch zu sein, der Unabgeschlossenheit und Unausgeschöpftheit unserer bisherigen Kommunikation mit ihm. Wir haben von ihm noch nicht alles erfahren, was es uns sagen kann; wir betten es in neue Kontexte ein, passen es an neues Material an, stellen es in eine neue Situation, um von ihm neue Antworten, neue Nachrichten seines Sinns und neue *eigene* Wörter zu erhalten (weil das produktive fremde Wort unsere Antwort dialogisch erzeugt).

Die Verfahren der Formung und Einrahmung des innerlich überzeugenden Wortes können so flexibel und dynamisch sein, daß es buchstäblich im Kontext *allgegenwärtig* ist, indem es allem seine spezifischen Töne beimischt und von Zeit zu Zeit gänzlich hervorbricht und sich als isoliertes und hervorgehobenes fremdes Wort materialisiert (vgl. die Zonen der Helden). Solche Variationen auf das Thema des fremden Wortes sind in allen Bereichen der ideologischen Arbeit – sogar im fachwissenschaftlichen Bereich – weit verbreitet. So ist jede talentierte und schöpferische Darlegung fremder Anschauungen beschaffen: sie liefert freie stilistische Variationen des fremden Wortes, legt den fremden Gedanken in dessen eigenem Stil auf neues Material, auf eine andere Fragestellung angewandt dar, sie prüft und erhält Antworten in der Sprache des fremden Wortes.

In anderen, weniger offensichtlichen Fällen beobachten wir analoge

Erscheinungen. Hierzu gehören vor allem die Fälle starken Einflusses des fremden Wortes auf den Autor. Diese Einflüsse zu erkennen, läuft geradezu auf die Aufdeckung dieses halbversteckten Lebens des fremden Wortes im neuen Kontext des Autors hinaus. Ein tiefer und produktiver Einfluß bezeugt sich nicht in äußerlicher Nachahmung, einfacher Nachbildung, sondern in schöpferischer Weiterentwicklung des fremden Wortes (genauer gesagt: des halb fremden Wortes) im neuen Kontext und unter neuen Bedingungen.

In all diesen Fällen geht es nicht nur um die Formen der Wiedergabe des fremden Wortes, vielmehr sind in diesen Formen allemal auch die Keime seiner künstlerischen Abbildung enthalten. Bei einer gewissen Veränderung der Einstellung wird das innerlich überzeugende Wort leicht zum Objekt der künstlerischen Abbildung. Auch das Bild des sprechenden Menschen verwächst substantiell und organisch mit einigen Varianten des innerlich überzeugenden Wortes: des ethischen (das Bild des Gerechten), des philosophischen (das Bild des Weisen), des gesellschaftspolitischen (das Bild der Leitfigur). In der schöpferischen stilisierenden Entwicklung und Erprobung des fremden Wortes sucht man zu erraten und sich vorzustellen, wie sich ein autoritärer Mensch unter den gegebenen Umständen verhalten mag, und wie er diese Umstände mit seinem Wort erhellt. Im Zusammenhang solch erprobenden Erratens werden das Bild des Sprechers und sein Wort zum Objekt der künstlerisch-schöpferischen Vorstellungskraft.[35]

Besondere Bedeutung erlangt diese erprobende Objektivierung des überzeugenden Wortes und des Bildes des Sprechers dort, wo bereits der Kampf mit ihnen aufgenommen wird, wo man sich mittels einer solchen Objektivierung bemüht, sich von ihrem Einfluß zu befreien oder sie sogar zu entlarven. Die Bedeutung dieses Kampfes mit dem fremden Wort und seinem Einfluß in der Geschichte der ideologischen Herausbildung des individuellen Bewußtseins ist eminent. Das eigene Wort und die eigene Stimme, die aus dem fremden Wort geboren oder von ihm dialogisch stimuliert worden sind, beginnen sich früher oder später aus der Macht dieses fremden Wortes zu befreien. Dies wird dadurch erschwert, daß verschiedene fremde Stimmen im Bewußtsein des Individuums um Einfluß rivalisieren (ebenso wie sie in der sozialen Wirklichkeit miteinander rivalisieren). Dies alles bereitet der erprobenden Objektivierung des fremden Wortes den Boden. Der Dialog mit einem solchen innerlich überzeugenden Wort, das seiner Hüllen entkleidet wird, geht weiter, aber er nimmt einen anderen Charakter an: man befragt es und stellt es in eine neue Situation, um seine schwachen Stellen auszumachen, seine Grenzen zu ertasten, seine Objektqualität zu erspüren. Die Folge davon ist, daß eine solche Stilisierung oft parodistisch, jedoch nicht grob parodistisch wird, weil das fremde Wort, das irgendwann innerlich überzeugend war, Widerstand leistet und oft genug ohne jeglichen parodistischen Akzent erklingt. Auf diesem Boden werden jene zweistimmigen und zweisprachigen Romanbilder erzeugt, die den Kampf mit dem irgendwann vom Autor beherrschten, innerlich überzeugenden fremden Wort objektivieren (so beispielsweise Onegin bei Puškin, Pečorin bei Lermontov). Was den »Prüfungsroman« kennzeichnet, ist, daß ihm der subjektive Kampf mit dem innerlich überzeugenden Wort und um die Befreiung von ihm durch Objektivierung zugrunde liegt. Als eine weitere Illustration kann der »Erziehungsroman« dienen; er entfaltet jedoch den Prozeß des auswählenden ideologischen Bewußtseins zum Thema des Romans, während im »Prüfungsroman« dieser Prozeß außerhalb des Werkes verläuft.

In dieser Hinsicht nimmt das Werk Dostoevskijs einen außergewöhnlichen und spezifischen Platz ein. Die heftige und intensive Wechselwirkung mit dem fremden Wort ist in seinen Romanen zweifach dargestellt. Erstens ist in den Reden der Personen ein tiefer und unvollendeter Konflikt mit dem fremden Wort sowohl in der Schicht des Lebens (»das Wort des anderen über mich«), in der lebenspraktisch ethischen (das Urteil des anderen, Anerkennung und Nichtanerkennung durch den anderen), als auch in der ideologischen Schicht (die Weltanschauung der Helden als unvollendeter und unvollendbarer Dialog) abgebildet. Die Äußerung von Dostoevskijs Helden bilden die Arena des Kampfes mit dem fremden Wort, der keinen Ausgang hat und in allen Sphären des Lebens und der ideologischen Tätigkeit stattfindet. Deswegen sind diese Äußerungen als Vorbilder für die verschiedenen Formen der Wiedergabe und Einrahmung des fremden Wortes geeignet. Zweitens sind die Werke (Romane) in ihrer Gesamtheit, als Äußerung des Autors, ebensolche innerlich unvollendeten Dialoge ohne Ausgang zwischen den Helden (als verkörperten Standpunkten) und zwischen dem Autor selbst und den Helden; das Wort des Helden wird nicht voll und ganz bezwungen, es bleibt frei und offen (wie das Wort des Autors selbst). Die Prüfung der Helden und ihres Wortes, beide im Sujet abgeschlossen, bleiben in den Romanen Dostoevskijs innerlich unvollendet und ungelöst.[36]

In der Sphäre des ethischen und rechtlichen Denkens und Wortes liegt die enorme Bedeutung der Thematisierung des sprechenden Menschen offen zutage. Der sprechende Mensch und sein Wort sind hier das zentrale Objekt des Denkens und der Rede. Alle wesentlichen Kategorien des ethischen und rechtlichen Urteils und der Bewertung beziehen sich nämlich auf den sprechenden Menschen:

Gewissen (»die Stimme des Gewissens«, »das innere Wort«), Beichte (das freie Eingeständnis des Menschen selbst), Wahrheit und Lüge, Verantwortlichkeit, Handlungsfähigkeit, Stimmrecht u. a. m. Das selbständige, verantwortliche und wirksame Wort ist das wesentliche Merkmal des ethischen, rechtlichen und politischen Menschen. Die Aufforderung zu diesem Wort, seine Herausforderung, seine Interpretation und Bewertung, die Errichtung von Schranken und Formen seiner Wirksamkeit (die Bürgerrechte und politischen Rechte), die Gegenüberstellung verschiedener Willen und Wörter usw. – das spezifische Gewicht all dieser Akte in der Sphäre von Ethik und Recht ist außerordentlich groß. Es genügt hier, auf die Rolle der Formung, Analyse und Interpretation von Aussagen, Gesuchen, Verträgen, Dokumenten und anderen Arten fremder Äußerungen und schließlich der Gesetzesinterpretation in der speziell juristischen Sphäre hinzuweisen.

All dies harrt seiner Erforschung. Es hat sich eine juristische (und ethische) Technik des Umgangs mit dem fremden Wort, der Feststellung seiner Authentizität, des Grads der Glaubwürdigkeit usw. (zum Beispiel eine Technik der notariellen Arbeit u. a.) herausgebildet; aber die Probleme, die mit den kompositionellen, stilistischen, semantischen und anderen Verfahren der Formung zusammenhängen, sind nicht erfaßt worden.

Das Problem des *Geständnisses* im gerichtlichen Untersuchungsverfahren (die Verfahren, es zu erzwingen und zu provozieren) ist nur in der juristischen, ethischen und psychologischen Schicht behandelt worden. Das in der Schicht der Philosophie der Sprache (des Wortes) aufschlußreichste Material zu diesem Problem bietet Dostoevskij (das Problem des authentischen Gedankens, des authentischen Wünschens, des authentischen Motivs – zum Beispiel bei Ivan Karamazov – und ihrer verbalen Aufdeckung; die Rolle des anderen; das Problem der [gerichtlichen] Untersuchung usw.).

Der sprechende Mensch und sein Wort kommen als Gegenstand des Denkens und der Rede in der ethischen und rechtlichen Sphäre natürlich nur unter dem speziellen Interesse dieser Sphären vor. Diesen speziellen Interessen und Einstellungen sind auch alle Verfahren der Wiedergabe, Formung und Einrahmung des fremden Wortes untergeordnet. Elemente der künstlerischen Abbildung des fremden Wortes sind allerdings auch hier, besonders in der ethischen Sphäre, möglich: zum Beispiel die Abbildung des Kampfes der Stimme des Gewissens mit anderen Stimmen des Menschen, die innere Dialogizität der Beichte usw. Das Element der künstlerischen Romanprosa kann in moralischen Traktaten und in Beichten eine erhebliche Rolle spielen: so gibt es beispielsweise bei Epiktet, bei Marc Aurel, bei Augustin und Petrarca Keime des »Prüfungsromans« und des »Erziehungsromans«.

Noch bedeutsamer ist das spezifische Gewicht unseres Themas in der Sphäre des religiösen (mythologischen, mystischen und magischen) Denkens und Wortes. Der Hauptgegenstand dieses Wortes ist das sprechende Wesen: Die Gottheit, der Dämon, der Wahrsager, der Prophet. Das mythologische Denken kennt keine unbeseelten und stummen Dinge. Das Erraten des Willens der Gottheit, des (guten oder bösen) Dämons, die Deutung der Zeichen des Zorns oder des Wohlwollens, der Vorzeichen und Hinweise, schließlich die Wiedergabe und Deutung der direkten Wörter der Gottheit (Offenbarung), seiner Propheten, Heiligen und Wahrsager – die Wiedergabe und Interpretation des göttlich inspirierten Wortes überhaupt (im Unterschied zum profanen) – all das sind wichtige Akte des religiösen Denkens und seines Wortes. Alle religiösen Systeme, selbst die primitiven, verfügen über einen gewaltigen speziellen methodologischen Apparat zur Wiedergabe und Deutung der Klassen des göttlichen Wortes (eine Hermeneutik).

Ein wenig anders verhält es sich mit dem wissenschaftlichen Denken. Hier ist das spezifische Gewicht der Thematisierung des Wortes relativ gering. Mathematik und Naturwissenschaften kennen das Wort als Gegenstand der Ausrichtung überhaupt nicht. Im Prozeß der wissenschaftlichen Arbeit hat man zwar mit dem fremden Wort zu tun – mit den Arbeiten der Vorgänger, mit den Urteilen der Kritiker, mit der allgemeinen Meinung usw.; man muß sich mit den Formen der Wiedergabe und Deutung des fremden Wortes auseinandersetzen – der Kampf mit dem autoritären Wort, die Überwindung von Einflüssen, die Polemik, die Hinweise und Zitate usw. –, aber all das bleibt auf den Arbeitsprozeß beschränkt und berührt nicht den gegenständlichen Inhalt der Wissenschaft, zu dessen Bestandteil der sprechende Mensch und sein Wort *nicht* werden. Der gesamte methodologische Apparat der Mathematik und der Naturwissenschaften ist auf die Beherrschung eines *dinglichen, stimmlosen Objekts* ausgerichtet, das sich nicht im Wort offenbart, *das nichts von sich selbst mitteilt.* Das Erkennen hängt hier nicht mit dem Empfangen und Deuten von Wörtern oder Zeichen des zu erkennenden Objekts selbst zusammen.

Im Unterschied zur Mathematik und zu den Naturwissenschaften stellt sich in den Geisteswissenschaften die Aufgabe der Wiederherstellung, Wiedergabe und Interpretation fremder Wörter (zum Beispiel das Problem der Quellen in der Methodologie der historischen

Disziplinen). In den philologischen Disziplinen sind der sprechende Mensch und sein Wort das grundlegende Erkenntnisobjekt.

Die Philosophie hat spezifische Ziele und Zugänge zu ihrem Gegenstand – dem sprechenden Menschen und seinem Wort –, welche die Formen der Wiedergabe und Abbildung des fremden Wortes bestimmen (zum Beispiel das Wort als Objekt der Sprachgeschichte). Allerdings ist innerhalb der Geisteswissenschaften (und innerhalb der Philologie im engeren Sinne) ein doppelter Zugang zum fremden Wort als Gegenstand der Erkenntnis möglich.

Das Wort kann objekthaft (wie ein Ding) rezipiert werden. So verhält es sich in den meisten linguistischen Disziplinen. In einem solchen objekthaften Wort ist auch der Sinn verdinglicht: es kann keinen dialogischen Zugang zu ihm geben, der für gründliches und aktuelles Verstehen unabdingbar ist. Deshalb ist das Verstehen hier abstrakt: es abstrahiert von der lebendigen ideologischen Bedeutung des Wortes, von seiner Wahrhaftigkeit oder Lüge, Relevanz oder Unwichtigkeit, Schönheit oder Mißgestalt. Dieses Erkennen ist nicht dialogisch, es dringt nicht zum Sinn vor; mit einem objekthaften Wort läßt sich kein Gespräch führen.

In der Philologie ist das dialogische Erkennen obligatorisch (ohne es ist ja kein Verstehen möglich): es allein erschließt neue Momente im Wort (Momente des Sinns im weiteren Sinne), die sich, nachdem sie auf dialogische Weise erschlossen worden sind, verdinglichen. Jedem Fortschritt in der Wissenschaft vom Wort geht ein »geniales Stadium« voraus – das *verschärfte dialogische Verhältnis zum Wort*, das in ihm neue Aspekte erschließt.

Ein solches konkretes Annäherungsverfahren, das nicht von der aktuellen ideologischen Relevanz des Wortes abstrahiert und das Objektivität des Verstehens mit seiner ideologischen Regsamkeit und Gründlichkeit verbindet, tut not. Im Bereich der Poetik, der Literaturgeschichte (der Ideologiegeschichte überhaupt) und in hohem Maße auch in der Philosophie des Wortes ist ein anderer Zugang gar nicht möglich: selbst der dürrste und platteste Positivismus kann das Wort nicht neutral, als Ding traktieren und ist gezwungen, nicht nur *über* das Wort, sondern auch *mit* dem Wort zu sprechen, um zu dessen ideologischen Sinn vorzudringen, einem Sinn, der einzig dem dialogischen – Bewertung und Antwort einschließenden – Verstehen zugänglich ist. Die Formen der Wiedergabe und Interpretation, die ein solches dialogisches Verstehen des Wortes verwirklichen, können der zweistimmigen Abbildung des fremden Wortes in der künstlerischen Prosa durchaus nahekommen. Hier ist anzumerken, daß auch der Roman das Moment des Erkennens des von ihm abgebildeten fremden Wortes stets in sich einschließt.

Zum Schluß einige Anmerkungen zur Bedeutung unseres Themas in den rhetorischen Gattungen. Der sprechende Mensch und sein Wort bilden unbestreitbar einen der wichtigsten Gegenstände der rhetorischen Rede (alle übrigen Themen sind hier gleichfalls von der Thematisierung des Wortes begleitet). In der forensischen Rhetorik zum Beispiel klagt das rhetorische Wort einen verantwortlichen sprechenden Menschen an oder verteidigt ihn, stützt sich dabei auf seine Wörter, interpretiert sie, polemisiert mit ihnen, schafft ein neues, mögliches Wort des Angeklagten oder des Klienten der Verteidigung (eine solche frei Schöpfung ungesagter Wörter, bisweilen ganzer Reden – »wie der Angeklagte hätte sagen können« oder »wie er gesagt hätte« – ist ein weit verbreitetes Verfahren der antiken Rhetorik); das rhetorische Wort sucht, mögliche Einwände vorwegzunehmen, gibt Wörter der Zeugen wieder und vergleicht sie usw. Das Wort in der politischen Rhetorik unterstützt beispielsweise eine Kandidatur, stellt die Persönlichkeit des Kandidaten dar, erläutert dessen Standpunkt und verbalen Beiträge und verteidigt sie; in einem anderen Fall protestiert es gegen eine Verordnung, ein Gesetz, eine Anweisung, ein Gesuch, einen Redebeitrag, das heißt gegen bestimmte verbale Äußerungen, auf die es dialogisch gerichtet ist.

Das publizistische Wort hat ebenfalls mit dem Wort und dem Menschen als Träger des Wortes zu tun; es kritisiert eine Rede, einen Artikel, einen Standpunkt, polemisiert, klagt an, verspottet usw. Wenn es eine Tat analysiert, legt es ihre verbalen Motive, den ihr zugrunde liegenden Standpunkt bloß, verleiht ihr in Worten mit der entsprechenden – ironischen, entrüsteten usw. – Akzentuierung Gestalt. Das heißt natürlich nicht, daß die Rhetorik hinter dem Wort die Sache, die Tat, die außerhalb des Wortes liegende Wirklichkeit vergäße. Aber sie hat es mit dem gesellschaftlichen Menschen zu tun, und jeder wesentliche Akt dieses Menschen ist ideologisch durch das Wort mit Sinn ausgestattet oder direkt im Wort verkörpert.

Das fremde Wort ist als Gegenstand in der Rhetorik von solch großer Bedeutung, daß es die Wirklichkeit zu verdecken und zu ersetzen beginnt; dabei wird das Wort selbst enger und verliert an Tiefe. Die Rhetorik begnügt sich oft mit rein verbalen Triumphen über das Wort; sie verkommt zum formalistischen Wortspiel. Aber, wir wiederholen, die Ablösung des Wortes von der Wirklichkeit ist gerade für das Wort selbst schädlich: es verkümmert, verliert an Sinn und an Beweglichkeit, büßt die Fähigkeit ein, seinen Sinn in neuen lebendigen Kontexten zu erweitern und zu erneuern, ja, es stirbt als Wort, denn das bedeutende Wort lebt außerhalb von sich: dadurch, daß es nach außen gerichtet ist. Freilich setzt die völlige Konzentration auf das fremde Wort keineswegs eine derartige Isolation dieses Wortes von der Wirklichkeit voraus.

Die rhetorischen Gattungen kennen verschiedenartige, meist prägnant dialogisierte Formen der Wiedergabe der fremden Rede. Die Rhetorik nutzt die prägnanten Umakzentuierungen der wiedergegebenen Wörter (oft bis zu ihrer völligen Entstellung) durch eine entsprechende Einrahmung durch den Kontext. Für die Untersuchung der verschiedenen Formen der Wiedergabe fremder Rede, verschiedener Verfahren ihrer Formung und Einrahmung liefern die rhetorischen Gattungen ein aufschlußreiches Material. In der Rhetorik ist selbst die Abbildung des sprechenden Menschen und seines Wortes nach Art der künstlerischen Prosa möglich; doch geht die rhetorische Zweistimmigkeit dieser Bilder selten in die Tiefe: ihre Wurzeln reichen nicht in die Dialogizität der werdenden Sprache selbst, sie baut nicht auf die substantielle Redevielfalt, sondern auf die Stimmenvielfalt, sie ist in den meisten Fällen abstrakt und nötigt dazu, die Stimmen formallogisch zu definieren und zu klassifizieren. Daher ist es geboten, die Zweistimmigkeit der künstlerischen Prosa von einer besonderen rhetorischen Zweistimmigkeit zu unterscheiden oder, anders gesagt, von der zweistimmigen rhetorischen Wiedergabe des fremden Wortes (wenngleich diese Zweistimmigkeit künstlerischen Momenten nahekommt) im Unterschied zur zweistimmigen *Abbildung* im Roman mit der Einstellung auf das *Bild der Sprache* zu sprechen.

Dies ist die Bedeutung der Thematisierung des sprechenden Menschen und seines Wortes in allen Bereichen des Alltags und des verbal-ideologischen Lebens. So läßt sich denn sagen, daß im Bestand nahezu einer jeden Äußerung des gesellschaftlichen Menschen – von der kurzen Replik im Alltagsdialog bis hin zu den großen verbal-ideologischen (literarischen, wissenschaftlichen und anderen) Werken – ein erheblicher Anteil bewußt fremder Wörter offen oder versteckt enthalten ist, die auf die eine oder andere Weise wiedergegeben werden. Auf dem Territorium fast jeder Äußerung finden eine intensive Wechselwirkung und ein Kampf zwischen eigenem und fremdem Wort statt, ein Prozeß ihrer Abgrenzung oder ihrer dialogischen gegenseitigen Erhellung. Die Äußerung ist also ein weit komplexerer und dynamischerer Organismus, als es scheint, wenn man nur ihre Ausrichtung auf den Gegenstand und ihre direkte, einstimmige Expressivität beachtet.

Die Tatsache, daß das Wort selbst einer der Hauptgegenstände menschlicher Rede ist, ist bislang in ihrer grundsätzlichen Bedeutung nicht genügend berücksichtigt und gewürdigt worden. Es fehlt eine ausgreifende philosophische Rekognoszierung dieser Erscheinungen. Die Spezifik dieses Gegenstandes der die Wiedergabe und Nachbildung des fremden Wortes selbst erfordernden Rede ist nicht begriffen worden: vom fremden Wort kann man ja nur mittels des fremden Wortes selbst sprechen – indem man allerdings als Sprecher seine eigenen Intentionen in es einbringt und es auf seine Weise durch den Kontext beleuchtet. Vom Wort kann man wie über jeden anderen Gegenstand, das heißt thematisch, ohne eine dialogisierte Wiedergabe, nur dann sprechen, wenn dieses Wort rein objekthaft, dinglich ist, so beispielsweise vom Wort in der Grammatik, in der uns gerade die tote, dingliche Schale des Wortes interessiert.

Alle die äußerst vielfältigen Formen der dialogisierten Wiedergabe des fremden Wortes, die sich im Alltag und in der ideologischen außerkünstlerischen Kommunikation herausgebildet haben, werden im Roman zweifach verwendet. Erstens werden sie in den – alltäglichen und ideologischen – Äußerungen der Romanpersonen dargestellt und nachgebildet, so auch in den eingebetteten Gattungen – in Tagebüchern, Beichten, publizistischen Artikeln usw. Zweitens können die Formen der dialogisierten Wiedergabe fremder Rede unmittelbar den Aufgaben der künstlerischen Abbildung des sprechenden Menschen und seines Wortes mit der Einstellung auf das Bild der Sprache untergeordnet sein, wobei sie künstlerisch transformiert werden.

Worin besteht nun der grundsätzliche Unterschied dieser außerkünstlerischen Formen der Wiedergabe des fremden Wortes einerseits und seiner künstlerischen Abbildung im Roman andererseits?

Alle diese Formen sind auf die Äußerung eines Individuums gerichtet, auch dort noch, wo sie der künstlerischen Abbildung am nächsten kommen, wie zum Beispiel in einigen rhetorischen zweistimmigen Gattungen (in parodistischen Stilisierungen). Es sind dies praktisch interessierte Wiedergaben einzelner fremder Äußerungen, die günstigenfalls zur fremden sozial-typischen oder charakteristischen Redeweise verallgemeinert werden. Auf die Wiedergabe von Äußerungen (freilich auf ihre freie und schöpferische Wiedergabe) konzentriert, suchen sie hinter den Äußerungen nicht das Bild der sich in ihnen verwirklichenden, aber von ihnen nicht auszuschöpfenden sozialen Sprache, insbesondere ihr *Bild* und nicht die positive Empirie dieser Sprache, zu entdecken und zu gewährleisten. Im Roman ist hinter jeder Äußerung das Element der sozialen Sprachen mit ihrer inneren Logik und inneren Notwendigkeit zu spüren. Das Bild erschließt hier nicht lediglich die Wirklichkeit, sondern auch die Möglichkeiten der betreffenden Sprache, ihre sozusagen idealen Grenzen und ihren Gesamtsinn, ihre Wahrheit ebenso wie ihre Begrenztheit.

Aus diesem Grund strebt die Zweistimmigkeit im Roman, im Unterschied zu rhetorischen und anderen Formen, stets nach der Zweisprachigkeit als ihrem Extrem. Und deswegen kann diese Zweistimmigkeit weder in logischen Widersprüchen noch in rein dramatischen Konfrontationen entfaltet werden. Darin liegt die Besonderheit der Dialoge im Roman, die dem Grenzwert des wechselseitigen Mißverstehens von Menschen zustreben, *die verschiedene Sprachen sprechen.*

Hier ist abermals zu unterstreichen, daß wir unter einer sozialen Sprache nicht die Gesamtheit der linguistischen Merkmale verstehen, die die dialektologische Hervorhebung und Isolierung bestimmen, sondern die konkrete und lebendige Gesamtheit der Merkmale ihrer sozialen Isolierung, die sich auch im Rahmen einer linguistisch einheitlichen Sprache durchsetzen kann, wobei sie durch semantische Verschiebungen und lexikologische Selektionen bestimmt wird. Wir meinen also einen konkreten sozial-sprachlichen Horizont innerhalb einer abstrakt einheitlichen Sprache. Dieser Sprachhorizont läßt sich nicht streng linguistisch definieren, er trägt den Keim einer weiteren dialektologischen Isolierung in sich – es ist dies ein potentieller Dialekt, sein noch nicht ausgeformter Embryo. Die Sprache – ihr geschichtliches Leben, ihr in der Rede differenziertes Werden – ist von solchen potentiellen Dialekten erfüllt; sie kreuzen sich auf mannigfache Weise, entwickeln sich nicht zu voller Reife und sterben, einige aber erblühen zu wirklichen Sprachen. Wiederholen wir: die Sprache ist historisch real als rededifferenziertes Werden, und sie ist voll von zukünftigen und vergangenen Sprachen, es wimmelt in ihr von aussterbenden, affektierten sprachlichen Aristokraten, sprachlichen Parvenüs, zahllosen mehr oder weniger erfolgreichen Prätendenten auf Sprachen mit mehr oder weniger großer gesellschaftlicher Reichweite, diesem oder jenem Anwendungsbereich.

Das Bild einer solchen Sprache ist im Roman das Bild eines sozialen Horizontes, das Bild eines sozialen Ideologems, das mit seinem Wort, seiner Sprache verwächst. Dieses Bild ist alles andere als formalistisch, und das künstlerische Spiel mit solchen Sprachen ist nichts weniger als ein formalistisches Spiel. Die formalen Merkmale der Sprachen, Redeweisen und Stile im Roman sind Symbole sozialer Horizonte. Äußerliche sprachliche Besonderheiten werden im Roman oft als sekundäre Merkmale sozial-sprachlicher Differenzierung genutzt, manchmal in direkten Kommentaren des Autors zu den Reden der

Helden. Turgenev zum Beispiel gibt in *Väter und Söhne* [»Otcy i deti«] solche Hinweise auf Eigentümlichkeiten des Wortgebrauchs oder der Aussprache seiner Personen (die, nebenbei gesagt, sozialgeschichtlich gesehen sehr charakteristisch sind).

So erweist sich etwa die unterschiedliche Aussprache des Wortes »principy« [Prinzipien] im Roman als ein Merkmal, das verschiedene kulturgeschichtliche und soziale Welten differenziert: die kulturelle Welt der herrschaftlichen Gutsbesitzer der 20er bis 30er Jahre, die mit der französischen Literatur erzogen worden waren, die mit Latein und deutscher Wissenschaft wenig im Sinn hatten, und die Welt der Raznočincen-Intelligenz der 50er Jahre, in der die Seminaristen und Mediziner den Ton angaben, die in Latein und an der deutschen Wissenschaft geschult worden waren. Die harte, lateinisch-deutsche Aussprache des Wortes »principy« hat in der russischen Sprache den Sieg davongetragen. Aber auch der Wortgebrauch der Kukšina, die statt »čelovek« [Mann] »gospodin« [Herr] sagte, bürgerte sich in den niederen und mittleren Gattungen der Hochsprache ein.[36a*]

Solche äußerlichen und unmittelbaren Fixierungen von Besonderheiten der Sprachen der Personen sind für die Romangattung charakteristisch, doch wird das Bild der Sprache nicht durch sie geschaffen. Vielmehr sind derlei Beobachtungen gänzlich objekthaft: das Autorwort berührt die zu charakterisierende Sprache nur äußerlich, wie ein Ding, es gibt hier keine innere Dialogizität, wie sie für das Bild der Sprache bezeichnend ist. Ein authentisches Bild der Sprache hat immer dialogisierte zweistimmige und zweisprachige Konturen (zum Beispiel die Zonen der Helden, von denen wir oben gesprochen haben).

Bei der Herstellung des Bildes der Sprache ist die Rolle des die abgebildete Rede einrahmenden Kontextes von erstrangiger Bedeutung. Der einrahmende Kontext bearbeitet die Umrisse der fremden Rede wie der Meißel des Bildhauers den Stein und treibt aus der rohen Empirie des Redelebens das Bild der Sprache heraus; er verschmilzt und verbindet die innere Zielstrebigkeit der abzubildenden Sprache mit ihren äußeren objekthaften Bestimmungen. Das die fremde Rede abbildende und einrahmende Autorwort gibt ihr eine Perspektive, verteilt Schatten und Licht, erzeugt eine Situation und die Voraussetzungen für ihre Artikulierung, durchdringt sie schließlich von innen heraus, trägt seine Akzente und seine Ausdrücke in sie hinein, schafft ihr einen dialogisierenden Hintergrund.

Dank dieser Fähigkeit der Sprache, die eine andere Sprache abbildet, gleichzeitig sowohl außerhalb von ihr als auch in ihr zu klingen, *von* ihr und zugleich *in* ihr und *mit* ihr zu sprechen und andererseits der Fähigkeit der abgebildeten Sprache, als Objekt der Abbildung zu dienen *und* selbst zu sprechen – dank dieser Fähigkeit können die spezifischen Bilder der Sprachen im Roman geschaffen werden. Deshalb kann die abgebildete Sprache für den einrahmenden Kontext des Autors kein Ding, kein stimmloser und stummer Gegenstand der Rede sein, der wie jeder andere Gegenstand der Rede außerhalb von ihr bleibt.

Alle Verfahren, ein Bild der Sprache im Roman zu schaffen, lassen sich auf drei Kategorien zurückführen: 1. Hybridisierung, 2. dialogisierte Wechselbeziehung der Sprachen und 3. reine Dialoge.

Diese drei Kategorien von Verfahren können nur theoretisch differenziert werden, sie verknüpfen sich untrennbar zum einheitlichen künstlerischen Gewebe des Bildes.

Was ist die Hybridisierung? Sie ist die Vermischung zweier sozialer Sprachen innerhalb einer einzigen Äußerung, das Aufeinandertreffen zweier verschiedener, durch die Epoche oder die soziale Differenzierung (oder sowohl durch diese als auch durch jene) geschiedener sprachlicher Bewußtseine in der Arena dieser Äußerung.

Eine solche Vermischung zweier Sprachen innerhalb einer Äußerung im Roman ist ein beabsichtigtes künstlerisches Verfahren (genauer gesagt, ein System von Verfahren). Die unabsichtliche, unbewußte Hybridisierung indes ist ein zentraler Modus des historischen Lebens und Werdens von Sprachen. Ja, man kann sagen, daß sich die Sprache und die Sprachen hauptsächlich durch Hybridisierung und Vermischung verschiedener »Sprachen« verändern, die sowohl in der historischen wie in der paläontologischen Vergangenheit der Sprachen innerhalb eines einzigen Dialekts, einer Nationalsprache, eines Zweiges, einer Gruppe verschiedener Zweige und verschiedener Gruppen koexistieren, wobei immer die Äußerung als Tiegel der Vermischung dient.[37]

Das künstlerische Bild der Sprache muß seinem Wesen zufolge eine (beabsichtigte) sprachliche Hybride sein: hier sind notwendig zwei sprachliche Bewußtseine vorhanden – das abzubildende und das abbildende, das einem anderen Sprachsystem angehört. Wenn es dieses zweite, das abbildende Bewußtsein nämlich nicht gäbe, wenn es keinen zweiten, abbildenden sprachlichen Willen gäbe, dann läge kein *Bild* der Sprache vor, sondern lediglich ein echtes oder gefälschtes *Vorbild* einer fremden Sprache.

Als beabsichtigte Hybride ist das Bild der Sprache vor allem eine bewußte Hybride (im Unterschied zur historischen, organischen und dunklen sprachlichen Hybride), es bezeichnet das Erkennen der einen Sprache durch eine andere Sprache, ihre Erhellung durch ein anderes Sprachbewußtsein. Das Bild der Sprache kann nur vom Standpunkt einer anderen Sprache, die zur Norm gemacht wird, konstruiert werden.

Überdies werden in der beabsichtigten und bewußten Hybride nicht zwei unpersönliche Sprachbewußtseine (die Korrelate zweier Sprachen) gemischt, sondern zwei *individualisierte* (die Korrelate zweier Äußerungen und nicht nur zweier Sprachen) und zwei individuelle sprachliche Willen: abbildendes individuelles Bewußtsein und Wille des Autors sowie individualisiertes Sprachbewußtsein und Wille der abzubildenden Person. Die konkreten einzelnen Äußerungen bauen ja auf dieser abzubildenden Sprache auf, daher muß das abzubildende Sprachbewußtsein notwendig in »Autoren«[38], Sprechern der betreffenden Sprache, verkörpert sein, die darauf Äußerungen gründen und deswegen ihren eigenen aktualisierten sprachlichen Willen in die Potenz der Sprache einbringen. An der beabsichtigten und bewußten künstlerischen Hybride sind also zwei Bewußtseine, zwei Willen, zwei *Stimmen* und folglich zwei *Akzente* beteiligt.

Da wir das individuelle Moment der beabsichtigten Hybride hervorgehoben haben, ist noch einmal mit allem Nachdruck zu betonen, daß in der künstlerischen, das *Bild der Sprache* errichtenden Hybride des Romans das individuelle, für die Aktualisierung der Sprache und ihre Unterordnung unter das künstlerische Ganze des Romans unerläßliche Moment (die Geschicke der Sprachen verknüpfen sich hier mit den individuellen Geschicken der Menschen) untrennbar mit dem sozial-sprachlichen Moment zusammenhängt, das heißt die Hybride hat im Roman nicht bloß zwei Stimmen und zwei Akzente (wie in der Rhetorik), sondern auch zwei Sprachen; in ihr gibt es nicht nur (und sogar nicht so sehr) zwei individuelle Bewußtseine, zwei Stimmen, zwei Akzente, sondern zwei sozial-sprachliche Bewußtseine, zwei Epochen, die sich hier allerdings nicht unbewußt vermischt haben (wie in der organischen Hybride), sondern bewußt zusammengetroffen sind und auf dem Territorium der Äußerung miteinander kämpfen.

Zugleich vermischen sich in der beabsichtigten Romanhybride nicht nur und nicht so sehr sprachliche Formen, Merkmale zweier Sprachen und Stile, vielmehr stoßen hier die in diesen Formen angelegten Standpunkte gegenüber der Welt aufeinander. Deshalb ist eine beabsichtigte künstlerische Hybride eine *Sinn*hybride, nicht aber eine abstrakt sinnhafte, logische (wie in der Rhetorik), sondern eine Hybride des *konkreten sozialen Sinns.*

Natürlich sind in einer historischen organischen Hybride nicht nur zwei Sprachen, sondern auch zwei sozial-sprachliche (freilich organische) Weltanschauungen vermischt, doch handelt es sich hierbei um eine blinde und dunkle Vermischung, nicht um eine bewußte vergleichende Zusammenstellung und Gegenüberstellung. Allerdings muß erwähnt werden, daß ausgerechnet diese blinde und dunkle Vermischung sprachlicher Weltanschauungen in organischen Hybriden historisch überaus produktiv ist: sie trägt die Keime neuer Weltdeutungen, neuer »innerer Formen« des verbalen Welterkennens in sich.

Die beabsichtigte Sinnhybride ist (im Unterschied zur organischen Hybride) notwendig innerlich dialogisch. Die beiden Standpunkte werden hier nicht vermischt, sondern einander dialogisch konfrontiert. Diese innere Dialogizität der Hybride im Roman kann als Dialog von sozial-sprachlichen Standpunkten selbstverständlich nicht zu einem vollendbaren und präzisen individuell sinnhaften Dialog entfaltet werden: für sie ist eine gewisse organische Spontaneität und Ausgangslosigkeit charakteristisch.

Schließlich verfügt die beabsichtigte zweistimmige und innerlich dialogisierte Hybride über eine spezifische syntaktische Struktur: in ihr sind innerhalb einer einzigen Äußerung zwei potentielle Äußerungen gleichsam wie zwei Repliken eines möglichen Dialogs verschmolzen. Allerdings können diese potentiellen Repliken niemals vollständig aktualisiert werden, sich zu abgeschlossenen Äußerungen ausformen, doch sind ihre unentwickelten Formen in der syntaktischen Konstruktion der zweistimmigen Hybride deutlich wahrzunehmen. Es handelt sich hier freilich nicht um die Vermischung heterogener syntaktischer Formen, die verschiedenen Sprachsystemen eigen sind (wie sie in der organischen Hybride stattfinden kann), sondern vielmehr um die Verschmelzung zweier Äußerungen zu einer einzigen Äußerung. Eine solche Verschmelzung ist auch in einsprachigen rhetorischen Hybriden möglich (und hier ist sie syntaktisch sogar noch prägnanter). Für die Romanhybride ist jedoch die Verschmelzung zweier sozial verschiedener Äußerungen in einer einzigen Äußerung charakteristisch. Die syntaktische Konstruktion der beabsichtigen Hybriden wird von zwei individualisierten sprachlichen Willen zerbrochen.

Zusammenfassend können wir über die Hybride im Roman folgendes sagen: im Unterschied zur dunklen Vermischung von Sprachen in den lebendigen Äußerungen in einer historisch werdenden Sprache (eigentlich ist jede *lebendige* Äußerung in einer *lebendigen* Sprache mehr oder weniger hybrid) ist die Romanhybride ein *künstlerisch organisiertes System der Kombination von Sprachen*, ein System, das zum Ziel hat, mittels der einen Sprache die andere Sprache zu erhellen, ein lebendiges Bild der anderen Sprache zu modellieren.

Die beabsichtigte künstlerisch orientierte Hybridisierung ist eines der zentralen Verfahren der Konstruktion des Bildes der Sprache. Anzumerken ist, daß bei der Hybridisierung die beleuchtende Sprache (gewöhnlich das System der zeitgenössischen Hochsprache) selbst in gewissem Maße zum Bild objektiviert wird. Je breiter und gründlicher das Verfahren der Hybridisierung im Roman angewandt wird, und zwar nicht mit einer, sondern mit mehreren Sprachen, desto objekthafter wird die abbildende und beleuchtende Sprache selbst, und sie verwandelt sich schließlich in eines der Bilder der Sprachen des Romans. Klassische Beispiele sind: *Don Quijote*, der englische humoristische Roman (Fielding, Smollett, Sterne) und der deutsche romantisch-humoristische Roman (Hippel und Jean Paul). In diesen Fällen werden gewöhnlich sowohl der eigentliche Prozeß des Romanschreibens als auch das Bild des Romanschriftstellers objektiviert (teilweise schon im *Don Quijote*, danach bei Sterne, bei Hippel und bei Jean Paul).

Von der Hybridisierung im eigentlichen Sinn unterscheidet sich die in sich dialogisierte wechselseitige Erhellung von Sprachsystemen in ihrer Gesamtheit. Hier gibt es keine direkte Vermischung zweier Sprachen innerhalb einer einzigen Äußerung mehr; hier ist in der Äußerung eine einzige Sprache aktualisiert, doch sie wird *im Licht einer anderen Sprache* dargestellt. Diese zweite Sprache wird nicht aktualisiert und bleibt außerhalb der Äußerung.

Die charakteristischste und klarste Form einer solchen in sich dialogisierten wechselseitigen Erhellung von Sprachen ist die *Stilisierung*.

Jede echte Stilisierung ist, wie gesagt, künstlerische Abbildung eines fremden Sprachstils, ist das künstlerische Bild einer fremden Sprache. In ihr sind notwendig zwei individualisierte Sprachbewußtseine enthalten: das abbildende (das heißt: das Sprachbewußtsein des Stilisierenden) und das abgebildete, stilisierte. Die Stilisierung unterscheidet sich vom direkten Stil gerade durch dieses Sprachbewußtsein (des zeitgenössischen Stilisierenden und seines Auditoriums), in dessen Licht auch der stilisierte Stil neu geschaffen wird, auf dessen Hintergrund er neuen Sinn und Bedeutung erlangt.

Dieses zweite Sprachbewußtsein des Stilisierenden und seiner Zeitgenossen arbeitet mit dem Material der zu stilisierenden Sprache: nur in der für ihn fremden, zu stilisierenden Sprache spricht der Stilisierende unmittelbar über den Gegenstand. Doch gerade diese zu stilisierende Sprache wird im Licht des zeitgenössischen Sprachbewußtseins des Stilisierenden gezeigt. Die zeitgenössische Sprache erhellt die zu stilisierende Sprache in bestimmter Weise: sie hebt einige Merkmale hervor, läßt andere im Schatten, bewirkt eine besondere Akzentuierung ihrer Momente als Momente von Sprache, ruft bestimmte Resonanzen der zu stilisierenden Sprache mit dem zeitgenössischen Sprachbewußtsein hervor, schafft, kurz gesagt, ein freies Bild der fremden Sprache, das nicht nur den stilisierten, sondern auch den stilisierenden sprachlichen und künstlerischen Willen zum Ausdruck bringt.

So ist die Stilisierung beschaffen. Ein anderer, ihr nahestehender Typus der wechselseitigen Erhellung ist die *Variation.* Bei der Stilisierung arbeitet das Sprachbewußtsein des Stilisierenden ausschließlich mit dem Material der zu stilisierenden Sprache: es beleuchtet diese zu stilisierende Sprache, bringt seine anderssprachlichen Interessen, nicht aber sein anderssprachliches zeitgenössisches Material in sie ein. Die Stilisierung muß bis zum Ende durchgehalten sein. Wenn jedoch das zeitgenössische Sprachmaterial (Wort, Form, Wendung usw.) in die Stilisierung eindränge, wäre eben dies ihr Mangel, ihr Fehler: Anachronismus, Modernismus.

Eine solche Inkonsequenz kann freilich beabsichtigt und organisiert sein: das stilisierende Sprachbewußtsein kann die zu stilisierende Sprache nicht nur beleuchten, sondern auch selbst zu Wort kommen und sein eigenes thematisches und sprachliches Material in die zu stilisierende Sprache integrieren. In diesem Fall liegt keine Stilisierung mehr vor, sondern eine Variation (die oft in Hybridisierung übergeht).

Die Variation bringt ungehindert anderssprachliches Material in zeitgenössische Themen ein, verbindet die zu stilisierende Welt mit der Welt des zeitgenössischen Bewußtseins, stellt die zu stilisierende Sprache erprobend in für sie selbst neue und ihr ursprünglich nicht zugängliche Situationen.

Sowohl die direkte Stilisierung als auch die Variation sind in der Geschichte des Romans von hoher Bedeutung und stehen darin einzig der *Parodie* nach. Anhand der Stilisierungen hat die Prosa es gelernt, Sprachen künstlerisch abzubilden, allerdings waren dies voll ausgebildete und stilistisch geformte Sprachen (oder unmittelbar Stile), und es handelte sich nicht um die Abbildung der rohen oder noch potentiellen Sprachen der lebendigen Redevielfalt (die noch im Werden begriffen sind und noch keinen Stil haben). Das von der Stilisierung geschaffene Bild der Sprache ist ein äußerst ruhiges und künstlerisch vollendetes Bild; es erlaubt das Maximum des der Romanprosa möglichen Ästhetizismus. Deshalb waren die großen Meister der Stilisierung wie Mérimé, France, Henri de Régnier und andere Vertreter des Ästhetizismus im Roman (der dieser Gattung nur sehr begrenzt zugänglich ist).

In der Epoche der Ausbildung der grundlegenden Richtungen und stilistischen Linien der Romangattung ist die Bedeutung der Stilisierung ein besonderes Thema, auf das wir im letzten, historischen Kapitel der Arbeit eingehen werden.

Im anderen Typus der in sich dialogisierten wechselseitigen Erhellung der Sprachen stimmen die Intentionen des abbildenden Wortes nicht mit den Intentionen des abzubildenden Wortes überein, leisten ihnen Widerstand, bilden sie die tatsächliche gegenständliche Welt nicht mit Hilfe der abzubildenden Sprache als eines produktiven Standpunktes ab, sondern durch entlarvende Zerstörung. Dies ist die *parodistische Stilisierung.* Allerdings kann eine parodistische Stilisierung ein Bild der Sprache und der ihr entsprechenden Welt nur unter der Voraussetzung herstellen, daß sie keine bloße und oberflächliche Zerstörung der fremden Sprache ist, wie dies bei der rhetorischen Parodie der Fall ist. Um wesentlich und produktiv zu sein, muß die Parodie eine parodistische *Stilisierung* sein, das heißt, sie muß die zu parodierende Sprache als ein wesentliches Ganzes, das über eine eigene innere Logik verfügt, nachschaffen und die mit der zu parodierenden Sprache untrennbar verbundene besondere Welt erschließen.

Zwischen Stilisierung und Parodie als den Extremen ordnen sich die mannigfachen Formen der wechselseitigen Erhellung von Sprachen und direkten Hybriden an. Sie werden von den vielfältigsten Wechselbeziehungen von Sprachen sowie von Sprachwillen und Redewillen bestimmt, die sich innerhalb einer einzigen Äußerung treffen. Der Kampf, der sich im Wortinnern abspielt, der Grad des Widerstandes, den das Wort, das parodiert wird, dem parodierenden Wort entgegensetzt, die Ausgeprägtheit der abzubildenden sozialen Sprachen und die Grade ihrer Individualisierung bei der Abbildung, schließlich die umgebende Redevielfalt, die immer als dialogisierender Hintergrund und Resonanzboden dient, schaffen die Vielfalt der Verfahren der Abbildung fremder Sprache.

Neben der Hybridisierung ist die dialogische vergleichende Gegenüberstellung reiner Sprachen ein machtvolles Mittel, um Bilder von Sprachen zu erzeugen. Die dialogische vergleichende Gegenüberstellung von *Sprachen* (nicht von Bedeutungen innerhalb einer Sprache) signalisiert die Grenzen der Sprache, verleiht ein Gespür für diese Grenzen, läßt die plastischen Formen der Sprache ertasten.

Der eigentliche *Dialog* ist als kompositionelle Form im Roman untrennbar mit jenem Dialog von Sprachen verwoben, der in den

Hybriden und im dialogisierenden Hintergrund des Romans erklingt. Deswegen ist der Dialog im Roman ein Dialog besonderer Art. Vor allem erschöpft er sich, wie bereits gesagt, nicht in den sujethaft-pragmatischen Dialogen der handelnden Personen. Er trägt in sich den Keim einer unendlichen Mannigfaltigkeit von sujethaft-pragmatischen dialogischen Gegenüberstellungen, die ihn nicht entscheiden und nicht entscheiden können, die diesen ausgangslosen, tiefgreifenden Dialog von Sprachen gleichsam nur (als einen von vielen möglichen) illustrieren, einen Dialog, der vom sozioideologischen Prozeß der Sprachen und der Gesellschaft bestimmt wird. Der Dialog der Sprachen ist nicht lediglich ein Dialog der sozialen Kräfte in ihrer statischen Koexistenz, sondern auch ein Dialog von Zeiten, Epochen und Tagen, die sterben, leben, geboren werden: die Koexistenz und das Werden sind hier zur konkreten Einheit einer widersprüchlichen und in der Rede differenzierten Vielfalt verschmolzen. In sie sind die sujethaft-pragmatischen Romandialoge eingetaucht; von ihm, das heißt vom Dialog der Sprachen, entlehnen sie ihre Ausgangslosigkeit, ihr Nicht-zu-Ende-Sprechen und ihre Mißverständlichkeit, ihre aktuelle Konkretheit, ihren »naturalistischen« Charakter – all das, was sie deutlich von den rein dramatischen Dialogen unterscheidet.

Die reinen Sprachen ordnen sich in den Dialogen und Monologen der Romanpersonen derselben Aufgabe, ein Bild der Sprache zu schaffen, unter.

Das Sujet selbst ist dieser Aufgabe – die Sprachen miteinander ins Verhältnis zu bringen und sich wechselseitig erschließen zu lassen – untergeordnet. Das Romansujet muß die Erschließung der sozialen Sprachen und Ideologien, ihre Demonstration und ihre Erprobung organisieren: die Erprobung des Wortes, der Weltanschauung und der ideologisch begründeten Tat oder die Inszenierung des Alltags sozialer, historischer und nationaler großer und kleiner Welten (beschreibende, milieuschildernde und geographische Romane) oder sozioideologischer Welten von Epochen (Memoirenroman, Spielarten des historischen Romans) oder der Altersstufen und Generationen im Zusammenhang mit Epochen und sozioideologischen Welten (der Erziehungsroman und der Entwicklungsroman). Mit einem Wort, das Romansujet dient der Abbildung sprechender Menschen und ihrer ideologischen Welten. Im Roman wird das Erkennen der eigenen Sprache in einer fremden Sprache, des eigenen Horizontes in einem fremden Horizont verwirklicht. In ihm vollzieht sich die ideologische Übersetzung der fremden Sprache, die Überwindung von – zufälliger, äußerlicher und scheinbarer – Fremdheit. Für den historischen Roman ist die positive Modernisierung, das Verwischen der Zeitgrenzen, die Wahrnehmung der ewigen Gegenwart in der Vergangenheit charakteristisch. Bilder der Sprache zu schaffen, ist die entscheidende stilistische Aufgabe der Gattung des Romans.

Jeder Roman ist in seiner Gesamtheit, vom Standpunkt der in ihm verkörperten Sprache und des Sprachbewußtseins aus betrachtet, eine *Hybride*. Aber betonen wir noch einmal: eine beabsichtigte und bewußte, künstlerisch organisierte Hybride, nicht eine dunkle, mechanische Vermischung von Sprachen (genauer gesagt: der Elemente von Sprachen). Das *künstlerische Bild der Sprache* ist Ziel und Zweck der beabsichtigten Hybridisierung im Roman.

Daher intendiert der Romancier keineswegs eine linguistische (dialektologische) genaue und vollständige Nachbildung der Empirie der fremden Sprachen, die er einführt; er erstrebt allein die künstlerische Ausformung der Bilder dieser Sprachen.

Die künstlerische Hybride verlangt vielfache Arbeit: sie ist durch und durch stilisiert, durchdacht, abgewogen, distanziert. Das unterscheidet sie grundsätzlich von der leichtsinnigen, gedankenlosen und systemlosen, oft an schlichte Unwissenheit grenzenden Vermischung von Sprachen bei mittelmäßigen Prosaschriftstellern. In solchen Hybriden gibt es keine Verbindung von konsequent durchgehaltenen Sprachsystemen, sondern bloß eine Vermischung von Sprachelementen. Nicht die Orchestrierung mit Redevielfalt liegt dann vor, sondern in den meisten Fällen die unreine und unbearbeitete direkte Sprache des Autors.

Der Roman suspendiert nicht nur nicht von gründlicher und subtiler Kenntnis der Hochsprache, sondern er verlangt zusätzlich die Kenntnis der Sprachen der Redevielfalt. Der Roman gebietet die Erweiterung und Vertiefung des sprachlichen Horizontes, die Verfeinerung unserer Wahrnehmung sozial-sprachlicher Differenzierungen.

Kapitel V.
Die beiden stilistischen Linien des europäischen Romans

Der Roman ist Ausdruck des galileischen Sprachbewußtseins, das sich vom Absolutismus der einheitlichen und einzigen Sprache losgesagt hat, das heißt, vom Bekenntnis zur eigenen Sprache als dem einzigen verbal-semantischen Zentrum der ideologischen Welt, und statt dessen die Vielzahl der nationalen und, was die Hauptsache ist, sozialen Sprachen anerkennt, die alle im gleichen Maße befähigt sind,

»Sprachen der Wahrheit« zu sein, die aber auch gleich relative, objekthafte und begrenzte Sprachen sozialer Gruppen, Berufe und des Alltagslebens sind. Der Roman setzt die verbal-semantische Dezentralisierung der ideologischen Welt voraus, die sprachliche Obdachlosigkeit eines literarischen Bewußtseins, das das unanfechtbare und einheitliche sprachliche Medium des ideologischen Denkens verloren hat und sich unter den sozialen Sprachen innerhalb einer einzigen Sprache und unter nationalen Sprachen innerhalb einer einzigen (hellenistischen, christlichen, protestantischen) Kultur, einer einzigen kulturpolitischen Welt (der hellenistischen Staaten, des römischen Imperiums usw.) fand.

Es handelt sich um eine sehr wichtige und im Grunde radikale Wende in der Geschichte des menschlichen Wortes: um die substantielle Befreiung der kulturellen Sinnintentionen und der expressiven Intentionen von der einen, einzigen und einheitlichen Sprache, folglich um den Verlust der Wahrnehmung der Sprache als eines Mythos, als einer absoluten Form des Denkens. Dafür ist die Entdeckung der Verschiedensprachigkeit der kulturellen Welt und der Vielfältigkeit der Rede der eigenen Nationalsprache allein unzureichend – notwendig ist die Entdeckung der Substantialität dieser Tatsache und aller mit ihr verknüpften Folgen. Das ist freilich nur unter bestimmten sozial-historischen Bedingungen möglich.

Damit ein künstlerisch tiefgreifendes Spiel mit den sozialen Sprachen möglich wird, ist eine radikale Veränderung der Empfindung des Wortes in der allgemein-literarischen und sprachlichen Schicht unerläßlich. Man muß mit dem Wort als einer objekthaften, charakteristischen, aber gleichzeitig intentionalen Erscheinung vertraut werden; man muß lernen, die »innere Form« (im Humboldtschen Sinne) in der fremden Sprache und die »innere Form« der eigenen Sprache als eine fremde wahrzunehmen; man muß lernen, das Objekthafte, das Typische und das Charakteristische nicht nur von Handlungen, Gesten sowie einzelnen Wörtern und Ausdrücken, sondern auch von Standpunkten, Weltanschauungen und Weltempfindungen, die mit der sie zum Ausdruck bringenden Sprache eine organische Einheit bilden, zu erspüren. Das kann nur einem Bewußtsein gelingen, das am Universum der sich wechselseitig beleuchtenden Sprachen organisch teilhat. Das setzt die Überschneidung von Sprachen im jeweiligen Einzelbewußtsein, das gleichmäßig an einigen Sprachen teilhat, voraus.

Die Grundbedingung der Dezentralisierung der verbal-ideologischen Welt, die im Roman ihren Ausdruck findet, ist eine wesentlich differenzierte soziale Gruppe, die sich in einer intensiven und wichtigen Wechselbeziehung mit anderen sozialen Gruppen befindet. Ein abgeschlossener Stand, eine Kaste, eine Klasse in ihrem innerlich-einheitlichen und beständigen Kern sind kein gesellschaftlich produktiver Boden für die Entwicklung des Romans, es sei denn, sie wären im Zerfall begriffen, aus ihrem inneren Gleichgewicht und ihrer Selbstgenügsamkeit gebracht; das von der Hochsprache geprägte Bewußtsein kann von der Höhe seiner über Autorität gebietenden Einheitssprache Rede- und Sprachvielfalt getrost ignorieren. Die Redevielfalt, die außerhalb der Grenzen dieser abgeschlossenen kulturellen Welt mit ihrer Hochsprache herrscht, vermag nur rein objekthafte, intentionslose Redebilder, dingliche Wörter, die zur Romanprosa nicht taugen, in die niederen Gattungen zu entsenden. Damit die Redevielfalt das kulturelle Bewußtsein und seine Sprache überflutet, müßte es zu seinem Kern vordringen, das grundlegende Sprachsystem von Ideologie und Literatur relativieren und seine naive Unstrittigkeit erschüttern.

Doch selbst das wäre noch unzureichend. Auch ein vom sozialen Kampf zerrissenes Kollektiv ist, sofern es national abgeschlossen und isoliert bleibt, noch kein zulängliches gesellschaftliches Fundament für eine Relativierung des hochsprachlichen Bewußtseins, für seine Umstellung auf eine neue Klasse der Prosa. Die innere Vielfältigkeit der Rede des literarischen Dialekts und seiner außerliterarischen Umgebung, das heißt des gesamten dialektologischen Bestands einer Nationalsprache, muß von immenser Redevielfalt, und zwar substantieller Redevielfalt, umgeben fühlen, die sich in der Fülle ihrer Intentionalität, in mythologischen, religiösen, gesellschaftspolitischen, literarischen und anderen kulturideologischen Systemen offenbart hat. Wenn diese außernationale Sprachvielfalt auch nicht in das System der Hochsprache und der Prosagattungen vordringt (wie die außerliterarischen Dialekte derselben Sprache dorthin vordringen), so verstärkt und vertieft sie doch die innere Redevielfalt der Hochsprache selbst, schwächt die Macht von Überlieferung und Tradition, die das Bewußtsein noch fesseln, löst das System des nationalen Mythos auf, der organisch mit der Sprache verwachsen ist, und zerstört buchstäblich das mythische und magische Empfinden der Sprache und des Wortes. Substantielle Partizipation an fremden Kulturen und Sprachen (das eine ist ohne das andere nicht möglich) führt unweigerlich zu einer Entzweiung von Intentionen und Sprache, von Gedanken und Sprache, von Expression und Sprache.

Wir sprechen von der Entzweiung im Sinne einer Zerstörung des absoluten Konnexes zwischen dem ideologischen Sinn und der Sprache, von dem das mythologische und magische Denken bestimmt ist.

Der absolute Konnex zwischen dem Wort und dem konkreten ideologischen Sinn ist sicherlich einer der mächtigsten konstitutiven Faktoren des Mythos, der einerseits die Entwicklung mythischer Bilder und andererseits die spezifische Empfindung sprachlicher Formen, Bedeutungen und stilistischer Fügungen anleitet. Das mythologische Denken gibt im Bann seiner Sprache, die aus sich selbst die mythologische Wirklichkeit erzeugt, seine sprachlichen Verbindungen und Wechselbeziehungen als Verbindungen und Wechselbeziehungen von Momenten der Wirklichkeit selbst aus (Übergang sprachlicher Kategorien und Abhängigkeiten in theogonische und kosmogonische). Aber auch die Sprache tut dies unter der Faszination der Bilder des mythologischen Denkens, die ihre intentionale Bewegung fesseln, indem sie es den sprachlichen Kategorien (infolge ihrer Verquickung mit konkret-dinglichen Beziehungen) erschweren, Allgemeinheit und Flexibilität und reinere Formalität zu erlangen, und die expressiven Möglichkeiten des Wortes beschränken.[39]

Natürlich liegt diese Macht, die der Mythos über die Sprache und die Sprache über die Wahrnehmung und das Denken der Wirklichkeit ausüben, in der prähistorischen und deswegen hypothetischen Vergangenheit des Sprachbewußtseins begründet.[40] Aber auch dort, wo der Absolutismus dieser Macht längst abgeschafft ist, noch in den historischen Epochen des Sprachbewußtseins, ist die mythologische Empfindung der sprachlichen Autorität hinreichend stark, sind der Sinn und der Ausdruck an die unanfechtbare Einheit in allen hohen ideologischen Gattungen so sehr ausgeliefert, daß der künstlerische Gebrauch der sprachlichen Redevielfalt in den großen literarischen Formen ausgeschlossen ist. Der Widerstand der einheitlichen kanonischen Sprache, die von der noch nicht erschütterten Einheit des nationalen Mythos gefestigt ist, ist noch zu stark, als daß die Redevielfalt das hochsprachliche Bewußtsein relativieren und dezentralisieren könnte. Diese verbal-ideologische Dezentralisierung ist erst dann möglich, wenn die Isolation und Selbstgenügsamkeit der nationalen Kultur aufbricht, wenn sie sich als inmitten von anderen Kulturen und Sprachen befindlich begreift. Erst dann gerät die mythische Sprachempfindung, die auf der absoluten Verschmelzung des ideologischen Sinns mit der Sprache beruht, ins Wanken, bildet sich eine deutliche Empfindung für die Grenzen der Sprache, für die sozialen, nationalen sowie für die Sinngrenzen, entdeckt sie die Sprache in ihrer menschlichen Charakteristik; hinter ihren Wörtern, Formen und Stilen scheinen nationalspezifische, sozialtypische Gesichter und Bilder von Sprechern auf, hinter ausnahmslos allen Schichten der Sprache, die der hohen ideologischen Gattungen mit ihrer besonders starken Intentionalität einbeschlossen. Die Sprache (genauer gesagt: die Sprachen) wird selbst zum künstlerisch vollendeten Bild der für den Menschen charakteristischen Weltempfindung und Weltanschauung. Kurz, die Sprache wird von einer unanfechtbaren und einzigen Verkörperung von Sinn und Wahrheit zu einer von mehreren möglichen Hypothesen des Sinns.

Ähnlich verhält es sich dort, wo die einheitliche und einzige Hochsprache eine fremde Sprache ist. Der Zerfall und der Sturz der mit ihr zusammenhängenden religiösen, politischen und ideologischen Autorität ist unumgänglich. Im Prozeß dieses Zerfalls reift das dezentralisierte Sprachbewußtsein der künstlerischen Prosa, das sich auf die soziale Redevielfalt der nationalen Umgangssprachen stützt.

So zeigen sich Keime der Romanprosa in der verschiedene Sprachen und verschiedene Reden versammelnden Welt der hellenistischen Epoche, im Rom der Imperatoren, im Verlauf des Niedergangs der kirchlichen verbal-ideologischen Zentralisation im Mittelalter. Und so geht auch in der Neuzeit die Entfaltung des Romans mit dem Zerfall stabiler verbal-ideologischer Systeme und, als Gegengewicht, mit der Verstärkung und Intentionalisierung der sprachlichen Vielfältigkeit der Rede sowohl innerhalb des literarischen Dialekts selbst als auch außerhalb seiner einher.

Das Problem der antiken Romanprosa ist sehr komplex. Authentische zweistimmige und zweisprachige Prosa gedieh hier, da ihre Keime nicht immer der Komposition und dem thematischen Aufbau des Romans entsprachen, vorwiegend in anderen Gattungsformen als dem Roman: in realistischen Novellen, in Satiren[41], in einigen biographischen und autobiographischen Formen[42], in einigen rein rhetorischen Gattungen (zum Beispiel in der Diatribe)[43], in historischen und schließlich in Brief-Gattungen.[44] In allen diesen Genres entdecken wir Keime einer der Romanprosa ähnlichen Orchestrierung des Sinns mit Redevielfalt. In dieser zweistimmigen, wirklicher Romanprosa ähnlichen Schicht liegen auch die uns überlieferten Varianten des (pseudolukianischen und apuleischen) »Romans vom Esel« und der Roman des Petronius.

Es haben sich also in der Antike die wichtigsten Elemente des zweistimmigen und zweisprachigen Romans herausgebildet, die dann im Mittelalter und in der Neuzeit einen mächtigen Einfluß auf die wichtigsten Spielarten der Romangattung ausübten: auf den Prüfungsroman (auf seinen biographisch-hagiographisch-beichtend-problemhaft-abenteuerlichen Zweig – bis hin zu Dostoevskij und zur Gegenwart), auf den Erziehungsroman und den Bildungsroman, besonders auf seinen autobiographischen Zweig, auf den alltagsbezogenen satirischen Roman u. a., das heißt auf diejenigen Varianten der Romangattung, die die dialogisierte Redevielfalt, zumal die Redevielfalt der niederen Gattungen und des Alltags unmittelbar in ihren Bestand einführen. Doch gerade in der Antike sind diese über vielfältige Gattungen verstreuten Elemente nicht zu dem einheitlichen, wasserreichen Strom des Romans zusammengeflossen, sondern haben jeweils nur einzelne unvollständig ausgeprägte Beispiele dieser stilistischen Linie des Romans bestimmt (Apuleius und Petronius).

Einer völlig anderen stilistischen Linie sind die sogenannten »sophistischen Romane«[45] zuzurechnen. Diese Romane sind durch klare und konsequente Stilisierung des gesamten Materials charakterisiert, das heißt durch die monologische Konsequenz des (abstrakt idealisierenden) Stils. Indessen bringen ausgerechnet die sophistischen Romane die Spezifik der Romangattung in der Antike am deutlichsten zum Ausdruck. Und sie beeinflußten fast bis zum 19. Jahrhundert die Entwicklung der Varianten der hohen Gattungen des europäischen Romans: den mittelalterlichen Roman, den galanten Roman des 15. bis 16. Jahrhunderts (*Amadis* und besonders den Schäferroman), den Barockroman und schließlich den Roman der Aufklärer (zum Beispiel Voltaires). Sie haben in hohem Maße auch diejenigen theoretischen Vorstellungen von der Romangattung und ihren Anforderungen bestimmt, die bis zum Ende des 18. Jahrhunderts dominierten.[46]

Die abstrakt idealisierende Stilisierung im sophistischen Roman gestattet dennoch eine gewisse Spielfreiheit der stilistischen Verfahrensweisen; das ist angesichts der vielen relativ selbständigen, konstruktiven Elemente und Genres, die hier eingeführt werden, unvermeidlich: Autorerzählung und Erzählungen handelnder Personen und Zeugen, Beschreibungen der Landschaft, der Natur, der Städte, Sehenswürdigkeiten, Kunstwerke, Beschreibungen, die Vollendung und einen gewissen Eigenwert beanspruchen, Erörterungen, die ihre gelehrten, philosophischen und moralischen Themen erschöpfend zu behandeln wünschen, Aphorismen, eingebettete Erzählungen, rhetorische Reden, Briefe, entfalteter Dialog. Zwar entspricht der Grad der stilistischen Selbständigkeit dieser Teile eindeutig nicht dem Grad der konstruktiven Selbständigkeit und gattungsmäßigen Vollendung, aber sie sind, was die Hauptsache ist, offenbar alle gleichermaßen intentional und gleichermaßen bedingt, bewegen sich auf ein und derselben Ebene der Wortbedeutungen, bringen die Autorintentionen gleichermaßen und direkt zum Ausdruck.

Allerdings sind gerade die Bedingtheit und die äußerste (abstrakte) Folgerichtigkeit dieser Stilisierung an und für sich spezifisch. Dahinter steht kein einheitliches, wesentliches und dauerhaftes ideologisches – religiöses, gesellschaftspolitisches, philosophisches usw. – System. Der sophistische Roman ist ideologisch absolut dezentralisiert (ebenso wie die gesamte Rhetorik der »zweiten Sophistik«). Die Einheit des Stils ist sich hier selbst überlassen, ist nicht verwurzelt, wird nicht von der Einheit einer kulturideologischen Welt gestärkt; die Einheit dieses Stils ist peripher, »verbal«. Die extreme Abstraktheit dieser Stilisierung zeugt von der immensen Redevielfalt, aus der sich die verbale Einheit dieser Werke erhebt, freilich ohne diese Redevielfalt durch Versenkung in ihren Gegenstand zu überwinden (wie in der wirklichen Dichtung). Leider wissen wir nicht, wie nachdrücklich dieser Stil gerade auf seine Rezeption angesichts dieser Redevielfalt zugeschnitten ist. Es ist z. B. keineswegs ausgeschlossen, daß seine Momente mit den existierenden Sprachen der Redevielfalt in einer dialogischen Wechselbeziehung standen. Wir wissen nicht, welche Funktionen hier die zahlreichen und heterogenen Reminiszenzen wahrnehmen, von denen diese Romane voll sind: die direkt intentionale – wie die Reminiszenz in der Dichtung – oder die Prosareminiszenz. D. h. diese Reminiszenzen sind möglicherweise zweistimmige Gebilde. Haben sie denn immer eine direkte Intention sind sie sinnvoll, sind es Erörterungen und Sentenzen? Haben sie nicht oft einen ironischen oder geradezu parodistischen Charakter? In einer ganzen Reihe von Fällen zwingt uns allein schon ihr Ort in der Komposition zu dieser Annahme. So kommt etwa da, wo lange und abstrakte Erörterungen eine retardierende Funktion erfüllen und die Erzählung in ihrem spannungsreichsten Moment unterbrechen, gerade weil sie gänzlich unvermittelt sind (wo beispielsweise pedantisch umständliche Erörterungen an einem absichtlich zufälligen Anlaß festgemacht sind), zumal sie dann eine objekthafte Nuance tragen, der Verdacht auf, es handle sich um eine parodistische Stilisierung.[47]

Die Parodie ist, wenn sie nicht grob ist (das heißt, wo sie ein Element der künstlerischen Prosa ist), sehr schwer aufzudecken, sofern man ihren vom fremden Wort gebildeten, zweiten Kontext nicht kennt. In der Weltliteratur gibt es wahrscheinlich viele solcher Werke, über deren parodistischen Charakter wir noch nicht einmal einen Verdacht hegen, und sie kennt wahrscheinlich überhaupt nur wenige ohne Vorbehalt ausgesprochene und rein einstimmige Wörter. Wir betrachten die Weltliteratur von einer in Raum und Zeit eng begrenzten kleinen Insel einer einstimmigen Wortkultur aus, die nur über eine Stimme und einen Ton verfügt. Und wie wir weiter unten sehen werden, gibt es Typen und Spielarten des zweistimmigen Wortes, deren Zweistimmigkeit bei der Rezeption leicht verlorengeht, und doch bei einer einstimmigen direkten Umakzentuierung ihre künstlerische Bedeutung nicht vollständig einbüßen (sie verschmelzen mit der Masse der direkten Autorwörter).

Daß es im sophistischen Roman die parodistische Stilisierung und andere Varianten des zweistimmigen Wortes gibt, ist nicht zu bezweifeln[48], aber es fällt schwer zu sagen, wie groß ihr spezifisches Gewicht darin ist. Uns ist jener in der Rede differenzierte verbal-semantische Hintergrund nicht mehr gegenwärtig, vor dem diese Romane erschienen und mit dem sie in einer dialogischen Wechselbeziehung standen. Es ist möglich, daß die abstrakt-gradlinige Stilisierung, die uns als einförmig und platt vorkommt, vor dem Hintergrund der Redevielfalt ihrer Zeit überaus lebendig und differenziert wirkte, da sie ein zweistimmiges Spiel mit den Momenten dieser Redevielfalt spielte, in dialogischem Wechselgespräch mit ihnen stand.

Der sophistische Roman begründet die *erste* (wie wir sie unter Vorbehalt nennen wollen) *stilistische Linie des europäischen Romans.* Im Unterschied zur zweiten Linie, die in der Antike durch die heterogenen Gattungen nur vorbereitet wurde und sich noch nicht zu einem vollendeten Romantypus ausformte (für einen solchen vollendeten Typus der zweiten Linie darf man weder den apuleischen noch den petronischen Roman halten), hat die erste Linie im sophistischen Roman einen hinreichend vollständigen und vollendeten Ausdruck gefunden, der, wie gesagt, die gesamte spätere Geschichte dieser Linie bestimmt hat. Ihr zentrales Merkmal ist, daß es nur eine Sprache und nur einen Stil gibt (die mehr oder weniger streng durchgehalten werden); die Redevielfalt bleibt außerhalb des Romans, doch sie bestimmt ihn als dialogisierender Hintergrund, mit dem Sprache und Welt des Romans in einem polemischen und apologetischen Wechselverhältnis stehen.

In der weiteren Geschichte des europäischen Romans beobachten wir dieselben beiden Grundlinien der stilistischen Entwicklung. Die zweite Linie, zu der die bedeutendsten Vertreter der Romangattung gehören (seine Spielarten und die einzelnen Werke), macht die soziale Redevielfalt zum Bestandteil des Romans, wobei sie mit ihr ihren eigenen Sinn orchestriert und sich oft gänzlich vom direkten Autorwort lossagt. Die erste Linie, die den Einfluß des sophistischen Romans am stärksten aufgenommen hat, läßt die Redevielfalt in der Hauptsache außerhalb von sich, das heißt außerhalb der Sprache des Romans; diese Sprache ist spezifisch, nach Art des Romans gebildet, sie ist stilisiert. Dennoch ist sie, wie gesagt, auf ihre Rezeption eben vor dem Hintergrund der Redevielfalt gemünzt, mit deren verschiedenen Momenten sie eine dialogische Wechselbeziehung unterhält.

Die abstrakte, idealisierende Stilisierung in diesen Romanen ist deshalb nicht nur von ihrem Gegenstand und der direkten Expression des Sprechers bestimmt (wie das rein poetische Wort), sondern auch vom fremden Wort, von der Redevielfalt. Diese Stilisierung impliziert den Seitenblick auf fremde Sprachen, auf andere Standpunkte und andere gegenständliche Sinnhorizonte. Das ist einer der wesentlichen Unterschiede zwischen der poetischen Stilisierung und der im Roman.

Sowohl die erste als auch die zweite stilistische Linie des Romans gliedern sich ihrerseits in eine Reihe spezifischer stilistischer Varianten. Schließlich überkreuzen und verflechten sich beide Linien auf vielfältige Weise, das heißt die Stilisierung des Materials vereinigt sich mit ihrer rededifferenzierten Orchestrierung.

Hier nun einige Worte über den klassischen, in Versen geschriebenen Ritterroman.

Das hochsprachliche (und weiter gefaßt, das ideologisch-sprachliche) Bewußtsein der Urheber und des Auditoriums dieser Romane war komplex: einerseits war es sozioideologisch zentralisiert, da es sich auf dem festen und stabilen Boden von Ständen und Klassen herausbildete. Dieses Bewußtsein war in seiner überzeugten sozialen Kompaktheit und Selbstgenügsamkeit fast ein Kastenbewußtsein. Andererseits besaß dieses Bewußtsein keine einheitliche Sprache, die organisch mit einer ebenso einheitlichen kulturideologischen Welt des Mythos, der Überlieferung, des Glaubens und der ideologischen Systeme verwachsen gewesen wäre. Kultursprachlich war es völlig dezentralisiert und in hohem Maße international. Konstitutiv für dieses hochsprachliche Bewußtsein war vor allem der Bruch zwischen Sprache und Material einerseits sowie zwischen Material und zeitgenössischer Wirklichkeit andererseits. Es lebte in einer Welt fremder Sprachen und fremder Kulturen. Im Zuge ihrer Bearbeitung, Assimilierung, ihrer Unterordnung unter die Einheit des Horizontes der Stände und Klassen sowie seiner Ideale und schließlich im Verlauf der Konfrontation mit der es umgebenden Redevielfalt der unteren Volksschichten bildete und formte sich das hochsprachliche Bewußtsein der Urheber und Zuhörer des in Versen geschriebenen Ritterromans. Es hatte ständig mit dem fremden Wort und der fremden Welt zu tun: antike Literatur, frühchristliche Legende, bretonisch-keltische Sage (nicht aber das heimatliche Volksepos, das seine Blüte in der gleichen Epoche erlebte wie der Ritterroman, parallel mit ihm, aber von ihm unabhängig und ohne jeglichen Einfluß auf ihn war) – all dies diente als heterogenes und verschiedensprachiges Material (Latein und die Nationalsprachen), in das sich die Einheit des Bewußtseins der Stände und Klassen des Ritterromans einkleidete und so ihre Fremdheit überwand. Übersetzung, Umarbeitung, Umdeutung, Umakzentuierung – die vielstufige, wechselseitige Orientierung an dem fremden Wort und der fremden Intention – so sieht der Prozeß der Bildung des literarischen Bewußtseins aus, das den Ritterroman hervorgebracht hat. Dieser Prozeß der wechselseitigen Orientierung am fremden Wort vollzog sich im hochsprachlichen Bewußtsein der Epoche und prägte, obgleich nicht alle seine Stufen vom individuellen Bewußsein einzelner Autoren des Ritterromans bewältigt wurden, das Schaffen der Individuen. Material und Sprache waren nicht in einer unbedingten Einheit (wie für die Schöpfer des Epos) gegeben, sondern zerrissen, getrennt und mußten sich gegenseitig suchen.

Das bestimmt auch die Eigenart des Stils im Ritterroman. In ihm gibt es keinerlei Naivität in Sprache und der Rede. Sie ist (falls es sie überhaupt gibt) der noch intakten ständischen Einheit zuzuschreiben. Sie drang in alle Elemente des fremden Materials ein, vermochte sie in einem solchen Grade umzuformen und umzuakzentuieren, daß die Welt dieser Romane uns als episch einheitliche Welt erscheint. Der klassische, in Versen geschriebene Ritterroman steht tatsächlich auf der Grenze zwischen Epos und Roman, er überschreitet diese Grenze dennoch deutlich zum Roman hin. Solche tiefgründigen und vollkommenen Beispiele dieser Gattung wie der *Parzival* Wolframs sind bereits Romane. *Parzival* läßt sich keineswegs mehr der ersten stilistischen Linie des Genres in ihrer Reinform zurechnen. *Parzival* ist der erste wesentlich zweistimmige deutsche Roman, der die Unbedingtheit seiner Intentionen mit der subtilen und weisen Wahrnehmung der Distanzen zur Sprache, mit der leichten Objekthaftigkeit und Relativität dieser Sprache zu vereinen vermochte, die durch ein Lächeln vom direkten Sprechen des Autors geschieden wurde.[49]

Mit den ersten Prosaromanen verhält es sich ähnlich. Das Moment der Übersetzung und Umarbeitung tritt hier noch schärfer und gröber hervor. Ja, man kann geradezu sagen, daß die *europäische Romanprosa im Prozeß der freien (umformenden) Übersetzung fremder Werke entsteht und herausgebildet wird.* Dies gilt mit einer Ausnahme: für die französische Romanprosa war das Moment der Übersetzung im eigentlichen Sinne minder charakteristisch, hier dominierte das Moment der »Übertragung« von epischen Versen in Prosa. Die Entstehung der Romanprosa in Deutschland ist jedoch von besonderer, geradezu symbolischer Anschaulichkeit: Sie ist das Produkt einer germanisierten französischen Aristokratie, die auf dem Wege der Übersetzung und Übertragung französischer Prosa oder

Verse die Romanprosa in Deutschland begründet hat.

Das Sprachbewußtsein der Schöpfer des Prosaromans war dezentralisiert und relativiert. Es schweifte auf der Suche nach seinem Material frei zwischen Sprachen umher, wobei es Material von irgendeiner Sprache (im Rahmen der zugänglichen) ohne weiteres abtrennte und es der »eigenen« Sprache und Welt einverleibte. Und diese »eigene« Sprache – noch unbeständig und im Werden begriffen – bot dem Übersetzer und Übertragenden keinerlei Widerstand. Das Ergebnis ist der völlige Bruch zwischen Sprache und Material, ihre tiefe Gleichgültigkeit gegeneinander. Aus dieser gegenseitigen Fremdheit von Sprache und Material geht dann der spezifische »Stil« dieser Prosa hervor.

Im Grunde dürfte man in diesem Zusammenhang nicht von Stil sprechen, sondern nur von der Form der Darlegung. Denn hier vollzieht sich ja gerade die Ersetzung des Stils durch die Darlegung. Der Stil ist von der wesentlichen und produktiven Beziehung des Wortes zu seinem Gegenstand, zum Sprecher selbst und zum fremden Wort bestimmt; er strebt danach, das Material der Sprache und die Sprache dem Material organisch zu integrieren. Der Stil legt keineswegs etwas dar, das schon außerhalb dieser Darlegung voll ausgebildet und in Worten geformt, gegeben ist; der Stil dringt entweder unmittelbar in den Gegenstand ein, wie in der Dichtung, oder er bricht seine Intentionen, wie in der künstlerischen Prosa (so legt ja der Prosaschriftsteller, wenn er einen Roman verfaßt, die fremde Rede nicht dar, sondern konstruiert ihr künstlerisches Bild). Obwohl der in Versen geschriebene Ritterroman gleichfalls vom Bruch zwischen Material und Sprache geprägt ist, überwindet er diesen Bruch, indem er das Material in die Sprache integriert und so eine besondere Spielart des echten Romanstils stiftet.[50] Die erste europäische Romanprosa entsteht und modelliert sich als *Prosa der Darlegung*. Dies hat für lange Zeit ihr Schicksal bestimmt.

Natürlich bestimmen nicht nur die Tatsache der freien Übersetzung fremder Texte und nicht nur der kulturelle Internationalismus ihrer Schöpfer die Spezifik der darlegenden Prosa – sowohl die Autoren als auch die Zuhörer des in Versen geschriebenen Ritterromans waren kulturell hinreichend international –, sondern bestimmend ist vor allem, daß diese Prosa noch keine einheitliche und starke gesellschaftliche Basis, keine gesicherte und ruhige ständische Selbstgenügsamkeit hatte.

Der Buchdruck spielte in der Geschichte des in Prosa geschriebenen Ritterromans eine außerordentlich wichtige Rolle, da er dessen Publikum erweiterte und sozial mischte.[51] Er unterstützte die für die

Romangattung wesentliche Versetzung des Wortes in das stumme Register der Rezeption. Diese gesellschaftliche Desorientierung des Prosaromans hat sich im Laufe seiner weiteren Entwicklung verschärft, es begann die soziale Wanderschaft des im 14. und 15. Jahrhunderts begründeten Ritterromans, eine Wanderschaft, die mit seiner Verwandlung in »Volksliteratur« für die niederen sozialen Gruppen endete, von wo ihn das literarisch qualifizierte Bewußtsein der Romantik erneut ans Licht holte.

Gehen wir näher auf die Spezifik dieses ersten Wortes der Romanprosa ein, das vom Material losgelöst und nicht von der Einheit einer sozialen Ideologie durchdrungen ist, das von Redevielfalt und Sprachvielfalt umgeben ist und darin doch keinerlei Stütze und Zentrum hat. Dieses umherschweifende, in nichts verwurzelte Wort mußte auf besondere Weise an Bedingungen geknüpft werden. Es war dies nicht die positive Bedingtheit des poetischen Wortes, sondern jene, die aus der Unmöglichkeit resultiert, das Wort in allen seinen Momenten durchgängig künstlerisch zu organisieren.

Im Wort, das vom Material und von einer beständigen und organischen ideologischen Einheit losgelöst ist, erscheint viel Überflüssiges, Unnötiges, das sich nicht einer wirklich künstlerischen Sinngebung öffnet. Das Überflüssige muß im Wort neutralisiert oder konstruktiv genutzt werden; damit es nicht stört, muß das Wort aus dem Zustand des rohen Materials herausgeführt werden. Diesem Zweck dient ein spezifisches Programm: alles, was nicht mit Sinn versehen werden kann, wird in eine bedingte, schablonenhafte Form gekleidet, geglättet, eingeebnet, poliert, geschmückt usw. Alles, was nicht mit künstlerischem Sinn ausgestattet ist, muß durch bedingte Allgemeingültigkeit und Ornamentik wettgemacht werden.

Was soll das Wort, das ebenso vom Material wie von seiner ideologischen Einheit losgelöst ist, mit seinem Lautbild, mit dem unerschöpflichen Reichtum an vielfältigen Formen, Schattierungen und Nuancen, an syntaktischer und intonatorischer Struktur, mit seiner doch unerschöpflichen gegenständlichen und sozialen Vieldeutigkeit anfangen? Das alles hat das darlegende Wort nicht nötig, weil dies alles nicht organisch mit dem Material verwachsen, nicht von Intentionen durchdrungen sein kann. All dies wird deshalb einer bedingten äußerlichen Organisation unterzogen: das Lautbild strebt leeren Wohlklang an, die syntaktische und intonatorische Struktur leere Leichtigkeit und Glätte oder eine ebenso leere rhetorische Komplexität und Schwülstigkeit, äußerlichen Ornamentalismus und die semantische Mehrdeutigkeit eine leere Eindeutigkeit. Die darlegende Prosa kann sich natürlich auch mit poetischen Tropen im

Überfluß schmücken, aber hier haben sie keine wirkliche poetische Bedeutung.

Auf diesem Weg legalisiert und kanonisiert die darlegende Prosa gleichsam den absoluten Bruch zwischen Sprache und Material, findet sie für ihn die Form der stilistischen – bedingten und scheinbaren Überwindung. Jetzt wird ihr jedes beliebige Material aus beliebiger Quelle zugänglich. Die Sprache ist für sie ein neutrales, überdies angenehmes und geschmücktes Element, das es möglich macht, sich auf das Anziehende, auf äußerliche Bedeutsamkeit, auf Schärfe und auf das Ergreifende des Materials selbst zu konzentrieren.

In dieser Richtung verläuft die Entwicklung der darlegenden Prosa im Ritterroman, bis sie ihren Gipfel im *Amadis*[52] und danach im Schäferroman erreicht. Die darlegende Prosa wird jedoch während dieser Entwicklung durch neue, wesentliche Momente bereichert, die es ihr erlauben, sich dem authentischen Romanstil anzunähern und die erste grundlegende stilistische Linie der Entwicklung des europäischen Romans zu bestimmen. Allerdings geschieht die volle Wiedervereinigung und wechselseitige Durchdringung von Sprache und Material auf dem Boden des Romans nicht hier, sondern in der zweiten Linie, in dem seine Intentionen brechenden und orchestrierenden Stil, d. h. auf demjenigen Weg, der in der Geschichte des europäischen Romans ausschlaggebend und besonders produktiv geworden ist.

Im Verlauf der Entwicklung der darlegenden Romanprosa bildet sich die besondere Wertungskategorie der »Literarizität der Sprache« oder – dem Geist des ursprünglichen Verständnisses näher – des »veredelten Charakters der Sprache« heraus. Es ist dies keine stilistische Kategorie im exakten Wortsinn, denn hinter ihr stehen keine bestimmten künstlerisch wesentlichen gattungsspezifischen Forderungen; es handelt sich aber auch nicht um eine sprachliche Kategorie, die die Sprache der Literatur als eine bestimmte sozio-dialektologische Einheit hervorhöbe. Die Kategorien »Literarizität« und »veredelter Charakter« liegen auf der Grenze zwischen stilistischer Forderung und Wertung sowie linguistischer Konstatierung und Normierung (das heißt zwischen dem Ermessen der Zugehörigkeit einer Form zu einem bestimmten Dialekt und der Feststellung ihrer sprachlichen Korrektheit).

Hierher gehören auch Popularität und Zugänglichkeit: die Anpassung an den apperzeptiven Hintergrund, damit sich das Gesagte leicht vor diesem Hintergrund fassen läßt, ohne ihn zu dialogisieren, ohne scharfe dialogische Disharmonien hervorzurufen; Glätte und Ebenheit des Stils.

In verschiedenen Nationalsprachen und in verschiedenen Epochen wird diese allgemeine, gleichsam außerhalb der Gattungen stehende Kategorie der »Sprache der Literatur« mit unterschiedlichem konkreten Inhalt gefüllt und hat in der Literaturgeschichte und in der Geschichte der Hochsprache eine je unterschiedliche Bedeutung. Aber immer und überall ist der Wirkungsbereich dieser Kategorie die Umgangssprache eines literarisch gebildeten Kreises (in unserem Fall aller, die zur »vornehmen Gesellschaft« zählen), die Schriftsprache seiner Alltagsgattungen und halbliterarischen Gattungen (Briefe, Tagebücher usw.), schließlich die Gattungen der künstlerischen Prosa und insbesondere der Roman. Kurz, diese Kategorie erhebt den Anspruch, jenen Bereich von Hoch- und (im dialektologischen Sinne) Alltagssprache zu regulieren, der nicht von den voll ausgebildeten strengen Gattungen mit ihren bestimmten und differenzierten sprachlichen Anforderungen reguliert wird; die Kategorie der »allgemeinen Literarizität« kann natürlich im Bereich der Lyrik, des Epos, der Tragödie nichts ausrichten. Sie regelt jene umgangssprachlich-schriftliche Redevielfalt, die die beständigen und strengen poetischen Gattungen von allen Seiten umfließt, deren Forderungen weder auf die umgangssprachliche noch auf die Schriftsprache des Alltags angewandt werden können.[53] Sie sucht diese Redevielfalt zu regeln, einen bestimmten sprachlichen Stil für sie verbindlich zu machen.

Wir wiederholen, der konkrete Inhalt dieser Kategorie der außerhalb der Gattungen stehenden Literarizität der Sprache als solcher kann überaus unterschiedlich sein, kann unterschiedlich stark bestimmt und konkret sein, kann sich auf verschiedene kulturideologische Intentionen stützen, sich mit verschiedenen Interessen und Werten motivieren: die soziale Abgeschlossenheit eines privilegierten Kollektivs (»die Sprache der Adelsgesellschaft«), national-lokale Interessen wahren, zum Beispiel die Herrschaft des toskanischen Dialekts in der italienischen Hochsprache gewährleisten, die Interessen einer kulturpolitischen Zentralisierung verteidigen, wie beispielsweise im Frankreich des 17. Jahrhunderts. Auch hat diese Kategorie sehr verschiedene konkrete Träger ihrer Verwirklichung: in dieser Rolle können zum Beispiel eine Akademiegrammatik, eine Schule, Salons, literarische Richtungen, bestimmte Gattungen usw. auftreten. Sofern diese Kategorie ihr sprachliches Extrem, d. h. sprachliche Korrektheit intendiert, erlangt sie maximale Allgemeinheit, verliert aber dafür fast jede ideologische Bestimmtheit (sie motiviert sich dann so: »Dies ist der Geist der Sprache«, »Das ist französisch«); sofern sie umgekehrt ihr stilistisches Extrem intendiert, wird auch ihr Inhalt ideologisch konkretisiert und erlangt eine gewisse Bestimmtheit an gegenständlichem Sinn und Expression, und ihre Forderungen qualifizieren auf bestimmte Weise den Sprecher und Schreiber (sie motiviert sich dann so: »So muß jeder vornehme Mensch denken, sprechen und schreiben«, oder: »Jeder feinsinnige und empfindsame Mensch« usw.). Im letztgenannten Fall nimmt die aktuelle und alltägliche Gattungen (Gespräche, Briefe, Tagebücher) regulierende »Literarizität« notwendig einen – bisweilen erheblichen – Einfluß auf das aktuelle Denken, ja sogar unmittelbar auf den Lebensstil, indem sie »literarische Menschen« und »literarische Handlungen« schafft. Schließlich kann der Grad der historischen Wirksamkeit und Substantialität dieser Kategorie in der Literaturgeschichte und in der Geschichte der Hochsprache ganz unterschiedlich sein: er kann sehr groß sein, wie zum Beispiel im Frankreich des 17. und 18. Jahrhunderts, aber er kann auch unbedeutend sein – in manchen Epochen überschwemmt die (sogar dialektologische) Redevielfalt die höchsten poetischen Gattungen. Alles dies, das heißt Grad und Charakter der historischen Wirksamkeit, hängt vom Inhalt dieser Kategorie ab, von der Kraft und Beständigkeit jener kulturellen und politischen Instanzen, auf die sie sich stützt.

Wir befassen uns mit der außergewöhnlichen Kategorie der »allgemeinen Literarizität der Sprache« hier nur beiläufig. Uns ist weder ihre Bedeutung in der Literatur insgesamt noch in der Geschichte der Hochsprache wichtig, sondern nur ihre Bedeutung in der Geschichte des Romanstils. Hier ist sie von eminenter Bedeutung: von direkter Bedeutung in den Romanen der ersten stilistischen Linie und von indirekter in den Romanen der zweiten Linie.

Die Romane der ersten stilistischen Linie treten mit dem Anspruch auf, die Redevielfalt der Umgangssprache und der alltäglichen und halbliterarischen Schriftgattungen zu organisieren und stilistisch zu ordnen. Dadurch wird ihre Beziehung zur Redevielfalt in hohem Maße bestimmt. Die Romane der zweiten Linie jedoch verwandeln diese organisierte und veredelte Alltags- und Hochsprache in das substantielle Material für ihre Orchestrierung und die Menschen dieser Sprache, das heißt die »literarischen Menschen« mit ihrem literarischen Denken und literarischen Handeln, in ihre Helden.

Ohne Beachtung dieser wichtigen Tatsache ist es nicht möglich, die Stilsubstanz der ersten Linie des Romans, das besondere Verhältnis dieser Romane zur Umgangssprache und zu den sprachlichen Gattungen, wie sie im praktischen Leben sowie im Alltag begegnen, zu verstehen. Das Wort des Romans wird in ununterbrochener Wechselwirkung mit dem Wort des Lebens erzeugt. Der in Prosa geschriebene Ritterroman stellt sich der »niederen«, »vulgären« Redevielfalt in allen Lebensbereichen gegenüber und läßt im Gegenzug zu ihr sein spezifisch idealisiertes – »veredeltes« – Wort hervortreten. Das vulgäre, nicht literarische Wort ist von niederen Intentionen und grober Expression gezeichnet, eng praktisch orientiert, von den banalen Assoziationen des Lebens umhüllt und klingt nach spezifischen Kontexten. Ihm setzt der Ritterroman sein Wort entgegen, das einzig mit hohen und vornehmen Assoziationen verwoben und von Reminiszenzen an hohe (historische, gelehrte, literarische) Kontexte erfüllt ist. Dieses »veredelte« Wort kann, im Unterschied zum poetischen, das vulgäre Wort in Gesprächen, Briefen und anderen Kommunikationsformen des Alltags ersetzen, so wie der Euphemismus den groben Ausdruck ersetzt, denn es sucht sich in derselben Sphäre zu orientieren wie das Wort aus dem Leben.

Der Ritterroman wird so zum Träger der Kategorie der *außerhalb der Gattungen stehenden Literarizität der Sprache*, er erhebt den Anspruch, Normen für die lebenspraktische Sprache zu setzen, lehrt guten Stil und guten Ton: wie man in der Gesellschaft zu sprechen hat, wie man Briefe zu schreiben hat usw. Ganz erheblich war in dieser Hinsicht der Einfluß von *Amadis.* Es wurden Bücher von der Art der »Schatzkammer des Amadis«, »Bücher der Komplimente« zusammengestellt, in denen dem Roman entnommene Beispiele von Gesprächen, Briefen, Reden usw. gesammelt waren, Bücher, die sich im ganzen 17. Jahrhundert einer enormen Verbreitung und eines hohen Prestiges erfreut haben. Der Ritterroman bietet das passende Wort für alle möglichen Situationen und Wechselfälle des Lebens, wobei er sich dem vulgären Wort und seinem grobschlächtigen Verfahren entgegensetzt.

Eine geniale künstlerische Abbildung des Zusammenstoßes des vom Ritterroman veredelten Wortes mit dem vulgären Wort in den sowohl für den Roman als auch für das Leben wesentlichen Situationen gibt Cervantes. Die innerlich polemische Intention des veredelten Wortes angesichts der Redevielfalt ist im *Don Quijote* in den Romandialogen mit Sancho und mit den anderen Vertretern der in der Rede differenzierten und groben Lebenswirklichkeit sowie in der Sujetbewegung des Romans entfaltet. Die potentielle innere Dialogizität, die im veredelten Wort angelegt ist, wird hier – in den Dialogen und in der Sujetbewegung – aktualisiert und nach außen gewendet; doch wie jede wirkliche sprachliche Dialogizität erschöpft sie sich nicht in ihnen und wird sie dramatisch nicht vollendet.

Um seine Aufgabe, die Alltagssprache stilistisch zu organisieren, erfüllen zu können, mußte der in Prosa geschriebene Ritterroman der Vielfalt der alltäglichen und innerliterarischen, ideologischen Gattungen in seiner Konstruktion Raum geben. Dieser Roman war, ebenso wie der sophistische, eine beinahe vollständige Enzyklopädie der Gattungen seiner Zeit. In konstruktiver Weise besaßen die eingebetteten Gattungen eine gewisse Abgeschlossenheit und Selbständigkeit, deswegen konnten sie unschwer aus dem Roman herausgehoben werden und, für sich genommen, als Beispiele figurieren. Je nach dem Charakter der eingebetteten Gattung variierte auch der Romanstil (und genügte dabei nur dem Minimum der von den Gattungen erhobenen Forderungen), doch in seiner Gesamtsubstanz blieb er einförmig; von Gattungssprachen im engen Sinn kann hier keine Rede sein: die ganze Vielfalt der eingebetteten Gattungen ist von ein und derselben einheitlich veredelten Sprache geprägt.

Die Einheit oder, genauer gesagt, die Einheitlichkeit dieser veredelten Sprache genügt sich nicht selbst: sie ist polemisch und abstrakt. Ihr liegt eine selbstgewisse, adlige Pose gegenüber der niederen Wirklichkeit zugrunde. Der Preis für die Einheit und Selbstsicherheit der vornehmen Pose ist polemische Abstraktion; sie ist träge, unbeweglich und leblos. Das hat seinen Grund in der sozialen Desorientierung und der mangelnden ideologischen Fundierung dieser Romane. Der gegenständliche und expressive Horizont dieses Romanwortes ist nicht der sich verändernde und in die Endlosigkeit der Wirklichkeit fliehende Horizont des lebendigen Menschen, sondern gleichsam der gefesselte Horizont eines Menschen, der sich bemüht, in ein und derselben starren Pose zu verharren und der sich nicht bewegt, um etwas zu sehen, sondern umgekehrt zu dem Zweck, sich abzuwenden, nicht wahrzunehmen, zu abstrahieren – ein Horizont, der nicht von realen Dingen erfüllt ist, sondern von verbalen Reminiszenzen an literarische Dinge und Bilder, die der groben Redevielfalt der realen Welt polemisch gegenübergestellt und sorgfältig (aber polemisch absichtlich und daher spürbar) von möglichen grob lebenspraktischen Assoziationen gereinigt sind.

Die Repräsentanten der zweiten stilistischen Linie des Romans (Rabelais, Fischart, Cervantes u. a.) gebrauchen dieses Abstraktionsverfahren polemisch, indem sie in Vergleichen eine Reihe von absichtlich groben Assoziationen entfalten, die das zu Vergleichende zum Bodensatz der Alltäglichkeit gewöhnlicher Prosa erniedrigen und dadurch jene hohe literarische Schicht zerstören, die mit Hilfe der polemischen Abstraktion erreicht worden ist. Die Redevielfalt rächt sich hier für ihre abstrakte Verdrängung (z. B. in den Reden des Sancho Pansa).[54]

Für die zweite stilistische Linie ist die veredelte Sprache des Ritterromans mit seiner polemischen Abstraktheit lediglich einer der Partner im Dialog der Sprachen, ein Prosabild der Sprache, ein bei Cervantes überaus tiefes und vollständiges Bild, das geeignet ist, den neuen Autorintentionen inneren dialogischen Widerstand entgegenzusetzen, ein erregtes zweistimmiges Bild.

Zu Beginn des 17. Jahrhunderts beginnt die erste stilistische Linie des Romans sich zu verändern: reale historische Kräfte nutzen die abstrakte Idealisierung und die abstrakte Polemik des Romanstils zur Verwirklichung konkreter polemischer und apologetischer Vorhaben. Die soziale Desorientierung der abstrakten Ritterromantik wird von der klaren sozialen und politischen Orientierung des Barockromans abgelöst.

Bereits der Schäferroman empfindet sein Material wesentlich anders und richtet seine Stilisierung anders aus. Es handelt sich nicht nur um einen freieren schöpferischen Umgang mit dem Material[55], sondern um die Veränderung gerade seiner Funktionen. Kurz gesagt, man zieht sich nicht mehr von der zeitgenössischen Wirklichkeit in fremdes Material zurück, sondern kleidet diese Wirklichkeit in das fremde Material ein, bildet sich selbst in ihm ab. Die romantische Beziehung zum Material wird allmählich durch die barocke ersetzt. Es ist dies eine neue Formel für das Verhältnis zum Material, ein neuer Modus seines künstlerischen Gebrauchs, den wir, wiederum nur annähernd, als Verkleidung der Wirklichkeit in fremdes Material, als spezifische heroisierende Maskerade[56] definieren. Das Selbstbewußtsein der Epoche erstarkt, man benutzt fremdes Material, um sich selbst auszudrücken und darzustellen. Im Schäferroman sind diese neue Empfindung des Materials und der neue Modus seiner Verwendung erst in Ansätzen erkennbar: seine Amplitude ist noch zu eng, und die historischen Kräfte der Epoche haben sich noch nicht konzentriert. Das Moment des intim-lyrischen Selbstausdrucks herrscht in dieser zum Kammer-Roman neigenden Variante vor.

Der neue Modus des Materialgebrauchs entfaltet und verwirklicht sich dann vollends im historischen Heldenroman des Barock. Die Epoche macht sich begierig auf die Suche nach dem heroisch überhöhten Material der Zeiten, Länder und Kulturen; das mächtig gewordene neue Selbstempfinden verleibt sich organisch dieses Material ein, aus welcher kulturideologischen Welt es auch immer stammen möge. Exotik war erwünscht: Östliches war nicht weniger verbreitet als Antikes und Mittelalterliches. Sich im Fremden zu finden und zu verwirklichen, sich und seinen Kampf im fremden Material zu heroisieren: das war das Pathos des Barockromans. Das barocke Weltempfinden mit seinen Polaritäten, mit der Überspanntheit seiner widersprüchlichen Einheit löschte, als es in das historische Material eindrang, dessen Autonomie, den inneren Widerstand der fremden Kulturwelt, die dieses Material geschaffen hatte, aus und verwandelte sie in die Schale für seinen eigenen Inhalt.[57]

Die historische Bedeutung des Barockromans ist ungewöhnlich groß: Fast alle Spielarten des neuen Romans sind genetisch aus Momenten des Barockromans hervorgegangen. Da er der Erbe der gesamten vorangegangenen Entwicklung des Romans war und dieses gesamte Erbe (den sophistischen Roman, *Amadis*, den Schäferroman) weidlich nutzte, war er imstande, alle jene Momente in sich zu vereinigen, die in der weiteren Entwicklung bereits gesondert, als selbständige Varianten figurieren: problemhafte, abenteuerliche, historische, psychologische, soziale Momente. Für die Folgezeit wurde der Barockroman zu einer Enzyklopädie des Materials: der Romanmotive, Sujetkonstellationen und -situationen. Die meisten Motive des neuen Romans, die bei einer vergleichenden Untersuchung ihre antike oder östliche Herkunft zu erkennen geben, sind durch die Vermittlung des Barockromans hierher vorgedrungen; fast alle genealogischen Forschungen führen zunächst zu ihm hin und erst dann zu seinen mittelalterlichen und antiken Quellen (und weiter zum Osten).

Für den Barockroman ist mit Recht die Bezeichnung »Prüfungsroman« gebräuchlich. In diesem Punkt ist er die Vollendung des sophistischen Romans, der gleichfalls ein »Prüfungsroman« war (Prüfung der Treue und Keuschheit der getrennten Verliebten). Aber hier, im Barockroman, vereinigt diese Prüfung des Heldentums und der Treue des Helden, seiner allseitigen Tadellosigkeit das großartige und vielfältige Material des Romans weit organischer. Hier ist alles ein Prüfstein, ist alles Mittel der Erprobung aller Aspekte und Eigenschaften des Helden, die vom barocken Ideal des Heldentums gefordert werden. Das Material wird tiefgreifend und beständig von der Idee der Prüfung organisiert.

Auf die Idee der Prüfung und andere organisierende Ideen der Romangattung ist gesondert einzugehen.

Die Idee der Prüfung des Helden und seines Wortes ist vermutlich die zentrale regulative Idee des Romans, die seinen ursprünglichen Unterschied zum Epos bewirkt: der epische Held steht von Anfang an jenseits jeder Prüfung; die Atmosphäre des Zweifels am Heldentum des Helden ist in der Welt des Epos undenkbar.

Die Idee der Prüfung erlaubt es, das heterogene Material des Romans gründlich und substantiell um den Helden herum zu organisieren. Doch der Inhalt der Idee der Prüfung kann sich in den verschiedenen Epochen und in unterschiedlichen sozialen Gruppen wesentlich verändern. Im sophistischen Roman hat diese Idee, die sich auf dem Boden der rhetorischen Kasuistik der zweiten Sophistik herausgebildet hat, einen grob formalen und äußerlichen Charakter (psychologisches und ethisches Moment fehlen völlig). Anders war diese Idee in der frühchristlichen Legende, in den Heiligenviten und den autobiographischen Bekenntnissen, wobei sie sich hier gewöhnlich mit der Idee der Krise und der Wiedergeburt verband (dies sind die Keimformen des abenteuerlich-bekenntnishaften Prüfungsromans). Die christliche Idee des Märtyrertums (Prüfung durch Leiden und Tod) einerseits und die Idee der Versuchung (Prüfung durch Verführungen) andererseits bilden den spezifischen Inhalt der das Material organisierenden Idee der Prüfung in der mächtigen frühchristlichen und später der mittelalterlichen Vitenliteratur.[58] Eine andere Version derselben Idee der Prüfung organisiert das Material des klassischen, in Versen geschriebenen Ritterromans. Diese Version vereint in sich sowohl die Merkmale der Prüfung im griechischen Roman (Prüfung der Treue in der Liebe und Prüfung der Tapferkeit) als auch die Besonderheiten der christlichen Legende (Prüfung durch Leiden und Verführungen). Abgeschwächt und verengt, organisiert dieselbe Idee den in Prosa geschriebenen Ritterroman, organisiert ihn jedoch nicht energisch, zudem äußerlich und ohne in die Tiefenschicht des Materials vorzudringen. Mit ungewöhnlicher kompositorischer Kraft vereinigt sie schließlich im Barockroman auf harmonische Weise ein großartiges und differentes Material.

Auch in der weiteren Entwicklung des Romans behält die Idee der Prüfung ihre zentrale organisatorische Bedeutung, wobei sie sich je nach der Epoche mit unterschiedlichem ideologischen Inhalt füllt; es bleiben die Verbindungen zur Tradition gewahrt, doch herrschen bald die einen, bald die anderen Linien dieser Tradition vor (antike, hagiographische, barocke Linie). Eine besondere, im Roman des 15. Jahrhunderts überaus weit verbreitete Spielart dieser Idee ist die Prüfung der Berufenheit, Genialität, Auserwähltheit. Hierzu gehört vor allem der romantische Typus der Auserwähltheit und ihrer Prüfung durch das Leben. Später verkörpern die napoleonischen Parvenüs des französischen Romans (die Helden Stendhals, die Helden Balzacs) eine wichtige Variante der Auserwähltheit. Bei Zola verwandelt sich die Idee der Auserwähltheit in die Idee der Lebenstauglichkeit, der biologischen Gesundheit und Angepaßtheit des Menschen; das Material ist in seinen Romanen als Prüfung der biologischen Vollwertigkeit der Helden (mit negativem Ergebnis) organisiert. Eine andere Spielart ist die Probe auf die Genialität (sie verbindet sich oft mit der parallellen Prüfung der Lebenstauglichkeit des Künstlers). Andere Varianten im 19. Jahrhundert sind: die Prüfung der starken Persönlichkeit, die dem Kollektiv mit Ansprüchen auf Selbstgenügen und stolze Einsamkeit oder in der Rolle des berufenen Führers gegenübertritt, die Prüfung des moralischen Reformators oder des Amoralisten, die Prüfung des Nietzscheaners, der emanzipierten Frau usw. – dies alles sind weitverbreitete Ideen der Organisation des europäischen Romans im 19. und zu Beginn des 20. Jahrhunderts.[59] Eine besondere Version des Prüfungsromans stellt der russische Roman der Prüfung des Intellektuellen auf seine soziale Tauglichkeit und Vollwertigkeit dar (das Thema des »überflüssigen Menschen« [»lišnij čelovek«]), der sich seinerseits in eine Reihe von Subformen (von Puškin bis zur Prüfung des Intellektuellen in der Revolution) untergliedert.

Die Idee der Prüfung hat ferner im Abenteuerroman eine außerordentliche Bedeutung. Ihre Produktivität zeigt sich schon darin, daß sie im Roman heftige und unterschiedliche Abenteuerlichkeit mit tiefer Problematik und komplexer Psychologie zu verbinden gestattet. Alles hängt von der ideologischen Tiefe, der sozialgeschichtlichen Aktualität und Progressivität des Inhalts der Idee der Prüfung ab, die den Roman organisiert; je nach diesen Eigenschaften verwirklicht der Roman die Fülle, Breite und Tiefe aller ihm von der Gattung gebotenen Möglichkeiten. Der reine Abenteuerroman engt freilich die Möglichkeiten der Romangattung erheblich ein, das bloße Sujet, das Abenteuer an und für sich, taugt jedoch niemals zur den Roman organisierenden Kraft. Im Gegenteil, in jedem Sujet, in jedem Abenteuer entdecken wir die Spuren einer Idee, die sie zuvor organisiert hat, die den Körper des betreffenden Sujets konstruiert und ihn wie eine Seele belebt hat, jetzt aber ihre ideologische Kraft verloren hat und nur noch schwach in ihm nachscheint. Meist, wenngleich nicht immer, wird das abenteuerliche Sujet von der erlöschenden Idee der Prüfung des Helden organisiert.

Der neue europäische Abenteuerroman hat zwei sehr verschiedene Quellen. Der eine Typus des Abenteuerromans leitet über zum hohen barocken Prüfungsroman (das ist der vorherrschende Typus des Abenteuerromans), der andere zu *Gil Blas* und weiter zu *Lazarillo*, das heißt er hängt mit dem »Schelmenroman« zusammen. Auch in der Antike stoßen wir auf diese beiden Typen, die einerseits vom sophistischen Roman, andererseits von Petronius repräsentiert werden. Der erste grundlegende Typus des Abenteuerromans ist wie der Barockroman von der einen oder anderen Version der Idee der Prüfung her organisiert, die ideologisch veräußerlicht und dem Erlöschen nahe ist. Dennoch ist dieser Romantypus komplexer und reicher und verzichtet nicht völlig auf Problematik und Psychologie: in ihm ist der Puls des Barockromans, des *Amadis*, des Ritterromans und, weiter, des Epos, der christlichen Legende und des griechischen Romans zu vernehmen.[60] Zu diesem Typus gehören der englische und amerikanische Abenteuerroman (Defoe, Louis, Radcliffe, Walpole, Cooper, London u. a.); zu ihm gehören ebenfalls die Hauptspielarten des französischen Abenteuer- und Boulevardromans. Oft kommt es zu einer Vermischung beider Typen, doch bildet in solchen Fällen meist der erste Typus (der Prüfungsroman) als der stärkere und dominante das Organisationsprinzip des Ganzen. Die barocke Anlage des Abenteuerromans ist unverkennbar: noch im Aufbau des mindesten Boulevardromans lassen sich Momente entdecken, die über den barocken Roman und *Amadis* auf Formen der frühchristlichen Biographie, Autobiographie und Legende der römisch-hellenistischen Welt zurückdeuten. Ein Roman dieser Art, wie der sattsam bekannte *Rocambole* von Ponson du Terrail, ist voll von höchst altertümlichen Reminiszenzen. In seiner Konstitution sind Formen des hellenistisch-römischen Prüfungsromans mit Krise und Wiedergeburt zu ertasten (Apuleius und die frühchristlichen Legenden über die Bekehrung des Sünders). Wir finden in ihm eine ganze Reihe von Momenten, die über den barocken Roman zu *Amadis* und weiter zum in Versen geschriebenen Ritterroman weisen. Zugleich sind in ihm Momente des zweiten Typus enthalten (*Lazarillo*, *Gil Blas*), aber der barocke Geist dominiert in ihm.

Einige Bemerkungen zu Dostoevskij. Seine Romane sind deutlich ausgeprägte Prüfungsromane. Ohne die spezifische Idee der Prüfung zu erörtern, die der Komposition zugrunde gelegt ist, gehen wir kurz auf die historischen Traditionen ein, die ihre Spuren in diesen Romanen hinterlassen haben. Dostoevskij stand durch vier Linien mit dem Barockroman in Verbindung: durch den englischen »Sensationsroman«[61] (Louis, Radcliffe, Walpole u. a.), durch den französischen sozialen Abenteuerroman der Elendsviertel (E. Sue), durch die Prüfungsromane Balzacs und schließlich durch die deutsche Romantik (hauptsächlich durch Hoffmann). Daneben aber gibt es Fäden zur Vitenliteratur und zur christlichen orthodoxen Legende mit ihrer spezifischen Vorstellung von Prüfung. Dadurch ist die organische Kombination von Abenteuer, Bekenntnis, Problematik, Heiligenleben, Krisen und Wiedergeburt in seinen Romanen bestimmt, das heißt derjenige Komplex, der schon für den römisch-hellenistischen Prüfungsroman charakteristisch ist (soweit wir nach Apuleius, nach den überlieferten Zeugnissen über einige Autobiographien und nach der frühchristlichen hagiographischen Legende urteilen können).

Die Untersuchung des Barockromans, der das gewaltige Material der vorangegangenen Entwicklung dieser Gattung in sich aufgenommen hat, ist für das Verständnis der wichtigsten Spielarten des Romans in der neusten Zeit von hohem Belang. Fast alle Linien führen zu ihm und dann weiter zurück ins Mittelalter, in die römisch-hellenistische Welt und in den Osten.

Im 18. Jahrhundert haben Wieland, Wezel sowie Blankenburg und danach Goethe und die Romantiker als Gegengewicht zum Prüfungsroman die neue Idee des »Entwicklungsromans« [roman stanovlenija] und insbesondere des »Erziehungsromans« [roman vospitanija] vertreten. Die Idee der Prüfung kennt in einigen ihrer Formen zwar die Krise, die Wiedergeburt, nicht aber die Entwicklung, das Werden, die allmähliche Ausbildung des Menschen. Sie geht vom fertigen Menschen aus und unterwirft ihn aus der Perspektive eines ebenfalls fertigen Ideals der Prüfung. In dieser Hinsicht sind der Ritterroman und insbesondere der Barockroman, der den angeborenen und unbeweglich trägen Edelmut seiner Helden geradezu postuliert, typisch.

Dem setzt der neue Roman einerseits das Werden und andererseits die Doppelnatur, die Uneinheitlichkeit des lebendigen Menschen, die Vermischung von Gutem und Bösem, von Kraft und Schwäche in ihm entgegen. Das Leben gilt nun nicht mehr als Prüfstein und Mittel zur Erprobung eines fertigen Helden (oder bestenfalls auch als stimulierender Faktor für die Entwicklung des bereits vorgeformten und vorherbestimmten Wesens des Helden), nun entfaltet sich das von der Idee des Werdens beleuchtete Leben mit seinen Ereignissen als Erfahrung des Helden, als Schule, als Milieu, die den Charakter des Helden und seine Weltanschauung erst prägen. Die Idee der Bildung und Erziehung macht es möglich, das Material um den Helden herum auf neue Weise zu organisieren und in diesem Material völlig neue Aspekte aufzudecken.

Die Idee der Bildung und der Erziehung und die Idee der Prüfung schließen einander innerhalb des neuen Romans keineswegs aus, sondern gehen im Gegenteil mitunter eine tiefe und organische Verbindung ein. Die meisten großen Beispiele des europäischen Romans verknüpfen in sich beide Ideen (besonders im 19. Jahrhundert, als die reinen Beispiele des Prüfungsromans und des Entwicklungsromans ziemlich selten werden). So kombiniert schon *Parzival* die (dominierende) Idee der Prüfung mit der Idee des Werdens. Dasselbe gilt vom klassischen Erziehungsroman, dem *Wilhelm Meister*: auch in ihm ist die (hier bereits dominierende) Idee der Erziehung mit der Idee der Prüfung verwoben.

Den Romantypus, der von Fielding und zum Teil von Sterne geschaffen worden ist, zeichnet ebenfalls die Vereinigung der beiden Ideen aus, und zwar in beinahe gleichem Maße. Unter dem Einfluß von Fielding und Sterne entstand derjenige kontinentale Typus des Erziehungsromans, für den Wieland, Wezel, Hippel und Jean Paul repräsentativ sind; hier läuft die Prüfung des Idealisten und des Sonderlings nicht auf deren bloße Entlarvung hinaus, sondern darauf, das Gegenbild des realistisch denkenden Menschen zu errichten; das Leben ist hier nicht nur Prüfstein, sondern auch Schule.

Von den eigentümlichen Varianten der Verbindung der beiden Romantypen nenne ich noch den *Grünen Heinrich* Gottfried Kellers, den beide Ideen organisieren; *Jean-Christophe* von Romain Rolland hat einen ähnlichen Aufbau.

Natürlich beschränken sich nicht alle Organisationstypen des Romans auf den Prüfungsroman und den Entwicklungsroman. Man braucht nur auf die wesentlich neuen Organisationsideen hinzuweisen, die vom biographischen und autobiographischen Kompositionsprinzip eingebracht werden. Biographie und Autobiographie haben im Laufe ihrer Entwicklung eine Reihe von Formen herausgebildet, die von spezifischen Organisationsideen, beispielsweise von »Tapferkeit und Tugend« als der Grundlage der Organisation des biographischen Materials oder von »Arbeit und Mühe« oder von »Erfolg und Mißerfolg« u. a., angeleitet sind.

Kehren wir zum barocken Prüfungsroman zurück, von dem uns unser Exkurs weggeführt hat. Welche Stellung hat das Wort in diesem Roman, und welche Beziehung hat es zur Redevielfalt?

Das Wort des Barockromans ist ein *pathetisches Wort*. Gerade hier wurde die Pathetik des Romans, die dem poetischen Pathos so wenig ähnelt, begründet (genauer gesagt, hier erfuhr sie ihre volle Entwicklung). Der Barockroman wurde überall dort zur Brutstätte einer spezifischen Pathetik, wo sein Einfluß hindrang und wo seine Tradition gewahrt wurde, das heißt vorzugsweise im Prüfungsroman (und in den »erprobenden« Elementen des gemischten Typus).

Die barocke Pathetik ist von Apologetik und Polemik bestimmt. Es ist dies das Pathos der Prosa, das den Widerstand des fremden Wortes, des fremden Standpunkts spürt, das Pathos der Rechtfertigung (Selbstrechtfertigung) und der Beschuldigung. Die heroisierende Idealisierung des Barockromans ist nicht episch, sondern abstrakt, polemisch und hauptsächlich apologetisch wie im Ritterroman, doch im Unterschied zum Ritterroman ist sie tief pathetisch, und hinter ihr stehen sich selbst begreifende reale soziale, kulturelle Kräfte. Auf die

Eigenart dieses Pathos im Roman wollen wir näher eingehen.

Das pathetische Wort scheint sich selbst und seinem Gegenstand völlig zu genügen; der Sprecher gibt sich ja voll und ganz, ohne jede Distanz und ohne jeden Vorbehalt dem pathetischen Wort hin. Das pathetische Wort fungiert als direkt intentionales Wort.

Allerdings ist das Pathos nicht immer von dieser Art. Das pathetische Wort kann auch bedingt oder sogar doppelbödig sein wie das zweistimmige Wort. Und so muß das Pathos im Roman nahezu notwendig beschaffen sein. Da es hier keine reale Stütze hat, sie gar nicht haben kann, muß es sie bei anderen Gattungen suchen. Das Romanpathos hat keine eigenen Wörter, es muß fremde Wörter entlehnen. Ein wirkliches *gegenständliches* Pathos ist nur das *poetische* Pathos.

Die Pathetik des Romans restauriert in ihm irgendeine andere Gattung, deren direkte und reine Gestalt bereits brüchig geworden ist. Das pathetische Wort im Roman ist fast immer das Surrogat jener Gattung, die der Zeit und der sozialen Kraft nicht mehr offensteht: das Wort des Predigers ohne Kanzel, das Wort des strengen Richters ohne richterliche und strafende Macht, des Propheten ohne Mission, des Politikers ohne politische Gewalt, des Gläubigen ohne Kirche usw. – überall ist das pathetische Wort mit Einstellungen und Positionen verbunden, die dem Autor in ihrer Ernsthaftigkeit und Konsequenz unzugänglich geworden sind, die er jedoch gleichzeitig mit seinem Wort bedingt reproduzieren muß. Alle pathetischen – lexikalischen, syntaktischen und kompositionellen – Formen und Mittel der Sprache sind mit diesen bestimmten Einstellungen und Positionen verwachsen, sie alle genügen irgendeiner organisierenden Kraft, beziehen irgendeine bestimmte und geformte gesellschaftliche Delegation des Sprechers ein. Für das individuelle Pathos des Menschen, der den Roman schreibt, steht keine Sprache zur Verfügung: er muß auf die Kanzel steigen, die Pose des Verkünders, die Pose des Richters usw. annehmen. Es gibt kein Pathos ohne Drohungen, Verfluchungen, Versprechen, Segnungen usw.[62] In der pathetischen Rede kann man keinen Schritt tun, ohne sich durch Selbsternennung irgendeine Kraft, Würde, Stellung usw. angeeignet zu haben. Darin besteht der »Fluch« des direkten pathetischen Wortes im Roman. Eben deswegen fürchtet das wirkliche Pathos im Roman (und in der Literatur überhaupt) das direkte pathetische Wort und löst sich nicht vom Gegenstand.

Das pathetische Wort und seine Bildlichkeit sind im entfernten Bild geboren und geprägt worden und hängen mit der werthierarchischen Kategorie der Vergangenheit zusammen. Die vertrauliche Zone des

Kontakts mit der unvollendeten Gegenwart hat für diese Pathosformen keinen Platz – es zerstört unausweichlich die Kontaktzone (zum Beispiel bei Gogol'). Gefordert ist die hierarchische Position der Höhe, die unter den Bedingungen dieser Zone nicht möglich ist (hieraus entstehen Falschheit und Gezwungenheit).

Das apologetische und polemische Pathos des Barockromans verbindet sich organisch mit der spezifischen barocken Idee der Prüfung der angeborenen und konstanten Tadellosigkeit des Helden. Zwischen Held und Autor gibt es keine qualitative Distanz; die Wortmasse des Romans ruht auf einer einzigen Ebene; so ist sie mit allen ihren Momenten gleichmäßig mit der Redevielfalt korreliert und nimmt sie nicht in ihren Bestand auf, sondern läßt sie außerhalb von sich.

Der Barockroman vereinigt in sich eine Vielzahl von eingebetteten Gattungen. Er sucht ebenfalls zur Enzyklopädie aller Kategorien der Hochsprache der Epoche, ja, sogar zur Enzyklopädie aller möglichen (philosophischen, historischen, politischen, geographischen usw.) Erkenntnisse zu werden. Man kann sagen, daß im Barockroman der Grenzwert der für die erste stilistische Linie charakteristischen Enzyklopädik erreicht ist.[63]

Der Barockroman bildet zwei Zweige für die weitere Entwicklung aus (sie sind auch die beiden Zweige der Entwicklung der ersten Linie): der eine setzt das abenteuerlich-heroische Moment des Barockromans fort (Louis, Radcliffe, Walpole u. a.), der andere den pathetisch-psychologischen (in den Hauptzügen epistulären) Roman des 17. bis 18. Jahrhunderts (Lafayette, Rousseau, Richardson u. a.). Dazu müssen wir einige Anmerkungen machen, da dieser Romantyp für die weitere Geschichte des Genres von großer stilistischer Bedeutung war.

Der sentimentalisch-psychologische Roman hängt genetisch mit dem »eingebetteten« Brief des Barockromans, mit der epistulären Liebespathetik zusammen. Im Barockroman war diese sentimentalische Pathetik nur eines der Momente seiner polemisch-apologetischen Pathetik, zudem ein zweitrangiges Moment.

Im sentimentalisch-psychologischen Roman verändert sich das pathetische Wort: es wird intim pathetisch und vereinigt sich mit der moralischen Didaktik der Viten, die der persönlichen und familiären Lebenssphäre folgt; dabei verliert das Wort die dem Barockroman eigenen weiten politischen und historischen Maßstäbe. Die Pathetik wird zur Kammerpathetik. In Zusammenhang damit wandeln sich auch die Wechselbeziehungen zwischen Romansprache und Redevielfalt: sie werden enger und unmittelbarer, und in den Vordergrund schieben sich sprachliche Gattungen des Alltags: Brief, Tagebuch, Alltagsgespräche. Die Didaktik dieser sentimentalischen Pathetik wird konkret, wobei sie sich in die Details des Alltags, der intimen Beziehungen zwischen den Menschen und des inneren Lebens der Persönlichkeit vertieft.

Es entsteht eine spezifische räumlich-zeitliche Zone der sentimentalischen *Kammerpathetik*: die Zone des Briefs, des Tagebuchs. Die Kontaktzone und die Zone der Vertrautheit (»Nähe«) von Platz und Kammer unterscheiden sich voneinander; in dieser Perspektive treten Hof und Haus, Tempel (Dom) und protestantische Hauskirche auseinander, nicht der Größenordnungen wegen, sondern aufgrund der Organisation des Raums (hier sind Parallellen mit der Architektur und der Malerei an ihrem Platz).

Der sentimentalisch-pathetische Roman hängt in allen seinen Momenten mit der qualitativen Veränderung der Sprache der Literatur, ihrer Annäherung an die Umgangssprache, zusammen. Die Umgangssprache wird hier jedoch unter der Kategorie der Literarizität geordnet und normiert, sie wird zu einer einheitlichen Sprache, die die Intentionen des Autors direkt zum Ausdruck bringt, nicht aber zu einer der diese Intentionen orchestrierenden Sprachen der Redevielfalt. Sie setzt sich als eine einheitliche und authentische Sprache sowohl der Literatur als auch des Lebens, die den wahren Intentionen und der wahren menschlichen Expression angemessen ist, sowohl der ungeordneten und groben lebenspraktischen Redevielfalt als auch den hohen archaischen und bedingten literarischen Gattungen entgegen.

Das Moment des Kontrasts zur alten Hochsprache und den entsprechenden sie erhaltenden, hohen poetischen Gattungen ist im sentimentalischen Roman zentral. Neben der gemeinen und groben, lebenspraktischen Redevielfalt, die der Ordnung und Veredelung unterliegt, steht dem Sentimentalismus und seinem Wort eine vermeintlich hohe und verlogene literarische Redevielfalt gegenüber, die zu entlarven und zu negieren ist. Doch diese Orientierung ist im Hinblick auf die literarische Redevielfalt polemisch; negierter Stil und negierte Sprache werden nicht in den Roman aufgenommen, sondern bleiben als sein dialogisierender Hintergrund außerhalb des Werkes.

Wesentliche Momente des sentimentalischen Stils werden gerade von dieser Kontrastierung der hohen, heroisierenden mit der abstrakt-typisierenden Pathetik bestimmt. Die Detailliertheit der Beschreibungen, die höchste Absichtlichkeit der Betonung zweitrangiger, belangloser, alltäglicher Einzelheiten, die Einstellung der Abbildung auf den unmittelbaren Eindruck vom Gegenstand, schließlich das Pathos der schutzlosen Schwäche, nicht der heroischen Kraft, die bewußte Verengung des Horizontes und der Arena der Prüfung des Menschen auf die nächstliegende kleine Welt (im Extremfall – auf das Zimmer) – dies alles wird von dem polemischen Kontrapunkt zum negierten literarischen Stil bestimmt.

Allerdings stiftet der Sentimentalismus eine neue Bedingtheit, die von anderen Momenten der Wirklichkeit abstrahiert. Das von der sentimentalischen Pathetik veredelte Wort, das den Anspruch erhebt, das grobe, lebenspraktische Wort zu ersetzen, befindet sich in demselben ausgangslosen dialogischen Konflikt mit der realen Redevielfalt des Lebens, in demselben unzerstörbaren dialogisierten Mißverständnis wie das veredelte Wort des *Amadis* in den Situationen und Dialogen des *Don Quijote*. Der im sentimentalischen Wort angelegte einseitige Dialogismus wird im Roman der zweiten stilistischen Linie aktualisiert, in dem die sentimentalische Pathetik parodistisch, als eine Sprache unter anderen Sprachen, als einer der Aspekte im Dialog von Sprachen um den Menschen und die Welt herum erklingt.[64]

Das direkte pathetische Wort ist nicht zusammen mit dem Barockroman (der heroischen Pathetik und der Pathetik des Schreckens) und dem Sentimentalismus (der Kammerpathetik des Gefühls) untergegangen; es lebt als eine der zentralen Versionen des direkten Autorwortes fort, das heißt jenes Wortes, das die Intentionen des Autors unmittelbar und direkt, ohne Brechung zum Ausdruck bringt. Es lebte fort, doch es ist nicht länger das Fundament des Stils in einer, obschon minderen Variante des Romans. Wo auch immer das direkte pathetische Wort erscheinen mag, seine Natur bleibt unverändert: der Sprecher (der Autor) nimmt die bedingte Pose des Richters, Predigers, Lehrers usw. ein, oder sein Wort appelliert polemisch an den unmittelbaren, von keinen ideologischen Implikationen gefärbten Eindruck vom Gegenstand und vom Leben. So bewegt sich das direkte Autorwort bei Tolstoi zwischen diesen beiden Grenzen. Die Besonderheiten dieses Wortes werden von derjenigen (literarischen und lebenspraktischen) Redevielfalt bestimmt, mit der es dialogisch (polemisch oder didaktisch) in ein Wechselverhältnis gesetzt ist; beispielsweise bedeutet die direkte, »unmittelbare« Abbildung eine polemische Entheroisierung des Kaukasus, des Krieges und der kriegerischen Heldentat, ja sogar der Natur.

Diejenigen, die den künstlerischen Charakter des Romans verneinen, das Romanwort auf das rhetorische, nur äußerlich mit pseudopoetischen Bildern geschmückte Wort zurückführen, haben vorzüglich die erste stilistische Linie des Romans im Auge, die, flüchtig besehen, ihre Behauptungen zu stützen scheint. Man muß zugeben, daß das Romanwort in dieser Linie, sosehr sie auch danach streben mag, seine spezifischen Möglichkeiten nicht verwirklicht und oft (obwohl längst nicht immer) zu leerer Rhetorik oder Pseudopoetik verkommt. Das Romanwort ist jedoch auch hier, in der ersten Linie, durchaus spezifisch und sowohl vom rhetorischen als auch vom poetischen Wort von Grund auf verschieden. Seine Eigenart gründet sich auf die wesentliche dialogische Beziehung zur Redevielfalt. Die soziale Zerspaltung der Sprache im Verlauf ihrer Geschichte bildet auch für die erste Linie des Romans die Grundlage der stilistischen Formung des Wortes. Die Sprache des Romans baut sich auf der ununterbrochenen dialogischen Wechselwirkung mit den sie umgebenden Sprachen auf.

Die Poesie findet die Sprache ebenfalls zerspalten, in Sprachen aufgeteilt vor. Auch ihre eigene Sprache sieht sie von Sprachen und der literarischen und außerliterarischen Redevielfalt umgeben. Doch die Poesie arbeitet, wenn sie extreme Reinheit anstrebt, mit ihrer Sprache so, als sei sie eine einheitliche und einzige Sprache, als gäbe es außerhalb von ihr keinerlei Redevielfalt. Die Poesie hält sich gleichsam in der Mitte des Territoriums ihrer Sprache, fern von deren Grenzen, wo sie unausweichlich dialogisch mit der Redevielfalt in Berührung käme; sie hütet sich davor, einen Blick über die Grenzen ihrer Sprache zu werfen. Wenn die Poesie in einer Epoche sprachlicher Krisen ihre Sprache auch ändert, so kanonisiert sie doch ihre neue Sprache sogleich als einheitliche und einzige, als gäbe es neben der ihren keine andere Sprache.

Die Romanprosa der ersten stilistischen Linie operiert genau an der Grenze ihrer Sprache und steht dialogisch mit der umgebenden Redevielfalt in Beziehung, sie dient als Resonanzboden und nimmt folglich am Dialog der Sprachen teil. Sie will und muß gerade vor dem Hintergrund dieser Redevielfalt wahrgenommen werden; allein im dialogischen Zusammenhang mit dieser Redevielfalt erschließt sich ihr künstlerischer Sinn. Ihr Wort ist Ausdruck eines von der Redevielfalt und der Sprachvielfalt tief relativierten Sprachbewußtseins.

Im Roman verfügt die Hochsprache über ein Organ, um ihre eigene Redevielfalt zu verstehen. Die Redevielfalt *an sich* wird im Roman und dank dem Roman zur Redevielfalt *für sich*: die Sprachen werden dialogisch zueinander in Beziehung gebracht und beginnen (ähnlich den Repliken des Dialogs) füreinander zu existieren. Dank dem Roman erhellen sich die Sprachen wechselseitig, wird die Hochsprache zum Dialog von Sprachen, die voneinander wissen und einander verstehen.

Die Romane der ersten stilistischen Linie gelangen auf einem Weg, der von oben nach unten führt, zur Redevielfalt, sie lassen sich sozusagen zu ihr herab (eine Sonderstellung nimmt der sentimentalische Roman ein: zwischen der Redevielfalt und den hohen Gattungen). Die Romane der zweiten Linie gehen genau umgekehrt von unten nach oben: aus der Tiefe der Redevielfalt erheben sie sich in die Sphäre der Hochsprache und beherrschen sie. Ausgangsstandpunkt ist hier die Perspektive der Redevielfalt auf die Literarizität.

Vor allem am Anfang der Entwicklung fällt es schwer, einen deutlichen genetischen Unterschied zwischen den beiden Linien auszumachen. Wir haben schon darauf hingewiesen, daß der klassische in Versen geschriebene Ritterroman sich nicht völlig der ersten Linie zuordnen läßt, daß beispielsweise Wolframs *Parzival* bereits ein exzellentes Beispiel für den Roman der zweiten Linie ist.

In der weiteren Geschichte der europäischen Prosa bildet sich jedoch das zweistimmige Wort, wie in der Antike, in kleinen epischen Gattungen (Fabliaux, Schwänke, kleine parodistische Gattungen), abseits vom Königsweg des hohen Ritterromans heraus. Gerade hier gewinnen diejenigen Typen und Varianten des zweistimmigen Wortes Gestalt, die später den Stil des großen Romans der zweiten Linie zu bestimmen beginnen: die Linie des parodistischen Wortes in seinen Stufen und Schattierungen, die Linie des ironischen, humoristischen, des skaz-Wortes usw. Gerade hier bilden sich im kleinen Maßstab, in den kleinen, niederen Gattungen, auf den Bühnen der Schaubuden, auf Jahrmarktsplätzen, in Straßenliedern und Anekdoten die Verfahren zum Aufbau von Bildern der Sprache heraus, die Verfahren der Verbindung des Wortes mit dem Bild des Sprechers, die Verfahren, das Wort zusammen mit dem Menschen als Objekt vorzuführen: das Wort wird nicht als Wort der allgemeingültigen, unpersönlichen Sprache gezeigt, sondern als charakteristisches oder sozial typisches Wort des Einzelnen, als Sprache des Popen, Sprache des Ritters, Kaufmanns, Bauern, Juristen usw. Jedes Wort hat seinen eigennützigen und parteiischen Eigentümer, es gibt keine »niemandem gehörigen«, allgemeingültigen Wörter. Dies ist gleichsam die Philosophie des Wortes in der volkstümlichen satirisch-realistischen Novelle und in anderen minderen parodistischen oder clownhaft-humoristischen Gattungen. Im übrigen ist die Sprachempfindung, die diesen Gattungen zugrunde liegt, von tiefem Mißtrauen gegenüber dem menschlichen Wort selbst durchdrungen. Für das Verständnis des Wortes ist nicht sein direkter gegenständlicher und expressiver Sinn wichtig – das ist das trügerische Äußere des Wortes –, sondern die tatsächliche, allemal eigennützige, von seiner Stellung (Beruf,

Stand u. dgl. m.) und der konkreten Situation bestimmte Verwendung dieses Sinns und dieser Expression durch den Sprecher. Wer spricht und unter welchen Umständen er spricht – das ist es, was den tatsächlichen Sinn des Wortes konstituiert. Jede direkte Bedeutung und jede direkte Expression sind trügerisch, in besonderem Maße freilich sind es die pathetischen.

Hier bereitet sich jener radikale Skeptizismus in der Bewertung des direkten Wortes und der direkten Ernsthaftigkeit vor, der nahezu die Möglichkeit des nicht trügerischen direkten Wortes leugnet und seinen deutlichsten Ausdruck bei Villon, Rabelais, Sorel, Scarron u. a. findet. Hier wird jedoch auch jene neue dialogische Kategorie der verbalen und wirksamen Antwort auf die pathetische Lüge begründet, die in der Geschichte des europäischen Romans (und nicht nur des Romans) eine außergewöhnlich wichtige Rolle gespielt hat: die Kategorie des *heiteren Betrugs*. Der *pathetischen* Lüge, die sich in der Sprache der hohen, offiziellen, kanonisierten Gattungen, in der Sprache aller anerkannten und etablierten Berufe, Stände und Klassen eingenistet hat, wird nicht die ebenso pathetische und direkte Wahrheit entgegengesetzt, sondern der heitere und kluge Betrug als gerechtfertigte *Lüge gegenüber den Lügnern*. Den Sprachen der Popen und Mönche, Könige und Lehnsherren, Ritter und reichen Städter, Gelehrten und Juristen, den Sprachen der Machthaber und Etablierten erwidert die Sprache des heiteren Schelms, der jede beliebige Pathetik dort parodistisch nachbildet, wo es nötig ist, sie jedoch unschädlich macht, sie mit einem Lächeln und Betrug vom Munde wischt, sich dabei über die Lüge lustig macht und sie in heitere Täuschung verwandelt. Die Lüge wird von einem ironischen Bewußtsein beleuchtet und parodiert sich selbst im Munde des Schelms.

Den Formen des großen Romans der zweiten Linie gehen spezifische Zyklisierungen der satirischen und parodistischen Novellen voraus und bereiten sie vor. Wir können hier nicht auf die Probleme dieser Zyklisierung der Romanprosa eingehen, auf ihre qualitative Differenz zur epischen Prosa, auf die verschiedenen Typen der Kombination von Novellen und weitere ähnliche Momente, die den Rahmen der Stilistik sprengen.

Neben dem Bild des Schelms erscheint, häufig mit ihm verschmolzen, das Bild des *Dummkopfes* – entweder des wirklichen Tölpels oder des maskierten Schelms. Neben dem fröhlichen Betrug an der verlogenen Pathetik behauptet sich eine sie nicht verstehende (oder entstellt, verkehrt verstehende) einfältige Naivität, die die hohe Wirklichkeit des pathetischen Wortes »verfremdet«. Diese prosaische Verfremdung der Welt pathetischer Bedingtheit durch die nicht verstehende Dummheit (Einfalt, Naivität) war für die Geschichte des Romans von hoher Bedeutung. Obschon das Bild des Dummkopfes (wie das Bild des Schelms) im Laufe der weiteren Entwicklung der Romanprosa seine organisierende Rolle eingebüßt hat, so bleibt das Moment des *Nichtverstehens* der sozialen Bedingtheit (Konventionalität) und der hohen pathetischen Namen, Dinge und Ereignisse nahezu generell ein wesentliches Strukturelement des Prosastils. Der Prosaschriftsteller bildet die Welt entweder mit den Worten des die Bedingtheit dieser Welt nicht verstehenden Erzählers ab, der ihre poetischen, gelehrten und anderen hohen Namen nicht kennt, oder er führt den nicht verstehenden Helden ein, oder der direkte Autorstil bezeugt das absichtliche (polemische) Nichtverstehen der gewohnten Sinngebung der Welt (zum Beispiel bei Tolstoj). Das Moment des Nichtverstehens kann freilich auch auf allen drei Wegen zugleich verwendet werden.

Manchmal ist das Nichtverstehen radikal und der entscheidende stilbildende Faktor des Romans (zum Beispiel bei Voltaires *Candide*, bei Stendhal, bei Tolstoj), oft aber beschränkt sich das Nichtverstehen der Sinngebung des Lebens durch bestimmte Sprachen auf Einzelheiten, wie beispielsweise bei Belkin als Erzähler: die Prosaik seines Stils hängt damit zusammen, daß er die poetische Bedeutung dieser oder jener Momente der zu erzählenden Ereignisse nicht versteht: er verpaßt sozusagen alle poetischen Chancen und Effekte, legt die poetisch besonders dankbaren Momente der Fabel (absichtlich) trokken und knapp dar. Ähnlich verhält es sich bei Grinev (nicht zufällig schreibt er schlechte Verse). In der Erzählung von Maksim Maksimyč (in Lermontovs *Ein Held unserer Zeit*) wird das Unverständnis der byronistischen Sprache und Pathetik akzentuiert.

Die Verbindung von Unverständnis mit Verständnis, von Dummheit, Einfalt und Naivität mit Verstand ist ein ebenso häufiges wie typisches Kompositionselement der Romanprosa und für die beschriebene zweite stilistische Linie fast immer mehr oder weniger bestimmend.

Die Dummheit (das Nichtverstehen) hat im Roman stets einen polemischen Charakter: sie ist dialogisch mit dem Verstand (mit dem verlogenen, hohen Verstand) korreliert, polemisiert mit ihm und entlarvt ihn. Die Dummheit ist, wie der heitere Betrug und alle anderen Kategorien des Romans, eine dialogische Kategorie, die aus der spezifischen Dialogizität des Romanwortes hervorgeht. Deshalb ist die Dummheit (das Nichtverstehen) im Roman immer auf die Sprache, auf das Wort bezogen: ihr liegt das polemische Nichtverstehen des fremden Wortes, der fremden pathetischen Lüge zugrunde, die die Welt eingehüllt hat und den Anspruch erhebt, sie mit Sinn zu versehen, das polemische Nichtverstehen der allgemein anerkannten und kanonisierten, verlogenen Sprachen mit ihren hohen Namen für Dinge und Ereignisse: der poetischen Sprache, der gelehrt-pedantischen Sprache, der religiösen, politischen, juristischen Sprache usw. Hier hat die Vielzahl der dialogischen Situationen oder der dialogischen Oppositionen im Roman ihren Ursprung: Dummkopf und Dichter, Dummkopf und pedantischer Gelehrter, Dummkopf und Moralist, Dummkopf und Pope oder Heuchler, Dummkopf und Rechtsgelehrter (der Dummkopf, der nicht versteht: vor Gericht, im Theater, auf einer Gelehrtensitzung usw.), Dummkopf und Politiker usw. Im *Don Quijote* wird die Skala dieser Situationen weidlich genutzt (die Gouverneursherrschaft Sanchos, die einen fruchtbaren Boden für die Entwicklung von Dialogsituationen abgibt), oder – trotz aller Verschiedenheit des Stils – bei Tolstoj der Nichtverstehende in verschiedenen Situationen und Institutionen: zum Beispiel Pierre in der Schlacht, Levin auf Adelswahlen, auf der Sitzung der städtischen Duma, bei der Diskussion Koznyševs mit dem Professor der Philosophie, bei der Diskussion mit dem Wirtschaftswissenschaftler u. a. m., Nechljudov auf dem Gericht, im Senat usw. Tolstoj reproduziert alte, traditionelle Romansituationen.

Der vom Autor vorgeführte Dummkopf, der die Welt pathetischer Bedingtheit verfremdet, kann auch selbst, als Dummkopf, ein Objekt sein, über das der Autor sich lustig macht. Der Autor muß sich nicht mit ihm solidarisieren (das Verlachen der Dummköpfe kann sogar in den Vordergrund treten), aber er braucht den Dummkopf: schon allein kraft seiner nichtverstehenden Anwesenheit verfremdet er die Welt sozialer Bedingtheiten. Durch das Abbilden von Dummheit erwirbt der Roman den prosaischen Verstand, die prosaische Weisheit. Indem der Romanschriftsteller auf den Dummkopf blickt oder mit den Augen des Dummkopfes auf die Welt blickt, begründet er die prosaische Wahrnehmung der von pathetischer Bedingtheit und Lüge eingehüllten Welt. Das Nichtverstehen anerkannter und scheinbar allgemeingültiger Sprachen lehrt, ihre Objekthaftigkeit und Relativität zu erkennen, sie zu veräußerlichen, ihre Grenzen zu ertasten, das heißt, es lehrt, Bilder sozialer Sprachen zu entdecken und zu konstruieren.

Wir lassen hier jene zahlreichen Varianten des Dummkopfes und des Nichtverstehens außer Betracht, die sich im Verlauf der historischen Entwicklung des Romans herausgebildet haben. Der jeweilige Roman, die jeweilige künstlerische Richtung stellt diesen oder jenen Aspekt der Dummheit und des Nichtverstehens in den Vordergrund

und errichtet in Abhängigkeit davon sein eigenes Bild vom Dummkopf (zum Beispiel die Kindlichkeit bei den Romantikern, die Sonderlinge Jean Pauls). Auch die korrelativen Sprachen, die von den Aspekten der Dummheit und des Nichtverstehens verfremdet werden, unterscheiden sich. Unterschiedlich sind auch die Funktionen von Dummheit und Nichtverstehen im Romanganzen. Die Untersuchung dieser Aspekte von Dummheit und Nichtverstehen und der mit ihnen zusammenhängende stilistischen und kompositionellen Varianten in ihrer historischen Entwicklung ist eine bedeutsame und höchst interessante Aufgabe für den Historiker des Romans.

Der heitere Betrug des Schelms – die gerechtfertigte Lüge gegenüber den Lügnern, die Dummheit, das gerechtfertigte Nichtverstehen der Lüge –: das sind die beiden Antworten der Prosa auf die hohe Pathetik, auf Ernsthaftigkeit und Bedingtheit. Aber zwischen Schelm und Dummkopf entsteht als ihre besondere Kombination das Bild des *Narren.* Es ist dies ein Schelm, der sich die Maske des Dummkopfes aufgesetzt hat, der das Nichtverstehen mit den entlarvenden Entstellungen und der dekuvrierenden Vermengung hoher Sprachen und Namen motiviert. Der Narr ist eine der ältesten Figuren der Literatur, die Narrenrede, die in der spezifischen sozialen Einstellung des Narren (in den Privilegien des Narren) bestimmt ist, eine der ältesten Formen des menschlichen Wortes in der Kunst. Im Roman werden die stilistischen Funktionen des Narren, ebenso wie die Funktionen des Schelms und des Dummkopfes, völlig von der Beziehung zur Redevielfalt (zu ihren hohen Schichten) bestimmt: der Narr ist derjenige, der das Recht hat, nicht anerkannte Sprachen zu sprechen und die anerkannten Sprachen böswillig zu entstellen.

Der heitere Betrug des Schelms, der die hohen Sprachen parodiert, ihre absichtliche Verzerrung, ihre Umkehrung durch den Narren und schließlich ihr naives Nichtverstehen durch den Dummkopf – diese drei dialogischen Kategorien also, die die Redevielfalt des Romans in der Morgenröte seiner Geschichte organisieren, treten in der Neuzeit mit außergewöhnlicher Deutlichkeit hervor und nehmen in den symbolischen Bildern von Schelm, Narr und Dummkopf Gestalt an. In der weiteren Entwicklung verfeinern und differenzieren sich die Kategorien und lösen sich von diesen äußerlichen und in ihrer Symbolik unbeweglichen Bildern, sie bewahren jedoch ihre den Romanstil organisierende Bedeutung. Von diesen Kategorien ist die Eigenart der Romandialoge geprägt, die mit ihren Wurzeln tief in die innere Dialogizität der Sprache selbst reichen, das heißt in das wechselseitige Nichtverstehen der Sprecher verschiedener Sprachen. Für die Organisation dramatischer Dialoge können diese Kategorien hingegen nur von sekundärer Bedeutung sein, da ihnen das Moment der dramatischen Vollendung fehlt. Schelm, Narr und Dummkopf sind die Helden einer unvollendbaren Reihe von abenteuerlichen Episoden und gleichfalls unvollendbaren dialogischen Oppositionen. Daher können auch Prosazyklen um diese Bilder herum gebaut werden, die aus Novellen bestehen. Das Drama bedarf dieser Bilder nicht. Das Drama intendiert eine einheitliche Sprache, die einzig von den dramatis personae individualisiert wird. Der dramatische Dialog wird vom Konflikt zwischen Individuen innerhalb ein und derselben Welt und im Rahmen einer einheitlichen Sprache strukturiert.[65] Die Komödie macht davon in gewissem Grade eine Ausnahme. Dennoch ist bezeichnend, daß die Schelmenkomödie bei weitem keine ähnlich eklatante Entwicklung durchlaufen hat wie der Schelmenroman. Die Gestalt des Figaro ist im Grunde die einzige große Gestalt dieser Art von Komödie.[66]

Für das Verständnis des Romanstils sind die drei von uns untersuchten Kategorien von erstrangiger Bedeutung. An der Wiege des europäischen Romans der Neuzeit standen Schelm, Narr und Dummkopf, und sie haben in ihr die Narrenkappe mit den Rasseln zurückgelassen. Doch sind unsere drei Kategorien auch für das Verständnis der vorhistorischen Wurzeln des Prosadenkens und seines Zusammenhangs mit der Folklore von Belang.

Das Bild des Schelms hat die erste große Form des Romans der zweiten Linie bestimmt – den abenteuerlichen Schelmenroman. Der Held dieses Romans und sein Wort sind in ihrer Eigenart nur vor dem Hintergrund des hohen Ritterromans der Prüfung, der außerliterarischen rhetorischen (biographischen, bekenntnishaften, predigtartigen) Gattungen und später des Barockromans verständlich. Nur vor diesem Hintergrund zeichnet sich die radikale Neuartigkeit und Tiefe der Konzeption des Helden und seines Wortes im Schelmenroman klar ab.

Der Held, Träger des heiteren Betrugs, ist hier absichtlich und betont diesseits allen, sei es heroischen oder sentimentalen Pathos angesiedelt, seine antipathetische Natur tritt allenthalben hervor – von der komischen Selbstvorstellung und Selbstempfehlung gegenüber dem Publikum, die den Ton für die gesamte folgende Erzählung angeben, bis hin zum Finale. Der Held ist außerhalb dieser – in den Hauptzügen rhetorischen – Kategorien angesiedelt, die dem Bild des Helden im Prüfungsroman zugrunde liegen: diesseits von Gericht, Verteidigung oder Anklage, Selbstrechtfertigung oder Buße. Das Wort über den Menschen hat hier einen radikal neuen Ton, ist frei von pathetischer Ernsthaftigkeit.

Indessen haben diese pathetischen Kategorien, wie gesagt, durchweg das Bild des Helden im Prüfungsroman und das Bild des Menschen in den meisten rhetorischen Gattungen bestimmt: in den Biographien (Verherrlichung, Apologie), in den Autobiographien (Selbstverherrlichung, Selbstrechtfertigung), in den Bekenntnissen (Buße), in der gerichtlichen und politischen Rhetorik (Verteidigung – Anklage), in der rhetorischen Satire (pathetische Entlarvung) u. a. m. Die Organisation des Bildes vom Menschen, die Charakterzüge, ihre Verbindung, die Verfahren, Taten und Ereignisse auf das Bild des Helden zu beziehen, signalisiert entweder seine Verteidigung, Apologie, Verherrlichung oder, umgekehrt, seine Anklage, Entlarvung. Zugrunde liegt dem eine normative und unveränderliche Idee vom Menschen, die jede wesentliche Entwicklung ausschließt – deshalb kann der Held entweder völlig positiv oder völlig negativ bewertet werden. Im übrigen dominieren die rhetorisch-juristischen Kategorien in der Konzeption vom Menschen, die den Helden des sophistischen Romans, der antiken Biographie und Autobiographie und später auch des Ritterromans, des Prüfungsromans und der entsprechenden rhetorischen Gattungen prägt. Die Einheit des Menschen und die Einheit seiner Taten (der Handlung) haben rhetorisch-rechtlichen Charakter und erscheinen deswegen vom Standpunkt der späteren psychologischen Konzeption der Persönlichkeit als äußerlich und formal. Nicht zufällig ist der sophistische Roman das Ergebnis einer juristischen Phantasiearbeit, die vom realen rechtlichen und politischen Leben des Rhetors abgelöst war. Das Schema für die Analyse und die Abbildung der menschlichen Handlung im Roman lieferten rhetorische Analysen und Abbildungen des »Verbrechens«, der »Verdienste«, der »Heldentat«, der »politischen Gerechtigkeit« usw. Dieses Schema bestimmte die Einheit der Handlung und ihre kategoriale Qualifikation. Ebensolche Schemata lagen der Abbildung des Menschen zugrunde. Und um diesen rhetorisch-rechtlichen Kern herum wurde das Material angeordnet: Abenteuer, Erotik und (primitive) Psychologie.

Neben dieser äußerlich rhetorischen Vorstellung von der Einheit der menschlichen Persönlichkeit und ihren Taten bestand zwar noch eine bekenntnishafte »reuevolle« Vorstellung vom Selbst, die (seit der Zeit des Augustinus) ein eigenes Schema für den Aufbau eines Bildes vom Menschen und seiner Taten einschloß, aber der Einfluß dieser bekenntnishaften Idee vom inneren Menschen (und der ihr entsprechende Entwurf eines Bildes von ihm) auf den Ritterroman und den Barockroman war sehr gering, bedeutend wurde er erst viel später, in der Neuzeit.

Vor diesem Hintergrund tritt vor allem die negierende Wirkung des Schelmenromans deutlich hervor: die Zerstörung der rhetorischen Einheit der Persönlichkeit, der Handlung und des Ereignisses. Wer ist ein »Schelm« – Lazarillo, Gil Blas und andere, ein Verbrecher oder ein ehrenwerter Mensch, ein böser oder ein guter, ein feiger oder ein kühner? Kann man von den Verdiensten, Verbrechen oder Heldentaten sprechen, die sein Erscheinungsbild prägen und bestimmen? Er steht außerhalb von Verteidigung und Anklage, außerhalb von Verherrlichung oder Entlarvung, er kennt weder Buße noch Selbstrechtfertigung, er rekurriert weder auf eine Norm noch auf eine Forderung oder ein Ideal bezogen, er ist nicht einzig und vom Standpunkt der zur Verfügung stehenden rhetorischen Einheiten der Persönlichkeit auch nicht durchgehalten. Der Mensch ist hier gleichsam von allen Fesseln dieser bedingten Einheiten befreit, er bestimmt und vollendet sich nicht in ihnen, er macht sich vielmehr über sie lustig.

Alle alten Zusammenhänge zwischen dem Menschen und seiner Tat, zwischen dem Ereignis und den daran Beteiligten zerfallen, enthüllt wird ein scharfer Bruch zwischen dem Menschen und seiner Stellung – Rang, Würde, Stand. Im Umkreis des Schelms verwandeln sich alle, sowohl geistlichen als auch weltlichen, hohen Stellungen und Symbole, in die der Mensch wichtigtuerisch und in heuchlerischer Lüge geschlüpft ist, in Masken, in Maskenkostüme, in Requisiten. In der Atmosphäre des heiteren Betrugs werden diese hohen Symbole und Stellungen verwandelt und erleichtert, sie werden radikal mit neuen Akzenten versehen.

Ebenso radikal werden, wie gesagt, die Akzente der hohen Sprachen, die mit bestimmten sozialen Stellungen verknüpft sind, verändert.

Das Wort des Romans bindet sich, ebenso wie sein Held, an keine der geläufigen Akzenteinheiten, es liefert sich keinem System von Wertakzenten aus; und selbst dort, wo es nicht parodiert und nicht lacht, zieht es vor, ein gleichsam akzentloses, trockenes, informatives Wort zu bleiben.

Der Held des Schelmenromans ist dem Helden des Romans der Prüfung und Verführung entgegengestellt, er hat nichts, dem er treu ist, verändert alles – aber eben dadurch ist er sich selbst, seiner antipathetischen, skeptischen Einstellung treu. Hier reift eine neue Konzeption der Persönlichkeit heran, die weder rhetorisch noch bekenntnishaft ist, die ihr Wort noch sucht, ihm den Boden bereitet. Der Schelmenroman orchestriert seine Intentionen noch nicht im genauen Sinne des Wortes, aber er bereitet diese Orchestrierung wesentlich vor, indem er das Wort von der auf ihm lastenden schweren Pathetik, von den abgestorbenen und verlogenen Akzenten befreit, das Wort erleichtert und in gewissem Sinne leert. Darin hat er neben der satirischen und parodistischen Schelmennovelle, dem parodistischen Epos und den Novellenzyklen um das Bild des Narren und des Dummkopfes seine Bedeutung.

All dies hat den zentralen Werken des Romans der zweiten Linie, beispielsweise *Don Quijote*, das Terrain bereitet. In diesen großen Werken kommt das Genre des Romans zu sich selbst, entfaltet es seine Möglichkeiten. Hier reifen die authentischen zweistimmigen Romanbilder, die sich fundamental von den poetischen Symbolen unterscheiden, endgültig heran, und hier erreichen sie die Fülle ihrer Eigenart. Während sich das von der pathetischen Lüge entstellte menschliche Gesicht in der parodistischen Schelmen- und Narrenprosa in einer Atmosphäre des alles erleichternden, heiteren Betrugs in eine künstlerische und offene Halbmaske verwandelt hat, wird diese Halbmaske nun von einem authentischen Bild des Gesichts in der künstlerischen Prosa abgelöst. Die Sprachen sind nicht länger nur Objekt eines lediglich polemischen oder zum Selbstzweck gewordenen Parodierens; ohne die parodistische Färbung völlig zu verlieren, beginnen sie, die Funktion der künstlerischen Abbildung zu erfüllen: die der *getreuen* Abbildung. Der Roman lernt, von den Sprachen, Kunstmitteln und Gattungen Gebrauch zu machen; er zwingt alles, was sich überlebt hat und hinfällig geworden ist, alle sozial und ideologisch fremden und abgeschiedenen Welten, von sich selbst in ihrer eigenen Sprache und ihrem eigenen Stil zu sprechen – der Autor aber konstituiert über diesen Sprachen seine eigenen, sich dialogisch mit ihnen verbindenden Intentionen und Akzente. Der Autor versetzt seine Gedanken in das Bild der fremden Sprache, ohne dem Willen dieser Sprache, ihrer Spezifik, Gewalt anzutun. Das Wort des Helden über sich selbst und seine Welt verschmelzen organisch und von innen her mit dem Wort des Autors über ihn und seine Welt. Bei dieser inneren Verschmelzung zweier Standpunkte, zweier Intentionen und zweier Expressionen in ein und demselben Wort nimmt dessen parodistische Qualität einen besonderen Charakter an: die Sprache, die parodiert wird, leistet den parodierenden fremden Intentionen lebhaften dialogischen Widerstand; im Bild selbst beginnt ein unvollendetes Gespräch zu erklingen; es wird zu einer offenen, lebendigen Wechselwirkung von Welten, Standpunkten, Akzenten. Hieraus ergibt sich die Möglichkeit, die Akzente einer Gestalt zu verändern, unterschiedliche Beziehungen zum innerhalb des Bildes ausgetragenen Streit, verschiedene Positionen in diesem Streit und daher verschiedene Interpretationen der Gestalt selbst zu markieren.

Die Gestalt wird vieldeutig wie ein Symbol. So entstehen die unsterblichen Romanfiguren, die in den Epochen in unterschiedlicher Weise fortleben. So ist die Gestalt des Don Quijote im Verlauf der Geschichte des Romans immer wieder umakzentuiert und neu interpretiert worden; im übrigen bildeten diese Umakzentuierungen und Interpretationen eine notwendige und organische Weiterentwicklung dieses Bildes, eine Fortsetzung des in ihm angelegten unvollendeten Streites.

Diese innere Dialogizität der Gestalten hängt mit der allgemeinen Dialogizität der Redevielfalt in den klassischen Werken des Romans der zweiten stilistischen Linie zusammen. Hier offenbart und aktualisiert sich die dialogische Natur der Redevielfalt, hier korrelieren die Sprachen miteinander und beleuchten sich wechselseitig.[67] Alle wesentlichen Autorintentionen sind orchestriert, unter verschiedenen Blickwinkeln durch die Sprachen der Redevielfalt der Epoche gebrochen. Einzig die zweitrangige, rein informativen Momente liegen im direkten Autorwort vor. Die Sprache des Romans wird zu einem künstlerisch organisierten System von Sprachen.

Um die Unterscheidung der ersten und der zweiten stilistischen Linie des Romans zu präzisieren, gehen wir noch auf zwei weitere Momente ein, die die Differenz im Hinblick auf die Redevielfalt der Romane der ersten und der zweiten stilistischen Linie erhellen.

Die Romane der ersten Linie haben, wie wir sahen, eine Vielfalt lebenspraktisch-alltäglicher und halbliterarischer Gattungen eingeführt, um die grobe Redevielfalt aus ihnen zu verdrängen und sie durch die einförmige »veredelte« Sprache zu ersetzen. Der Roman war keine Enzyklopädie der Sprachen, sondern eine der Gattungen. Zwar waren alle diese Gattungen vor dem sie dialogisierenden Hintergrund der Sprachen jener Redevielfalt gegeben, die polemisch verneint oder gereinigt wurden, doch blieb dieser Hintergrund der Redevielfalt außerhalb des Romans.

Auch in der zweiten Linie macht sich das Streben nach einer Enzyklopädie der Gattungen (wenn auch nicht im gleichen Maße) bemerkbar. Es genügt, als Beleg den *Don Quijote* zu zitieren, einen Roman, der reich an eingebetteten Gattungen ist. Allerdings ändert sich die Funktion der eingebetteten Gattungen in den Romanen der zweiten Linie erheblich. Hier dienen sie vor allem dem Zweck, die Redevielfalt, die Vielfalt der Sprachen der Epoche in den Roman einzulassen. Außerliterarische Gattungen (zum Beispiel alltägliche) werden nicht deshalb eingeführt, um sie zu »veredeln«, zu »literarisieren«, sondern wegen ihrer Position außerhalb der Literatur: um eine nichtliterarische Sprache (sogar einen Dialekt) in den Roman aufzunehmen. Im Roman muß eine Vielzahl von Sprachen einer Epoche erscheinen.

Im Rahmen des Romans der zweiten Linie kristallisiert sich eine Forderung heraus, die später oft als für die Romangattung (in ihrem Unterschied zu anderen epischen Gattungen) konstitutiv propagiert worden ist und die gewöhnlich folgendermaßen formuliert wurde: Der Roman solle vollständig und allseitig die Epoche widerspiegeln.

Diese Forderung ist anders zu fassen: Im Roman müssen alle sozioideologischen Stimmen der Epoche vertreten sein, das heißt, alle wesentlichen Sprachen der Epoche, kurz, der Roman muß ein Mikrokosmos der Redevielfalt sein.

So formuliert, ist diese Forderung tatsächlich jener Idee des Genres immanent, die die schöpferische Entwicklung der wichtigsten Varianten des großen Romans der Neuzeit, angefangen mit dem *Don Quijote*, bestimmt hat. Im Erziehungsroman gewinnt diese Forderung eine neue Bedeutung; hier gebietet schon die Idee des Auswählens, des Werdens und der Entwicklung die vielfältige Abbildung sozialer Welten, Stimmen, Sprachen der Epoche, unter denen sich das prüfende und individuelle Werden des Helden verwirklicht. Freilich verlangt nicht nur der Erziehungsroman eine solche (im Extremfall erschöpfende) Vielfalt von sozialen Sprachen. Diese Forderung kann ebensowohl mit gänzlich anderen Einstellungen zusammengehen. So streben beispielsweise die Romane von Eugène Sue Vollständigkeit in der Abbildung sozialer Welten an.

Dem Postulat der Fülle der sozialen Sprachen einer Epoche im Roman liegt das angemessene Verständnis des Wesens der Redevielfalt im Roman zugrunde. Eine Sprache offenbart sich in ihrer Eigenart nur dann, wenn sie mit allen anderen Sprachen korreliert ist, die Bestandteil ein und derselben widersprüchlichen Einheit des sozialen Werdens sind. Jede Sprache ist im Roman ein Standpunkt, ein sozioideologischer Horizont realer gesellschaftlicher Gruppen und ihrer Repräsentanten. Insofern die Sprache nicht als ein solcher spezifischer sozioideologischer Horizont wahrgenommen wird, kann sie nicht als Material für die Orchestrierung dienen, kann sie nicht zu einem Bild der Sprache werden. Andererseits muß jeder für den Roman wesentliche Standpunkt gegenüber der Welt konkret sein, muß er ein Standpunkt sein, der soziale Gestalt angenommen hat, nicht eine abstrakte Sinnposition, er muß folglich seine eigene Sprache haben, mit der er eine organische Einheit bildet. Der Roman gründet sich nicht auf die Verschiedenstimmigkeiten abstrakter Sinngebungen, auch nicht auf die Kollision von Sujets, sondern auf die konkrete soziale Redevielfalt. Deshalb besteht die Vielfalt von verkörperten Standpunkten, die der Roman anstrebt, nicht in der logischen, systematischen, rein semantischen Fülle möglicher Standpunkte, sondern in der historischen und konkreten Fülle von wirklichen sozioideologischen Sprachen, die in der betreffenden Epoche zueinander in Wechselwirkung getreten und eine werdende widersprüchliche Einheit sind. Vor dem dialogisierenden Hintergrund der anderen Sprachen der Epoche und in direkter dialogischer Wechselwirkung mit ihnen (in direkten Dialogen) beginnt jede Sprache anders zu klingen, als sie sozusagen »an sich« (ohne Korrelation mit anderen) klänge. Einzig im Ganzen der Redevielfalt der Epoche erschließen sich die einzelnen Sprachen, ihre Rollen und ihr tatsächlicher historischer Sinn voll und ganz, ähnlich wie der letzte, endgültige Sinn einer einzelnen Replik eines Dialoges sich nur dann erschließt, wenn dieser Dialog beendet ist, wenn alle zu Ende gesprochen haben, das heißt nur im Kontext des ganzen, vollendeten Gesprächs. So offenbart die Sprache des *Amadis* sich selbst in der Rede von *Don Quijote*, und sie offenbart die Fülle ihres historischen Sinns allein im Ganzen des Dialogs der Sprachen der Epoche des Cervantes.

Gehen wir nun zum zweiten Moment über, das gleichfalls den Unterschied zwischen der ersten und der zweiten Linie verständlich macht.

Als Gegengewicht zur Kategorie der Literarizität stellt der Roman der zweiten Linie die Kritik des literarischen Wortes als solchem, zumal des Romanwortes, heraus. Diese *Selbstkritik des Wortes* ist eine wesentliche Besonderheit der Romangattung. Das Wort kritisiert sich im Verhältnis zur Wirklichkeit: in seinen Ansprüchen, die Wirklichkeit getreu widerzuspiegeln, die Wirklichkeit zu lenken und sie umzugestalten (utopische Ansprüche des Wortes), die Wirklichkeit als ihr Surrogat abzulösen (Traum und Fiktion, die das Leben ersetzen). Schon im *Don Quijote* kommt die Prüfung des literarischen Romanwortes durch das Leben, die Wirklichkeit vor. Und in der weiteren Entwicklung bleibt der Roman der zweiten Linie zu einem erheblichen Teil Roman der Prüfung des literarischen Wortes, wobei zwei Typen einer solchen Prüfung zu beobachten sind.

Der erste Typus konzentriert die Kritik und die Prüfung des literarischen Wortes um den Helden – um den »literarischen Menschen«, der das Leben mit den Augen der Literatur sieht und versucht, »nach der Literatur« zu leben. *Don Quijote* und *Madame Bovary* sind die bekanntesten Beispiele dieser Art, der »literarische Mensch« und die damit zusammenhängende Prüfung des literarischen Wortes erscheinen jedoch in fast jedem großen Roman – das gilt mehr oder weniger von den Helden Balzacs, Dostoevskijs, Turgenevs

u. a. –, unterschiedlich ist allein das spezifische Gewicht dieses Moments im Romanganzen.

Der zweite Prüfungstypus führt einen Autor ein, der den Roman schreibt (»Bloßlegung des Verfahrens« in der Terminologie der Formalisten), allerdings nicht in der Rolle eines Helden, sondern als tatsächlichen Autor des jeweiligen Werkes. Neben dem direkten Roman stehen hier Fragmente eines »Romans über den Roman« (das klassische Beispiel ist zweifellos *Tristram Shandy*).

Auch können sich beide Typen der Prüfung des literarischen Wortes vereinigen. So gibt es schon im *Don Quijote* Elemente des Romans über den Roman (die Polemik des Autors mit dem Autor des gefälschten zweiten Teils). Und die Formen der Prüfung des literarischen Wortes können überaus verschieden sein (besonders vielfältig sind die Varianten des zweiten Typs). Schließlich ist der unterschiedliche Grad der Parodie des zu prüfenden literarischen Wortes zu erwähnen. In der Regel verbindet sich die Prüfung des Wortes damit, daß es parodiert wird, aber der Grad der Parodie und ebenso der Grad der dialogischen Widerstandsfähigkeit des zu parodierenden Wortes können beträchtlich variieren: von der äußerlichen und groben literarischen Parodie (als Selbstzweck) bis hin zur fast vollständigen Solidarisierung mit dem zu parodisierenden Wort (»romantische Ironie«); in der Mitte zwischen diesen beiden Polen, das heißt, zwischen äußerlicher literarischer Parodie und »romantischer Ironie«, steht der *Don Quijote* mit seiner tiefen, aber weise ausgeglichenen Dialogizität des parodistischen Wortes. Die Ausnahme ist eine Prüfung des literarischen Wortes im Roman, die keinerlei parodistischen Charakter hat. Ein interessantes, ganz neues Beispiel dafür ist *Die Kranich-Heimat* [»Žuravlinaja rodina«] von M. Prišvin. Hier schlägt die Selbstkritik des literarischen Wortes – der Roman über den Roman – in einen philosophischen Roman über das Kunstschaffen um, der Parodie nicht kennt.

So wird die Kategorie der Literarizität der ersten Linie mit ihren dogmatischen Ansprüchen auf eine lebenspraktische Rolle in den Romanen der zweiten Linie durch die Erprobung und Selbstkritik des literarischen Wortes ersetzt.

Zu Beginn des 19. Jahrhunderts endete die scharfe Opposition der beiden stilistischen Linien des Romans: *Amadis* auf der einen Seite, *Gargantua und Pantagruel* und *Don Quijote* auf der anderen Seite; hoher Barockroman vs. *Simplizissimus*, die Romane von Sorel und Scarron; Ritterroman vs. parodistisches Epos, satirische Novelle, Schelmenroman; schließlich Rousseau, Richardson vs. Fielding,

Sterne, Jean Paul u. a. Natürlich kann man die mehr oder weniger reine Fortführung der beiden Linien bis zur Gegenwart verfolgen, aber nur abseits vom Hauptweg des neuen Romans. Alle irgendwie bedeutenden Spielarten des Romans des 19. und 20. Jahrhunderts sind »gemischt«, wobei fraglos die zweite Linie dominiert. Es ist bezeichnend, daß selbst im reinen Prüfungsroman des 19. Jahrhunderts, obwohl die Momente der ersten Linie in ihr vergleichsweise stark sind, die zweite Linie stilistisch vorherrscht. Man kann sagen, daß zum 19. Jahrhundert hin die Momente der zweiten Linie grundlegende, ja, konstitutive Merkmale der Gattung des Romans überhaupt werden. Das Romanwort hat seine spezifischen, ihm eigentümlichen stilistischen Möglichkeiten gerade in der zweiten Linie entfaltet. Die zweite Linie eröffnete ein für allemal die in der Gattung des Romans angelegten Möglichkeiten; der Roman wurde hier zu dem, was er ist.

Welches sind die soziologischen Voraussetzungen des Romanwortes der zweiten stilistischen Linie? Es bildete sich in einer Zeit heraus, da optimale Bedingungen für die Wechselwirkung und wechselseitige Erhellung der Sprachen, für den Übergang der Redevielfalt aus dem »Sein an sich« (wenn die Sprachen nicht voneinander wissen oder einander ignorieren können) zu ihrem »Sein für sich« vorlagen (die Sprachen der Redevielfalt sich wechselseitig aufdecken und sich gegenseitig als dialogisierender Hintergrund dienen). Die Sprachen der Redevielfalt zwingen wie einander zugewandte Spiegel, von denen jeder auf seine Weise ein Stück, einen Ausschnitt der Welt widerspiegelt, dazu, hinter den wechselseitig gespiegelten Aspekten eine umfassendere Welt mit mehreren Schichten und mehreren Horizonten zu erraten und zu erfassen, als sie einer einzigen Sprache, einem einzigen Spiegel zugänglich war.

Der Epoche der großen astronomischen, mathematischen und geographischen Entdeckungen, die die mittelalterliche verbal-ideologische Zentralisierung zerstört haben, konnte nur ein galileisches sprachliches Bewußtsein angemessen sein, wie es im Romanwort der zweiten stilistischen Linie Gestalt angenommen hat.

Zum Schluß einige methodologische Bemerkungen.

Die Hilflosigkeit der traditionellen Stilistik, die ausschließlich das ptolemäische Sprachbewußtsein kennt, gegenüber der authentischen Besonderheit der Romanprosa, sodann die Nichtanwendbarkeit der traditionellen stilistischen Kategorien, die sich auf die Einheit der Sprache und auf die direkte, gleiche Intentionalität ihres gesamten Bestandes stützen, auf die Prosa, schließlich das Ignorieren der mächtigen stilbildenden Bedeutung des fremden Wortes und des indirekten vorbehaltlichen Sprechens – das alles hat dazu geführt, daß die stilistische Analyse der Romanprosa in aller Regel durch die neutrale linguistische Beschreibung der Sprache des einzelnen Werkes oder, schlimmer noch, des jeweiligen Autors ersetzt wird. Eine solche Beschreibung kann an und für sich zum Verständnis des Romanstils absolut nichts beitragen. Im übrigen ist sie selbst als linguistische Beschreibung der Sprache methodologisch unzulänglich, da es im Roman nicht eine einzelne Sprache, sondern mehrere Sprachen gibt, die sich miteinander zu einer stilistischen, keineswegs jedoch sprachlichen Einheit verbinden (wie sich Dialekte vermischen und neue dialektologische Einheiten bilden können).

Die Sprache des Romans der zweiten Linie ist nicht eine einzelne Sprache, die genetisch aus einer Vermischung der Sprachen hervorgegangen ist, sondern, wie wir wiederholt betont haben, ein spezifisches künstlerisches System von Sprachen, die nicht auf einer Ebene liegen. Selbst wenn wir von den Reden der Personen und von den eingebetteten Gattungen absehen, bleibt die Autorrede allein noch ein stilistisches System von Sprachen: bedeutende Massen dieser Rede stilisieren (direkt oder parodistisch oder ironisch) fremde Sprachen, und über sie sind fremde Wörter verstreut, die, keineswegs in Anführungszeichen gesetzt, formal der Autorrede angehören, aber durch eine ironische, parodistische, polemische oder andere vorbehaltliche Intonation deutlich von der Rede des Autors distanziert sind. Alle diese orchestrierenden und distanzierenden Wörter einem einheitlichen Wörterbuch des Autors zuzuschlagen, die semantischen und syntaktischen Besonderheiten der orchestrierenden Wörter und Formen zu den Besonderheiten der Semantik und Syntax des Autors zu zählen, das heißt all dies als linguistische Merkmale einer einheitlichen Sprache des Autors wahrzunehmen und zu beschreiben, ist ebenso unsinnig, wie gegenständlich dargestellte grammatische Fehler einer Person des Romans der Autorsprache zuzuschreiben. Fraglos tragen diese orchestrierenden und distanzierenden sprachlichen Elemente auch den Akzent des Autors, sie sind unzweifelhaft letzten Endes vom Autorwillen bestimmt, und der Autor hat durchaus die künstlerische Verantwortung für sie, aber sie gehören nicht zur Sprache des Autors und bewegen sich nicht in derselben Schicht wie diese Sprache. Der Vorsatz, *die* Sprache des Romans methodologisch zu beschreiben, ist schon deshalb unsinnig, weil das Objekt einer solchen Beschreibung – eine einheitliche Sprache des Romans – nicht existiert.

Im Roman liegt ein künstlerisches System von Sprachen, genauer gesagt: der Bilder von Sprachen, vor, und die wirkliche Aufgabe, den

Roman stilistisch zu analysieren, besteht darin, die im Bestand des Romans vorhandenen orchestrierenden Sprachen aufzudecken, das Ausmaß der Entfernung jeder Sprache von der letzten Sinninstanz des Werkes und die verschiedenen Brechungswinkel der Intentionen in ihnen, ihre dialogische Wechselbeziehung, zu verstehen und schließlich, wenn es ein direktes Autorwort gibt, den dieses Wort dialogisierenden Hintergrund der Redevielfalt außerhalb des Werks zu bestimmen (für den Roman der ersten Linie ist diese letztgenannte Aufgabe grundlegend).

Die Bewältigung dieser Aufgaben setzt voraus, daß man den Roman künstlerisch-ideologisch erschließt. Nur ein solches Erschließen (das natürlich von Kenntnissen untermauert sein muß) kann die künstlerische Grundidee des Ganzen aufdecken und, von dieser Grundidee aus, noch die geringfügigsten Unterschiede in den Distanzen der einzelnen Sprachmomente zu der letzten Sinninstanz des Werkes, die feinsten Nuancen der Akzentuierung der Sprachen durch den Autor sowie ihrer einzelnen Elemente usw. wahrnehmen. Keine linguistischen Beobachtungen, wie subtil sie auch sein mögen, werden jemals diese Bewegung und dieses Spiel der Autorintentionen zwischen den Sprachen und ihren Momenten erfassen. Die künstlerisch-ideologische Erschließung des Romanganzen muß seine stilistische Analyse einleiten. Dabei gilt es zu beachten, daß die in den Roman aufgenommenen Sprachen zu künstlerischen Bildern von Sprachen geformt sind (es sind dies keine rohen linguistischen Gegebenheiten), und diese Formung kann mehr oder weniger künstlerisch oder gelungen sein und mehr oder weniger dem Geist und der Kraft der Sprachen, die abgebildet werden, entsprechen. Doch selbstverständlich ist die künstlerische Durchdringung allein nicht ausreichend. Die stilistische Analyse stößt besonders dort, wo sie es mit Werken weit zurückliegender Epochen und fremder Sprachen zu tun hat, wo die künstlerische Rezeption keinen Halt im lebendigen Sprachgefühl findet, auf eine ganze Reihe von Schwierigkeiten. In diesem Fall scheint die gesamte Sprache infolge unserer Distanz zu ihr, bildlich gesprochen, eine Ebene zu bilden; die dritte Dimension und die Unterschiede der Schichten und Entfernungen in ihr sind nicht wahrnehmbar. Die linguistische, sprachhistorische Untersuchung der in einer Epoche vorhandenen (sozialen, berufs- und gattungsspezifischen, tendenziösen usw.) Sprachsysteme und Sprachstile trägt hier wesentlich zur Wiederherstellung der dritten Dimension in der Romansprache bei, hilft, sie zu differenzieren und zu distanzieren. Aber ohne Zweifel ist auch bei der Untersuchung zeitgenössischer Werke die Linguistik eine unverzichtbare Stütze der stilistischen Analyse.

Doch auch das ist noch unzureichend. Ohne tiefes Verständnis der Redevielfalt, des Dialogs der Sprachen einer Epoche kann die stilistische Analyse des Romans nicht produktiv sein. Um diesen Dialog jedoch zu verstehen, um hier überhaupt erst einmal einen *Dialog* zu vernehmen, genügt es nicht, das linguistische und stilistische Erscheinungsbild der Sprachen zu kennen: notwendig sind vielmehr das gründliche Verstehen des sozioideologischen Sinns einer jeden Sprache und eine genaue Kenntnis der sozialen Verteilung aller ideologischen Stimmen der Epoche.

Die Analyse des Romanstils hat es mit Schwierigkeiten besonderer Art zu tun, die von der Schnelligkeit zweier Transformationsprozesse bestimmt werden, der jede sprachliche Erscheinung unterworfen ist: des Prozesses der *Kanonisierung* und des Prozesses der *Umakzentuierung*.

Gewisse Elemente der Redevielfalt, die in die Sprache des Romans Eingang gefunden haben, z. B. Provinzialismen, berufssprachlich-technische Ausdrücke usw., können der Orchestrierung der Autorintentionen dienen (werden folglich mit Vorbehalt, mit Distanz gebraucht), andere Elemente der Redevielfalt jedoch haben ähnlich wie die ersten im jeweiligen Moment bereits ihren »anderssprachigen« Beigeschmack eingebüßt, sind von der Hochsprache bereits kanonisiert worden und werden daher vom Autor nicht mehr als Elemente des Systems der Mundart oder des Berufsjargons, sondern des Systems der Hochsprache empfunden. Ihnen eine orchestrierende Funktion zuzuschreiben, wäre ein grober Fehler: sie liegen bereits mit der Sprache des Autors auf ein und derselben Ebene oder, falls der Autor sich nicht mit der zeitgenössischen Hochsprache solidarisiert, auf der Ebene einer anderen (literarischen, nicht aber provinziellen) orchestrierenden Sprache. Es fällt in manchen Fällen schwer, zu entscheiden, was für den Autor schon ein kanonisches Element der Hochsprache ist, und worin er noch die Redevielfalt empfindet. Je weiter das zu analysierende Werk vom zeitgenössischen Bewußtsein entfernt ist, desto ernster ist diese Schwierigkeit zu nehmen. Gerade in Epochen mit besonders ausgeprägter Redevielfalt, wenn der Konflikt und die Wechselwirkung der Sprachen besonders intensiv und stark sind, wenn die Redevielfalt die Hochsprache von allen Seiten überflutet, das heißt gerade in für den Roman besonders günstigen Epochen, werden die Momente der Redevielfalt außergewöhnlich leicht und schnell kanonisiert und gehen aus dem einen Sprachsystem in ein anderes über: aus dem Alltagsleben in die Hochsprache, aus der Hoch- in die Alltagssprache, aus dem Berufsjargon in das allgemeine

Alltagsleben, aus der einen Gattung in eine andere usw. Im angespannten Kampf werden die Grenzen sowohl verschärft als auch verwischt, und mitunter ist es unmöglich festzustellen, wo sie schon verwischt sind und eine der kämpfenden Parteien bereits fremdes Territorium betreten hat. Das alles wirft für die Analyse enorme Probleme auf. In einer beständigeren Epoche sind die Sprachen konservativer, und die Kanonisierung vollzieht sich langsamer und schwieriger, es ist leicht, ihr zu folgen. Allerdings bereitet die Geschwindigkeit der Kanonisierung der stilistischen Analyse nur bei den Feinheiten, bei den Details Schwierigkeiten (vorwiegend bei der Analyse sporadisch über die Autorrede verteilter fremder Wörter); die Kanonisierung ist jedoch nicht imstande, das Verständnis der grundlegenden orchestrierenden Sprachen und der grundlegenden Linien der Bewegung und des Spiels der Intentionen zu stören.

Der zweite Prozeß – die Umakzentuierung – ist weit komplexer und kann das Verständnis des Romanstils wesentlich verstellen. Dieser Prozeß betrifft unsere Empfindung der Distanzen und der vorbehaltlichen Akzente des Autors, die für uns ihre Nuancen verwischen und sie oft völlig vernichten. Wir hatten schon darauf hingewiesen, daß einige Typen und Varianten des zweistimmigen Wortes für die Rezeption leicht ihre zweite Stimme einbüßen und mit der einstimmigen direkten Rede verschmelzen. So kann der parodistische Charakter gerade da, wo er nicht Selbstzweck ist, sondern mit der abbildenden Funktion zusammenhängt, unter gewissen Umständen bei der Rezeption leicht verlorengehen oder doch beträchtlich abgeschwächt werden. Das zu parodierende Wort leistet, wie gesagt, im authentischen Prosabild den parodierenden Intentionen inneren dialogischen Widerstand: das Wort ist ja kein totes, objekthaftes Material in den Händen des Künstlers, der mit ihm tätig ist, sondern ein lebendiges und konsequentes, sich völlig treues Wort, das unzeitgemäß und lächerlich werden, seine Enge und Einseitigkeit enthüllen, dessen Sinn aber – einmal verwirklicht – niemals gänzlich erlöschen kann. Und unter veränderten Bedingungen kann dieser Sinn neue und helle Blitze erzeugen, wobei er die auf ihm gewachsene objekthafte Rinde verbrennt, der parodistischen Akzentuierung den Boden entzieht und sie dabei verdunkelt und auslöscht. Hierbei ist noch die folgende Besonderheit des authentischen Prosabildes zu beachten: die Intentionen des Autors bewegen sich im Roman auf Kurven, die Distanzen zwischen dem Wort und den Intentionen verändern sich fortwährend, das heißt, der Brechungswinkel wandelt sich; auf den Gipfeln der Kurve ist die völlige Solidarisierung des Autors mit seiner Gestalt, das Verschmelzen ihrer Stimmen möglich; an den Tiefpunkten der

Kurve dagegen sind die vollständige Objekthaftigkeit der Gestalt und folglich eine grobe Parodie auf die Gestalt ohne Dialogizität möglich. Das Verschmelzen der Intentionen des Autors mit dem Bild der Autorintentionen und die völlige Objekthaftigkeit der Gestalt können im Verlauf eines kurzen Werkabschnitts jäh aufeinander folgen (z. B. bei Puškin im Hinblick auf die Gestalt Onegins und teilweise auch Lenskijs). Natürlich kann die Kurvenbewegung der Autorintentionen mehr oder weniger deutlich sein, dann das Prosabild mehr oder weniger ruhig und ausgeglichen sein. Unter veränderten Bedingungen der Rezeption des Bildes kann die Kurve weniger ausgeprägt sein, ja sich zur Geraden strecken: das Bild wird ganz oder direkt intentional oder im Gegenteil rein objekthaft und grob parodistisch.

Wovon ist diese Umakzentuierung der Bilder und Sprachen des Romans bedingt? Von der Veränderung des sie dialogisierenden Hintergrunds, das heißt, von Veränderungen im Bestand der Redevielfalt. Im veränderten Dialog der Epochensprachen beginnt die Sprache einer Gestalt, anders zu klingen, sie erscheint in einem anderen Licht. In diesem neuen Dialog, in der Gestalt und in ihrem Wort kann ihre eigene direkte Intentionalität sich verstärken und vertiefen oder im Gegenteil durchweg objekthaft werden, eine komische Gestalt kann zur tragischen werden, eine entlarvte zur entlarvenden usw.

Bei derlei Umakzentuierungen gibt es keine grobe Verletzung des Autorwillens. Man kann sagen, daß dieser Prozeß sich *im Bild, in der Gestalt selbst* vollzieht und nicht allein unter veränderten Rezeptionsbedingungen. Diese Bedingungen aktualisieren im Bild, in der Gestalt schon vorhandene Potenzen (schwächen allerdings gleichzeitig andere). Mit einem gewissen Recht kann man behaupten, daß das Bild nun in einer einzigen Beziehung besser verstanden und gehört wird als zuvor. Zweifellos geht hier ein gewisses Unverständnis mit einem neuen und vertieften Verständnis einher.

In gewissen Grenzen ist der Prozeß der Umakzentuierung unvermeidlich sowie gesetzmäßig und sogar produktiv, aber diese Grenzen können dort leicht überschritten werden, wo das Werk weit von uns entfernt ist und wo wir es vor einem ihm völlig fremden Hintergrund wahrnehmen. In einer solchen Wahrnehmung kann es einer entstellenden Umakzentuierung erliegen, da es in seinem Kern verfälscht wird; dies ist das Schicksal sehr vieler alter Romane. Besonders gefährlich ist jedoch die vulgarisierende, vereinfachende Umakzentuierung, die in jeder Hinsicht unter dem Niveau des Autorverständnisses (und seiner Zeit) bleibt und die eine zweistimmige Gestalt in eine flache, einstimmige verwandelt: in eine schwülstig-heroische, sentimental-pathetische oder umgekehrt in eine primitiv-komische Gestalt. Solcherart ist beispielsweise die primitiv-spießbürgerliche »seriöse« Rezeption der Figur Lenskijs, ja sogar seines parodistischen Gedichts »Wohin, wohin seid ihr entschwunden«, oder die rein heroische Rezeption des Pečorin im Stil der Helden Marlinskijs.

Der Prozeß der Umakzentuierung ist in der Literaturgeschichte von eminenter Bedeutung. Jede Epoche verändert die Akzente der Werke der jüngsten Vergangenheit auf ihre Weise. Das historische Leben der klassischen Werke ist im Grunde der ununterbrochene Prozeß ihrer sozioideologischen Umakzentuierung. Dank der in ihnen angelegten intentionalen Möglichkeiten offenbaren sie in jeder Epoche vor dem neuen sie dialogisierenden Hintergrund immer neue Sinnmomente; ihr Sinnbestand wächst buchstäblich weiter, er wird ausgearbeitet. Auch schließt ihr Einfluß auf das nachfolgende Schaffen die Umakzentuierung notwendig ein. In der Literatur spielt die Übertragung aus dem einen Akzentregister in ein anderes, zum Beispiel aus einer komischen Schicht in eine tragische oder umgekehrt, eine erhebliche Rolle bei der Konstituierung neuer Figuren. W. Dibelius führt in seinen Büchern interessante Beispiele dafür an, wie neue Gestalten durch Umakzentuierung alter geschaffen werden. Die nach Beruf und Stand typisierten Personen des englischen Romans – Ärzte, Juristen, Gutsbesitzer – bevölkerten ursprünglich die Komödiengenres, dann gingen sie als zweitrangige objekthafte Personen in die zweitrangigen komischen Schichten des Romans über, und erst danach hat man sie in dessen hohen Schichten versetzt und zu den zentralen Helden gemacht. Eines der wesentlichen Verfahren der Übertragung des Helden aus der komischen Schicht in eine höhere ist seine Abbildung in Unglück und Leiden; diese Leiden übertragen den komischen Helden auf ein anderes, höheres Register. Auf diese Weise hilft die traditionelle komödiantische Figur des Geizigen, die neue Gestalt des Kapitalisten in den Griff zu bekommen, indem sie sich zur Tragik eines Dombe erhebt.

Eine besondere Bedeutung hat die Umakzentuierung der poetischen Gestalt in eine der Prosa und umgekehrt. So entstand im Mittelalter das parodistische Epos, das bei der Vorbereitung des Romans der zweiten Linie eine wesentliche Rolle gespielt hat (seine parallele klassische Vollendung ist Ariosto). Eine große Bedeutung hat die Umakzentuierung der Gestalten bei ihrer Übertragung aus der Literatur in andere Künste – in Drama, Oper, Malerei. Ein klassisches Beispiel dafür ist die beträchtliche Umakzentuierung von *Evgenij Onegin* durch Čajkovskij: sie hat unverkennbar Einfluß auf die spießbürgerliche Rezeption der Gestalten dieses Romans genommen, da sie ihren parodistischen Charakter abgeschwächt hat.[69]

So also nimmt sich der Prozeß der Umakzentuierung aus. Ihm ist eine hohe produktive Bedeutung in der Literaturgeschichte zuzubilligen. In der objektiven stilistischen Untersuchung von Romanen zurückliegender Epochen muß man diesen Prozeß stets bedenken und den zu untersuchenden Stil streng mit dem ihn dialogisierenden Hintergrund der Redevielfalt der Epoche in Beziehung setzen. Dabei sind die nachfolgenden Umakzentuierungen der Bilder des betreffenden Romans – zum Beispiel der Gestalt des Don Quijote – von hohem heuristischen Belang, sie vertieft und erweitert ihr künstlerisch-ideologisches Verständnis, da die großen Romangestalten, wir wiederholen es, wachsen und sich fortentwickeln und sich noch in anderen Epochen, die weit von Tag und Stunde ihrer ursprünglichen Geburt entfernt sind, schöpferisch verändern können.

1934/1935

Aus der Vorgeschichte des Romanwortes

I.

Die stilistische Erforschung des Romanes hat erst vor sehr kurzer Zeit eingesetzt. Der Klassizismus des 17. und 18. Jahrhunderts hat den Roman nicht als eigenständige poetische Gattung anerkannt und ihn zu den gemischten rhetorischen Gattungen gerechnet. Die ersten Theoretiker des Romans – Huet (*Essai sur l'origine des romans*, 1670), Wieland (im berühmten Vorwort zum *Agathon*, 1766–1767,), Blankenburg (*Versuch über den Roman*, 1774, anonym erschienen) und die Romantiker (Friedrich Schlegel und Novalis) – haben stilistische Fragen nahezu überhaupt nicht erörtert.[1] In der zweiten Hälfte des 19. Jahrhunderts bekundet sich ein stärkeres Interesse für die Theorie des Romans als der führenden europäischen Gattung[2], doch konzentriert sich die Forschung fast ausschließlich auf Probleme der Komposition und der Thematik.[3] Fragen der Stilistik berührte man en passant und verfuhr dabei völlig prinzipienlos. Mit den 20er Jahren unseres Jahrhunderts trat eine ziemlich jähe Veränderung dieser Situation ein: es erschien eine ganze Reihe von Arbeiten zur Stilistik einzelner Romanschriftsteller und einzelner Romane. Diese Arbeiten sind oft reich an wertvollen Beobachtungen.[4] Doch die Besonderheiten des Romanwortes, das stilistische Specifikum der Gattung des Romans bleiben unaufgedeckt. Überdies ist bislang noch nicht einmal die Problematik dieser Gattungsspezifik in ihrer Grundsätzlichkeit formuliert worden. Es lassen sich fünf Typen des Zugangs zum Romanwort ausmachen: 1. analysiert werden nur die Autor-Partien im Roman, das heißt nur das direkte Autor-Wort (das mehr oder weniger richtig herausgearbeitet wird), und zwar vom Standpunkt des gewöhnlichen direkten poetischen Darstellungs- und Ausdruckscharakters (Metaphern, Vergleiche, lexikologische Auswahl usf.; 2. die stilistische Analyse des Romans als eines künstlerischen Ganzen wird durch eine neutrale linguistische Beschreibung der Sprache des Romanautors ersetzt[5]; 3. aus der Sprache des Romanautors werden Elemente ausgewählt, die für diejenige künstlerisch-literarische Richtung charakteristisch sind, der der betreffende Romanautor zugeordnet wird (Romantik, Naturalismus, Impressionismus usw.)[6]; 4. in der Sprache des Romans wird ein Ausdruck der Individualität des Autors gesucht, das heißt sie wird als individueller Stil eines Romanautors analysiert[7]; 5. der Roman wird als rhetorische Gattung betrachtet, und seine Verfahren werden unter dem Gesichtspunkt ihrer rhetorischen Effektivität analysiert.[8]

Alle diese Typen der stilistischen Analyse abstrahieren mehr oder weniger von den Besonderheiten der Gattung des Romans, von den spezifischen Bedingungen, denen das Leben des Wortes im Roman unterliegt. Sie fassen Sprache und Stil des Romanschriftstellers nicht als Sprache und Stil des *Romans* auf, sondern entweder als Ausdruck einer bestimmten künstlerischen Individualität oder als Stil einer bestimmten Richtung oder schließlich als Erscheinung der allgemeinen poetischen Sprache. Die künstlerische Individualität des Autors, die literarische Richtung, die allgemeinen Besonderheiten der poetischen Sprache, die Besonderheiten der Schriftsprache einer bestimmten Epoche verstellen uns in allen diesen Fällen den Blick auf die *Gattung* selbst mit ihren spezifischen Anforderungen an die Sprache und den besonderen Möglichkeiten, die sie der Sprache eröffnet. Letzten Endes verhüllen uns in den meisten Arbeiten zum Roman gerade die vergleichsweise geringfügigen und unbedeutenden stilistischen – individuellen oder für eine bestimmte literarische Richtung charakteristischen – Variationen völlig jene großen stilistischen Linien, die von der Entwicklung des Romans als einer besonderen Gattung bestimmt werden. Indessen führt das Wort unter den Bedingungen des Romans ein ganz besonderes Leben, das unter dem Aspekt stilistischer Kategorien, die sich auf der Grundlage der poetischen Gattungen im engeren Sinne herausgebildet haben, nicht zu verstehen ist.

Die Unterschiede zwischen dem Roman sowie einigen ihm nahestehenden Formen auf der einen und allen übrigen Gattungen – den poetischen Gattungen im engeren Sinne – auf der anderen Seite sind dermaßen wichtig und grundsätzlich, daß alle Versuche, Begriffe und Normen der *poetischen* Bildlichkeit auf den Roman zu übertragen, zum Scheitern verurteilt sind. Poetische Bildlichkeit im engeren Sinne hat für den Roman, auch wenn sie darin (vor allem im direkten Wort des Autors) vorkommt, eine sekundäre Bedeutung. Mehr noch, diese direkte Bildlichkeit erfüllt im Roman häufig spezifische, indirekte Funktionen. Puškin charakterisiert beispielsweise die Poesie Lenskijs im *Evgenij Onegin* [Kapitel II, Strophe 10][9]* auf folgende Weise:

»On pel ljubov', ljubvi poslušnyj,
I pesn' ego byla jasna,
Kak mysli devy prostodušnoj,
Kak son mladenca, kak luna [. . .]«

[»Er besang die Liebe, der Liebe ergeben,
Und sein Lied war rein,
Wie die Gedanken einer treuherzigen Jungfrau,
Wie der Traum des Kindes, wie der Mond«]

(Der Vergleich am Ende des Zitats wird in den nächsten Versen weiterentwickelt.)

Die poetischen Bilder (namentlich die metaphorischen Vergleiche), die das »Lied« Lenskijs abbilden, haben hier keinerlei direkte poetische Bedeutung. Sie dürfen nicht als unmittelbare poetische Bilder von Puškin selbst aufgefaßt werden (obgleich die Charakteristik formal vom Autor stammt). Hier charakterisiert sich vielmehr das »Lied« Lenskijs selbst, in seiner eigenen Sprache, in seiner eigenen poetischen Manier. Die unmittelbare Puškinsche Kennzeichnung des »Liedes« von Lenskij – auch sie gibt es im Roman – klingt völlig anders:

»Tak on pisal temno i vjalo [...]«
[»So schrieb er – dunkel und träge«]
[*Evgenij Onegin*, VI, 23]

In den oben zitierten vier Versen erklingt zwar Lenskijs eigenes Lied, erklingen seine Stimme und sein poetischer Stil, doch sind sie hier durchdrungen von den parodistisch-ironischen Akzenten, die der Autor gesetzt hat; und eben deshalb werden sie weder kompositorisch noch grammatisch aus der Autorrede herausgehoben. Wir haben tatsächlich ein *Bild* [obraz][10*] des Liedes von Lenskij vor uns, doch kein poetisches Bild im engeren Sinne, sondern ein typisches *Roman*-Bild: es ist dies das Bild einer fremden Sprache, in diesem Falle das Bild eines fremden poetischen Stils (des sentimentalisch-romantischen). Die poetischen Metaphern dieser Verse jedoch (»Wie der Traum eines Kindes« oder »wie der Mond« u. a.) sind hier keineswegs *primäre Mittel der Abbildung* (wie sie es in einem unmittelbar ernst zu nehmenden Lied von Lenskij selbst durchaus wären); sie werden hier selbst zum *Gegenstand der Abbildung*, der parodistisch-stilisierenden Abbildung. Dieses Romanbild eines *fremden Stils* ist (zusammen mit den darin enthaltenen direkten Metaphern) im System der direkten Autorrede (die wir postulieren) in *intonatorische Anführungszeichen* gesetzt, und zwar in parodistisch-ironische. Wenn wir diese intonatorischen Anführungszeichen tilgen und die hier verwendeten Metaphern als direkte Abbildungsmittel des Autors selbst rezipieren, zerstören wir das Romanbild des fremden Stils, das heißt gerade dasjenige Bild, das Puškin als Romanautor konstruiert hat. Vom direkten Wort des Autors, das wir hier postulieren, ist die abgebildete Sprache Lenskijs weit entfernt: sie dient lediglich als Gegenstand der Abbildung (nahezu wie ein Ding), der Autor selbst hingegen steht fast gänzlich außerhalb der Sprache Lenskijs (nur seine parodistisch-ironischen Akzente dringen in diese »fremde Sprache« ein).

Hier ein weiteres Beispiel aus dem *Onegin* [I, 46]:

»Kto žil i myslil, tot ne možet
V duše ne prezirat' ljudej;
Kto čuvstvoval, togo trevožit
Prizrak nevozvratimych dnej:
Tomu už net očarovanij,
Togo zmija vospominanij,
Togo raskajan'e gryzet.«

[»Wer gelebt und gedacht hat, kann nicht umhin,
In seinem Herzen die Menschen zu verachten;
Wer gefühlt hat, den quält
Das Trugbild unwiederbringlicher Tage,
Für den gibt es keine Verzauberung mehr,
An dem [nagt] die Natter der Erinnerungen,
An dem nagt Reue.«]

Man könnte meinen, wir hätten eine unmittelbare poetische Sentenz des Autors selbst vorliegen. Doch schon die nachfolgenden Verse:

»Vse ėto často pridaet
Bol'šuju prelest' razgovoru.«

[»All dies verleiht oft
Einen besonderen Zauber dem Gespräch.«]

(es handelt sich um Äußerungen des fiktiven Autors gegenüber Onegin) werfen einen leichten objekthaften Schatten auf die Sentenz. Zwar in die Autorrede integriert, ist sie doch im Wirkungsbereich der Stimme Onegins, im Oneginschen Stil angesiedelt. Wiederum liegt das Romanbild eines fremden Stils vor. Freilich ist es anders aufgebaut. Alle Bilder dieses Abschnittes sind Gegenstand der Abbildung: sie werden als Stil Onegins, als seine Weltanschauung abgebildet. In dieser Hinsicht sind sie den Bildern des Liedes von Lenskij ähnlich. Doch im Unterschied zu diesem Lied bilden die Bilder der zitierten Sentenz, indem sie Gegenstand der Abbildung sind, gleichzeitig selbst ab, genauer gesagt, sie bringen den Gedanken des Autors zum Ausdruck, denn der Autor ist mit dieser Sentenz weitgehend solidarisch, obgleich er durchaus die Beschränktheit und Unvollkommenheit der byronistisch-oneginschen Weltanschauung und ihres Stils wahrnimmt. Solchermaßen steht der Autor (d. h. das von uns postulierte direkte Autorwort) der Oneginschen »Sprache« erheblich näher als der »Sprache« Lenskijs: er befindet sich nicht mehr nur außerhalb von ihr, sondern auch in ihr; er bildet diese »Sprache« nicht nur ab, sondern spricht sie in gewissem Maße selbst. Der Held befindet sich in der Zone potentiellen Gesprächs mit ihr, in der Zone des *dialogischen Kontaktes.* Der Autor sieht die Beschränktheit und Unvollkommenheit der noch modischen Sprache und Weltanschauung Onegins, er erkennt ihre komischen, inhomogenen und künstlichen Züge (»Moskvič v garol'dovom plašče [.. . .[« »Ein Moskauer im Umhang a la Child Harold [. . .]«), »Slov modnych polnyj leksikon?« [»Ein modischer Wörter volles Lexikon«], »Už ne parodija li on?« [»Ist er nicht schon eine Parodie?«]), gleichzeitig kann er jedoch eine ganze Reihe wichtiger Gedanken und Beobachtungen nur mit Hilfe dieser »Sprache« ausdrücken, und zwar ungeachtet ihrer historischen Bedingtheit als Ganzes. Ein solches Bild von einer fremden Sprache und Weltanschauung, die abgebildet wird und gleichzeitig abbildet, ist für den Roman außerordentlich typisch; zu diesem Typus gehören die großartigen Romangestalten (z. B. die Gestalt des Don Quijote). Bei der Integration in den Bestand einer solchen Gestalt bewahren die direkten, (im engeren Sinne) poetischen Abbildungs- und Ausdrucksmittel diese ihre direkte Bedeutung, sind jedoch gleichzeitig »bedingt«, »veräußerlicht«, werden in ihrer historischen Relativität, Beschränktheit und Unvollkommenheit vorgeführt: sie sind im Roman sozusagen selbstkritisch. Sie erhellen die Welt und werden selber erhellt. Wie der Mensch sich niemals vollständig in seine reale Lage einbetten läßt, so läßt sich auch die Welt niemals vollständig in ein Wort fassen; jeder Stil hat seine Grenzen, man darf sich seiner nur mit Vorbehalt bedienen.

Bei der Darstellung des »vereinbart-sprechenden« Bildes der »Sprache« Onegins (einer weltanschaulich tendenziösen Sprache) verhält der Autor sich diesem Bild gegenüber keineswegs neutral: er polemisiert in gewissem Grade mit dieser Sprache, er ringt mit ihr, erklärt sich mit ihr in dieser oder jener Hinsicht bedingt einverstanden, befragt sie, lauscht ihr, macht sich jedoch gleichzeitig über sie lustig, übertreibt sie parodistisch usw. – mit anderen Worten, der Autor steht zur Sprache Onegins in einer dialogischen Beziehung; der Autor *spricht* tatsächlich mit Onegin, und dieses Gespräch ist ein wichtiges konstitutives Moment sowohl des gesamten Romanstils als auch des Bildes der Oneginschen Sprache. Der Autor bildet diese Sprache ab, führt ein Gespräch mit ihr, das Gespräch wird in das Innere des Bildes dieser Sprache eingeführt, dialogisiert dieses Bild von innen heraus. Alle wesentlichen Romanbilder sind so beschaffen, sie sind von innen heraus dialogisierte Bilder von fremden Sprachen, Stilen und Weltanschauungen (sie sind von ihrer konkreten sprachlichen und stilistischen Verkörperung nicht zu trennen). Die herrschenden Theorien der poetischen Bildlichkeit erweisen sich bei der Analyse dieser komplexen, von innen heraus dialogisierten Bilder der Sprache als gänzlich unfruchtbar.

Bei der Analyse des *Onegin* bereitet es keine besondere Mühe zu erkennen, daß es neben den Bildern der Sprache Onegins und der Sprache Lenskijs noch das komplexe und äußerst tiefe Bild der Sprache Tatjanas gibt, dem die spezifische, von innen heraus dialogisierte Verbindung von träumerisch-sentimentalischer Richardsonscher Sprache des »Fräuleins aus der Provinz« mit der Volkssprache der Ammenmärchen, Erzählungen vom Alltag, Bauernlieder, Rätsel usw. zugrunde liegt. Was in dieser Sprache beschränkt und nahezu lächerlich, was in ihr altmodisch ist, wird mit dem uneingeschränkt ernstgemeinten und unmittelbar wahren Wort des Volkes verbunden. Der Autor bildet diese Sprache nicht nur ab, sondern bedient sich wesentlich gerade ihrer. Wichtige Teile des Romans sind in der Zone der Stimme Tatjanas gehalten (diese Zone ist, ähnlich den Zonen anderer Helden, in der Autorrede weder kompositorisch noch syntaktisch ausgegliedert; es ist dies eine rein stilistische Sphäre).

Neben den Sphären der Helden, die einen bedeutenden Teil der Autorrede dieses Romans ausmachen, begegnen uns im *Onegin* einzelne parodistische Stilisierungen, die verschiedenen Richtungen und Gattungen der Sprachen dieser Epoche eigentümlich sind (z. B. die Parodie auf das neoklassizistische epische Exordium, parodistische Epitaphien usw.). Selbst die lyrischen Abschweifungen des Autors sind keineswegs frei von parodistisch-stilisierenden oder parodistisch-polemisierenden Momenten, sie dringen teilweise in die Zonen der Helden ein. Vom Standpunkt der Stilistik unterscheiden sich die lyrischen Abschweifungen im Roman also grundsätzlich von der direkten Lyrik Puškins. Es ist dies keine Lyrik, es sind dies vielmehr Romanbilder von Lyrik (und vom Lyriker). Bei genauer Analyse läßt sich beinahe der gesamte Roman in Bilder von Sprachen zerlegen, die untereinander und mit dem Autor durch spezifisch dialogische Beziehungen verbunden sind. Diese Sprachen sind im Grunde tendenziöse, gattungsmäßige und milieubedingte Varianten der Hochsprache dieser Epoche, einer Sprache, die sich herausbildet und sich ständig erneuert. Alle diese Sprachen werden hier mit ihren Abbildungsmitteln zum Gegenstand der Abbildung, sie werden als Bilder von Sprachen vorgeführt, als Bilder, die charakteristisch und typisch, beschränkt und zuweilen beinahe lächerlich sind. Gleichzeitig bilden sich diese abgebildeten Sprachen in hohem Maße selbst ab. Der Autor ist am Roman (er ist in ihm allgegenwärtig) nahezu ohne eigene direkte Sprache beteiligt. Die Sprache des Romans ist ein System von Sprachen, die einander dialogisch beleuchten. Sie ist nicht als einzige und einheitliche Sprache zu beschreiben und zu analysieren.

Ich werde noch auf ein weiteres Beispiel eingehen. Es folgen vier Ausschnitte aus verschiedenen Kapiteln des *Onegin*:

1. »Tak dumal molodoj povesa [...]«
[So dachte der junge Galgenstrick.]
[I, 2]

2. »[...] mladoj pevec
Našel bezvremennyj konec!«
»[...] der junge Sänger
fand ein vorzeitiges Ende!«
[VI, 31]

3. *»Poju prijatel'ja mladogo*
I množestvo ego pričud [...]«
[»Ich besinge den jungen Freund
Und viele seiner Abenteuer«]
[VII, 55]

4. »Čto ž, esli vašim pistoletom
Sražen prijatel' molodoj [...]«
[«Was aber, wenn von eurer Pistole
Niedergestreckt ist der junge Freund«]
[VI, 34]

Wir finden hier in zwei Fällen die kirchenslavische Form »mladoj« [»jung«] und in zwei anderen Fällen die russische Vollaut-Form »molodoj« vor.[11*] Kann man nun sagen, daß beide Formen einer einzigen Sprache des Autors und einem einzigen Autorstil angehören und die eine von den beiden oder die andere, sagen wir »des Versmaßes halber« gewählt wurde? Eine solche Behauptung wäre absurd. In allen vier Fällen handelt es sich jedoch um Autorrede. Eine Analyse dieser Ausschnitte überzeugt allerdings davon, daß diese Formen zu verschiedenen stilistischen Systemen des Romans gehören.

Die Wörter »mladoj pevec« [junger Sänger] (zweiter Ausschnitt) liegen in der Sphäre Lenskijs, sind in seinem Stil gehalten, d. h. in dem leicht archaisierenden Stil der sentimentalischen Romantik. Es ist allerdings hinzuzufügen, daß auch die Wörter »pet'« [singen] und »pevec« [Sänger] – im Sinne von »Verse schreiben« und »Dichter« – von Puškin in der Sphäre Lenskijs oder in anderen parodistischen und objekthaften Sphären verwendet werden (Puškin sagt in seiner eigenen Sprache von Lenskij: »tak on pisal« [»so schrieb er«]). Die Szene des Duells und die »Klage« um Lenskij (»Druz'ja moi, vam žal poėta [...]« [»Meine Freunde, ihr trauert um den Dichter ...«]) sind zu einem beträchtlichen Teil in der Sphäre Lenskijs, in seinem poetischen Stil aufgebaut, doch stets mischt sich die realistische und nüchterne Stimme des Autors ein; die Partitur dieses Romanteils ist komplex und hochinteressant.

Die Wörter »poju prijatelja mladogo« [»ich besinge den jungen Freund«] (3. Ausschnitt) sind Teil der parodistischen Travestie des neoklassizistischen epischen Exordiums. Die Forderungen des parodistischen Travestierens geben auch die Erklärung für das stilwidrige Zusammenstellen des archaischen und hohen Worts »mladoj« [»jung«] mit dem niederen Wort »prijatel'« [»Freund«].

Die Wörter »molodoj povesa« [»junger Galgenstrick«] und »prijatel' molodoj« [»junger Freund«] liegen auf der Ebene der direkten Autorsprache und sind im Geiste des umgangssprachlich-familiären Stils der Hochsprache dieser Epoche gehalten.

Die verschiedenen sprachlichen und stilistischen Formen gehören also zu unterschiedlichen Systemen der Sprache des Romans. Tilgten wir alle intonatorischen Anführungszeichen, alle Einschnitte von Stimmen und Stilen sowie alle Abweichungen der abgebildeten »Sprachen« vom direkten Autorwort, so erhielten wir ein stilloses und sinnloses Konglomerat heterogener sprachlicher und stilistischer Formen. Die Sprache des Romans ist nicht innerhalb einer Ebene anzusetzen, nicht auf eine einzige Linie auszurichten. Sie ist ein System einander überschneidender Ebenen. Im *Onegin* erscheint fast kein einziges Wort als direktes Wort Puškins in dem vorbehaltlosen Sinne, wie es zum Beispiel in seiner Lyrik oder in seinen Poemen der Fall ist. Daher gibt es im Roman weder eine homogene Sprache noch einen homogenen Stil. Es gibt freilich ein sprachliches (verbal-ideologisches) Zentrum des Romans. Der Autor ist (als Schöpfer des Romans) auf keiner der Sprachebenen zu finden: er befindet sich im Organisationszentrum der Überschneidung von Ebenen. Die verschiedenen Ebenen sind verschieden weit von diesem Autorzentrum entfernt.

Belinskij hat den Roman Puškins eine »Enzyklopädie des russischen Lebens«[12*] genannt. Und es ist dies keine stumme Enzyklopädie der Dinge und Sitten. Das russische Leben spricht hier mit allen seinen Stimmen, in allen Sprachen und Stilen der Epoche. Die Schriftsprache erscheint in dem Roman nicht als einheitliche, fertige und unumstrittene Sprache; sie ist vielmehr in ihrer lebendigen Widersprüchlichkeit, in ihrer Entstehung und Erneuerung zugegen. Die Sprache des Autors ist bestrebt, die oberflächliche »Literarizität« der absterbenden veralteten Stile und der modischen literarisch tendenziösen Sprachen zu überwinden und sich vermittels wesentlicher Elemente der Volkssprache zu erneuern (freilich nicht mittels einer groben und vulgären Redevielfalt).

Der Roman Puškins ist eine Selbstkritik der Schriftsprache dieser Epoche, vorgenommen durch wechselseitige Erhellung ihrer grundlegenden tendenziösen, gattungsmäßigen und milieubedingten Varianten. Dies ist selbstverständlich keine abstrakt linguistische wechselseitige Erhellung: die Bilder der Sprachen sind von den Bildern der Weltanschauungen und ihren lebendigen Trägern, den Menschen, die in einer sozialen und historisch konkreten Situation denken, sprechen und handeln, nicht zu trennen. Vom Standpunkt der Stilistik haben wir ein komplexes System von Bildern der Sprachen dieser Epoche vor uns, ein System, das ergriffen ist von einer einheitlichen dialogisierenden Bewegung, wobei die einzelnen »Sprachen« vom vereinigenden künstlerisch-ideologischen Zentrum des Romans verschieden weit entfernt sind.

Der stilistische Aufbau des *Evgenij Onegin* ist typisch für jeden wirklichen Roman. Jeder Roman ist ein mehr oder weniger dialogisiertes System der Bilder von »Sprachen« und Stilen, die konkret und nicht zu trennen sind von der Sprache des Bewußtseins. Die Sprache bildet im Roman nicht nur ab, sondern sie dient auch selbst als Gegenstand der Abbildung. Das Romanwort ist allemal selbstkritisch.

Dadurch unterscheidet sich der Roman prinzipiell von allen direkten Gattungen – vom epischen Poem, von der Lyrik, vom strengen Drama. Alle direkten Abbildungs- und Ausdrucksmittel dieser Gattungen und die Gattungen selbst werden, wenn sie Bestandteil eines Romans werden, darin zum Gegenstand künstlerischer Abbildung. Unter den Bedingungen des Romans wird jedes direkte – epische, lyrische und streng dramatische – Wort mehr oder weniger objektiviert, es wird seinerseits zu einem beschränkten und in dieser Beschränktheit – oft genug – lächerlichen Bild.

Die spezifischen Bilder der Sprachen und Stile, die Organisation dieser Bilder, ihre Typologie (sie sind durchaus vielfältig), die Komposition der Bilder von Sprachen im Romanganzen, die Übergänge und Transpositionen der Sprachen und Stimmen, ihre dialogischen Wechselbeziehungen – so sehen die Grundprobleme der Stilistik des Romans aus.

Die Stilistik der direkten Gattungen, des direkten poetischen Wortes gibt beinahe nichts für die Lösung dieser Probleme her.

Wir sprechen vom Romanwort, weil dieses Wort einzig im Roman alle seine spezifischen Möglichkeiten entfalten und seine Tiefe gewinnen kann. Der Roman ist jedoch eine relativ späte Gattung. Indessen verfügen das indirekte Wort, das heißt: das abgebildete fremde Wort, die fremde Sprache in intonatorischen Anführungszeichen über ein beträchtliches Alter, wir begegnen ihnen bereits auf ganz frühen Stufen der Wortkultur. Ja, lange vor dem Auftreten des Romans finden wir eine reiche Welt verschiedenartiger Formen, die das fremde Wort, die fremde Rede, die fremde Sprache, darunter auch die Sprachen direkter Gattungen, unter unterschiedlichen Blickwinkeln wiedergeben, nachäffen und abbilden. Diese verschiedenartigen Formen haben den Roman lange vor seinem Auftreten vorbereitet. Das Romanwort hatte eine langwährende Vorgeschichte, die in die Tiefe von Jahrhunderten und Jahrtausenden zurückreicht. In den noch kaum erforschten familiär-vertrauten Redegattungen der Umgangssprache des Volkes und auch in einigen folkloristischen und niederen literarischen Gattungen bildete es sich heraus und reifte heran. Im Prozeß seiner Entstehung und frühen Entwicklung spiegelte das Romanwort den alten Kampf der Stämme, Völker, Kulturen und Sprachen, es hallte wider von diesem Kampf. Im Grunde hat es sich immer auf der Grenze von Kulturen und Sprachen entwickelt. Die Vorgeschichte des Romanwortes ist hochinteressant und nicht ohne charakteristische Dramatik.

In der Vorgeschichte des Romanwortes kann man die Wirkung zahlreicher und oft durchaus verschiedenartiger Faktoren beobachten. In unserer Sicht waren zwei Faktoren die wesentlichsten: der eine von ihnen ist *das Lachen*, der andere *die Vielsprachigkeit*. Das Lachen organisierte die ältesten Formen der Abbildung von Sprache, Formen, die anfangs nichts anderes waren als das *Verlachen* einer fremden Sprache und eines fremden direkten Wortes. Die Vielsprachigkeit und die mit ihr zusammenhängende *wechselseitige Erhellung der Sprachen* hoben diese Formen auf die neue künstlerisch-ideologische Ebene, auf der die Romangattung möglich wurde.

Diesen beiden Faktoren der Vorgeschichte des Romanwortes ist denn auch dieser Aufsatz gewidmet.

II.

Eine der ältesten und am weitesten verbreiteten Formen der Abbildung des fremden direkten Wortes ist die *Parodie*. Worin besteht nun die Eigenart der parodistischen Form?

Da gibt es zum Beispiel die parodistischen *Sonette*, mit denen *Don Quijote* eröffnet wird. Obwohl sie unzweifelhaft als Sonette gebaut sind, können wir sie keinesfalls zur Gattung des Sonetts rechnen. Sie sind hier Teil des Romans; auch wenn es für sich steht, kann das parodistische Sonett nicht einfach der Gattung des Sonetts zugerechnet werden. Die Form des Sonetts ist im parodistischen Sonett keineswegs eine Gattung, das heißt nicht die Form des Ganzen, sondern *Gegenstand der Abbildung*; das Sonett ist hier der *Held der*

Parodie. In der Parodie auf das Sonett müssen wir das Sonett erkennen, seine Form, seinen spezifischen Stil, seine Art und Weise, die Welt zu sehen, auszuwählen und zu bewerten, seine sozusagen sonetteigene Weltanschauung. Die Parodie kann diese Besonderheiten des Sonetts besser oder schlechter, gründlicher oder oberflächlicher abbilden und verspotten. Aber es liegt jedenfalls kein Sonett vor, sondern ein *Bild des Sonetts.*

Aus denselben Gründen kann man das parodistische Epos *Froschmäusekrieg* keineswegs zur Gattung des Poems rechnen. Es ist ein *Bild des homerischen Stils.* Gerade dieser Stil ist nämlich der wahre Held dieses Werks. Dasselbe müssen wir von Scarrons *Le Virgile travestie* sagen. Man darf die »Sermons joyeux« des 15. Jahrhunderts nicht zur Gattung der Predigt, die parodistischen »Pater noster« oder »Ave Maria« usw. nicht zur Gattung der Gebete zählen.

Alle diese Parodien auf Gattungen und Stile von Gattungen (»Sprachen«) werden Bestandteil der großen und verschiedenartigen Welt der Wortformen, die über das direkte ernstgemeinte Wort in seinen gattungsspezifischen Varianten lachen. Diese Welt ist sehr reich, viel reicher, als gewöhnlich angenommen wird. Und sogar der Charakter und die Verfahren des Verlachens sind überaus verschiedenartig und beschränken sich nicht auf das Parodieren und Travestieren im engeren Sinne. Die Verfahren des Lachens über das direkte Wort sind noch kaum untersucht. Die üblichen Vorstellungen vom parodistisch-travestierenden Wortschaffen haben sich in der Wissenschaft auf der Grundlage der Untersuchung später Formen der literarischen Parodie, in der Art der *Aeneiden* von Scarron oder der *Verhängnisvollen Gabel* von Platen herausgebildet, das heißt aufgrund der Untersuchung der armen, oberflächlichen und historisch belanglosen Formen. Die verarmten und beschränkten Vorstellungen vom Charakter des parodistisch-travestierenden Wortes werden dann auf die reiche und differenzierte Welt des parodistisch-travestierenden Schaffens vergangener Zeiten übertragen.

Das spezifische Gewicht der parodistisch-travestierenden Formen im Wortschaffen der Welt ist außergewöhnlich groß. Es folgen einige Angaben, die von ihrem Reichtum und ihrer Bedeutung zeugen.

Gehen wir vor allem auf die Antike ein. Die spätantike »literatura eruditia« – Aulus Gellius, Plutarch (in *Moralia*), Makrobius und insbesondere Athenaios – liefert genügend reichhaltige Hinweise, die ein Urteil über den Umfang und den besonderen Charakter des parodistisch-travestierenden Schaffens der Antike erlauben. Die Bemerkungen, Zitate, Verweise und Allusionen dieser Erudierten vervollständigen jenes vereinzelte und zufällige Material authentischer

Lach-Produktion beträchtlich, das uns aus der Antike überliefert worden ist.

Die Arbeiten von Forschern wie Dieterich, Reich, Cornford u. a. haben auf eine korrektere Bewertung der Rolle und der Bedeutung der parodistisch-travestierenden Formen in der antiken Wortkultur vorbereitet.

Wir gelangen zu der Überzeugung, daß es buchstäblich keine einzige strenge direkte Gattung und keinen einzigen Typus des direkten – künstlerischen, rhetorischen, philosophischen, religiösen, milieubedingten – Wortes gegeben hat, der nicht seinen parodistisch-travestierenden Doppelgänger, sein komisch-ironisches Gegenstück gehabt hätte. Zudem waren diese parodistischen Doppelgänger und lachenden Widerspiegelungen des direkten Wortes in einer Reihe von Fällen von der Tradition ebenso geheiligt und ebenso kanonisch wie ihre hohen Vorbilder.

Ich werde kurz auf die Probleme des sogenannten »vierten Dramas«, das heißt des satirischen Dramas eingehen. Dieses Drama, das auf die tragische Trilogie folgte, entwickelte in den meisten Fällen die gleichen mythologischen Sujetmotive wie die ihr vorangehende Trilogie. Es war ein parodistisch-travestierendes Gegenstück besonderer Art zur tragischen Bearbeitung des entsprechenden Mythos: es zeigte denselben Mythos unter einem anderen Aspekt.

Diese parodistisch-travestierenden Gegenbearbeitungen der hohen nationalen Mythen waren ebenso legitimiert und kanonisch wie ihre direkte tragische Bearbeitung. Alle Tragöden – Thrynichos, Sophokles, Euripides – waren auch Schöpfer satirischer Dramen, und der ernsthafteste und pietätvollste von ihnen, der Epopt der Eleusynischen Mysterien, Aischylos, galt bei den Griechen als der größte Meister des satirischen Dramas. Aus den Fragmenten des satirischen Dramas *Der Knochensammler* von Aischylos ersehen wir, daß dieses Drama parodistisch-travestierende Abbildungen von Ereignissen und Helden des Trojanischen Kriegs lieferte, und zwar namentlich der Episoden des Streits von Odysseus mit Achilles und Diomedes, in dessen Verlauf Odysseus ein stinkendes Nachtgeschirr an den Kopf geworfen wurde.

Hier ist allerdings hinzuzufügen, daß die Gestalt des »komischen Odysseus«, die die parodistische Travestie seiner hohen episch-tragischen Gestalt bildet, eine der populärsten Figuren des satirischen Dramas, der alten dorischen Farce, der voraristophanischen Komödie, einer Reihe von kleinen komischen Epopöen, parodistischen Reden und Disputen war, an denen die antike Komik (besonders im südlichen Italien und Sizilien) überaus reich gewesen ist. Charakteristisch ist die besondere Rolle, die in der Gestalt des »komischen Odysseus« das Motiv des Wahnsinns spielte: Odysseus setzte sich selbst, wie bekannt, eine Narrenkappe (pileus) auf und spannte ein Pferd und einen Ochsen zusammen vor seinen Pflug; dabei simulierte er Wahnsinn, um dem Kriegsdienst zu entgehen. Das Motiv des Wahnsinns versetzte die Gestalt des Odysseus von der hohen direkten auf die komische und parodistisch-travestierende Schicht.[13]

Die populärste Figur des satirischen Dramas und anderer Formen des parodistisch-travestierenden Wortes war jedoch die Figur des »komischen Herakles«. Herakles ist der kräftige und treuherzige Diener des schwachen, feigen und verlogenen Kaisers Eurystheus; er hatte im Kampf den Tod besiegt und war in das jenseitige Kaiserreich hinabgestiegen; Herakles ist ein ungeheurer Vielfraß, Spaßvogel, Säufer und Raufbold sowie vor allem ein wahnsinniger Herakles – dies sind die Motive, die den komischen Aspekt dieser Gestalt bestimmt haben. Heldentum und Kraft bleiben in diesem komischen Aspekt erhalten, aber sie verbinden sich mit dem Lachen und mit Bildern des materiell-körperlichen Lebens.

Die Gestalt des komischen Herakles war nicht nur in Griechenland, sondern auch in Rom und später in Byzanz (wo sie eine der zentralen Figuren des Marionettenspiels wurde) außerordentlich populär. Noch vor kurzem war diese Gestalt in dem türkischen Schattenspiel *Quaragöz* lebendig. Der komische Herakles ist eine der fundamental volkstümlichen Gestalten des fröhlichen und einfachen Heldentums, die großen Einfluß auf die Literatur der Welt ausgeübt haben.

Das »vierte Drama«, das die tragische Trilogie *notwendig* ergänzt, und Figuren wie der »komische Odysseus« und der »komische Herakles« besagen, daß das literarische Bewußtsein der Griechen die parodistisch-travestierenden Bearbeitungen des nationalen Mythos nicht als Profanierung wahrnahm. Es ist bezeichnend, daß die Griechen sich nicht scheuten, Homer selbst das parodistische Werk *Froschmäusekrieg* zuzuschreiben. Homer wurde auch das komische Werk (Epos) über den Dummkopf Margites zugeschrieben. Jede beliebige und jede direkte Gattung, jedes beliebige und jedes direkte – epische, tragische, lyrische, philosophische – Wort kann und muß selbst zum Gegenstand der Abbildung, des parodistisch-travestierenden »Nachäffens« werden. Dieses Nachäffen reißt das Wort gleichsam vom Gegenstand los, trennt sie, zeigt, daß das betreffende direkte – epische oder tragische – Wort der Gattung einseitig und begrenzt ist, den Gegenstand nicht erschöpft; das Parodieren zwingt uns, diejenigen Seiten des Gegenstandes wahrzunehmen, welche sich in die betreffende Gattung, in den betreffenden Stil nicht einbetten lassen. Das parodistisch-travestierende Schaffen bildet das ständige Korrektiv des Lachens und der Kritik gegenüber der einseitigen Ernsthaftigkeit des hohen direkten Wortes, das Korrektiv der Realität, die allemal reicher, wesentlicher ist und, vor allen Dingen, *mehr an Widerspruch und Redevielfalt enthält,* als es in der hohen und direkten Gattung der Fall sein kann. Die hohen Gattungen haben einen einzigen Ton; das »vierte Drama« und verwandte Genres unterstützen die altertümliche Zweitonigkeit des Wortes. Die antike Parodie ist frei von nihilistischer Negation. Es werden dort keineswegs die Helden und nicht der Trojanische Krieg und seine Teilnehmer parodiert, sondern ihre epische Heroisierung, nicht Herakles und seine Heldentaten, sondern ihre tragische Heroisierung. Es werden die Gattung, der Stil und die Sprache vor dem Hintergrund der sich nicht in ihren Rahmen einfügenden widersprüchlichen Realität in spöttisch-fröhliche Anführungszeichen gesetzt. Das direkte ernstgemeinte Wort, das zum Lach-Bild des Wortes geworden ist, wird in seiner Beschränktheit und Unvollkommenheit aufgedeckt, aber es wird nicht abgewertet. Deswegen konnte man mit Gründen annehmen, daß Homer selbst eine Parodie auf den homerischen Stil geschrieben habe.

Anhand des Materials der römischen Literatur wird das Problem des »vierten Dramas« zusätzlich erhellt. In Rom erfüllen die literarischen Atellanen seine Funktion. Als die Atellanen – seit der Epoche des Sulla – literarisch bearbeitet wurden, begann man, sie nach der Tragödie im exodium aufzuführen. So wurden die Atellanen von Pomponius und Novius nach der Tragödie von Accius aufgeführt. Zwischen den Atellanen und den Tragödien bestand eine überaus genaue Entsprechung. Die Forderung nach Homogenität des ernsten und des komischen Materials hatte in Rom einen strengeren und konsequenteren Charakter als in Griechenland. Später wurden im exodium der Tragödie anstelle der Atellanen Mimen gespielt: sie travestierten offensichtlich gleichfalls das Material der vorangehenden Tragödie.

Die Bestrebung, jede tragische (überhaupt ernsthafte) Bearbeitung des Materials mit seiner parallellen komischen (parodistisch-travestierenden) Bearbeitung zu verbinden, fand ihren Reflex in den darstellenden Künsten der Römer. Zum Beispiel wurden auf den sogenannten »Distichen des Konsuls« links gewöhnlich komische Szenen in grotesken Masken und rechts tragische Szenen abgebildet. Eine analoge Gegenüberstellung der Abbildungen ist auch bei der pompeianischen Wandmalerei zu beobachten.

Dieterich, der die pompeianische Malerei bei der Erörterung des

Problems der antiken komischen Formen heranzog, beschreibt beispielsweise zwei solcher Fresken, die einander gegenüber angeordnet sind: auf der einen ist Andromedus abgebildet, der von Perseus gerettet wird; auf der gegenüberliegenden Seite ist eine entblößte Frau dargestellt, die in einem Teich badet und um die sich eine Schlange windet; ihr eilen Bauern mit Stöcken und Steinen zu Hilfe.[14] Es ist dies offensichtlich eine parodistische Travestie der ersten, mythologischen Szene. Das Sujet des Mythos ist in die höchst prosaische Wirklichkeit versetzt; Perseus selbst wird durch Bauern mit ländlicher Bewaffnung ersetzt (vergleiche: die Ritterwelt von Don Quichote, übersetzt in die Sprache von Sancho).

Aus einer Reihe von Quellen, insbesondere aus dem vierzehnten Buch des Athenaios, erfahren wir von der Existenz einer unermeßlichen Welt der verschiedenartigsten parodistisch-travestierenden Formen, zum Beispiel von den Auftritten der Phallophoren und Deikelisten[15*], die einerseits allgemein nationale und lokale Mythen travestierten und andererseits die charakteristisch-typischen »Sprachen« und Redeweisen von ausländischen Ärzten, Kupplern, Hetären, Bauern, Sklaven etc. nachahmten. Besonders reichhaltig und differenziert war die parodistisch-travestierende Produktion in Unteritalien. Hier blühten parodistische Scherzspiele und Rätsel, parodistische gelehrte und gerichtliche Reden, hier gediehen Formen von parodistischen Dialogen – von Agonen, deren eine Variante ein konstruktiver Bestandteil der griechischen Komödie war. Das Wort führt hier ein gänzlich anderes Leben als in den hohen direkten Genres Griechenlands.

Ich erinnere daran, daß der schlichteste Mime, das heißt ein umherziehender Schauspieler der geringsten Qualifikation, mindestens über zwei Fähigkeiten verfügen mußte: die Stimmen von Vögeln und Tieren nachzuahmen und die Rede, Mimik und Gestikulation des Sklaven, Bauern, Kupplers, Schulpedanten und Ausländers nachzuäffen. Dies gilt bis heute für den Schauspieler und Imitator auf den Jahrmärkten und in den Schaubuden.

Die Welt der römischen Lach-Kultur war nicht weniger reich und vielfältig als die Griechenlands. Für Rom ist die hartnäckige Zählebigkeit des rituellen Verlachens durchaus charakteristisch. Allgemein bekannt sind das legitime rituelle Lachen der Soldaten über den Triumphator, das römische rituelle Lachen auf Beerdigungen, die verbürgte Freiheit des Lachens der Mimen; über die Saturnalien viele Worte zu machen, ist überflüssig. Hierbei sind uns die rituellen Wurzeln des Lachens weniger wichtig, wichtig ist vielmehr seine literarisch-künstlerische Produktion, wichtig ist die Rolle des Lachens für das Schicksal des Wortes. Das Lachen war eine ebenso tief produktive und unsterbliche Schöpfung Roms wie das römische Recht. Dieses Lachen durchbrach die finstere mittelalterliche Ernsthaftigkeit und inspirierte die größten Werke der Renaissance-Literatur; es klingt bis in unsere Zeit in einer Reihe von Erscheinungen der kreativen Arbeit mit dem Wort in Europa nach.

Für das literarisch-künstlerische Bewußtsein der Römer gab es keine Form ohne ihr Lach-Äquivalent. Die ernstgemeinte direkte Form erschien nur als ein Fragment, als die Hälfte des Ganzen; das Ganze war erst wiederhergestellt, wenn das Gegenstück des Lachens hinzugefügt worden war. Jedes Ernstgemeinte mußte ein Lach-Double haben und hatte es auch. Wie in den Saturnalien der Narr den Kaiser, der Sklave den Herrn dublierte, so wurden in den Formen der Kultur und Literatur ebensolche Lach-Doubles geschaffen. Deswegen brachte die römische Literatur, insbesondere die niedere, volkstümliche, eine unüberschaubare Menge parodistisch-travestierender Formen hervor; sie kamen vor in Satiren, Epigrammen, Tischgesprächen, rhetorischen Gattungen, Briefen, in den zahlreichen Erscheinungen der volkstümlichen niederen Komik. Die mündliche Tradition (vor allem sie) übermittelte viele dieser Formen dem Mittelalter, übermittelte gerade den Stil und die kühne Konsequenz des römischen Parodierens. Lachen und Verlachen haben die europäischen Kulturen von Rom gelernt. Roms unermeßliches Lach-Erbe ist in schriftlicher Überlieferung jedoch nur in einem erbärmlich geringen Umfang auf uns gekommen: diejenigen, von denen die Überlieferung dieses Erbes abhing, waren *Agelasten*, sie wählten das ernstgemeinte Wort aus und lehnten seine Spiegelung im Lachen, zum Beispiel die zahlreichen Parodien auf Vergil, als Profanierung ab.

Die Antike hat auf diese Weise neben den großen Beispielen direkter Gattungen und des direkten, vorbehaltlosen Wortes eine Vielzahl verschiedenartiger Formen, Typen und Variationen des parodistisch-travestierenden, indirekten, bedingten Wortes geschaffen. Der Terminus »parodistisch-travestierendes Wort« drückt natürlich bei weitem nicht den ganzen Reichtum an Typen, Variationen und Nuancen des Lach-Wortes aus. Worin besteht nun die Einheit dieser verschiedenen Lach-Formen, und welche Beziehung haben sie zum Roman?

Die einen Formen des parodistisch-travestierenden Schaffens – die parodistischen Epen, Tragödien (zum Beispiel *Tragopodagra* von Lukian), die parodistischen Gerichtsreden usw. reproduzieren die Formen der von ihm zu parodierenden Genres direkt. Es sind dies Parodien und Travestien im engeren Sinne. In anderen Fällen finden wir besondere Formen vor: das Satyr-Drama, die improvisierte Komödie, die Satire, den sujetlosen Dialog u. a. Die parodistischen gehören, wie gesagt, nicht zu denjenigen Genres, die sie parodieren, das heißt, das parodistische Poem ist kein Poem. Doch die besonderen Gattungen des parodistisch-travestierenden Wortes, solche, wie wir sie aufgezählt haben, sind instabil, kompositorisch nicht durchgestaltet und haben kein bestimmtes und festes gattungsspezifisches Skelett. Das parodistisch-travestierende Wort war in der Antike im Gattungssystem nicht untergebracht. Die vielfältigen parodistisch-travestierenden Formen bildeten gewissermaßen eine besondere Welt außerhalb der Gattungen oder zwischen den Gattungen. Aber diese Welt wurde erstens durch die Gemeinsamkeit des Ziels geeint: durch Lachen und Kritik ein Korrektiv zu allen existierenden direkten Gattungen, Sprachen, Stilen und Stimmen zu setzen, dazu zu zwingen, hinter ihnen eine andere, von ihnen nicht erfaßte widersprüchliche Realität wahrzunehmen – die Pietätlosigkeit der Romanform wurde von diesem Lachen vorbereitet. Zweitens wurden sie alle durch die Gemeinsamkeit des Gegenstandes geeint: als dieser Gegenstand dient die Sprache selbst in ihren direkten Funktionen, sie wird hier zum Bild der Sprache, zum Bild des direkten Wortes. Folglich ist diese außerhalb der Gattungen und zwischen ihnen befindliche Welt innerlich geeint, ja, sie erweist sich als ein Ganzes eigener Art. Jeder einzelne Teil – der parodistische Dialog, dic Alltagsszene, die komische Schäferdichtung usw. – tritt in ihr gleichsam als Fragment eines einheitlichen Ganzen auf. Dieses Ganze kommt mir wie ein gewaltiger Roman vor, der über mannigfache Gattungen und Stile verfügt, der unerbittlich kritisch, nüchtern-spöttisch ist, und der die Rede- und Stimmenvielfalt einer Kultur, eines Volkes und einer Epoche wiedergibt. In diesem großen Roman – dem Spiegel der werdenden Redevielfalt – ist jedes direkte Wort, insbesondere das vorherrschende Wort, als mehr oder weniger begrenztes, charakteristisch-typisches, alterndes, sterbendes Wort gespiegelt, das reif ist für Ablösung und Erneuerung. Und tatsächlich ist der Roman als ein Gebilde mit vielen Gestalten und vielen Stilen aus diesem großen Ganzen der parodistisch widergespiegelten Wörter und Stimmen in der Antike entstanden, vermochte es allerdings nicht, das gesamte vorbereitete Material an Bildern von Sprachen in sich aufzunehmen und zu verwenden. Ich habe den »griechischen Roman«, Apuleius und Petronius im Auge. Zu Größerem war die antike Welt offensichtlich nicht fähig.

Die parodistisch-travestierenden Formen bereiten den Roman in einem sehr wichtigen, geradezu entscheidenden Punkt vor. Sie haben den Gegenstand von der Macht der Sprache befreit, in der sich der Gegenstand wie in Netzen verstrickt hatte, sie zerstörten die ungeteilte Macht des Mythos über die Sprache, lösten das Bewußtsein aus der Macht des direkten Wortes, zerstörten die taube Abgeschlossenheit des Bewußtseins in seinem Wort, in seiner Sprache. Es wurde so jene Distanz zwischen Sprache und Realität hergestellt, die eine notwendige Bedingung für das Bewußtsein von wirklich realistischen Formen des Wortes war.

Beim Parodieren des direkten Wortes und des direkten Stils entstand das sprachliche Bewußtsein *außerhalb* dieses direkten Wortes und seiner Darstellungs- und Ausdrucksmittel, indem die Grenzen, die lächerlichen Seiten dieses Wortes abgetastet wurden und sich seine charakteristisch-typischen Züge enthüllten. Es wurde ein neuer Modus der schöpferischen Arbeit an der Sprache konstituiert: der Schaffende lernt, auf sie von draußen, mit fremden Augen, vom Standpunkt einer anderen möglichen Sprache und eines anderen möglichen Stils her zu sehen. Wird doch gerade im Lichte eines anderen, *möglichen* Sprachstils der direkte Stil parodiert, travestiert und verspottet. Das schöpferische Bewußtsein steht gleichsam auf der Grenze von Sprachen und Stilen. Es ist dies die besondere Position des schöpferischen Bewußtseins im Verhältnis zur Sprache. Aöde oder Rhapsode empfanden sich in ihrer Sprache, in ihrem Wort völlig anders als der Urheber des *Froschmäusekrieges* oder die Schöpfer des *Margites.*

Das schaffende – epische, tragische, lyrische – direkte Wort hat es mit demjenigen Gegenstand, den es besingt, abbildet, zum Ausdruck bringt und mit seiner Sprache als einzigem und für die Verwirklichung seiner unmittelbaren Absicht vollkommen adäquaten Werkzeug zu tun. Diese Absicht und ihr gegenständlich-thematischer Bestand sind von der direkten Sprache des Schaffenden nicht zu trennen: sie sind in dieser Sprache, in dem sie durchdringenden nationalen Mythos, in der nationalen Überlieferung entstanden und herangereift. Das parodistisch-travestierende Bewußtsein hat eine andere Position und eine andere Richtung: es ist sowohl auf den Gegenstand als auch auf das fremde, zu parodierende Wort über diesen Gegenstand gerichtet, ein Wort, das dabei selbst zum Bild wird. Es wird jene Distanz zwischen Sprache und Realität geschaffen, von der wir schon gesprochen haben. Die Sprache wandelt sich vom absoluten Dogma, das sie im Rahmen von Abgeschlossenheit und tauber Einsprachigkeit bildet, in eine Arbeitshypothese des Begreifens und Ausdrückens der Realität.

Diese Verwandlung kann sich jedoch in ihrer Grundsätzlichkeit und Fülle nur unter einer bestimmten Bedingung vollziehen, nämlich unter der Bedingung einer wesentlichen *Vielsprachigkeit.* Allein die Vielsprachigkeit befreit das Bewußtsein vollständig von der Macht seiner Sprache und der Macht des sprachlichen Mythos. Die parodistisch-travestierenden Formen gedeihen unter den Bedingungen der Vielsprachigkeit und sind nur in ihr fähig, sich auf eine neue ideologische Stufe emporzuschwingen.

Das römische literarische Bewußtsein war zweisprachig. Die rein nationalen lateinischen Gattungen, deren Keim in der Einsprachigkeit lag, verkümmerten und fanden keine literarische Ausprägung. Das literarisch-schöpferische Bewußtsein der Römer produzierte von Anfang bis Ende vor dem Hintergrund der griechischen Sprache und griechischer Formen. Schon bei seinen ersten Schritten betrachtete sich das lateinische literarische Wort im Licht des griechischen Wortes, *mit den Augen* des griechischen Wortes; es war von Anfang an ein Wort mit der Umsicht der Stilisierung; es setzte sich gleichsam in besondere pietätvoll-stilisierende Anführungszeichen.

Die Sprache der lateinischen Literatur in ihren sämtlichen gattungsspezifischen Varianten ist im Lichte der Sprache der griechischen Literatur geschaffen worden. Ihre nationale Eigenart, das ihr eigentümliche sprachliche Denken wurde vom literarisch-schöpferischen Bewußtsein in einer Weise verstanden, wie es unter den Bedingungen einer einsprachigen Existenz unmöglich gewesen wäre. Man kann seine eigene Sprache, ihre innere Form, ihre spezifische Weltauffassung, ihren spezifischen sprachlichen Habitus ja nur im Licht einer anderen, fremden Sprache objektivieren, die freilich fast so sehr die »eigene« ist wie die Muttersprache. U. Wilamowitz-Moellendorff schreibt in seinem Buch über Platon, daß »[...] nur die Kenntnis einer anders denkenden Sprache das nötige Verständnis der eigenen verleiht«.[16] Ich werde nicht weiter zitieren. Es geht darin vor allem um ein gnoseologisches, linguistisches Verständnis der eigenen Sprache, ein Verständnis, das nur im Licht einer anderen, einer fremden Sprache zu verwirklichen ist. Aber diese These wird auch auf das literarisch-schöpferische Verständnis der Sprache im Prozeß der künstlerischen Praxis angewandt. Mehr noch, die wechselseitige Erhellung mit einer anderen Sprache beleuchtet und objektiviert im Prozeß des literarischen Schaffens gerade die *»weltanschauliche«* Seite der eigenen (und der fremden) Sprache, ihre innere Form, das ihr eigene System der Bewertung und Akzentuierung. Für das literarisch-schöpferische Bewußtsein treten in dem Feld, das von der fremden Sprache beleuchtet ist, natürlich weder das phonetische System der eigenen Sprache noch ihre morphologischen Besonderheiten noch ihr abstraktes Lexikon hervor, sondern gerade das, was die Sprache konkret werden läßt und bewirkt, daß sie von der Weltanschauung nicht restlos übersetzt werden kann, nämlich der *Stil der Sprache als ein Ganzes.*

Für das literarisch-schöpferische zweisprachige Bewußtsein (und ein solches war ja das Bewußtsein des literarischen Römers) ist die Sprache in ihrem Ganzen – die eigene Muttersprache und die eigene Fremdsprache – ein konkreter *Stil*, kein abstraktes linguistisches System. Die Wahrnehmung der gesamten Sprache von unten nach oben als ein Stil – eine kühle und »veräußerlichende« Wahrnehmung – war für den literarischen Römer charakteristisch. Er schrieb und sprach *stilisierend*, nicht ohne eine gewisse kühle Entfremdung von seiner Sprache. Deswegen ist die gegenständliche und expressive *Direktheit* des lateinischen literarischen Wortes stets *bedingt* (wie jede Stilisierung bedingt ist). Das Element der Stilisierung findet sich in den großen, direkten Gattungen der römischen Literatur, es kommt sogar in einem so großartigen Werk wie den *Aeneiden* vor.

Aber es handelt sich nicht nur um diese kulturelle Zweisprachigkeit des literarischen Roms. Für den Beginn der römischen Literatur ist die Dreisprachigkeit bezeichnend. »Drei Seelen« lebten in der Brust des Ennius; aber drei Seelen – drei Sprach-Kulturen – lebten in der Brust fast aller Urheber des römischen literarischen Wortes, aller dieser Übersetzer und zugleich Stilisierer, die aus Unteritalien, wo sich die Grenzen von drei Sprachen und Kulturen – der griechischen, oskischen und römischen – überschnitten, nach Rom gekommen waren. Unteritalien war die Brutstätte einer spezifischen, gemischten, hybriden Kultur und gemischter, hybrider literarischer Formen. Die Herausbildung der römischen Literatur hing mit dieser dreisprachigen Brutstätte der Kultur wesentlich zusammen: sie wurde im Prozeß der wechselseitigen Erhellung dreier Sprachen – der Muttersprache und zweier eigener Fremdsprachen – geboren.

Unter dem Aspekt der Vielsprachigkeit ist Rom nur die letzte Etappe des Hellenismus, eine Etappe, die mit der Übertragung der wesentlichen Vielsprachigkeit in die barbarische Welt Europas und mit der Schaffung eines neuen Typus der mittelalterlichen Vielsprachigkeit ihr Ende fand.

Der Hellenismus ist für alle an ihm partizipierenden barbarischen Völker eine mächtige erhellende fremdsprachige Instanz gewesen. Diese Instanz spielte in den Beziehungen der nationalen direkten Formen des künstlerischen Wortes eine führende Rolle. Sie erstickte fast alle aus den tauben und einsprachigen Ursprüngen hervorgegangenen Ansätze eines nationalen Epos und einer nationalen Lyrik, sie machte das direkte – epische und lyrische – Wort der barbarischen Völker zu einem halbbedingten und halbstilisierten Wort. Zum Ausgleich dafür begünstigte sie die Entwicklung der Formen des parodistisch-travestierenden Wortes. Auf hellenistischem und römisch-hellenistischem Boden war zwischen dem Sprechenden (Schaffenden) und seiner Sprache sowie zwischen der Sprache und der gegenständlich-thematischen Welt eine extreme Distanz und nur unter diesen Voraussetzungen dann auch die kräftige Entwicklung des römischen Lachens möglich.

Den Hellenismus charakterisiert eine komplexe Vielsprachigkeit. Der Osten, der selbst vielsprachig war und viele Kulturen umfaßte, war ganz von den ein Geflecht bildenden Grenzen der alten Kulturen und Sprachen durchschnitten; keinesfalls war er eine naive, im Hinblick auf die griechische Kultur passive, einsprachige Welt. Der Osten war selbst Träger einer alten und komplexen Vielsprachigkeit. Über die gesamte hellenistische Welt waren Zentren, Städte und Ansiedlungen verstreut, in denen einige Kulturen und Sprachen unmittelbar nebeneinander bestanden und sich in besonderer Weise verflochten. Da ist zum Beispiel Samosata, die Heimat des Lukian, der in der Geschichte des europäischen Romans eine eminente Rolle gespielt hat. Die Ureinwohner von Samosata waren Syrer, die aramäisch sprachen. Die gesamte literarisch gebildete Oberschicht der Stadtbevölkerung sprach und schrieb griechisch. Die offizielle Verwaltungs- und Kanzleisprache war Latein, alle Beamten waren Römer, und in der Stadt lag eine römische Legion. Durch Samosata führte eine große (strategisch wichtige) Straße, über welche die Sprachen von Mesopotamien, Persien und sogar Indien strömten. An diesem Schnittpunkt von Kulturen und Sprachen wurde das sprachliche Bewußtsein des Lukian geformt. Ähnlich war das kulturell-sprachliche Milieu des Afrikaners Apuleius und der Autoren der griechischen Romane, die meist hellenisierte Barbaren waren.

Erwin Rohde analysiert in seinem Buch zur Geschichte des griechischen Romans[17] den Prozeß des Verfalls des griechischen, nationalen Mythos auf hellenistischem Boden, den damit zusammenhängenden Zerfall und die Verflachung der Formen von Epos und Drama, die nur auf dem Terrain eines einheitlichen und ganzheitlichen nationalen Mythos möglich waren. Die Rolle der Vielsprachigkeit erhellt Rohde nicht. Für ihn ist der griechische Roman ein Produkt des Verfalls der großen, direkten Gattungen. Zum Teil ist das richtig: alles Neue entsteht aus dem Tod des Alten. Aber Rohde ist kein Dialektiker. Das Neue sieht er nicht. Er definiert die Bedeutung des einheitlichen und ganzheitlichen nationalen Mythos für das Bewußtsein der großen

Formen des griechischen Epos, der Lyrik und des Dramas nahezu richtig. Doch der Prozeß des Verfalls des nationalen Mythos, der für die hellenistischen direkten, einsprachigen Gattungen so verhängnisvoll ist, ist für die Erzeugung und Entwicklung des neuen Romanwortes der künstlerischen Prosa produktiv. Die Rolle der Vielsprachigkeit in diesem Prozeß des Niedergangs eines Mythos und der Erzeugung der Nüchternheit des Romans ist außerordentlich. In der aktiven wechselseitigen Erhellung der Sprachen und Kulturen wurde die Sprache zu etwas ganz anderem, ihre Qualität selbst war es, die sich änderte: anstelle der einheitlichen und einzigen, abgeschlossenen, ptolemäischen sprachlichen Welt erschien die offene galileische Welt der vielen, sich gegenseitig beleuchtenden Sprachen.

Aber das Fatale ist nun, daß der griechische Roman das neue Wort des vielsprachigen Bewußtseins sehr schlecht vertritt. Er hat im Grunde nur das Problem des Sujets (und auch das lediglich teilweise) gelöst. Es wurde eine neue und große, *viele Gattungen umfassende* Gattung geschaffen, die verschiedenartige Dialoge, lyrische Stücke, Briefe, Reden, Beschreibungen von Ländern und Städten, Novellen usw. einbeschloß: eine Enzyklopädie der Gattungen. Aber dieser viele Gattungen umfassende Roman gebrauchte so gut wie nur einen einzigen Stil. Das Wort ist hier ein halbbedingtes, stilisiertes Wort. Die für jede Vielsprachigkeit charakteristische stilisierende Orientierung in bezug auf die Sprache hat hier ihren deutlichen Ausdruck gefunden. Es gibt hier jedoch auch halbparodistische, travestierende, ironische Formen; wahrscheinlich gibt es weit mehr davon, als die Forscher zugeben. Zwischen dem halbstilisierten und dem halbparodistischen Wort sind die Grenzen fließend; es genügt ja, die Bedingtheit des stilisierenden Wortes nur wenig zu pointieren, um ihm den Charakter leichter Parodie, Ironie, Vorbehaltlichkeit zu verleihen: das sage eigentlich nicht ich – ich hätte es wohl auch anders gesagt. Sprach-Bilder, Widerspiegelungen der in verschiedenen Redeweisen sprechenden Epoche fehlen dem griechischen Roman jedoch fast völlig. In dieser Hinsicht sind einige Varianten der hellenistischen und römischen Satire unvergleichlich »romanhafter« als der griechische Roman.

Wir müssen den Begriff der Vielsprachigkeit erweitern. Wir haben bisher von der wechselseitigen Erhellung großer, *voll ausgebildeter und geeinter* Nationalsprachen (Griechisch, Latein) gesprochen, die zuvor die Etappe einer vergleichsweise beständigen und ruhigen Einsprachigkeit durchlaufen hatten. Wir haben jedoch gesehen, daß die Griechen auch schon in der klassischen Periode über eine Vielzahl von parodistisch-travestierenden Formen verfügen. Schwerlich hätte ein solcher Reichtum an Bildern der Sprache unter den Bedingungen der tauben und abgeschlossenen Einsprachigkeit entstehen können.

Man darf nun freilich nicht außer acht lassen, daß jede Einsprachigkeit im Grunde relativ ist. Die eigene einzige Sprache ist ja nicht allein: in ihr gibt es stets Überreste und Möglichkeiten der Anderssprachigkeit, die vom schöpferischen literatursprachlichen Bewußtsein mehr oder weniger deutlich empfunden werden.

Die zeitgenössische Wissenschaft hat Tatsachen ermittelt, die von dem angespannten Kampf zwischen den Sprachen und innerhalb von ihnen zeugen, einem Kampf, der dem uns bekannten, relativ stabilen Zustand der griechischen Sprache vorausgegangen ist. Nicht wenige Wurzeln dieser Sprache reichen hinab in die Sprache jener Völkerschaft, die bis zum Auftreten der Griechen deren Territorium besiedelt hatte. Wir können in der Sprache der griechischen Literatur ein spezifisches Reservat von Dialekten für einzelne Gattungen ausmachen. Dahinter verbirgt sich der komplexe Prozeß des Kampfes der Sprachen und Dialekte, der Hybridisierungen, Säuberungen, Ablösungen und Erneuerungen, der lange und wechselhafte Kampf um die Einheit der Sprache der Literatur und ihrer gattungsspezifischen Varianten. Danach trat eine lange Periode relativer Stabilisierung ein. Aber die Erinnerung an diese sprachlichen Stürme der Vergangenheit hat sich nicht nur in den vorgefundenen sprachlichen Spuren erhalten, sondern auch in den literarisch-stilistischen Gebilden und, vor allem, in den Formen der parodistisch-travestierenden Wortkunst.

In der historischen Periode des Lebens der Hellenen, die, unter sprachlichen Gesichtspunkten, stabil und einsprachig war, gingen die Sujets, das gesamte gegenständlich-thematische Material, der gesamte Vorrat an Bildern, Expressionen, Intonationen aus der Muttersprache hervor. Was von außen kam (und es kam ja doch nicht wenig), wurde im kraftvollen und sicheren Milieu der abgeschlossenen Einsprachigkeit assimiliert, mit Verachtung blickte man auf die Vielsprachigkeit der barbarischen Welt herab. Aus dieser sicheren und unumstrittenen Einsprachigkeit wurden die großen, direkten Gattungen der Hellenen geboren – ihr Epos, ihre Lyrik und ihre Tragödie. Sie brachten die zentralisierenden Tendenzen der Sprache zum Ausdruck. Aber neben ihnen, vornehmlich in den Unterschichten des Volkes, gedieh das parodistisch-travestierende Spiel, das die Erinnerung an den alten sprachlichen Kampf bewahrt hatte und das von den Prozessen der sprachlichen Aufspaltung und Differenzierung genährt wurde.

Mit dem Problem der Vielsprachigkeit hängt das der innersprachlichen Redevielfalt untrennbar zusammen, das heißt das Problem der inneren Differenziertheit, Zerspaltenheit jeder Nationalsprache. Für das Verständnis des Stils und des historischen Schicksals des europäischen Romans der Neuzeit, das heißt seit dem 17. Jahrhundert, ist dieses Problem von erstrangiger Bedeutung. Dieser Roman gibt in seiner stilistischen Struktur den Kampf der zentralisierenden (vereinigenden) und der dezentralisierenden (die Sprache in Schichten spaltenden) Tendenzen in den Sprachen der europäischen Völker wider. Der Roman nimmt sich selbst auf der Grenze zwischen einer entwikkelten und herrschenden Hochsprache und den außerliterarischen Sprachen der Redevielfalt wahr; entweder dient er den zentralisierenden Tendenzen der neuen, sich herausbildenden Hochsprache (mit ihren grammatischen, stilistischen und ideologischen Normen) oder er kämpft für die Erneuerung der veralteten Hochsprache auf Kosten jener Schichten der Nationalsprache, die (in diesem oder jenem Grade) außerhalb der zentralisierenden und unifizierenden Einwirkung der künstlerisch-ideologischen Norm der herrschenden Hochsprache geblieben sind. Das hochsprachliche Bewußtsein des Romans der Neuzeit, das sich als auf der Grenze der literarischen und außerliterarischen Redevielfalt befindlich wahrnimmt, nimmt sich gleichzeitig als auf der Grenze der Zeit befindlich wahr: äußerst deutlich empfindet es die Zeit, ihre Wechsel in der Sprache, das Veralten und die Erneuerung der Sprache, das Vergangene und Zukünftige in ihr.

Alle diese Prozesse der Ablösung und Erneuerung der Nationalsprache, die von ihm widergespiegelt werden, haben im Roman, wie sich versteht, keinen abstrakt-linguistischen Charakter: sie sind vom sozialen und ideologischen Kampf, von den Prozessen der Entstehung und Erneuerung der Gesellschaft und des Volkes nicht zu trennen.

Die innere Redevielfalt der Sprache ist also für den Roman überaus bedeutsam. Vollständig und schöpferisch verstehend wird diese Redevielfalt freilich erst unter den Bedingungen der aktiven Vielsprachigkeit. Der Mythos von einer einzigen Sprache und der Mythos von der einheitlichen Sprache gehen gleichzeitig unter. Deswegen konnte der europäische Roman der Neuzeit, der die innersprachliche Redevielfalt, das Veralten sowie die gleichzeitige Erneuerung der Hochsprache und ihrer gattungsspezifischen Varianten widerspiegelt, von jener mittelalterlichen Vielsprachigkeit, die alle europäischen Völker durchlaufen haben, und von jener klaren wechselseitigen Erhellung der Sprachen vorbereitet werden, die in der Epoche der Renaissance im Prozeß der Ablösung der ideologischen (lateinischen) Sprache und des Übergangs der europäischen Völker zur kritischen Einsprachigkeit der Neuzeit vor sich ging.

III.

Die parodistisch-travestierende Lach-Literatur des Mittelalters war außerordentlich reichhaltig. In seinem Reichtum und seiner Vielfalt an parodistischen Formen ist das Mittelalter Rom verwandt, ja, das Mittelalter war in einer Reihe von Aspekten seiner Lach-Literatur offensichtlich der direkte Erbe Roms; insbesondere die Tradition der Saturnalien lebte, wenngleich in modifizierten Hüllen, während des ganzen Mittelalters weiter. Das lachende, von der Narrenkappe gekrönte Rom der Saturnalien – »pileata Roma«[18] (Martial) – bewahrte seine Kraft und seinen Zauber selbst in den finstersten Perioden des Mittelalters. Doch auch die originale Lach-Produktion der europäischen Völker, gewachsen auf dem Boden der lokalen Folklore, war überaus bedeutend.

Eines der interessantesten stilistischen Probleme des Hellenismus ist das Problem des Zitats. Von nicht enden wollender Vielfalt waren die Formen des offensichtlichen, halbversteckten und versteckten Zitierens, der Einrahmung des Zitats durch den Kontext, der intonatorischen Anführungszeichen, die verschiedenen Grade der Entfremdung oder Anpassung des zu zitierenden fremden Wortes. Und hier taucht nicht selten ein Problem auf: Zitiert der Autor mit Ehrfurcht oder mit Ironie und Spott? Oft war Zweideutigkeit gegenüber dem fremden Wort geradezu beabsichtigt.

Im Mittelalter war die Beziehung zum fremden Wort nicht minder kompliziert und zweideutig. Die Rolle, die das fremde Wort, das offensichtlich und ehrfurchtsvoll betonte, halbversteckte, versteckte, halbbewußte, unbewußte, richtige, absichtlich entstellte, unabsichtlich entstellte, vorsätzlich umgedeutete usw. Zitat spielte, war in der mittelalterlichen Literatur immens. Die Grenzen zwischen der fremden und der eigenen Rede waren fließend, ambivalent, oft absichtlich gewunden und verwickelt. Einige Arten von Werken wurden wie Mosaike aus fremden Texten aufgebaut. Das sogenannte »cento« (eine besondere Gattung) beispielsweise setzte sich aus fremden Versen und Halbversen zusammen. Einer der besten Kenner der mittelalterlichen Parodie, Paul Lehmann, behauptet geradezu, daß die Geschichte der mittelalterlichen Literatur, insbesondere der lateinischen, »eine Geschichte der Aufnahme, Verarbeitung und Nachahmung fremden Gutes«[19] gewesen sei – in unserer Sicht: »der fremden Sprache, des fremden Stils, des fremden Wortes«.

Dieses fremde Wort in einer fremden Sprache war vor allem das hoch autoritäre und geheiligte Wort der Bibel, des Evangeliums, der Apostel, der Kirchenväter und -Lehrer. Es dringt ständig in den

Kontext der mittelalterlichen Literatur und in die Rede der Gebildeten (Kleriker) ein. Aber wie dringt es ein, wie verhält sich der Kontext zu ihm, der es aufgenommen hat, in welche intonatorischen Anführungszeichen wird es eingeschlossen? Hier enthüllt sich nun eine ganze Skala von Beziehungen zu diesem Wort, angefangen beim pietätvollen, wie eine Ikone herausgehobenen und abgegrenzten Zitat bis hin zu seinem zweideutigen und anzüglichen parodistisch-travestierenden Gebrauch. Die Übergänge zwischen den einzelnen Stufen dieser Skala sind so fließend und zweideutig, daß es oft schwer fällt zu entscheiden, ob der Gebrauch des geheiligten Wortes ehrfurchtsvoll oder unangemessen vertraulich oder gar ein parodistisches Spiel mit ihm ist, und welchen Grad der Freiheit dieses Spiel im letzteren Fall aufweist.

In der ersten Morgenröte des Mittelalters erscheint eine Reihe von bemerkenswerten parodistischen Werken. Eines von ihnen ist das bekannte *Cena Cypriani, Das Mahl des Cyprianus.* Es handelt sich dabei um ein hochinteressantes gotisches Symposion. Wie ist es gemacht? Die gesamte Bibel, die Evangelien wurden gleichsam in Flicken zerschnitten und diese Flicken danach so zusammengesetzt, daß das großartige Bild eines Gastmahls entstand, zu dem sich alle Personen der Heiligen Geschichte von Adam und Eva bis zu Christus und seinen Aposteln versammelt haben, gemeinsam trinken, essen und sich vergnügen. Die Übereinstimmung aller Details mit der Heiligen Schrift ist streng und genau, doch zugleich ist die gesamte Heilige Schrift hier in einen Karneval verwandelt, genauer gesagt, in Saturnalien. Dies ist die »pileata Biblia«.

Welche Absicht verfolgte der Autor dieses Werkes? Welcherart ist sein Verhältnis zur Heiligen Schrift? Die Gelehrten beantworten diese Frage nicht im gleichen Sinne. Sie stimmen natürlich darin überein, daß hier ein Spiel mit dem geheiligten Wort stattfindet, aber der Grad der Freiheit dieses Spiels und sein Sinn werden unterschiedlich beurteilt. Manche behaupten, daß das Ziel dieses Spiels höchst unschuldig, rein mnemonisch sei: spielend zu lernen. Um den Gläubigen, die vor kurzem noch Heiden waren, zu helfen, die Gestalten und Ereignisse der Heiligen Schrift besser zu behalten, webte der Autor des *Mahls* aus ihnen das mnemonische Muster eines Gastmahls. Andere Wissenschaftler erblicken im *Mahl* eine direkte lästerliche Parodie.

Wir haben diese Urteile von Gelehrten nur als Beispiel genannt. Sie zeugen von der Komplexität und Zweideutigkeit im Umgang des Mittelalters mit dem fremden geheiligten Wort. Das *Mahl des Cyprianus* folgt selbstverständlich nicht einem mnemonischen Verfahren. Es ist eine Parodie, genauer gesagt, eine parodistische Travestie.

Aber man darf die heutigen Vorstellungen vom parodistischen Wort nicht auf die mittelalterliche (übrigens auch nicht auf die antike) Parodie übertragen. Die Funktionen der Parodie sind in der Neuzeit deutlich verengt und nicht wesentlich. Die Parodie ist verkümmert, ihr Platz in der neuen Literatur ist belanglos. Wir leben, schreiben und sprechen in der Welt einer freien und demokratisierten Sprache: die ehemalige komplexe und vielstufige Hierarchie der Wörter, Formen, Bilder und Stile, die das System der offiziellen Sprache und das sprachliche Bewußtsein durchdrang, ist von den sprachlichen Umwälzungen der Renaissance hinweggefegt worden. Die europäischen Schriftsprachen – Französisch, Deutsch, Englisch – sind im Prozeß der Zerstörung dieser Hierarchie entstanden; zudem prägten die Travestie- und Lach-Genres des späten Mittelalters und der Renaissance – Novellen, Fastnachtsspiele, Zoten, Farcen und schließlich die Romane – diese Sprachen. Die französische Prosa-Schriftsprache wurde von Calvin und Rabelais geschaffen; doch die Sprache von Calvin, die Sprache der mittleren Schichten der Bevölkerung, der »Krämer und Handwerker« war eine beabsichtigte und bewußte Herabstufung, nahezu eine Travestie der geheiligten Sprache der Bibel. Die mittleren Schichten der Volkssprachen, die zur Sprache der hohen Ideologien und der Heiligen Schrift geworden waren, wurden als herabsetzende Travestie dieser hohen Sphäre wahrgenommen. So blieb für die Parodie auf dem Boden der neuen Sprachen nur ein überaus bescheidener Platz: diese Sprachen kannten und kennen so gut wie keine geheiligten Wörter, ja, sie selbst sind gleichsam aus der Parodie auf das geheiligte Wort hervorgegangen. Im Mittelalter spielte die Parodie jedoch eine gewichtige Rolle: sie bereitete das neue literatursprachliche Bewußtsein und den großen Renaissance-Roman vor.

Das *Mahl des Cyprianus* ist das älteste und ein grandioses Beispiel der mittelalterlichen »parodia sacra«, das heißt der »heiligen Parodie«, genauer gesagt, der Parodie auf geheiligte Texte und Rituale. Ihre Wurzeln reichen zwar tief in die alte rituelle Parodie, das rituelle Beschimpfen und Verlachen der »höchsten Kraft« hinab. Aber das alte rituelle Element ist nun umgedeutet; die Parodie erfüllt die neuen und wichtigen Funktionen, von denen wir oben gesprochen haben.

Vor allem ist hier die anerkannte, verbürgte Freiheit des Parodierens von Belang. Das Mittelalter achtete mit mehr oder minder starken Vorbehalten die Freiheit der Narrenkappe und räumte dem Lachen und dem Lach-Wort breite Rechte ein. Freilich war diese Freiheit vorwiegend auf Feiertage und schulische Rekreationen beschränkt. Das mittelalterliche Lachen ist ein Feiertags-Lachen. Bekannt sind die parodistisch-travestierenden »Feiertage«, der »Feiertag der Dummköpfe« und der »Feiertag des Esels«, die vom niederen Klerus in den Kirchen selbst gefeiert wurden. Hierher gehört auch der »risus paschalis«, das heißt das Oster-Lachen. Während der Ostertage erlaubte die Tradition das Lachen in der Kirche. Der Prediger gestattete sich von der Kirchenkanzel herab ungezwungene Scherze und lustige Anekdoten, um die Gemeindemitglieder zum Lachen zu bringen, das nach den Tagen der Trauer und des Fastens als Ausdruck der Freude über die Auferstehung galt. Sehr viele parodistisch-travestierende Werke des Mittelalters hängen direkt oder indirekt mit diesem »risus paschalis« zusammen. Nicht weniger produktiv war das »Weihnachts-Lachen« (risus natalis); im Unterschied zum »risus paschalis« bekundete es sich nicht in Erzählungen, sondern in Liedern. Ernstgemeinte Kirchenhymnen wurden auf Motive von Straßenliedern gesungen und dadurch umakzentuiert. Daneben gab es eine dem Umfang nach immense Produktion von speziellen Weihnachtsliedern, in denen sich die ehrfurchtsvolle Weihnachtsthematik mit volkstümlichen Motiven des heiteren Todes des Alten und der Geburt des Neuen verflocht. Oft dominierte in diesen Liedern parodistisch-travestierendes Gelächter über das Alte, besonders in Frankreich, wo *Noël*, das Weihnachtslied, eine der populärsten Varianten des revolutionären Straßenliedes wurde (ich erinnere an *Noël* von Puškin, worin die Weihnachtsthematik parodistisch-travestierend gebraucht wird). Dem Feiertags-Lachen war fast alles erlaubt.

Die schulischen Rekreationen, die im kulturellen und literarischen Leben des Mittelalters eine beträchtliche Rolle spielten, hatten nicht weniger umfassende Rechte und Freiheiten. Das rekreative Schaffen war vorwiegend ein parodistisch-travestierendes Schaffen. Der mittelalterliche Klosterscholar, später der Student, lacht während der Rekreation reinen Gewissens über alles, was im Laufe des Jahres Gegenstand seiner ehrfurchtsvollen Studien war – von der Heiligen Schrift bis zur Schulgrammatik. Das Mittelalter kannte eine ganze Reihe von Variationen der parodistisch-travestierenden lateinischen Grammatik. Die Fälle, die Verbformen und die grammatischen Kategorien überhaupt wurden entweder zotenhaft, erotisch oder im Zeichen des Genießens, des Fressens und des Saufens oder schließlich des Lachens über die kirchliche und klösterliche Hierarchie und Subordination umgedeutet. An der Spitze dieser besonderen grammatischen Tradition steht ein Werk des 7. Jahrhunderts: *Virgilius Maro grammaticus*, ein außergewöhnlich gelehrtes Werk, das mit zahlreichen

Anspielungen und Zitaten aus allen möglichen Autoritäten der alten Welt, die mitunter fingiert sind, gesättigt ist. Häufig sind die Zitate parodistisch. Ernsthafte und ziemlich subtile grammatische Analysen verflechten sich mit scharfen parodistischen Übertreibungen dieser Subtilität selbst und der peinlichen Genauigkeit der wissenschaftlichen Analysen; so wird zum Beispiel eine zweiwöchige gelehrte Diskussion über die Frage des Vocativus von »ego« dargestellt. Im ganzen ist *Virgilius grammaticus* eine großartige und subtile Parodie auf das formal-grammatische Denken der Spätantike – grammatische Saturnalien, »grammatica pileata«.

Es ist bezeichnend, daß viele mittelalterliche Gelehrte diesen grammatischen Traktat offensichtlich völlig ernst genommen haben. Auch die heutigen Wissenschaftler sind bei der Einschätzung seines parodistischen Charakters und dessen Intensität keineswegs einer Meinung. Das ist ein weiterer Beweis dafür, wie fließend die Grenzen zwischen dem direkten und dem parodistisch-gebrochenen Wort in der mittelalterlichen Literatur sind.

Das Lachen am Feiertag und bei der Rekreation war ein gänzlich legitimes Lachen. An diesen Tagen war gleichsam die Wiedergeburt aus dem Grab der autoritären und ehrfurchtsvollen Ernsthaftigkeit gestattet, war es erlaubt, das direkte geheiligte Wort in eine parodistisch-travestierende Maske zu verwandeln. Unter diesen Bedingungen wird verständlich, daß das *Mahl des Cyprianus* sich selbst in den strengen Kreisen der Kirche außerordentlicher Popularität erfreute. Im 9. Jahrhundert arbeitete es der gestrenge Fuldaer Abt Hrabanus Maurus in Versform um: das *Mahl* wurde an der Tafel der Könige vorgelesen und während der Oster-Rekreation von den Studenten der Klosterschulen vorgetragen.

In der Atmosphäre der Feiertage und Rekreationen ist auch die hochbedeutsame parodistisch-travestierende Literatur des Mittelalters geschaffen worden. Es gab keine Gattung, keinen Text, kein Gebet und keinen Denkspruch, der nicht ein parodistisches Äquivalent gehabt hätte. Es sind uns parodistische Liturgien überliefert – Liturgien der Säufer, Liturgien der Spieler, eine Liturgie des Geldes. Überliefert sind auch zahlreiche parodistische Evangelienlesungen, die mit dem traditionellen »ab illo tempore« (»seit dieser Zeit«) eingeleitet wurden und manchmal höchst unanständige Erzählungen enthielten. Es ist eine Fülle parodistischer Gebete und Hymnen überliefert. Der finnische Wissenschaftler Eero Ilvoonen publiziert in seiner Dissertation *Parodie de thèmes pieux dans la poésie française du moyen age* (Helsingfors, 1914) sechs Parodien auf das *Pater noster*, zwei auf das *Credo* und eine auf das *Ave Maria*, aber er führt nur gemischte lateinisch-französische Texte an. Die lateinischen und gemischten parodistischen Hymnen und Gebete in den mittelalterlichen handschriftlichen Kodices sind Legion. F. Novati gibt in seiner *Parodia sacra* einen Überblick über einen Ausschnitt dieser Literatur.[20] Außergewöhnlich vielfältig sind die stilistischen Verfahren dieses Parodierens, Travestierens, Umdeutens und Umakzentuierens. Sie sind übrigens bis auf den heutigen Tag kaum und nicht in angemessener Gründlichkeit der stilistischen Analyse untersucht worden.

Neben der eigentlichen »parodia sacra« finden wir in anderen komischen Genres und Werken des Mittelalters, zum Beispiel im komischen Tierepos, zahlreiche Parodie- und Travestie-Versionen des geheiligten Wortes.

Der Held dieser großartigen, vorwiegend lateinischen (und teilweise gemischten) parodistischen Literatur war das geheiligte, autoritäre, direkte Wort in einer fremden Sprache. Dieses Wort, sein Stil und sein Sinn wurden zum Gegenstand der Abbildung, verwandelten sich in ein bewußt beschränktes und lächerliches Bild. Die lateinische »parodia sacra« ist vor dem Hintergrund der nationalen vulgären Sprache errichtet worden. Das Akzentsystem dieser Sprache bricht in das Innere des lateinischen Textes ein. Deshalb ist die lateinische Parodie ihrem Wesen nach zweisprachig: die Sprache ist zwar dieselbe, doch wird sie im Licht einer anderen Sprache konstruiert und wahrgenommen; mitunter sind nicht nur die Akzente, sondern auch die syntaktischen Formen der vulgären Sprache deutlich in der lateinischen Parodie zu spüren. Die lateinische Parodie ist eine zweisprachige, beabsichtigte Hybride. Wir werden nun auf das Problem der *beabsichtigten Hybride* eingehen.

Jede Parodie, jede Travestie, jedes Wort, das mit Vorbehalt, mit Ironie gebraucht wird, das in intonatorische Anführungszeichen gesetzt ist, jedes indirekte Wort überhaupt ist eine beabsichtigte Hybride, allerdings eine einsprachige Hybride, eine Hybride der stilistischen Ordnung. Tatsächlich treffen im parodistischen Wort zwei Stile, zwei (innersprachliche) »Sprachen« zusammen und kreuzen sich auf bestimmte Weise: die zu parodierende Sprache, die Sprache des Heldenepos beispielsweise, und die parodierende Sprache, die prosaische, niedere Sprache, die vertrauliche Umgangssprache, die Sprache der realistischen Gattungen, die »normale« Sprache, die »intakte« Schriftsprache, wie der Autor der Parodie sie sich vorstellt. Diese zweite, die parodierende Sprache, vor deren Hintergrund die Parodie entworfen und wahrgenommen wird, geht in die Parodie – soweit es sich um eine strenge Parodie handelt – nicht offen ein, sondern ist unsichtbar in ihr anwesend.

Jede Parodie versetzt ja die Akzente des zu parodierenden Stils, verdichtet in ihm gewisse Momente, beläßt andere im Schatten: die Parodie ist voreingenommen, und diese Voreingenommenheit wird von den Besonderheiten der zu parodierenden Sprache, ihrem Akzentsystem, ihrem Aufbau diktiert, wir fühlen in der Parodie ihre Handschrift und können diese Handschrift erkennen, wie wir mitunter deutlich das Akzentsystem, die syntaktische Konstruktion, Tempi und Rhythmus einer bestimmten vulgären Sprache in der reinen lateinischen Parodie erkennen (das heißt wir erkennen, ob ein Franzose oder ein Deutscher diese Parodie geschrieben hat). Theoretisch kann man in jeder Parodie die »normale« Sprache und den »normalen« Stil spüren und erkennen, in dessen Licht sie verfaßt wurde, in der Praxis jedoch ist das überaus schwer und keineswegs immer möglich.

Auf diese Weise haben sich in der Parodie zwei Sprachen, zwei Stile, zwei sprachliche Standpunkte, zwei sprachliche Gedanken und im Grunde zwei Rede-Subjekte gekreuzt. Die eine dieser Sprachen (die zu parodierende) ist in ihrer besonderen Gestalt offen anwesend, die andere ist als Rahmen des Schaffens und der Rezeption unsichtbar anwesend. Die Parodie ist eine beabsichtigte Hybride, gewöhnlich freilich eine innersprachliche Hybride, die sich von der Zerspaltung der Schriftsprache in Sprachen von Gattungen und Richtungen nährt.

Jede beabsichtigte stilistische Hybride ist in gewissem Maße dialogisiert. Das heißt, daß sich die in ihr kreuzenden Sprachen zueinander wie Repliken eines Dialogs verhalten – ein Streit der Sprachen, ein Streit der Sprachstile. Es handelt sich allerdings nicht um einen sujethaften und abstrakt-semantischen Dialog, sondern um einen Dialog konkret-sprachlicher Standpunkte, die nicht ineinander zu übersetzen sind.

Jede Parodie ist somit eine beabsichtigte, dialogisierte Hybride. In ihr beleuchten sich Sprachen und Stile wechselseitig auf aktive Weise.

Jedes mit Vorbehalt gebrauchte Wort, das zwischen intonatorische Anführungszeichen gesetzt ist, ist ebenfalls eine beabsichtigte Hybride, wenn sich der Sprecher von diesem Wort als einer »Sprache«, als einem Stil abgrenzt, wenn es ihm beispielsweise zu vulgär oder umgekehrt zu gewählt und schwülstig klingt, oder wenn es auf eine bestimmte Richtung, eine bestimmte sprachliche Manier antwortet usw.

Kehren wir zur lateinischen »parodia sacra« zurück. Sie ist eine beabsichtigte, dialogisierte Hybride, freilich eine sprachliche Hybride – ein Dialog von Sprachen, obwohl eine von ihnen (die vulgäre) nur als aktiver, dialogisierender Hintergrund gegeben ist. Vor uns breitet sich ein endloser folkloristischer Dialog aus: die Streitgespräche des finsteren, geheiligten Wortes mit dem fröhlichen, volkstümlichen Wort, etwa in der Art der bekannten mittelalterlichen Dialoge von Solomon mit dem fröhlichen Narren Markolf; Markolf stritt mit Solomon auf lateinisch, hier streitet man jedoch in verschiedenen Sprachen. Das fremde, anderssprachige, geheiligte Wort wird von Akzenten der vulgären Volkssprachen durchdrungen, vor dem Hintergrund dieser Sprachen umakzentuiert und umgedeutet, zu einem lächerlichen Bild verengt: zur komischen Karnevalsmaske des beschränkten und trübsinnigen Pedanten oder des heuchlerisch-salbungsvollen, alten Scheinheiligen oder des ausgedörrten, geizigen Greises. Diese dem Umfang nach grandiose, fast tausendjährige handgeschriebene »parodia sacra« ist ein bemerkenswertes, bislang noch nicht hinreichend entziffertes Dokument des angespannten Kampfes und der wechselseitigen Erhellung der Sprachen auf dem gesamten Territorium Westeuropas. Es ist dies ein sprachliches Drama, aufgeführt als fröhliche Farce. Es sind dies sprachliche Saturnalien – »lingua sacra pileata«.[21]

Das geheiligte, lateinische Wort ist ein Fremdkörper, der in den Organismus der europäischen Sprachen eingedrungen ist. Während des ganzen Mittelalters haben die Organismen der Nationalsprachen diesen Fremdkörper abgestoßen. Es wurde nicht ein Ding abgestoßen, sondern ein mit Sinn versehenes Wort, das in den oberen Etagen des nationalen ideologischen Denkens zu Hause war. Die Abstoßung des fremden, geheiligten Wortes hatte Dialog-Charakter und fand im Schutz des Lachens am Feiertag und bei der Rekreation statt. So vertrieb man in den ältesten Formen der volkstümlich-feiertäglichen Heiterkeit den alten Kaiser, das alte Jahr, den Winter und das Fasten. Solcherart ist die »parodia sacra«.

Aber auch die übrige lateinische Literatur des Mittelalters ist ihrem Wesen nach eine große und komplexe Hybride. Nicht ohne Grund definiert Paul Lehmann sie als Aneignung, Verarbeitung und Nachahmung »fremden Gutes«, das heißt des fremden Wortes. Die wechselseitige Orientierung mit dem fremden Wort kennt eine ganze Skala von Tönen, von der ehrfurchtsvollen Aufnahme bis zur parodistischen Verspottung, wobei es oft überaus schwierig ist festzustellen, wo die Ehrfurcht aufhört und der Hohn anfängt, genauso wie im Roman der Neuzeit, bei dem ebenfalls oft nicht auszumachen ist, wo das direkte Autorwort aufhört und die parodistische oder stilisierende Darstellung der Sprache des Helden beginnt. Einzig hier, in der lateinischen Literatur des Mittelalters, werden der komplexe und widersprüchliche Prozeß des Aufnehmens und Abstoßens eines fremden Wortes, das ehrfurchtsvolle Sich-Einhören in das fremde Wort und seine Verspottung nach den großen Maßstäben westeuropäischer Kultur Realität und hinterlassen im hochsprachlichen Bewußtsein der Völker eine unauslöschliche Spur.

Neben der lateinischen Parodie gab es, wie schon gesagt, noch die gemischte Parodie. Sie ist eine bereits voll entwickelte, beabsichtigte, dialogisierte, zweisprachige (manchmal dreisprachige) Hybride. In dieser zweisprachigen Literatur des Mittelalters finden sich gleichfalls die zahlreichen Muster der Beziehung zum fremden Wort – von der Ehrfurcht bis zur erbarmungslosen Verhöhnung. In Frankreich zum Beispiel waren die sogenannten »épitres farcies« weit verbreitet – ein Vers der Heiligen Schrift (der während der Messe gelesenen Apostel-Briefe) ist von französischen achtsilbigen Versen begleitet, die den lateinischen Text ehrerbietig übersetzen und paraphrasieren. Den nämlichen ehrfurchtsvoll kommentierenden Gestus entdecken wir in der französischen Sprache in einer Reihe von gemischten Gebeten. Hier ist z. B. ein Ausschnitt aus dem gemischten *Pater noster* des 13. Jahrhunderts (der Anfang der letzten Strophe):

»Sed libera nos, mais delivre nous, Sire,
a malo, de tout mal et de cruel martire.«[22]

In dieser Hybride übersetzt und ergänzt die französische Replik ehrfurchtsvoll und bekräftigend die lateinische Replik.

Hier nun der Anfang des *Pater noster* aus dem 14. Jahrhundert, das die Nöte des Krieges darstellt:

»*Pater noster*, tu n'ies pas foulz
Quar tu t'ies mis en grand repos
Qui es montés haut *in celis*.«[23]

Hier verspottet die französische Replik das geheiligte lateinische Wort unverkennbar. Sie unterbricht die einleitenden Worte des Gebets und stellt den Aufenthalt im Himmel als eine im Verhältnis zu den irdischen Nöten überaus angenehme Lage dar. Der Stil der französischen Replik korrespondiert hier nicht, wie im ersten Beispiel, mit dem hohen Stil des Gebets, sie ist vielmehr absichtlich vulgarisiert. Es ist dies eine grobe irdische Replik auf die überirdische Gesalbtheit des Gebets.

Es gibt sehr viele gemischte Texte von unterschiedlicher Ehrfurcht und mit unterschiedlichem Parodiegehalt. Weithin bekannt sind die gemischten Verse aus den *Carmina burana*. Ich erinnere in diesem Zusammenhang an die gemischte Sprache der liturgischen Dramen. Die Volkssprachen fungieren hier häufig als herabsetzende, komische Replik auf die hohen, lateinischen Texte des Dramas.

Die gemischte Literatur des Mittelalters ist ebenfalls ein wichtiges und aufschlußreiches Dokument des Kampfes und der wechselseitigen Erhellung der Sprachen. Es ist nicht nötig, hier viele Worte über die großartige parodistisch-travestierende Literatur des Mittelalters in den nationalen Volkssprachen zu verlieren. Diese Literatur hat in der Tat über allen ernsthaften, direkten Gattungen einen Überbau des Lachens errichtet. Hier wurde, wie in Rom, die vollständige Dublierung durch Lachen angestrebt. Ich erinnere an die Rolle der mittelalterlichen Narren, dieser professionellen Schöpfer der zweiten Schicht, die mittels lachendem Dublieren das ernsthafte Lach-Wort geschaffen haben. Ich erinnere an die komischen Intermedien und Entreakten, die die Funktion des griechischen »vierten Dramas« oder des römischen fröhlichen Exodiums erfüllt haben. Ein schlagendes Beispiel für derartige lachende Dublierung ist die zweite, närrische Schicht in den Tragödien und Komödien von Shakespeare. Nachklänge dieses Lach-Parallelismus sind auch heute noch vernehmbar, zum Beispiel im Zirkus in der durchaus üblichen Dublierung der ernsten und gefährlichen Nummern des Programms durch die Clowns oder in der halbnärrischen Rolle des Conferenciers.

Alle parodistisch-travestierenden Formen des Mittelalters tendierten, ebenso wie in der Antike, zur volkstümlich-feiertäglichen Heiterkeit, die während des ganzen Mittelalters einen karnevalistischen Charakter hatte und die unauslöschlichen Spuren der Saturnalien in sich trug.

Am Ausgang des Mittelalters und in der Epoche der Renaissance durchbrach das parodistisch-travestierende Wort alle Schranken. Es brach in die strengen und abgeschlossenen, direkten Gattungen ein; es erklingt deutlich hörbar im Epos der Spielleute und Kantastoren; es nistet sich im hohen Ritterroman ein. Die Diablerie überdeckte beinahe das Mysterium, dessen Teil sie war. Es treten große und gewichtigere Genres wie die Zoten hervor, schließlich der große Roman der Renaissance – die Romane von Rabelais und Cervantes. Gerade in diesen beiden Werken enthüllte das Romanwort, das von den oben untersuchten Formen und vom Erbe der Antike vorbereitet worden ist, seine Möglichkeiten und spielte bei der Ausbildung des neuen hochsprachlichen Bewußtseins eine enorme Rolle.

Die wechselseitige Erhellung der Sprachen im Prozeß der Liquidierung der Zweisprachigkeit hat in der Renaissance ihren Höhepunkt erreicht. Außerdem nahm ihre Komplexität beträchtlich zu. Der Historiker der französischen Sprache, Ferdinand Brunot, stellt im zweiten Band seines klassischen Werkes[24]* die Frage: Wie kommt es, daß der Übergang zur Volkssprache ausgerechnet in der Renaissance mit ihren klassizistischen Tendenzen bewerkstelligt werden konnte? Er antwortet völlig richtig, daß gerade die Bestrebung der Renaissance, die lateinische Sprache in ihrer klassischen Reinheit wiederherzustellen, sie unweigerlich in eine tote Sprache verwandelte. Die klassische, ciceronische Reinheit des Lateins war nicht mehr aufrechtzuerhalten, nachdem sie in den Alltag und in die gegenständliche Welt des 16. Jahrhunderts eingetaucht war und in ihr die Begriffe und Dinge der Gegenwart ausdrückte. Die Wiederherstellung des klassischen Lateins schränkte seine Anwendung im Grunde auf die Sphäre der Stilisierung ein. Es wurde gleichsam eine Anpassung der Sprache an die neue Welt vollzogen. Die Sprache hatte sich als zu eng erwiesen. Gleichzeitig beleuchtete das klassische Latein das Gesicht des mittelalterlichen Lateins. Dieses Gesicht war deformiert und nur im Licht des klassischen Lateins wahrzunehmen. So entstand ein bemerkenswertes Bild der Sprache: die »Dunkelmänner-Briefe«[25*], eine Satire, bei der es sich um eine komplexe, beabsichtigte, sprachliche Hybride handelt. Die Sprache der Dunkelmänner wird parodiert, das heißt in bestimmter Weise verengt, übertrieben und typisiert – vor dem Hintergrund des korrekten und richtigen Lateins der Humanisten. Gleichzeitig schimmert durch das Latein der Dunkelmänner deutlich ihre deutsche Muttersprache hindurch: sie verwenden syntaktische Konstruktionen der deutschen Sprache und füllen sie mit lateinischen Wörtern; außerdem übersetzen sie spezifisch deutsche Ausdrücke buchstäblich ins Latein; diese haben eine grobe deutsche Intonation. Vom Standpunkt der Dunkelmänner ist diese Hybride nicht beabsichtigt; sie schreiben so gut sie können. Doch ist diese lateinisch-deutsche Hybride überspitzt und vom parodistischen Willen der Autoren der Satire bestimmt, wobei allerdings anzumerken ist, daß diese Sprachsatire einen kabinetthaften und manchmal abstrakt-grammatischen Charakter hat.

Die Poesie der Maccaronisten ist ebenfalls eine komplexe Sprachsatire, aber sie ist keine Parodie auf das Küchenlatein, sondern vielmehr eine herabsetzende Travestie des Lateins der ciceronischen Puristen mit ihrer hohen und strengen lexikologischen Norm. Die Maccaronisten arbeiten (im Unterschied zu den Dunkelmännern) mit korrekten lateinischen Konstruktionen, doch führen sie in diese Konstruktionen im Überfluß Wörter der vulgären (italienischen) Muttersprache ein, die sie in eine lateinische Form gekleidet haben. Der Rahmen der Rezeption sind die italienische Sprache und der Stil der niederen Gattungen – Facetten, Novellen usw. – mit betont herabsetzender, materiell-körperlicher Thematik. Die Sprache der Ciceronisten bezog den hohen Stil ein, sie war im Grunde keine Sprache, sondern ein Stil.

Und diesen Stil parodierten die Maccaronisten.

In den Satiren der Renaissance (die »Dunkelmänner-Briefe«, die Poesie der Maccaronisten) beleuchten sich also drei Sprachen wechselseitig: das mittelalterliche Latein, das gereinigte, strenge Latein der Humanisten und die vulgäre Nationalsprache. Gleichzeitig beleuchten sich hier zwei Welten wechselseitig: die mittelalterliche und die neue, volkstümlich-humanistische Welt. Wir vernehmen hier abermals den folkloristischen Streit zwischen Altem und Neuem, wir hören abermals die folkloristische Beschimpfung und Verspottung des Alten – der alten Macht, des alten Rechts, des alten Wortes.

Die »Dunkelmänner-Briefe«, die Poesie der Maccaronisten und weiterer ähnlicher Erscheinungen zeigen, wie bewußt der Prozeß der wechselseitigen Erhellung der Sprachen, ihrer Anpassung an die Wirklichkeit und an die Epoche verlief. Sie lassen überdies erkennen, wie wenig sich die sprachlichen und weltanschaulichen Formen voneinander trennen ließen. Schließlich zeigen sie, wie sehr die alte und die neue Welt gerade von ihren Sprachen, von den Bildern ihrer Sprachen charakterisiert waren. Die Sprachen stritten miteinander, doch kann man diesen Streit, wie jeden Streit zwischen großen und wesentlichen kulturhistorischen Faktoren, weder mittels eines abstrakt-semantischen noch mit Hilfe eines rein dramatischen Dialogs wiedergeben, sondern nur vermittels komplexer, dialogisierter Hybriden. Solche, allerdings einsprachige, stilistischen Hybriden waren auch die großen Romane der Renaissance.

Im Verlauf der sprachlichen Ablösung gerieten dann die Dialekte innerhalb der Nationalsprachen erneut in Bewegung. Ihre taube und trübsinnige Koexistenz fand ein Ende. Ihre Spezifik wurde im Licht der sich herausbildenden und zentralisierenden allgemeinen Norm der Nationalsprache neu wahrgenommen. Dialektologische Besonderheiten zu verspotten, Sprache und Redemanieren der Bevölkerung verschiedener Regionen und Städte des Landes nachzuäffen, gehört in jedem Volk zum alteingewurzelten Gebrauch der Bilder von der Sprache. In der Renaissance gewann dieses gegenseitige Nachäffen der Gruppen des Volkes im Licht der allgemeinen wechselseitigen Erhellung der Sprachen und im Prozeß der Ausbildung einer allgemein-nationalen Norm der Volkssprache jedoch eine neue, wesentliche Bedeutung. Die parodistischen Bilder der Dialekte erhalten nun eine tiefere künstlerische Ausprägung und ziehen allmählich in die große Literatur ein. So verwachsen in der Commedia dell'arte die italienischen Dialekte mit bestimmten Masken-Typen dieser Komödie. Die Commedia dell'arte ist, so gesehen, eine Komödie der Dialekte. Sie ist eine beabsichtigte, dialektologische Hybride.

In diesen Bahnen verlief die wechselseitige Erhellung der Sprachen in der Epoche der Herausbildung des europäischen Romans. Das Lachen und die Vielsprachigkeit haben das Romanwort der Neuzeit vorbereitet.

Wir sind in diesem Aufsatz nur auf zwei Faktoren eingegangen, die in der Vorgeschichte des Romans wirksam waren. Eine nicht weniger wichtige Aufgabe ist freilich die Untersuchung jener Redegattungen der vorwiegend ungezwungen vertraulichen Schichten der Volkssprache, die bei der Ausbildung des Romanwortes eine hervorragende Rolle gespielt und in anderer Gestalt in den Bestand der Gattung des Romans Eingang gefunden haben. Dieser Fragenkomplex überschreitet freilich den Rahmen dieser Arbeit. Wir möchten zum Abschluß lediglich betonen, daß das Romanwort nicht im eng literarischen Kampf der Richtungen, Stile und abstrakten Weltanschauungen entstanden ist und sich entwickelte, sondern in einem komplexen, viele Jahrhunderte dauernden Kampf zwischen Kulturen und Sprachen. Es ist mit den großen Umwälzungen und Krisen in den Geschicken der europäischen Sprachen und der lebendigen Rede der Völker verbunden. In den Rahmen einer Geschichte der literarischen Stile läßt sich die Vorgeschichte des Romanwortes nicht einpassen.

1940

Rabelais und Gogol'
Die Wortkunst und die Lachkultur des Volkes

In unserem Buch über Rabelais[1] haben wir zu zeigen versucht, daß die Grundprinzipien des Schaffens dieses großen Künstlers von der vergangenen Lachkultur des Volkes bestimmt worden sind. Einer der gravierenden Mängel der modernen Literaturwissenschaft besteht darin, daß sie die gesamte Literatur – insbesondere die der Renaissance – im Rahmen der offiziellen Literatur zu interpretieren sucht. Indessen kann man das Werk Rabelais' einzig im Kontext der Volkskultur wirklich verstehen, jener Kultur, die immer, in allen Phasen ihrer Geschichte der offiziellen Kultur gegenübergestanden sowie einen spezifischen Blick auf die Welt und besondere Formen für die bildliche Widerspiegelung dieser Welt entwickelt hat.

Literaturwissenschaft und Ästhetik gehen gewöhnlich von verengten und minderen Darstellungen des Lachens in der Literatur der letzten drei Jahrhunderte aus und versuchen, in diesen engen Konzeptionen des Lachens und des Komischen auch die Renaissance zu deuten, obschon offenkundig ist, daß diese Konzeptionen z. B. schon zum Verständnis eines Molière völlig unzureichend sind. Rabelais ist Erbe und Vollender des jahrtausendealten Volkslachens. Sein Werk ist ein unersetzbarer Schlüssel zur europäischen Lachkultur in ihren stärksten, fundiertesten und originellsten Ausdrücken.

In diesem Beitrag gehen wir auf die bedeutendste Erscheinung der Lachkultur in der Neuzeit, die Arbeit Gogol's, ein. Uns interessieren dabei ausschließlich die Elemente der Lachkultur des Volkes in seinem Werk. Wir werden uns nicht mit der Frage befassen, ob es einen direkten oder indirekten Einfluß von Rabelais auf Gogol' (über Sterne und die französische Natürliche Schule[2*]) gegeben hat. Für uns sind nur diejenigen Züge im Werk Gogol's von Belang, die – unabhängig von Rabelais – durch eine unmittelbare Verbindung Gogol's mit den Feiertagsbräuchen des Volkes in seiner Heimat bestimmt sind.

Das ukrainische Feiertags- und Marktleben, mit dem Gogol' gründlich vertraut war, bildet das Organisationsprinzip für die meisten Erzählungen in den *Abenden auf einem Landgut nahe Dikan'ka*, nämlich: *Der Jahrmarkt von Soročincy*, *Die Mainacht*, *Die Nacht vor Weihnachten*, *der Abend vor dem Johannistag*. Die Thematik des Feiertags und die heiter-freie Feiertagsatmosphäre bestimmten das Sujet, die Bilder und den Ton dieser Erzählungen. Der Feiertag, die mit ihm verknüpften Überlieferungen, seine besondere Atmosphäre von Heiterkeit und Freiheit führen das Leben aus seinen gewöhnlichen Gleisen heraus und lassen Unmögliches möglich werden (unter anderem Eheschließungen, die so früher nicht möglich gewesen wären). In den genannten Erzählungen von Feiertagen und anderen mehr spielt das fröhliche Teufelspack, das in seinem Charakter, seinem Ton und seinen Funktionen den heiteren karnevalistischen Gespenstern der Hölle und den Satanen[3] verwandt ist, eine zentrale Rolle. Essen, Trinken und das Geschlechtsleben haben in diesen Erzählungen einen feiertäglichen, karnevalesk-fastnachtartigen Charakter. Verkleidungen und Mystifikationen, Prügeleien und Entglorifizierungen dominieren. Letzten Endes ist das *Gogol'sche Lachen in diesen Erzählungen das feiertägliche Lachen des Volkes.* Es ist ambivalent und elementar-materialistisch. Diese folkloristische Grundlage des Gogol'schen Lachens bleibt, ungeachtet ihrer weiteren Evolution, das ganze Werk hindurch erhalten.

Die Vorworte zu den *Abenden* (besonders im ersten Teil) stehen in Aufbau und Stil den Prologen Rabelais' nahe. Sie sind im Ton eines prononciert familiären Plauderns mit dem Leser gehalten; das Vorwort zum ersten Teil beginnt mit einer ziemlich ausgedehnten Schmährede (freilich nicht einer des Autors selbst, sondern einer vorweggenommenen Schmährede des Lesers):

»Was soll daran schon besonderes sein: *Abende auf einem Landgut nahe Dikan'?* Was sind das für Abende? Und das setzt irgendein Zeidler in die Welt!«

Später folgen die charakteristischen Schimpfwörter (»irgend so ein abgerissenes Bürschchen, sieht man hin – Dreck, der sich im Hinterhof anhäuft«), Schwüre und Flüche (»hol' ihn . . .«, »hätte der Teufel ihren Vater von der Brücke gestürzt« u. a.). Hier trifft man auf folgendes charakteristische Bild:

»Die Hand von Foma Grigor'evič streckte sich, statt eine Feige zu zeigen [›Feige‹: zur Faust geballte Hand mit zwischen Zeige- und Mittelfinger gestecktem Daumen, Zeichen der Verachtung und des Spottes] aus zu einem Butterkuchen.«[4*]

Eingefügt ist die Geschichte vom latinisierenden Schüler (vgl. die Episode mit dem Studenten aus der Limousine bei Rabelais). Am Ende des Vorwortes werden Bilder von Gelagen vorgestellt.

Wir zitieren das Bild des tanzenden Alters (beinahe des tanzenden Todes) aus dem *Jahrmarkt von Soročincy*:

»Alles tanzte. Aber ein noch befremdlicheres, unerklärlicheres Gefühl wäre in der Tiefe der Seele erwacht beim Anblick der Alten, auf deren hinfälligen Gesichtern die Gleichmut des Grabes wehte, die sich zwischen neuen, lachenden, lebendigen Menschen herumstießen. Die Unbekümmerten! Sogar ohne alle kindliche Freude, ohne einen Funken Mitgefühls, getrieben allein vom Rausch nur, wie ein lebloser Automat von seinem Mechaniker gezwungen, irgendetwas menschenähnliches zu vollführen, schaukelten sie leicht mit ihren berauschten Köpfen, indem sie dem sich ergötzenden Volk nachtanzten ohne das junge Paar auch nur eines Blickes zu würdigen.«

In *Mirgorod* und *Taras Bul'ba* treten Züge eines grotesken Realismus hervor. Die Traditionen des grotesken Realismus waren in der Ukraine (wie auch in Weißrußland) stark und lebendig. Ihre Pflanzstätte waren vornehmlich geistliche Schulen, Priesterseminare und Akademien (in Kiew gab es den »Hügel der Heiligen Genoveva« mit analogen Traditionen). Wandernde Scholaren (Bursaken) und niedere Kleriker, »gereiste Küster« verbreiteten die mundartliche rekreative Literatur der Schwänke, Anekdoten, kleinen sprachlichen Travestien, der parodistischen Grammatik usw. in der gesamten Ukraine. Die schulischen Rekreationen mit ihren spezifischen Bräuchen und Rechten auf Lizenzen spielten bei der Entwicklung der Kultur in der Ukraine eine ausschlaggebende Rolle. Die Traditionen des grotesken Realismus lebten zur Zeit Gogol's und später noch in den ukrainischen Lehranstalten (nicht nur in den geistlichen) weiter. Sie lebten fort in den Tischgesprächen der ukrainischen (vornehmlich aus geistlichen Kreisen hervorgegangenen) Raznočincen-Intelligenz.[4a*] Gogol' muß sie in ihrer ummittelbar lebendigen mündlichen Version gekannt haben. Überdies kannte er sie aus literarischen Quellen. Und schließlich übernahm er wesentliche Momente des grotesken Realismus von Nareżnyj, in dessen Werk er tief eingedrungen ist. Das freie rekreative Lachen des Bursaken war dem Feiertags-Lachen des Volkes verwandt, einem Lachen, das in den *Abenden* zu hören war, und dieses ukrainische Bursaken-Lachen war zugleich der entfernte Kiever Widerhall des westlichen »risus paschalis« (Oster-Lachen). Deshalb fügen sich Elemente des Feiertags-Lachens des Volkes aus der ukrainischen Folklore und Elemente des grotesken Bursaken-Realismus organisch und ebenmäßig im *Vij* und in *Taras Bul'ba* zusammen, so wie sie sich als analoge Elemente drei Jahrhunderte zuvor in Rabelais' Roman organisch zusammengefügt hatten. Die Gestalt des demokratischen Seminaristen ohne Zuhause, eines gewissen Choma Brut[5*], der lateinische Weisheit mit dem Volkslachen, mit der Kraft des Recken vereint, steht ihren westlichen Brüdern Panurge und besonders Bruder Jean[6*] außerordentlich nahe.

In *Taras Bul'ba* entdeckte eine aufmerksame Analyse neben all diesen Momenten auch an Rabelais gemahnende Figurationen der *fröhlichen Reckenschaft*, den rabelaisschen Typus der *Hyperbel blutiger Schlachten und Gelage*, und schließlich beobachtete sie in der

Abbildung der spezifischen Ordnung und des Alltags der *Freien Seč*[7*] Elemente der Feiertags-Utopie des Volkes, ukrainische Saturnalien sui generis. In *Taras Bul'ba* stößt man überdies auf karnevalistische Konstellationen, so beispielsweise am Anfang des Kurzromans: die Ankunft der Seminaristen und *der Faustkampf Ostaps mit dem Vater* (im Grenzfall sind dies die »utopischen Faustschläge« der Saturnalien).[8*]

Die Petersburger Erzählungen und sein gesamtes späteres Werk enthalten zahlreiche Partikel der Lachkultur des Volkes, und wir erkennen sie *gerade im Stil.* Der direkte Einfluß der groben schaubudennahen Volkskomik ist unbezweifelbar. Bilder und Stil der *Nase* stehen zwar mit Sterne und der Sterne-Literatur im Zusammenhang; diese Bilder waren damals gängig. Gleichzeitig aber ist Gogol' sowohl das groteske Motiv als auch das Thema der *Nase* in der Schaubude bei unserem russischen Pulcinella, bei Petruška, begegnet. In der Schaubude herrschte der Stil der sich in den Gang der Handlung einmischenden Rede des Schaubudenschreiers mit ihren Tönen ironischer Reklame und Anpreisungen, mit ihren Alogismen und ihren beabsichtigten Ungereimtheiten (Elementen der »coq-à-l'âne«[9*]). In allen diesen Eigenarten des Gogol'schen Stils und seiner Bildlichkeit hat sich die Sterne-Nachfolge (und folglich der mittelbare Einfluß Rabelais') mit dem unmittelbaren Einfluß der Volkskomik verbunden.

Elemente der »coq-à-l'âne« – neben einzelnen Alogismen auch entwickeltere Formen von sprachlichen Ungereimtheiten – sind bei Gogol' allenthalten auszumachen. Insbesondere sind sie Bestandteil der Darstellung von Rechtsstreitigkeiten und Verzögerungstaktiken der Kanzleien, von Klatsch und Vorurteilen, z. B. in den Mutmaßungen der Beamten über Čičikov[10*], im hochtrabenden Geschwätz Nozdrëvs zu diesem Thema, im Gespräch der beiden Damen, in den Gesprächen Čičikovs mit den Gutsbesitzern über den Kauf der toten Seelen usw. Der Zusammenhang dieser Stilelemente mit Formen der Volkskomik steht außer Frage.

Wenden wir uns noch einem weiteren Moment zu. Eine aufmerksame Analyse entdeckte an der Basis der *Toten Seelen* Formen der heiteren (karnevalistischen) Wanderung durch die Hölle, durch das Land des Todes. Die *Toten Seelen* sind die interessanteste Parallele zum vierten Buch Rabelais', das heißt zur Reise Pantagruels. Nicht zufällig ist die Anspielung auf die Zeit nach dem Tode im Plan und im Titel des Gogol'schen Romans selbst enthalten. Die Welt der *Toten Seelen* ist die einer heiteren Hölle. Äußerlich ähnelt sie der Hölle, wie Quevedo[11] sie beschrieben hat, in ihrem Wesen jedoch der Welt des vierten Buches von Rabelais. Wir finden hier sowohl den Auswurf und Plunder des karnevalistischen Hades als auch eine ganze Reihe von Bildern, die schmähende Metaphern realisieren. Eine gründliche Analyse könnte hier viele traditionelle Elemente der Karneval-Hölle, der irdischen, physischen Niederungen, feststellen. Auch der Typus der »Reise« (»Choždenie«) selbst, die Čičikov unternimmt, ist ein chronotopischer Typus[12*] der Bewegung. Diese tief in der Tradition verankerte Struktur der *Toten Seelen* ist, wie sich versteht, mit Materialien anderer Ordnung und anderer Überlieferungen angereichert und komplex gemacht.

Im Schaffen Gogol's finden wir nahezu alle Elemente der Feiertags-Kultur des Volkes. Gogol's »Weltgefühl« war karnevalistisch, dabei freilich meist romantisch gefärbt. Es nimmt verschiedene Ausdrücke an. Wir erinnern hier nur an die berühmte, rein karnevalistische Charakteristik der schnellen Reise und des russischen Menschen. »Und welcher Russe liebt denn die schnelle Fahrt nicht? Sollte denn sein Herz, das bestrebt ist, sich im Wirbel zu drehen und dabei die Zeit zu vergessen und bisweilen zu sagen ›soll doch alles zum Teufel gehen!‹, sollte sein Herz sie etwa nicht lieben?« Und dann: »er fliegt die ganze Straße entlang wer weiß wohin in die verschwindende Ferne, und es liegt etwas Schreckliches in diesem raschen Flimmern, wo es dem verschwindenden Gegenstand nicht gelingt, Gestalt zu gewinnen.«[13*] Unterstrichen sei die Zerstörung der statischen Grenzen zwischen den Erscheinungen. Das besondere Gogol'sche Gefühl für den »Weg«, das von ihm so oft zum Ausdruck gebracht worden ist, hat einen rein karnevalistischen Charakter.

Auch die groteske Konzeption des Körpers ist Gogol' nicht fremd. Hier ein aufschlußreicher Entwurf zum ersten Band der *Toten Seelen*:

> »Und tatsächlich, was gibt es nicht alles für Gesichter auf der Welt. Was für eine Visage es auch ist, sie ähnelt wahrlich keiner anderen, beim einen übt die Nase die Funktion des Kommandeurs aus, beim andern sind es die Lippen, beim dritten die Wangen, die ihr Reich auf Kosten von Augen, Ohren und sogar der Nase selbst ausgebreitet haben, die dadurch nicht größer erscheint als ein Westenknopf; dieser hier hat ein so langes Kinn, daß er es ständig mit einem Tuch bedecken muß, um nicht darauf zu spucken. Und wieviel Leute gibt es, die den Menschen nicht einmal ähnlich sehen. Der da ist ein so vollkommener Hund im Frack, daß man sich wundert, wozu er einen Stock in der Hand hat; es scheint, der erste, dem er begegnet, wird ihn ihm wegreißen ...«

Es gibt bei Gogol' ein außerordentlich konsequentes System der Verwandlung von Namen in Spitznamen. Mit nahezu theoretischer Klarheit legt die Gogol'sche Benennung der Stadt für den zweiten Band der *Toten Seelen*: T'fuslavl'[14*], das Wesen des ambivalenten, lobend-schmähenden Spitznamens bloß. Ich erinnere auch an die Beispiele inniger Kombination von Lob und Schmähung (der begeisterten Segen wünschenden Verfluchung) wie: »Zum Teufel mit euch, ihr Steppen, wie seid ihr gut!«

Gogol' hat den *weltanschaulichen und universalen Charakter seines Lachens* tief empfunden und doch unter den Bedingungen der »seriösen« Kultur des 19. Jahrhunderts weder einen gebührenden Platz noch eine theoretische Begründung und Erhellung für dieses Lachen finden können. Als er erklärte, weshalb er lacht, wagte er es offenbar nicht, die Natur seines Lachens, dessen universalen, umfassenden Volkscharakter völlig aufzudecken; er hat sein Lachen oft mit der beschränkten Moral seiner Zeit gerechtfertigt. In diesen Rechtfertigungen, die auf das Verständnis jener zugeschnitten waren, an die sie sich richteten, hat Gogol' jene gewaltige umformende Kraft unwillkürlich gemindert, eingeschränkt, sie mitunter ernsthaft in den offiziellen Rahmen einzuspannen getrachtet. Der erste, äußere, »verlachende«, negative Effekt verletzte die gewohnten Begriffe, stürzte sie um und ließ dadurch den unmittelbaren Beobachter nicht das positive Wesen dieser Kraft erkennen. »Aber weshalb wird mein Herz traurig?« fragt Gogol' im *Auseinandergehen nach dem Theater*[14] (1842) und antwortet: »Niemand hat die ehrliche Person in meinem Stück wahrgenommen.« Nach der Eröffnung, daß »diese ehrliche adlige Person – das Lachen war«, fährt Gogol' fort: »Es war deshalb adlig, weil es sich ungeachtet der niederen Bedeutung, die man ihm in der Welt verleiht, entschieden hat, hervorzutreten.«

Die *»niedere«, niedrige, volksmäßige* Bedeutung verleiht diesem Lachen nun der Gogol'schen Bestimmung gemäß eine »adlige Gestalt«, er hätte hinzufügen können: eine *göttliche* Gestalt, denn so lachen die Götter in der elementaren Kraft des Volkslachens der alten Volkskomödie. In die damals gängigen und damals möglichen Erklärungen ließ sich dieses Lachen (eben das Faktum, daß es als »handelnde Person« auftrat) nicht einfügen.

»Nein, das Lachen ist bedeutsamer und tiefer als man denkt«, schrieb Gogol' am selben Ort.

»Nicht jenes Lachen, das durch zeitweilige Gereiztheit, durch gallige, krankhafte Stimmung des Charakters hervorgerufen wird; auch nicht jenes unbekümmerte Lachen, das der feiertäglichen Zerstreuung und Unterhaltung der Menschen dient, sondern jenes Lachen, das ganz und gar der lichten Natur des Menschen entspringt, das ihr deshalb entspringt, weil auf ihrem Grunde seine ewig pulsierende Quelle eingeschlossen ist ...

Nein, es haben jene nicht recht, die sagen, das Lachen wiegele auf. Nur das wiegelt auf, was düster ist, und das Lachen ist hell. Vieles wiegelte den Menschen auf, würde es in seiner Nacktheit dargestellt; doch das von der Kraft des Lachens Erleuchtete trägt bereits Versöhnung in die Seele ... Aber man hört die mächtige Kraft eines solchen Lachens nicht: was lächerlich ist, das ist niedrig, spricht die Welt; nur demjenigen verleiht man die Bezeichnung des Hohen, der mit strenger, gespannter Stimme spricht.«

Das »positive«, »helle«, »hohe« Lachen Gogol's, das auf dem Boden der Lachkultur des Volkes gewachsen ist, wurde nicht verstanden (in vielem blieb es bis heute unverstanden). Dieses Lachen läßt sich nicht mit dem Lachen des Satirikers[15] vereinbaren, und ist bestimmend für das Werk Gogol's. Man kann sagen, daß die innere Natur ihn dazu bewog, zu lachen »wie die Götter«, er es jedoch für erforderlich hielt, sein Lachen mit der beschränkten Moral seiner Zeit zu legitimieren.

Dieses Lachen hat sich jedoch in der *Poetik Gogol's, im Sprachaufbau selbst* ganz und gar aufgedeckt. In diese Sprache findet das nichtliterarische sprachliche Leben des Volkes (seiner nichtliterarischen Schichten) freien Eingang. Gogol' verwendet unpublizierte Redesphären. Seine Notizbücher sind angefüllt mit sonderbaren, rätselhaften, ihrem Sinn und Klang nach ambivalenten Wörtern. Er trug sich sogar mit der Absicht, ein eigenes »Erklärendes Wörterbuch der russischen Sprache« herauszugeben; im Vorwort dazu stellt er fest:

»Umso mehr erschien mir ein solches Wörterbuch notwendig zu sein, als inmitten des fremdländischen Lebens unserer Gesellschaft, das dem Geist des Landes und des Volkes so wenig eigen ist, die direkte, wahrhafte Bedeutung der ursprünglichen russischen Wörter entstellt wird, den einen wird ein anderer Sinn zugeschrieben, die anderen geraten ganz und gar in Vergessenheit.«

Gogol' spürt die Notwendigkeit des Kampfes der elementaren Rede des Volkes mit den *toten, veräußerlichenden Schichten der Sprache*. Das für das Bewußtsein der Renaissance charakteristische Fehlen einer einheitlichen autoritativen, unanfechtbaren Sprache findet in seinem Schaffen eine Entsprechung in der Organisation einer allseitigen Lach-Wechselwirkung zwischen den Sphären der Rede. In seinem Wort beobachten wir die Befreiung vergessener oder verbotener Bedeutungen.

In der Vergangenheit verlorengegangene, vergessene Bedeutungen beginnen miteinander zu sprechen, aus ihrer Schale herauszutreten, Anwendung und Anlehnung an andere zu suchen. Bedeutungsbeziehungen, die nur im Kontext bestimmter Aussagen, in den Grenzen bestimmter Rede-Sphären vorhanden waren, die mit den Situationen, aus denen sie hervorgegangen waren, untrennbar zusammenhingen, erhalten unter diesen Voraussetzungen die Chance, sich wieder zu beleben, teilzunehmen am erneuerten Leben. Andernfalls würden sie ja unsichtbar und hörten gleichsam auf, zu existieren. Sie sind in der Regel nicht erhalten, nicht in abstrahierten (in schriftlicher und gedruckter Rede bearbeiteten) Sinnzusammenhängen gefestigt, waren, kaum daß sie sich zusammengefügt hatten, um einem lebendigen unwiederholbaren Fall zum Ausdruck zu verhelfen, gleichsam für immer vergangen. In der abstrakten normativen Sprache hatten sie keinerlei Geltung für das System der Weltanschauung, weil dies kein System begrifflicher Bedeutungen, sondern das sprechende Leben selbst war. Da sie gewöhnlich Ausdruck außerliterarischer, außergeschäftlicher, unseriöser Situationen waren (in denen Menschen lachen, trinken, schimpfen, feiern, essen – aus den eingefahrenen Bahnen ausbrechen), konnten sie nicht auf Repräsentation in der seriösen, offiziellen Sprache Anspruch erheben. Diese Situationen und Redewendungen sterben freilich nicht ab, obschon die Literatur sie vergessen oder meiden mag.

Deshalb ist die Rückkehr zur lebendigen Volksrede geboten; sie wird bereits für alle spürbar im Werk solcher Autoren wie Gogol' vollzogen, die dem Volksbewußtsein auf geniale Weise Ausdruck verschaffen. Von ihnen wird die primitive Vorstellung von einer gradlinigen Vorwärtsentwicklung, wie sie in normativen Konzepten aufscheint, außer Kraft gesetzt. Es wird deutlich, daß jeder wirklich wichtige Schritt vorwärts mit einer Rückkehr zum Anfang (»Ursprünglichkeit«), genauer gesagt, zur Erneuerung des Anfangs, einhergeht. Vorwärtsgehen kann nur die Erinnerung, nicht das Vergessen. Die Erinnerung kehrt zum Anfang zurück und erneuert ihn. Natürlich verlieren die Termini »vorwärts« und »rückwärts« in diesem Verständnis ihre geschlossene Absolutheit, sie erschließen durch ihre Wechselwirkung eher die paradoxe Natur der Bewegung, die in der Philosophie (von den Eleaten bis hin zu Bergson) erforscht und unterschiedlich gedeutet worden ist. Auf die Sprache angewandt, bezeichnet eine solche Rückkehr die Wiederherstellung eines agierenden, akkumulierten Gedächtnisses in seinem vollen Bedeutungsumfang. Als eines der Mittel zu dieser Erneuerung qua Wiederherstellung dient die Lachkultur des Volkes, die bei Gogol' einen so deutlichen Ausdruck gefunden hat.

Das Lach-Wort wird bei Gogol' so organisiert, daß als sein Zweck nicht einfach der Hinweis auf einzelne negative Erscheinungen hervortritt, *sondern das Aufdecken eines besonderen Aspektes der Welt insgesamt.*

In diesem Sinne wird die *Zone des Lachens* bei Gogol' zur *Zone des Kontaktes.* Hier vereinigen sich Widersprüchliches und Unvereinbares, lebt es auf als *Verbindung.* Die Wörter rufen Gesamtvorstellungen von Kontakten hervor – Redegattungen, die der Literatur in aller Regel fern stehen. Das einfache Geschwätz (einer Dame) erklingt in diesem Kontext als ein Rede-Problem, eine Bedeutung, die durch scheinbar bedeutungslosen Rede-Schutt hindurchscheint. Diese Sprache sprengt stets die Normen der Epoche, stellt eine Wechselbeziehung zu anderen Realitäten her, die die offizielle, direkte »geziemende« Oberfläche des Wortes aufbrechen. Der Vorgang des Essens, die Details des materiell-körperlichen Lebens, eine merkwürdig geformte Nase, eine Beule usw. müssen in einer neuen Sprache bezeichnet werden; unabdingbar sind neue Wendungen, Korrespondenzen, der Kampf, sich präzise auszudrücken, ohne dabei den Kanon zu verletzen. Gleichzeitig ist deutlich, daß der Kanon verletzt werden muß. Hier entsteht ein Bruch, springt der Sinn vom einen Extrem ins andere, hier meldet sich ein Streben nach Balance, ereignen sich zugleich Eruptionen: all dies läuft auf die komische Travestie des Wortes hinaus, das so seine Vieldimensionalität offenbart und Wege zu seiner Erneuerung weist.

Diesem Zweck dienen der ungezügelte Volkstanz, die Darstellung der animalischen Züge der Menschen. Gogol' schenkt diesem Inventar besondere Aufmerksamkeit, der Gestikulation ebenso wie den Flüchen, ohne darüber die Besonderheiten der Lach-Rede des Volkes zu vernachlässigen. Er ist fasziniert vom Leben fern von Uniform und Rang, obgleich er in seiner Jugend von Uniform und Rang geträumt hat. Die mißachteten Rechte des Lachens werden von ihm verteidigt und ausgedrückt; gleichzeitig hat er sein Leben lang an der ernsthaften, tragischen und moralischen Literatur festgehalten.

Wir beobachten also das Aufeinanderprallen und die Wechselwirkung zweier Welten: der völlig legalisierten offiziellen, von Rängen und Uniformen geprägten Welt, die ihren Ausdruck im Traum vom *Leben in der Hauptstadt* gefunden hat, und einer Welt, in der *alles* lächerlich und unseriös ist, in der nur das *Lachen seriös ist.* Unsinn und Absurdität, die in dieser Welt mit einbeschlossen sind, erweisen sich als wahrhaft vereinigendes inneres Prinzip der anderen, äußeren Welt. Diese heitere Absurdität der volkstümlichen Quellen, die eine Vielzahl von Entsprechungen in der Rede haben, sind von Gogol' präzise fixiert worden.

Die Welt Gogol's bewegt sich in der Zone des Kontaktes (wie jede Abbildung des Lachens). In dieser Zone werden die Dinge von neuem wahrnehmbar; das mit sprachlichen Mitteln dargestellte Essen ruft Appetit hervor; es wird die analytische Abbildung einzelner Bewegungen möglich, ohne daß sie ihre Gesamtheit einbüßen. Alles wird zu Seiendem, Gegenwärtigem, real Anwesendem.

Charakteristischerweise operiert Gogol', wenn er Wichtiges mitteilen will, niemals in der Sphäre der Erinnerung. Die Vergangenheit Čičikovs beispielsweise ist in einer *distanzierten Zone und in einer anderen Redeschicht* dargestellt als seine Suche nach »toten Seelen«

– hier gibt es kein Lachen. Dort aber, wo der Charakter tatsächlich aufgedeckt wird, wirkt die vereinigende, zusammenführende, Kontakt herstellende Elementarkraft des Lachens.

Es ist von Belang, daß diese Welt des Lachens neuen Wechselwirkungen offensteht. Der traditionelle Begriff des Ganzen und des *Elementes*, das nur im Ganzen Sinn gewinnt, muß hier neu und gründlicher gefaßt werden. Jedes derartige Element repräsentiert gleichzeitig irgendein anderes Ganzes (z. B. die Volkskultur), aus dem es vornehmlich seinen Sinn bezieht. Die innere Ganzheit der Gogol'schen Welt ist also nicht in sich geschlossen, sie genügt sich nicht selbst.

Nur dank der Volkskultur gewinnt die Gegenwart bei Gogol' Anschluß an die »große Zeit«. Sie verleiht den karnevalisierten Bildern von Kollektiven Tiefe und Zusammenhang: dem Nevskij-Prospekt, dem Beamtentum, der Kanzlei, dem Department (vgl. am Beginn des *Šinel'* [»Mantel«] die Schmähung: »Departement von Niederträchtigkeiten und Blödsinn« usw.). In ihr allein sind *der heitere Untergang*, die heiteren Tode bei Gogol' verständlich – Bul'ba, der seine Tabakspfeife verloren hat; der heitere Heroismus, die Verwandlung des sterbenden Akadij Akakievič (Fieberphantasie vor dem Tod mit Schimpfwörtern und Aufruhr), seine Abenteuer nach dem Tode. Die karnevalisierten Kollektive sind durch das Lachen des Volkes ausgenommen aus dem »echten«, »seriösen« und »schicklichen« Leben. Es gibt in diesen Werken keine Seriosität, die dem Lachen gegenübergestellt wäre. Das Lachen ist »der einzige positive Held«.

Die Groteske ist bei Gogol' also nicht einfache Verletzung der Norm, sondern die Leugnung jeglicher abstrakter, starrer Normen, die Absolutheit und ewige Gültigkeit beanspruchen. Sie negiert die Offenkundigkeit und die Welt des »Selbstverständlichen« – die Wahrheit ist unerwartet und unvorhersehbar. Sie sagt gleichsam, daß man das Gute nicht vom Beständigen und Gewohnten zu erwarten hat, sondern vom »Wunder«. Darin liegt die aus dem Volk kommende, erneuernde und lebensbejahende Idee beschlossen. Der Kauf toter Seelen und die Reaktionen auf die Angebote Čičikovs markieren so ihre Zugehörigkeit zu den Vorstellungen des Volkes von dem Zusammenhang zwischen Leben und Tod, zum karnevalistischen Verlachen von Leben und Tod. Hierin steckt ein Element des karnevalistischen Spiels mit dem Tode und den Grenzen von Leben und Tod (z. B. in den Gedanken von Sobakievič, daß an den Lebenden wenig Gewinn zu machen ist; die Furcht der Korobočka vor den Toten und die Redensart: »Mit dem Leichnam stützt man wenigstens den Zaun«

usw.). Das ist das karnevalistische Spiel mit dem Kontrast von Nichtigem und Seriösem, Schrecklichem; karnevalistisch werden hier die Vorstellungen von Unendlichkeit und Ewigkeit (nicht enden wollende Rechtsstreite, unendliche Dummheiten usw.) ausgespielt. So ist auch die Reise Čičikovs *unvollendbar*.

In dieser Perspektive geben sich uns auch die vergleichenden Zusammenstellungen mit realen Bildern und Sujets der Leibeigenschaft (Verkauf und Ankauf von Menschen) deutlicher zu erkennen. Diese Bilder und Sujets finden zusammen mit der Leibeigenschaft ihr Ende. Die Bilder und Sujetsituationen Gogol's freilich sind unsterblich, sie liegen in der »großen Zeit«. Ein in die »kleine Zeit« gehöriges Phänomen kann rein negativ, nur verhaßt sein; in der »großen Zeit« ist es hingegen ambivalent und als eine des Seins teilhaftige Erscheinung immer willkommen. Von der Ebene, auf der man sie nur vernichten, nur hassen oder nur akzeptieren kann, in der es sie bereits nicht mehr gibt, sind diese Pljuškins, Sobakievičs u. a. in eine Ebene übergegangen, auf der sie ewig erhalten bleiben, auf der sie mit ihrer Teilhaftigkeit am ewig werdenden und nicht vergehenden Sein vorgeführt werden.

Der lachende Satiriker pflegt nicht fröhlich zu sein. Im äußersten Fall ist er düster und finster. Bei Gogol' aber besiegt das Lachen alles. Insbesondere ist es eine *Katharsis* der Abgeschmacktheit. Das Problem des Gogol'schen Lachens kann nur auf der Grundlage einer Untersuchung der Lachkultur des Volkes angemessen gestellt und gelöst werden.

1940, 1970

Zur Methodologie der Literaturwissenschaft

Der Autor des literarischen Kunstwerks ist nur im Ganzen des Werks anwesend und nicht in einem abgesonderten Moment dieses Ganzen, am wenigsten in seinem vom Ganzen losgerissenen Inhalt. Er ist anwesend in jenem nichtisolierbaren Moment des Werks, wo Inhalt und Form untrennbar miteinander verschmelzen. Die Literaturwissenschaft sucht den Autor fast durchweg in dem vom Ganzen isolierten Inhalt, der sich leicht mit dem Autor identifizieren läßt – mit dem Menschen einer bestimmten Zeit, einer bestimmten Biographie und einer bestimmten Weltauffassung. Dabei fließt das »Bild des Autors« nahezu mit dem Bild von einem realen Menschen zusammen.

Der wirkliche Autor kann nicht zum Bild werden, da er der Schöpfer eines jeden Bildes, alles Bildlichen im Werk ist. Daher kann das sogenannte »Bild des Autors« nur eines der Bilder des jeweiligen Werks sein (freilich ein Bild besonderer Art). Der Künstler bildet sich oft selbst im Gemälde ab, er malt dann ein Selbstporträt. Im Selbstporträt sehen wir jedoch nicht den Urheber als solchen (ihn kann man nicht sehen), jedenfalls sehen wir ihn nicht mehr als in jedem beliebigen seiner anderen Werke; am meisten offenbart er sich in seinen besten Gemälden. Der Autor – ein schöpfender – kann nicht in derjenigen Sphäre geschaffen werden, in der er selbst Schöpfer ist. Es ist dies keine natura naturata, sondern natura naturans. Den Schöpfer sehen wir nur in dem, was er geschaffen hat, keineswegs außerhalb davon.

Der Autor bestimmt, wenn er ein Werk schafft, dieses Werk nicht für den Literaturwissenschaftler, und er setzt kein spezifisches literaturwissenschaftliches Verständnis voraus; er hat nicht ein Kollektiv von Literaturwissenschaftlern im Blick. Er lädt zum Festmahl nicht die Literaturwissenschaftler an seinen Tisch.

Die Literaturwissenschaftler der Gegenwart (in ihrer Mehrheit Strukturalisten) bestimmen den dem Werk immanenten Hörer gewöhnlich als den alles verstehenden, idealen Hörer; gerade ein solcher wird im Werk postuliert. Es ist dies natürlich kein *empirischer* Hörer und auch keine psychologische Vorstellung, das Bild des Hörers im Herzen des Autors, sondern ein abstraktes ideales Gebilde. Ihm gegenüber steht der nicht minder abstrakte ideale Autor. So verstanden ist der ideale Hörer im Grunde das den Autor verdoppelnde

Spiegelbild. Er kann in das ideal verstandene Werk und in den ideal vollständigen Plan des Autors nichts *Eigenes*, nichts Neues einbringen. Er befindet sich in derselben Zeit und demselben Raum wie der Autor, genauer: er befindet sich, wie der Autor, außerhalb von Zeit und Raum (wie jedes abstrakte ideale Gebilde), deshalb kann er auch kein *anderer* (oder Fremder) für den Autor sein, kann er keinerlei *Überschuß* haben, der aus seiner Andersartigkeit herrührte. Zwischen dem Autor und einem solchen Hörer kann es keinerlei Wechselwirkung geben, keinerlei aktive dramatische Beziehungen, denn dies sind nicht Stimmen, sondern sich und einander gleiche abstrakte Begriffe. Hier sind nur mechanische oder mathematisierte, leere tautologische Abstraktionen möglich. Hier ist auch nicht ein Gran Personifikation anzutreffen.

Dingerkenntnis und Persönlichkeitserkenntnis. Es handelt sich um Extreme. Einerseits das reine tote Ding, das nur Äußeres hat, nur für den Anderen vorhanden ist, das ganz und gar durch einen einseitigen Akt des Anderen (des Erkennenden) aufgeschlossen werden kann. Ein solches Ding ohne eigenes nichtentfremdbares [neotčuždaemoe], unverbrauchbares Inneres kann nur zum Gegenstand praktischen Interesses werden. Andererseits das Denken an eine Person, während die Person selbst anwesend ist: die Frage, der Dialog. Hier ist die freie Selbstoffenbarung der Persönlichkeit unerläßlich. Hier gibt es einen inneren Kern, den man nicht aufzehren, verbrauchen kann (hier wird immer Distanz gewahrt) – einen Kern, in bezug auf den lediglich Uneigennützigkeit möglich ist; indem er sich für den anderen öffnet, bleibt er zugleich stets für sich. Nicht sich selbst stellt der Erkennende hier die Frage und nicht einem Dritten bei Anwesenheit eines toten Dings, sondern er stellt sie dem zu Erkennenden selbst. Das Kriterium ist hier nicht die *Genauigkeit* der Erkenntnis, sondern die *Tiefe* des Eindringens. Die Erkenntnis ist hier auf Individuelles gerichtet. Dies ist der Bereich der Entdeckungen, der Offenbarungen, des Erkennens, der Mitteilungen. Wichtig sind hier sowohl Geheimnis als auch Lüge (nicht aber der Fehler).

Der zweiseitige Akt der Erkenntnis qua Eindringen ist hochkomplex. Die Aktivität des Erkennenden verbindet sich mit der Aktivität des Sich-Öffnenden (Dialogizität), das Vermögen, etwas zu erkennen, mit dem Vermögen, sich auszudrücken. Wir haben es mit dem Ausdruck und der Erkenntnis (dem Verstehen) des Ausdrucks, mit der komplexen Dialektik von Äußerem und Innerem zu tun. Die Persönlichkeit hat nicht nur Milieu und Umgebung, sondern auch einen besonderen Horizont. Der Horizont des Erkennenden tritt in

Wechselwirkung mit dem Horizont des zu Erkennenden. Hier existiere »ich« für den Anderen und mit Hilfe des Anderen. Die Geschichte der konkreten Selbsterkenntnis ist ohne die Rolle, die darin der Andere spielt, ohne daß man sich im Anderen widerspiegelt, undenkbar.

Die konkreten Probleme von Literaturwissenschaft und Kunstwissenschaft hängen mit der Wechselbeziehung von Umgebung und Horizont des »Ich« und des Anderen zusammen. Das Eindringen in den Anderen (das Verschmelzen mit ihm) verbindet sich mit der Wahrung der Distanz (des eigenen Ortes), die den Erkenntnisüberschuß gewährleistet. Dies bezieht sich sowohl auf den Ausdruck einer Person als auch auf den Ausdruck von Kollektiven, Völkern, Epochen, ja, der Geschichte selbst mit ihren Horizonten und ihrem Umfeld. Gegenstand der Geisteswissenschaften ist das *ausdruckshafte* und *sprechende* Sein. Dieses Sein stimmt niemals mit sich selbst überein und ist daher in seinem Sinn und seiner Bedeutung unerschöpflich.

Exaktheit, ihre Bedeutung und ihre Grenzen. Exaktheit setzt Übereinstimmung des Dings mit sich selbst voraus. Exaktheit ist für die praktische Aneignung unabdingbar. Das sich selbst offenbarende Sein kann nicht erzwungen und unfrei sein. Es ist frei und bietet deshalb keinerlei Garantien. Daher kann uns die Erkenntnis hier nichts schenken und garantieren.

Es gibt also zwei Extreme des Denkens und der Praxis (der Tat) oder zwei Typen der Beziehung (Ding und Persönlichkeit). Je »tiefer« die Persönlichkeit ist, desto weniger sind generalisierende Erschließungsmethoden anwendbar; Generalisierung und Formalisierung verwischen die Grenzen zwischen Genie und Talentlosigkeit.

Das Extrem an Genauigkeit ist in den Naturwissenschaften die Identifikation (a = a). In der Literaturwissenschaft ist *Genauigkeit* die Überwindung der Fremdheit des Fremden ohne seine Verwandlung in reines Eigenes (Ersetzungen jeder Art, Modernisierung, Nichterkennen des Fremden usw.). Das Wichtigste ist hier die *Tiefe* – die Notwendigkeit, vorzudringen, sich zu vertiefen in den schöpferischen Kern der Persönlichkeit, in dem sie ihr Leben bewahrt, das heißt unsterblich ist.

Die exakten Wissenschaften bilden die monologische Form des Wissens; der *Intellekt* nimmt ein Ding wahr und macht darüber Aussagen. Hier gibt es nur *ein* Subjekt – das erkennende (wahrnehmende) und sprechende (Aussagen machende). Ihm gegenüber steht lediglich *ein Ding ohne Stimme.* Jedes beliebige Objekt des Wissens (darunter auch der Mensch) kann als Ding wahrgenommen und erkannt werden. Das Subjekt (die Persönlichkeit) selbst jedoch kann nicht als Ding wahrgenommen und untersucht werden, denn als Subjekt kann es nicht, wenn es Subjekt bleibt, *ohne Stimme* sein; folglich kann seine Erkenntnis nur *dialogisch* sein.

Es gibt verschiedene Arten von Aktivität der gnoseologischen Arbeit: die Aktivität dessen, der das Ding ohne Stimme erkennt, und die Aktivität dessen, der ein anderes Subjekt erkennt, d. h. die *dialogische* Aktivität des Erkennenden, die auf die dialogische Aktivität des zu erkennenden Subjektes trifft. Die dialogische Erkenntnis ist eine *Begegnung.*

Frage und *Antwort* sind keine logischen Beziehungen (Kategorien); man kann sie nicht in einem einzigen (einheitlichen und in sich geschlossenen) Bewußtsein unterbringen; jede Antwort gebiert eine neue Frage. Frage und Antwort setzen wechselseitige Außerhalbbefindlichkeit voraus. Wenn die Antwort nicht aus sich heraus eine neue Frage gebiert, fällt sie aus dem Dialog heraus und geht in die systematische Erkenntnis ein, die ihrem Wesen nach unpersönlich ist. Der Dialog setzt die verschiedenen Chronotopen[1*] des Fragenden und des Antwortenden voraus (ebenso die verschiedenen *Sinn*-Welten – »ich« und »der andere«). Frage und Antwort werden vom Standpunkt eines »dritten« Bewußtseins und seiner »neutralen« Welt aus unweigerlich *depersonifiziert.*

Indessen gibt es in der gegenwärtigen Literaturwissenschaft (insbesondere in der strukturellen) fast durchweg nur ein einziges Subjekt: das Subjekt des Forschers selbst. Die »Dinge« verwandeln sich in Begriffe (unterschiedlichen Abstraktionsgrades); das Subjekt kann nun aber niemals zu einem Begriff werden (es spricht selbst und antwortet). »Sinn« ist personalistisch: in ihm liegen immer Frage, Appell und Vorwegnahme der Antwort, in ihm sind immer zwei (als dialogisches Minimum) gegenwärtig. Es ist dies keine psychologische Personalität, sondern eine Sinn-Personalität.

Das Problem der Grenzen von Text und Kontext. Jedes Wort (jedes Zeichen) eines Textes führt über seine Grenzen hinaus. Es ist unzulässig, die Analyse (von Erkenntnis und Verständnis) allein auf den jeweiligen Text zu beschränken. Jedes Verstehen ist das In-Beziehung-Setzen des jeweiligen Textes mit anderen Texten und die Umdeutung im neuen Kontext (in meinem, im gegenwärtigen, im künftigen). Der vorweggenommene Kontext der Zukunft ist die Empfindung, daß ich einen neuen Schritt mache (mich von der Stelle bewegt habe). Die Etappen dieser dialogischen Bewegung des Verstehens sind: Ausgangspunkt – der vorliegende Text, Bewegung zurück – die vergangenen Kontexte, Bewegung nach vorn – Vorwegnahme (und Beginn) des künftigen Kontextes.

Der Text lebt nur, indem er sich mit einem anderen Text (dem Kontext) berührt. Nur im Punkt dieses Kontaktes von Texten erstrahlt jenes Licht, das nach vorn und nach hinten leuchtet, das den jeweiligen Text am Dialog teilnehmen läßt. Wir unterstreichen, daß dieser Kontakt ein dialogischer Kontakt zwischen Texten (Äußerungen) und nicht ein mechanischer Kontakt von »Oppositionen« ist, der nur im Rahmen eines einzigen Textes (nicht aber zwischen dem Text und dem Kontext) zwischen abstrakten Elementen (*Zeichen* innerhalb des Textes) möglich und nur in der ersten Etappe des Verstehens (des Verstehens von *Bedeutung* und nicht von *Sinn*) notwendig ist. Hinter diesem Kontakt steht der Kontakt von Persönlichkeiten und nicht (im Extrem) von Dingen. Wenn wir den Dialog in einen einzigen fortlaufenden Text verkehren, d. h. die Teilung der Stimmen (die Alternationen der sprechenden Personen) aufheben, was im Extremfall möglich ist (die monologische Dialektik Hegels), so wird der tiefe (unendliche) Sinn verschwinden (wir werden auf Grund stoßen, den toten Punkt setzen).

Die volle, extreme Verdinglichung führte unweigerlich zum Verschwinden der Unendlichkeit und Unergründlichkeit des Sinns (jedes Sinns).

Ein Denken, das wie ein Fisch im Aquarium auf den Grund und an die Wände stößt und nicht weiter und tiefer schwimmen kann ... Das wahre Denken kennt nur *bedingte* Punkte; es schwemmt alle zuvor gesetzten Punkte weg.

Erhellung eines Textes nicht durch andere Texte (Kontexte), sondern durch die *außertextliche dingliche* (verdinglichte) *Wirklichkeit* findet bei rein biographischen, vulgärsoziologischen und (im Geiste der Naturwissenschaften) kausalen Analysen statt, aber auch bei einem depersonifizierenden Historismus (»Geschichte ohne Namen«). Authentisches Verständnis ist in der Literatur und in der Literaturwissenschaft stets historisch und personifiziert. Alle sogenannten »Realien« in der Literatur sind *Dinge, die das Wort als Keim in sich tragen.*

Die Aufgabe besteht darin, das *äußere* Milieu, das mechanisch auf die Persönlichkeit einwirkt, zum Sprechen zu bringen, d. h. das potentielle Wort und den potentiellen Ton darin zu erschließen, es in den Sinn-Kontext einer denkenden, sprechenden und handelnden (auch schöpfenden) Persönlichkeit zu verwandeln. Im Grunde tut dies jede ernsthafte Rechenschaft über sich selbst (in der Beichte), jede Autobiographie, die reine Lyrik usw. Von den Schriftstellern ist Dostoevskij bei dieser Verwandlung von Dingen in Sinn am tiefsten vorgedrungen, da, wo er die Handlungen und Gedanken seiner Figuren aufdeckt. Das Ding kann, wenn es Ding bleibt, ja nur auf Dinge einwirken; um auf Personen einzuwirken, muß es sein *Sinnpotential* erschließen, muß es Wort werden, d. h. sich an einem möglichen verbal-sinnhaften Kontext beteiligen.

Bei der Analyse von Shakespeares Tragödien beobachten wir gleichfalls die konsequente Verwandlung der gesamten, auf die Helden einwirkenden Wirklichkeit in den sinnhaften Kontext ihrer Taten, Gedanken und Erlebnisse: entweder handelt es sich direkt um Wörter (die Wörter der Hexen, des Gespenstes des Vaters u. a.) oder um Ereignisse und Umstände, die in die Sprache eines mit Sinn begabenden potentiellen Wortes übersetzt sind.

Es ist hervorzuheben, daß hier nicht alles direkt und rein auf einen Nenner gebracht wird: Ding bleibt Ding und Wort Wort, sie bewahren ihr Wesen und werden lediglich mit Sinn erfüllt.

Man darf nicht vergessen, daß Ding und Persönlichkeit *Extreme* und keine absoluten Substanzen sind. Der Sinn kann (und will) physische, materielle und andere Erscheinungen nicht ersetzen, er kann nicht als materielle Kraft wirken. Er braucht es auch nicht: er ist selbst stärker als jede Kraft, er ändert den Gesamtsinn künstlerischer Ereignisse und der Wirklichkeit, ohne auch nur ein Jota an ihrem wirklichen (alltäglichen) Bestand zu verändern; alles bleibt, wie es war, doch es erlangt einen völlig anderen Sinn (Sinn-Verwandlung des Seins). Jedes Wort des Textes verwandelt sich in einem neuen Kontext.

Gibt es in den Naturwissenschaften eine Entsprechung zum Kontext? Der Kontext ist immer personalistisch (ein endloser Dialog, in dem es weder ein erstes noch ein letztes Wort gibt), in den Naturwissenschaften ist es das objektive (subjektlose) System.

Unser *Denken* und unsere *Praxis* – nicht die technische, sondern die *moralische* (d. h. unsere verantwortlichen Handlungen) – vollziehen sich zwischen zwei Extremen: den Beziehungen zum *Ding* und den Beziehungen zur *Persönlichkeit*. Von unseren (gnoseologischen und moralischen) Akten streben die einen zum Extrem der *Verdinglichung*, ohne es jemals zu erreichen, andere zum Extrem der *Personifikation*, ohne sie vollständig zu erreichen. Personifikation ist jedoch keinesfalls Subjektivierung. Das Extrem ist hier nicht »ich«, sondern »ich« in Wechselbeziehung mit anderen Personen.

Eine große Rolle (eine größere als man bisweilen annimmt) spielen in der Literatur die *Symbol*-Bilder. Der Übergang eines Bildes in ein Symbol verleiht ihm eine besondere Sinn*tiefe* und Sinnperspektive. Der Inhalt des wahren Symbols ist durch die vermittelten Sinnverkettungen mit der Idee der Weltgesamtheit, mit der Fülle des kosmischen und menschlichen Universums in Beziehung gesetzt. Jedes einzelne Phänomen ist eingetaucht in das Element der Anfänge des Seins. Dabei gibt es hier im Unterschied zum *Mythos* die Anerkennung der eigenen Inkongruenz mit seinem eigenen Sinn.

Jede Interpretation eines Symbols bleibt selbst ein Symbol, ein freilich rationalisiertes, das heißt dem Begriff angenähertes Symbol. Die Bestimmung des *Sinns* in seiner ganzen Tiefe und Komplexität setzt einen »Zuwachs« durch schöpferische Tätigkeit voraus. Hier sind es die Vorwegnahme des weiteren, sich entfaltenden Kontextes, das In-Beziehung-Setzen zum vollendeten Ganzen sowie zum unvollendeten Kontext; die zu vervollständigenden Erinnerungen und vorweggenommenen Möglichkeiten (das Verstehen in fernen Kontexten); bei den Erinnerungen berücksichtigen wir auch die nachfolgenden Ereignisse (im Rahmen des Vergangenen), d. h. wir rezipieren das Erinnerte im Kontext des unvollendeten Vergangenen.

In welchem Maße kann man den Sinn (eines Bildes oder Symbols) erschließen und kommentieren? Allein mit Hilfe eines anderen (isomorphen) Sinns (eines Symbols oder Bildes). Ihn in Begriffe aufzulösen, ist nicht möglich. Möglich ist entweder eine relative Rationalisierung des Sinns (die übliche wissenschaftliche Analyse) oder seine Vertiefung mit Hilfe anderer Sinngebungen (philosophisch-künstlerische Interpretation) – eine Vertiefung kraft der Erweiterung des fernliegenden Kontextes. Die Interpretation symbolischer Strukturen ist genötigt, in die Unendlichkeit symbolischen Sinns einzudringen, deshalb kann sie auch nicht wissenschaftlich im Sinne der Wissenschaftlichkeit der *exakten* Wissenschaften werden.

Sinninterpretation kann nicht wissenschaftlich sein, aber sie kann durchaus gnoseologisch sein. Sie kann der Praxis, die es mit Dingen zu tun hat, unmittelbar dienen. »Man wird die Symbollogik nicht als eine »unwissenschaftliche«, sondern als eine *anderswissenschaftliche* Form des Wissens ansehen müssen, die ihre eigenen inneren Gesetze und Kriterien der Genauigkeit hat«[2], bemerkt S. S. Averincev zutreffend.

Der Inhalt als neuer, die Form als schablonisierter, geronnener alter (bekannter) Inhalt. Die Form dient als notwendige Brücke zum neuen, noch unbekannten Inhalt. Die Form war die bekannte und allgemein verständliche erstarrte alte Weltanschauung. In den vorkapitalistischen Epochen bestand zwischen Form und Inhalt ein weniger scharfer, fließenderer Übergang: Die Form war noch nicht verhärteter, nicht völlig fixierter, nichttrivialer Inhalt, sie hing zusammen mit den Ergebnissen des allgemeinen kollektiven Schaffens, zum Beispiel mit den mythologischen Systemen. Die Form war gleichsam impliziter Inhalt; der Inhalt eines Werks entfaltete den in der Form bereits angelegten Inhalt und schuf ihn nicht als etwas Neues, indem er ihn auf dem Wege individueller Initiative hervorbrachte. Der Inhalt ging folglich dem Werk in gewissem Maße voraus. Der Autor dachte sich den Inhalt seines Werks nicht aus, sondern entwickelte nur das, was in der Überlieferung bereits angelegt war.

Die eigentlich semantische Seite des Werks, d. h. die *Bedeutung* seiner Elemente (die erste Etappe des Verstehens) ist jedem beliebigen individuellen Bewußtsein prinzipiell zugänglich. Sein Wert-Sinn-Moment jedoch (darunter auch die Symbole) ist nur für Individuen bedeutungshaft, die durch allgemeine Lebensbedingungen verbunden sind (vgl. die ursprüngliche Bedeutung des Wortes »Symbol«), letzten Endes durch die Bande der Brüderlichkeit auf hoher Stufe.

Der Ausdruck von emotional-werthaften Beziehungen kann einen nichtexplizit verbalen Charakter haben, und zwar, sozusagen, den impliziten Charakter in der *Intonation.* Die wesentlichsten und beständigsten Intonationen bilden das Intonationsinventar einer bestimmten sozialen Gruppe (Nation, Klasse, eines beruflichen Kollektivs, eines Zirkels usw.). Bis zu einem gewissen Grade kann man allein durch die Intonationen sprechen, indem man den verbal ausgedrückten Teil der Rede relativ und ersetzbar, beinahe indifferent werden läßt (wie oft verwenden wir Wörter, die wir ihrer Bedeutung nach nicht brauchen, oder wiederholen wir ein und dasselbe Wort oder eine Phrase einzig zu dem Zweck, über einen materiellen Träger für eine uns nötige Intonation zu verfügen).

Der außertextliche intonational-werthafte Kontext kann bei der Lektüre (Darbietung) des jeweiligen Textes nur zum Teil realisiert werden, zu seinem größeren Teil jedoch, vor allem in seinen wesentlichen und tiefsten Schichten, bleibt er außerhalb des Textes als dialogisierender Hintergrund seiner Rezeption. Darauf läßt sich bis zu einem gewissen Punkt das Problem der sozialen (extraverbalen) Bedingtheit des Werks zurückführen.

Der Text – der gedruckte, geschriebene oder mündliche (fixierte) – ist nicht dem ganzen Werk in seiner Gesamtheit (oder dem »ästhetischen Objekt« gleich. In das Werk geht auch sein notwendiger außertextlicher Kontext ein. Das Werk ist gewissermaßen eingehüllt von der Musik des intonationalen-werthaften Kontextes, in dem es verstanden und bewertet wird (dieser Kontext wechselt natürlich je nach der Epoche der Rezeption, wodurch das Werk einen neuen Klang annimmt).

Das wechselseitige Verstehen von Jahrhunderten und Jahrtausenden, von Völkern, Nationen und Kulturen gewährleistet die komplexe Einheit der Menschheit, aller menschlichen Kulturen, die komplexe Einheit der Literatur der Menschheit. All dies erschließt sich nur auf der Ebene der »großen Zeit«. Jedes Bild muß man auf der Ebene der »großen Zeit« verstehen und werten. Die Analyse bewegt sich fast ausschließlich im engen Raum der »kleinen Zeit«, d. h. der Gegenwart und der unmittelbaren Vergangenheit sowie der vorgestellten – erwünschten oder befürchteten – Zukunft. Die emotional-werthaften Formen der Antizipation der Zukunft in der sprachlichen Rede (Anweisungen, Wünsche, Warnungen, Beschwörungen usw.), das kleinlich menschliche Verhalten gegenüber der Zukunft (Wunsch, Hoffnung, Furcht): es gibt kein Verstehen werthafter Nichtvorherbestimmtheit, Unerwartetheit, sozusagen der Überraschtheit, der absoluten Neuheit usw., es gibt kein Absehen von sich selbst in den Vorstellungen von der Zukunft (Zukunft ohne mich).

In der »kleinen Zeit« geschieht auch die Gegenüberstellung von Neuem und Veraltetem in der Literatur. Ohne diese Gegenüberstellung kommt man nicht aus, doch der wirkliche, »wesentliche« Kern der Literatur liegt jenseits dieser Aufteilung (ebenso wie die Wahrheit und das Gute). Derselbe enge Rahmen der »kleinen Zeit« bestimmt auch das charakteristische Verhältnis zur Gegenwart: nicht zurückbleiben und vorauseilen (Avantgardismus).

Es gibt kein erstes und kein letztes Wort, und es gibt keine Grenzen für den dialogischen Kontext (er dringt in die unbegrenzte Vergangenheit und in die unbegrenzte Zukunft vor). Selbst ein *vergangener*, das heißt im Dialog früherer Jahrhunderte entstandener Sinn[3*] kann niemals stabil (ein für allemal vollendet, abgeschlossen) werden, er wird sich im Prozeß der folgenden, künftigen Entwicklung des Dialogs verändern (indem er sich erneuert). In jedem Moment der Entwicklung des Dialogs liegen gewaltige, unbegrenzte Massen vergessenen Sinns beschlossen, doch in bestimmten Momenten der weiteren Entwicklung des Dialogs werden sie je nach seinem Gang von neuem in Erinnerung gebracht und leben (im neuen Kontext) in erneuerter Gestalt auf. Es gibt nichts absolut Totes: Jeder Sinn wird – in der »großen Zeit« – seinen Tag der Auferstehung haben.

1940. 1974

Anmerkungen

Anmerkungen zum Kapitel »Kunst und Verantwortung«

1* Bachtin zitiert hier aus dem Schluß des Gedichtes *Poėt i tolpa* [Dichter und Menge] von A. S. Puškin. Die entsprechenden Verse lauten:
»Ne dalja žitejskogo volnen'ja / Ne dlja korysti, ne dlja bitv, / My roždeny dlja vdochnoven'ja, / Dlja zvukov sladkich i molitv.«
»Nicht um der Unrast des Lebens, / nicht um des Gewinns, nicht um der Schlachten willen / Sind wir geboren, sondern um der Inspiration, / Um süßer Töne und Gebete willen.«

Anmerkungen zum Kapitel »Das Problem von Inhalt, Material und Form im Wortkunstschaffen«

1 Durch Kursivsatz werden hier und im weiteren Text Hervorhebungen durch den Verfasser bezeichnet.

2* Viktor Maksimovič Žirmunskij (1891-1971), russisch-sowjetischer Literaturwissenschaftler, lehrte seit 1919 an der Petrograder (heute: Leningrader) Universität. Hier dürften neben den von Bachtin unten genannten Arbeiten vor allem folgende (vor 1924 erschienene) zu nennen sein: *Kompozicija liričeskich stichorvorenij.* [Die Komposition lyrischer Gedichte] Petrograd 1921; Nachdruck, hrsg. K. Eimermacher, München 1971; erneuter Nachdruck in: V. Žirmunskij, *Teorija sticha.* L. 1975, S. 433-536; in diesem Band findet sich eine Darstellung der Arbeiten zur Verslehre von Žirmunskij: V. E. Cholševnikov, »V. M. Žirmunskij – stichoved« [V. M. Žirmunskij als Verswissenschaftler]. S. 643-660).

3 Unter den Arbeiten zur Poetik und Methodologie der Literaturgeschichte der letzten Zeit gibt es allerdings auch solche mit einer aus unserer Sicht angemessenen Position; besondere Aufmerksamkeit verdient der bemerkenswerte Artikel von A. A. Smirnov, »Puti i zadači nauki o literature« [Wege und Aufgaben der Literaturwissenschaft] (in: *Literaturnaja mysl'*, II, 1923). Vielen Thesen und Schlußfolgerungen dieses Artikels werden wir uns im folgenden anschließen. [Bachtin beruft sich hier auf den russisch-sowjetischen Mediävisten Aleksandr Aleksandrovič Smirnov (1883-1962), der seit dem Jahre 1913 an der Petersburger Universität lehrte und in theoretischer Hinsicht Anschauungen der Marburger Schule vertrat.]

4* Viktor Viktorovič Vinogradov, (1895-1969), hatte seiner Untersuchung »Stil' peterburgskoj poėmy 'Dvojnik'« [Der Stil des Petersburger Poems »Der Doppelgänger«], publiziert in dem Sb. *F. M. Dostoevskij. Stat'i i materialy.* Pg. 1922, S. 211-256, den Untertitel beigegeben: Opyt lingvističeskogo analiza [Versuch einer linguistischen Analyse].

5 Diese von uns mit aller Schärfe und Deutlichkeit formulierte Voraussetzung nimmt zumeist geschmeidigere Formen an, für die etwa die Konzeption Žirmunskijs eine charakteristische Spielart bildet. In ihr wird das *thematische Moment* herausgestellt; doch auch das Thema wird von Žirmunskij lediglich als *Moment des Materials* (Bedeutung des Wortes) eingeführt, und in einigen Künsten, deren Material dieses Momentes entbehrt, fehlt dann das Thema.

6* Dt. im Original.

7 In den Arbeiten begegnen neben völlig ungerechtfertigten Feststellungen – vornehmlich allgemeinen Charakters – viele wissenschaftlich wertvolle Beobachtungen. Solche Arbeiten wie *Rifma, ee teorija i istorija* [Der Reim, seine Theorie und Geschichte von V. M. Žirmunskij und *Russkaja metrika* [Russische Metrik] von B. V. Tomaševskij sind von hohem wissenschaftlichen Wert. Sowohl in der westeuropäischen als auch in der russischen Literatur zur Ästhetik hat man begonnen, die Technik von Wortkunstwerken zuerst auf der Grundlage der Material-Ästhetik zu erforschen.

8 Das Verhältnis des Sollens zum Sein hat *Konflikt*-Charakter. Aus der Welt der Erkenntnis selbst heraus ist keinerlei Konflikt möglich, denn in ihr kann man nichts werthaft Heterogenem

begegnen. Nicht die Wissenschaft kann in einen Konflikt geraten, sondern der Gelehrte, zudem nicht ex cathedra, sondern als ethisches Subjekt, für das die Erkenntnis *die Handlung des Erkennens* ist. Der Bruch zwischen Sollen und Sein hat nur aus dem Sollen heraus Bedeutsamkeit, das heißt für das ethisch handelnde Bewußtsein, es existiert nur für es.

9 Dieser gleichsam sekundäre Charakter des Ästhetischen verringert seine Selbständigkeit und Eigenart gegenüber dem Ethischen und Gnoseologischen selbstverständlich in keiner Weise; die ästhetische Tätigkeit erschafft ihre eigene Wirklichkeit, in der die Wirklichkeit von Erkenntnis und Handlung sich als positiv angenommen und verwandelt erweist: darin liegt die Eigenart des Ästhetischen.

10 Eine andere eigenartige Spielart der intuitiv-ästhetischen Einheit von Erkenntnis und Handlung ist der Mythos, der – infolge der Herrschaft des ethischen Momentes über das gnoseologische – zusätzlich noch nahezu gänzlich undifferenziert ist, infolge einer im Vergleich mit der intuitiven Philosophie größeren Freiheit der ästhetischen Formung (stärker ist das Moment der Isolation oder Dispensierung und des mythischen Ereignisses, wenngleich natürlich unvergleichlich schwächer als in der Kunst, stärker sind das Moment der ästhetischen Subjektivierung und das der Personifizierung und gewisse andere Momente der Form) – der Kunst beträchtlich näher steht als die intuitive Philosophie.

11 Als eines Hilfsmittels von der Art der Zeichnung in der Geometrie und als heuristische Hypothese kann die Philosophie sich des intuitiven Bildes der Einheit bedienen; auch im Leben arbeiten wir auf Schritt und Tritt mit derartigen intuitiven Bildern.

12 Einfühlung und mitfühlende Mitbewertung haben an und für sich noch keinen ästhetischen Charakter. Der Inhalt des Aktes der Einfühlung ist ethisch: es ist dies die lebenspraktische oder moralische werthaltige (emotional-volitionale) Einstellung eines anderen Bewußtseins. Dieser Inhalt des Einfühlungsaktes kann mit Sinn versehen und in verschiedener Weise bearbeitet werden: man kann ihn zum Gegenstand der (psychologischen oder philosophisch-ethischen) Erkenntnis machen, er kann als ethische Handlung dienen (die meistverbreitete Form, dem Inhalt der Einfühlung Sinn zu verleihen: Sympathie, Mitleid, Hilfe), und man kann ihn schließlich zum Gegenstand ästhetischer Vollendung machen. Im folgenden werden wir näher auf die sogenannte »Ästhetik der Einfühlung« einzugehen haben.

13 Im weiteren erhellen wir die Rolle der schöpferischen Persönlichkeit des Autors als eines konstitutiven Momentes der künstlerischen Form, in der Einheit von deren Tätigkeit sich auch gnoseologisches und ethisches Moment vereinigt finden.

14 Hieraus folgt selbstverständlich nicht, daß das ästhetische Objekt irgendwo und irgendwie schon vor der Erschaffung des Werks und unabhängig von ihm in fertiger Form existierte. Eine solche These ist völlig unsinnig.

15* Aleksandr Afanas'evič Potebnja (1835-1891), ukrainisch-russischer Philologe, hatte in seinem Buch *Mysl' i jazyk* [Gedanke und Sprache] die in der russischen Hegel-Tradition überlieferte Auffassung von Dichtung als *Denken in Bildern* mit der Humboldtschen Konzeption der *inneren Form* verbunden. Er unterscheidet drei konstitutive Momente des Wortes: 1. *äußere Form* (Lautung), 2. *Bedeutung* (Inhalt) und 3. *innere Form* (Bild), das Verhältnis von Denkinhalt und Bewußtsein. Die innere Form steht zeichenhaft als objektiver Inhalt für den subjektiven Inhalt und soll sprachhistorisch in der nächsten etymologischen Bedeutung zu fassen sein. Diese drei Kategorien – Material, Bedeutung und Struktur – bilden Potebnja zufolge auch die Grundbestandteile eines jeden Kunstwerks.

In der Formalen Schule ist der kunsttheoretische Ansatz von Potebnja besonders durch Viktor Šklovskij angegriffen worden. In seinem programmatischen Aufsatz »Iskusstvo kak priem« [Die Kunst als Verfahren], russ. und dt. in: *Texte der russischen Formalisten*, Bd. 1, hrsg. von J. Striedter, München 1969, S. 3-35) stellt ihm Šklovskij das Theorem des automatisierenden Seltsam-Machens (ostranenie) als Grundmerkmal der poetischen Sprache gegenüber. Der tatsächliche Gegenstand der Polemik Šklovskijs war freilich nicht Potebnja, sondern die an ihn anknüpfende Theorie des russischen Symbolismus.

16* V. Žirmunskij hat in seinem Aufsatz »Zadači poètiki« [Die Aufgaben der Poetik], auf deren Erstpublikation in der Zeitschrift *Načala* Nr. 1, 1922, S. 51-81 (später in erweiterter Fassung in dem Sammelband *Zadači i metody izučenija iskusstv* [Aufgaben und Methoden der Kunstforschung], Pg. 1923, dt. und russisch in: *Texte der russischen Formalisten*, Bd. 2, hrsg. von W.-D. Stempel, München 1972, S. 136-161) sich Bachtin hier offenbar bezieht, das Bild seiner Funktion nach folgendermaßen bestimmt: »In der Dichtung ist es eine subjektive Ergänzung des Rezipierenden zum Sinn der von ihm aufgenommenen Worte« (a.a.O., S. 149).

17* Gegenüber der eigentlich russischen Form *gorod* (Vgl. Nov*gorod*) bildet *grad* (vgl. Lenin*grad*) die kirchenslavische Variante. Bachtin übersieht hier freilich, daß es neben stilistischen Gründen auch versifikatorische Gründe für die Bevorzugung der zweisilbigen Form *grada* gegenüber der dreisilbigen Form *goroda* gegeben haben kann. Auf dieses Nebeneinander stilistischer und verstechnischer Motivation für die Verwendung derartiger Dubletten hat G. O. Vinokur in seinem Aufsatz »Nasledstvo XVIII v. v stichotvornom jazyke Puškina« [»Das Erbe des 18. Jahrhunderts in der Verssprache Puškins«] (in: *Puškin – rodonačal'nik novoj russkoj literatury*, M.-L. 1941) hingewiesen. Zu einem differenzierteren Ergebnis gelangt anhand der Untersuchung eines umfangreichen Materials I. S. Il'inskaja, *Leksika stichotvornoj reči Puškina.* [Die Lexik der Versrede Puškins] M. 1970.

18 Die Auffassung von der Form als dem Ausdruck einer Aktivität ist der Kunstwissenschaft keineswegs fremd, eine sichere Begründung kann sie jedoch nur im Rahmen einer systematisch orientierten Ästhetik erlangen.

19 Der wissenschaftliche Autor organisiert aktiv nur die äußere Form der Darstellung; Abgesondertheit, Vollendetheit und Individualität des wissenschaftlichen Werks, die Ausdruck der ästhetischen subjektiven Aktivität des Autors sind, finden keinen Eingang in das Innere der Erkenntnis der Welt.

20 Die Isolierung ist ihrerseits natürlich schon das erste Produkt dieser Isolierung; die Isolation ist gleichsam der Akt der Besitzergreifung durch den Autor.

21 An das linguistische Wort gehen wir hier vom Standpunkt der durch es geleisteten kompositionellen Verwirklichung der künstlerischen Form heran.

22 Die Reihenfolge der Aneignung von Momenten des Wortes, wie wir sie im weiteren aufführen, ist keineswegs die Reihenfolge der wirklichen Rezeption und Produktion.

23 Wir haben hier die rein ästhetische werthafte Intonation des Autors im Blick, im Gegensatz zur ethischen, sogenannten »realistischen« Intonation der handelnden oder potentiellen Helden-Person, die die Ereignisse ethisch-interessiert erlebt und nicht ästhetisch.

24* Im Russischen wird die Gegenüberstellung von Musik und Dichtung dadurch noch deutlicher, daß das Wort für »Klang« und »Laut« im Russischen dasselbe ist (*zvuk*).

25 Die hier aufgewiesene schöpferische Aktivität des Schöpfer-Autors der Form ist streng von der passiven nachahmenden – faktischen oder potentiellen – Bewegung zu unterscheiden, die bisweilen für die ethische Einfühlung, das Miterleben erforderlich ist, so wie die ethische Intonation von der vollendenden ästhetischen Intonation zu unterscheiden ist.

26 Nur ein methodisch strenges Verständnis und eine methodisch strenge Erforschung des Autors als eines Momentes des ästhetischen Objektes gibt die Grundlage für die Methodik seiner psychologischen, biographischen und historischen Erforschung ab.

Anmerkungen zum Kapitel: »Das Wort im Roman«

1 Noch in den 20er Jahren hat V. M. Žirmunskij folgendes geschrieben: »In einer Zeit, in der das lyrische Gedicht sich tatsächlich als Erzeugnis der *Wortkunst* erweist, das in Auswahl und Komposition der Wörter sowohl vonseiten des Sinns als auch der Lautgestalt ganz und gar der ästhetischen Aufgabe unterworfen ist, bedient sich der in seiner Wortkomposition freie Roman Tolstojs des Wortes nicht als eines künstlerisch bedeutsamen Elementes der Wirkung, sondern als eines neutralen Milieus oder Systems von Bezeichnungen, die – wie in der praktischen Sprache – der kommunikativen Funktion unterworfen sind und uns in die vom Wort abgelöste Bewegung der thematischen Elemente versetzen. Ein solches *literarisches Werk* darf sich nicht *Wortkunstwerk* nennen oder jedenfalls nicht in demselben Sinn wie ein lyrisches Gedicht.« V. Žirmunskij, »K voprosu o ›formal'nom metode‹« [Zur Frage der »formalen Methode«] im Sb. *Voprosy teorii literatury.* [Fragen der Literaturtheorie], Leningrad 1928, Nachdruck (= Slavistische drukken en herdrukken, XXXIV) 'S-Gravenhage 1962, S. 173).

2 Die Formalisten bei uns haben den Stil der künstlerischen Prosa vorwiegend auf diesen beiden letzten Ebenen untersucht, d. h. es wurden entweder Elemente des skaz als die für künstlerische Prosa charakteristischsten Elemente untersucht (Ėjchenbaum) oder sujethaft-infor-

mative Elemente (Šklovskij).

3 Eine solche Lösung dieses Problems war für die formale Methode besonders verlockend, denn das Wiedereinsetzen der Rhetorik in ihre Rechte bestärkt die formalistische Position außerordentlich. Die formalistische Rhetorik ist die notwendige Ergänzung zur formalistischen Poetik. Unsere Formalisten waren durchaus konsequent, als sie von der Notwendigkeit einer Wiedergeburt der Rhetorik neben der Poetik sprachen (vgl. B. M. Ėjchenbaum, *Literatura* [Literatur]. 1927, S. 147-148).

4 Ursprünglich in: *Ėstetičeskie fragmenty* [Ästhetische Fragmente], in einer geschlosseneren Form jedoch in seinem Buch *Vnutrennjaja forma slova* [Die innere Form des Wortes], M. 1927. [Gustav G. Špet war der Begründer einer phänomenologisch-hermeneutischen Semiotik in der russischen Ästhetik.[.

5 G. G. Špet, *Vnutrennjaja forma slova.* A.a.O., S. 215.

6 V. V. Vinogradov, *O chudožestvennoj proze* [Über die künstlerische Prosa] M.-L. 1930, S. 75-106.

7 Die Linguistik kennt nur die mechanische (sozial unbewußte) wechselseitige Beeinflussung und Vermischung von Sprachen, wie sie sich in abstrakten (phonetischen und morphologischen) Sprachelementen widerspiegeln.

8 Sehr charakteristisch ist in dieser Hinsicht der Kampf mit der Vereinbarkeit des Gegenstandes (die Idee der Rückkehr zum primären Bewußtsein, zum ursprünglichen Bewußtsein, zum Gegenstand an sich, zur reinen Empfindung usw.) im Rousseauismus, Naturalismus, Impressionismus, Akmeismus, Dadaismus, Surrealismus und analogen Richtungen.

9 Die Horazische Lyrik, Villon, Heine, Laforgue, Annenskij u. a., wie heterogen diese Erscheinungen auch immer sein mögen.

10 Vgl. das Kapitel »Ritorika i poėtika« [»Rhetorik und Poetik«] in V. V. Vinogradov, *O chudožestvennoj proze*, S. 75 ff.

11 Vgl. B. M. Ėjchenbaum, *Lev Tolstoj.* Bd. 1, L. 1928; hier ist viel solches Material enthalten, so wird beispielsweise der aktuelle Kontext von »Semejnoe sčastie« [»Familienglück«] enthüllt.

12 Wir charakterisieren hier, wie sich versteht, ständig das ideale Extrem poetischer Gattungen; in realen Werken sind wesentliche Prosaismen möglich, gibt es zahlreiche hybride Spielarten der Gattungen, wie sie besonders in den Epochen des Wechsels zur Hochsprache gehörender poetischer Sprachen verbreitet sind.

13 Einen solchen Standpunkt nahm das Latein gegenüber den Nationalsprachen des Mittelalters ein.

13a* Bachtin bezieht sich hier auf Tolstojs Erzählung *Der Teufel* [Djavol'].

14 Hierbei vereinfachen wir natürlich absichtlich: ein realer Bauer war dazu immer bis zu einem gewissen Grade imstande und tat es auch.

15 Das heißt, es sind nicht seine eigenen Wörter, wenn man sie als direkte Wörter versteht, doch sind sie als ironisch übertragene, vorgeführte usw., d. h. aus der entsprechenden Distanz verstandene Wörter durchaus seine eigenen.

15a* Wörtlich: zwei rededifferenzierte Sinne . . .

16 Detaillierter behandelt die hybriden Konstruktionen und ihre Bedeutung das Kapitel IV dieser Untersuchung.

17 Im Epos ist sie nicht möglich.

18 Vgl. die grotesken und pseudoobjektiven Motivierungen bei Gogol'.

19 Durcheinander (frz.).

20 Der in den Formen und Methoden des verbal-ideologischen Denkens verkörperte Verstand, das heißt, der sprachliche Horizont des normalen menschlichen Verstandes wird Jean Paul zufolge im Licht der Idee der Vernunft unendlich klein und lächerlich. Der Humor ist ein Spiel mit dem Verstand und seinen Formen.

21 Rabelais selbst ist natürlich weder chronologisch noch dem Wesen nach zu den Vertretern des humoristischen Romans im exakten Sinne zu rechnen.

22 Dennoch wird die sentimentalische Ernsthaftigkeit (insbesondere bei Jean Paul) nicht restlos überwunden.

23 Wie ein wahrer französischer Kavalier (frz.).

24 Im Neoklassizismus wird sie nur in den niederen Gattungen, vor allem in der Satire, wesentlich.

25 Innerhalb der poetischen Welt und der Einheitssprache kann und muß sich alles Wesentliche in diesen Verschiedenstimmigkeiten und Widersprüchen zum direkten und reinen dramatischen Dialog verkehren.

25a* Im Original Plural.

26 Diese sind überhaupt desto prägnanter, dramatischer und vollendeter, je konsequenter und einheitlicher die Sprache ist.

27 Spielhagen orientiert sich in seinen bekannten Arbeiten zur Theorie und Technik des Romans gerade an einem solchen unromanhaften Roman und ignoriert just die spezifischen Möglichkeiten der Romangattung. Als Theoretiker war Spielhagen der sprachlichen Redevielfalt und ihrem spezifischen Erzeugnis – dem zweistimmigen Wort – gegenüber taub.

28 Aleksej Aleksandrovič Karenin hatte die Angewohnheit, sich von einigen Wörtern und den mit ihnen zusammenhängenden Expressionen zu distanzieren. Er bildete zweistimmige Konstruktionen ohne jeglichen Kontext, ausschließlich auf der intonatorischen Ebene: »›Ja, wie du siehst, brannte dein zärtlicher Gatte, so zärtlich wie im ersten Jahr der Ehe, vor Verlangen, dich wiederzusehen‹, sagte er jetzt mit seiner schleppenden dünnen Stimme, in dem Tone, den er ihr gegenüber immer anzuschlagen pflegte, einem Tone des Spottes über jeden, der in vollem Ernst sprechen wollte.« L. Tolstoj, *Anna Karenina.* Teil 1, Kapitel 30, [dt. Übersetzung von R. Löwenfeld, Leipzig 1949].

29 Eine Analyse dieses Beispiels geben wir in dem Aufsatz »Aus der Vorgeschichte des Romanwortes« (siehe S. 302 f.) der vorliegenden Ausgabe).

30 Eigener Art (lat.).

31 Die Verfahren der Falsifikation des fremden Wortes bei seiner Wiedergabe, die Verfahren, es durch Weiterentwicklung, durch Aufdeckung seines potentiellen Inhalts ins Absurde zu steigern, sind unterschiedlich. In diesem Bereich ist einiges von der Rhetorik und der Kunst des Streitens, der »Eristik«, erhellt worden.

32 Oft ist das autoritäre Wort ein fremdes Wort in einer anderen Sprache (vgl. beispielsweise die Fremdsprachigkeit der religiösen Texte bei den meisten Völkern).

33 Bei der konkreten Analyse des fremden Wortes ist unbedingt darauf zu achten, daß ein rein autoritäres Wort in einer anderen Epoche ein innerlich überzeugendes Wort sein kann; das trifft insbesondere für die Moral zu.

34 Das eigene Wort bildet sich ja allmählich aus akzeptierten und angeeigneten fremden Wörtern heraus, und die Grenzen zwischen ihnen sind am Anfang kaum zu spüren.

35 Ein solches künstlerisches Bild vom Weisen und Lehrer, das dialogisch erprobt wird, ist Sokrates bei Platon.

36 Siehe unser Buch *Problemy tvorčestva Dostoevskogo* [Probleme des Schaffens bei Dostoevskij], L. 1929; (in zweiter und dritter Ausgabe unter dem Titel *Problemy poėtiki Dostoevskogo* [dt. *Probleme der Poetik Dostoevskijs*, München 1971], M. 1963, M. 1972). Darin werden die Äußerungen der Helden stilistischen Analysen unterworfen, in denen verschiedene Formen der Wiedergabe und der kontextuellen Einrahmung aufgeschlossen werden.

36a* In dem Roman *Väter und Söhne* wird der liberale Aristokrat Pavel P. Kirsanov u. a. durch eine unterschiedliche Aussprache des Wortes *principy* gegen seinen Neffen Arkadij abgegrenzt, der für den Nihilisten Bazarov besondere Bewunderung hegt. Die Kukšina repräsentiert einen vermeintlich emanzipierten Nihilismus.

37 Solche historischen, unbewußten Hybriden sind als Hybriden zweisprachig, natürlich aber einstimmig. Für das System der Hochsprache ist die halborganische, halbabsichtliche Hybridisierung charakteristisch.

38 Mochten diese »Autoren« auch unpersönlich, als Typen ausgebildet sein – wie bei den Stilisierungen von Gattungssprachen und der allgemeinen Meinung.

39 Wir können an dieser Stelle nicht auf den Kern des Problems der Wechselbeziehung von Sprache und Mythos eingehen. In der entsprechenden Literatur ist dieses Problem bis in die letzte Zeit hinein auf psychologischer Ebene mit der Orientierung auf die Folklore und ohne den Zusammenhang mit den konkreten Problemen des Sprachbewußtseins erörtert worden (Steinthal, Lazarus, Wundt u. a.). Bei uns haben Potebnja und Veselovskij diese Fragen in einen wesentlichen Zusammenhang gebracht.

40 Dieser hypothetische Bereich wird erstmals in der »Paläontologie der Bedeutungen« der Japhetitologen von der Wissenschaft erobert. [Mit der Bezeichnung »Japhetitologen« spielt

Bachtin auf die Vertreter der von dem russischen Sprachwissenschaftler N. J. Marr (1865-1935) begründeten Japhetitischen Theorie an, die sich auf eine paläontologische Semantik stützte und die genetische Verwandtschaft kaukasischer Sprachen mit dem Baskischen, Etruskischen, Hethitischen u. a. behauptete. Nach dem Modell des historischen Materialismus errichtete Marr eine soziologistische Stadialtheorie der Sprachentwicklung, die in den 30er und 40er Jahren kanonisiert und Anfang der 50er Jahre von Stalin kritisiert wurde. Vgl. N. J. Marr, *Aktual'nye problemy i očerednye zadači jafetičeskoj teorii*, M. 1929, (dt. auszugsweise unter dem Titel »Aktuelle Probleme und die wichtigsten Aufgaben der japhetitischen Theorie« in: W. Girke/H. Jachnow, *Sprache und Gesellschaft in der Sowjetunion*. München 1975, S. 17-25).]

41 Allgemein bekannt sind die ironischen Selbsterhellungen in den Satiren des Horaz. Die humoristische Einstellung zum eigenen »Ich« beschließt in den Satiren immer Elemente der parodistischen Stilisierung normaler Verhaltensweisen, fremder Standpunkte und gängiger Meinungen ein. Noch näher kommen der romanhaften Orchestrierung des Sinns die Satiren des Marcus Varro; aus den erhaltenen Fragmenten kann man auf eine parodistische Stilisierung der Rede der Gelehrten und Moralprediger schließen.

42 Elemente der Orchestrierung mit Redevielfalt und Keime eines authentischen Prosastils gibt es in der *Verteidigung des Sokrates*. Überhaupt hat das Bild des Sokrates und seiner Reden bei Platon authentischen Prosacharakter. Besonders interessant sind jedoch die Formen der späthellenistischen und christlichen Autobiographie, in der die gebeichtete Geschichte der Bekehrung mit Elementen des Abenteuer- und Sittenromans sich verbunden haben und von denen uns Zeugnisse überliefert sind (die Werke selbst sind nicht erhalten): Dion Chrysostomos, Iustinus (Martyr), Cyprianus und der sogenannte Clementische Legendenkreis. Schließlich finden sich dieselben Elemente auch bei Boethius.

43 Von allen rhetorischen Formen des Hellenismus enthält die Diatribe die meisten Anlagen zur Romanprosa, sie gestattet und erfordert sogar eine Mannigfaltigkeit der Redeweisen, der dramatisierten und parodistisch-ironischen Nachbildung fremder Standpunkte, gestattet die Vermischung von Versen und Prosa usw. Zur Beziehung der rhetorischen Form zum Roman s. u.

44 Hier genügt es, die Briefe Ciceros an Atticus anzuführen.

45 Siehe: B. Grifcov, *Teorija romana* [Die Theorie des Romans], M. 1927, und auch den einleitenden Artikel zur Übersetzung des Romans Achilleus Tatios, *Die Erzählungen von Leukippe und Kleitophon*, von A. Boldyrev, M. 1925; in diesem Artikel wird die Forschungslage zum sophistischen Roman erhellt.

46 Diese Vorstellungen haben ihren Ausdruck in der ersten und maßgeblichen speziellen Untersuchung zum Roman gefunden – in dem Buch von Huet (1670). Im Bereich der Spezialprobleme des antiken Romans hat dieses Buch erst in der Arbeit von E. Rohde, das heißt erst nach zwei Jahrhunderten (1876), Ersatz gefunden.

47 Vgl. dazu die extreme Form dieses Verfahrens bei Sterne und die Schwankungen im Grad der Parodierung bei Jean Paul.

48 So erwähnt Boldyrev im angeführten Artikel die parodistische Verwendung des traditionellen Motivs des prophetischen Traums bei Achilleus Tatios. Boldyrev meint im übrigen, der Roman von Tatios weiche vom traditionellen Typus hin zum komischen Sittenroman ab.

49 *Parzival* ist der erste Problemroman und Entwicklungsroman. Diese Gattungsvariante erfordert – im Unterschied zum rein didaktischen (rhetorischen), vorwiegend einstimmigen Erziehungsroman (*Kyru paiedeia* [Die Erziehung des Kyros] – *Telemach* – *Emile*) – das zweistimmige Wort. Eine spezifische Variante davon ist der humoristische Erziehungsroman mit einer starken parodistischen Neigung.

50 Der eigentliche Prozeß der Übersetzung und Assimilierung von fremdem Material vollzieht sich hier nicht im individuellen Bewußtsein der Schöpfer des Romans: dieser langwierige und mehrstufige Prozeß vollzog sich im hochsprachlichen Bewußtsein der Epoche; das individuelle Bewußtsein hat ihn weder begonnen noch beendet, sondern hat sich ihm angeschlossen.

51 Am Ende des 15. und am Anfang des 16. Jahrhunderts erscheinen gedruckte Ausgaben fast aller bis dahin verfaßten Ritterromane.

52 Von seinem spanischen Heimatboden isoliert, wurde *Amadis* zu einem internationalen Roman.

53 Dieser Wirkungsbereich der Kategorie »Hochsprache« kann sich in anderen Epochen verengen, wenn die eine oder die andere halbliterarische Gattung einen stabilen und differenzier-

ten Kanon ausarbeitet (die Brief-Gattung beispielsweise).

54 Für die deutsche Literatur ist eine besondere Neigung zu diesem Verfahren [priëm] der Degradierung hoher Wörter durch die Entfaltung einer Reihe von niedrigen Vergleichen und Assoziationen charakteristisch. Dieses Verfahren, das von Wolfram von Eschenbach in die deutsche Literatur eingeführt worden ist, bestimmte im 15. Jahrhundert den Stil von Volkspredigern wie Geiler von Kaysersberg, im 16. Jahrhundert bei Fischart, im 17. Jahrhundert in den Predigten des Abraham a Santa-Clara, im 18. und 19. Jahrhundert in den Romanen von Hippel und Jean Paul.

55 Damit hängen die wesentlichen kompositorischen Errungenschaften des Schäferromans im Vergleich mit dem Ritterroman zusammen: stärkere Konzentration der Handlung, größere Vollendung des Ganzen, Entwicklung einer stilisierten Landschaft. Hinzuweisen ist auch auf die Einführung der (klassischen) Mythologie und die Einbettung von Versen in die Prosa.

56 Charakteristisch ist die weite Verbreitung des »Totendialogs«, einer Form, die die Möglichkeit bietet, über eigene (zeitgenössische oder aktuelle) Themen mit Weisen, Gelehrten und Helden aller Länder und Epochen zu diskutieren.

57 Eine buchstäbliche Umkleidung konkreter Zeitgenossen geschieht in *Astrée*.

58 So organisiert die Idee der Prüfung mit ungewöhnlicher Harmonie und Durchgängigkeit die allgemein bekannte altfranzösische, in Versen geschriebene *Vita Alexis*; bei uns siehe beispielsweise die Vita des Fedosja Pečerskij.

59 Das spezifische Gewicht ähnlicher Erprobungen der Repräsentanten modischer Ideen und Richtungen in der Massenproduktion von Romanen zweitrangiger Romanschriftsteller ist immens.

60 Freilich gereicht ihm diese Breite selten zum Vorteil: das problemhafte und psychologische Material ist in den meisten Fällen verflacht; der zweite Typus ist deutlicher und reiner.

61 Terminus von W. Dibelius.

62 Wir sprechen natürlich nur von demjenigen pathetischen Wort, das polemisch und apologetisch auf ein fremdes Wort bezogen ist, nicht jedoch vom Pathos der Abbildung selbst, vom gegenständlichen Pathos, das künstlerisch ist und keiner spezifischen Bedingtheit bedarf.

63 Besonders im deutschen Barock.

64 In der einen oder anderen Form bei Fielding, Smollett, Sterne; in Deutschland bei Musäus, Wieland, Müller u. a. Alle diese Autoren sind in der künstlerischen Problemstellung des sentimentalischen Pathos (und der Didaktik), in seiner Beziehung zur Realität Nachfolger von *Don Quijote*, dessen Einfluß bestimmend ist. Bei uns vgl. die Rolle der Sprache von Richardson in der rededifferenzierten Orchestrierung von *Evgenij Onegin* (die Alte Larina und die Tat'jana vom Lande).

65 Wir sprechen vom reinen, klassischen Drama, das die ideale Grenze der Gattung zum Ausdruck bringt. Das zeitgenössische, realistische, soziale Drama kann selbstverständlich verschiedene Reden und viele Sprachen umfassen.

66 Wir gehen hier nicht auf die Frage nach dem Einfluß der Komödie auf den Roman und nach der möglichen Herkunft einiger Varianten des Schelms, des Narren und des Dummkopfes aus der Komödie ein. Wie auch die Herkunft dieser Varianten sein mag, ihre Funktionen ändern sich im Roman, und unter den Bedingungen des Romans entfalten sich völlig neue Möglichkeiten dieser Gestalten.

67 Wir haben schon gesagt, daß hier die potentielle Dialogizität der veredelten Sprache der ersten Linie, ihre Polemik mit der groben Redevielfalt aktualisiert wird.

68 Solches Eindringen bezieht auch die Wertung des Romans ein, und zwar nicht nur die künstlerische im engeren Sinne, sondern auch die ideologische, da es kein künstlerisches Verständnis ohne Wertung gibt.

69 Außerordentlich interessant ist das Problem des zweistimmigen parodistischen und ironischen Wortes (genauer gesagt: seiner Analogien) in Oper, Musik und Choreographie (parodistische Tänze).

Anmerkungen zum Kapitel: »Aus der Vorgeschichte des Romanwortes«

1 Die Romantiker waren der Ansicht, der Roman sei eine Mischgattung (von Versen und Prosa), die verschiedene Gattungen in ihren Bestand aufnehme (insbesondere lyrische Gattungen);

sie haben aus dieser Feststellung jedoch keine stilistischen Schlußfolgerungen gezogen. Vgl. beispielsweise Fr. Schlegels »Brief über den Roman« [in: *Prosaische Jugendschriften*, hrsg. v. Minor, Bd. 2. Wien ²1906].

2 In Deutschland seit einer Reihe von Arbeiten Spielhagens (die ersten dieser Arbeiten erscheinen seit 1864) und besonders seit der Monographie R. Riemann, *Goethes Romantechnik*. [Leipzig] 1902); in Frankreich nach dem Beginn, den [F.] Brunetiere [*Le roman naturaliste*, 1882] und [G.] Lanson gemacht haben.

3 Zum grundsätzlichen Problem der Vielstiligkeit und Vielschichtigkeit der Roman-Gattung dringen die Erforscher der Technik der »Rahmenerzählung« [dt. im Original] in der künstlerischen Prosa und der Rolle des Erzählers im Epos vor (K. Friedemann, *Die Rolle des Erzählers in der Epik*, Leipzig 1910); in der stilistischen Schicht bleibt dieses Problem jedoch unausgearbeitet.

4 Von besonderem Wert ist die Arbeit H. Hatzfeld, *»Don Quijote« als Wortkunstwerk*. Leipzig 1927.

5 Von dieser Art ist beispielsweise das Buch: L. Sainéan, *La langue de Rabelais*. Bd. 1: Paris 1922, Bd. 2: Paris 1923.

6 Ein solches Buch ist beispielsweise: G. Loesch, *Die impressionistische Syntax der Goncourts*. Nürnberg 1919.

7 Von dieser Art sind die stilistischen Arbeiten der Vosslerianer; besonders hervorzuheben sind die wegen ihrer Beobachtungen wertvollen Arbeiten Leo Spitzers zur Stilistik von Charles-Louis Philippe, Charles Pégy und Marcel Proust, die in seinem Buch *Stilstudien* (Bd. 2, 1928) versammelt sind.

8 Diesen Standpunkt vertritt V. V. Vinogradov in seinem Buch *O chudožestvennoj proze*. [*Über die künstlerische Prosa*] (M.-L. 1929). [Die beiden Teile des Buches befassen sich mit Problemen der Sprache im Wortkunstwerk und mit der Funktion rhetorischer Formen in der Prosa.]

9* Im weiteren werden die Zitate aus *Evgenij Onegin* durch Angabe der Kapitel in römischen und Angabe der Strophen in arabischen Ziffern lokalisiert.

10* Der russische *obraz*-Begriff ist umfassender, differenzierter und mehrdeutiger als der deutsche *Bild*-Begriff. Gemeint ist hier das konkretisierende Modell. Vgl. auch S. 359, Anm. 15.

11* Hier liegt dasselbe Phänomen vor, wie es oben S. 360, Anm. 17 dargestellt ist.

12* V. G. Belinskij (1811-1848, russ. Literaturkritiker), »Sočinenija Aleksandra Puškina.« In: ders., *Polnoe sobranie sočinenij*, Bd. 7, M. 1955; [dt.: »Die Werke Alexander Puschkins.« In: W. G. Belinski, *Ausgewählte philosophische Schriften*. M. 1950, S. 225-312, hier S. 226].

13 Siehe: J. Schmidt, *Ulixes comicus*.

14 Siehe: A. Dieterich, *Pulcinella. Pompeyanische Wandbilder und römische Satyrspiele*. Leipzig 1897, S. 131.

15* *Phallophoren* sind die Träger einer symbolischen Nachbildung des Phallus während der Feiern des dionysischen Phalluskultes. *Deîkelisten* sind Darsteller volkstümlicher Schauspiele und einzelner dramatischer Szenen possenhaften Charakters.

16 U. Wilamowitz-Moellendorff, *Platon*. Bd. 1, Berlin 1919, S. 288.

17 Siehe: E. Rohde, *Der griechische Roman und seine Vorläufer*. 1876.

18 Rom in festlicher Kappe (*lat.*).

19 Siehe: P. Lehmann, *Die Parodie im Mittelalter*. München 1922, S. 10.

20 F. Novati, »Parodia sacra nelle letterature moderne« (in: Novati, *Studi critici i letterari*. Turin 1889).

21 Die heilige Sprache mit einer Narrenkappe (*lat.*).

22 Sondern erlöse uns, sondern erlöse uns Herr, vom Übel, von jedem Bösen und von dem grausamen Martyrium (*lat.* und *altfrz.*).

23 »*Vater unser*, du bist nicht dumm, da du es dir bequem gemacht hast, der du hoch *in die Himmel* gestiegen bist.« Siehe: E. Ilvoonen, *Parodies des thèmes pieux dans la poésie française du moyen age*. Helsingfors 1914.

24* F. Brunot, *Histoire de la langue française*. Paris 1913 ff.

25* Die *Epistolae obscorum virorum ad venerabilem virum magistrum Ortvinum Gratium Deventriensem* sind 110 fingierte Briefe an den Kölner Magister Ortwin Gratius (wohl von Crotus Rubeans, Hermann von der Busche und Ulrich von Hutten verfaßt), die zwischen 1515 und 1517 erschienen sind.

Anmerkungen zum Kapitel: »Rabelais und Gogol'«

1 M. M. Bachtin, *Tvorčestvo Fransua Rablė i narodnaja kul'tura srednevekov'ja i Renessansa.* M. 1965 [Das Schaffen von François Rabelais und die Lachkultur des Volkes in Mittelalter und Renaissance]; ein Teil davon in dt. Übersetzung in: M. Bachtin, *Literatur und Karneval. Zur Romantheorie und Lachkultur.* Aus dem Russischen übersetzt mit einem Nachwort von A. Kaempfe München 1969. [Der vorliegende Artikel ist ein unpublizierter Ausschnitt aus Bachtins Dissertation über Rabelais.].

2 *Natürliche Schule* (Natural'naja škola) ist ein ursprünglich von F. B. Bul'garin mit polemischer Absicht geprägter Begriff, der die frühe Entwicklungsstufe des russischen Realismus der 40er Jahre des 19. Jahrhunderts bildete. Unter dem Einfluß der Stilistik Gogol's und der Ästhetik Belinskijs entwickelte eine Gruppe von Dichtern (u. a. N. A. Nekrasov, I. S. Turgenev, V. I. Dal' – später auch F. M. Dostoevskij und M. E. Saltykov-Ščedrin) eine Stilformation, deren charakteristische Gattung die *physiologische Skizze* (fiziologičeskij očerk) ist. Sie werden auf frz. Vorbilder, etwa die *Physiologie du mariage* (1829) von Balzac, bezogen. Freilich begannen die *Contes drolatiques* von Balzac, die Bachtin hier wohl im Blick hat, erst 1832, 1833 und 1837 zu erscheinen.

3 Hingewiesen sei auf das durchaus karnevalistische Bild des Schafskopf-Spielens in der Hölle aus der Erzählung *Der verlorene Brief.*

4* Die für das russische Original charakteristische Paronomasie *šiš – kniš* geht bei der Übersetzung verloren.

4a* Raznočincen bildeten die zwischen dem Stand des Adels und dem der Bauern befindliche Zwischenschicht, aus der sich im 19. Jahrhundert das russische Bürgertum rekrutierte und die zunehmend zum Kulturträger wurde.

5* Hauptgestalt in Gogol's Erzählung *Vij* [*Der Wij*].

6* Panurge (von gr. *panurgos* – der mit allen Wassern gewaschene) – und Frère Jean sind Gestalten aus Rabelais' *Gargantua. La vie inestimable du grand Gargantua, père de Pantagruel, iadis composee par L'abstracteur de quinte essence. Livre plein de pantagruelisme* (1534).

7* *Vol'naja Seč'* (eigentlich: »Freies Rodeland«), von den Saporoger Kosaken (daher auch *Seč' zaporožskaja*), entlaufenen Leibeigenen und Armen der Städte, auf durch Rodung urbar gemachtem Land gegründete Siedlungen mit eigener Organisationsform und relativer Autonomie (von der ersten Hälfte des 16. Jh. bis zur Besetzung durch russische Truppen 1709, nach der Schlacht bei Poltava).

8* *Saturnalien* – altrömisches Fest zu Ehren des Saturn, mit Aufhebung der sozialen Unterschiede und üppigen Gelagen.

9* *Coqu-à-l'âne* – frz. poetischer Ausdruck für unzusammenhängendes Geschwätz.

10 Hauptgestalt des Romans *Mertvye duši [Die toten Seelen]* von Gogol'.

11 Quevedo y Villegas (1580-1645), *Sueños y discursos de verdades*, verfaßt 1606-1621, publiziert 1627 [Bachtin gibt als Entstehungszeit die Jahre 1607-1613 an]. Hier ziehen im Hades Repräsentanten verschiedener Klassen und Berufe sowie einzelner Sünden und menschlicher Schwächen vorüber. Die Satire entbehrt fast völlig der Ambivalenz.

12* Den Begriff *Chronotop* (gräzisierende Neuprägung, »Raumzeit«) hat Bachtin aus der speziellen Relativitätstheorie Einsteins »fast wie eine Metapher (fast, doch nicht ganz)« in die Literaturwissenschaft übertragen und folgendermaßen bestimmt: »Uns ist bei ihm die Unzerrissenheit von Raum und Zeit (Zeit als vierte Dimension des Raums) wichtig. Den Chronotop verstehen wir als eine formal-inhaltliche Kategorie der Literatur [...]«. M. Bachtin, »Formy vremeni i chronotopa v romane« [»Die Formen von Zeit und Chronotop im Roman«]. In: Ders., *Voprosy literatury i ėstetiki.* M. 1975, S. 234-407, hier S. 234 f.

13* Schluß des ersten Teils des Romans *Die toten Seelen.*

14* Der Ortsname *T'fuslavl'* ist ein Kompositum aus *t'fu-* (*pfui!*) und *-slavl'* (von *slava* – Ruhm, vgl. *Jaroslavl'*), bedeutet also etwa *Pfuiruhm.*

15* Im *Teatral'nyj raz-ezd posle predstavlenija novoj komedii* (Auseinandergehen nach dem Theaterbesuch der Aufführung einer neuen Komödie) werden die Reaktionen des Autors und einzelner Besucher des *Revizor* szenisch dargestellt.

16 Der Begriff *Satire* wird hier in jenem exakten Sinne des Wortes verwendet, in dem er vom Verfasser in dem Buch *Tvorčestvo Fransua Rable i narodnaja kul'tura srednevekov'ja i Renessansa* [Das Schaffen François Rabelais' und die Volkskultur des Mittelalters und der Renaissance] M.

1965, bestimmt worden ist. [Dieser Abschnitt ist in dem von A. Kaempfe übersetzten Ausschnitt aus dem Rabelais-Buch nicht enthalten.]

Anmerkungen zum Kapitel: »Zur Methodologie der Literaturwissenschaft«

1* Zum Begriff »Chronotop« vgl. Kapitel *Rabelais und Gogol'* Anm. 12.

2 *Kratkaja literaturnaja ènciklopedija* [Kurzgefaßte Literaturenzyklopädie], Bd. 6, M. 1971, Sp. 828.

3* Im ganzen letzten Absatz ist im russischen Original vom Sinn in Pluralformen die Rede. Da im Deutschen »Sinn« und »Sinne« bedeutungsdifferenziert sind, wurden die entsprechenden Partien in den Singular gesetzt, zumal der Grundgedanke dabei gewahrt bleibt.

Editorische Notiz

Die in diesem Band zusammengestellten Arbeiten von Bachtin sind ursprünglich in folgenden Publikationen erschienen:
1. *Isskusstvo i otvetstvennost'*. In: *Den' iskusstva* (Izdatel'stvo Nevel'skogo sojuza rabotnikov iskusstva), 13. September 1919.
2. *Problema soderžanija, formy i materiala v chudožestvennom tvorčestve;*
Slovo v romane;
Iz predystorii romannogo slova;
Rabele i Gogol'. In: *Voprosy literatury i ėstetiki. Isseldovanija raznych let.* (Chudožestvennaja literatura) Moskau 1975, S. 6-233, S. 484-495.
3. *K metodologii literaturovedenija.* In: *Kontekst 1974* (Izdatel'stvo'nauka') Moskau 1975, S. 203-212.

Ästhetik
in der edition suhrkamp

Bachtin, Michail M.: Die Ästhetik des Wortes. Herausgegeben und eingeleitet von Rainer Grübel. Aus dem Russischen übersetzt von Rainer Grübel und Sabine Reese. es 967

Benjamin, Walter: Das Kunstwerk im Zeitalter seiner technischen Reproduzierbarkeit. Drei Studien zur Kunstsoziologie. es 28 und es 3305

Böhme, Gernot: Für eine ökologische Naturästhetik. es 1556

Bohrer, Karl Heinz: Ohne Gewißheiten. Gegen eine Revision der Moderne. es 1968

– Der romantische Brief. Die Entstehung ästhetischer Subjektitvität. es 1582

Bubner, Rüdiger: Ästhetische Erfahrung. es 1564

Bürger, Peter: Theorie der Avantgarde. es 727

Deleuze, Gilles: Die Logik des Sinns. Aus dem Französischen von Bernhard Dieckmann. es 1707

Digitaler Schein. Ästhetik der elektronischen Medien. Herausgegeben von Florian Rötzer. es 1599

Foucault, Michel: Raymond Roussel. Übersetzt von Renate Hörisch-Helligrath. es 1559

Frank, Manfred: Einführung in die frühromantische Ästhetik. es 1563

Gombrich, Ernst H. / Julian Hochberg / Max Black: Kunst, Wahrnehmung, Wirklichkeit. Aus dem Englischen übersetzt von Max Looser. es 860

Hertz, Neil: Die Spiegelung des Unsichtbaren. Die Psychoanalyse und das Erhabene. Aus dem Amerikanischen von Isabella König. es 1939

Koch, Gertrud: Die Einstellung ist die Einstellung. Visuelle Konstruktionen jüdischer Geschichte. es 1674

Kristeva, Julia: Mächte des Grauens. Ein Versuch über den Abscheu. Aus dem Französischen von Xenia Rajewski. es 1684

Lacoue-Labarthe, Philippe: Die Nachahmung der Modernen. Aus dem Französischen von Thomas Schestag. es 1708

Lejeune, Philippe: Der autobiographische Pakt. Aus dem Französischen von Wolfram Bayer und Dieter Hornig. es 1896

de Man, Paul: Die Ideologie des Ästhetischen. Aus dem Amerikanischen von Jürgen Blasius. Herausgegeben von Christoph Menke. es 1682

Mayer, Hans: Versuche über die Oper. es 1050

Penck, A. R.: Mein Denken. es 1385

Platschek, Hans: Porträts mit Rahmen. Picasso, Magritte, Grosz, Klee, Dalí und andere. es 1086

Übersetzung und Dekonstruktion. Herausgegeben von Alfred Hirsch. es 1897

309/1/12.96

Literaturwissenschaft
in der edition suhrkamp

Bachtin, Michail M.: Die Ästhetik des Wortes. Herausgegeben und eingeleitet von Rainer Grübel. Aus dem Russischen übersetzt von Rainer Grübel und Sabine Reese. es 967

Barthes, Roland: Der entgegenkommende und der stumpfe Sinn. Kritische Essays. Band III. Aus dem Französischen von Helmut Becker. es 1367

– Kritik und Wahrheit. Übersetzt von Helmut Scheffel. es 218

– Literatur oder Geschichte. Aus dem Französischen übersetzt von Helmut Scheffel. es 303

– Mythen des Alltags. Deutsch von Helmut Scheffel. es 92 und es 3309

– Das Reich der Zeichen. Aus dem Französischen von Michael Bischoff. es 1077

– Semiologisches Abenteuer. Aus dem Französischen von Dieter Hornig. es 1441

– Das Spiel der Zeichen. Ein Lesebuch. Herausgegeben von Raimund Fellinger. es 1841

Benjamin, Walter: Das Passagen-Werk. 2 Bde. Herausgegeben von Rolf Tiedemann. es 1200

– Versuche über Brecht. Herausgegeben und mit einem Nachwort versehen von Rolf Tiedemann. es 172

Bertaux, Pierre: Hölderlin und die Französische Revolution. es 344

Bildlichkeit. Herausgegeben von Volker Bohn. es 1475

Boal, Augusto: Theater der Unterdrückten. Übungen und Spiele für Schauspieler und Nicht-Schauspieler. Aus dem brasilianischen Portugiesisch von Henry Thorau und Marina Spinu. es 1361

Bohrer, Karl Heinz: Die Kritik der Romantik. es 1551

– Ohne Gewißheiten. Gegen eine Revision der Moderne. es 1968

– Der romantische Brief. Die Entstehung ästhetischer Subjektitvität. es 1582

Bovenschen, Silvia: Die imaginierte Weiblichkeit. Exemplarische Untersuchungen zu kulturgeschichtlichen und literarischen Präsentationsformen des Weiblichen. es 921

Brackert, Helmut: Bauernkrieg und Literatur. es 782

Brecht-Journal. Herausgegeben von Jan Knopf. es 1191

Brecht-Journal 2. Herausgegeben von Jan Knopf. es 1396

Briegleb, Klaus: »1968«. Literatur in der antiautoritären Bewegung. es 1669

Buch, Hans Christoph: Die Nähe und die Ferne. Bausteine zu einer Politik des kolonialen Blicks. es 1663

310/1/12.96

Literaturwissenschaft in der edition suhrkamp

Bürger, Peter: Aktualität und Geschichtlichkeit. Studien zum gesellschaftlichen Funktionswandel der Literatur. es 879

– Theorie der Avantgarde. es 727

Dedecius, Karl: Poetik der Polen. Frankfurter Vorlesungen. es 1690

Dekonstruktiver Feminismus. Literaturwissenschaft in Amerika. Herausgegeben von Barbara Vinken. es 1678

Deleuze, Gilles: Kritik und Klinik. Aus dem Französischen von Joseph Vogl. es 1919

Deleuze, Gilles / Félix Guattari: Kafka. Für eine kleine Literatur. Aus dem Französischen von Burkhart Kroeber. es 807

Deleuze, Gilles / Claire Parnet: Dialoge. Aus dem Französischen übersetzt von Bernd Schwibs. es 666

Deutschsprachige Gegenwartsliteratur: Wider ihre Verächter. Herausgegeben von Christian Döring. es 1938

Federman, Raymond: Surfiction: Der Weg der Literatur. Hamburger Poetik-Lektionen. Aus dem Amerikanischen von Peter Torberg. es 1667

Fellinger, Raimund: Paul de Man - Eine Rekonstruktion. es 1677

Felman, Shoshana: Der Wahnsinn und das Literarische. Aus dem Französischen von Dieter Hornig. es 1918

Fragment und Totalität. Herausgegeben von Lucien Dällenbach und Christiaan L. Hart Nibbrig. es 1107

Frank, Manfred: Gott im Exil. Vorlesungen über die Neue Mythologie. II. Teil. es 1506

– Der kommende Gott. Vorlesungen über die Neue Mythologie. I. Teil. es 1142

– Motive der Moderne. es 1456

Genette, Gérard: Palimpseste. Die Literatur auf zweiter Stufe. Aus dem Französischen von Wolfram Bayer und Dieter Hornig. Herausgegeben von Karl Heinz Bohrer. es 1683

Hahn, Barbara: Unter falschem Namen. Von der schwierigen Autorschaft der Frauen. es 1723

Hart Nibbrig, Christiaan L.: Die Auferstehung des Körpers im Text. es 1221

Hecht, Werner: Sieben Studien über Brecht. es 570

Hijiya-Kirschnereit, Irmela: Was heißt: Japanische Literatur verstehen? Essays zur modernen japanischen Literatur und Literaturkritik. es 1608

Hörisch, Jochen: Gott, Geld und Glück. Zur Logik der Liebe in den Bildungsromanen Goethes, Kellers und Thomas Manns. es 1180

310/2/12.96

Literaturwissenschaft
in der edition suhrkamp

Jauß, Hans Robert: Literaturgeschichte als Provokation. es 418
Johnson, Uwe: Begleitumstände. Frankfurter Vorlesungen. es 1820 und es 3322
Kenner, Hugh: Ulysses. Aus dem Englischen von Claus Melchior und Harald Beck. es 1104
Krippendorff, Ekkehart: Politische Interpretationen. Shakespeare, Stendhal, Balzac, Wagner, Hašek, Kafka, Kraus. es 1576
– »Wie die Großen mit den Menschen spielen.« Goethes Politik. es 1486
Kristeva, Julia: Geschichten von der Liebe. Aus dem Französischen von Dieter Hornig. es 1482
– Mächte des Grauens. Ein Versuch über den Abscheu. Aus dem Französischen von Xenia Rajewski. es 1684
– Die Revolution der poetischen Sprache. Aus dem Französischen übersetzt und mit einer Einleitung versehen von Reinold Werner. es 949
– Schwarze Sonne – Depression und Melancholie. es 1594
Kultur und Konflikt. Herausgegeben von Jan Assmann und Dietrich Harth. es 1612
Lejeune, Philippe: Der autobiographische Pakt. Aus dem Französischen von Wolfram Bayer und Dieter Hornig. es 1896
»Literaturentwicklungsprozesse«. Die Zensur der Literatur in der DDR. Herausgegeben von Ernest Wichner und Herbert Wiesner. es 1782
Mahony, Peter: Der Schriftsteller Sigmund Freud. Aus dem Englischen von Helmut Junker. es 1484
de Man, Paul: Allegorien der Lektüre. es 1357
– Die Ideologie des Ästhetischen. Aus dem Amerikanischen von Jürgen Blasius. Herausgegeben von Christoph Menke. es 1682
Mayer, Hans: Das Geschehen und das Schweigen. Aspekte der Literatur. es 342
Über Hans Mayer. Herausgegeben von Inge Jens. es 887
Meckel, Christoph: Von den Luftgeschäften der Poesie. Frankfurter Vorlesungen. es 1578
Menninghaus, Winfried: Paul Celan. Magie der Form. es 1026
– Schwellenkunde. Walter Benjamins Passage des Mythos. es 1349
Moser, Tilmann: Romane als Krankengeschichten. Über Handke, Meckel und Martin Walser. es 1304
Mythos und Moderne. Begriff und Bild einer Rekonstruktion. Herausgegeben von Karl Heinz Bohrer. es 1144

310/3/12.96

Literaturwissenschaft
in der edition suhrkamp

Oehler, Dolf: Pariser Bilder I (1830-1848). Antibourgeoise Ästhetik bei Baudelaire, Daumier und Heine. es 725

Ein Pronomen ist verhaftet worden. Die frühen Jahre in Rumänien - Texte der Aktionsgruppe Banat. Herausgegeben von Ernest Wichner. es 1671

Reichert, Klaus: Vielfacher Schriftsinn. Zu »Finnegans Wake«. es 1525

Rühmkorf, Peter: agar agar – zaurzaurim. Zur Naturgeschichte des Reims und der menschlichen Anklangsnerven. Textillustrationen vom Autor. es 1307

Schlaffer, Heinz: Der Bürger als Held. Sozialgeschichtliche Auflösungen literarischer Widersprüche. es 624

Sozialistische Realismuskonzeptionen. Dokumente zum 1. Allunionskongreß der Sowjetschriftsteller. Herausgegeben von Hans-Jürgen Schmitt und Godehard Schramm. es 701

Szondi, Peter: Theorie des modernen Dramas. es 27

Tendenz Freisprache. Texte zu einer Poetik der achtziger Jahre. Herausgegeben von Ulrich Janetzki und Wolfgang Rath. es 1675

Typologie. Internationale Beiträge zur Poetik. Herausgegeben von Volker Bohn. es 1451

Übersetzung und Dekonstruktion. Herausgegeben von Alfred Hirsch. es 1897

Uspenskij, Boris Andreevič: Poetik der Komposition. Struktur des künstlerischen Textes und Typologie der Kompositionsform. Herausgegeben und nach einer revidierten Fassung des Originals bearbeitet von Karl Eimermacher. Aus dem Russischen übersetzt von Georg Mayer. es 673

Vargas Llosa, Mario: Gegen Wind und Wetter. Literatur und Politik. Aus dem Spanischen von Elke Wehr. es 1513

– Die Wirklichkeit des Schriftstellers. (A Writer's Reality). Essays. Aus dem Englischen von Lieselotte Kolanoske. es 2003

Verteidigung der Schrift. Kafkas »Prozeß«. Herausgegeben von Frank Schirrmacher. es 1386

Zimmermann, Hans Dieter: Der babylonische Dolmetscher. Zu Franz Kafka und Robert Walser. es 1316

– Vom Nutzen der Literatur. Vorbereitende Bemerkungen zu einer Theorie der literarischen Kommunikation. es 885

310/4/12.96

AESTHETICA
in der edition suhrkamp

Deleuze, Gilles: Kritik und Klinik. Aus dem Französischen von Joseph Vogl. es 1919

– Die Logik des Sinns. Aus dem Französischen von Bernhard Dieckmann. es 1707

Felman, Shoshana: Der Wahnsinn und das Literarische. Aus dem Französischen von Dieter Hornig. es 1918

Genette, Gérard: Palimpseste. Die Literatur auf zweiter Stufe. Aus dem Französischen von Wolfram Bayer und Dieter Hornig. Herausgegeben von Karl Heinz Bohrer. es 1683

Hertz, Neil: Die Spiegelung des Unsichtbaren. Die Psychoanalyse und das Erhabene. Aus dem Amerikanischen von Isabella König. es 1939

Kristeva, Julia: Mächte des Grauens. Ein Versuch über den Abscheu. Aus dem Französischen von Xenia Rajewski. es 1684

Lacoue-Labarthe, Philippe: Die Nachahmung der Modernen. Aus dem Französischen von Thomas Schestag. es 1708

Lejeune, Philippe: Der autobiographische Pakt. Aus dem Französischen von Wolfram Bayer und Dieter Hornig. es 1896

de Man, Paul: Die Ideologie des Ästhetischen. Aus dem Amerikanischen von Jürgen Blasius. Herausgegeben von Christoph Menke. es 1682

Übersetzung und Dekonstruktion. Herausgegeben von Alfred Hirsch. es 1897

318/1/3.96

316/1/6.93

edition suhrkamp
Eine Auswahl

Braun: Böhmen am Meer. es 1784
– Verheerende Folgen mangelnden Anscheins innerbetrieblicher Demokratie. es 1473
Brecht: Der aufhaltsame Aufstieg des Arturo Ui. es 144
– Aufstieg und Fall der Stadt Mahagonny. es 21
– Ausgewählte Gedichte. es 86
– Baal. es 170
– Buckower Elegien. es 1397
– Die Dreigroschenoper. es 229
– Furcht und Elend des Dritten Reiches. es 392
– Die Geschäfte des Herrn Julius Caesar. es 332
– Die Gesichte der Simone Machard. es 369
– Die Gewehre der Frau Carrar. es 219
– Der gute Mensch von Sezuan. es 73
– Die heilige Johanna der Schlachthöfe. es 113
– Herr Puntila und sein Knecht Matti. es 105
– Der kaukasische Kreidekreis. es 31
– Leben des Galilei. es 1
– Leben Eduards des Zweiten von England. es 245
– Mann ist Mann. es 259
– Die Mutter. es 200
– Mutter Courage und ihre Kinder. es 49
– Der Ozeanflug. Die Horatier und die Kuratier. Die Maßnahme. es 222
– Schweyk im zweiten Weltkrieg. es 132
– Die Tage der Commune. es 169
– Trommeln in der Nacht. es 490
– Über Politik auf dem Theater. es 465
– Das Verhör des Lukullus. es 740
Brecht für Leser der neunziger Jahre. Hg. von S. Unseld. es 1826
Brunkhorst: Der Intellektuelle im Land der Mandarine. es 1403
Bubner: Ästhetische Erfahrung. es 1564
– Zwischenrufe. Aus den bewegten Jahren. es 1814
Buch: Der Herbst des großen Kommunikators. es 1344
– Die Nähe und die Ferne. es 1663
– Waldspaziergang. es 1412
Bürger: Theorie der Avantgarde. es 727
Burkhardt: Der Dreißigjährige Krieg 1618-1648. NHB. es 1542
Butler: Das Unbehagen der Geschlechter. es 1722
Celan: Ausgewählte Gedichte. Zwei Reden. es 262
Cortázar: Letzte Runde. es 1140
– Das Observatorium. es 1527
– Reise um den Tag in 80 Welten. es 1045
Dedecius: Poetik der Polen. es 1690
Dekonstruktiver Feminismus. Hg. von B. Vinken. es 1678
Deleuze: Logik des Sinns. es 1707
– Verhandlungen. es 1778

316/2/6.93

edition suhrkamp
Eine Auswahl

Denken, das an der Zeit ist. Hg. von F. Rötzer. es 1406
Derrida: Das andere Kap. Die aufgeschobene Demokratie. es 1769
– Gesetzeskraft. es 1645
Dieckmann: Glockenläuten und offene Fragen. es 1644
– Vom Einbringen. es 1713
Digitaler Schein. Hg. von F. Rötzer. es 1599
Dinescu: Exil im Pfefferkorn. es 1589
Ditlevsen: Sucht. es 1009
– Wilhelms Zimmer. es 1076
Dorst: Toller. es 294
Drawert: Spiegelland. es 1715
Dröge / Krämer-Badoni: Die Kneipe. es 1380
Duerr: Traumzeit. es 1345
Duras: Eden Cinéma. es 1443
– La Musica Zwei. es 1408
– Sommer 1980. es 1205
– Vera Baxter oder Die Atlantikstrände. es 1389
Eco: Zeichen. es 895
Ehmer: Sozialgeschichte des Alters. NHB. es 1541
Eich: Botschaften des Regens. es 48
Elias: Humana conditio. es 1384
Norbert Elias über sich selbst. es 1590
Engler: Die zivilisatorische Lükke. es 1772
Enzensberger: Blindenschrift. es 217
– Einzelheiten I. es 63
– Einzelheiten II. es 87
– Die Furie des Verschwindens. es 1066
– Landessprache. es 304
– Palaver. es 696
– Das Verhör von Habana. es 553
Eppler: Kavalleriepferde beim Hornsignal. es 1788
Erste Einsichten. Hg. von Ch. Döring und H. Steinert. es 1592
Esser: Gewerkschaften in der Krise. es 1131
Evans: Im Schatten Hitlers? es 1637
Ewald: Der Vorsorgestaat. es 1676
Federman: Surfiction: Der Weg der Literatur. es 1667
Feminismus. Inspektion der Herrenkultur. Hg. von L. F. Pusch. es 1192
Fernández Cubas: Das geschenkte Jahr. es 1549
Feyerabend: Erkenntnis für freie Menschen. es 1011
– Wissenschaft als Kunst. es 1231
Fortschritte der Naturzerstörung. Hg. von R. P. Sieferle. es 1489
Foucault: Psychologie und Geisteskrankheit. es 272
– Raymond Roussel. es 1559
Denken und Existenz bei Michel Foucault. Hg. von W. Schmid. es 1657
Spiele der Wahrheit. Hg. von F. Ewald und B. Waldenfels. es 1640
Frank: Einführung in die frühromantische Ästhetik. es 1536
– Gott im Exil. es 1506
– Der kommende Gott. es 1142

316/3/6.93

edition suhrkamp
Eine Auswahl

Frank: Motive der Moderne. es 1456
– Die Unhintergehbarkeit von Individualität. es 1377
– Was ist Neostrukturalismus? es 1203
Frevert: Frauen-Geschichte. NHB. es 1284
Frisch: Biedermann und die Brandstifter. es 41
– Die Chinesische Mauer. es 65
– Don Juan oder Die Liebe zur Geometrie. es 4
– Frühe Stücke. es 154
– Graf Öderland. es 32
García Morales: Die Logik des Vampirs. es 1871
– Das Schweigen der Sirenen. es 1647
Gedächtniskunst. Hg. von A. Haverkamp und R. Lachmann. es 1653
Geist gegen den Zeitgeist. Hg. von J. Früchtl und M. Calloni. es 1630
Geyer: Deutsche Rüstungspolitik 1860-1980. NHB. es 1246
Goetz: Festung. 5 Bde. es 1793-1795
– Festung. es 1793
– Krieg. 2 Bde. es 1320
– Kronos. es 1795
– 1989. 3 Bde. es 1794
Goffman: Asyle. es 678
Gorz: Der Verräter. es 988
Goytisolo: Die Quarantäne. es 1874
Grassmuck / Unverzagt: Das Müll-System. es 1652
Gstrein: Anderntags. es 1625
– Einer. es 1483
Habermas: Eine Art Schadensabwicklung. es 1453
– Legitimationsprobleme im Spätkapitalismus. es 623
– Die nachholende Revolution. es 1633
– Die Neue Unübersichtlichkeit. es 1321
– Technik und Wissenschaft als Ideologie. es 287
– Theorie des kommunikativen Handelns. es 1502
Hänny: Zürich, Anfang September. es 1079
Hahn: Unter falschem Namen. es 1723
Handke: Die Innenwelt der Außenwelt der Innenwelt. es 307
– Kaspar. es 322
– Phantasien der Wiederholung. es 1168
– Publikumsbeschimpfung und andere Sprechstücke. es 177
Happel: Grüne Nachmittage. es 1570
Henrich: Konzepte. es 1400
– Nach dem Ende der Teilung. es 1813
– Eine Republik Deutschland. es 1658
Hensel: Im Schlauch. es 1815
Hentschel: Geschichte der deutschen Sozialpolitik 1880-1980. NHB. es 1247
Hettche: Inkubation. es 1787
Die Hexen der Neuzeit. Hg. von C. Honegger. es 743
Hijiya-Kirschnereit: Was heißt: Japanische Literatur verstehen? es 1608

316/4/6.93

edition suhrkamp
Eine Auswahl

Hodjak: Franz, Geschichtensammler. es 1698
– Siebenbürgische Sprechübung. es 1622
Holbein: Der belauschte Lärm. es 1643
– Ozeanische Sekunde. es 1771
– Samthase und Odradek. es 1575
Huchel: Gedichte. es 1828
Irigaray: Speculum. es 946
Jahoda / Lazarsfeld / Zeisel: Die Arbeitslosen von Marienthal. es 769
Jansen: Reisswolf. es 1693
Jasper: Die gescheiterte Zähmung. NHB. es 1270
Jauß: Literaturgeschichte als Provokation. es 418
Johnson: Begleitumstände. es 1820
– Das dritte Buch über Achim. es 1819
– Der 5. Kanal. es 1336
– Ingrid Babendererde. es 1817
– Jahrestage 1. es 1822
– Jahrestage 2. es 1823
– Jahrestage 3. es 1824
– Jahrestage 4. es 1825
– Mutmassungen über Jakob. es 1818
– Porträts und Erinnerungen. es 1499
– Versuch, einen Vater zu finden. Marthas Ferien. es 1416
Über Uwe Johnson. es 1821
Jones: Frauen, die töten. es 1350
Joyce: Finnegans Wake. es 1524
– Penelope. es 1106
Judentum im deutschen Sprachraum. Hg. von K. E. Grözinger. es 1613
Junior: Jorge, der Brasilianer. es 1571
Kenner: Ulysses. es 1104
Kiesewetter: Industrielle Revolution in Deutschland 1815-1914. NHB. es 1539
Kipphardt: In der Sache J. Robert Oppenheimer. es 64
Kirchhoff: Body-Building. es 1005
Kluge, A.: Gelegenheitsarbeit einer Sklavin. es 733
– Lernprozesse mit tödlichem Ausgang. es 665
– Schlachtbeschreibung. es 1193
Kluge, U.: Die deutsche Revolution 1918/1919. NHB. es 1262
Köhler: Deutsches Roulette. es 1642
Koeppen: Morgenrot. es 1454
Kolbe: Bornholm II. es 1402
– Hineingeboren. es 1110
Konrád: Antipolitik. es 1293
– Die Melancholie der Wiedergeburt. es 1720
– Stimmungsbericht. es 1394
Krechel: Mit dem Körper des Vaters spielen. es 1716
Krippendorff: Politische Interpretationen. es 1576
– Staat und Krieg. es 1305
– »Wie die Großen mit den Menschen spielen.« es 1486
Kristeva: Fremde sind wir uns selbst. es 1604

316/5/6.93

edition suhrkamp
Eine Auswahl

Kristeva: Geschichten von der Liebe. es 1482
– Die Revolution der poetischen Sprache. es 949
Kritische Theorie und Studentenbewegung. es 1517
Kroetz: Bauern sterben. es 1388
– Bauerntheater. es 1659
– Furcht und Hoffnung der BRD. es 1291
– Mensch Meier. Der stramme Max. Wer durchs Laub geht ... es 753
– Nicht Fisch nicht Fleisch. Verfassungsfeinde. Jumbo-Track. es 1094
– Oberösterreich. Dolomitenstadt Lienz. Maria Magdalena. Münchner Kindl. es 707
– Stallerhof. Geisterbahn. Lieber Fritz. Wunschkonzert. es 586
Krynicki: Wunde der Wahrheit. es 1664
Laederach: Fahles Ende kleiner Begierden. es 1075
– Der zweite Sinn. es 1455
Lang / McDannell: Der Himmel. es 1586
Lehnert: Sozialdemokratie zwischen Protestbewegung und Regierungspartei 1848–1983. NHB. es 1248
Lem: Dialoge. es 1013
Lenz, H.: Leben und Schreiben. es 1425
Leroi-Gourhan: Die Religionen der Vorgeschichte. es 1073
Leutenegger: Lebewohl, Gute Reise. es 1001
– Das verlorene Monument. es 1315
Lévi-Strauss: Das Ende des Totemismus. es 128
– Mythos und Bedeutung. es 1027
Die Listen der Mode. Hg. von S. Bovenschen. es 1338
»Literaturentwicklungsprozesse«. Die Zensur der Literatur in der DDR.
Hg. von E. Wichner und H. Wiesner. es 1782
Llamazares: Der gelbe Regen. es 1660
Löwenthal: Mitmachen wollte ich nie. es 1014
Lüderssen: Der Staat geht unter – das Unrecht bleibt? es 1810
Lukács: Gelebtes Denken. es 1088
Maeffert: Bruchstellen. es 1387
de Man: Die Ideologie des Ästhetischen. es 1682
Marcus: Umkehrung der Moral. es 903
Marcuse: Ideen zu einer kritischen Theorie der Gesellschaft. es 300
Maruyama: Denken in Japan. es 1398
Mattenklott: Blindgänger. es 1343
Mayer: Gelebte Literatur. es 1427
– Versuche über die Oper. es 1050
Mayröcker: Magische Blätter. es 1202
– Magische Blätter II. es 1421
– Magische Blätter III. es 1646
Meckel: Von den Luftgeschäften der Poesie. es 1578

316/6/6.93

edition suhrkamp
Eine Auswahl

Mediennacht im Nord-Süd-Konflikt. Friedensanalysen Bd. 18. es 1166
Menninghaus: Paul Celan. es 1026
Menzel / Senghaas: Europas Entwicklung und die Dritte Welt. es 1393
Millás: Dein verwirrender Name. es 1623
Miłosz: Zeichen im Dunkel. es 995
Mitscherlich: Krankheit als Konflikt. es 164
– Die Unwirtlichkeit unserer Städte. es 123
Mitterauer: Sozialgeschichte der Jugend. NHB. es 1278
Möller: Vernunft und Kritik. NHB. es 1269
Morshäuser: Hauptsache Deutsch. es 1626
Moser: Besuche bei den Brüdern und Schwestern. es 1686
– Eine fast normale Familie. es 1223
– Der Psychoanalytiker als sprechende Attrappe. es 1404
– Romane als Krankengeschichten. es 1304
Muschg: Literatur als Therapie? es 1065
Mythos ohne Illusion. es 1220
Mythos und Moderne. es 1144
Nakane: Die Struktur der japanischen Gesellschaft. es 1204
Negt / Kluge: Geschichte und Eigensinn. es 1700
Ngũgĩ wa Thiong'o: Der gekreuzigte Teufel. es 1199
Nizon: Am Schreiben gehen. es 1328
Nooteboom: Berliner Notizen. es 1639
– Wie wird man Europäer? es 1869
Oehler: Pariser Bilder I (1830-1848). es 725
– Ein Höllensturz der Alten Welt. es 1422
Oppenheim: Husch, husch, der schönste Vokal entleert sich. es 1232
Oz: Politische Essays. es 1876
Paetzke: Andersdenkende in Ungarn. es 1379
Paz: Der menschenfreundliche Menschenfresser. es 1064
– Suche nach einer Mitte. es 1008
– Zwiesprache. es 1290
Petri: Schöner und unerbittlicher Mummenschanz. es 1528
Plenzdorf: Zeit der Wölfe. Ein Tag, länger als das Leben. es 1638
Politik der Armut und die Spaltung des Sozialstaats. Hg. von S. Leibfried und F. Tennstedt. es 1233
Politik ohne Projekt? Hg. von S. Unseld. es 1812.
Powell: Edisto. es 1332
– Eine Frau mit Namen Drown. es 1516
Ein Pronomen ist verhaftet verhaftet worden. Hg. von E. Wichner. es 1671
Pusch: Alle Menschen werden Schwestern. es 1565
– Das Deutsche als Männersprache. es 1217

316/7/6.93

edition suhrkamp
Eine Auswahl

316/8/6.93

edition suhrkamp
Eine Auswahl

316/9/6.93